沅陵县政协志

中国人民政治协商会议沅陵县委员会　编

中国文史出版社

图书在版编目（CIP）数据

沉陵县政协志 / 中国人民政治协商会议沅陵县委员会编. —北京：中国文史出版社，2021. 6
ISBN 978-7-5205-3032-3

Ⅰ. ①沅… Ⅱ. ①中… Ⅲ. ①中国人民政治协商会议—地方委员会—概况—沅陵县 Ⅳ. ①D628.644

中国版本图书馆CIP数据核字（2021）第106365号

责任编辑：张蕊燕

出版发行：**中国文史出版社**
社　　址：北京市海淀区西八里庄69号　邮编：100142
电　　话：010-81136641　81136606
印　　装：天宇万达印刷有限公司
经　　销：全国新华书店
开　　本：1/16
印　　张：34.75
字　　数：633千字
版　　次：2021年8月北京第1版
印　　次：2021年8月第1次印刷
定　　价：148.00元

《沅陵县政协志》编纂委员会

主　　任　张振华

副 主 任　邓宗金　肖茗崧　周高兴　莫小平　李丽娟　舒　齐　戴　军
　　　　　全生伟　全小军　陈　泽

委　　员（以姓氏笔画为序）
　　　　　卢新仁　田祖华　刘　林　李湘鄂　杨德信　张绍华　陈万水
　　　　　莫秀英　符梅桃　颜　音

顾　　问　钦代寿　刘向阳　周重颜　易中华　黄忆钢　张五卫　艾政清
　　　　　黄茂林　张大新　张世雄　覃功友　杨长庚　全桂娥　李宏勋

特邀审稿　冯朝霞　印卷青　张桂林

《沅陵县政协志》编辑部

主　　编　张大强

副 主 编　姜　燕

编　　辑（以姓氏笔画为序）
　　　　　邓　辉　向明武　罗柯亭　钟广圣　聂　文　廉海晏

★ 本书部分图片由于无法与作者取得联系，稿酬暂存《沅陵县政协志》编辑部，希望作者联系领取。

1983年始建的第一座县政协办公楼

1980年12月11日，政协沅陵县第四届委员会第一次会议召开

1985年3月28日，政协沅陵县第五届委员会第二次会议召开

2007年12月27日，政协沅陵县第十一届委员会第一次会议召开

2012年12月25日，政协沅陵县第十二届委员会第一次会议召开

2018年12月23日，政协沅陵县第十三届委员会第三次会议召开

县政协第一届委员会委员合影

县政协第二届委员会委员合影

县政协第三届委员会委员合影

县政协第四届委员会委员合影

县政协第五届委员会委员合影

县政协第十三届委员会委员合影

县四届政协常委会成员

县五届政协常委会成员

县十二届政协一次会议常委会成员

县十三届政协四次会议常委会成员与县委、人大、政府领导合影

县十三届政协一次会议常委会成员

县四届政协主席会成员

县五届政协主席会成员

县十届政协主席会成员与县委、县政府领导及九届政协主席合影

县十一届政协主席会成员暨政协党组副书记

县十三届政协主席会成员

县十三届政协届中调整后主席会成员

县政协委员、 台湾高山族同胞白阿雀投票选举政协领导人

县政协委员、湘西著名辰河高腔艺人陈依白投票选举政协领导人

县政协委员、县佛教协会会长释方丽投票选举政协领导人

政协委员投票选举新一届政协领导人

◉ 县政协主席陈礼和在政协四届一次全会上

◉ 县政协主席黄茂林在政协十届一次全会上

◉ 县政协主席张大新在政协十一届一次全会上

◉ 县政协主席张世雄在政协十二届二次全会上

◉ 县政协主席黄忆钢在政协十三届一次全会上

◉ 县政协主席张振华在政协十三届五次全会上

县政协十二届二次全会工商联界别讨论组

县政协十三届四次全会经济、医卫、文艺社科新闻、体育界联合讨论组

县政协委员、陈家滩乡政协联工委主任杨宁代表中共界作大会议政发言

县政协委员、县工业经济局党组成员郑德刚代表经济界作大会议政发言

县十届政协第十九次常委会议

县十一届政协第七次常委会议

县十二届政协第三次常委会议

县十三届政协第一次主席会议

县政协召开“十三五”规划编制专题协商会

县政协召开“新农合”工作专题协商会

县政协召开城南供水问题专题协商会

县政协工作会议

县政协开展政协常委履职能力提升培训

县政协专门委员会会议

中共沅陵县委政协工作会议

县政协民主监督工作会议召开

县政协民主评议林业局动员会

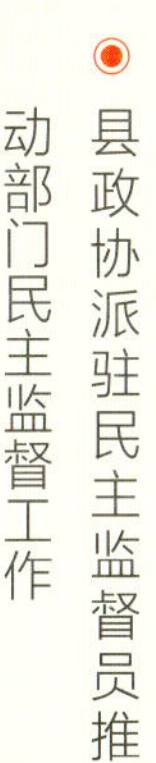

县政协派驻民主监督员推动部门民主监督工作

政协委员走进纪委机关探索民主监督与纪委纪律监督相结合途径

政协委员提案办理座谈会

2020年政府系统建议提案交办会

2009年政府系统建议提案交办会

县长周重颜主持召开2021年政府系统建议提案交办会

2014年9月23日，县政协举行“沅陵历史文化丛书”首发式

2015年8月15日，县政协茶文化专题研究课题《寻找无射山》专家评审会在长沙举行

2021年3月10日，县政协召开《沅陵县政协志》评审工作会议

县政协主席张振华调研沅陵民间剪纸艺术

县政协主席张振华（右）向湖南省政协原副主席卓康宁征求《沅陵老城记忆》编辑工作意见

中国社会科学院学部委员王震中先生与县政协主席黄忆钢讨论《二酉文化探幽》书稿

1986年3月，县政协举办各界人士迎春茶话会

县政协举办各界人士迎春团拜会

县政协举办社会各界人士迎春茶话会

2009年4月，沅陵县乡镇政协联工委挂牌成立

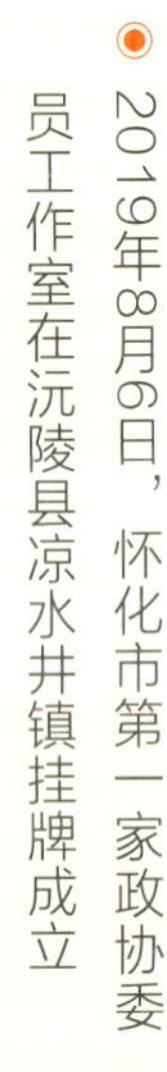

2019年8月6日，怀化市第一家政协委员工作室在沅陵县凉水井镇挂牌成立

县政协主席张振华（左二）调研盘古乡委员活动室建设情况

2016年5月18日，全国政协教科文卫体委员会副主任、中国医院协会会长黄洁夫一行赴沅陵开展为期3天的『卫生三下乡』活动

县政协、县文联组织开展送春联进万家活动

县政协开展关爱女童送法进校园活动

长沙县委统战部、县工商联来沅陵开展捐赠帮扶活动

湖南师大刘茂松教授（前排中）调研经济新常态与沅陵城镇化发展情况

中国社科院学部委员王震中（前排左）调研沅陵历史文化，中共沅陵县委书记钦代寿（前排右）及县政协主席黄忆钢（二排左三）一行陪同

省政协副主席、农工党湖南省主委游碧竹（右三）调研沅陵文旅资源融合与开发

1985年9月5日至7日，湖南省委统战部长，省政协副主席佟英（前排左三）、省政协副主席徐君虎（前排右三）视察沅陵政协工作

怀化市政协主席李军（左三）深入沅陵农村开展调研活动

省政协副主席王晓琴（右三）视察沅陵茶业产业

省政协副主席卓康宁（右二）视察五强溪电站

县十届政协主席黄茂林带队视察二西山景区建设情况

县十一届政协主席张大新带队视察茶叶企业生产情况

县十二届政协主席张世雄带队调研城市重点工程项目进展情况

县十三届政协主席黄忆钢带队深入扶贫车间开展调研

县十三届政协主席张振华带队调研农业集装箱养鱼项目

县政协委员视察官庄镇小城镇开发建设

县政协委员视察县城公园建设与管理情况

县政协委员视察县城小区廉租房建设

县政协委员视察农村公路建设

县政协委员视察农村水利工程

县政协委员视察沅陵沅水二桥工程建设进度

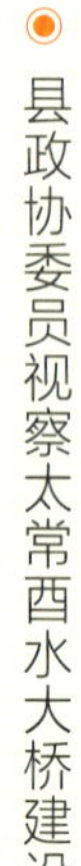

县政协委员视察太常酉水大桥建设

县政协创办香菇种植基地带领农村群众脱贫奔小康

县政协委员创业示范基地

县政协机关干部参加农村冬修水利工程

县政协主席张世雄（左）走访慰问困难群众

县政协主席张振华（右二）走访贫困户

县政协主席黄忆钢走访贫困群众

县政协创办沅陵论坛，助力产业发展与脱贫攻坚

县政协现场办公推进脱贫攻坚

县政协帮扶村举办首届柚子节庆祝蜜柚丰收

县政协比较学习课题组考察湖北孝感米酒产业

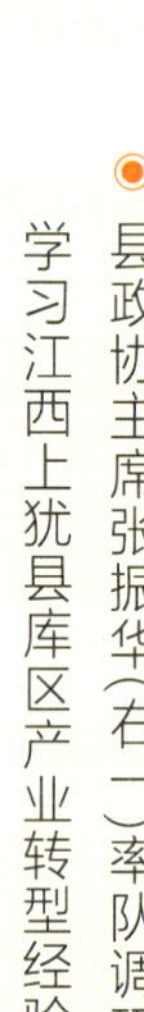

县政协主席张振华（右一）率队调研学习江西上犹县库区产业转型经验

县政协组织机关驻村扶贫工作队长、贫困村支部书记到重庆学习花椒产业开发经验

县政协机关干部集资向结对帮扶户免费赠送湘西黑猪仔发展养殖业

县政协积极参与重大项目建设，图为政协领导牵头负责的沅水二桥建成通车典礼

县政协为对口帮扶村贫困户送鸡苗助力脱贫增收

县政协开展『我为群众办实事』活动

县政协机关党支部开展为残疾困难群众送轮椅、助扶贫活动

县政协组织机关干部上街清扫积雪

县政协驻村工作队入户开展新冠疫情防控工作

县政协组织机关干部开展小区新冠疫情防控值守工作

县政协机关党支部与社区党组织联合开展『学党史、办实事、守初心、践使命』主题党日活动

县政协机关党支部在主题党日活动中为党员过政治生日

县政协机关党支部组织党员干部到湖南省党史陈列馆开展学习党史活动

县政协机关党支部组织机关党员干部到遵义开展学党史活动

1985年12月22日，湖南省农工民主党沅陵直属小组成立

2009年9月8日，中国农工民主党沅陵县委员会成立

序

2020年，我县脱贫攻坚圆满收官，紧接着，迎来了“十四五”规划开局之年，踏上了全面建成社会主义现代化强国的新征程。在这个决定沅陵未来五年经济、社会发展的关键时刻，《沅陵县政协志》编纂出版，无疑具有特殊的历史借鉴意义和现实指导意义。

1950年3月成立的沅陵县各界人民代表会议，是沅陵政协的前身，从成立之日起到1955年5月的5年时间内，县各界人民代表会议既代行人民代表大会的职权，又具有人民政协统一战线组织的性质，在团结各民主党派、社会团体，为促进祖国统一、完成土地改革、恢复和发展生产建言献策，发挥出重要作用。1955年5月18日，召开政协沅陵县委员会第一届一次会议，宣告县政协成立。截至2020年，沅陵县政协已经走过65年光辉历程。65年来，历届政协在中共沅陵县委的领导下，以马列主义、毛泽东思想、邓小平理论、“三个代表”重要思想、科学发展观和习近平新时代中国特色社会主义思想为指导，坚持高举爱国主义和社会主义两面旗帜，坚持团结和民主两大主题，紧紧围绕县委工作部署和各个时期的中心任务，广泛开展调查研究，积极反映社情民意，不断建言献策，认真履行政协职能，有力地推进了我县的社会主义民主政治建设，有力地促进了县委、县政府决策的民主化、科学化和职能部门作风转变，为全县的经济发展和社会进步做出了重大贡献。

《沅陵县政协志》以大量详实的资料，比较全面、系统地记载了沅陵人民政协事业65年的发展历程，反映出沅陵政协成立、中断、恢复并不断完善的过程，特别是改革开放四十多年来，县政协认真履行政治协商、民主监督、参政议政职能，围绕中心、服务大局、促进发展，具有存史、资政、育人的功能，对促进新时代政协事业发展有着深厚的历史借鉴作用和很强的现实指导意义，值得广大政协委员和从事政协工作的同志，以及关心支持人民政协工作的各界人士、各级领导认真阅读和体会。

今天，我国已经全面建成小康社会，党的十九届五中全会又为未来五年乃至十五年的发展擘画出宏伟壮观的美丽蓝图。在这个历史的重要关口，人民政协迎来了新的任务，也肩负起新的使命。我相信，通过《沅陵县政协志》的出版，可以让我们从中借鉴有益的经验和启示，促进县政协在中共沅陵县委的领导下，立足新发展阶段，贯彻新发展理念，构建新发展格局，凝心聚力，履职尽责，不断实现政协工作创新，不断巩固扩大爱国统一战线，不断推动民主政治进步，带领广大政协委员，围绕沅陵政治、经济、文化、社会生活中的重要问题以及人民群众普遍关心的问题，深入开展调查研究，积极建言资政，助力高质量发展，为全面建设社会主义现代化沅陵凝聚力量，再立新功！

是为序。

钦代寿

2021年6月25日

● 序文作者钦代寿，系怀化市政协副主席、中共沅陵县委原书记。

凡 例

一、《沅陵县政协志》以马列主义、毛泽东思想、邓小平理论、“三个代表”重要思想、科学发展观和习近平新时代中国特色社会主义思想为指导，遵循辩证唯物主义和历史唯物主义的观点，以史事为依据，坚持求实存真，全面、系统记载中国人民政治协商会议沅陵县委员会的历史和现状。

二、本志记述时间，基本上以1955年县政协成立为上限，以2020年为下限。为记述事物的缘起及现状，个别处适当上伸下延。

三、本志继承修志传统，横排纵写，以事分类，以事系人，以时为序，采用章、节、目的结构。在志首置图片、序、总述、大事记，篇末置丛录。全志以文为主，辅以表格、照片。各章节内容详略，取决于资料完整程度。

四、本志中的各种专用名称在第一次出现时用全称，以后则简称、全称混用，以行文方便为选择。如“中国人民政治协商会议沅陵县委员会”简称为“沅陵政协”或“县政协”，“ 中国人民政治协商会议沅陵县委员会第十三届委员会第一次全体会议”简称为“政协十三届一次全会”，“沅陵县农工民主党”简称为“县农工党”，“沅陵县政协经济科技联谊委员会”简称为“经科委”等。

五、本志中凡不加名称的“党”，特指“中国共产党”。

六、人物章收录的历届政协主席会议成员简介，记述下限为记述对象在政协任职的下限，调离后之行状，不予记载。

七、本志纪年采用公元纪年，政区名称、机构称谓用原称，地名一般用现行标准地名。

目 录

序

凡 例

概 述…… 001

大事记…… 012

第一章 机构沿革

第一节 政协委员会…… 031

第二节 工作组…… 036

第三节 专门机构…… 039

第四节 派驻机构…… 053

第二章 党的组织

第一节 党 组…… 063

第二节 党支部…… 065

第三章　政协会议

第一节　全体会议…………………………………………………………………… 068
第二节　常委会议…………………………………………………………………… 082
第三节　主席会议…………………………………………………………………… 107

第四章　政协委员

第一节　委员产生…………………………………………………………………… 130
第二节　委员界别与结构…………………………………………………………… 132
第三节　委员学习…………………………………………………………………… 137
第四节　委员培训与管理…………………………………………………………… 145
第五节　宣传工作…………………………………………………………………… 149

第五章　履行职能

第一节　政治协商…………………………………………………………………… 152
第二节　民主监督…………………………………………………………………… 190
第三节　参政议政…………………………………………………………………… 220

第六章　提案工作

第一节　提案提出…………………………………………………………………… 260
第二节　提案办理…………………………………………………………………… 267
第三节　提案表彰…………………………………………………………………… 280

第七章　服务经济

第一节　自办实体…… 299
第二节　引导发展…… 302
第三节　脱贫攻坚…… 308
第四节　社会公益…… 312

第八章　文史征编

第一节　史料征集…… 324
第二节　出版发行…… 328
第三节　作用与影响…… 334

第九章　团结联谊

第一节　对台工作…… 340
第二节　服务三胞三属…… 343
第三节　政协之友联谊…… 347
第四节　茶话会联谊…… 349
第五节　诗书画联谊…… 353
第六节　纪念庆典…… 355

第十章　机关建设

第一节　思想建设…… 360
第二节　职责建立…… 367

第三节　制度建设…… 371
第四节　作风建设…… 379

第十一章　人　物

第一节　人物传略…… 387
第二节　人物简介…… 401
第三节　人物录…… 415

从　录…… 445

后　记…… 507

概 述

沅陵县地处湖南省西北部沅水中下游，隶属怀化市，位于怀化北端，东连桃源、安化，南接溆浦、辰溪，西与古丈、泸溪、永顺毗邻，北与张家界市交界。沅水贯穿全境，是历史上来往云贵川湘的交通动脉。沅陵县始建于汉高祖五年（公元前202），境内自古多民族聚居，是清以前各个朝代征苗防蛮的前哨，历为郡、路、州、府，是大湘西政治、经济、文化中心。现有汉族、苗族、土家族、白族、回族等25个民族67万多人。其中少数民族人口37万多人，占全县人口总量的55%以上，以苗族、土家族、白族为主。沅陵版图历代都有不断调整。2020年，全县辖21个乡镇，共369个村委会，34个社区居委会，总面积5852平方公里。是湖南省幅员最大的县。

沅陵历史悠久，文化繁荣，具有鲜明的地方特色。一是文化保护。秦代嬴政焚书坑儒，沅陵学子为保护先秦文化，冒着灭族风险，在县城之西30里的二酉山岩洞中收藏下千余卷殷商至战国时期古籍典册，为中华文明薪火相传做出不可磨灭贡献。二酉山从唐代开始，即成为天下读书人心神向往的文化圣山。明代以来，山上书院蔚起，山下求学成风。中华人民共和国成立后，二酉山下的乌宿村，考取大学的寒门学子数以百计，先后有一百多人成为全国或世界文化、教育领域有影响的人物，是名副其实的教授村。二是文化传播。唐贞观二年（628），太宗李世民下旨，在沅陵县城西麓虎溪山建造以传播弘扬佛学为主的龙兴讲寺。这是我国最早的佛学书院，比开元年中建造的集贤书院早90年，比宋代四大书院之首的岳麓书院早345年。之后，明正德六年（1511），王阳明自贵州龙场谪归，途经沅陵，被当地厚重的学习风气所感动，就留下来寓居龙兴讲寺一个多月，为沅陵学子讲解传授他刚悟成不久的“致良知”学说。他的学生为缅怀感激王阳明对沅陵文化的贡献，在龙兴讲寺旁修建了阳明书院，作为沅陵培养人才的场所。明清两代，历任知府、县令，莫不把亲临书院为学子讲课引以为荣。清光绪二十六年（1889），朝廷“改革科举，废除八股，各省普设中小学堂”，1901年，虎溪书院改造成为新式中学，经过两年试行，于1903年正式成立为“辰州府中学堂”，它与北京五成中学（现北大附中）、湖北文普中学一道，并列为我国最早兴办的三所新式中学。此后，经过演变发展，先后易名为辰郡中学、辰州公立中学校、湖南第八联立中学、辰郡联立中学。1951年，辰郡联立中学与其他四所中学合并，组成“湖南省立沅陵中学”，即今沅陵第一中学的前身。虎溪书院从成立之日起，到湖南省立沅陵中学这个时期，学生来源不仅局限于沅陵，整个湘西，都是其生源地，是大湘西的第一学府，在不同的历史时期，都曾培养出一批优秀的政治家、科学家、教育家、艺术家。三是文化包容。沅陵县城内，有一条宽3米，长500多米的街巷，是为马路巷。清朝康熙年间，在马路巷近山巅处，首先出现了一座佛教寺庙白园寺，稍后，道教亦迁入巷中，修建了一座小型的道观。嘉庆八年（1803），伊斯兰教在巷中修建一座清真寺。光绪二十七年（1901），天主教进入沅陵，先是在各地设立分堂，后在马路巷买地建立总堂。光绪三十三年（1907），美国复初会利用“辰州教案”清政府赔款，在巷中修建起基督教永生堂。至此，马路巷成为沅陵县五大宗教汇聚之地。虽然各教信仰不同，教义有别，但是各教信徒却能融洽相处，友爱互帮，形成一种耐人寻味的沅陵宗教文化现象，最大程度体现出沅陵人的包容气度。勤奋好学，善于沟通，包容和谐，是沅陵历久弥新的文化特征。

沅陵以其幅员广阔，成为湖南丰富的资源宝地。沅陵的水能蕴藏量、黄金年产量、活立木蓄积量均居全省首位，是全国十大水电基地县、全省林业十强县、全国十大生态产茶县、中国生态有机茶之乡、中国名茶之乡。碣滩茶、五强溪鱼、湘西（大合坪）黑猪均为国家地理标志产品。碣滩茶自唐代历为贡茶，茶韵天香，享誉中外。沅陵美得令人心痛，有借母溪国家级自然保护区，五强溪国家湿地公园，沅陵国家森林公园，新潇湘八景之一五溪湖等众多景区景点，是休闲、垂钓、度假、养生胜地。沅陵也是后发赶超的创业基地。沅陵集老、少、边、穷、库于一体，是革命老区县、少数民族人口过半县、边远山区县、国家扶贫开发重点县、五强溪库区移民大县。近年来，沅陵立足特色优势，主攻水电、矿产、电子信息、茶叶、旅游五大产业，打造传统与新兴产能“双引擎”。创建了全国文明县城、国家卫生县城、全国绿化模范县、全国绿色能源示范县、省级历史文化名城，是全国农村金融改革试验区、全国农村产业融合发展试点示范县、全省新型城镇化试点县、创建全省全域旅游示范县。这些独特的文化土壤和物产蕴藏，成为沅陵繁荣发展不可多得的宝贵资源，也对沅陵县政协工作的开展和取得辉煌成绩产生良好的影响。

1949年9月18日，沅陵解放。1950年3月，根据《中国人民政治协商会议共同纲领》和中央人民政府颁布的《各界人民代表会议组织通则》，县人民政府于5至8日组织召开沅陵县首届第一次各界人民代表会议，代表采用协商、推选、特邀等形式产生。首届一次人民代表会议共产生代表85名，其中农民代表34名，党政机关干部12名，工人8名，妇女5名，青年及学生2名，教职员6名，私营工商业者4名，公营企业职工8名，开明绅士2名，军人4名。代表组成具有广泛的代表性。这次会议，与会代表听取审议县长张子祥的施政报告和中共湘西区党委统战部长顾俊申的关于目前时局报告，着重讨论、议决救济失业工人、组织农民度夏荒、清匪清枪、巩固社会秩序等工作。从同年9月首届二次人民代表会议开始，机关团体代表由单位选派，其余各界均是选举产生。截至1953年6月，各界人民代表会议终止，在此期间，共产生过四届各界人民代表会议，召开8次会议。其中1950年9月22日至26日召开的首届二次会议到会代表323人，是历次会议参会代表人数最多的一次。

沅陵县各界人民代表会议是政协沅陵县委员会的发端，在1954年建立县人民代表大会制度之前，县各界人民代表会议既代行了人民代表大会的职权，又具有人民政协统一战线组织的性质。四年中，县各界人民代表会议对于团结和组织全县人民，积极参加土地改革、镇压反革命、抗美援朝三大运动和“三反”“五反”斗争，恢复和发展生产发挥了重要作用。经过四年历练，县各界人民代表会议作为县政协的雏形，在工作中积累了丰富的参政议政经验，为日后县政协的成立储备了人才，提供了保障。

1955年5月，沅陵县胜利完成对生产资料私有制的社会主义改造，实现从新民主主义向社会主义过渡，全县工农业生产蒸蒸日上，国民经济快速恢复，教育、文化等各项社会事业蓬勃兴起，社会各阶层众多民主人士，纷纷表现出为沅陵建设献智出力的热切愿望。为了更广泛地团结各界人士，把他们的建设热情和积极性调动起来，投身到火热的社会主义建设中去，促进全县经济社会更快更好发展，中共黔阳地委根据湖南省委指示，批准成立中国人民政治协商会议沅陵县委员会。从此，开启了沅陵政协65年的光辉历程。

中国人民政治协商会议沅陵县第一届委员会第一次全体委员会议，于1955年5月18日至19日在沅陵县城举行，本届政协共有19名委员，出席会议15人。这次会议，听取并讨论《沅陵县第一届委员会第一次会议筹备工作报告》，选举产生县政协首届委员会主席、副主席、秘书和常务委员。县首届政协在任期内共召开两次全体会议，第二次全会前增补6名委员，使得本届政协委员人数上升到25名。县政协一届二次全会，传达学习湖南省政协首届第二次会议精神，决定成立沅陵县政协学习委员会和工商、社会文教2个工作组，为后来政协组织机构的建立及政协工作的开展，进行了有益的探索和尝试，积累出一些基层政协的工作经验。

1960年12月，县政协进行首次换届。12月7日至11日，县政协二届一次会议在县城召开，听取和讨论一届政协常务委员会工作报告，选举产生政协二届委员会主席、副主席和常务委员。与会委员协商通过全会决议，列席县人大四届一次会议，听取和讨论《政府工作报告》。1961年9月19日，召开县政协二届二次会议，主要集中学习国内外形势和毛主席著作，并就各界人士如何改造好世界观，搞好合作共事等问题展开讨论，达成共识。1964年9月，政协换届。县政协三届委员会仅召开一次全体会议。1966年6月，“文化大革命”开始，县政协陷于瘫痪，很多政协委员和民主人士遭受冲击和迫害，政协活动被迫停止。

纵观沅陵县政协从成立至“文化大革命”发生的十年间，正是我国顺利实施第一个五年计划，胜利完成社会主义改造，“大跃进”、人民公社化和国民经济调整时期。这一时期，县政协执行党的“长期共存，互相监督”的统一战线方针，广泛团结社会各界，开展调查研究，积极建言献策，营造出政协平等相处、合作共事的良好氛围。1958年后，由于“左”的指导思想抬头，县政协也曾一度脱离实际，对高指标、瞎指挥、浮夸风、“共产风”起到推波助澜，产生不好影响。随着中央政策调整，沅陵基本刹住“共产风”，各种“左”的思潮也得到一定程度的遏制。政协切实贯彻“团结、教育、改造”的方针，在引领社会各界人士加强政策学习、转变思想认识，坚信党的领导，做出大量富有成效的工作。沅陵县政协从成立到“文化大革命”中断活动，共产生三届委员会，召开5次全体会议。总的来说，在这期间，历届政协委员会围绕国家的中心任务，协助贯彻执行中国共产党和人民政府各项方针政策，为巩固和扩大人民民主统一战线积极工作，取得一定成绩，也为县级政协未来发展摸索积累下宝贵经验。

党的十一届三中全会之后，全面清理“左”的错误影响，进行拨乱反正。沅陵认真落实党的各项统一战线政策，根据中共中央和中共湖南省委的有关指示精神，1980年上半年，中共沅陵县委统战部向县委并怀化地委统战部呈交《关于恢复沅陵县政协工作机构的请示报告》。同年6月，经县委研究决定，开始着手进行县政协的恢复工作，由县第三届政协常委会组成“恢复沅陵县政协筹备领导组”，协商讨论和筹备县政协的恢复工作。12月10日至13日，隆重召开沅陵县政协四届一次全体会议，出席委员46人，选举产生县政协第四届委员会。县政协四届一次会议胜利召开，不但标志着中断14年之久的县政协正式恢复开展活动，同时也标志着沅陵县的爱国统一战线进入一个全新的阶段。

沅陵县政协恢复40年以来，始终遵循《中国人民政治协商会议章程》，紧紧依靠中共沅陵县委的领导，高举团结、民主旗帜，充分调动委员和各界人士投身沅陵改革开放和现代化建设，政协活动丰富多彩，工作每年上台阶，受到全社会普遍关注和人民群众广泛好评。

——规模进一步扩大。县政协成立初期，首届政协只有19名委员，分别代表13个党派、团体和界别。以后，各届委员人数不断增加。二届、三届政协，委员数增加到25人。1980年，县政协恢复后，四届政协有委员46人，1984年第五届政协，委员发展到127人。2000年进入新世纪后，沅陵各项事业发展迅速，政协也开始出现新的局面，委员队伍进一步扩大，委员代表的党派、团体和界别也逐渐增加。2002年，第十届政协有委员249人，代表中国共产党、中国农工民主党、无党派人士、经济界、农业界、教育界、少数民族界等19个界别。至十一届政协，委员界别增至20个，真正发展成为最具广泛代表性的爱国统一战线组织。

——机构进一步健全。一届政协，仅设兼职秘书1人，没有其他工作机构，一届二次会议虽然决定政协成立学习委员会及工商、社会文教工作组，但是并没有安排专职人员，委员会和工作组的领导成员均为兼职。1980年恢复政协，选举产生县第四届政协委员会，先后设立工农科技、文教卫生、经济民族、社会联络四个工作组，以及提案委员会、文史资料组。到2002年12月县政协第十届委员会产生，机构趋于健全，政协机关共有“一室六委”，即政协办公室、提案委员会、经济科技委员会、文教卫体委员会、民族宗教法制委员会、人口环境资源委员会、文史委员会。秘书长兼办公室主任，其他各专委会配设1名专职主任，1名兼职副主任，3至5名兼职委员。2008年，第十一届政协为加强农村政协工作力量，请示县委同意，在乡镇设立政协联络工作委员会，作为县政协在乡镇派驻机构。2019年机构改革中，第十三届政协适应新的形势发展需要，重视发挥专委会的基础性作用，将上届政协保留下来的6个专委会，调整更名为提案委员会、社会法制和民族宗教委员会、经济科技和外事委员会、农业农村和人口资源环境委员会、委员学习联络委员会，文教卫体和文史委员会，同时，增设宣传信息研究中心，为办公室二级机构，事业编制。为每个专委会配设1名专职副主任，政协专委会领导力量进一步加强，工作更有力度开展。

——作用进一步彰显。沅陵县早期政协活动，重点着力于委员学习和思想教育方面。新世纪开始后，县政协承前启后，继往开来，坚持以毛泽东思想、邓小平理论、“三个代表”重要思想、科学发展观、习近平新时代中国特色社会主义思想为指导，认真贯彻落实《中共中央关于进一步加强中国共产党领导的多党合作和政治协商制度建设的意见》精神和中央、省委、县委“关于加强人民政协工作意见”精神，始终坚持团结、民主两大主题和“长期共存、互相监督、肝胆相照、荣辱与共”的方针，积极组织全县广大政协委员、各民主党派、各人民团体、各族各界人士，坚持维护核心、服务中心、凝聚人心，加强自身建设的工作思路，切实履行“政治协商、民主监督、参政议政”职能，广大政协委员认真履职、积极作为，为维护沅陵县社会稳定，推进沅陵县经济和社会事业的全面发展、加强社会主义精神文明和民主法治建设作出了重要贡献。在政治协商方面，认真开好政协各种会议，把提高政协会议质量作为履行职能的重要工作来抓，按照“全体会议总体协商，常委会议专题协商，主席会议重点协商，专委会对口协商”的工作格局，针对全县政治、经济、文化和社会生活中的重大问题，决策前和决策执行过程中的重要问题，采取多种形式进行民主协商。历届政协的每次全体会议，都要对县政府工作报告、县国民经济和社会发展计划上年度执行情况及本年度发展计划的报告、县财政预算上年度执行情况及本年度预算草案的报告、县人民法院工作报告、县人民检察院工作报告进行协商讨论。都要安排部分界别的委员进行全会发言，就关系全县发展大局的重大问题和重大事项开展政治协商，有效促进县委、县政府决策的民主化、科学化。在民主监督方面，积极探索民主监督形式，不断拓展民主监督内容，通过政协提案、委员视察、民主评议、反映社情民意、大会发言等多种形式，履行民主监督职能。2013年，县十二届政协出台《委派政协委员担任重点执法执纪部门（单位）民主监督员实施办法》，对全县28个重点执法执纪部门（单位）委派民主监督员，在每个单位设立一个政协民主监督小组，把沅陵政协民主监督提高到一个全新的高度，形成沅陵政协民主监督特色。2017年，十三届政协继承和发展派驻民主监督员的形式，并将政协的民主监督和县纪委的纪律监督相结合，对涉及重点民生的交通运输局、人力资源和社会保障局、水利局、食品药品和质量技术监督局等单位，联合派驻28名监督员，开展监督。在参政议政方面，积极开展各种形式的调查研究活动，采取领导领衔、委组联动等方式，始终抓住全局性重要问题和群众关心的热点问题进行调研。1990年以来，每届政协均对县域旅游开发、城市建设与管理、人才建设机制、农村基础设施建设、乡镇卫生院建设、中小学教育布局调整、非公有制经济发展环境、交通建设等课题，坚持开展锲而不舍的调查研究，形成一批批高质量的调研报告。这些报告，选题准确，内容详实，具有较强的针对性、可行性和前瞻性，对县委、县政府及有关部门的决策起到重要参考作用。在推进实施沅陵县建设发展战略中，十二届政协主席、副主席，联系和负责的油茶产业、林下产业、渔业产业、酉水白田段河道综合治理项目、太常酉水大桥建设项目、凤鸣大道西延项目、龙兴大道建设项目和沅水二桥建设项目等积极推进，进展顺利。十二届政协把文史工作上升到文化工程，先后完成《沅陵历史文化丛书》《无射山在沅陵》等研究成果；十三届政协先后编辑出版《二酉文化探幽》《沅陵老城记忆》等文史书籍，在提升沅陵文化品位方面做出贡献，受到社会各界普遍好评。十三届政协主席、副主席，联系和负责的沅水二桥建设、网箱上岸、沅陵新一中建设、脱贫攻坚安全饮水建设、城区“两违”整治、精准脱贫督导等重大工作，取得显著成绩。十三届政协还积极配合政府，派出部分政协机关人员参加到一些矛盾多、困难大的工作中，协助部门疏导群众思想，化解各种矛盾。上述一切，无不充分彰显出县政协在促进经济社会发展，创建社会文明和谐中的作用越来越强，效果越来越好。

——自身建设进一步加强。县历届政协，都把加强自身建设，提高履职能力，作为做好政协工作的重要基础性工作狠抓落实。

在委员学习方面，县政协从成立之初，就狠抓委员学习，着力提升委员自身文化素质和政治素质，以素质提升促进履职水平提高。二届政协开始，成立学习委员会，专门负责组织委员的学习讨论。四届政协后，因成立文史资料工作组，政协学习由文史资料工作组负责组织实施。之后长期一段时间，沿袭这一分工。2002年，县十届政协将政协学习划归办公室管理，形成每周一次的学习制度，机关人员，轮流讲课，每个人既是学员，也是教员，兴起政协机关全员学习之风。十届、十一届、十二届、十三届政协，一以贯之地把学习、了解党和国家方针政策、地方经济发展思路、政协基础知识和现代科学文化知识摆在重要位置，每年年初都要根据实际情况，制定学习计划和培训安排，采取与县委组织部、县委党校联合办班的形式，对政协基层骨干和政协机关人员进行培训辅导。在培训中，历届政协分别突出实践“三个代表”、科学发展观、习近平新时代中国特色社会主义重要思想学习教育，突出改革开放和市场经济知识的学习教育；突出人民政协、统一战线理论的学习教育。十三届政协主动作为，创办“沅陵论坛”，引“外脑”强“智库”，弥补县级政协作为智囊团、人才库，在专业、理论、视野等层面的局限性。积极开展“不忘初心、牢记使命”主题教育，对照“守初心、担使命、找差距、抓落实”的总要求，将“学习教育、调查研究、检视问题、整改落实”贯穿始终，大力开展党史学习教育活动，坚持“学史明理、学史增信、学史崇德、学史力行”，不断增强“四个意识”，坚持“四个自信”，做到“两个维护”。为增强委员学习自觉性和紧迫性，县政协倡导全体委员和机关干部职工运用好政协云和学习强国学习平台，对委员学习进度进行跟踪统计通报和适当奖励。通过学习，政协机关人员和全体委员，理论水平普遍得到提升，理想信念更加坚定，工作作风进一步夯实，效能进一步提高，学习取得明显效果。

在制度建设方面，县政协一直坚持与时俱进，积极推进政协机关的“制度化、规范化、程序化”建设，不断提高政协工作整体水平。历届政协，坚持以制度建设为重点，以提升工作质量为核心，参照全国和省、市政协相关规定，不断修订完善各项工作制度。先后出台县政协《常务委员会工作规则》《主席会议制度》《专门委员会通则》《提案工作条例》《委员执证视察条例》《委员管理办法》《关于创新政协委员履职制度》《关于促进政协调研成果转化制度》《关于社情民意信息直通车制度》《专门委员会与县直有关部门对口协商联系制度》《关于进一步贯彻落实中央八项规定精神的具体实施办法》《党组理论学习中心组学习实施办法》《各专门委员会联系乡镇、战线及界别委员活动工作制度》等一系列规章制度。除此之外，历届政协，还就机关财务管理、走访委员、信访接待、岗位目标管理等具体工作，制定出适合本届政协实际的规章制度，对政协履行职能和日常工作的形式、程序、标准进行了明确界定，政协工作制度化、规范化和程序化得到较好实现。同时，县政协还结合每年常委会工作总结，及时收集加强常委会、专门委员会、政协委员队伍建设和政协机关建设的意见，十分注意把一些实践证明是行之有效的方法、经验及时上升为规章制度，形成新的工作规范，以推动政协工作上新的水平。通过对这些规章制度的建立和完善，县政协的工作指标得到量化，工作程序得到规范，岗位目标和履职实效得到较好体现。

在硬件建设方面，2000年以前，政协办公楼为一幢3层楼房，年久失修，环境狭窄，不适应新形势下政协工作需要。2002年十届政协成立后，抓住沅陵创建省级文明卫生县城活动的机遇，按照城市建设要美化、亮化、绿化的具体要求，大胆创新工作思路，采取和开发商合作，用土地置换的方法，修建起六层楼的政协新办公大楼。同时统一购买添置电脑、打印机、空调、饮水机、书柜、桌椅等设施，实现机关网络化办公。十三届政协以来，政协硬件建设进一步加强，会议室增添投影设备，办公室增添彩色打印传输机、文件粉碎机、单反数码照相机，专委会办公电脑设备实现更新换代，每个专委会首次添置打印设备，政协办公全部实现自动化，硬件设施跃上一个新的台阶，为政协工作顺利开展创造出有利条件。

沅陵县政协从成立到今天，已经走过65年不平凡的历程。65年来，县政协从无到有，从弱到强，有过曲折，但是更多留下的是历届委员肩扛责任、践行使命的身影，是政协人执着不舍，辛勤奉献，创造出的辉煌业绩。65年来，特别是改革开放40多年来，县政协在团结、民主，履职为民中，积累出丰富的实践经验，对新时期中国特色社会主义事业建设中的政协工作，有许多弥足珍贵的启示。

——坚持和依靠党的领导，是做好政协工作的根本保证。沅陵政协是在中共沅陵县委领导下，由沅陵县各民主党派、无党派人士、人民团体、各族各界人士代表参加的爱国统一战线组织，是中共沅陵县委领导的多党合作和政治协商的组织形式，是组织沅陵县各民主党派团体、无党派人士及各界人士发挥政治协商、民主监督、参政议政作用的政治机构。坚持党对政协工作的领导，是县政协从成立之日起，一直坚持至今的首要原则。县政协第一至第三届主席，均是县委书记当选兼任。党的十一届三中全会以来，中共沅陵县委始终把政协工作作为全县工作大局的重要组成部分，数次召开县委常委会和全县政协工作会议，专题研究和部署政协工作。制定下发《中共沅陵县委关于加强政协工作的意见》。历届政协注重思想教育，加强政治建设，坚持和依靠党的领导，始终保持政协工作正确的政治方向。2017年，十三届政协继承和发扬这一优良传统，把党的建设放在首位，认真学习贯彻执行《关于加强新时代人民政协党的建设工作的若干意见》，在政治立场、政治方向、政治原则、政治道路上同党中央保持高度一致，率领全体委员，树立政治意识、大局意识、核心意识、看齐意识。坚持政协的主要工作、重大活动、重要人事安排和重要问题，都主动向县委请示汇报；政协全体会议的召开、年度工作要点的制定、主席会和常委会的协商议题和视察内容、专题协商的比较研究学习等重要工作，都及时上报县委审批；主动邀请县委、县政府领导参加政协的各种重要会议和重大活动；对县委重大决策和工作部署以及交给政协办理的临时性工作，都及时落实到位。有力确保政协工作沿着正确的方向前进。

——坚持团结和民主两大主题，是做好政协工作的本质要求。团结和民主是政协工作的两大主题，也是政协构建社会主义和谐社会的优势所在。历届县政协根据人民政协的性质和特点，把团结和民主贯穿政协工作始终。始终加强团结联谊工作，营造出民主和谐氛围；始终坚持平等协商，促进团结民主，推进合作共事。尤其是2002年第十届政协以来，政协围绕团结民主两大主题开展政协工作，成绩尤为突出。十届政协坚持多渠道、多层次彰显团结主题，通过举办各种学习、座谈、联谊活动，增强委员相互了解和团结，在民主党派、工商联、无党派人士、人民团体及各族各界代表人士间，构筑起民主协商议事的平台。十届政协在纪念县政协成立50周年和抗战胜利60周年等重大活动中，各界委员在筹备中充分协商，献智献策，活动举行时，出钱出力，捧土筑墙，两次纪念活动都取得圆满成功。十二届政协弘扬团结民主，深入推行政协领导联系常委、常委联系委员制度，做到与委员联系方式不拘一格；大力支持农工党、工商联、无党派人士履行职责，发挥作用，安排他们在政协全会、常委会议、专题协商会上发表意见；分批安排不是常委的委员、乡镇联工委主任、战线联络员列席常委会议，推进与委员联系交流多样化、经常化，形成团结、民主新局面。十三届政协在继承历届政协经验的同时，根据实际，大力支持农工党、工商联、各人民团体的自身建设；加强与台属、侨属、宗教界人士和无党派知名人士的联系，政协重大课题调研、专题协商，都主动听取他们的意见和建议，优先安排有关人士参加，为他们参政议政搭建平台，提供舞台。十三届政协还充分利用现代科技成果，开通政协微信公众号、建立委员微信工作群，架起委员空中联系桥梁，新时代的团结和民主精神更好彰显，合作共事的基础进一步夯紧夯实，政协工作得到进一步推进。

——坚持围绕中心，服务大局，是做好政协工作的基本内容。围绕中心，服务大局，是政协履行职能的重要原则，是政协发挥作用的努力方向，也是政协工作的基本内容。改革开放以来，特别是进入二十一世纪以来，县政协以促进发展为主线，以兴沅富民为己任，始终与县委、县政府同心共振，坚持把沅陵经济社会发展中带综合性、全局性、前瞻性的重大问题作为履行职能的主要课题，把县委、县政府十分重视和最迫切解决，人民群众特别关心和反映最强烈的热点难点问题，以及影响经济社会发展与人民群众切身利益的突出问题作为重点，深入调查研究，积极建言献策。并利用政协联系面广的优势，发动委员多做化解矛盾、理顺情绪、协调关系的工作，为维护全县改革、发展、稳定的大局做出积极贡献。九届政协委员提交的《进一步加强县城“美化、绿化、净化、亮化”，创建文明城市的意见》《强化县城市容市貌整治，积极创建文明卫生城市》《修建“凤凰广场”的思考和建议》，十届政协委员提交的《应切实解决改制企业职工的生活出路》《加大政府管理活动的力度，完善政府责任和诚信形象》《在城区小学实施“小黄帽”工程的建议》，十一届政协委员提交的《关于对当前农村合作医疗工作的建议》《关于实施品牌战略，加强我县民营企业品牌建设的建议》《关于推动沅陵文化产业有力发展的建议》，十二届政协委员提交的《进一步引导民营工业企业加快产业升级转型的建议》《建立国家公职人员诚信管理制度的建议》《加快红色旅游资源开发的建议》，十三届政协委员提交的《关于解决城区交通拥堵问题的建议》《关于解决城区义务教育学校大班额的建议》《关于引导社会力量参与脱贫攻坚的建议》等，无不紧跟时代脉搏，同服务于全县的工作大局相结合，顺民心，合民意，被政府相关部门称为金点子，纳入工作安排。

——坚持发挥委员的主体作用，是做好政协工作的重要基础。政协由政协委员构成，委员是政协工作的主体，主体作用发挥得好，政协工作才有牢固的基础。沅陵县历届政协，始终把增强委员的责任感和使命感、不断激发委员履职热情当作基础性工作抓实抓细，抓出特色。2000年以来，县政协以号召委员建功立业为抓手，鼓励委员积极投身经济建设主战场，给政协不断注入新的活力。十届政协把委员建功立业作为一项经常性活动开展，坚持引导和鼓励全体委员围绕经济建设中心，在不同岗位、不同行业扎实工作，开拓奋进。十一届政协突出“一岗双责”，号召委员立足爱岗敬业，树立做好本职工作、推动行业进步即是做好政协工作的观点，鼓励委员在本职工作中建功立业。十二届政协在全体委员中广泛开展“立德、立言、立功”主题实践活动，以“三立”活动为载体，引导委员凝智聚力，共同参与各项经济建设和社会慈善、救助、扶贫、助学等活动。十三届政协坚持以脱贫攻坚统揽各项工作，把活动焦点聚集到脱贫攻坚上面，实现政协委员参与“三个一”扶贫行动全覆盖，共计投入帮扶资金4000多万元，通过产业扶贫、教育扶贫、健康扶贫、引导外出务工等途径，帮扶和带动贫困户1500多户4000多人增收脱贫，委员牵头成立各种合作社20多家，委员企业解决1000多名贫困人口就业，工商界委员先后资助贫困学生近400人。历届政协委员通过形式多样的主题实践活动，涌现出一批勤政爱民、开拓创新的公务人员；一批刻苦钻研、事业有成的专业技术人员；一批搏击商海、带领群众共同富裕的商界精英；一批乐于奉献，富有爱心的各界人士。历届委员主体作用，在政协常委会的领导下，得到充分发挥，使沅陵政协工作在继承中得到发展，在发展中得到创新，不断开创出新的局面。

回顾过去，不辱使命，成绩卓著；展望未来，前景光明，大有可为。新时代，新任务，为人民政协事业发展提供了更广阔的舞台，也对人民政协工作提出了新的更高的要求。在中共沅陵县委的领导下，县政协将不断认真总结历史经验，继续发扬优良传统，以更高的政治责任感和历史使命感，同心同德，与时俱进，努力开创沅陵政协工作更新更好局面，为全面建设社会主义现代化沅陵做出新的更大的贡献。

大事记

1955年

5月18—19日，召开中国人民政治协商会议沅陵县委员会第一届一次全体会议，选举产生县政协第一届主席、副主席、常务秘书和常务委员，县委书记苏君当选政协第一届主席（兼）。

5月19日，县政协一届一次会议向毛主席发出致敬电，报告沅陵县政协成立消息。

5月，政协在委员自愿的基础上成立10人学习小组，并邀请县人民委员会3名委员加入学习。

1956年

1月2日，政协召开第一次委员（扩大）会议，学习讨论推进资本主义工商业改造工作，根据改造规划形成决议。

5月20—22日，召开政协一届二次会议，成立学习委员会和工商、社会文教工作组。

10月，政协机关迁到县城胜利街一所楼房办公。

同年，政协围绕私营工商业社会主义改造，组织政策学习和说服宣传。

1957年

3月18日，湖南省人民委员会参事室参事、县政协驻会副主席蒋维中病逝。

11月，县政协组织委员参加庆祝苏联10月社会主义革命40周年大会。

同年，县政协委员在废品收购仓库中发现线装古籍，及时建议省文化部门和县文化科组织力量开展抢救，共抢救出珍贵古籍500多公斤。

1958年

1月1日，政协召开委员扩大会议，协商讨论支援农业大生产问题。

9月28日，县工商界协商讨论，形成《坚决贯彻社会主义建设总路线，加速自我改造，积极贡献智慧和力量的决议》。

1959年

3月，政协组织委员学习讨论中央《关于农村人民公社若干问题的决议》。

9月，政协组织委员参加“反右倾”运动；政协举行解放中国台湾地区座谈会。

1960年

8月4日，县委对台工作领导小组成立。

12月7—11日，召开政协二届一次全会，选举产生第二届政协主席、副主席和常务委员，县委书记武洪光当选第二届政协主席（兼）。

1961年

6月22日，政协召开会议，欢迎基督教牧师刘诗祥委员参加上海宗教会议归来。

9月19日，召开政协二届二次委员（扩大）会议。

1962年

9月1日，县政协第二届委员会决定设立学习委员会、工商工作组、学习研究工作组、文教科技工作组、妇女工作组、社会工作组。

1963年

2月，共青团中央第一书记胡耀邦视察沅陵。

6月，政协组织委员参加开展向雷锋同志学习的活动。

1964年

1月，政协制定《关于在各界人士业余学习中继续进行爱国主义、国际主义和社会主义教育的计划》，对全年的学习时间、学习内容、讨论要求作出具体规定。

4月，政协积极为委员预定四卷本《毛泽东选集》。

6月，县政协委员蒋国汉出席共青团全国第九次代表大会，受到党中央毛主席等领导同志接见。

9月3—7日，政协召开三届一次全会，选举产生第三届政协主席、副主席、常务秘书和常务委员，县委书记平吉奎当选第三届政协主席（兼）。

1966年

6月，“文化大革命”波及全县各行各业，政协机关受到冲击，政协活动被迫中断。

1980年

8月，中共湖南省委批准沅陵县恢复政协组织。

9月，县政协筹备工作领导小组成立。

12月11—13日，召开县政协四届一次全会，选举产生第四届政协主席、副主席、秘书长和常委，陈礼和当选县政协第四届主席。

同月，县政协第四届委员会决定设立政协办公室和工农科技、文教卫生、经济民族、社会联络4个工作组。

1981年

1月7日，设立政协办公室、工农科技组、文教卫生工作组、经济民族工作组、社会联络工作组等一室四组，开展政协日常工作。

1月27日，政协举行迎春茶话会，全体政协委员和各界代表150余人应邀出席。

3月15日，启用“中国人民政治协商会议湖南省沅陵县委员会”印章，原“中国人民政治协商会议沅陵县委员会”印章作废。

5月5日，启用“中国人民政治协商会议湖南省沅陵县委员会办公室”印章。

7月1日，《沅陵政协》简报创刊。

9月15日，成立政协文史资料工作组。

9月16—18日，召开政协四届二次全会，决定设立提案审查委员会。

10月31日，政协与湘西州政协联合开展湘西事变史料征集，合编《湘西事变》文史资料。

1982年

1月18日，县委举行各界爱国人士迎春茶话会，县政协领导、城区政协委员应邀参加出席。

4月15日，政协邀请县人大领导和离休老干部视察凤凰山旅游资源，建议县委、县政府修复凤凰山景区。

4月20—26日，召开政协四届三次全会，增选第四届政协副主席、常委各1人；决定成立政协学习委员会。

12月25—30日，召开政协四届四次全会。

1983年

1月16日，县委召开统战工作会议，传达贯彻七省市区落实起义投诚人员政策精神，安排落实政策工作。

3月23—26日，召开政协四届五次全会。

5月，第一辑沅陵文史资料《湘西事变专辑》出版。

7月，政协办公楼落成，政协机关迁入新址办公。

12月4日，全国政协副主席、中央顾问委员会常委王首道视察沅陵岩屋潭水电站和湘西剿匪胜利公园。

1984年

1月19日，政协举行各界人士代表迎春茶话会，150多名各界代表畅谈党的十一届三中全会以来大好形势，献词赋诗，歌颂沅陵各项工作成就。

2月26日，怀化地区政协统战工作会议在沅陵召开。

3月23—29日，召开政协五届一次全会，选举产生第五届政协主席、副主席、秘书长和常务委员，刘俊良当选第五届政协主席。

同月，县政协第五届委员会决定设立一室三组办事机构。

6月，政协创办《参阅件》，为县委、县政府领导提供决策参考。

同年，县政协机关正式定编为“三委一办”机构。

1985年

3月15日，裁政协文史资料工作组，成立县政协文史资料研究委员会。

3月18—19日，政协五届七次常委会议研究决定恢复委员提案。

3月28日—4月1日，召开政协五届二次全会，增选第五届政协副主席1人、常委3人；决定成立学习文史委、工作联络委、文史资料研究委3个专门委员会和8个政协工作组。

9月5—7日，省委统战部长、省政协副主席佟英，省政协副主席徐君虎等全国政协委员视察沅陵政协和统战工作。

10月15日，县委批转政协党组《关于进一步发挥县政协委员作用的报告》。

10月22日，中国农工民主党湖南省沅陵县直属小组成立。

1986年

3月10日，政协副主席陈伟加入中国共产党，县委书记黄伯炎向政协党组致信祝贺。

3月16—21日，政协五届三次全会召开。

7月8日，县政府颁发《关于加强县政协及其各委办和工作组联系的通知》，要求全县各区公所和镇、乡人民政府、县直机关各单位，加强同政协及其各委办和政协工作组的联系。

11月3日，政协从武汉征集到张学良幽禁沅陵凤凰山时使用过的一张九屉书案。

12月12日，政协隆重举行西安事变五十周年纪念活动，在凤凰山为张学良塑像揭幕。

1987年

3月4—12日，政协六届一次全会召开。选举第六届政协主席、副主席、秘书长和常委，刘俊良当选第六届政协主席。全会协商决定在区、镇建立政协联络组。

3月18日，政协六届二次常委会议决定设立政协工作组联络委员会、学习委员会、文史资料研究委员会和办公室，办公室内设提案委。

4月6日，全县各乡镇成立政协联络小组。

4月，县政协机构定编为“四委一办”。

6月12日，政协成立老委员联谊会。

6月20日，沅陵县黄埔军校同学会成立。

6月29日，由政协牵头成立沅陵县经济建设促进会。

9月15日，政协举行首次委员集中“活动日”，开展学习活动。

12月5—30日，政协原副主席方思默、向明龙，和县人大有关领导，受县委、县政府委托，组成民族工作汇报团，赴京汇报民族工作。

同年，政协委员、县中蜂种蜂场场长段晋宁，荣获全国总工会“职工自学成才奖”，出席全国总工会表彰大会。

1988年

1月5—11日，召开政协六届二次全会，决定增设政协提案工作委员会。

1月，政协副主席、县人民医院院长陈自如当选省七届人大代表，出席省七届人大一次会议。

5月，政协主席刘俊良带队参加北京沅陵一中校友会，促成沅陵一中与北京市二十六中结成姊妹中学。

6月8日，政协机关综合档案室成立。翌年9月25日，升为二级档案室。

6月，县委同意政协设置提案委员会、学习委员会、文史委员会、工作组联络委员会等4个专门委员会，结束政协“委组并存”的组织形式。

7月16日，政协主席办公会议更名为主席会议。

9月12—28日，政协在县委党校举办全县统战、政协干部培训班，就对台工作、侨务、工商、民族、宗教等11个方面开展专题培训。

1989年

3月14—19日，召开县政协六届三次全会。

5月30日，县委邀请80多名各界人士在政协座谈，县委书记黄伯炎、副书记张贻国通报北京政治风波情况。

9月21日，政协举行中国人民政协成立40周年庆祝活动，县委、人大、政府、政协领导、各界人士250多人出席参加。

9月28日，政协文史专辑《张学良在凤凰山》获湖南省首届优秀文史书刊评选一等奖。

10月13日，政协调整和增设专门委员会机构。

10月20日，县委批转县政协《关于政治协商、民主监督的实施细则》。

1990年

2月20—23日，召开政协七届一次全会。选举产生第七届政协主席、副主席、秘书长和常务委员。蒋国汉当选第七届政协主席。

3月16日，政协七届二次常委会议研究决定，政协机关设办公室、提案委、学习委、文史委、联络联谊委、经济委、教科卫委等“六委一办”工作机构。

4月29—30日，政协常委中的党员干部列席县委六届六次全体（扩大）会议，学习《中共中央关于加强党同人民群众联系的决定》。

6月4日，更换政协委员会印章，启用中心是政协会徽图案的印鉴。同时启用经济委、教科卫委、联络联谊委3个新设或更名的专委会印章。

6月14日，沅陵发生特大水灾，政协机关干部职工积极响应县委号召，踊跃捐钱捐物，全力投入抗洪救灾。

11月25日，沅陵县经济建设促进会台属股份实业公司成立。

12月10—11日，县委召开全县区乡书记和部委办局主要负责人会议，学习贯彻全省政协工作会议精神。

12月，县委常委会研究决定，从1991年开始，安排政协委员每人每年50元活动经费，列入财政预算。

1991年

1月11—12日，怀化地区政协工作会议在沅陵召开。

1月13—15日，驻怀化地区的省政协委员和怀化各县市政协主席视察五强溪水电站工地建设，原则通过联名向省政协全会提交《五强溪库区移民急待解决的几个问题》的提案。

1月23日，政协七届七次常委会议研究决定，将“教科卫委员会”改为“文教卫体委员会”，将“经济委员会”改为“科技经济委员会”。

3月6—9日，召开县政协七届二次会议。

4月6日，县政府召开首次政协委员提案办理表彰会议，对6个提案办理先进单位和6名提案办理先进个人进行表彰奖励。

5月5—12日，政协主席蒋国汉出席在北京举行的“校友联谊会”和在长沙召开的“开发沅陵恳谈会”。

9月5日，省政协副主席卓康宁陪同省长陈邦柱等领导视察五强溪库区移民搬迁情况。

1992年

2月25—28日，召开政协七届三次会议，增补选举第七届政协副主席1名、秘书长1名、常委1名。

3月25日，政协主席蒋国汉在七甲溪蹲点工作时突发疾病去世。

12月27日—1993年1月1日，召开县政协八届一次会议，选举产生第八届政协主席、副主席、秘书长和常委，罗建中当选第八届政协主席。

1993年

8月24日，省政协副主席卓康宁视察沅陵硫铁矿。

9月7日，省政协《湘声报》有关领导采访县政协履行“政治协商、民主监督”职能工作情况.

12月26日，省政协副主席卓康宁视察沅陵高滩水电站建设情况。

1994年

1月11—15日，召开县政协八届二次会议，增选第八届政协副主席1名。

6月23—30日，县委对贯彻落实中共中央（1989）14号《关于坚持和完善中国共产党领导的多党合作和政治协商制度意见》及中发（1989）13号《转发政协全国委员会关于政治协商民主监督的暂行规定》情况进行检查。

8月3日，县委办、组织部、统战部、政府办、政协办、人事局联合发出《关于行政编制不在县政协机关的县政协常委组成人员阅读文件、生活待遇和其他有关问题若干规定》。

8月，政协举办为期一个月的政协工作电视系列宣传报道讲座，分别由县委、县政府、县政协领导进行电视宣讲。

9月19日，政协在工人文化宫隆重庆祝中国人民政治协商会议成立45周年，沅陵县各界人士代表200多人出席庆祝大会。

1995年

1月4—8日，召开县政协八届三次会议。

5月18日，政协在工人文化宫举行隆重集会，庆祝县政协成立40周年。

8月19—20日，省政协副主席卓康宁一行检查指导沅陵政协工作。

11月6日，政协文史书刊《凤凰山上忆少帅》获全国政协优秀文史图书三等奖。

1996年

1月21—25日，召开县政协八届四次会议。

3月29日，政协制定实施《关于政协系统报刊用稿奖励的有关规定》，对报刊采用的新闻稿件和政协理论文章实行奖励。

4月17日，沅陵、辰溪、溆浦、麻阳四县政协秘书长会议在沅陵召开。

6月1日，县委组织部、统战部、县政协办公室联合开办“沅陵县党外人士骨干进修班”。

6月21—23日，省政协副主席范多富一行7人来沅陵督查中共中央《关于坚持完善中国共产党领导的多党合作和政治协商制度的意见》，及省委召开的全省政协工作会议精神的贯彻落实情况。

9月16日，政协机构改革，设办公室、提案法制群团委、学习文史委、经济科技联谊委、文教卫体委。

12月11—15日，驻怀化地区的省政协委员15人视察五强溪库区建设情况。

12月27日，县委、县政府联合发布《关于进一步改善支持和加强人民政协工作的决定》。

同年，县政府出台《关于认真做好人大代表建议、政协委员提案的若干规定》。

1997年

1月6日，政协八届十七次常委会议同意肖芳杰辞去政协副主席、常委、委员职务。

1月14—18日，召开县政协八届五次会议。

2月12日，县委批准县政协机关职能配置、内设机构和人员编制方案。

5月1日，县委批转政协《关于贯彻执行〈政协全国委员会关于政治协商、民主监督、参政议政的实施意见的规定〉的实施意见》。

12月28日—1998年1月1日，召开县政协九届一次全会，选举产生第九届政协主席、副主席、秘书长和常务委员，罗建中当选第九届政协主席。

1998年

4月，沅陵二中建立农工民主党支部。

11月3日，全国政协副主席毛致用视察五强溪电站建设和沅陵库区移民搬迁工作。

1999年

1月17—20日，召开县政协九届二次会议。

3月3日，县委召开常委会议，专门听取政协工作汇报。

4月，县政府办公室印发《关于印发〈沅陵县办理人大代表建议和政协委员提案工作暂行规定〉的通知》。

10月19日，政协主席罗建中出席参加清水坪、火场、棋坪三个少数民族乡成立十周年庆典活动。

10月27—29日，全国政协人口资源环境委员会“基层计划生育工作”考察团调研沅陵计划生育与扶贫、库区开发相结合工作。

11月8日，省政协副主席、省工商业联合会会长方毓考察五强溪库区移民工作。

11月9日，全国政协常委、中科院院士叶大年专程调研沅陵库区灾情。

12月19日，县各界人士以各种不同方式庆祝澳门回归。

2000年

1月14—17日，召开县政协九届三次会议。

5月6—7日，政协主席罗建中赴京参加沅陵籍北京地区校友（同乡）恳谈联谊会。

10月30日，省政协副主席、中科院院士姚守拙考察沅陵人文历史景观。

2001年

1月2—5日，召开政协九届四次会议，同意尹叔宜到龄退休辞去副主席、常委职务，补选瞿东升为副主席。

1月，省“两会”期间，省政协副主席游碧竹、姚守拙，省政协常委黄祖示等12名委员联名提出《关于开发沅陵旅游资源，打造我省第二张国际旅游品牌的建议》，省委书记杨正午、省长储波作出批示。

5月3日，全国政协委员汪浩等6人，考察指导沅陵旅游开发工作。

7月11日，省政协副主席游碧竹、省政协常委黄祖示，率领由省交通厅、旅游局、广电局、湖南大学等单位领导和专家组成的智囊团，视察沅陵旅游景区建设。

11月6—8日，政协配合省、市政协委员联合视察五强溪库区移民工作，并分别向省政协、中共怀化市委提交《关于沅陵五强溪库区移民工作情况的视察报告》。

12月4日，政协九届十八次常委会议根据省、市政协关于县级政协不设秘书长职务的通知精神，免去李宏勋政协秘书长职务。

2002年

1月7—10日，召开县政协九届五次会议。

7月10日，县委批转《中国人民政治协商会议湖南省沅陵县委员会机关机构改革方案》。

12月10日，召开政协九届二十六次常委会议，协商通过249名十届政协委员名单。

12月27日—2003年1月1日，召开政协十届一次会议，选举产生第十届政协主席、副主席、常务委员，黄茂林当选第十届政协主席。

2003年

3月7日，县政协成立人口资源环境委，拆提案法制群团委为提案委、民族宗教法制群团委。

3月22日，政协旧办公楼拆除，政协机关迁至胜利中学办公。

5月11日，省政协主席胡彪一行检查指导沅陵工作。

7月5日，省政协副主席李贻衡指导沅陵招商引资工作。

8月5—7日，《湘声报》采访报道沅陵民营经济发展情况。

10月，全国政协原副主席毛致用视察沅陵旅游开发情况。

2004年

2月19日，怀化市政协主席张进成调研沅陵政协工作。

3月6日，《湘声报》专题采访报道沅陵政协工作经验。

3月14日，省政协副主席王汀明调研沅陵“五五三三”发展思路。

3月19日—4月2日，政协在县委党校举办为期15天的政协中层骨干培训班。

5月18日，政协综合办公楼落成。

6月15日，省政协原副主席卓康宁专程看望沅陵政协干部职工和政协机关建设情况。

6月20日，省政协原主席刘正及夫人、省政协副主席、中国工程院院士袁隆平及夫人，参观沅陵传统龙舟大赛。

9月11日，沅陵、古丈两县政协牵头，在沅陵宾馆举行两县政府改造沅古公路协商会议。

12月27—29日，召开县政协十届三次会议，决定恢复设置政协秘书长职务，选举产生秘书长1人，增补常委4人。

2005年

2月1日，政协在机关党员中开展保持共产党员先进性教育活动。

4月，政协落实执行公休制。

5月18日，县政协举行大会和文艺晚会隆重庆祝县政协成立50周年。

6月9日，各乡镇和县直战线设立政协联络员。

9月28日，政协十届十二次常委会议修订通过《中国人民政治协商会议沅陵县委员会提案工作条例》。

11月9日，政协召开首届乡镇及战线联络员工作会议，对23个乡镇和9大战线的新任政协联络员进行政协工作培训。

12月27—29日，召开县政协十届四次全体会议。

12月，政协委员活动经费由每人每年100元上调为300元。

同年，县政协建立“每周一课”制度，全年共上理论辅导课近30堂，《人民政协报》《湘声报》给予报道。

2006年

3月3日，政协十届三十二次主席会议通过《沅陵县政协主席会议工作规则》。

3月31日，政协十届十四次常委会议协商通过县政协全体会议工作规则和政协常务委员会工作规则。

4月26日，中国农工民主党沅陵县基层委员会新办公楼落成。

6月9日，政协党组向县委提出《关于在城区按战线设立政协联络员的请示》。

9月6日，省政协副主席姚守拙、原副主席游碧竹率领专家团考察指导沅陵历史文化旅游工作。

9月19日，县委颁发《中共沅陵县委关于加强人民政协工作的意见》。

11月15日，怀化市政协主席会议在沅陵召开。

12月29—31日，召开县政协十届五次会议。

同年，政协常委张永林在全县第一个为县新农村建设带头捐款1.5万元。截至年底，全县政协委员累计为新农村建设捐献资金近100万元。

2007年

2月1日，省政协副主席石玉珍来沅陵调研视察。

6月20日，省委统战部长李微微、省政协副主席石玉珍参加“9+2”湘澳合作沅陵工贸中心暨澳门花园项目奠基仪式。

6月，全国政协委员、全国青联副主席、澳门立法会议员陈金明，与在沅投资的澳门客商吴维欣共同捐资40万元，在凉水井镇修建一所海联学校。

11月9日，县政协十届二十次常委会议召开，协商确定十一届政协界别设置和委员名单。

12月27—31日，召开县政协十一届一次会议，选举产生第十一届政协主席、副主席、秘书长和常务委员，张大新当选第十一届政协主席。

2008年

3月26日，政协十一届二次常委会议票决产生2008年县政协民主评议单位。

4月1—30日，党外政协常委参加沅陵县第一届党外代表人士培训班学习。

10月30日，县工商联被评为全国工商联系统先进单位。

12月26—30日，召开县政协十一届二次会议。

2009年

4月，乡镇成立政协联工委，为县政协正科级派驻机构。

9月8日，中国农工民主党沅陵县委成立。

12月9日，政协十一届十次常委会议协商通过《关于辞免或撤销县政协委员、常务委员资格的暂行办法》《辞免或撤销县政协常务委员、委员资格和增补县政协委员人选办法》。

12月24—28日，召开政协十一届三次会议。

2010年

4月，政协对乡镇政协联工委主任和县直战线联络员开展为期半个月的集中培训。

11月24日，政协十一届十四次常委会议专题协商沅陵经济社会发展“十二五”规划基本思路（草案）。

12月20—24日，召开政协十一届四次会议。

2011年

4月，市政协三届三十一次主席会议在沅陵召开。

5月，县政协配合全国政协民主和宗教委员会、民建中央、省政协，开展武陵山连片特困地区扶贫开发专题调研，形成《武陵山经济协作区沅陵片区的情况汇报》。

6月，省政协副主席王晓琴一行到沅陵现场办理提案。

12月23—27日，召开政协十一届五次会议。

2012年

11月9日，政协十一届二十五次常委会议协商通过第十二届政协245名委员名单。11月25—28日，召开政协十二届一次会议，选举产生第十二届政协主席、副主席、秘书长和常务委员，张世雄当选第十二届政协主席。

12月12日，政协十二届一常委会议协商通过第十二届政协各专门委员会主任、副主任、委员名单。

2013年

1月18日，政协十二届二次常委会议协商通过修改完善一系列政协管理规章制度。

2月3日，县委批转《沅陵县专门委员会与县直有关部门对口协商联系制度》《政协沅陵县委员会委派政协委员担任重点执法执纪部门（单位）民主监督员实施办法》。

5月23日，政协十二届三次常委会议审议通过开展“立德、立言、立功”（简称“三立”）主题实践活动的决定。

9月25日，政协十二届四次常委会议协商通过《政协沅陵县委员会提案工作条例（修订稿）》。

9月，农工党中央授予农工党沅陵县委会“社会服务工作先进集体”称号。

10月31日，政协委员参加县首届慈善晚会，爱心捐款200万元。

2014年

3月26日，县委转发政协关于民主监督工作情况的通报。

5月29—30日，省政协副主席张大方调研沅陵扶贫工作。

6月23—25日，政协主席张世雄带队考察学习长沙县、澧县撤镇设街道办的工作经验。

9月，政协牵头组织编写的沅陵县历史文化丛书由中国文史出版社出版。

11月17日，县委办公室印发《沅陵县加强人民政协提案办理工作若干规定》。

2015年

4月7日，省政协主席陈求发调研沅陵经济社会发展情况。

8月15日，县政协《寻找无射山》研究成果在长沙获专家组验收通过。

9月15日，县政协召集政协常委专题协商“十三五”规划编制。

10月，无射山被中国茶叶流通协会和茶文化学会授予“中国茶文化名山”称号。

11月23日，县政府提请政协协商《沅陵县乡镇区划调整实施方案》。

11月，农工党中央授予农工党沅陵县委会一支部“先进基层组织”称号。

2016年

1月5—7日，召开政协十二届四次全体会议。

2月19日，政协十二届十八次常委会议通报怀化市委关于政协提前换届的决定。

4月15日，省政协副秘书长、民盟省委副主委汤浊率省政协第28组委员来沅陵调研“张吉怀精品生态文化旅游经济带”交通发展情况。

5月18—20日，全国政协委员、全国政协教科文卫体委员会副主任黄洁夫带队深入沅陵开展“卫生三下乡”活动。

11月3日，政协十二届二十次常委会议协商通过县十三届政协243名委员名单。

11月22—26日，召开县政协十三届一次会议，选举产生第十三届政协主席、副主席、秘书长和常务委员，黄忆钢当选第十三届政协主席。

12月21日，政协十三届一次常委会议协商通过政协各专委会组成人员名单。

2017年

3月25—29日，县政协创办沅陵论坛，聘请专家为全体在职县级领导、乡镇正职、县直单位主要负责人和全体政协常委讲授新知识和新发展理念。全年举办四期沅陵论坛。

4月14日，政协十三届二次常委会议协商修改完善县政协委员管理办法和政协主席、副主席联系常委、常委联系委员等制度。

5月16日，怀化市政协主席李军调研沅陵教育扶贫工作。

8月8—10日，中国社会科学院学部委员王震中调研沅陵历史文化。

11月，怀化市政协委员“三个一”扶贫行动现场会在沅陵召开。

12月25—28日，召开县政协十三届二次会议，补选1名副主席和4名常委。

2018年

3月21—22日，怀化市政协主席李军调研沅陵产业扶贫和“打赢蓝天保卫战”工作。

5月14日，第十二届全国政协委员、中国国际经济技术合作促进会理事长、国家公务员局原副局长杨春光、湘西自治州政协主席刘昌刚一行来沅陵调研。

7月27日，县政协配合驻湘西自治州省政协委员考察沅水中下游生态保护和历史文化。

10月8—9日，省政协原副主席游碧竹调研沅陵辰龙关、二酉山、借母溪等乡村旅游发展情况。

11月22日，县商会与长沙县商会缔结为友好商会。

12月23—26日，召开县政协十三届三次会议。

2019年

4月，县政协进行机构改革，对原专委会进行合并调整，并新成立学习联络委员会。

5月24日，怀化市政协五届四次会议举行第二次全体会议，选举沅陵县委书记钦代寿为市政协副主席（兼）。

8月6日，怀化市首家政协委员工作室在凉水井镇挂牌成立。

8月14日，怀化市政协主席李军调研沅陵“双助·双行动”工作。

9月9日，县政协工商联界别委员工作室挂牌成立。

9月，县委政协工作会议在凉水井镇召开。

11月，县政协宣传信息研究中心成立，为办公室下设二级机构，全额事业编。

是年，政协全年开展“不忘初心，牢记使命”主题教育。

2020年

年初，政协全力参与“新冠”疫情抗疫行动。

2月21日，政协主席、副主席、委室主任和政协驻村第一书记，参加全县脱贫摘帽誓师大会。

5月18—19日，召开县政协十三届四次会议，同意黄忆钢辞去第十三届政协主席职务，杨德信辞去副主席职务，选举张振华为十三届政协主席，戴军为副主席。

8月31日，组织政协常委、乡镇联工委主任、战线联络员到省政协韶山党性教育基地参加培训，培训分两批进行，9月11日结束。

9月10日，怀化市政协主席李军来沅陵调研委员企业生产经营情况。

9月11日，县委对政协机关开展为期一个半月的巡查。

9月26日，官庄镇政协委员工作室成立。

11月13日，县工商联政协委员工作室入选湖南省示范性政协委员工作室。

11月23日，县农工民主党界别委员工作室成立。

第一章　机构沿革

第一节　政协委员会

1950年3月，沅陵县成立各界人民代表会议，它是沅陵县的地方国家权力机关，代行人民代表大会职权，同时又是县委领导下的爱国统一战线组织，是多党合作和政治协商机构。1954年6月，建立县人民代表大会制度，各界人民代表会议结束历史使命。根据全国政协和中央人民政府政务院的联合通知精神，县各界人民代表会议常务委员会作为协商机构暂时保留，至县政协成立后再自行终止。1955年5月，成立沅陵县第一届政协委员会。自1955年至2021年，沅陵县政协共经历13届委员会。

第一届委员会　任期1955年5月至1960年12月，有委员19人，共召开2次全体会议。第一次全体会议选举产生本届县政协领导班子。

本届县政协领导班子成员名单（9人）：

主　席：苏　君（兼）

副主席：宋文溥（兼）　蒋维中

秘　书：熊承裕（兼）

常　委：陈　伟　周　振　马介全　李素英　杨英俊

1957年3月，副主席蒋维中病逝，其副主席、常委职务自然消失。

第二届委员会　任期1960年12月至1964年9月，有委员25人，共召开2次全体会议。经第一次全体会议选举产生本届县政协领导班子。

本届县政协领导班子成员名单（9人）：

主　席：武洪光（兼）

副主席：王典富（兼） 陈　伟（兼）

常　委：刘汉宗　王玉海　王吉言　周光烈　周奋生　周重玉

第三届委员会　任期1964年9月至1980年12月，有委员25人，共召开1次全体会议。经第一次全体会议选举产生本届县政协领导班子。

本届县政协领导班子成员名单（11人）：

主　席：平吉奎（兼）

副主席：赵连友（兼） 陈　伟（兼） 周光烈（兼）

秘　书：周生香（兼）

常　委：王玉海　王吉言　刘汉宗　周重玉　刘柏伦　高　超

第四届委员会　任期1980年12月至1984年3月，有委员46人，共召开5次全体会议。经第一次全体会议选举产生本届县政协领导班子。

本届县政协领导班子成员名单（15人）：

主　席：陈礼和

副主席：周光烈（兼） 刘汉钦　方思默（兼）

秘书长：肖功璞

常　委：文锦华　邓忠纯　田忠裕　全桂娥　李宪章　杜必祈　陈依白
吴伯泉　张清炳　周重玉

1982年2月，政协四届三次全会增选陈伟为副主席，熊文梓为常委。

第五届委员会　任期1984年3月至1987年3月，有委员127人，共召开3次全体会议。经第一次全体会议选举产生本届县政协领导班子。

本届县政协领导班子成员名单（27人）：

主　席：刘俊良

副主席：刘汉钦　陈　伟（兼） 方思默（兼） 朱文锦（兼）

秘书长：邓必礼

常　委：文锦华　田忠裕　向启先　全淑珍　孙　仁　李宪章　肖功璞
吴伯泉　张清炳　张周南　张至柔　宋长辉　陈湘声　周　礼
周重玉　钟吉成　莫丙炎　唐达吉　黄宝森　赖双和　熊文梓

1985年3月，政协五届二次全会增选向明龙为副主席，丁德富、石玉湘为常委。

第六届委员会　任期1987年3月至1990年2月，有委员181人，共召开3次全体会议。经第一次全体会议选举产生本届县政协领导班子。

本届县政协领导班子成员名单（27人）：

主　席：刘俊良

副主席：覃功友　朱文锦　肖功璞（兼）尹叔宜（兼）陈自如（兼）
　　　　肖芳杰（兼）

秘书长：张汉清

常　委：丁德富　田忠裕　邓必礼　石玉湘　全桂娥　刘诗祥　向启先
　　　　孙　仁　孙　霖　吴伯泉　肖宏良　钟吉成　张云飞　胡斐然
　　　　钱祥云　黄莘耕　曾小石　赖双和　谌振兴

第七届委员会　任期1990年2月至1993年1月，有委员200人，共召开3次全体会议。经第一次全体会议选举产生本届县政协领导班子。

本届县政协领导班子成员名单（31人）：

主　席：蒋国汉

副主席：覃功友　张理才　尹叔宜（兼）陈自如（兼）张祖鹏（兼）
　　　　肖芳杰（兼）

秘书长：张汉清

常　委：丁德富　邓人璋　邓必礼　石玉湘　石瑞本　冯翩万　刘诗祥
　　　　向晓钟　肖宏良　李枝新　张光少　张焕文　范祥雄　钟吉成
　　　　胡斐然　姚更生　洪巫峰　钱祥云　徐衡阳　谌振兴　黄莘耕
　　　　曾小石　赖双和

1990年12月至1991年8月，陈自如、张汉清2人先后调离沅陵，分别辞去副主席、秘书长、常委职务。1992年2月，政协七届三次全会增选向生杰为副主席，李宏勋为秘书长，杨长庚为常委。同年3月，主席蒋国汉病逝，其主席、常委职务自然消失。

第八届委员会　任期1993年1月至1997年12月，有委员203人，共召开5次全体会议。经第一次全体会议选举产生本届县政协领导班子。

本届县政协领导班子成员名单（31人）：

主　席：罗建中

副主席：杨长庚　尹叔宜　张祖鹏（兼）肖芳杰（兼）彭隆墀（兼）

秘书长：李宏勋

常　委：邓人璋　石银花　石瑞本　田德涵　冯嗣万　向晓钟　刘诗祥
　　　　李万能　李湘仆　张干渭　张代雄　张祖善　张焕文　陆克强

陆承嘉　钟吉成　钟建军　姚更生　钱祥云　徐衡阳　黄莘耕

谌振兴　曾小石　赖双和

1994年1月，政协八届二次全会增选欧宗棠为副主席。1997年1月，政协八届五次会议同意肖芳杰辞去副主席、常委职务。

第九届委员会　任期1997年12月至2002年12月，有委员230人，共召开5次全体会议。经第一次全体会议选举产生本届县政协领导班子。

本届县政协领导班子成员是名单（29人）：

主　席：罗建中

副主席：全桂娥　杨长庚　彭隆握（兼）尹叔宜　向建平（兼）曹国基（兼）

秘书长：李宏勋

常　委：向晓钟　向新华　李桂玉　宋海军　罗咏平　李万能　张会群

张良林　周高兴　胡　欣　钟吉谊　高其云　唐方烛　徐守芬

隋景芬　彭曙沅　蒋新国　覃远志　舒克俭　谢德明　赖双和

九届政协届中，尹叔宜因到龄退休辞去副主席、常委职务，向晓钟、向新华辞去常委职务。2001年1月，政协九届四次全会增选瞿东升为副主席，周详、周刚生为常委。同年12月，根据县级政协不设秘书长职务的通知精神，免去李宏勋秘书长职务。

第十届委员会　任期2002年12月至2007年12月，有委员249人，共召开5次全体会议。经第一次全体会议选举产生本届县政协领导班子。

本届县政协领导班子成员名单（37人）：

主　席：黄茂林

副主席：全桂娥　陈启生　瞿东升（兼）周高兴（兼）胡大长（兼）

李湘鄂（兼）

常　委：尹长福　田开华　匡　靖　向　上　刘八英　刘奇柏　刘朝彦

李万能　李宏勋　李建忠　杨长生　杨晓辉　宋海军　肖　斌

肖崇国　张会群　陈　威　陈　曙　陈建权　罗咏平　周刚生

郝运斌　唐方烛　黄海松　符德俚　隆文强　彭曙沅　谢乔友

覃志刚　瞿幼平

2004年，陈曙、隆文强、覃志刚等3人因调离沅陵，辞去常委职务；尹长福病故，其常委资格自然消失。同年12月，政协十届三次全会增选马刚、陈沅龙、张永林、杨柏荣4人为常委。同时恢复政协秘书长制度，选举李宏勋为秘书长。2005年3月，瞿幼平辞去常委职务。2007年6月，肖斌病故，其常委资格自然消失。

第十一届委员会　任期2007年12月至2012年12月，有委员245人，共召开5次全体会议。经第一次全体会议选举产生本届县政协领导班子。

本届县政协领导班子成员名单（35人）：

主　席：张大新

副主席：陈启生　周高兴（兼）李湘鄂（兼）　蔡泽亮　全竹英（兼）

秘书长：毕　松

常　委：马　刚　王　锋　邓建朝　艾进明　田学洋　匡　靖　向开华
刘　林　刘　斌　刘朝彦　杜三英　李观发　杨　辉　杨团英
杨建民　杨晶辉　肖崇国　张大强　张邦富　罗本文　周德生
赵绍波　胡　浪　胡淑芳　黄海松　符梅桃　释方丽　鄢华兰

2009年，王锋、邓建朝、艾进明、杨晶辉、胡浪、赵绍波等6人因调离沅陵，辞去常委职务。同年12月，政协十一届三次全会增选冯杏、付潭英、王家德、孙秋雨、孙国好、颜音等6人为常委。2012年2月，陈启生因工作变动，辞去副主席、常委职务。

第十二届委员会　任期2012年12月至2016年11月，有委员245人，共召开4次全体会议。经第一次全体会议选举产生本届县政协领导班子。

本届县政协领导班子成员名单（39人）：

主　席：张世雄

副主席：杨德信　周高兴　李湘鄂　卢新仁　李丽娟（兼）

秘书长：唐　钧

常　委：邓小鹏　石祥安　田学洋　付潭英　匡　靖　向　刚　向清云
全小军　全兵飞　刘　林　刘　斌　刘介凡　孙秋雨　杨建明
杨毅群　张大强　张云霄　张邦富　张振宇　林申达　周　俊
周昌华　梅寒冰　符梅桃　董静芳　舒支会　曾令周　释方丽
蔡龙溪　熊东兵　颜　音　戴小雨

2013年12月，政协十二届二次全会增选刘朝彦、张良长为常委。2015年1月，政协十二届三次全会增选孙本金、陈辉为常委。

第十三届委员会　任期2016年11月至2021年，有委员243人，共召开5次全体会议。经第一次全体会议选举产生本届县政协领导班子。

本届县政协领导班子成员名单（39人）：

主　席：黄忆钢

副主席：杨德信　周高兴　莫小平　卢新仁　李丽娟（兼）

秘书长：陈　泽

常　委：田学洋　田建军　田祖华　向　翼　全小军　全仁茂　全兵飞

刘　林　刘　娟　刘　斌　刘兰岚　刘金海　李　佳　李　霞

李绍军　宋　国　张玉环　张丙文　张华龙　陈　辉　周昌华

钟广兰　莫秀英　唐新沅　黄远河　符梅桃　康炜舟　曾立军

曾庆章　释方丽　颜　音　戴小雨

2017年12月，卢新仁辞去副主席、常委职务；李霞、周昌华辞去常委职务；政协十三届二次全会增选舒齐为副主席，李娜、李海剑、陈万水、蔡龙溪4人为常委。2018年12月，全兵飞辞去常委职务。2020年5月，政协届中人事调整，政协十三届四次全会决定，同意黄忆钢、杨德信分别辞去主席、副主席和常委职务，免去李佳、向翼常委职务；增选张振华为十三届政协委员会主席，戴军为副主席，向俊、舒彩云、廉世周3人为常委。

第二节　工作组

县政协在成立初期，成立学习委和2个工作组，政协活动主要以界别工作组开展。此后很长一段时期，政协机构一直是委组并存，以组为主。直到1988年6月，经过县委批准，政协设置正式在编的专门委员会，始改变政协工作机构委组并存的状况。

第一届政协工作组：本届政协设置工商、社会文教2个工作组。

工商工作组

组　长：陈　伟（1956.5—1960.12）

副组长：周奋生（1956.5—1960.12）

朱仲谋（1956.5—1960.12）

熊承裕（1956.5—1960.12）

社会文教工作组

组　长：马介全（1956.5—1960.12）

副组长：刘汉宗（1956.5—1960.12）

李守仁（1956.5—1960.12）

杨英俊（1956.5—1960.12）

第二届政协工作组：本届政协设置学习研究、文教科技、工商、妇女、社会5个工作组。

学习研究工作组

组　长：陈　伟（1962.9—1964.9）

副组长：彭隆生（1962.9—1964.9）

周生香（1962.9—1964.9）

文教科技工作组

组　长：刘汉宗（1962.9—1964.9）

副组长：刘柏伦（1962.9—1964.9）

黄继礼（1962.9—1964.9）

杨俊峰（1962.9—1964.9）

工商工作组

组　长：陈　伟（1962.9—1964.9）

副组长：周奋生（1962.9—1964.9）

杨庆达（1962.9—1964.9）

王吉言（1962.9—1964.9）

妇女工作组

组　长：周重玉（1962.9—1964.9）

副组长：邱国英（1962.9—1964.9）

金培松（1962.9—1964.9）

社会工作组

组　长：周重玉（1962.9—1964.9）

副组长：向明龙（1962.9—1964.9）

刘诗祥（1962.9—1964.9）

第四届政协工作组：本届政协先设置工农科技、文教卫生、经济民族、社会联络4个工作组，后于届中曾设文史资料工作组。1982年2月，四届三次会议通过决定，对原有工作组进行调整，将工农科技工作组拆分为工交工作组和科技工作组，裁文史资料工作组。

工农科技工作组

组　长：杜必祈（1980.12—1982.2）

副组长：李宪章（1980.12—1982.2）

　　　　邓忠纯（1980.12—1982.2）

文教卫生工作组

组　长：文锦华（1980.12—1984.3）

副组长：宋长辉（1980.12—1984.3）

　　　　廖泽川（1980.12—1982.2）

经济民族工作组

组　长：田忠裕（1980.12—1984.3）

副组长：梁玉纯（1980.12—1984.3）

社会联络工作组

组　长：全桂娥（1980.12—1984.3）

副组长：周重玉（1980.12—1984.3）

文史资料工作组

组　长：肖功璞（1981.9—1982.2）

成　员：杜必祈　周重玉　陈依白　娄千里　廖泽川　熊文梓　邓人璋

工交工作组

组　长：李宪章（1982.2—1984.3）

副组长：谢流洪（1982.2—1984.3）

科技工作组

组　长：杜必祈（1982.2—1984.3）

副组长：邓忠纯（1982.2—1984.3）

第五届政协工作组：本届政协先设置文史、咨询服务、社会联络3个组，1988年6月，县委同意政协设置正式在编专门委员会，不再设工作组机构。

文史组

组　长：向启先（1984.3—1988.6）

副组长：邓人璋（1984.3—1988.6）

咨询服务组

组　长：周　礼（1984.3—1988.6）

副组长：郑代义（1984.3—1988.6）

社会联络组

组　长：莫丙炎（1984.3—1988.6）

副组长：孙　仁（1984.3—1988.6）

第三节　专门机构

政协专门机构，系指政协内设的办公室和专门委员会等办事机构，由县政协常委会决定设置，其负责人由县委任命或由县委提名，政协常委会任命。

第一届县政协成立时，政协与县委统战部合署办公，由统战部干部、县政协常委熊承裕兼任政协秘书，负责来访接待和会议召集。1956年5月，政协一届二次会议决定成立政协学习委员会和社会文教、工商两个工作组，由驻会副主席蒋维中兼任学习委主任。1980年12月，县政协恢复重建，仅设置办公室和4个工作组，1981年9月，政协四届二次会议决定设立提案审查委员会，负责对全会提案的审查立案工作，全会闭幕后，转为提案委，为办公室内设机构。1982年2月，政协四届三次会议讨论决定建立学习委。1984年，县政协被正式定编为一办三委机构。1985年，设立学习委、提案委、工作联络委。1987年，增设文史资料研究委员会。同年5月，县编制委员会下文，将政协正式定编为一办四委机构。1988年6月15日，政协党组向县委递交《关于政协沅陵县第六届委员会设置专门委员会的报告》，提出设置政协专门委员会，改变政协委组并存的组织形式，更有利于加强领导，协调关系，开展工作。县委同意在政协设置提案委、学习委、文史委、工作组联络委等4个专门委员会。1989年10月，政协将工作组联络委改为联络联谊委，同时增设经济委、教科卫委，共设置六个专门委员会，连同办公室，形成县政协一办六委工作架构。1990年2月，政协七届一次会议决定将文史资料研究委分为文史委和学习委。1991年1月，政协七届七次常委会议研究决定，将教科卫委改为文教卫体委；将经济委改为科技经济委。1996年9月，按照县委《关于县直党政机构设置的通知》，县九届政协进行机构改革，设立政协办公室、提案法制群团委、学习文史委、经济科技联谊委、文教卫体委。政协机构数量回到一办四委。2002年7月10日，中共沅陵县委转发《中国人民政治协商会议沅陵县委员会机关机构改革方案》(亦称三定方案)，同意政协增加专委会数量，批准政协为一办六委机构。2003年3月，县十届政协根据政协三定方案，结合沅陵实际情况，将提案法制群团委拆分为提案委和民族宗教法制群团委，同时增设人口资源环境委，使政协专门委员会由4个增加到6个，即：提案委、经济科技联谊委、文教卫体委、民族宗教法制群团委、人口资源环境委、文史委。此后，县第十一届政协、十二届政协，及十三届政协前期，政协专委会机构均沿袭十届政协不变。2019年4月，县政协推行机构改革，除提案委保留不变外，对其他5个专委会进行调整重组，新设委员学习联络委、经济科技和外事委、农业农村和人口资源环境委、文教卫体和文史委、社会法制和民族宗教委。

第一届政协：本届政协设一办一委工作机构，即：办公室、学习委。

办公室

秘　书：熊承裕（兼）(1955.5—1960.12)

学习委

主　任：蒋维中（兼）(1956.5—1957.3)

副主任：陈　伟（兼）(1956.5—1960.12)

　　　　林　野（兼）(1956.5—1960.12)

　　　　慕　斌（兼）(1956.5—1960.12)

委　员：周　振　刘诗祥　王宏均

第二届政协：本届政协设学习委1个办公机构。

学习委

主　任：周光烈（兼）(1962.9—1964.9)

副主任：陈　伟（兼）(1962.9—1964.9)

　　　　刘柏伦（兼）(1962.9—1964.9)

委　员：刘汉宗　周奋生　周重玉　向明龙　彭隆生　刘诗祥

第三届政协：本届政协设办公室1个办公机构。

办公室

秘　书：周生香（兼）(1964.9—1966.6)

第四届政协：本届政协设一办二委工作机构，即：办公室、提案委、学习委。

办公室

秘　书：张清炳（1980.12—1984.3）

提案委

主　任：刘汉钦（兼）（1981.9—1984.3）

副主任：邓忠纯（兼）（1981.9—1984.3）

　　　　田忠裕（兼）（1981.9—1984.3）

委　员：文锦华　全桂娥　宋长辉　吴伯泉　李宪章　张清炳

学习委

主　任：陈　伟（1982.2—1984.3）

委　员：邓忠纯　张清炳　梁玉纯　谢流洪　赖双和

第五届政协：本届政协设一办四委工作机构，即办公室、提案委、学习委、工作联络委、文史资料研究委。

办公室

主　任：邓必礼（兼）（1984.3—1987.3）

副主任：钟吉成（1884.3—1985.3）

　　　　张清炳（1885.3—1987.3）

提案委

主　任：张清炳（兼）（1984.3—1987.3）

副主任：全桂娥（兼）（1984.3—1987.3）

学习委

主　任：钟吉成（1985.3—1987.3）

副主任：孙　仁（1985.3—1987.3）

工作联络委

主　任：邓必礼（1985.3—1987.3）

副主任：莫丙炎（兼）（1985.3—1987.3）

委　员：田忠裕　唐达吉　文锦华　李宪章

文史资料研究委

主　任：向启先（兼）（1985.3—1987.3）

副主任：邓人璋（1985.3—1987.3）

第六届政协：本届政协设一办六委工作机构，即办公室、提案委、学习委、工作联络委、经济委、教科卫委、文史资料研究委。

办公室

主　任：张汉清（兼）（1987.3—1990.2）

副主任：张清炳（1887.3—1988.1）

　　　　瞿幼平（1988.7—1990.2）

提案委

主　任：张清炳（1988.1—1990.2）

副主任：全桂娥（兼）（1987.3—1990.2）

委　员：冯嗣万　全淑珍　杨玉静　杨树森　张泽斌

学习委

主　任：钟吉成（1987.3—1990.2）

副主任：孙　仁（1987.3—1990.2）

委　员：刘芹国　邬凤官　郝运武　瞿秀兰

工作联络委

主　任：邓必礼（1987.3—1990.2）

副主任：莫丙炎（兼）（1987.3—1988.7）

　　　　陈沅龙（1988.7—1990.2）

委　员：姜宏顶　谌振兴　赖双和　戴开勋

经济委

主　任：覃功友（兼）（1989.10—1990.2）

委　员：丁德富　田忠裕　李宪章　张云飞　姚更生　涂迪华　唐达吉

　　　　翦凝鹏

教科卫委

主　任：尹叔宜（兼）（1989.10—1990.2）

委　员：文锦华　田德涵　宋长辉　宋贻丰　陈世桢　钱祥云　黄宝森

　　　　黄莘耕

文史资料研究委

主　任：向启先（兼）（1987.3—1988.1）

　　　　邓人璋（1988.1—1990.2）

副主任：邓人璋（1987.3—1988.1）

委　员：胡斐然　向晓钟　修九华　娄千里　徐衡阳

第七届政协：本届政协设一办六委工作机构，即办公室、提案委、学习委、工作联络委、经济委、文教卫体委、文史委。

办公室

主　任：张汉清（兼）（1990.2—1991.8）

　　　　李宏勋（兼）（1992.2—1993.1）

副主任：瞿幼平（1990.2—1993.1）

　　　　李宏勋（1991.2—1992.2）

提案委

主　任：张清炳（1990.2—1992.12）

副主任：全桂娥（兼）（1990.2—1992.12）

　　　　李枝新（1990.7—1992.12）

委　员：冯嗣万　全淑珍　杨玉静　杨远保

学习委

主　任：钟吉成（1990.2—1992.10）

副主任：孙　仁（1990.2—1990.5）

工作联络委

主　任：邓必礼（1990.2—1992.12）

副主任：陈沅龙（1990.2—1992.12）

　　　　胡斐然（兼）（1992.2—1992.12）

委　员：姜宏顶　莫丙炎　谌振兴　赖双和　戴开勋

经济委

主　任：胡友荣（1990.3—1992.8）

　　　　廖哲奇（1992.8—1992.12）

副主任：向明盛（1992.8—1992.12）

　　　　李树发（兼）（1992.2—1992.12）

委　员：范祥雄　涂迪华　洪巫峰　唐达吉　蒴凝鹏

文教卫体委

主　任：戴开勋（1990.2—1992.12）

委　员：田德涵　刘芹国　全菊梅　何　敏　宋诒丰　张光少　黄莘耕

文史委

主　任：邓人璋（1990.2—1992.12）

副主任：胡斐然（兼）（1990.2—1992.12）

委　员：向晓钟　袁长琛　徐衡阳　傅铁生

第八届政协：本届政协设一办六委工作机构，即办公室、提案委、学习委、工作联络委、经济委（1996年8月易名为经济科技委）、文教卫体委、文史委。

办公室

主　任：李宏勋（兼）（1993.1—1994.2）

　　　　文承孝（1994.2—1997.12）

副主任：瞿幼平（1993.1—1997.12）

　　　　瞿秀兰（1992.7—1997.12）

　　　　谢和平（1994.9—1997.1）

　　　　邓人璋（1996.8—1997.12）

　　　　宋谋德（1997.1—1997.12）

　　　　毛万友（1997.3—1997.11）

提案委

主　任：向明盛（1992.12—1995.12）

　　　　陈沅龙（1996.8—1997.12）

副主任：李枝新（1992.12—1993.3）

　　　　向宏遂（1994.6—1997.12）

委　员：石银花　冯嗣万　杨玉静　邬凤官

学习委

主　任：钟吉成（1992.10—1995.4）

　　　　姜宏顶（1995.5—1996.8）

工作联络委

主　任：邓必礼（1999.12—1993.3）

　　　　陈沅龙（1993.3—1996.8）

副主任：谢茂玉（1992.12—1996.8）

　　　　胡斐然（兼）（1992.12—1996.8）

委　员：姜宏顶　莫丙炎　谌振兴　赖双和　戴开勋

经济委

1. 经济委

主　任：廖哲奇（1992.12—1996.8）

副主任：向明盛（1992.12—1995.12）

2. 经济科技委（1996年8月易名）

主　任：廖哲奇（1996.8—2001.9）

副主任：李文平（1996.8—1997.12）

委　员：范祥雄　涂迪华　棠达吉　蒯凝鹏　文承孝

文教卫体委

主　任：李枝新（1993.3—1997.12）

副主任：谢和平（1992.12—1994.9）

　　　　张萍萍（1996.8—1997.12）

委　员：田德涵　何　敏　张喜桂　隋景芬

文史委

主　任：邓人璋（1993.1—1996.8）

　　　　姜宏顶：（1996.8—1997.12）

委　员：向晓钟　黄莘耕　瞿湘周　熊斛源

第九届政协：本届政协设一办四委工作机构，即办公室、提案法制群团委、经济科技联谊委、文教卫体委、学习文史委。

办公室

主　任：文承孝（1997.12—2001.12）

　　　　李宏勋（2002.1—2002.12）

副主任：瞿幼平（1997.12—2001.12）

　　　　瞿秀兰（1997.12—2002.12）

　　　　邓人璋（1997.12—2001.1）

　　　　宋谋德（1997.12—2001.12）

　　　　向宏遂（2002.3—2002.12）

提案法制群团委

主　任：陈沅龙（1998.1—2002.12）

副主任：向宏遂（1998.1—2002.3）

张石东（2020.10—2002.12）

经济科技联谊委

主　任：周恒祥（2001.9—2002.12）

副主任：李文平（1997.12—2002.12）

文教卫体委

主　任：李枝新（1998.3—2001.9）

周德怡（2001.9—2002.12）

副主任：张萍萍（1998.3—2002.12）

学习文史委

主　任：姜宏顶：（1998.3—2001.9）

刘自仁（2001.9—2002.12）

副主任：杨团英（2002.3—2003.9）

第十届政协：本届政协设一办六委工作机构，即办公室、提案委、经济科技联谊委、文教卫体委、文史委、人口资源环境委、民族宗教法制群团委。

办公室

主　任：李宏勋（2002.12—2004.12）

李宏勋（兼）（2004.12—2007.10）

毕　松（2007.10—2007.12）

副主任：瞿秀兰（2002.12—2003.3）

向宏遂（2002.12—2003.9）

张萍萍（2003.9—2004.9）

杨团英（2003.9—2007.9）

刘　林（2004.9—2007.9）

颜　音（2007.9—2007.12）

提案委

主　任：陈沅龙（2003.9—2007.9）

刘　林（2007.9—2007.12）

副主任：张石东（2002.12—2003.3）

刘昌林（兼）（2003.12—2005.3）

唐承银（兼）（2003.12—2007.12）

委　员：田学武　赵绍波　龚锡旺

经济科技联谊委

主　任：周恒祥（2003.9—2007.9）

　　　　赵绍波（2007.9—2007.12）

副主任：张光年（兼）（2003.12—2007.12）

委　员：代先生　李建忠　熊占峰

文教卫体委

主　任：周德怡（2003.9—2003.12）

　　　　彭昌海（2003.12—2004.6）

　　　　刘自仁（2004.9—2007.9）

　　　　邓建潮（2007.9—2007.12）

副主任：瞿继任（兼）（2003.12—2007.12）

委　员：马　刚　田铁武　向仁贵　李观发　鄢祥学

文史委

主　任：刘自仁（2003.9—2004.9）

　　　　张大强（2004.9—2007.12）

副主任：张大强（兼）（2003.12—2004.9）

委　员：卢军秀　刘美贵　曾次炎　糜建芳

人口资源环境委

主　任：瞿秀兰（2003.3—2007.9）

　　　　向开华（2007.9—2007.12）

副主任：张　蓝（兼）（2003.12—2007.12）

委　员：李　红　贾文艺　鲁云华

民族宗教法制群团委

主　任：张石东（2003.3—2007.9）

　　　　杨团英：（2007.9—2007.12）

副主任：匡　靖（兼）（2003.12—2007.12）

委　员：向叶友　张金海　罗展文

第十一届政协：本届政协设一办六委工作机构，即办公室、提案委、经济科技联谊委、文教卫体委、文史委、人口资源环境委、民族宗教法制群团委。

办公室

主　任：毕　松（兼）（2007.12—2012.10）

　　　　唐　钧（2012.10—2012.12）

副主任：颜　音（2007.12—2009.6）

　　　　石开芳（2009.4—2012.12）

　　　　赵　英（2009.6—2012.12）

　　　　田祖华（2012.2—2012.12）

提案委

主　任：刘　林（2007.12—2012.11）

副主任：张　俊（兼）（2007.12—2012.11）

　　　　钟生爱（兼）（2007.12—2012.11）

　　　　符梅桃（兼）（2007.12—2009.12）

　　　　全爱容（兼）（2010.3—2012.11）

委　员：刘武华　肖崇国　金继军　郑德钢　胡淑芳　黄小芳　谢新辉

经济科技联谊委

主　任：赵绍波（2007.12—2009.12）

　　　　符梅桃（2009.12—2012.10）

　　　　周昌华（2012.10—2012.11）

副主任：王　锋（兼）（2008.3—2012.11）

　　　　李建忠（兼）（2008.3—2012.11）

　　　　张福喜（兼）（2008.3—2012.11）

委　员：毛永祥　艾进明　田学洋　孙国好　李　波　李新文　宋先知

　　　　张小才　陈　威　陈万新　陈良群　陈道厚　罗本文　周立龙

　　　　周德生　赵　斌　赵湘媛　黄海松　符合金　舒文胜

文教卫体委

主　任：邓建朝（2007.12—2009.6）

　　　　颜　音（2010.1—2012.11）

副主任：马　刚（兼）（2007.12—2012.11）

　　　　向　上（兼）（2007.12—2012.11）

　　　　雷光泽（兼）（2007.12—2012.11）

委　员：刘　斌　刘朝彦　李观发　陈　璐　彭曙沅　熊东兵　熊先德

文史委

主　任：张大强（2007.12—2012.11）

副主任：丁　杰（兼）（2007.12—2012.11）

金裕志（兼）（2007.12—2012.11）

黄　飞（兼）（2007.12—2012.11）

委　员：丁宏建　卢映万　代先生　苗建辉　曾立亿

人口资源环境委

主　任：向开华（2007.12—2012.10）

符梅桃（2012.10—2012.11）

副主任：张　蓝（兼）（2007.12—2012.11）

王启田（兼）（2007.12—2012.11）

陈湘玲（兼）（2007.12—2012.11）

委　员：王　伟　向仁健　江发义　杨建民　张春生　胡　浪　钟桃花

舒建平　瞿玲艳

民族宗教法制群团委

主　任：杨团英（2007.12—2012.10）

曾令周（2012.10—2012.11）

副主任：文　英（兼）（2007.12—2012.11）

张邦富（兼）（2007.12—2012.11）

罗展文（兼）（2007.12—2012.11）

委　员：匡　靖　向先军　李枝林　杨　辉　扬青山　杨晶辉　释方丽

汪　明　张水秀　张玉环　张吉龙　张新国　周开文　胡桂富

鄢华兰　熊俏玲

第十二届政协：本届政协设一办六委工作机构，即办公室、提案委、经济科技联谊委、文教卫体委、文史委、人口资源环境委、民族宗教法制群团委。

办公室

主　任：唐　钧（兼）（2012.12—2016.10）

陈　泽（2016.10—2016.11）

副主任：石开芳（2012.12—2016.5）

田祖华（2012.12—2016.11）

提案委

主　任：刘　林（2012.12—2016.11）

副主任：张　俊（兼）（2012.12—2016.11）

钟生爱（兼）（2012.12—2016.11）

委　员：胡自力　全爱蓉　肖崇国　刘朝彦

经济科技联谊委

主　任：周昌华（2012.12—2016.11）

副主任：张勇军（兼）（2012.12—2016.11）

郑德钢（兼）（2012.12—2016.11）

委　员：赵　斌　张梅珍　熊东兵　田学洋

文教卫体委

主　任：颜　音（2012.12—2016.11）

副主任：黄　飞（兼）（2012.12—2016.11）

杨源萍（兼）（2012.12—2016.11）

委　员：张远友　向晓萍　张良忠　石祥安

文史委

主　任：张大强（2012.12—2016.5）

副主任：李鹏飞（兼）（2012.12—2016.11）

张革飞（兼）（2012.12—2016.11）

委　员：陈万新　孙秋雨　舒　珲　曹跃斌

人口资源环境委

主　任：符梅桃（2012.12—2016.11）

副主任：李启凡（兼）（2012.12—2016.11）

龚秀春（兼）（2012.12—2016.11）

委　员：肖　明　邓国华　李　娜　邬　刚

民族宗教法制群团委

主　任：曾令周（2012.12—2015.5）

谢深军（2015.5—2016.11）

副主任：王桂梅（兼）（2012.12—2016.11）

李云利（兼）（2012.12—2016.11）

委　员：张平华　张辉煌　舒爱文　马建丰

第十三届政协：2016年11月至2019年4月，十三政协设一办六委工作机构，即办公室、提案委、经济科技联谊委、文教卫体委、文史委、人口资源环境委、民族宗教法制群团委。2019年4月，政协推行机构改革，将经济科技联谊委、文教卫体委、文史委、人口资源环境委、民族宗教法制群团委等5个专委会进行合并调整，新成立经济科技和外事委、农业农村和人口资源环境委、文教卫体和文史委、社会法制和民族宗教委、学习联络委等5个专委会，加之原来保留的办公室和提案委，县政协仍然维持一办六委的工作机构。

办公室

主　任：陈　泽（兼）（2016.11—）

副主任：张水秀（2016.11—2017.9）

姜　燕（2017.12—2019.8）

邓　辉（2019.6—）

罗柯亭（2019.8—）

提案委

主　任：颜　音（2016.11—）

副主任：张远友（兼）（2017.1—）

佘　丹（兼）（2017.1—）

向明武（2019.6—）

委　员：杨　森　肖崇国　李　佳　向贵勇

经济科技联谊委

主　任：周昌华（2016.11—2017.9）

陈万水（2017.9—2019.4）

副主任：文国宝（兼）（2017.1—2019.4）

张　进（兼）（2017.1—2019.4）

委　员：瞿金枝　吴启铭　全兵飞　李小勇

文教卫体委

主　任：莫秀英（2016.11—2019.4）

副主任：聂　文（兼）（2017.1—2019.4）

王　捷（兼）（2017.1—2019.4）

委　员：杨国胜　唐新沅　曾庆章　李培养

文史委

主　任：刘　林（2016.11—2019.4）

副主任：孙明汉（兼）（2017.1—2019.4）

李青松（兼）（2017.1—2019.4）

委　员：张　诚　代支生　向清国　马梭源

人口资源环境委（2019年4月易名为农业农村和人口资源环境委）

主　任：符梅桃（2016.11—2019.4）

副主任：胡淑芳（兼）（2017.1—2019.4）

刘琼波（兼）（2017.1—2019.4）

委　员：刘序梁　邓国华　邬　刚　刘兰岚

民族宗教法制群团委

主　任：田祖华（2016.11—2019.4）

副主任：宋天安（兼）（2017.1—2019.4）

李云利（兼）（2017.1—2019.4）

刘　斌（兼）（2017.1—2019.4）

委　员：舒爱文　瞿继宏　张清秀　孙科周

2019年4月政协机构改革后，合并调整的5个专委会机构和人员是：

经济科技和外事委

主　任：陈万水（2019.4—）

副主任：廉海晏（2019.8—）

农业农村和人口资源环境委

主　任：符梅桃（2019.4—）

副主任：钟广圣（2019.8—）

文教卫体和文史委

主　任：刘　林（2019.4—）

副主任：聂　文（2019.8—）

社会法制和民族宗教委

主　任：田祖华（2019.4—）

副主任：姜　燕（2019.8—）

委员学习联络委

主　任：莫秀英（2019.4—）

第四节　派驻机构

县政协为适应统战工作向基层延伸的客观需要，先后在区镇、乡镇设立政协联络组，每个联络组设组长、秘书各1人；在战线设立政协联络员。通过联络组或联络员，把县政协制定的学习任务和政协活动落实到每一个委员。2009年4月，政协在全县23个乡镇组建政协联络工作委员会，为政协正科级派驻机构。从区乡联络组到正式在编的乡镇联工委，曾经历一个逐步演变的过程。

一、区镇联络员

1987年3月8日，政协作出《关于建立区镇政协联络组的意见》，提交政协六届一次全体会议进行协商讨论。《意见》指出，区镇政协联络组是基层统战工作的组织形式。《意见》对区镇政协联络组人员构成、主要工作任务和具体职责范围均作出明确规定。4月初，在全县八区一镇共建立9个政协联络组，任命9名区镇政协联络员。1991年，增设沃溪镇政协联络员，同年，全县共有区、镇政协联络员10人。1986年，成立五强溪镇，增设五强溪镇政协联络员，全县区、镇政协联络员增至11人。2003年11月，沃溪镇与官庄镇合并为新的官庄镇，县政协区、镇联络员也相应减少1名。2004年，根据乡、镇区划调整实际，县政协在麻伊洑区七甲坪镇、官庄区官庄镇各增设1名政协联络员。

沅陵县区镇政协联络员名表

区镇	届次	联络员	区镇	届次	联络员
太常区	六届	向德友	乌宿区	六届	粟道举　张寿龙
	七届	向德友		七届	张寿龙
	八届	张大顺　胡跃华		八届	陈长湖　向太权
	九届	胡跃华　谢桂生		九届	向太权　张珍秀
	十届	谢桂生　向学权　张在云		十届	张珍秀　鲁帮军　王宗林
麻溪铺区	六届	彭隆海	凉水井区	六届	欧家太
	七届	张先才		七届	易端明
	八届	谢顺满		八届	陈自锦　谢正阁
	九届	曹太清（兼）石玉鹏（代）		九届	谢正阁　符开贵
	十届	肖守清　文宏生　瞿吉辉		十届	符开贵　胡德沛　张丕汉
官庄区	六届	向开选	北溶区	六届	田书文
	七届	向开选		七届	田书文
	八届	向学高　张远富（兼）		八届	李永先
	九届	张远富		九届	戴运鑫（兼）伍先成（代）张龙圭
	十届	张远富　蔡远明		十届	张龙圭　张育才　全毅　袁英明
麻伊洑区	六届	曲远庭	军大坪区	六届	刘历藻
	七届	屈远庭		七届	刘历藻
	八届	张先刚　全帮英		八届	刘历藻　李先贵
	九届	全帮英		九届	李先贵
	十届	全帮英　向绪国　胡刚		十届	李先贵　邓兴芳
沅陵镇	六届	徐永松	五强溪镇	六届	
	七届	徐永松		七届	
	八届	向光发		八届	邓永桂
	九届	孟凡珍		九届	邓永桂
	十届	孟凡珍　李鸿　欧柏林		十届	邓永桂　金述智
沃溪镇	六届		官庄镇	六届	
	七届	郑宏球		七届	
	八届	唐　奇　李世全		八届	
	九届	李世全　李宏林（代）		九届	
	十届	赵一凌（代）		十届	石绍荣

续表

区镇	届次	联络员	区镇	届次	联络员
七甲坪镇	六届				
	七届				
	八届				
	九届				
	十届	张义武			

二、乡镇联络员

1987年4月1日，经报县委批准，政协颁发（1987）08号文件，发出《关于建立乡镇政协联络小组的通知》，在全县区镇下辖的52个乡镇均成立政协联络小组，实现政协工作向最基层延伸。2005年，第十届政协届中，沅陵县撤区并乡，全县共划分为23个乡镇。6月9日，经县委同意，在各乡镇设立政协联络员，由乡镇党委委员或副乡镇长兼任。

沅陵县乡镇政协联络员名表

乡镇	届次	联络员	乡镇	届次	联络员
沅陵镇	十届	蔡　平	五强溪镇	十届	邓忠习
	十一届	孙太东　向　金		十一届	杨志忠
官庄镇	十届	谢泽元　周岗山	凉水井镇	十届	代德伟　张修连
	十一届	周剑虹		十一届	欧阳芳
七甲坪镇	十届	唐明镜　王桂梅	麻溪铺镇	十届	张玉蓉　谭顺环
	十一届	张仁辉		十一届	刘幼凤
筲箕湾镇	十届	董明武	明溪口镇	十届	瞿吉成　廖晓红
	十一届	谢春林		十一届	廖晓红
太常乡	十届	邓防修	盘古乡	十届	舒　海　钟广立
	十一届	邓长龙		十一届	舒　海
二酉乡	十届	吕长彦	荔溪乡	十届	何泽平　全继国
	十一届	张　军		十一届	李　莉

续表

乡镇	届次	联络员	乡镇	届次	联络员
马底驿乡	十届	全继国　舒　齐	楠木铺乡	十届	谢春林　李　弘
	十一届	熊爱蓉		十一届	张朝晖
杜家坪乡	十届	张明绍　杨柳盛	北溶乡	十届	王　巍　蒋　华
	十一届	杨柳盛		十一届	张良麟
深溪口乡	十届	熊福章　李飞跃	肖家桥乡	十届	朱国志　唐　明
	十一届	龙利平		十一届	姜叶群
大合坪乡	十届	张华军	火场乡	十届	李良宏　杨晶辉
	十一届	张珍华		十一届	张良旺
清浪乡	十届	张珍华　熊勇华	陈家滩乡	十届	杨　宁　徐朝用
	十一届	宋书生		十一届	杨　宁
借母溪乡	十届	田　震　舒朝晖			
	十一届	王　亮			

三、战线联络员

1990年1月6日，第六届政协委员会根据怀化地区政协联络处要求，结合沅陵政协工作实际需要，经主席会议研究决定，聘请6名战线政协联络员。2005年6月29日，政协党组根据政协工作发展的需要，向县委提出《关于在城区按战线设立政协联络员的请示》，得到县委批复同意，8月29日，沅委干（2005）97号文件，任命李国强、谢和平、侯丙森、郑德刚、贾文艺、尹萍等6人为战线联络员。以后各届政协，均在战线设置政协联络员，负责战线政协委员学习和活动的召集。

六届政协战线联络员

经委战线：李宪章

财委战线：田忠裕

教委战线：宋长辉

文化战线：黄宝森

卫生战线：文锦华

建委战线：罗远长

七届政协战线联络员

经委战线：李宪章

财委战线：田忠裕

教委战线：宋长辉

文化战线：黄宝森

卫生战线：文锦华

建委战线：罗远长

第八届和九届政协战线联络员资料欠缺。

十届政协战线联络员

党群战线：李国强

政法战线：尹　萍

宣传战线：谢和平

政府战线：侯炳森

经贸战线：郑德纲

农业战线：贾文艺

教育战线：李家宏

发改战线：丁兴文

建设战线：舒序刚

十一届政协战线联络员

党群战线：田学武　张仁勇　李红心

政府战线：毛永祥

政法战线：尹　萍

宣传战线：李顺礼

工业战线：郑德钢

农业战线：王启田

商务战线：瞿　彬

发改战线：丁兴文

教育战线：万年贵　赵林春

建设战线：龚秀春　卢　坚　黄桂英

十二届政协战线联络员

党群战线：谢绍玉

政府战线：全爱蓉　覃振华

宣传战线：李顺礼　向晓萍

政法战线：尹　萍　米　余

商务战线：瞿　彬

农业战线：张勇军

工业战线：郑德钢

发改战线：丁兴文

建设战线：黄桂英

教育战线：赵林春

十三届政协战线联络员

党群战线：谢绍玉　向彩霞

政府战线：佘　丹

宣传战线：李青松

政法战线：覃振华

商务战线：徐登高

农业战线：刘琼波　于　燕

工业战线：张　蓝　向　琳

发改战线：陈万春

建设战线：刘　伟

教育战线：陈湘英

卫健战线：曾庆章

四、乡镇联工委

2009年4月，政协在全县23个乡镇组建政协联络工作委员会，每个联工委设专职主任1人，为县政协正科级派驻机构。2016年，撤销太常乡和深溪口乡，成建制与沅陵镇合并成立新的沅陵镇，乡镇政协联工委主任亦相应减少2名，全县乡镇政协联工委主任调整为21人，太常乡便民服务中心和深溪口乡便民服务中心政协工作，另行安排相关人员联系负责。2021年6月，沅陵县乡镇换届，不再设政协联工委主任职数，各乡镇政协联工委主任职务自然免除。

各乡镇政协联工委历任主任：

沅陵镇政协联工委

主　任：李鹏飞（2009.4—2016.5）

杨国胜（2016.5—2019.12）

刘琼波（2019.12—）

五强溪镇政协联工委

主　任：邓立平（2009.4—2012.10）

冯泽彪（2012.10—2016.5）

李树民（2016.5—2018.9）

张万玉（2019.4—）

官庄镇政协联工委

主　任：周岗山（2009.4—2012.10）

唐　兵（2012.10—2016.5）

李　然（2016.5—2019.4）

王　涛（2019.4—）

凉水井镇政协联工委

主　任：欧阳芳（2009.4—2011.3）

张晓红（2011.3—2012.10）

张云霄（2012.10—2016.3）

杨平如（2016.5—）

七甲坪镇政协联工委

主　任：陈德林（2009.4—2009.9）

梅寒冰（2009.9—2011.3）

全国光（2011.3—2012.10）

康存华（2012.10—2016.5）

余进怀（2016.5—2018.9）

全剑霞（2018.9—）

麻溪铺镇政协联工委

主　任：刘幼凤（2009.4—2015.1）

　　　　刘莎琳（2016.5—）

筲箕湾镇政协联工委

主　任：谢春林（2009.4—2012.10）

　　　　周　宏（2012.10—2016.5）

　　　　宋谋安（2016.5—2017.12）

　　　　胡英杰（2017.12—2020.5）

　　　　符　蓉（2020.5—）

明溪口镇政协联工委

主　任：李　弘（2009.4—2010.11）

　　　　廖晓红（2010.11—2015.1）

　　　　刘　成（2015.1—2016.5）

　　　　张　超（2016.5—2019.4）

　　　　肖建平（2019.4—）

盘古乡政协联工委

主　任：张美华（2009.4—2011.3）

　　　　舒　海（2011.3—2012.10）

　　　　马丽娅（2012.10—2015.1）

　　　　刘幼凤（2015.1—2016.5）

　　　　王　岩（2016.5—）

二酉乡政协联工委

主　任：张　军（2009.4—2011.3）

　　　　张人超（2011.3—2012.10）

　　　　瞿宏二（2012.10—2016.5）

　　　　陈朝林（2016.5—）

荔溪乡政协联工委

主　任：张先铢（2009.4—2012.10）

　　　　张丙文（2012.10—2016.5）

　　　　李飞跃（2016.5—2019.4）

肖　鲜（2019.4—）

马底驿乡政协联工委

主　任：熊爱蓉（2009.4—2010.11）

龙利平（2010.11—2012.10）

向六雄（2012.10—2016.5）

张丙文（2016.5—）

楠木铺乡政协联工委

主　任：腾召云（2009.4—2011.3）

张朝晖（2011.3—2016.5）

张远文（2016.5—2019.4）

祝　林（2019.4—）

杜家坪乡政协联工委

主　任：李丽娟（2009.4—2009.6）

陆长舟（2011.3—2016.5）

龚锡斌（2016.5—2017.12）

罗雪琴（2017.12—）

北溶乡政协联工委

主　任：张良麟（2009.4—2012.10）

杨清平（2012.10—2016.5）

邓　文（2016.5—）

肖家桥乡政协联工委

主　任：朱国志（2009.4—2011.3）

李又斌（2011.3—2016.5）

龚向胜（2016.5—2018.12）

姚建翔（2019.4—）

大合坪乡政协联工委

主　任：刘　成（2009.4—2015.1）

陈　辉（2015.1—）

火场乡政协联工委

主　任：张良旺（2009.4—2011.3）

佘　凯（2011.3—2016.5）

瞿忠科（2016.5—2017.12）

何　伟（2018.9—）

清浪乡政协联工委

主　任：宋书生（2009.4—2012.10）

向明武（2012.10—2016.5）

李　莉（2016.5—2018.9）

冯辉军（2018.9—）

陈家滩乡政协联工委

主　任：杨　宁（2009.4—2010.11）

邓凤翔（2010.11—2016.5）

田兴华（2016.5—2019.4）

温　苏（2019.4—2020.12）

李喁喁（2020.12—）

借母溪乡政协联工委

主　任：陈　庆（2009.4—2011.12）

全国光（2012.10—2015.1）

马　军（2016.5—2019.4）

钟云波（2019.4—）

深溪口乡政协联工委

主　任：谭顺环（2009.4—2015.5）

2016年5月，深溪口乡成建制并入沅陵镇，成立深溪口便民服务中心，不设政协联工委。

太常乡政协联工委

主　任：邓长龙（2009.4—2012.10）

全继国（2012.10—2016.5）

2016年5月，太常乡成建制并入沅陵镇，成立太常便民服务中心，不设政协联工委。

第二章　党的组织

第一节　党　组

沅陵县政协第一届至第三届委员会未建立党的组织。1980年12月，恢复县政协，成立县第四届政协委员会，政协按照《中国共产党章程》规定，报经中共沅陵县委批准，成立政协党组，作为县委派出机构，领导政协工作。每届政协换届前，县委对政协党组人员及时进行调整任命，确保政协党组延续性和各项工作正常开展。

第四届政协党组

书　记：陈礼和（1980.12—1983.12）

第五届政协党组

书　记：刘俊良（1983.12—1987.3）

成　员：方思默（1984.3—1987.3）

　　　　刘汉钦（1984.3—1987.3）

第六届政协党组

书　记：刘俊良（1987.3—1990.3）

副书记：覃功友（1987.3—1990.3）

成　员：肖功璞（1987.3—1990.3）

　　　　张汉清（1987.3—1990.3）

第七届政协党组

书　记：蒋国汉（1990.3—1992.3）

　　　　罗建中（1992.11—1992.12）

副书记：覃功友（1990.3—1993.1）

成　员：张汉清（1990.3—1991.8）

张理才（1990.3—1993.1）

向生杰（1991.9—1992.12）

李宏勋（1992.3—1993.1）

第八届政协党组

书　记：罗建中（1993.1—1997.12）

副书记：杨长庚（1993.1—1998.1）

全桂娥（1997.11—1998.1）

成　员：张理才（1993.1—1993.5）

欧宗棠（1994.1—1998.1）

第九届政协党组

书　记：罗建中（1997.12—2002.9）

黄茂林（2002.9—2002.12）

副书记：全桂娥（1998.1—2002.12）

成　员：李宏勋（2002.9—2001.12）

第十届政协党组

书　记：黄茂林（2002.9—2007.12）

副书记：全桂娥（2002.12—2007.12）

黄忆钢（2007.3—2007.12）

张大新（2007.6—2007.12）

成　员：李宏勋（2004.12—2007.12）

陈启生（2006.5—2007.12）

第十一届政协党组

书　记：张大新（2007.12—2012.11）

张世雄（2012.11—2012.12）

副书记：陈启生（2007.12—2010.7）

黄忆钢（2007.12—2011.6）

张世雄（2011.6—2012.11）

杨德信（2012.10—2012.12）

成　员：蔡泽亮（2007.12—2012.11）

毕　松（2007.12—2012.11）

卢新仁（2007.12—2012.11）

第十二届政协党组

书　记：张世雄（2012.12—2016.8）

黄忆钢（2016.8—2016.11）

副书记：杨德信（2012.12—2016.11）

贺庆玲（2012.12—2015.11）

唐海军（2015.11—2016.8）

金建平（2016.8—2016.11）

成　员：卢新仁（2012.12—2016.11）

唐　钧（2012.12—2016.8）

第十三届政协党组

书　记：黄忆钢（2016.11—2020.6）

张振华（2020.6—）

副书记：杨德信（2016.11—2020.6）

金建平（2016.11—2021.3）

肖茗崧（2021.3—2021.7）

成　员：卢新仁（2016.11—2017.12）

陈　泽（2016.11—）

舒　齐（2017.12—）

戴　军（2020.1—）

第二节　党支部

第一届至第十三届政协机关，因党员人数不足，没有成立支部，机关党员参加县委统战部党支部组织的活动。1984年4月，第五届政协成立后，机关党员人数增加，中共沅陵县直属机关委员会批复同意成立县政协机关党支部。县政协机关党支部，每三年进行一次改选。各届政协机关党支部，以换届时间为准。

第五届政协机关党支部

书　记：邓必礼（1984.4—1988.3）

委　员：张清炳　郑代义

第六届政协机关党支部

书　记：邓必礼（1988.3—1991.5）

副书记：张汉清（1988.3—1991.5）

委　员：张清炳　钟吉成

第七届政协机关党支部

书　记：张汉清（1991.5—1991.8）

向生杰（1991.9—1993.1）

副书记：李宏勋（1991.5—1993.2）

委　员：邓必礼　李枝新　谢和平

第八届政协机关党支部

书　记：李宏勋（1993.2—1999.6）

副书记：向明盛（1993.2—1996.3）

文承孝（1996.3—1999.6）

委　员：钟吉成　李枝新　瞿秀兰　陈沅龙

第九届政协机关党支部

书　记：李宏勋（1999.6—2003.1）

副书记：文承孝（1999.6—2003.1）

组织委员：瞿秀兰

宣传委员：杨团英

纪检委员：陈沅龙

第十届政协机关党支部

书　记：张石东（2003.1—2004.4）

杨团英（2004.4—2007.12）

副书记：刘自仁（2003.1—2004.4）

组织委员：瞿秀兰（2003.1—2004.4）

赵　英（2004.4—2007.12）

宣传委员：杨团英（2003.1—2004.4）

李宏勋（2003.1—2004.4）

李文平（2004.4—2007.12）

第十一届政协机关党支部

书 记：杨团英（2008.1—2012.11）

委 员：赵 英 李文平

第十二届政协机关党支部

书 记：赵 英（2012.12—2015.5）

颜 音（2015.5—2016.11）

组织委员：姜 燕（2015.5—2016.11）

宣传委员：谢根常（2015.5—2016.11）

第十三届政协机关党支部

支部书记：颜 音（2016.11—2018.4）

张水秀（2018.6—2019.3）

向明武（2019.3—）

组织委员：姜 燕（2016.11—2018.4）

莫秀英（2018.6—）

宣传委员：谢根常（2016.11—2020.1）

罗柯亭（2020.1—）

第三章　政协会议

政协会议是人民政协履行职能和委员参政议政的基本形式，主要包括全体会议、常委会议、主席会议。此外，根据形势、任务和工作的需要，还有各种形式的协商座谈会、情况通报会、研讨论证会等。本章主要记载历届政协全会、常委会和主席会召开情况，其他形式会议，则在各相关工作章节中予以表述。

第一节　全体会议

全体会议是政协委员履行职能的最高形式，主要行使选举产生县政协委员会主席、副主席、秘书长和常委；听取和审议常务委员会工作报告；讨论并通过有关决议；参与对国家和地方事务的重要问题的讨论，提出批评和建议等职权。依照全国政协章程的规定，政协全体会议每年至少举行一次。通常情况下，政协全体会议与县人大全体会议大致同期举行，一般早于县人大会议一天开幕，全体政协委员列席人大会议，听取人大会议政府工作报告和其他报告，并组织讨论提出意见和建议。

第一届政协全体会议

1955年5月至1960年12月，第一届政协任期内共举行2次全体会议。

一届一次全体会议：1955年5月18—19日在县城举行，应到委员19人，实到15人，列席693人。会议听取沅陵县各界人民代表会议常务委员会委员周光烈所作的《沅陵县各界人民代表会议常务委员会工作报告》及县委书记苏君所作的《政治工作报告》；会议学习并讨论全国政协章程；选举产生政协沅陵县第一届委员会主席、副主席和常委；审议通过政协一届一次会议决议；通过《向毛主席致敬电》。

一届二次全体会议：1956年5月20—22日在县城举行，应到委员25人，实到20人。会议听取县委书记、县政协主席苏君作的《关于目前形势和工作中几个问题的报告》；听取和审议县政协常委秘书熊承裕作的常务委员会工作报告；会议传达学习湖南省政协一届二次会议精神；会议决定成立政协学习委员会和社会文教、工商两个工作组；18名委员和列席代表在会上发言，总结交流一年工作成绩，开展批评和自我批评；审议通过政协一届二次会议决议。

第二届政协全体会议

1960年12月至1964年9月，第二届政协任期内共举行2次全体会议。

二届一次全体会议：1960年12月7—11日在县城举行，应到委员25人，出席25人，列席18人。会议听取和审议副县长、县政协常委陈伟作的《关于第一届政协常务委员会工作报告》；选举产生县政协第二届委员会主席、副主席和常委；审议通过政协二届一次会议决议。会议期间，与会委员列席县人大四届一次会议，听取和协商讨论政府工作报告及其他工作报告。

二届二次全体会议：1961年9月19日在县城举行，应到委员25人，实到17人，列席20人。会议听取讨论县委统战部长、政协常委周光烈的讲话，主要内容是要求工商界、知识界、宗教界、社会人士大力学习国内外形势和毛主席著作，逐步改造世界观；要求各界各族政协委员要联系本届、本族的人民群众，向他们宣传贯彻党的政策和国家的政策法令，并广泛反映他们的意见、建议和要求，将他们密切团结在党的周围，努力建设自己的国家。

第三届政协全体会议

1964年9月至1966年6月，第三届政协内共举行1次全体会议，“文化大革命”发生后，政协活动陷于瘫痪，直至1979年，均未举行过会议。

三届一次全体会议：1964年9月3—7日在县城举行，应到委员25人，实到23人，列席25人。会议听取讨论县委统战部长、政协常委周光烈作的《关于政协常务委员会工作报告》；研究并确定今后一段时期政协工作任务；选举产生县政协第三届委员会主席、副主席和常委；审议通过政协三届一次会议决议。会议期间，与会委员列席县人大五届一次会议，听取和协商政府工作报告及其他报告。

第四届政协全体会议

1980年12月至1984年3月，第四届政协任期内共举行5次全体会议。

四届一次全体会议：1980年12月11—13日在县城举行，应到委员46人，实到44人。会议听取审议县委常委、县革委会副主任、县政协筹备领导小组副组长、县委组织部长陈礼和代表第三届政协常务委员会作的《团结一致，齐心协力，为四化建设和祖国统一大业贡献力量》的工作报告。报告对1964年9月县政协三届一次会议以来十六年的会务工作进行回顾总结，对新时期人民政协工作的方针任务进行阐述，对今后工作提出意见。会议组织委员学习讨论新时期人民政协的性质、地位和作用；选举产生县政协第四届委员会主席、副主席、秘书长和常委；决定设立工农科技、文教卫生、经济民族、社会联络四个政协工作组；10余名老委员结合自身经历，在大会上进行发言；审议通过常委会工作报告决议和政协四届一次会议政治决议。县委书记黎玉书出席会议开幕式并发表讲话。

四届二次全体会议：1981年9月16—18日在县城举行，应到委员50人，实到50人。会议学习中共中央23号和中央办公厅31号文件，深入学习党的十一届六中全会精神；听取审议县委常委、政协主席陈礼和作的政协常委会工作报告；工农科技组和文教卫生组分别派出代表进行大会发言，交流政协工作开展经验；会议审议政协当前工作意见；通过委员增补名单；决定成立提案委员会和文史资料工作组，开展提案和文史资料工作；审议通过常委会工作报告决议和政协四届二次会议政治决议。县委副书记刘新义出席会议并代表县委发表讲话。

四届三次全体会议：1982年2月20—26日在县城举行，应到委员51人，实到45人。原国民党投诚将领、省人民政府参事室秘书石玉湘等4名社会知名人士作为特邀代表参加会议。会议听取审议县委常委、政协主席陈礼和作的政协常委会工作报告；听取和审议政协四届二次会议以来提案工作情况报告；13名委员围绕人才培养、智力开发、保护林木和生态平衡、促进和平统一，争取台湾早日回归祖国等问题进行大会发言；会议增补选举副主席1人、常委1人；会议决定成立政协学习委员会，并对政协工作组进行调整；审议通过常委会工作报告决议和政协四届三次会议政治决议。县委书记黎玉书出席会议开幕式并发表讲话。会议期间，与会委员列席县人大八届二次会议，参加对政府工作报告和其他工作报告的协商讨论，提出意见和建议。

四届四次全体会议：1982年12月25—30日在县城举行，应到委员57人，实到51人。会议学习《中华人民共和国宪法》和全国政协五届五次会议政治决议，学习《中国人民政治协商会议章程》；听取审议县委常委、政协主席陈礼和关于政协1982年工作总结报告；会议对1983年政协工作进行研究与安排；审议通过常委会工作报告决议和题为《团结起来，为开创沅陵人民政协工作新局面而奋斗》的政治决议。会议期间，与会委员列席县人大八届三次会议，听取并分组讨论政府工作报告和其他工作报告。

四届五次全体会议：1983年3月23—26日在县城举行，应到委员57人，实到49人。会议传达并讨论怀化地区统一战线理论政策宣传教育工作会议精神；听取审议县委常委、政协主席陈礼和关于1983年政协工作的安排计划；政协各工作组就本组工作计划向大会进行报告；审议通过常委会工作报告决议和政协四届五次会议决议。与会委员列席县人大八届四次会议，听取讨论题为《1982年全县经济形势和1983年经济工作任务》的政府工作报告及其他报告，对政府工作报告涉及的大政方针和群众生活问题提出20多条意见和建议。

第五届政协全体会议

1984年3月至1987年3月，第五届政协任期内共举行3次全体会议。

五届一次全体会议：1984年3月23—29日在县城举行，应到委员127人，实到114人。会议听取审议县委常委、第四届政协主席陈礼和作的《开创人民政协工作新局面，为实现八十年代的三大任务而奋斗》的政协常委会工作报告；选举产生县政协第五届委员会主席、副主席、秘书长和常委；决定设立文史组、咨询服务组、社会联络组、工业科技工作组、农业科技工作组、财经贸易工作组、人民教育工作组、文艺体育工作组、医药卫生工作组、社会联络工作组等10个政协工作组；审议通过常委会工作报告决议和政协五届一次会议政治决议；通过1984年政协工作要点。县委副书记刘立松出席会议开幕式并发表讲话。会议期间，与会委员列席县人大九届一次会议，听取并讨论政府工作报告及其他工作报告。

五届二次全体会议：1985年3月28日—4月1日在县城举行，应到委员140人，实到104人。会议听取审议政协主席刘俊良作的《关于全面落实各项统战政策，为振兴沅陵铺平道路》的常委会工作报告；会议增补选举副主席1人、常委2人；会议决定对政协常委会机构进行调整，设置学习委、工作联络委、文史资料研究委3个专门委员会和工业科技、农业科技、财贸、工商、人民教育、文艺体育、医药卫生、社会联络8个工作组；审议通过常委会工作报告决议和政协五届二次会议政治决议。会议期间，与会委员列席县人大九届二次会议，听取并分组讨论政府工作报告及其他工作报告。

五届三次全体会议：1986年3月16—21日在县城举行，应到委员140人，实到119人，列席55人。会议听取审议政协主席刘俊良作的政协常委会工作报告；听取审议政协五届二次会议以来提案办理情况报告；会议组织委员学习和贯彻全国政协、中央统战部《关于学习和宣传先进典型的通知》；会议进行委员大会发言，交流为社会主义物质文明和精神文明建设服务的经验；会议审议通过常委会工作报告决议和政协五届三次会议政治决议。会议期间，与会委员列席县人大九届三次会议，听取并分组讨论政府工作报告及其他工作报告。

第六届政协全体会议

1987年3月至1990年2月，第六届政协任期内共举行3次全体会议。

六届一次全体会议：1987年3月4—12日在县城举行，应到委员181人，实到176人，列席200余人。会议学习《中共中央政治局扩大会议公报》，传达中共湖南省委统战工作会议精神；听取审议第五届政协主席刘俊良作的政协常委会工作报告；8个政协工作组汇报1987年工作计划；13名委员进行大会发言，交流工作经验；选举产生县政协第六届委员会主席、副主席、秘书长和常委；会议对政协常委会机构进行调整，决定设置工作组联络委员会、学习委员会、文史资料研究委员会和工业工作组、农业工作组、科技工作组、财贸工商工作组、人民教育工作组、文艺新闻体育工作组、医药卫生工作组、社会联络工作组等8个工作组；会议通过1987年政协工作要点；审议通过常委会工作报告决议和政协六届一次会议政治决议。县委书记黄伯炎出席会议闭幕式并发表讲话。会议期间，与会委员列席县人大十届一次会议，听取并分组讨论政府工作报告及其他工作报告，对政府工作报告涉及的林业建设、城镇生活设施福利建设、长远经济建设、教育、旅游开发等诸多方面问题提出50多条意见和建议。

六届二次全体会议：1988年1月5—11日在县城举行，应到委员196人，实到188人，列席200余人。会议学习和贯彻中共十三大会议精神；听取审议政协主席刘俊良作的政协常委会工作报告；听取审议六届一次会议以来提案办理情况报告；决定增设提案工作委员会，并对政协工作组进行调整；13名委员就“我这一年”工作情况进行交流发言；会议制定1988年政协工作计划；审议通过常委会工作报告决议和政协六届二次会议政治决议。县委书记黄伯炎、县长周宗亮分别出席会议开幕式与闭幕式，并发表讲话。会议期间，县委、县政府组织会员座谈讨论《政府工作报告（草案）》，听取委员对即将提交人大会议的政府工作报告的意见和建议，委员畅所欲言，对报告涉及的工业改造升级、农田水利建设、蔬菜基地建设、城市建设管理等方面工作，提出一些意见和建议，部分得到及时采纳，融入政府工作报告。与会委员列席县人大十届二次会议，听取协商政府工作报告及其他工作报告。

六届三次全体会议：1989年3月14—19日在沅陵县城举行，应到委员193人，实到

179人。会议学习贯彻党的十三届三中全会、全国农村工作会议和全国政协七届四次常委会议精神；听取审议政协主席刘俊良作的政协常委会工作报告；听取审议政协六届二次会议以来提案办理情况报告；会议进行委员发言，总结交流工作成果；对在社会主义两个文明建设中涌现出来的先进委员进行表彰；会议审议通过常委会工作报告决议和政协六届三次会议政治决议。县委书记黄伯炎出席会议开幕式并发表讲话。县人大主任刘立松、县长周宗亮、怀化地区政协联络处副处长张有铣出席会议闭幕式并发表讲话。会议期间，与会委员列席县人大十届三次会议，听取并分组讨论政府工作报告及其他工作报告，以主人翁的责任感，对政府工作报告中关于两个文明建设方面的工作开展认真讨论，积极建言，提出许多有益的意见和建议，经大会秘书处归纳综合成10个方面的建议，提交政府决策参考。

第七届政协全体会议

1990年2月至1993年1月，第七届政协任期内共举行3次全体会议。

七届一次全体会议：1990年2月20—23日在县城举行，应到委员200人，实到176人，列席200余人。会议学习贯彻《中共中央关于坚持和完善中国共产党领导的多党合作和政治协商制度的意见》；听取审议第六届政协主席刘俊良作的政协常委会工作报告；听取审议政协六届一次会议以来提案办理情况报告；协商讨论政府工作报告征求意见稿；选举产生县政协第七届委员会主席、副主席、秘书长和常委；审议通过常委会工作报告决议和政协七届一次会议政治决议。县委书记张贻国，县人大主任刘立松、政府常务副县长龙金华、怀化地区政协联络工作委员会主任陈绍斌出席会议并分别发表讲话。

七届二次全体会议：1991年3月6—9日在县城举行，应到委员203人，实到191人，列席200余人。会议学习和贯彻中共十三届七中全会、全国统战工作会议、全省政协工作会议精神；听取审议县委常委、县政协主席蒋国汉作的政协常委会工作报告；听取审议县政协七届一次会议以来提案办理情况报告；16名委员进行大会发言，汇报成绩，交流经验；会议表彰一批政协先进集体和个人；审议通过常委会工作报告决议和政协七届二次会议政治决议。县委书记张贻国、县长龙金华分别出席会议开幕式与闭幕式，并发表讲话。会议期间，与会委员列席县人大十一届二次会议，听取并分组讨论政府工作报告及其他工作报告，对政府工作报告提出一些中肯的意见和建议。

七届三次全体会议：1992年2月25—28日在县城举行，应到委员203人，实到178人，列席200余人。会议学习贯彻党的十三届八中全会、全国统战会议精神及湖南省政协工作会议精神；听取审议县委常委、政协主席蒋国汉作的政协常委会工作报告；听取审议政协七届二次会议以来提案办理情况报告；增补选举副主席1人、秘书长1人、常委1人；8名委员进行大会发言，汇报成绩，交流经验；会议表彰一批先进集体和个人；发出“动员社会各界集资助建沅陵县教学奖励基金会的倡议”；审议通过常委会工作报告决议和政协七届三次会议政治决议。县委书记张贻国出席会议开幕式并发表讲话。会议期间，与会委员列席县人大十一届三次会议，听取并分组讨论政府工作报告及其他工作报告，提出意见和建议。

第八届政协全体会议

1993年1月至1998年1月，第八届政协任期内共举行5次全体会议。

八届一次全体会议：1992年12月27日—1993年1月1日在县城举行，应到委员203人，实到177人，列席200余人。会议分组学习讨论中共十四大精神；听取审议第七届政协常务副主席覃功友作的政协常委会工作报告；听取审议政协七届一次会议以来提案办理情况报告；选举产生县政协第八届委员会主席、副主席、秘书长和常委；确定政协1993年工作要点；表彰一批优秀政协委员和政协工作先进集体、先进个人；审议通过常委会工作报告决议和政协八届一次会议政治决议。县委书记龙金华出席会议开幕式并发表讲话。会议期间，与会委员列席县人大十二届一次会议，听取并分组讨论政府工作报告及其他工作报告，提出意见和建议。

八届二次全体会议：1994年1月11—15日在县城举行，应到委员217人，实到202人，列席200余人。会议分组学习讨论江泽民总书记在学习《邓小平文选》第三卷报告会上的讲话和《邓小平文选》重要编目介绍；听取审议政协主席罗建中作的政协常委会工作报告；听取审议政协八届一次会议以来提案办理情况报告；10名委员进行大会发言，总结交流经验；会议表彰一批政协先进集体和个人；增补选举1名副主席；审议通过常委会工作报告决议和政协八届二次会议政治决议。县委书记龙金华出席会议开幕式并发表讲话。会议期间，与会委员列席县人大十二届二次会议，听取并分组讨论政府工作报告和其他工作报告，对全县政治、经济、文化活动中的有关问题进行总体协商。

八届三次全体会议：1995年1月4—8日在县城举行，应到委员220人，实到202人，列席200余人。会议分组学习中共十四届四中全会精神和江泽民总书记在中共十四届四中全会上的重要讲话；听取审议政协主席罗建中作的政协常委会工作报告；听取审议政协八届二次会议以来提案办理情况报告；6个政协活动组围绕各自联系的工作进行大会发言，建言献策；会议表彰一批政协工作先进集体和个人；审议通过常委会工作报告决议和政协八届三次会议政治决议。县委书记邓元武出席会议开幕式并发表讲话。会议期间，与会委员列席县人大十二届三次会议，听取并分组讨论政府工作报告和其他工作报告，对政府工作提出一些有益的意见和建议。

八届四次全体会议：1996年1月21—25日在县城举行，出席会议委员198人，列席200余人。会议学习中共十四届五中全会精神和中共湖南省委召开的全省政协工作会议精神；听取审议政协主席罗建中作的政协常委会工作报告；听取审议政协八届三次会议以来提案办理情况报告；12名委员进行大会发言，汇报成绩，交流经验；会议表彰一批政协工作先进集体和个人；审议通过常委会工作报告决议和政协八届四次会议政治决议。会议期间，与会委员列席县人大十二届四次会议，听取并分组讨论政府工作报告和其他工作报告。

八届五次全体会议：1997年1月15—18日在县城举行，出席会议委员202人，列席200余人。会议学习中共十四届六中全会精神；听取审议政协主席罗建中作的政协常委会工作报告；听取审议政协八届四次会议以来提案办理情况报告；9名委员进行大会发言，总结成绩，经验交流；会议通过政协委员会关于加快沅陵畜牧水产产业化进程向县政府的建议案；表彰一批政协工作先进集体和个人；审议通过常委会工作报告决议和政协八届五次会议政治决议。县委书记邓元武出席会议开幕式并发表讲话。会议期间，与会委员列席县人大十二届五次会议，听取并分组讨论政府工作报告和其他工作报告。

第九届政协全体会议

1998年1月至2002年12月，第九届政协任期内共举行5次全体会议。

九届一次全体会议：1997年12月28日至1998年1月1日在县城举行，应到委员230人，实到214人，列席200多人。会议听取审议第八届政协主席罗建中作的题为《高举伟大旗帜，围绕经济建设中心，努力开创政协工作新局面》的政协常委会工作报告；听取审议政协八届一次会议以来提案办理情况报告；选举产生县政协第九届委员会主席、副主席、秘书长和常委；会议确定1998年政协工作要点；表彰一批优秀政协委员和政协工作先进集体及个人；审议通过常委会工作报告决议和政协九届一次会议政治决议。县委书记邓元武出席会议开幕式并发表讲话。会议期间，与会委员列席县人大十三届一次会议，听取和分组讨论政府工作报告及其他工作报告，县委、县政府领导分别参加各组讨论，听取委员意见和建议。

九届二次全体会议：1999年1月17—20日在县城举行，应到委员232人，实到232人，列席200多人。会议听取审议政协主席罗建中作的题为《总结经验，明确任务，为开创我县政协工作新局面而努力奋斗》的政协常委会工作报告；听取审议政协九届一次会议以来提案工作报告；通过政协委员会《关于抓好我县生态林业建设，促进县域经济发展的建议案》；表彰一批政协工作先进集体、先进个人和优秀提案；审议通过常委会工作报告决议和政协九届二次会议政治决议。县委书记邓元武、怀化市政协副主席杨序岩出席会议开幕式并发表讲话。会议期间，与会委员列席参加县人大十三届三次会议，听取并分组讨论协商政府工作报告和其他工作报告。

九届三次全体会议：2000年1月14—17日在县城举行，应到委员239人，实到236人，列席200多人。会议听取审议政协主席罗建中作的《认清形势，明确任务，努力做好跨世纪人民政协工作》的政协常委会工作报告；听取审议政协九届二次会议以来提案工作报告。6名委员进行大会发言，就开拓农村市场、拉动县域经济发展、加快科技兴沅、加强沿江道管理与开发利用等六个方面的问题，与政府进行协商，建言献策。县长张朝勇在委员发言后发表讲话，认为县政协能站在振兴县域经济的高度，提出高水平、高层次、高规格的参政建议，非常了不起，表示县政府对委员的建议一定会虚心接受，认真对待，积极采纳。会议表彰一批政协工作先进集体和先进个人；审议通过常委会工作报告决议和政协九届三次会议政治决议。县委书记邓元武、怀化市政协副主席黄孝森出席会议开幕式并发表讲话。会议期间，与会委员列席县人大十三届四次会议，听取并协商政府工作报告和其他报告。

九届四次全体会议：2001年1月2—5日在县城举行，应到委员242人，实到238人，列席200多人。会议听取审议政协主席罗建中作的题为《明确任务，发挥优势，努力开创我县政协工作新局面》的政协常委会工作报告；听取审议政协九届三次会议以来提案工作报告。6名委员进行大会发言，就如何深化沅陵国有工业企业改革、如何加快沅陵小城镇建设、如何找到沅陵旅游开发突破口等群众关心的热点问题，与县委、县政府进行协商，建言献策。会议通过政协委员会《关于实施"旅游兴县"战略，加速推进我县旅游产业开发的建议案》；会议增补选举副主席1人、常委2人；表彰一批政协工作先进集体、先进个人和优秀提案；审议通过常委会工作报告决议和政协九届四次会议政治决议。县委书记刘生再出席会议开幕式并发表讲话。会议期间，与会委员列席县人大十三届五次会议，听取协商政府工作报告和其他工作报告。

九届五次全体会议：2002年1月7—10日在县城举行，应到委员242人，实到240人，列席200多人。会议听取审议政协主席罗建中作的题为《总结经验，明确任务，努力推进我县政协工作再上新台阶》的政协常委会工作报告；听取审议政协九届四次会议以来提案工作报告；4名委员代表各自所在活动组进行大会发言，就进一步推进黄姜开发、加快旅游开发进程、促进民营经济快速健康发展、推进县财政可持续发展等问题，向县委、县政府建言献策。会议通过政协委员会《关于建立“沅陵县民营经济开发区”的建议案》；表彰一批政协工作先进集体和先进个人；通过常委会工作报告决议和政协九届五次会议政治决议。县委书记谢宏有出席会议闭幕式并发表讲话。会议期间，与会委员列席县人大十三届六次会议，听取协商政府工作报告和其他工作报告。

第十届政协全体会议

2002年12月至2007年12月，第十届政协任期内共举行5次全体会议。

十届一次全体会议：2002年12月27日—2003年1月1日在县城举行，应到委员249人，实到243人，列席200多人。会议听取审议第九届政协主席罗建中作的政协常委会工作报告；听取审议政协九届一次会议以来提案办理情况报告；选举产生县政协第十届委员会主席、副主席和常委；表彰一批政协工作先进集体、先进个人和优秀提案；通过常委会工作报告决议和政协十届一次会议政治决议。怀化市政协主席张进成、中共沅陵县委书记谢宏有出席会议开幕式并发表讲话。会议期间，与会委员列席县人大十四届一次会议，听取协商政府工作报告和其他工作报告。

十届二次全体会议：2003年12月28—30日在县城举行，应到委员255人，实到240人，列席200多人。会议听取审议政协主席黄茂林作的题为《与时俱进，求真务实，创新政协工作》的政协常委会工作报告；听取审议政协十届一次会议以来提案办理情况的报告。6名委员代表所在界别，就加强扶贫项目后期管理、进一步优化民营经济发展环境、加强中小学教师队伍建设等6个方面的问题进行大会发言，向政府建言献策。县委常委、常务副县长王湘银认为委员的意见和建议对县政府的科学决策很有参考价值，代表县委、县政府对委员发言表示肯定和感谢。会议发出《扶贫助学募捐倡议》，得到委员和社会各界积极响应，当场募得扶贫助学资金37800多元。会议表彰一批政协工作先进集体、先进个人和优秀提案；通过常委会工作报告决议和政协十届二次会议政治决议。县委书记谢宏有出席大会开幕式并发表讲话。会议期间，与会委员列席县人大十四届二次会议，听取讨论县政府工作报告和其他工作报告。

十届三次全体会议：2004年12月27—29日在县城举行，应到委员255人，实到239人，列席220人。会议听取审议政协主席黄茂林作的政协常委会工作报告；听取审议政协十届二次会议以来提案办理情况的报告；审议通过2003年政协委员捐资助学资金使用情况报告。会议决定恢复政协秘书长制度，选举产生秘书长1人；增补选举4名常委。7名委员就关于促进沅陵外来企业发展、加强沅陵电力基础设施保护、加快县城生活污水治理步伐等7个方面问题进行大会发言，参政议政。会议表彰一批政协工作先进集体、先进个人和优秀提案；通过常委会工作报告决议和政协十届三次会议政治决议。县委书记谢宏有出席大会开幕式并发表讲话。会议期间，与会委员列席县人大十四届三次会议，听取讨论县政府工作报告和其他工作报告。

十届四次全体会议：2005年12月27—29日在县城举行，应到委员255人，实到238人，列席240人。会议听取审议政协主席黄茂林作的政协常委会工作报告；听取审议政协十届三次会议以来提案办理情况的报告。6名委员就如何促进乡镇卫生院良性发展、如何搞好乡村公路养护管理，推动沅陵农村经济社会发展、如何促进非公有经济发展等问题进行大会发言；会议表彰一批政协工作先进集体、先进个人和优秀提案；审议通过常委会工作报告决议和政协十届四次会议政治决议。县委书记谢宏有出席大会开幕式并发表讲话。会议期间，与会委员列席县人大十四届四次会议，听取讨论县政府工作报告和其他工作报告。

十届五次全体会议：2006年12月29—31日在县城举行，应到委员255人，实到240人。列席230余人。会议听取审议政协主席黄茂林作的政协常委会工作报告；听取审议政协十届四次会议以来提案办理情况的报告。6名委员代表各自所在活动组向大会进行《加强我县非物质文化遗产保护的对策与建议》《加强农村低龄寄宿制学校建设的建议》《加快我县小水电资源开发的建议》等发言；会议表彰一批政协工作先进集体、先进个人和优秀提案；审议通过常委会工作报告决议和政协十届五次会议政治决议。县委书记李自成出席大会开幕式并发表讲话。会议期间，与会委员列席县人大十四届五次会议，听取并分组讨论政府工作报告和其他工作报告。

第十一届政协全体会议

2007年12月至2012年12月，第十一届政协任期内共举行5次全体会议。

十一届一次全体会议：2007年12月27—31日在县城举行，应到委员245人，实到227人，列席215人。会议听取审议第十届政协主席黄茂林作的政协常委会工作报告；听取审议第十届政协委员会提案工作报告；选举产生县政协第十一届委员会主席、副主席、秘书长和常委；表彰一批政协工作先进集体、先进个人和优秀提案；通过常委会工作报告决议和政协十一届一次会议政治决议。县委书记李自成、副书记罗建章分别出席大会开幕式和闭幕式并发表讲话。会议期间，与会委员列席县人大十五届一次会议，听取并分组讨论政府工作报告和其他工作报告。

十一届二次全体会议：2008年12月26—30日在县城举行，应到委员253人，实到245

人，列席223人。会议听取审议政协主席张大新作的题为《提高履职能力，积极建言献策，为推进富民强县作出新贡献》的政协常委会工作报告；听取审议政协十一届一次会议以来提案工作情况的报告；3名委员就如何发展新农村建设问题进行大会发言。会议表彰一批政协工作先进集体、先进个人和优秀提案；审议通过常委会工作报告决议和政协十一届二次会议政治决议。县委书记黄泽春出席会议开幕式并发表讲话。会议期间，与会委员列席县人大十五届二次会议，听取并分组讨论政府工作报告和其他工作报告。

十一届三次全体会议：2009年12月24—28日在县城举行，应到委员256人，实到249人，列席211人。会议听取审议政协主席张大新作的题为《坚持解放思想，推进科学发展，努力提升政协新境界》的常委会工作报告；听取审议政协十一届二次会议以来提案工作情况的报告。6名委员就菜篮子工程建设、农村信息一体化服务建设、县城基础设施建设、茶叶产业开发和库区水产养殖业发展等问题进行大会发言，提出建议和政府协商；会议补选6名常委；表彰一批政协工作先进集体、先进个人和优秀提案；通过常委会工作报告决议和政协十一届三次会议政治决议。县委书记黄泽春出席大会闭幕式并发表讲话。会议期间，与会委员列席县人大十五届三次会议，听取并分组讨论政府工作报告和其他工作报告。

十一届四次全体会议：2010年12月20—24日在县城举行，应到委员256名，实到248人，列席214人。会议听取审议政协主席张大新作的题为《集中智慧，汇聚力量，促进沅陵经济社会又好又快发展》的常委会工作报告；听取审议政协十一届三次会议以来提案工作情况的报告；6名委员围绕教育资源整合、帮助返乡农民工创业、关注农村留守儿童、推动沅陵文化产业有力发展、做好防污减排工作进行大会发言，提出建议和政府协商；会议表彰一批政协工作先进集体、先进个人和优秀提案；通过常委会工作报告决议和政协十一届四次会议政治决议。县委书记黄泽春出席大会闭幕式并发表讲话。会议期间，与会委员列席县人大十五届四次会议，听取并分组讨论政府工作报告和其他工作报告。

十一届五次全体会议：2011年12月23—27日在县城举行，应到委员256人，实到245人，列席217人。会议听取审议政协主席张大新作的题为《服务中心，激发活力，为促进沅陵经济社会发展积极作为》的常委会工作报告；听取审议政协十一届四次会议以来提案工作情况的报告。5名委员围绕加强生态文明建设、培养和发展规模以上工业企业、科学发展现代渔业等方面问题进行大会发言，提出意见和建议；会议表彰一批政协工作先进集体、先进个人和优秀提案；通过常委会工作报告决议和政协十一届五次会议政治决议。县委书记黄泽春出席大会闭幕式并发表讲话。会议期间，与会委员列席县人大十五届五次会议，听取并分组讨论政府工作报告和其他工作报告。

第十二届政协全体会议

2012年12月至2016年11月，第十二届政协任期内共举行4次全体会议。

十二届一次全体会议：2012年12月25—28日在县城举行，应到委员245人，实到242人，列席192人。会议听取审议第十一届政协主席张大新作的常委会工作报告；听取审议第十一届政协提案工作报告；选举产生县政协第十二届委员会主席、副主席、秘书长和常委；会议表彰一批政协工作先进集体、先进个人和优秀提案；通过常委会工作报告决议和政协十二届一次会议政治决议。县委书记刘志良出席会议开幕式并发表讲话。会议期间，与会委员列席县人大第十六届一次会议，听取并分组讨论政府工作报告和其他工作报告。

十二届二次全体会议：2013年12月22—26日在县城举行，应到委员251人，实到242人，列席177人。会议听取审议政协主席张世雄作的题为《创新履职方式，服务发展大局，努力开创人民政协工作新局面》的常委会工作报告；听取审议政协十二届一次会议以来提案工作情况的报告；补选2名常委。9名委员代表所在界别，就加强快递行业管理、推动开展全民创业、加强和完善新农合运行机制等方面的问题进行大会发言；会议表彰一批政协工作先进集体、先进个人和优秀提案；通过常委会工作报告决议和政协十二届二次会议政治决议。县委书记刘志良出席闭幕会并发表讲话。会议期间，与会委员列席县人大十六届二次会议，听取并分组讨论政府工作报告和其他工作报告。

十二届三次全体会议：2015年1月6—9日在县城举行，应到委员257人，实到252人，列席179人。会议听取审议政协主席张世雄作的常委会工作报告；听取审议政协十二届二次会议以来提案工作情况的报告；补选2名常委。9名委员代表所在界别，就加强生态建设促进县域经济发展、进一步推进依法治县工作、推进精准扶贫工作等方面的问题进行大会发言；会议表彰一批“三立”活动先进个人、政协工作先进集体、先进个人和优秀提案；通过常委会工作报告决议和政协十二届三次会议政治决议。县委书记刘志良出席闭幕会并发表讲话。会议期间，与会委员列席县人大十六届三次会议，听取并分组讨论政府工作报告和其他工作报告。

十二届四次全体会议：2016年1月5—7日在县城举行，应到委员255人，实到243人，列席145人。会议听取审议政协主席张世雄作的常委会工作报告；听取审议政协十二届三次会议以来提案工作情况的报告；10名委员代表所在界别，就发展农村电商助力精准扶贫、推动沅陵旅游跨越发展、依托“互联网+”促进特色产业等问题进行大会发言。会议表彰一批“三立”活动先进个人、政协工作先进集体、先进个人和优秀提案；通过常委会工作报告决议和政协十二届四次会议政治决议。县委书记钦代寿出席会议闭幕会并发表讲话。会议期间，与会委员列席县人大十六届四次会议，听取并分组讨论政府工作报告和其他报告。

第十三届政协全体会议

2016年11月至2021年2月，第十三届政协共举行5次全体会议。

十三届一次全体会议：2016年11月22—26日在县城举行，应到委员243人，实到236人，列席156人。会议听取审议政协党组书记黄忆钢作的常委会工作报告；听取审议十二届政协提案工作情况报告；6名委员围绕加快美丽乡村建设、发展森林康养产业、加强河道管理等方面进行大会发言；会议选举产生县政协第十三届委员会主席、副主席、秘书长和常委；表彰一批“三立”活动先进个人、政协工作先进集体、先进个人和优秀提案；通过常委会工作报告决议和政协十三届一次会议政治决议。县委书记钦代寿出席会议闭幕式并发表讲话。会议期间，与会委员列席县人大十七届一次会议，听取并分组讨论政府工作报告和其他工作报告。

十三届二次全体会议：2017年12月26—28日在县城举行，应到委员253人，实到248人，列席173人。会议听取审议政协主席黄忆钢作的题为《围绕团结民主，忠诚履行职能，助推建设美丽富饶幸福新沅陵伟大事业》的常委会工作报告；听取审议政协十三届一次会议以来提案工作情况的报告；会议同意卢新仁辞去副主席职务，选举舒齐为副主席，增补4名常委；10名委员围绕加强“五强溪鱼”品牌建设、城区项目建设现场管理、加强文物保护利用，让文物充分活起来等10个方面工作进行大会发言；会议表彰一批政协工作先进集体、先进个人和优秀提案；通过常委会工作报告决议和政协十三届二次会议政治决议。县委书记钦代寿出席会议闭幕会并发表讲话。会议期间，与会委员列席县人大十七届二次会议，听取并分组讨论县政府工作报告和其他工作报告。

十三届三次全体会议：2018年12月23—26日在县城举行，应到委员254人，实到237人，列席173人。会议听取审议政协主席黄忆钢作的常委会工作报告；听取审议政协十三届二次会议以来提案工作情况的报告；10名委员围绕脱贫攻坚、深化人才建设机制改革、进一步加强农村基础设施建设、传统村落保护、巩固国家卫生县城创建成果等方面工作进行大会发言；会议表彰一批政协工作先进集体、先进个人和优秀提案；通过常委会工作报告决议和政协十三届三次会议政治决议。县委书记钦代寿出席会议开幕式并发表讲话；会议期间，与会委员列席县人大十七届三次会议，听取并分组讨论政府工作报告和其他工作报告。

十三届四次全体会议：2020年5月18—19日在县城举行，应到委员257人，实到252人。会议听取审议政协主席黄忆钢作的常委会工作报告；听取审议政协十三届三次会议以来提案工作情况的报告；会议同意黄忆钢辞去政协主席职务，杨德信辞去政协副主席职务；选举张振华为县政协第十三届委员会主席，选举戴军为副主席，同时选举增补3名常委。9名委员围绕决战决胜全面小康、保护红色资源、稳定贫困人口就业、以人才振兴助推乡村振兴等方面工作进行大会发言；会议表彰一批优秀政协委员、先进政协工作者、优秀提案和提案承办先进单位；通过常委会工作报告决议和政协十三届四次会议政治决议。怀化市政协副主席、中共沅陵县委书记钦代寿出席会议闭幕式并发表讲话。会议期间，委员分组协商讨论政府工作报告和其他工作报告，提出一些有益的意见和建议。

十三届五次全体会议：2021年2月21—24日在县城举行，应到委员252人，实到232人，列席210人。会议学习党的十九届五中全会精神；听取审议政协主席张振华作的常委会工作报告；听取审议政协十三届四次会议以来提案工作情况的报告。11名委员围绕构建立体交通格局、民营企业参与乡村振兴、优化城区教育布局、巩固脱贫攻坚成果等方面工作进行大会发言。会议表彰一批优秀政协委员、先进政协工作者、优秀提案和提案承办先进个人及单位；审议通过常委会工作报告决议和政协十三届五次会议政治决议。怀化市政协副主席、中共沅陵县委书记钦代寿出席会议闭幕式并发表讲话。会议期间，委员列席参加县人大十七届六次会议，听取并分组讨论政府工作报告、沅陵县国民经济和社会发展第十四个五年规划和2035年远景目标纲要（草案）和其他报告，对各项报告分别提出一些意见和建议。

第二节　常委会议

县政协委员会设常务委员会，由主席主持会务。常委会由政协主席、副主席、秘书长和常务委员组成，是全体委员会议闭会期间，政协履行政治协商、民主监督、参政议政职能的主要形式。政协常委会一般每季度召开一次会议，必要时也可临时召开。其主要职责是召集和主持全体委员会议，组织执行政协章程规定的各项任务和上级政协以及县政协全会的决议；听取中共沅陵县委、县人民政府及有关部门的情况通报；审议通过向县委、县人民政府及有关部门提交的重要建议案；审议通过提交县政协全体会议审议的各类文件；协商决定县政协工作机构的设置和变更，并任免其领导成员；协商决定下届县政协的参加单位、委员名额、委员人选和界别设置，协商决定各界别委员人数的增加或变更；负责主持日常会务，决定会务中的重大问题。县政协常委会议由县政协主席主持，也可由主席委托的副主席主持，全体常委参加，不是常委的机关委室负责人列席参加，也可根据需要，扩大到其他政协委员、县直单位部门领导和社区负责人参加。县第一届至第三届政协常委会议记录，因资料缺失或字迹浸漫，仅得以7次不完全记录。第四届政协以来，常委会议多以扩大会议的形式召开。县政协第一届至第十三届委员会（截至本志下限2020年）共召开有原始记录记载的常委会议194次，详见《历届县政协常委（扩大）会议一览表》。

历届县政协常委（扩大）会议一览表

会议届次	时间	主要内容	主持人
一届1次	1956.1.2	听取县委书记、县政协主席苏君，县长、政协副主席宋文溥报告目前国家形势。	不详
一届2次	1956.1.20—22	县委书记、政协主席苏君传达中央关于1956至1957年全国农业发展纲要（草案）报告，讨论三天。	不详
一届3次	1956.2.5	讨论《汉语拼音方案》（草案）和汉字简化方案	不详
一届4次	1956.3.16	学习讨论省委关于大力发展增产爱社运动指示精神和关于1956年国家发行建设公债入库等问题	不详
一届5次	1956.4.28	1. 听取关于处理日本战犯的时事报告 2. 学习讨论周恩来总理关于和平解放中国台湾地区的讲话	不详
一届6次	1956.5.15	1. 讨论增补政协委员名单 2. 讨论召开一届二次会议有关事项 3. 提出和讨论政协一届一次会议以来工作总结及今后工作计划	不详
一届7次	1956.5.17	1. 协商委员任免，免去3名委员，增补9名委员 2. 研讨成立学委会和工商、社会文教工作组 3. 拥护和推举副主席蒋维中驻会主持会务	不详
一届8次	1956.6.29	听取县委宣传部副部长、县政协委员慕斌关于处理日本战犯的时事报告，结合周恩来总理关于和平解放中国台湾地区的号召开展讨论。	不详

续表

会议届次	时间	主要内容	主持人
一届9次	1956.10.19	听取和讨论县长、政协副主席宋文溥关于普选工作的报告，提出协商意见，形成决议	不详
不详	1957.5.5	总结前段工作，讨论二季度政协工作计划	不详
不详	1957.12.10	1. 商讨沅陵农业发展纲要 2. 学习全国、本省和本县的农业发展纲要计划	不详
二届5次	1962.9.1	1. 协商决定县政协二届委员会学习委员会名单和政协各工作组正、副组长名单 2. 讨论通过1962年下半年度政协工作安排	不详
不详	1964.8.29	协商通过第二届政协委员增补名单	不详
四届1次	1980.12.22	1. 协商讨论全县经济、文化建设等重大事项及政协工作的重要问题 2. 讨论通过“团结一致，齐心协力，为四化建设和祖国统一大业贡献力量”的决定	陈礼和
四届2次	1981.1.6—7	1. 学习中共中央（1981）2号文件和《人民日报》元旦社论《在安定团结的基础上，实现国民经济调整的巨大任务》 2. 传达学习和讨论省政协四届四次会议精神 3. 安排部署政协年度工作 4. 研究政协常委分工	陈礼和
四届3次	1981.9.14—15	1. 会议学习中共中央（1981）30号文件精神 2. 回顾总结政协恢复以来的工作 3. 讨论政协四届二次会议常务委员会工作报告 4. 协商增补委员事宜 5. 议决建立政协提案委员会和文史资料工作组事宜 6. 研究下一阶段工作任务	陈礼和
四届4次	1982.1.15	1. 传达省政协四届五次会议精神 2. 贯彻怀化地委统战部召开的县市政协工作经验交流会议精神 3. 总结政协1981年工作	陈礼和
四届5次	1982.2.15	1. 协商通过政协四届三次全会议程和工作报告 2. 协商通过调整政协工作组和建立学习委员会的决定	陈礼和
四届6次	1982.4.9	1. 学习中共中央批转《广东、福建两省座谈会纪要》的17号文件精神 2. 学习贯彻《关于严惩严重破坏经济的罪犯的决定》 3. 讨论安排政协当前工作	陈礼和
四届7次	1982.8.7—9	1. 学习讨论全国政协章程修改草案 2. 传达省政协四届十九次常委扩大会议精神 3. 协商通过委员人事任免 4. 学习党的十一届七中全会公报和《人民日报》社论	陈礼和

续表

会议届次	时间	主要内容	主持人
四届8次	1982.9.19	学习党的十二大会议精神	陈礼和
四届9次	1982.12.23	1. 协商通过政协四届四次会议议程 2. 通过10名增补政协委员名单	陈礼和
四届10次	1983.1.25	1. 协商通过1983年政协工作要点 2. 决定将政协工作组由4个增加为7个	陈礼和
四届11次	1983.6.26—27	1. 传达省政协五届一次会议精神 2. 学习省政协五届一次会议工作报告	陈礼和
四届12次	1983.7.21—22	1. 传达省政协五届二次常委扩大会议精神 2. 学习《邓小平文选》有关篇目 3. 总结和安排县政协工作 4. 政协副主席方思默书面发言，谈学习《邓小平文选》体会	周光烈 陈　伟
四届14次	1983.11.9	1. 学习中共中央关于清除精神污染，进行全面整党的有关决定精神 2. 政协副主席方思默发表题为《坚决响应党的号召，彻底清除精神污染》讲话 3. 县委书记黎玉书应邀参加会议，对政协工作提出要求	陈礼和
四届15次	1984.1.22	协商通过增补刘俊良、朱文锦等7人为县政协委员	陈礼和
四届16次	1984.3.8	协商通过县政协第五届委员会界别设置和委员名单	陈礼和
五届1次	1984.3.24	1. 协商讨论政协1984年工作要点 2. 协商决定政协机构设置和人事任免 3. 划分委员工作组	刘俊良
五届2次	1984.5.9—10	1. 传达县委关于农村经济体制改革会议精神 2. 交流政协4月份工作开展情况 3. 审议各工作组活动计划	方思默 陈　伟 朱文锦
五届3次	1984.7.12—14	1. 传达贯彻省政协五届二次会议精神 2. 传达贯彻县委常委扩大会议精神 3. 研究讨论如何进一步搞好对内改革，对外开放，搞活经济。 4. 县委调研员陈礼和代表县委对政协工作提出具体要求。	方思默
五届7次	1985.3.18—19	1. 协商决定政协五届二次全会召开时间暨全会议程和日程 2. 审议并原则通过政协1985年工作要点 3. 协商讨论人大、政府、检察院、法院、财政等工作报告（草案）并提出若干修改意见 4. 通过增补政协委员名单 5. 决定对政协机构进行调整 6. 决定每月15日为政协委员统一学习日（遇周末顺延） 7. 决定恢复委员提案	刘俊良

续表

会议届次	时间	主要内容	主持人
五届8次	1985.3.29	讨论通过政协办公室和各专委会工作职责 通过各委室主任、副主任人事任命	刘俊良
五届9次	1985.9.18—19	听取政协党组在整党中的对照检查和整改初步设想	刘俊良
五届11次	1985.11.29—30	1. 学习全国党代会文件 2. 协商讨论政协党组整党第三步集中整改初步方案 3. 协商讨论1985年政协工作总结意见和要求。	刘俊良 陈 伟 向明龙 朱文锦
五届13次	1986.3.10	1. 县委书记黄伯炎、副书记张贻国出席会议 2. 听取县人大领导通报人大九届三次会议筹备以及会议议程情况 3. 听取县委对九届人大三次会议人事安排情况的通报 4. 与会政协常委围绕人事安排进行讨论发言 5. 决定政协五届三次全会召开时间 6. 原则审议通过县政协五届二次会议以来常务委员会工作报告以及五届三次全会的议程和日程 7. 县委书记黄伯炎发表讲话，代表县委对政协工作给予充分肯定。	刘俊良
五届14次	1986.6.9—10	1. 传达省政协五届四次和省人大六届四次会议精神 2. 传达贯彻中央书记处3月31日对统战工作的指示 3. 学习讨论中央办公厅（1986）10文件和湖南4.省政府（1986）15号文件 5. 研究部署政协工作	刘俊良
五届15次	1986.7.12	1. 政协换届准备工作情况 2. 传达省政协学习委员会株洲学习座谈会精神	刘俊良
五届16次	1986.10.31—11.1	1. 学习《中共中央关于社会主义精神文明建设指导思想的决议》 2. 研究开展“双十二”活动准备工作 3. 听取政协当前工作情况汇报。	刘俊良
五届17次	1986.11.18	学习传达上级党委、政协有关政协换届的文件精神。	刘俊良
五届18次	1987.1.7	1. 协商讨论政协换届工作 2. 通过政协换届工作指导提纲 3. 协商政协第六届委员会委员人数和界别构成 4. 协商通过举办政协迎春茶话会等事宜	刘俊良

续表

会议届次	时间	主要内容	主持人
五届19次	1987.2.10—11	1. 学习中共中央组织部、中央统战部和中共湖南省委有关县级政协换届工作的文件 2. 学习全国政协章程 3. 通报政协换届工作筹备情况 4. 协商决定政协第六届委员会界别设置和委员名单 5. 审议和原则通过政协第五届委员会常务委员会工作报告 6. 县委书记黄伯炎、县委副书记张贻国出席会议并分别发表讲话	刘俊良
五届20次	1987.2.26	1. 通报县政府、人大、政协、检察院、法院换届领导班子推荐安排情况，进一步征求政协常委会意见 2. 协商讨论如何开好政协六届一次全会 3. 县委副书记张贻国出席会议并发表讲话	刘俊良
六届1次	1987.3.8	1. 通报县人大会选举情况 2. 通过1987年政协工作要点 3. 协商决定在政协工作组设置副组长 4. 研究六届一次会议期间分组讨论事宜	刘俊良
六届2次	1987.3.18	1. 总结回顾六届一次会议以来工作开展情况 2. 决定设立工作组联络委员会、学习委员会、文史资料研究委员会和办公室，办公室下设提案委 3. 通过各专委会领导人员名单	覃功友
六届3次	1987.5.25	1. 传达省人大五届五次会议精神； 2. 传达省政协五届五次会议精神； 3. 围绕省两会精神，结合沅陵实际开展讨论 4. 传达和通报县智力扶贫会议精神和政协换届以来各项工作开展情况	刘俊良
六届4次	1987.8.4—5	1. 传达沅陵县区乡会议精神 2. 学习全国地方政协工作组（委）工作会议文件 3. 总结上半年政协工作，安排部署下半年工作4.协商决定每月15日（逢星期天则后延一日）为县政协委员集中活动日 5. 对上半年政协工作总结和下半年工作计划开展讨论	刘俊良 覃功友
六届5次	1987.11.9—10	1. 学习党的十三大文件 2. 协商增补16名政协委员 3. 总结前段时间政协工作组活动开展情况 4. 协商召开政协六届二次全会有关工作 5. 传达县委工作会议精神 6. 听取农业科技组、人民教育组外出参观学习情况汇报 7. 听取刘俊良介绍随怀化地区政协联络处赴湖北参观学习情况 8. 通报三个月来政协工作开展情况	覃功友 尹叔宜

续表

会议届次	时间	主要内容	主持人
六届6次	1987.12.22	1. 协商政协六届二次全会有关事宜 2. 讨论1988年政协工作要点 3. 决定将政协8个工作组调整为9个工作组 4. 通过增补新进委员名单	刘俊良
六届7次	1988.3.22—23	1. 会议传达省、地政协工作会议精神 2. 介绍怀化地区各县市政协工作经验 3. 具体安排政协1988年工作 4. 县委副书记张贻国通报全县年度工作安排，并代表县委对政协工作提出4项要求 县人大副主任杨淑媛、县人武部政委毛建和，以及县政协原副主席方思默、刘汉钦、向明龙，省政协委员白阿雀应邀出席会议	刘俊良
六届8次	1988.7.26—27	1. 传达县委工作会议精神 2. 总结政协上半年工作，安排下半年工作 3. 与会人员分三个组，分别由副主席肖芳杰、朱文锦、肖功璞负责召集，对县委工作会议精神和政协下半年工作计划开展讨论	刘俊良
六届9次	1988.8.30	1. 传达贯彻怀化地区山区开放开发试验区会议精神 2. 讨论县政协如何为建设试验区和开展生产自救做好服务工作	刘俊良
六届10次	1988.11.8—9	1. 学习贯彻中共十三届三中全会精神和湖南省委六届七次（扩大）会议以及中共沅陵县委常委（扩大）会议精神； 2. 结合沅陵政协实际，就如何全面落实上述会议精神开展讨论	刘俊良
六届11次	1989.1.18—19	1. 学习《人民日报》元旦献辞 2. 传达怀化地区政协工作会议精神 3. 总结县政协上年度工作，研究新一年工作计划 4. 讨论补充1988年工作总结 5. 研究制定1989年工作计划	覃功友 肖功璞 陈自如
六届12次	1989.3.1	1. 协商通过县政协六届三次全会议程和日程 2. 审议协商常务委员会工作报告	刘俊良 肖功璞
六届13次	1989.5.6	1. 传达贯彻省政协六届二次会议精神 2. 学习贯彻中共中央关于反动乱、保稳定的有关指示精神 3. 学习座谈《人民日报》重要社论 4. 研究县政协下一阶段工作 5. 围绕上述学习内容开展讨论发言	覃功友 朱文锦

续表

会议届次	时间	主要内容	主持人
六届14次	1989.6.23	1. 学习邓小平同志在接见首都戒严部队军以上干部时的重要讲话 2. 县委副书记张贻国出席会议并作有关报告 3. 与会人员围绕学习内容开展讨论，一致表示坚决拥护党中央的决定	刘俊良
六届15次	1989.9.9	1. 传达县委工作会议精神和怀化地区政协座谈会精神 2. 总结政协六届三次全会以来工作成绩，讨论今后工作意见 3. 评选推荐出席怀化地区山区开发经验交流会的先进单位和个人 4. 讨论落实庆祝人民政协成立四十周年的活动安排	肖功璞
六届16次	1989.10.13	1. 学习和讨论江泽民同志在国庆四十周年纪念大会上的重要讲话 2. 研究和确定政协有关制度建设和组织建设事项 3. 协商调整政协机构，增设经济委、教科卫委，改工作组联络委员会为联络联谊委 4. 协商通过《政协沅陵县委员会关于政治协商民主监督的实施细则》	刘俊良 肖功璞
六届17次	1989.11.11	传达学习省、地、县关于政协换届工作会议精神	刘俊良
六届18次	1990.1.20	1. 协商决定县政协第七届委员会政协委员名单和界别设置 2. 协商通过县政协第六届委员会常务委员会工作报告和第六届政协提案工作报告 3. 协商通过政协七届一次全会召开时间及会议议程和日程 4. 安排落实政协七届一次会议各项准备工作	刘俊良
七届1次	1990.2.22	1. 协商第七届政协委员会机构设置和有关人事问题 2. 安排部署1990年度政协工作	蒋国汉
七届2次	1990.3.16	1. 学习和讨论中共十三届六中全会公报 2. 协商决定第七届政协委员会设办公室、提案委、学习委、文史委、联络联谊委、经济委、教科卫委等“一办六委”工作机构 3. 任命政协“一办六委”领导成员 4. 会议协商通过政协例会、议事、学习、廉政、生活会和下基层等6个方面的有关制度。	蒋国汉
七届3次	1990.5.22—23	1. 传达江泽民总书记对政协工作的重要指示 2. 传达省、地政协会议精神 3. 听取县五强溪库区移民经费使用情况的汇报 4. 与会人员联系实际，就沅陵移民搬迁工作开展讨论，提出建议和意见	张理才

续表

会议届次	时间	主要内容	主持人
七届5次	1990.8.14	1. 总结政协上半年工作成绩 2. 研究经济促进会开展情况 3. 通报政协古城医院有关情况	蒋国汉
七届6次	1990.12.7—8	1. 传达贯彻省政协工作会议精神 2. 学习省委书记熊清泉、副书记杨正午、省政协主席刘正在全省政协工作会议上的讲话 3. 传达学习县委关于加强人民政协工作的意见 4. 协商通过向县委政府提交的《关于加强移民经费管理的使用》《关于修改深溪口乡公路改建线路》《关于解决北溶至朱红溪改建公路施工期间阻车问题》《关于将渔业综合开发列为移民开发重点项目》等4件建议案 5. 协商通过陈自如辞去政协七届委员会副主席的申请 县委顾问刘立松、县委统战部长肖功璞、县人大副主任黄君燮以及省政协委员白阿雀应邀出席会议。	张理才
七届7次	1991.1.23	1. 协商决定撤销经济科技组和妇女工作组，将政协工作组由9个调整为8个 2. 协商决定将原“教科卫委员会”改为“文教卫体委员会”，将原“经济委员会”改为“科技经济委员会” 3. 协商委员增补事宜 4. 协商确定召开政协七届二次全会的方案 5. 通过全会表彰先进集体和先进个人名单	张理才
七届8次	1991.223	1. 协商决定政协七届二次全会筹备事宜 2. 讨论七届二次全会日程安排 3. 讨论修改七届二次全会工作报告	蒋国汉
七届9次	1991.5.30	1. 学习中办通报第5期《江泽民同志视察湖南期间听取省委、政府工作汇报后的讲话》 2. 传达省政协工作会议精神 3. 协商通过《关于保护中草药资源，实施合理开发向县政府的建议》	张理才
七届10次	1991.8.10	1. 讨论总结上半年政协常委会工作，研究下半年工作安排 2. 协商通过为沅陵经济振兴和社会进步争贡献的决议 3. 讨论如何稳定沅陵安定团结的局势 4. 讨论协商政协委员如何为沅陵经济建设服务问题	蒋国汉
七届11次	1991.9.13	1. 研究同意张汉清辞去县政协委员、常委、秘书长职务 2. 协商同意增补向生杰、李作生2人为第七届政协委员	蒋国汉
七届12次	1991.11.15	协商通过《关于移民安置补偿费付给个人必须予以纠正向县人民政府的建议案》	蒋国汉

续表

会议届次	时间	主要内容	主持人
七届13次	1992.1.11	协商决定政协七届三次全会时间及会议议程和日程；通过委员增补事项	蒋国汉
七届14次	1992.2.13	1. 研究召开政协七届三次全会有关工作， 2. 审定表彰1991年度县政协“创优评先”先进集体和个人名单	蒋国汉
七届15次	1992.222	1. 讨论政府工作报告（草案），形成协商意见 2. 协商决定撤销符爱林政协委员资格。	张理才
七届16次	1992.5.4	传达省政协六届五次会议精神和县委工作会议精神	张理才
七届18次	1992.10.7	1. 传达中共沅陵县委换届工作会议精神 2. 研究政协换届工作	覃功友
七届19次	1992.11.10	1. 审议通过1992年“争贡献”活动先进集体和个人名单 2. 讨论政协全会改革问题，议决会上不再进行个人或集体工作汇报及经验交流发言，改为协商议政发言 县委副书记罗建章应邀参加会议	覃功友
七届20次	1992.12.7—8	1. 听取换届工作报告 2. 确定政协第八届委员会界别设置和人事安排 3. 通过政协八届一次会议召开的时间、议程和日程 4. 协商通过政协第七届委员会常务委员会工作报告并确定报告人 5. 协商通过七届政协一次会议以来提案办理工作情况报告并确定报告人 6. 通过会议表彰名单	覃功友
八届2次	1993.2.9	1. 传达省政协七届一次会议精神 2. 传达沅陵县三级干部会议精神 3. 安排当前政协工作 4. 传达县政府办公会议精神 5. 与会人员就传达的各种会议精神结合实际开展讨论	杨长庚
八届3次	1993.5.12	1. 传达中共怀化地委扩大会议精神和县委工作会议精神 2. 通报政协各项工作完成情况 3. 协商政协下一阶段工作任务	尹叔宜
八届4次	1993.8.5	1. 宣传贯彻县委工作会议精神 2. 回顾总结政协上半年工作，安排部署下半年任务 3. 与会人员围绕县委工作会议精神，结合政协工作实际开展讨论	彭隆墀
八届5次	1993.12.25	1. 研究确定政协八届二次全会有关事项 2. 协商通过政协常务委员会工作报告 3. 协商通过委员增补名单 4. 协商通过全会典型经验交流人员 5. 协商确定大会表彰先进集体和个人名单	罗建中

续表

会议届次	时间	主要内容	主持人
八届6次	1994.2.23	1. 传达怀化地委工作会议精神 2. 安排部署1994年政协工作	尹叔宜
八届7次	1994.5.10	1. 学习全国政协及省政协关于政协工作到位不越位的指示精神 2. 总结政协上半年工作，听取各政协活动组工作情况汇报 3. 会议对下半年政协工作作出安排部署。	尹叔宜
八届8次	1994.7.28	县长曹丰禄率政府副县长、政府办主任，及有关部门负责人参加会议，听取委员对政府各项工作的意见和建议，与政协常委协商政府工作。	罗建中
八届9次	1994.12.20	1. 协商召开政协八届三次全会的有关事宜 2. 通过大会指导思想，大会日程和议程，大会办事机构和大会表彰的先进集体与个人名单	杨长庚
八届10次	1994.12.31	1. 审议通过政协常务委员会工作报告 2. 协商通过政协向县政府提出的建议案 3. 通报县委常委会议有关精神	罗建中
八届11次	1995.2.13	1. 传达贯彻怀化地区政协联工委召开的全区县市政协主席会议精神 2. 结合沅陵实际，安排部署政协工作；会议围绕过去一年工作展开讨论，对今后政协工作提出意见和建议 3. 会议对筹备县政协成立四十周年庆祝工作形成初步意见	杨长庚
八届12次	1995.2.23	研究通过拟与县委、县政府以及有关部门协商座谈的三个调研报告。	罗建中
八届13次	1995.12.28	1. 研究召开政协八届四次全会的有关准备工作 2. 协商通过八届四次全会日程、议程 3. 通过八届四次全会表彰名单 4. 协商通过政协常务委员会工作报告	罗建中
八届14次	1996.3.1	5. 讨论研究1996年政协工作计划	罗建中
八届15次	1996.10.13	1. 审议中秋茶话会实施方案 2. 审议拟提交县委、县政府协商的《沅陵县养殖产业化进程的调查与对策》《沅陵工业企业和社会保障体系的现状及对策》《沅陵普九教育的现状及对策》《沅陵个体私营经济的发展状况与外部环境问题》4个专题调研报告 3. 会议通报政协机构改革和人事安排情况	罗建中
八届17次	1997.1.6	1. 研究召开政协八届五次全会有关事项 2. 讨论通过八届五次会议工作报告 3. 同意肖芳杰辞去政协副主席、常委、委员职务	罗建中

续表

会议届次	时间	主要内容	主持人
八届18次	1997.3.6	1. 传达学习省政协七届五次会议精神 2. 讨论研究和部署县政协工作	罗建中
八届19次	1997.4.18	1. 研究政协制度化、规范化建设问题 2. 讨论制定《关于贯彻执行〈政协全国委员会关于政治协商、民主监督、参政议政的实施意见〉的规定》	罗建中
八届20次	1997.9.4	1. 研究如何搞好本年度后几个月政协工作 2. 研究部署政协换届准备工作	尹叔宜
八届21次	1997.11.18	1. 通过县政协九届一次会议议程和日程安排 2. 协商决定县政协第九届委员会界别构成和委员名单 3. 通过政协常务委员会工作报告 4. 县委副书记赵跃才参加会议并代表县委对搞好政协换届工作发表讲话	罗建中
九届1次	1998.2.18	1. 传达省政协八届一次会议精神 2. 传达地委工作会议精神 3. 讨论部署政协二季度工作	罗建中
九届2次	1998.8.21	讨论审议加快个体私营经济发展、县城路灯建设和管理、茶叶产业化进程三个专题协商报告材料	罗建中
九届3次	1998.11.13	1. 研究政协九届二次会议准备工作 2. 研究专题协商课题 3. 研究政协电视宣传专题片的拍摄内容和制作	罗建中
九届4次	1998.11.26	听取县工商局领导报告全县个体私营经济中饮食行业和采掘业发展情况	罗建中
九届5次	1999.1.5	1. 协商通过政协九届二次全会召开时间、日程和议程 2. 通过全会指导思想 3. 通过12名增补委员名单。	全桂娥
九届6次	1999.3.18	1. 传达省、市政协会议精神 2. 研究部署1999年政协工作 3. 讨论各区镇政协联络组、战线政协活动组工作任务	尹叔宜
九届7次	1999.8.29	研究与县委、县政府领导专题协商的关于农村电网建设等4个课题材料。	全桂娥
九届8次	1999.10.13	研究召开政协九届三次会议有关事宜	罗建中
九届9次	1999.12.29	1. 协商通过政协九届三次全会召开时间 2. 协商通过10名增补政协委员名单	罗建中
九届10次	2000.3.10	1. 研究政协上半年工作 2. 协商确定政协年度调研课题	罗建中

续表

会议届次	时间	主要内容	主持人
九届11次	2000.6.22	1. 传达市政协会议精神 2. 总结上半年政协工作 3. 安排部署下半年政协工作	罗建中
九届13次	2000.12.18	1. 协商通过政协九届四次全会召开时间和其他准备工作 2. 协商通过7名增补政协委员名单	罗建中
九届14次	2001.3.27	1. 研究目标管理有关问题 2. 研究政协接待工作制度 3. 协商讨论2001年政协调研课题。	罗建中
九届16次	2001.8.9	学习传达上级党委、政协有关文件和会议精神研究布置专题协商课题。	罗建中
九届17次	2001.9.7	1. 通过政协专委会人事任免事项 2. 安排有关协商课题 3. 学习贯彻“改进作风，拒腐防变”文件精神 4. 县委常委、县委组织部长宋联君列席会议	罗建中
九届18次	2001.10.19	1. 对旅游、安全生产工作进行专题协商 2. 县委副书记金冬生出席会议并发表讲话	罗建中
九届19次	2001.12.4	1. 传达省、市政协关于县级政协不设秘书长职务的通知，决定免去李宏勋政协秘书长职务 2. 通过政协专委会和政协办公室人事任免决定 3. 安排部署政协九届五次全会筹备工作	罗建中
九届20次	2001.12.24	协商政府工作报告（征求意见稿），提出建议和修改意见。	罗建中
九届21次	2001.12.28	1. 协商讨论政协常务委员会工作报告 2. 协商讨论政协九届五次会议议程和日程 3. 协商讨论委员异动情况，通过增补委员名单 4. 协商讨论创优评先有关事项。	罗建中
九届26次	2002.12.10	协商通过政协十届一次全会召开时间和相关议程与日程。	罗建中
十届1次	2002.12.31	会议在宁园宾馆举行，主要议程： 1. 协商“民营之声”文艺汇演有关问题 2. 讨论第九届政协常委会工作报告。	黄茂林
十届2次	2003.3.7	1. 传达学习怀化市政协主席张进诚的讲话 2. 协商通过政协2003年工作要点 3. 协商通过政协人事任免和增补委员等事项 4. 通报政协主席分工及委室联组工作安排 县委副书记黄泽春出席会议并讲话	黄茂林

续表

会议届次	时间	主要内容	主持人
十届3次	2003.7.23	会议在宁园宾馆举行，主要议程： 1. 学习全国政协十届一次会议精神 2. 通报县十届政协常委会上半年工作，安排部署政协下半年工作 3. 协商通过《政协提案工作条例》 4. 县委常委、常务副县长王湘银向会议通报全县上半年经济工作运行情况 县委副书记黄泽春参加会议并讲话	黄茂林
十届4次	2003.9.14	会议在宁园宾馆举行，主要议程： 1. 根据县委提名，协商决定十届政协各专委会主任名单 2. 学习省政协《关于进一步发挥省政协委员作用和完善例会制度的决定》	黄茂林
十届5次	2003.12.5	会议在宁园宾馆举行，主要议程： 1. 协商通过关于改进提案工作的意见 2. 协商通过关于进一步发挥委员作用和完善例会制度的决定 3. 协商通过政协委员执证视察制度 4. 协商通过政协委员视察工作的安排意见 5. 协商同意增补4名政协委员 6. 协商通过专委会主任、兼职副主任人事任免	黄茂林
十届6次	2004.3.19	会议在宁园宾馆举行，主要议程： 1. 请县委党校教师辅导学习中央一号文件《关于促进农民增加收入若干政策的意见》 2. 学习省政协主席胡彪《努力加强政协工作的主动性、开拓性和时效性》文章 3. 学习新修订的全国政治章程 4. 协商通过2004年政协工作要点	黄茂林
十届7次	2004.7.28	会议在宁园宾馆举行，主要议程： 1. 听取提案委和人资环委上半年工作汇报 2. 听取县政府办关于办理委员提案情况的通报 3. 听取县对外经贸局关于招商引资情况的通报 4. 听取县政府领导对上半年全县经济工作形势的通报	黄茂林
十届8次	2004.9.21	1. 学习中共中央十六届四中全会精神 2. 听取经科委和民族宗教法制群团委1—9月工作汇报 3. 协商讨论《关于县内外来企业发展环境的视察报告》 4. 协商通过人事任免。 县委副书记黄泽春出席会议并讲话。	仝桂娥

续表

会议届次	时间	主要内容	主持人
十届9次	2004.11.30	1. 协商通过政协十届三次全会工作报告 2. 协商通过十届二次会议以来提案工作报告 3. 协商十届三次全会组织机构及工作职责 4. 协商通过十届三次全会时间、议程和日程 5. 协商十届三次全会表彰先进集体和个人及优秀提案名单 6. 协商十届三次全会委员讨论分组名单 7. 协商通过十届三次全会委员发言材料	黄茂林
十届10次	2005.3.30	1. 学习《反分裂国家法》 2. 协商通过2005年县政协工作要点 3. 协商通过县政协成立五十周年庆祝活动方案 4. 部分常委踊跃捐资支持举办县政协成立五十年文艺晚会，现场表态到位资金26000元 5. 协商通过有关人事任免。	黄茂林
十届11次	2005.6.28	1. 听取县政协成立50周年庆典活动专题总结 2. 报告庆典活动经费收支情况 3. 协商通过下半年重点调研课题 4. 文史委作《委员风采》编辑方案说明 5. 各专委会书面报告上半年工作	黄茂林
十届12次	2005.9.28	1. 听取县政府领导对全县经济发展情况的通报 2. 协商通过各专委会的调研报告 3. 协商通过县政协提案工作条例 4. 协商委员增补和调整 5. 协商确定十届四次全会委员发言材料	黄茂林
十届13次	2005.12.9	1. 协商通过十届四次全会工作报告 2. 协商通过十届三次会议以来提案工作报告 3. 协商十届四次全会组织机构及工作职责 4. 协商通过十届四次会议时间、议程和日程 5. 协商通过全会表彰先进集体和个人及优秀提案名单 6. 协商十届四次会议委员讨论分组名单 7. 协商通过十届四次会议委员发言材料	黄茂林
十届14次	2006.3.31	1. 学习《中共中央关于加强人民政协工作的意见》 2. 通报2006年政协工作要点 3. 协商通过《常务委员会工作规则》《全体会议工作规则》《专门委员会通则》《县政协委员参加县政协活动的规定》	全桂娥

续表

会议届次	时间	主要内容	主持人
十届15次	2006.6.12	会议在二酉山举行，主要议程： 1. 视察二酉山景区建设 2. 听取二酉乡党委关于乡党委、政府支持景区建设的情况报告 3. 听取二酉公司负责人关于景区开发情况的报告 4. 与会常委对二酉山开发现状和存在问题发表意见 5. 县政府分管旅游开发工作副县长张振华讲话	全桂娥
十届16次	2006.9.28	1. 听取县政府领导关于政协十届四次会议委员发言采纳情况的通报 2. 听取县政府办领导关于政协十届四次会议委员提案办理情况的通报 3. 传达县委书记在政协调研时的讲话精神 4. 协商通过政协关于旅游开发视察调研报告 5. 协商通过发行“书通二酉”成语典故邮票的建议案 6. 协商确定政协十届五次会议委员发言材料	全桂娥
十届17次	2006.12.18	1. 听取2005年度全县双向测评名次排后的县卫生局、交警队、自来水公司3家单位的整改情况汇报 2. 听取政协十届五次会议筹备工作情况报告 3. 协商审议政协十届五次会议有关文件和工作事项	陈启生
十届18次	2007.3.29	1. 学习胡锦涛总书记全国政协会议期间在湖南代表团发表的重要讲话 2. 通报2007年度政协工作要点 3. 县政府领导通报城南工贸中心建设有关情况 4. 县委副书记罗建章出席会议并发表讲话。	黄茂林
十届19次	2007.9.27	1. 听取县政府领导关于政协十届五次全会委员发言意见采纳情况通报 2. 听取县政府办领导关于政协十届五次全会提案办理情况通报 3. 听取政协2007年度评优方案说明 4. 听取组织政协常委外出考察学习有关事宜的说明 5. 协商通过政协有关人事任免事项	黄茂林
十届20次	2007.11.9	1. 辅导学习党的十七大精神 2. 协商决定第十一届政协委员会界别设置和委员名单 3. 确定政协十一届委员会第一次全体会议有关问题 4. 协商通过十一届一次全会常委会工作报告和提案工作报告 5. 协商通过十一届一次全会表彰的先进集体、先进个人和优秀提案名单 6. 县委书记李自成、县委副书记、县长黄泽春出席会议并发表讲话；县委副书记罗建章、县委常委唐拥军、肖健、周详、黄忆钢参加会议。	黄茂林

续表

会议届次	时间	主要内容	主持人
十一届1次	2007.12.31	1. 听取县委常委、统战部长黄忆钢关于县政协十一届委员会各专门委员会兼职副主任职数设置及人选安排的说明 2. 听取县委组织部副部长戴军宣读各专门委员会兼职副主任名单 3. 政协副主席陈启生宣读县政协领导工作分工	张大新
十一届2次	2008.3.26	1. 学习全国政协主席贾庆林在全国地方政协工作经验座谈会上的讲话 2. 各专委会主任报告2008年专委会工作计划 3. 协商通过《政协沅陵县委员会民主评议部门工作暂行办法》 4. 协商通过《县政协2008年民主评议部门工作实施方案》 5. 票决产生2008年县政协民主评议单位	张大新
十一届3次	2008.6.30	1. 听取副县长李峰通报全县上半年经济运行情况 2. 陈启生报告政协上半年工作情况和下半年工作安排 3. 协商通过《关于县政协委员考核管理的办法》《关于在县政协委员中开展建功立业活动的决定》《关于评优评先工作的暂行办法》	张大新
十一届4次	2008.9.9	1. 民主评议部门工作 2. 受评议部门的主要领导向常委会作改进工作表态发言	张大新
十一届6次	2008.12.29	1. 听取各讨论组关于政协十一届二次全会报告讨论情况汇报 2. 协商政协十一届二次全会政治决议（草案）和全会工作报告决议（草案） 3. 协商县人民政府县长候选人名单	张大新
十一届8次	2009.6.26	1. 听取副县长李建国报告1—5月全县建设工作情况 2. 协商通过政协人事任免事项 3. 通报政协党组学习实践科学发展观情况分析检查报告	张大新
十一届9次	2009.9.18	协商决定七甲坪镇政协联工委主任任免事项	张大新
十一届10次	2009.12.9	1. 听取审议县广播电视局政协民主评议整改情况的汇报 2. 协商审议政协十一届三次全会筹备情况 3. 协商政协常委人事任免 4. 协商通过《关于辞免或撤销县政协委员、常务委员资格的暂行办法》 5. 协商通过《辞免或撤销县政协常务委员、委员资格和增补县政协委员人选办法》	张大新
十一届11次	2009.12.27	1. 听取各委员活动组对“一府两院”工作报告讨论情况汇报 2. 协商决定政协人事任免 3. 听取政协全会选举办法酝酿讨论情况汇报 4. 协商审议政协十一届三次全会两个决议（草案）	张大新

续表

会议届次	时间	主要内容	主持人
十一届12次	2010.3.26	1. 通报政协2010年度工作要点 2. 各专门委员会汇报工作 3. 协商通过2010年政协民主评议重点提案办理情况工作方案 4. 票决产生2010年度政协民主评议单位 5. 协商通过专委会兼职副主任人选。	张大新
十一届13次	2010.6.30	1. 听取县政府领导关于沅陵县上半年工业经济和招商引资工作情况的通报 2. 协商讨论政协常委评议重点提案工作方案	张大新
十一届14次	2010.11.25	1. 听取和协商《沅陵县十二五规划草案征求意见稿》 2. 协商通过部分乡镇政协联工委主任任免 3. 协商通过增补或辞免一批县政协委员	张大新
十一届15次	2010.12.10	1. 协商通过十一届四次全会议程和日程安排 2. 协商审议十一届四次常委会工作报告 3. 协商审议十一届三次全会以来提案工作报告 4. 协商通过十一届四次全会办事机构及工作人员职责 5. 协商审定十一届四次全会出席、列席人员名单和委员（战线联络员）分组名单及讨论地点安排 6. 协商审定十一届四次全会大会发言材料安排情况 7. 协商审定关于表彰2010年度委员建功立业先进个人的决定 8. 协商表彰2010年度先进集体、先进个人和优秀提案名单	张大新
十一届16次	2010.12.23	1. 听取委员讨论组关于“一府两院”报告和沅陵“十二五”规划（草案）的协商讨论情况汇报 2. 协商政协十一届四次全会两个决议（草案）	张大新
十一届17次	2011.3.25	1. 协商通过部分乡镇政协联工委主任的任免和辞免增补部分政协委员 2. 听取专委会工作汇报 3. 学习中共湖南省委（2010）20号文件和湖南省政协党组（2011）1号文件 4. 通报政协2011年工作要点 5. 票决政协2011年度民主评议单位。	张大新
十一届18次	2011.7.27	1. 听取县政府领导关于沅陵县上半年经济运行情况的通报 2. 协商决定重点提案办理方案	张大新
十一届19次	2011.10.25	1. 安排2011年委员走访工作 2. 安排布置政协报刊发行工作 3. 安排政协十一届五次全会提案征集工作 4. 安排继续完成委员名录收集工作 5. 安排部署政协十一届五次全会筹备工作	张大新

续表

会议届次	时间	主要内容	主持人
十一届20次	2011.12.9	1. 协商审议政协常务委员会工作报告 2. 协商审议提案工作报告 3. 协商审议十一届五次全会议程、日程 4. 协商审议全会办事机构及工作人员职责 5. 协商审议全会出席、列席人员名单 6. 协商审议全会委员（联络员）分组名单及分组讨论地点 7. 协商审议全会表彰先进集体和个人及优秀提案名单 8. 协商审议辞免或增补委员名单 9. 协商人事任免	张大新
十一届22次	2012.2.17	1. 听取县交通局交通建设情况汇报 2. 协商通过政协人事任免事项 3. 听取政协专委会工作汇报 4. 票决2012年度政协民主评议单位 5. 通报2012年度政协工作要点	张大新
十一届23次	2012.7.3	1. 听取县政府领导关于2012年上半年全县经济工作运行情况通报 2. 听取县发改局关于武陵山区域发展与扶贫攻坚规划汇报 3. 票决2012年度县政协民主评议重点提案	张大新
十一届24次	2012.10.9	协商通过政协办公室主任、专委会主任及乡镇政协联工委主任任免名单	张大新
十一届25次	2012.11.9	协商决定召开政协十二届一次全会有关事项	张大新
十一届26次	2012.11.20	1. 协商增补政协常委人选 2. 协商决定政协沅陵县第十二届委员会245名委员名单 3. 协商审议政协十二届一次全会主席团名单 4. 协商审议政协十二届一次全会主席团会议主持人名单，一致通过张世雄为主席团会议主持人	张大新
十二届1次	2012.12.12	1. 学习政协沅陵县委员会〔2012〕14号文件《关于认真学习贯彻党的“十八大”会议精神的通知》2.听取县委党校教师专题辅导学习“十八大”会议精神 3. 协商通过政协各专门委员会主任、副主任、委员名单	杨德信
十二届2次	2013.1.18	1. 协商通过县政协各专门委员会对口联系县直各单位、各部门制度 2. 协商通过政协向重点执法（执纪）部门委派行风监督员制度 3. 协商通过主席、副主席联系常委、常委联系委员制度 4. 协商通过在委员中开展“立德、立言、立功”活动的表彰制度	杨德信

续表

会议届次	时间	主要内容	主持人
十二届2次	2013.1.18	5. 协商通过政协委员管理办法 6. 协商通过主席会议工作规则 7. 协商通过常委会工作规则 8. 协商通过全会工作规则 9. 协商通过专门委员会通则	杨德信
十二届3次	2013.5.23	1. 听取财政部门负责人关于2013年度财政预算安排情况和全县财政形势与财政工作重点情况汇报 2. 协商审议《政协沅陵县委员会“立德、立言、立功”主题实践活动先进单位，先进个人评选办法（试行）》 3. 协商通报2013年度政协主要调研课题安排情况 4. 协商通过关于县政协民主评议部门工作不作具体安排的意见	杨德信
十二届4次	2013.9.25	1. 听取县人民政府关于2013年1—8月份经济运行情况通报 2. 听取县经信局2013年工业经济发展情况报告 3. 听取县政府办关于政府系统2013年提案办理情况的报告 4. 协商审议《政协沅陵县委员会提案工作条例（修订稿）》 5. 协商审议委员视察报告	张世雄
十二届5次	2013.12.13	1. 听取县住房公积金管理部和县电业公司的工作汇报 2. 对全年民主监督工作进行通报 3. 宣读县委关于同意政协召开十二届二次全会的批复 4. 协商审议政协十二届二次全会工作报告 5. 协商审议全会提案工作报告 6. 协商审议全会的议程和日程 7. 协商审议全会拟表彰的先进单位和先进个人名单 8. 协商决定增补常委和委员名单	杨德信
十二届6次	2013.12.25	1. 协商审议增补常委候选人名单 2. 协商审议选举办法 3. 协商审议监票人、计票人名单	张世雄
十二届7次	2014.3.14	1. 听取县财政局关于2014年度县财政预算安排情况及财政形势的汇报 2. 学习省委2014年3号文件《关于政治协商、民主监督、参政议政的规定（试行）的通知》 协商审议民主监督工作通报及工作总结会议内容 3. 协商审议政协2014年度调研课题 4. 协商审议政协委员履职考核表内容	杨德信

续表

会议届次	时间	主要内容	主持人
十二届8次	2014.6.17	1. 听取县人民政府关于扶贫攻坚工作情况通报 2. 听取县政府办关于2014年提案办理情况通报 3. 听取县人民政府关于招商引资工作情况通报 4. 听取县人民政府关于县工业园区建设情况通报 5. 学习习近平总书记在兰考县考察的重要讲话精神 6. 协商审议政协2014年度视察工作方案（草案）	杨德信
十二届9次	2014.8.15	1. 听取县政府关于平安创建工作通报 2. 协商审议沅陵城区区划调整调研报告 3. 协商审议农业产业视察和三个专项视察报告 4. 听取政协常委对扶贫攻坚、招商引资工作和工业园区建设的意见与建议	杨德信
十二届10次	2014.12.16	1. 宣读县委关于同意政协召开十二届三次全会的批复 2. 协商决定增补常委和委员名单 3. 协商审议政协十二届三次全会的议程和日程 4. 协商审议全会拟表彰的先进单位和先进个人名单 5. 协商审议全会工作报告和提案工作报告 6. 协商审议全会大会发言材料。	杨德信
十二届11次	2015.1.6—8	会议分两个阶段进行。1月6日第一阶段会议，协商通过乡镇政协联工委主任人事任免；协商审议增补常委候选人；协商审议选举办法；协商审议监票人、计票人名单。8日第二阶段会议，听取全会各讨论组情况汇报；安排布置全会选举大会事宜；协商审议全会的两个决议。	张世雄
十二届12次	2015.3.17	1. 专题协商2015年全县财政预算安排 2. 协商审议2015年民主监督工作实施方案 3. 专题学习辅导党的十八届四中全会《关于全面推进依法治国若干重大问题的决定》精神	张世雄
十二届13次	2015.5.28	1听取县人民政府关于交通工作情况的汇报 2协商决定政协人事任免事项 3协商审议政协2013年视察工作方案。 副县长陈启生和县交通局长谢乔友应邀参加会议	杨德信
十二届14次	2015.9.15	1. 听取县政府办关于政协十二届三次会议提案办理情况的通报 2. 协商审议《关于县城重点公共休闲场所管理情况的视察报告》和《关于借母溪旅游基础设施建设情况的视察报告》 3. 协商通过对政协委员的撤销和增补 4. 听取各民主监督小组关于2015年民主监督工作情况汇报	杨德信
十二届15次	2015.11.24	1. 协商《沅陵县乡镇区划调整实施方案》 2. 协商决定辞免和增补的委员名单 3. 协商决定撤销委员的名单	杨德信

续表

会议届次	时间	主要内容	主持人
十二届16次	2015.12.15	协商决定政协十二届四次全会召开时间、报到地点和开会地点	张世雄
十二届17次	2016.1.6—7	会议分两个阶段进行。1月6日第一阶段会议，听取各联组讨论组对政协常委会工作报告、提案工作报告、县人民政府工作报告及其他报告讨论情况汇报；听取县委常委、组织部长、统战部长、政协党组副书记唐海军对政协换届人事情况的介绍和传达中共怀化市委领导关于调整县政协换届时间工作部署会议上的讲话精神；协商决定撤销委员的名单。1月7日第二阶段会议，协商人事安排；协商审议政协十二届四次全会政治决议和常委会工作报告的决议。	张世雄
十二届18次	2016.2.19	1. 学习贯彻党的十八届五中全会精神 2. 协商2016年度民主监督工作方案及拟表彰的先进单位和先进个人名单 3. 协商决定人事任免 4. 协商决定政协调整换届时间的决议等事宜	杨德信
十二届19次	2016.6.28	1. 听取县教育局长关于城区学校“大班额”情况汇报 2. 听取城区鹤鸣山小学、荷花池小学、溪子口小学、凤鸣学校、一中高中部、二中高中部、三中等7所学校校长和家长代表发言 3. 听取参会的县委、县政府领导关于解决城区学校“大班额”问题的讲话	卢新仁
十二届20次	2016.11.3	1. 宣读县委关于同意召开政协十三届一次全会的批复 2. 协商决定县政协十三届委员会由20个界别243名委员组成，协商通过243名委员名单 3. 宣读县委关于各乡镇联工委主任提名文件并协商任免 4. 宣读县委关于县政协机关各委室主任、副主任提名文件并协商任免 4. 协商审定政协十三届一次会议召开时间、日程及议程 5. 安排部署政协十三届一次会议各项筹备工作 6. 协商审议政协十三届一次会议拟表彰先进集体和个人名单 7. 协商审议政协十二届委员会常务委员会工作报告 8. 协商审议政协十二届委员会提案工作报告 9. 协商审议政协十三届一次全会大会发言材料	杨德信
十三届1次	2016.12.21	1. 学习传达十八届六中全会、省十一次党代会精神 2. 协商审议各专委会组成人员名单 3. 协商审议2017年度工作要点 4. 协商审议2017年季度协商工作 5. 协商审议2017年民主监督工作	黄忆钢

续表

会议届次	时间	主要内容	主持人
十三届2次	2017.4.14	1. 学习传达省委书记杜家毫在省委政协工作会议上的讲话及市委政协工作会议精神 2. 安排部署政协委员参与“三个一”扶贫活动工作 3. 安排部署政协提案督办工作 4. 协商审议产业发展与脱贫攻坚专题协商方案 5. 协商审议政协委员管理办法 6. 协商审议政协主席、副主联系常委、常委联系委员制度	黄忆钢
十三届3次	2017.6.23	1. 听取政协副主席周高兴关于产业发展与脱贫攻坚专题协商活动的筹备情况介绍 2. 听取县扶贫办主任周永强关于产业扶贫工作情况的汇报 3. 政协经科委主任周昌华作专题协商发言 4. 政协常委、委员协商发言 5. 县直参会部门负责人发言 6. 县委、县政府分管领导讲话 7. 会议协商审议《关于沅陵县产业发展与脱贫攻坚的建议》的主题发言 县委副书记谭绪清、县委常委、常务副县长易中华、副县长向建设，政协常委，部分政协委员，县发改局、财政局、扶贫办、农业局、商粮局、林业局、文体旅广新局、经信局、工业集中区管委会、畜牧水产局、金融改革办、农商行、农村经营服务站等单位负责人参加会议	黄忆钢
十三届4次	2017.9.15	1. 协商人士任免事项 2. 专题协商全域旅游与美丽乡村建设	黄忆钢
十三届5次	2017.11.30	1. 听取政协副主席卢新仁关于森林康养专题协商的筹备情况介绍 2. 听取县林业局关于森林康养工作情况汇报 3. 政协常委协商发言 4. 参会人员进行讨论发言 5. 副县长向建设和县委常委、常务副县长易中华分别对开展森林康养工作发表讲话 部分乡镇政协联工委主任、部分县直单位负责人参加会议	黄忆钢
十三届6次	2017.12.19	1. 协商同意辞免6名政协委员；辞免2名政协常委和1名副主席 2. 协商增补16名政协委员 3. 任免一批乡镇政协联工委主任 4. 任命1名政协办公室副主任	黄忆钢

续表

会议届次	时间	主要内容	主持人
十三届7次	2017.12.26—27	会议分两个阶段举行。12月26日第一阶段会议，听取县委组织部领导介绍补选副主席、常委候选人情况；会议酝酿选举办法和监票人、计票人名单。27日第二阶段会议，听取各联组讨论组对政协常委会工作报告、提案工作报告、县人民政府工作报告及其他报告讨论情况汇报；协商审议政协十三届二次全会政治决议和常委会工作报告决议；协商审议大会选举办法；协商审议总监票人、监票人名单。	黄忆钢
十三届8次	2018.5.4	1. 听取政协副主席莫小平关于新型城镇化监督性调研情况介绍 2. 听取监督性调研组成员杨国胜委员作沅陵城区基础设施建设监督性调研报告 3. 听取政协人资环委主任符梅桃委员作棚改工作监督性调研报告 4. 与会委员代表、社区代表、乡镇和部门领导发言 5. 出席会议的县委、县政府领导讲话 县委书记钦代寿、县委常委、县委办主任张振华、副县长王有尚出席会议。沅陵镇、县发改局、住房和城乡建设局、国土资源局、财政局、征收办、交管中心、城管执法局、房产局、辰投公司、规划办、污水管理站、环卫所等单位负责人，以及荷花池、鸳鸯山、凤凰山、回龙山等社区代表应邀参加会议	黄忆钢
十三届9次	2018.9.28	会议分两个阶段进行。第一阶段，协商通过任免一批乡镇政协联工委主任。第二阶段，专题协商人才的培养与引进，听取政协副主席、凉水井镇党委书记舒齐关于沅陵人才的培养与引进专题协商活动筹备情况介绍；听取县委组织部常务副部长向阳关于沅陵人才工作情况汇报；政协沅陵人才的培养与引进专题调研组人员发言；政协常委、委员进行协商发言；县直相关部门领导进行表态发言；县委、县政府分管领导讲话；会议审议通过政协关于“沅陵人才的培养与引进”专题调研组协商意见，决定形成县政协专题协商意见建议报送县委、县政府决策参考。县委、县政府分管领导和县委组织部、编办、财政局、人社局、教育局、卫计局、科技局、总工会、农业局、经信局、工业园等相关单位主要负责人应邀参加会议	杨德信
十三届10次	2018.11.21	1. 听取政协副主席周高兴关于沅陵传统美食的 传承与发展专题协商筹备情况介绍 2. 听取政协传统美食调研课题组关于《让传统美食在传承中发扬光大》《对沅陵糕点小吃的调查与思考》《让撒落一地的“珍珠”亮起来》《关于传统美食老字号品牌培育的几点建议》4个专题协商发言 3. 与会人员对课题组调研成果进行协商讨论，发表意见	黄忆钢

续表

会议届次	时间	主要内容	主持人
十三届10次	2018.11.21	4. 参会县领导发表讲话 县委常委、统战部长金建平、副县长龚宇出席会议。县委宣传部、食药工商局、商粮局、文体旅广新局、经信局、科技局、财政局、电视台等单位主要负责人，以及沅陵传统食品生产经营负责人、传承人代表应邀参加会议	黄忆钢
十三届11次	2018.12.11	1. 协商审议政协十三届三次全会筹备情况 2. 协商审议辞免、撤销与增补委员名单 3. 协商审议全会常委会工作报告和提案工作报告 4. 协商2019年度“用手机记录脱贫攻坚”摄影赛活动方案	黄忆钢
十三届12次	2018.12.25	1. 听取各联组讨论组对政协十三届三次全会常委会工作报告、提案工作报告，以及人大会议的 县人民政府工作报告及其他报告讨论情况汇报 2. 协商审议政协十三届三次全会政治决议和政 协常委会工作报告决议	黄忆钢
十三届13次	2019.410	1. 通报县政协2019年度工作安排 2. 通报提案交办情况 3. 协商通过政协机构改革方案，任命一批专委会主任 4. 通过乡镇政协联工委主任人事任免事项 会议邀请县委常委、政法委书记刘永仁和县纪委副书记、县监察委副主任瞿继锋分别对政协常委和政协机关干部职工进行扫黑除恶专项斗争和党风廉政教育专题培训	黄忆钢
十三届14次	2019.6.13	1. 协商通过人事任免 2. 听取政协副主席周高兴关于农村住房安全保障专题协商筹备情况介绍 3. 听取政协农村住房安全保障调研课题组关于农村住房安全保障议政性协商报告解读 4. 与会常委对协商报告进行议政性协商	黄忆钢
十三届15次	2019.8.20	会议分两个阶段进行。第一阶段会议，通过政协办公室及专委会副主任人事任免。第二阶段会议，专题协商农村环境卫生问题，听取政协副主席杨德信关于沅陵农村环境卫生专题协商筹备情况介绍；听取农业农村局关于农村环境卫生工作情况汇报；政协农村环境卫生专题协商课题组人员围绕“以清爽环境迎接脱贫攻坚历史性检验”主课题发言；与会政协常委开展协商发言；与会县直相关部门领导表态发言；参加会议的县委、县政府分管领导发表讲话。 县委副书记谭绪清、副县长向建设、政协全体常委，部分政协委员，县委宣传部、农业农村局、生态环境局、住建局、发改局、财政局、人社局、扶贫办、畜牧水产中心、爱卫办、整洁办、美丽办等相关单位主要负责人及明溪口、陈家滩、火场3个乡镇政协联工委主任参加会议。	黄忆钢

续表

会议届次	时间	主要内容	主持人
十三届16次	2019.12.23	1. 协商通过政协人事任免 2. 学习党的十九届四中全会精神 3. 学习中央政协工作会议和省委政协工作会议精神 4. 学习习近平总书记关于网络意识的重要论述	黄忆钢
十三届17次	2020.5.16	1. 协商审议政协十三届四次全会召开时间和会议筹备情况 2. 协商审议政协全会常委会工作报告和提案工作报告 3. 协商通过政协人事任免事宜 4. 协商审议政协委员的辞免和增补名单	黄忆钢
十三届18次	2020.5.18—19	会议分两个阶段进行。5月18日下午，会议进行第一阶段，共三项议程： 1. 市政协副主席、县委书记钦代寿讲话 2. 县委常委、组织部长周安民介绍有关补选县政协主席、副主席、常务委员候选人的说明 3. 县委组织部领导介绍政协十三届四次会议选举办法（草案）和大会选举监票人名单（草案）、计票人名单。 19日上午，会议进行第二阶段，共五项议程：1.听取各联组召集人关于政协常委会工作报告、提案工作报告、县人民政府工作报告及其他报告讨论情况汇报 2. 协商通过提交政协十三届四次会议辞免和增选的人员名单 3. 协商审议政协十三届四次会议关于常委会工作报告的决议（草案）、协商审议县政协十三届四次会议政治决议（草案） 4. 协商审议政协十三届四次会议选举办法（草案）5.协商通过大会选举总监票人、监票人名单（草案）	张振华

第三节　主席会议

主席、副主席、秘书长组成主席会议，是常委会议闭会期间，县政协履行协商职能的重要形式，原则上每月举行一次，必要时可临时召开，由主席或主席委托的副主席召集并主持。县政协主席会议，多以扩大形式召开，在1988年以前，称为主席办公会议，1988年7月16日，县政协六届十二次主席办公会议根据中央和全国政协指示精神，决定将主席办公会议统称为主席会议。县政协主席会议的主要任务是处理常委会闭会期间的重要日常工作；协商讨论国家和地方政治、经济、社会发展等方面的重大问题；审查以县政协名义向中共沅陵县委、县人大、县人民政府提出的重要议案；拟定政协年度工作计划；确定调研课题；拟定常委会召开的日期、议程；审定提交常委会讨论的文件、事项；召集并主持常委会议，执行常委会作出的决议等。

第一届至第三届县政协主席办公会议资料无从查考，第四届至第五届政协主席办公会议记录标注不详，与其他会议难以区分，仅有4次标明是主席办公会议。从第四届政协到十三届政协（截至本志下限2020年12月），共召开有原始记录记载的主席会议270次，详见《历届县政协主席会议一览表》。

历届县政协主席会议一览表

会议届次	时间	主要内容	主持人
缺资料	1983.1.20	学习党的十二大文件、学习新宪法和全国政协章程；研究政协四届十次常委会议召开时间和会议内容。	陈礼和
缺资料	1983.3.18	讨论决定政协四届五次全会议程	陈礼和
缺资料	1984.2.10	学习全国六届人大二次会议《政府工作报告》；学习全国政协主席邓颖超在全国政协六届二次会议上的讲话和副主席胡子昂的工作报告。	陈礼和
缺资料	1984.5.1	研究政协五届二次常委会议内容和开法	刘俊良
六届1次	1987.3.14	讨论政协自办学校开学事宜；研究确定政协古城医疗站扩修问题；会议协商决定学校负责人和教务会组成人员名单；传达《湖南省政协报》发行工作会议精神。	刘俊良
六届2次	1987.4.6—7	传达县委常委扩大会议精神；会议听取省政协文史资料工作会议情况汇报；研究政协机关近两个月的工作。	刘俊良
六届3次	1987.5.22	协商召开六届三次常委会议有关事项；听取秘书长关于常委会近几个月来工作开展情况的汇报。	刘俊良
六届4次	1987.8.5—6	研究下半年政协工作；讨论调研课题的选择和分工。	刘俊良
六届5次	1987.11.4	交流政协机关一年来的工作活动情况；研究召开政协六届二次全会准备工作；研究部署中共十三大文件的学习工作；传达对台工作有关文件精神；通报全县工作进展情况。	刘俊良
六届6次	1987.12.8	传达省政协常委会议精神	刘俊良
六届7次	1988.3.5	传达怀化地区政协联络处政协工作会议精神；协商政协学校、医院等实业性组织工作；研究召开政协六届七次常委会的议题。	刘俊良
六届8次	1988.3.24	根据政协六届七次常委会意见，讨论进一步落实调查研究、联系委员、办实事和主席分工等事项。	刘俊良

续表

会议届次	时间	主要内容	主持人
六届9次	1988.4.28	传达省政协召开的经济促进会的精神；通报全县各项工作推进情况。	刘俊良
六届10次	1988.6.7	讨论五强溪库区建设的资金安排及规划；传达怀化地区政协联络处会议精神；讨论政协六届八次常委会议需要解决的问题。	刘俊良
六届11次	1988.6.13	研究如何发挥好政协兼职副主席作用的问题；讨论政协创办的古城医院和前进医院是撤销一个还是两个合并为一个的问题。	刘俊良
六届12次	1988.7.16	决定根据中央和全国政协指示精神，将县政协主席办公会议更名为主席会议；研究县政协六届八次常委会议议题；研究讨论如何办好政协学校、医院等实业组织。	刘俊良
六届13次	1988.8.1	研究政协古城医院发展问题	刘俊良
六届14次	1988.9.16	研究机关管理工作；传达省政协《湖南政协报》发行表彰会议精神；对古城医院建设问题再次进行深入讨论。	刘俊良
六届15次	1988.10.3	研究政协宿舍施工队招标问题，听取关于县劳动服务公司基建队、清水坪乡基建队、宁乡县基建队、南县基建队等4个基建队的经济指标介绍，形成统一意见，决定政协宿舍由南县基建队施工修建。	刘俊良
六届16次	1988.11.5	研究政协六届十二次常委会议召开时间和议题；通报全省生产力标准学习会议情况。	刘俊良
六届17次	1988.11.17	研究政协古城医院承包问题	刘俊良
六届18次	1988.12.24	研究政协古城路医院交接问题	刘俊良
六届19次	1989.1.23	研究胜利中学有关议教、人员、后勤工作问题	刘俊良
六届20次	1989.3.7	通报政协六届二次全会筹备工作情况；传达怀化地区政协联络处党外主席座谈会情况。	刘俊良
六届21次	1989.5.13	通报政协一季度工作情况，讨论全年工作安排；传达省政协会议精神；研究举办国庆40周年庆祝活动有关事项。	刘俊良
六届22次	1989.6.20	学习和讨论邓小平同志在接见首都戒严部队军以上干部时的讲话	刘俊良
六届23次	1989.8.27	讨论通过庆祝人民政协成立四十周年活动方案	刘俊良
六届24次	1989.8.29	传达贯彻县委工作会议精神和怀化地区政协联络处协商监督座谈会精神；总结上半年和安排下半年县政协工作；协商评选政协先进集体和先进个人名单。	刘俊良
六届26次	1989.10.10	学习江泽民总书记在国庆40周年庆祝大会上的讲话；讨论政协协商监督实施细则；讨论增设政协机关专委会问题；研究确定政协六届十六次常委会议有关事宜。	刘俊良

续表

会议届次	时间	主要内容	主持人
六届27次	1989.12.4	协商政协第七届委员会的界别设置和委员安排；讨论政协换届准备工作情况。	刘俊良
六届28次	1989.12.16	协商乡镇政协委员的人事安排；研究政协换届工作。	刘俊良
七届1次	1990.2.26	研究向省政协委员汇报县政协视察工作开展情况；集中学习中央14号文件精神。	蒋国汉
七届2次	1990.2.3	协商决定政协专委会的成员配置；明确主席分工；讨论政协机关制度化建设问题；协商决定机关办公用品添置问题。	蒋国汉
七届3次	1990.5.18	研究政协七届三次常委会议的召开时间和开法；协商讨论县政协古城医院的管理问题；协商通过向县监察局推荐5名兼职监察员名单。	张理才
七届4次	1990.5.23	讨论通过向县委、县政府提交“关于办好中草药医院，努力开发中草药资源”建议案；研究决定调整政协自办学校和医院的领导成员。	蒋国汉
七届5次	1990.12.1	研究召开政协七届六次常委会的时间和内容，决定将传达贯彻省政协工作会议精神列为会议主要内容	蒋国汉
七届6次	1990.12.13	评选推荐怀化地区政协先进个人名单	蒋国汉
七届7次	1990.12.23	听取秘书长关于年度政协工作总结和召开县政协七届二次全会准备工作的汇报	蒋国汉
七届8次	1991.1.17	与县委领导协商党外副县长人选；研究县政协七届二次全会召开的具体事项；研究决定1991年迎春茶话会活动方案。	蒋国汉
七届9次	1991.1.21	研究政协七届七次常委会召开时间和会议内容。	蒋国汉
七届10次	1991.5.15	研究政协七届九次常委会议召开时间及内容；研究开展农村实用技术培训工作；通报政协宿舍建设资金筹备情况；研究围绕农业方面的问题开展政协委员献计出力工作。	蒋国汉
七届11次	1991.5.30	传达省政协会议精神；研究胜利中学有关事项。	蒋国汉
七届12次	1991.5.31	研究关于保护中草药资源，实行合理开发向县政府的建议案。	蒋国汉
七届13次	1991.7.17	传达全区县市政协主席会议精神；研究确定政协七届十次常委会议有关事项。	蒋国汉
七届14次	1991.8.10	通报上半年政协工作情况；研究提请政协常委会议通过的《政协委员为振兴沅陵经济作贡献》决议；讨论如何稳定沅陵安定团结局势的问题；讨论政协为县域经济建设服务的计划和工作目标。	蒋国汉
七届5次	1991.9.12	研究讨论张汉清辞去县政协七届委员会委员、常委、秘书长的报告；研究增补向生杰、李作生2人为政协委员事宜。	蒋国汉

续表

会议届次	时间	主要内容	主持人
七届16次	1991.11.9	研究成立教育基金会；研究政协诊所享受公费医疗报销问题；研究上报省、地政协先进集体和个人名单；讨论有关移民工作的调研和督查事宜。	蒋国汉
七届17次	1991.11.12	研究解决政协诊所公费医疗报销问题。县委副书记李振英出席会议参加讨论。	蒋国汉
七届18次	1991.11.15	针对群众对五强溪库区移民补偿费付给个人反映强烈的问题，研究决定进行专项调查，形成向县政府的建议案。	蒋国汉
七届29次	1992.1.15	传达学习省政协会议精神；通过增补政协委员名单；研究召开政协七届三次全会时间。	蒋国汉
七届20次	1992.4.7	通报政协工作计划以及二季度要做的几项主要工作；研究确定筹备政协工作研讨会有关事宜；研究专委会人事调整；通报政协分工情况。	覃功友
七届21次	1992.4.15	研究讨论政协机关基础设施建设工作	张理才
七届22次	1992.4.30	研究讨论蒋国汉主席逝世后，如何延续抓好政协各项工作。县委书记张贻国参加本次主席会议。	覃功友
七届23次	1992.6.16	传达怀化地区政协联工委召开的县市政协主席会议精神	张理才
七届24次	1992.8.5	传达地委关于明确政协抓五倍子生产的精神；研究如何向县委报告开展五倍子生产问题。	张理才
七届25次	1992.10.5	学习中共怀化地委关于政协换届工作会议精神；确定县第八届政协界别和委员人数；确定召开政协七届十八次常委会的时间和内容；通报近期委员考察情况。	覃功友
八届1次	1993.1.6	研究主席分工；研究政协机关人事安排；确定政协本年度要办的几件事情。	罗建中
八届2次	1993.2.4	研究1993年政协工作，对八届一次全会提出的工作计划进一步具体化；研究政协八届二次常委会召开时间和内容。	罗建中
八届3次	1993.3.10	研究政协创办经济实体的问题，决定对政协古城医院原有财产进行一次清理，实行承包管理。	罗建中
八届4次	1993.5.10	通报县委工作情况；研究确定召开政协八届三次常委会议的时间及内容；研究部署下半年政协工作。	罗建中
八届5次	1993.7.15	总结上半年政协工作	罗建中
八届6次	1993.9.14	传达怀化地区各县市政协主席会议精神；研究政协本年度后几个月工作。	罗建中
八届9次	1993.11.15	研究召开政协八届三次全会的有关事项；回顾总结全年政协工作。	罗建中
八届10次	1994.2.18	研究主席分工事宜；研究政协当前工作。	罗建中

续表

会议届次	时间	主要内容	主持人
八届11次	1994.3.8	传达省政协会议精神	罗建中
八届12次	1994.5.7	研究委员学习如何开展；研究当前政协工作，决定开展一次平抑物价的调研；研究部署政协反腐倡廉工作。	罗建中
八届13次	1994.5.19	研究如何落实中共怀化地委办公室《关于开展中共中央“两个文件贯彻落实情况的检查通知”》的要求。县委办、统战部有关人员列席本次主席会议。	罗建中
八届14次	1994.5.31	座谈反腐倡廉工作，听取关于对地委委员和行署副专员以上领导干部廉洁自律情况的反映。县纪委有关人员列席本次主席会议。	罗建中
八届15次	1994.8.19	研究当前政协要抓紧落实的几项工作；研究后4个月的政协工作。	罗建中
八届18次	1994.10.13	研究政协八届三次全会准备工作；研究政协目标管理责任制的总结和自查工作；研究政协机关门面的管理问题和机关作风建设问题；研究政协第四季度委员集中学习问题。	罗建中
八届19次	1994.11.21	研究政协八届三次全会筹备工作	罗建中
八届20次	1995.2.21	研究确定政协八届十二次常委会议的召开时间和会议内容	罗建中
八届21次	1995.3.5	传达省政协七届三次会议精神；研究县政协当前工作；讨论决定主席分工。	罗建中
八届22次	1995.8.8—9	研究拟提交政协常委会议与县委、县政府协商的几个问题。对确定与县委、县政府的协商议题进行审议讨论，形成一致意见。	罗建中
八届23次	1995.8.17	传达怀化地区各县市政协主席会议精神；协商讨论落实地区政协主席会议精神需要做的几件事情。	罗建中
八届24次	1995.9.21	研究政协统战工作；研究政协宣传月活动内容和开展方法。	罗建中
八届25次	1995.11.13	传达省政协主席会议精神；研究当前政协有关工作。	罗建中
八届26次	1995.12.26	研究政协八届四次全会召开的时间及其日程、议程；研究全会表彰事宜。	罗建中
八届27次	1996.2.18	研究1996年政协工作；协商讨论健全农业服务体系、推动山地开发纵深发展、改善个体经营经济环境、库区有关政策落实问题等4个调研课题。	罗建中
八届28次	1996.9.5	讨论召开政协联络员会议有关事宜；确定专题协商会议需要提交的工业企业保障体系调查、畜牧水产业落实《水产法》的调查、普及九年义务教育调查、个体私营经济发展环境调查等4个调查报告。	罗建中
八届29次	1997.1.6	研究召开政协八届五次全会有关重大事项	罗建中

续表

会议届次	时间	主要内容	主持人
八届30次	1997.3.4	研究确定政协八届十八次常委会议召开时间和方法；研究上半年政协工作。	罗建中
八届36次	1997.9.29	研究部署政协换届工作	罗建中
九届8次	1998.8.22	研究迎接县委领导来政协听取意见座谈会事项；汇总上半年政协调研课题完成情况；研究政协下半年工作。	罗建中
九届11次	1998.11.9	听取《迷人的金土地》征编方案汇报；研究召开政协常委会议的内容；研究政协黄姜基地建设问题。	罗建中
九届13次	1999.1.4	研究政协九届二次全会召开事宜，确定全会召开时间以及全会指导思想和议程、日程等。县委书记邓元武参加本次主席会议。	罗建中
九届14次	1999.2.24	研究组织在沅陵的怀化市政协委员赴市参加市政协一届二次会议的问题；研究黄姜生产有关问题。	罗建中
九届15次	1999.3.17	研究召开政协九届六次常委会议有关事项；协商讨论调研课题；研究专委会机构人事问题。	罗建中
九届16次	1999.4.27	研究组织政协委员开展视察活动有关事宜，决定以“建设生态林业”为重点课题，作为政协九届三次全会建议案提出。	罗建中
九届17次	1999.5.7	通报县委专题研究政协工作的情况；安排政协机关双文明建设工作。	罗建中
九届18次	1999.6.21	研究政协近期有关工作，进一步明确调研任务；通报县委、县政府有关工作情况；研究《迷人的金土地》书稿资金筹措和资料征集有关事宜。	罗建中
九届19次	1999.7.12	研究开办政协活动中心的有关事宜	罗建中
九届20次	1999.8.11	研究与县委、县政府领导协商的几个专题；协商讨论9月视察活动工作。	罗建中
九届21次	1999.9.13	研究视察县人民法院的准备工作；研究黄姜生产问题；研究政协九届三次全会召开事宜；研究召开区镇联络员会议事项。	罗建中
九届22次	1999.10.9	研究召开区镇联络员会议的准备工作；研究报刊发行工作；研究召开政协九届三次全会的准备工作。	罗建中
九届23次	1999.11.16	研究如何开好政协九届三次全会的问题；协商通过全会组织机构、议程和日程，以及表彰名单。	罗建中
九届24次	2000.1.8	研究召开县政协九届三次会议有关事项	罗建中
九届25次	2000.2.20	研究年度政协工作要点；研究主席分工。	罗建中
九届26次	2000.3.9	研究召开县政协九届十一次常委会议有关事项	罗建中
九届27次	2000.4.20	专题研究黄姜生产问题	全桂娥
九届28次	2000.5.17	研究政协机关文印室建设和筹办政协经济实体等工作	罗建中

续表

会议届次	时间	主要内容	主持人
九届29次	2000.6.21	传达市政协会议精神；总结政协上半年工作；安排部署下半年工作。	罗建中
九届30次	2000.7.2	研究“三讲”教育活动开展情况；党组成员进行自我剖析。	罗建中
九届32次	2000.9.30	传达贯彻市政协会议精神；研究讨论当前政协工作的安排意见。	罗建中
九届33次	2000.10.10	研究召开区镇政协联络员会议的有关事项	罗建中
九届34次	2000.10.24	研究政协九届四次会议发言材料；确定有关调研课题的撰稿人。	罗建中
九届35次	2000.11.23	研究政协九届四次会议议程、日程等事项	罗建中
九届36次	2000.12.14	研究政协九届四次会议有关问题，确定会议议程、日程；通过会议工作报告；初步确定会议表彰事项。	罗建中
九届37次	2001.1.12	研究召开各界人士春节座谈会有关事项	全桂娥
九届38次	2001.2.12	研究年度调研课题	罗建中
九届39次	2001.3.26	研究目标管理兑现问题；研究公务接待标准；研究政协有关财产问题。	罗建中
九届40次	2001.4.15	研究政协机关目标管理、事务、纪律、作风等问题	罗建中
九届41次	2001.5.24	研究政协机关学教活动等有关活动，决定成立政协机关学教活动领导小组。	罗建中
九届42次	2001.6.18	征求政协机关“三个代表”学教活动集体剖析材料意见	罗建中
九届44次	2001.8.8	学习传达上级党委、政协有关会议精神；研究政协专题协商有关问题。	罗建中
九届45次	2001.8.13	研究胜利中学房屋租用问题	罗建中
九届46次	2001.9.13	研究怀化市黄姜生产现场会在沅陵召开的有关准备工作	罗建中
九届47次	2001.10.17	研究专题协商有关事项；讨论《关于加快我县旅游开发进程的建议》和《关于加强我县安全生产工作的建议》两个专题协商材料。	罗建中
九届49次	2001.12.5	协商讨论县政协九届五次全会机构设置及大会发言内容	罗建中
十届1次	2003.1.3	邀请县直相关单位部门负责人共同协商2003年度政协履职工作	全桂娥
十届2次	2003.2.11	通报委室分工；研究政协“三联”工作。	黄茂林
十届3次	2003.3.1	协商政协领导成员分工安排；通报政协专门委员会的联组安排；讨论政协2003年工作要点；确定政协十届二次常委会议的召开时间及会议议程。	黄茂林
十届4次	2003.4.2	传达学习全国政协秘书长郑万通、湖南省政协副主席李贻衡关于十届一次全国政协会议有关讲话精神。	黄茂林

续表

会议届次	时间	主要内容	主持人
十届5次	2003.5.19	研究在三季度的常委会上对一个部门或单位进行一次民主评议；研究制定政协委员管理条例；研究制定政协委员履职跟踪调查表，建立委员履职档案；研究制定政协提案工作条例；研究落实政协委员待遇。	黄茂林
十届6次	2003.6.25	研究同意在政协十届三次常委会上表决通过《沅陵县政协提案工作条例》；研究同意在政协十届三次常委会上通报并下发政协委员履职跟踪调查表；研究同意对政协委员进行建档管理；确定政协十届三次常会的召开时间、地点和主要议程。	黄茂林
十届9次	2003.10.9	传达全国政协第38期主席培训学习有关情况；通报政协专委会兼职副主任简历情况；通报县政协办公室组成人员与分工安排。	黄茂林
十届10次	2003.11.3	通报县委书记办公会议精神和政协十届二次全会大会发言材料的准备情况；研究决定在11月5日召开区乡镇政协联络员及城区政协委员活动组组长会议；研究决定在12月初召开一次政协常委会议，专题协商全会有关事项。研究决定12月27日至30日召开政协十届二次全体会议。	黄茂林
十届11次	2004.2.6	听取各专委会工作汇报，讨论安排专委会工作。	黄茂林
十届13次	2004.3.4	协商讨论政协2004年工作要点；协商讨论2004年一季度常委会议召开的时间、地点和议程；研究确定提请常委会审定的调研课题。	黄茂林
十届15次	2004.5.8	研究5月份政协提案督办工作；研究6月份政协常委会议程；研究决定邀请县政府分管提案办理的领导参加会议，通报县政府提案办理情况；研究确定两个专委会在常委会发言，汇报重点提案督办情况。	黄茂林
十届16次	2004.6.14	研究政协十届七次常委会议的开法以及会议召开的时间；研究《县级领导执政能力建设研讨材料》的写作与分工；通报溆浦县政协成立20周年庆祝活动情况。	黄茂林
十届17次	2004.7.27	总结上半年工作；研究下半年工作；研究2005年5月纪念庆祝沅陵政协成立50周年活动准备工作。	黄茂林
十届18次	2004.9.13	研究十届八次政协常委会的开法及会议召开时间；通报政协机关委室人员调整事项。	黄茂林
十届19次	2004.10.9	讨论审议政协十届三次全体会议大会发言材料，确定把《关于建立污水处理厂的建议》作为政协建议案在全会上提交。	黄茂林
十届20次	2004.11.12	通报政协委员异动情况；协商讨论政协十届三次全体会议的召开时间和议程。	黄茂林

续表

会议届次	时间	主要内容	主持人
十届21次	2004.11.23	学习全国政协章程；协商调整增补部分政协委员和常务委员；协商讨论政协十届三次全体会议有关事项；协商讨论庆祝县政协成立50周年活动方案。	黄茂林
十届22次	2004.12.20	通报政协十届三次全体会议秘书处各组工作进展情况；研究2005年度各区镇政协工作评比考核意见，内容包括考核指标，评比办法，奖励办法。	黄茂林
十届23次	2005.1.11	协商迎春座谈会的规模和形式；传达怀化市政协会议有关事项；商定政协迎春座谈会人员规模，包括邀请的县委、人大、政府、武装部领导在内，总数控制在56人。19个界别，每个界别安排2~3人参加座谈，中共、民主党派、工商联、教育等8个界别进行座谈发言。	黄茂林
十届24次	2005.3.4	传达县委常委会议关于政协工作和有关人事任免的精神；研究政协2005年工作要点；研究政协成立50周年庆祝活动方案；研究政协十届十次常委会议的召开时间和方式；审议各专委会2005年工作计划。	黄茂林
十届27次	2005.6.3	研究经科委配合怀化市政协搞好调研工作；研究文史委出版《委员诤言》工作；讨论各专委会半年工作小结；审议政协成立50周年庆祝活动经费收支概算；协商政协十届十一次常委会议召开的时间和议程。	黄茂林
十届28次	2005.8.30	协商确定21名委员分别担任政协6个专门委员会的委员，健全专委会组织机构；协商确定对部分委员进行调整；协商确定政协十届十二次常委会的召开时间和议程。	黄茂林
十届30次	2005.11.17	协商确定参加县政府十一·五规划座谈会的政协委员名单；协商确定政协十届四次全会的工作机构和各工作组组长名单。	黄茂林
十届31次	2005.12.1	协商确定政协十届四次全会议程以及全会的大会发言和表彰的先进个人、先进提案名单；对全会主题报告进行最后一次修改。	黄茂林
十届32次	2006.3.3	协商2006年度主席会议学习计划；协商政协2006年工作要点；协商2006年政协各专委会调研课题及视察安排；协商通过政协一系列制度和工作通则。	黄茂林
十届34次	2006.5.22	专题协商组织全体县政协常委视察二西山旅游开发建设情况，确定视察内容、方法、时间和人员规模。	黄茂林
十届35次	2006.7.4	听取提案委汇报提案督办情况；听取办公室汇报调研工作情况；听取黄茂林主席传达县委关于陈启生副主席任县政协党组成员和驻会副主席的决定。	全桂娥

续表

会议届次	时间	主要内容	主持人
十届36次	2006.8.4	贯彻落实县委书记李自成在政协考察时的有关指示；审议各专委会的调研材料；协商全体政协常委视察五强溪旅游开发工作的时间、方法和后勤服务分工；协商政协十届十六次常委会召开时间和议程。	黄茂林
十届38次	2006.12.15	通报政协十届五次全会准备情况；协商全会议程、日程和拟表彰的先进个人、优秀提案名单；研究政协十届十七次常委会的召开方法。	黄茂林
十届39次	2007.1.19	研究政协2007年工作要点：协商确定各专委会调研课题；确定由文史委负责编辑出版《沅陵县政协第十届委员会大会发言调研文章汇编》。	黄茂林
十届40次	2007.3.9	传达学习怀化市委书记张文雄在怀化市政协二届五次全会上的讲话；通报县团领导2007年“三联”工作有关精神；审议各专委会和办公室的年度工作计划；协商研究政协十届十八次常委会议的召开时间和会议内容。	黄茂林
十届41次	2007.5.16	研究二季度常委会有关工作；安排农村土地流转情况的调研工作；安排政协年鉴资料收集和编写工作。	黄茂林
十届42次	2007.7.30	传达怀化市政协主席会议精神；通报县委关于政协工作的安排：张大新任政协党组副书记，全桂娥副主席工作到年底换届为止；协商确定十届十九次常委会议题。	黄茂林
十届44次	2007.10.31	学习党的十七大精神；协商政协十届二十次常委会召开时间和内容；协商第十一届政协委员名单；研究县政协十一届一次全会秘书处工作机构和工作组人员分工安排。	黄茂林
十届45次	2007.10.31	传达县委组织的党的十七大精神学习要求；通报政协十届二十次常委扩大会的议程；就如何开好十届二十次常委会议进行具体部署安排	黄茂林
十一届1次	2008.1.28	确定副主席排名与分工；协商副主席出席县里会议的安排，确定县政府常务会议由陈启生副主席参加，参加不了，则由蔡泽亮副主席参加；政府经济科技联谊方面的会议由周高兴副主席参加；政府民族宗教法制群团方面的会议由全竹英副主席参加；协商确定主席会议原则上每月召开一次。传达学习省政协十届一次全会和怀化市政协十一届一次全会精神。	张大新
十一届2次	2008.2.27	协商讨论《提案工作质量年活动方案》和《政协沅陵县委员会优秀提案评选表彰办法》；协商讨论《政协沅陵县委员会民主评议工作暂行办法》；协商讨论政协外出考察活动安排；协商讨论十一届政协委员增补名单；协商讨论政协十一届二次常委会议议题。	张大新

续表

会议届次	时间	主要内容	主持人
十一届3次	2008.3.20	研究委员履职考核工作办法；研究专委会向常委会报考工作制度；研究委员活动日视察内容；研究政协十一届二次常委会召开时间和会议内容。	张大新
十一届4次	2008.4.25	通报城南供水问题专题协商会情况；研究提案督办月活动和重点提案督办分工；研究委员活动日实施方案；研究年度重大调研课题的分工。	张大新
十一届5次	2008.5.22	协商审议《关于在县政协委员中开展建功立业的决定》；协商审议《政协沅陵县委员会关于加强县政协委员管理的规定》；协商审议《政协沅陵县委员会优秀提案评选表彰办法》；协商审议县环保局、教育局、林业局三个单位民主评议工作小组成员名单。	张大新
十一届6次	2008.6.10	听取各专委会和政协办公室汇报上半年工作成绩及下半年工作计划；协商讨论委员考核管理办法；研究确定政协十一届三次常委会议议题。	张大新
十一届7次	2008.7.14	传达学习省委书记张春贤在全省市、州、县政协主席培训班上的讲话精神；听取官庄镇党委、政府关于集镇开发工作的汇报；座谈讨论沅陵小城镇建设情况。	张大新
十一届8次	2008.8.26	协商讨论荔溪旅游开发工作，听取政协文史委关于荔溪乡明中村古民居院落调研情况汇报；听取荔溪乡党委、政府关于荔溪流域旅游开发情况的汇报。与会领导和部门负责人围绕如何搞好荔溪流域旅游开发提出意见和建议。	李湘鄂
十一届9次	2008.9.1	听取怀化市政协秘书长会议情况汇报；听取各民主评议小组分别对县教育局、林业局、环保局的民主评议工作情况汇报。	张大新
十一届10次	2008.10.17	讨论政协十一届二次全会召开有关事宜；研究县政协委员增补名单；部署安排政协报刊发行工作；部署政协十一届一次全会提案办理情况反馈工作。	张大新
十一届11次	2008.11.19	协商年度评优评先工作；协商政协十一届二次全会筹备工作机构的搭建。	张大新
十一届12次	2008.11.25	协商确定政协十一届二次全会办事机构和工作人员职责；协商讨论全会提案工作报告；协商讨论全会政协常委会工作报告。	张大新
十一届13次	2008.12.4	协商审议政协十一届二次全会召开有关事宜；协商审议政协十一届二次全会各项工作报告；协商审议全会表彰先进名单。	张大新
十一届14次	2009.1.16	研究筹办《沅陵政协》；研究2009年度政协工作要点。	张大新
十一届15次	2009.2.17	审议通过2019年度政协工作要点；协商讨论《沅陵县政协新闻宣传作品和信息被媒体采用的奖励办法》；协商确定政协十一届七次常委会议的召开时间和议程。	张大新

续表

会议届次	时间	主要内容	主持人
十一届16次	2009.3.17	传达怀化市政协主席会议精神；协商举办全国政协成立60周年的系列庆祝活动；安排专委会调研课题；研究2009年度主席会议召开方式及视察工作安排；协商乡镇政协联工委工作职责及2009年度工作任务。	张大新
十一届17次	2009.4.1	协商通过政协办公室副主任及乡镇政协联工委主任提名人选名单；协商通过增补和辞免委员名单；听取各专委会2009年度工作计划；协商县政协2009年度民主评议单位。	张大新
十一届18次	2009.4.22	协商审议政协十一届二次全会提案督办情况报告；协商讨论民主评议县广电局工作小组的组建及开展评议等工作；协商讨论委员活动月的实施方案。	张大新
十一届19次	2009.5.22	视察荷花路管理情况；听取提案委关于委员提案情况的汇报；听取县城市管理行政执法局主要负责人关于对荷花路管理情况的汇报；与会县委、县政府有关领导对加强荷花路管理提出要求。	张大新
十一届22次	2009.8.27	研究2010度政协报刊发行工作；协商审议县政协委员、常委及相关人事任免事项的暂行办法；协商审议各专委会上报关于政协全会发言材料的课题。	张大新
十一届23次	2009.9.4	协商辞免或撤销委员、常务委员资格的暂行办法；协商审议政协提案工作条例；协商审议关于县广电局的民主评议报告；协商审议政协十一届九次常委会的内容及议程。	张大新
十一届24次	2009.10.20	协商审议《政协沅陵县委员会关于辞免或撤销县政协委员、常务委员资格的暂行办法》；研究讨论2009年度委员走访活动方案。	张大新
十一届25次	2009.11.11	听取委员走访情况汇报；协商讨论政协先进个人和建功立业委员名单；协商讨论《政协沅陵县委员会关于辞免或撤销县政协委员、常务委员资格的暂行办法》（草案）；协商讨论委员、常委增补工作；安排部署政协十一届三次全会筹备工作。	张大新
十一届27次	2010.1.15	协商讨论2010年度政协工作要点（草案）；协商讨论政协民主评议提案办理工作暂行办法；安排部署政协机关有关工作。	张大新
十一届28次	2010.3.10	审议各专委会2019年工作总结和2010年度工作计划；协商审议政协2010年度工作要点；协商审议2010年度政协民主评议重点提案办理方案；协商审议2010年度政协民主评议单位名单；协商审议各专委会副主任调整名单；研究确定政协十一届十二次常委会议内容和议程。	张大新
十一届29次	2010.6.11	学习全市政协系统开展读书学习活动的通知；协商审议《政协沅陵县委员会关于重点提案民主评议暂行办法》；协商政协十一届十三次常委会议内容和议程。	张大新

续表

会议届次	时间	主要内容	主持人
十一届30次	2010.7.21	学习传达中共湖南省委关于贯彻落实中央（2005）5号文件的通报；协商政协十一届委员名录的编纂工作；传达县综治工作会议精神。	张大新
十一届31次	2010.8.5	传达省政协宣传工作会议精神；安排部署政协机关人员公休假事项；协商通过政协其他工作安排。	张大新
十一届32次	2010.9.26	听取和审议政协民主评议县食品药品监督局情况汇报；听取和审议政协民主评议重点提案情况汇报；听取县政府办公室关于政协提案办理情况报告；听取政协报刊发行情况报告；听取各专委会年度调研情况报告；听取和审议政协十一届四次全会各项材料准备情况报告。	张大新
十一届33次	2010.10.14	听取和审议民主评议重点提案办理情况报告；听取和审议对县食品药品监督局民主评议的情况报告；安排部署2010年政协评优评先工作；安排机关人员对委员分组走访工作；协商召开政协十一届十四次常委会议有关事项。	张大新
十一届34次	2010.11.12	听取各委员走访小组汇报走访情况；协商审议政协十一届四次全会办事机构和工作人员职责；协商审议政协十一届三次会议优秀提案推荐编目。	张大新
十一届35次	2010.11.25	协商审定政协十一届四次全会表彰先进单位和个人名单；协商审定政协十一届四次全会大会发言材料；协商审定政协十一届四次全会期间联组讨论分组和视察活动方案；会议通报2011年政协报刊发行情况。	张大新
十一届36次	2010.12.7	审议政协十一届四次全会筹备工作情况	张大新
十一届37次	2011.1.13	听取和审议各专委会2011年工作计划；协商讨论2011年政协工作要点。	张大新
十一届38次	2011.2.18	传达省、市政协工作会议精神；学习《中共湖南省委政治协商规程（试行）》；协商审议政协2011年度工作要点（草案）。	张大新
十一届39次	2011.3.18	协商审议6个专委会向政协常委会的工作报告；协商审议政协人事任免有关事项；协商2011年度政协民主评议部门的候评名单；协商审议2011年度乡镇政协联工委工作职责和任务；协商召开政协十一届十七次常委会议有关事项；学习市、县、乡换届纪律要求。	张大新
十一届40次	2011.4.29	听取和协商政务中心建设、职业教育为“两新”产业园服务、五溪湖生态养殖、文明县城创建等四个课题调研情况汇报；协商安排民主评议县城市管理执法局相关工作；协商2011年提案督办工作方案；协商安排委员活动月工作方案。	张大新

续表

会议届次	时间	主要内容	主持人
十一届41次	2011.5.19	听取人资环委关于政协十一届四次全会1号提案情况汇报；听取该提案主办牵头单位县发改局关于提案办理答复情况说明；听取该提案相关协办单位负责人表态发言。副县长罗宏忠对如何落实委员建议，办好1号提案，提出成立机构、明确责任、出台措施等具体要求。	张大新
十一届42次	2011.6.7	听取提案委关于政协委员对城市交通提出的一系列提案介绍；听取县城市管理执法局对提案办理和答复情况说明；与会人员对提案办理工作进行评议；主席会成员及提案人对提案答复和办理情况进行评价发言。	张大新
十一届43次	2011.7.21	传达省、市政协秘书长工作会议精神；听取提案委关于2011年提案工作情况汇报；协商政协外出考察工作；协商召开政协十一届十八次常委会议有关事项。	张大新
十一届44次	2011.8.9	听取政协常委王家德关于大别溪漂流项目建设情况汇报；与会人员对开发五强溪板块旅游项目提出意见和建议。	张大新
十一届45次	2011.9.6	听取政协办公室及各专委会工作情况汇报；安排四季度政协工作。	张大新
十一届46次	2011.10.12	协商审议民主评议县城市管理行政执法局方案；协商审议民主评议2011年度3个重点提案方案；协商讨论政协报刊发行工作；协商审议走访委员方案；协商讨论政协十一届五次全会提案征集工作；协商召开政协十一届十九次常委会议有关事项；协商审议政协《关于加快我县行政中心建设的调研报告及其建议案》（草案）。	张大新
十一届47次	2011.11.30	审议辞免或增补政协委员名单；协商审议政协十一届五次全会各项工作报告（草案）和其他大会材料；协商审议政协十一届五次全会各项筹备事宜；协商政协十一届五次全会表彰先进单位和个人名单。	张大新
十一届48次	2011.12.29	协商审议2012年政协工作要点；安排汇总整理政协十二届五次全会12个讨论组的发言材料；协商审议各界人士春节团拜会方案；安排春节期间委员走访工作。	张大新
十一届49次	2012.2.2	审定2012年政协工作要点；听取各专委会工作汇报；协商审议2012年度民主评议候选单位名单；协商召开政协十一届二十二次常委会议有关事项。	张大新
十一届51次	2012.4.12	协商审议委员走访及委员活动月工作方案；协商审议提案督办月工作方案；协商参加市政协理论研讨征文工作有关事项。	张大新

续表

会议届次	时间	主要内容	主持人
十一届52次	2012.5.25	协商政协十一届五次全会1号提案督办工作；听取政协1号提案承办单位县城市管理行政执法局关于提案答复情况汇报；听取1号提案相关协办单位发言；与会委员对1号提案答复办理情况开展评议。副县长张振华代表县政府对办理好政协1号提案提出具体要求。	张大新
十一届58次	2012.10.31	听取县委统战部对第十二届政协委员的推荐报告；协商通过第十二届政协委员名单；协商审议关于召开政协十二届一次全会有关事项；协商审议政协2012年度先进集体和个人表彰名单。	张大新
十二届1次	2012.12.10	协商审议政协十二届各专门委员会正副主任、委员名单；协商讨论十二届政协的相关制度；协商讨论政协机关建设有关问题。	张世雄
十二届2次	2013.1.4	协商审议政协各专门委员会对口联系县直各单位、各部门制度；协商审议政协十二届委员会向重点执法（执纪）部门委派行风监督员制度；协商审议政协主席、副主席联系常委、常委联系委员制度；协商审议十二届政协有关制度的修改完善；协商审议在政协委员中开展“立德、立言、立功”（简称“三立”）活动表彰制度。	张世雄
十二届3次	2013.3.5	协商审议政协机关内部管理规章制度；听取政协各委室2013年度工作计划汇报；协商讨论政协2013年度调研课题；协商讨论2013年度提案督办方案。	张世雄
十二届4次	2013.4.11	传达市政协工作会议精神，分解落实各项工作责任；协商审议政协2013年工作要点；协商审议《政协沅陵县委员会“立德、立言、立功”主题实践活动先进单位、先进个人评选办法》；协商讨论政协2013年度民主评议工作；通报县政协机关建设工作。	张世雄
十二届5次	2013.7.30	协商审议《政协沅陵县委员会提案工作条例（修订稿）》；通报政协民主监督、委员视察工作；通报政协机关建设工作；传达省政协宣传发行工作会议精神。	张世雄
十二届6次	2013.11.5	协商初选“三立”活动先进个人、先进单位；协商研究政协全民创业工作；协商讨论政协十二届二次全会大会发言材料内容；协商研究政协十二届五次常委会议程。	张世雄
十二届7次	2013.12.2	协商审议政协十二届二次全会工作报告；协商审议政协十二届二次全会提案工作报告；协商审议政协十二届二次全会议程和日程；协商审议政协十二届二次全会大会发言；协商审议政协十二届二次全会表彰先进名单。	张世雄
十二届8次	2014.2.19	传达省、市政协会议有关精神；研究开展机关党的群众路线教育活动；讨论民主监督工作；讨论2014年度调研、视察工作；讨论2014年度提案工作；讨论政协委员履职考核工作和“双岗双优”活动；讨论完善机关三公经费管理办法；明确政协机关改造、全民创业、档案整理等工作。	张世雄

续表

会议届次	时间	主要内容	主持人
十二届9次	2014.4.14	明确提案督办工作；协商审议2014年度调研课题；协商关于县域行政区划调整调研课题；协商审议县首届能工巧匠比武大赛实施方案。	张世雄
十二届10次	2014.5.22	听取2014年度提案督办工作情况汇报；协商通报政协党的群众路线教育实践活动领导班子“四风”问题；协商研究2014年度视察工作安排；通报政协机关改造工作进展情况；协商政协十二届八次常委会议议题。	张世雄
十二届11次	2014.8.14	学习公务接待管理、差旅费管理办法和县学教活动领导小组相关文件；协商审议沅陵镇、太常乡区划调整调研报告；协商审议两个视察报告（农业产业及三个项目专项视察报告）；协商通过政协十二届九次常委会议程。	张世雄
十二届12次	2014.9.10	协商审议政协十二届二次会议提案办理情况通报；学习《关于加强人民政协提案办理工作的若干规定》；协商审议政协十二届一次会议部分提案办理情况回访方案；协商审议《沅陵历史文化丛书》发行建议方案；听取政协机关全民创业香菇种植情况汇报；听取省政协宣传发行工作会议情况汇报；听取十二届政协委员异动情况汇报；听取政协机关干部职工上下班签到情况汇报。	张世雄
十二届13次	2014.10.20	学习习近平总书记在党的群众路线教育实践活动总结大会上的重要讲话；学习习近平总书记在庆祝人民政协成立65周年大会上的讲话；协商审议全县能工巧匠大赛初步方案；初审政协十二届三次全会大会发言材料；协商审议“三立”活动先进推荐初选工作；协商审议民主监督工作。	张世雄
十二届14次	2014.12.15	协商审议政协十二届二次会议重点提案办理情况测评工作；协商审议政协十二届三次全会议程和日程；协商确定政协十二届三次全会表彰先进名单；协商审议政协十二届三次全会工作报告；协商审议政协十二届三次全会提案工作报告；协商审议政协十二届三次全会大会发言；协商审议政协十二届十次常委会议程。	张世雄
十二届15次	2015.2.6	传达贯彻省政协全会精神；听取和审议提案有关工作；协商研究2015度政协工作计划。	张世雄
十二届16次	2015.3.10	协商审议政协2015年工作要点；协商审议政协2015年民主监督工作方案；协商明确政协机关扶贫工作；协商讨论政协十二届十二次常委会议程。	张世雄
十二届17次	2015.4.28	传达贯彻市政协工作会议精神；协商审议2015年提案督办工作方案；协商审议《关于在八个建制镇率先设立“政协委员工作室”的意见》。	张世雄

续表

会议届次	时间	主要内容	主持人
十二届18次	2015.6.10	听取政协委员工作室考察情况汇报；协商审议政协片区旧城改造方案；协商研究政协门面管理及整改工作。	张世雄
十二届19次	2015.8.6	协商政协党组“三严三实”专题教育征求意见工作；协商审议政协机关门面管理整改规范工作方案；协商审议关于县城城市公园及广场等公共休闲场所建设与管理情况的视察报告；通报政协委员风采录组稿工作情况；传达省政协宣传工作会议精神。	张世雄
十二届20次	2015.10.15	协商政协十二届四次全会提案征集、大会发言及2016年专题协商议题工作；协商2015年度委员走访工作；协商政协机关计划生育家庭相关奖励标准；协商政协机关改造建设工作。	张世雄
十二届21次	2015.11.17	协商审议《政协沅陵县委员会关于政治协商、民主监督、参政议政的规定（试行）》；协商审议政协十二届四次全会议程和日程；协商审议政协十二届四次全会工作机构设置和工作人员职责；协商明确政协十二届四次全会其他相关筹备工作。	张世雄
十二届22次	2016.2.18	听取提案审查工作情况汇报；协商2016年度民主监督工作会议安排方案及拟表彰的先进单位和先进个人名单；协商第十二届政协调整换届时间相关工作事宜；协商政协十二届十八次常委会议程。	张世雄
十二届23次	2016.3.22	协商政协机关结对帮扶工作；协商《沅陵最美村寨》编辑方案；协商各委室工作计划和要点。	张世雄
十二届24次	2016.5.5	协商审议2016年提案督办工作方案；协商研究“两学一做”学习教育活动；协商决定政协机关廉政谈话工作。	张世雄
十二届25次	2016.6.2	学习传达《关于加强换届风气监督的通知》；听取沅陵历史文化丛书发行情况汇报；协商政协机关支部与所联系的4个村党支部纪念建党95周年活动方案；协商第二季度城区学校大班额问题专题协商相关准备工作；协商沅陵县城总体规划修编调整方案。	张世雄
十二届26次	2016.9.5	协商政协十三届拟保留政协委员建议人员名单	黄忆钢
十二届27次	2016.9.19	协商政协十三届一次全体会议筹备工作报告起草工作；协商十二届政协常委工作报告起草工作；协商十二届政协提案工作报告起草工作；协商政协十三届一次全会大会发言材料准备工作；协商政协十三届一次全会其他材料起草工作；协商政协机关会议室改造初步方案；听取2016年机关财务情况汇报。	黄忆钢
十二届28次	2016.10.10	协商审议十三届政协委员名单；协商审议政协十三届一次全会议程和日程；协商审议政协十三届一次全会表彰方案；协商审议政协十三届一次全会宣传方案；协商审议政协十三届一次全会工作机构设置和工作人员职责；听取各专委会汇报大会发言准备情况；协商审议十二届政协常委会工作报告；协商审议政协十二届二十次常委会议程。	黄忆钢

续表

会议届次	时间	主要内容	主持人
十二届29次	2016.11.1	协商审议政协十三届一次全体委员会议各项筹备工作；通报政协十三届委员名单；协商政协领导班子成员分工。	黄忆钢
十三届1次	2016.12.15	协商政协2017年工作要点；协商各专委会人员名单。	黄忆钢
十三届2次	2017.2.21	协商审议2017年第一季度专题协商工作；协商审议2017年提案交办工作；协商审议第十三届政协委员培训工作。	黄忆钢
十三届3次	2017.3.23	学习传达省委书记杜家毫在省政协工作会议上的讲话精神；通报政协机关相关工作；安排委员参与“三个一”扶贫行动工作；传达市政协人资环委、民宗法制群团委和文史委工作会议精神；协商审议十三届政协委员培训相关工作；安排2017年政协机关脱贫攻坚工作；协商审议产业发展和脱贫攻坚专题协商方案。	黄忆钢
十三届4次	2017.4.13	学习传达省政协关于加强对市县政协联系指导的意见；学习传达中共怀化市委政协工作会议和市政协办公室工作座谈会精神；学习《关于开展新一轮县级驻村帮扶工作的通知》；协商审议“城市建设与管理暨美丽乡村建设”专题协商报告；协商审议重点提案督办方案；协商审议文史编纂方案；协商审议文史丛书入选规则及稿酬标准；协商审议县政协机关制度相关修订情况。	黄忆钢
十三届5次	2017.6.16	学习传达全省“互联网+政协”信息员培训会议精神；学习研究“两学一做”学习教育常态化制度化相关要求；协商审议“产业发展与脱贫攻坚”专题协商相关事宜；研究董晓宇教授来沅陵讲座相关事宜；协商审议“全域旅游”专题协商方案。	黄忆钢
十三届6次	2017.7.21	听取提案办理情况汇报；审议编辑出版沅陵人物文史专题资料工作；协商审议产业发展与脱贫攻坚专题协商报告；通报上半年机关财务情况。	黄忆钢
十三届7次	2017.8.30	学习习近平总书记关于经济建设、脱贫攻坚的重要论述及“7.26”重要讲话精神；传达县委“两个工作制度”；协商审议扶贫工作外出比较研究方案；协商审议森林康养产业专题协商方案；听取民主监督工作汇报及下段工作安排；协商审议全域旅游及美丽乡村建设专题协商发言材料；研究政协云安装及使用、政协报刊发行、理论文章撰写等工作。	黄忆钢
十三届8次	2017.9.28	学习“向陈艳辉同志学习”“做好信访维稳迎接十九大”“进一步规范委员履职行为”“中国共产党巡视工作条例修改办法”等文件精神；安排委员走访工作；审议全域旅游及美丽乡村建设专题协商报告。	黄忆钢
十三届9次	2017.10.27	安排2017年度绩效评估迎检工作；安排政协十三届二次全会前期准备工作；学习党的十九大精神。	黄忆钢
十三届10次	2017.11.13	听取委员走访情况汇报；听取政协十三届二次会议筹备工作情况汇报；专题协商森林康养工作。	黄忆钢

续表

会议届次	时间	主要内容	主持人
十三届11次	2017.11.29	通报政协十三届二次会议准备情况；协商审议十三届二次会议发言材料；协商审议十三届二次会议提案工作报告；协商审议十三届二次会议常委会工作报告。	黄忆钢
十三届12次	2018.2.1	传达省政协十二届一次会议、市政协五届二次会议精神；协商审议政协领导及办公室人员分工；协商审议2018年政协工作要点；协商审议2018年专题协商工作方案；协商审议2018年民主监督工作；协商审议新型城镇化监督性调研工作方案；通报2018年提案工作。	黄忆钢
十三届13次	2018.3.22	研究打造沅陵人才洼地的专项协商议题；研究提案督办工作；研究文史工作；研究巡视巡察及市委对贯彻落实中央八项规定、市纪委对第一季度两个责任落实情况进行督查的通报；学习《中共中央国务院关于实施乡村振兴战略的意见》（中发〔2018〕1号）；学习习近平总书记关于意识形态重要论述；学习习近平总书记2018年2月在四川成都召开打好脱贫攻坚战座谈会的讲话精神；学习习近平总书记参加全国政协十三届一次会议联组讨论讲话精神；学习省委书记杜家毫、省长许达哲在省政协十二届一次会议联组讨论时的讲话精神；学习怀化市委书记彭国甫2018年1月31日在传达省两会精神视频会议上的讲话；学习怀化市《关于认真做好国家发展改革委决定开展“拉网式全覆盖”大巡查和反馈易地扶贫搬迁稽察发现问题整改工作的通知》文件精神；学习《中共沅陵县委常委会关于坚决维护党中央集中统一领导的规定》文件精神；学习《中共沅陵县委关于进一步贯彻落实中央八项规定精神的具体实施办法》文件精神；学习县委《关于深入学习贯彻党的十九大精神加快推进“一中心三基地”建设的意见》文件精神。	黄忆钢
十三届14次	2018.4.19	协商《沅陵城区基础设施建设监督性调研报告》《沅陵棚户区改造监督性调研报告》等二个新型城镇化监督性调研报告；协商政协十三届八次常委会暨新型城镇化监督性调研专题协商方案；协商政协及派驻交通局民主监督与纪律监督小组视察调研工作方案；通报政协党组研究通过的关于党建、党风廉政建设、中心组学习等年度工作计划；办公室汇报“政协云”学习情况；部署文明创建、脱贫攻坚等当前工作。	黄忆钢
十三届15次	2018.5.25	学习习近平总书记关于学哲学用哲学、推进马克思主义中国化时代化大众化的重要思想；听取提案办理情况汇报；协商“沅陵传统名食的传承与弘扬”专题协商方案；协商“全力打好防范污染攻坚战”调研方案；协商《在全县政协委员中开展“用手机记录脱贫攻坚”摄影赛的实施方案》和政协机关“用手机记录扶贫故事”主题党日活动方案；协商《政协沅陵县委员会微建议工作办法（暂行）》；传达怀化市政协秘书长会议精神及国卫复审“保卫战”、脱贫攻坚、党建、意识形态等工作安排	黄忆钢

续表

会议届次	时间	主要内容	主持人
十三届16次	2018.7.20	协商“食品药品安全暨名食传承与弘扬”视察调研活动方案；安排脱贫攻坚、党建、年休假等当前工作；学习相关政治业务。	黄忆钢
十三届17次	2018.8.31	协商“沅陵人才的引进与培养”专题协商报告；协商“沅陵人才的引进与培养”专题协商会议方案；协商“沅陵传统名食的传承与弘扬”比较学习方案。	黄忆钢
十三届18次	2018.11.8	协商“沅陵传统名食传承与弘扬”的四个子课题；通报“政协云”使用情况和“用手机记录脱贫攻坚”摄影赛征稿情况；协商政协十三届三次全会筹备情况；协商走访委员方案；通报相关工作。	黄忆钢
十三届19次	2018.11.26	协商政协十三届三次全会筹备情况；协商“沅陵传统名食的传承与发展”协商报告；协商专委会联系乡镇、战线、界别制度；通报“用手机记录脱贫攻坚”摄影赛情况。	黄忆钢
十三届20次	2019.1.23	通报2018年度县综合绩效考评政协工作计分标准；对各乡镇、县直单位2018年度县综合绩效考评政协工作进行评分。	杨德信
十三届21次	2019.3.18	通报提案工作相关情况；传达全县政法会议精神，部署扫黑除恶专项斗争工作和文明创建工作；传达全县脱贫攻坚工作例会精神及工作安排；协商政协2019年党建工作要点；协商政协2019年党风廉政建设工作要点；协商政协2019年意识形态工作要点，部署“学习强国”学习平台学习运用工作；协商政协2019年工作要点。	黄忆钢
十三届22次	2019.4.19	对农村住房安全保障专题协商暨民主监督方案、产业扶贫专题协商方案、脱贫长效机制的建立和完善专题协商方案、重点提案督办方案、政协机构改革后各新组建专委会人事安排、工作日中餐定点及补贴事宜等进行协商；通报县政协领导分工、脱贫攻坚、扫黑除恶、党建和意识形态等当前工作。	黄忆钢
十三届23次	2019.6.6	传达学习省委书记杜家毫在省委扶贫工作会议上的讲话精神；传达学习《湖南省政协关于更好发挥专门协商机构作用推动县级政协工作高质量发展的指导意见（试行）》；协商《沅陵县政协2019年脱贫攻坚长效机制的建立与完善专题协商方案》及相关子方案；协商“脱贫农村环境卫生治理专题协商方案”；协商农村住房安全保障协商报告和农村住房安全保障专题协商会议实施方案。	黄忆钢
十三届24次	2019.7.2	学习习近平总书记在“不忘初心、牢记使命”主题教育工作会议上的讲话、学习《人民日报》《牢记初心使命，奋进复兴征程》社论文章；协商“关于加强乡镇联工委工作的指导意见”和“农村环境卫生治理专题协商报告”。	黄忆钢

续表

会议届次	时间	主要内容	主持人
十三届25次	2019.8.1	学习《中国共产党宣传工作条例》；协商县委政协工作会议筹备情况；协商“农村环境卫生专题协商报告”及协商方案；通报政协机关工作人员分工调整情况；安排当前脱贫攻坚等工作。	黄忆钢
十三届26次	2019.9.30	协商审议委员工作履职及委员调整建议方案；协商走访委员活动方案；协商审议“沅陵县2019年度第二次集中监督视察暨民主监督和纪律监督相结合工作总结会实施方案”。	黄忆钢
十三届27次	2019.12.24	协商政协十三届四次全会工作机构设置和工作人员职责；协商政协十三届四次全会发言；协商政协十三届四次全会宣传片内容。	黄忆钢
十三届28次	2020.1.7	协商政协十三届四次全会日程议程；协商拟在全会表彰的优秀委员、先进工作者、优秀提案、提案承办先进单位及“政协云”应用先进个人、“微建议”办理先进单位名单；协商2019年度绩效考评政协工作计分；协商政协十三届四次全会发言、提案工作报告、常委会工作报告，以及县委关于贯彻《中共中央关于新时代加强和改进人民政协工作的意见》的实施意见。	黄忆钢
十三届29次	2020.2.19	审定政协十三届四次全会日程；听取全会各筹备小组情况汇报；协商十三届政协委员调整、委员所属界别调整；确定界别召集人和会议联组讨论等事项；协商政协各专委会组成人员名单；协商大会发言材料和确定发言人名单；协商提案工作报告；协商十三届政协常委会工作报告。	黄忆钢
十三届30次	2020.6.12	传达学习省政协关于加强委员工作室建设的意见；协商政协2020年工作要点；协商修改对口协商制度；协商政协关于开展“湖南政协人助力巩固脱贫成果万户帮扶行动”方案；协商委员“亲历扶贫”编辑方案；协商提案工作；协商2020年度专题协商、民主监督工作。	张振华
十三届31次	2020.8.25	协商政协常委、乡镇联工委主任及县直战线政协联络员履职能力提升培训方案；协商五强溪库区休闲垂钓产业发展专题协商方案；协商乡村振兴专题协商比较研究学习方案；协商2020年民主监督工作方案；协商“扶贫资治”编辑方案；协商政协志编纂工作有关事项。	张振华
十三届32次	2020.10.19	通报各专委会10月份“政协云”周使用情况；协商“沅陵老城记忆”编辑事宜；协商五强溪库区休闲垂钓产业发展专题协商报告	张振华
十三届33次	2020.11.10	通报怀化市政协五届六次全会大会发言执笔人名单；协商2020年度政协委员走访方案；协商政协十三届五次全会工作机构设置和工作人员职责；协商政协十三届五次全会大会发言题目；协商乡镇联工委主任会议相关事宜。	张振华

续表

会议届次	时间	主要内容	主持人
十三届34次	2020.12.28	学习怀化市委《深化整治形式主义官僚主义专报》《湖南省公务员平时考核实施办法（试行）》和省委书记许达哲在省委十一届十二次全体会议上的讲话；听取各走访组关于委员走访情况汇报；协商政协十三届五次会议评先评优工作方案；协商政协十三届五次会议联组讨论方案；协商2021年协商课题和民主监督内容；协商常委会工作报告；协商修订考勤制度、宣传奖励办法；通报2020年财务情况。	张振华

第四章　政协委员

政协委员是政协工作的主体。沅陵县各届政协委员人数及委员界别设置，均由中共沅陵县委、县政协根据全县经济社会发展需要及各界人士和有关人员的分布状况，采取提名、考察、协商等办法确定。

第一节　委员产生

第一届政协委员会

县第一届政协委员名额和人选，由县委提出后，交与县各界人士协商，在意见取得一致后，于1955年5月18日召开县各界人民代表会议常务委员（扩大）会议协商确定，成立县政协第一届委员会。此次会议，亦为县政协首届一次会议。县政协第一届委员会委员为19名。届中，有3名委员因工作变动辞去委员职务，1名委员病故，同时增补9名委员。至本届政协届满到期，共有委员24名。

第二届政协委员会

县第二届政协委员的产生，先由各党派、团体、各界人士协商推荐提名，经政协换届领导小组考察后，将确定名单交上一届政协常委会议协商通过。届中变更或增补委员，则由本届政协常委会根据主席会议审议情况协商通过。县第二届政协委员会委员为25名。

第三届政协委员会

由各党派、团体、各界人士协商推荐提名，经政协换届领导小组考察后，由二届政协常委会议协商通过，县第三届政协委员会委员为25名。

第四届政协委员会

县政协筹备领导小组于1980年12月县政协恢复前，通过广泛征求意见和民主协商、酝酿、考察，并报经县委同意，最终确定在保留8名第三届政协老委员的基础上，再从各界推选38名委员，共计46人，组成县政协第四届委员会。届中，先后辞免4名委员，病故1名委员，增补23名委员。至本届政协届满到期，共有委员64名。

第五届政协委员会

经县政协换届领导小组考察提名，县政协于1984年3月8日召开政协四届十六次常委会议协商通过，县政协第五届委员会委员为127名。其中，保留上届委员51人，占40%；新进委员76人，占60%。届中，先后增补委员14名。至本届政协届满到期，共有委员141名。

第六届政协委员会

经县政协换届领导小组考察提名，县政协于1987年2月10日召开政协五届十九次常委会议协商通过，县政协第六届委员会委员为181名。其中，保留上届委员97人，占54%；新进委员84人，占46%。届中，先后辞免2名委员，病故3名委员，增补16名委员，至本届政协届满到期，共有委员192名。

第七届政协委员会

经县政协换届领导小组考察提名，县政协于1990年1月20日召开政协六届十八次常委会议协商通过，县政协第七届委员会委员为200名。其中，保留上届委员135人，占67.5%；新进委员65人，占32.5%。届中，先后辞免3名委员，撤销1名委员，病故4名委员，增补10名委员，至本届政协届满到期，共有委员202名。

第八届政协委员会

经县政协换届领导小组考察提名，县政协于1992年12月7日召开政协七届二十次常委会议协商通过，县政协第八届委员会委员为203名。其中，保留上届委员137名，占68%；新进委员66人，占32%。届中，先后辞免9名委员，撤销4名委员，病故5名委员，增补34名委员，至本届政协届满到期，共有委员219名。

第九届政协委员会

经县政协换届领导小组考察提名，县政协于1997年11月18日召开政协八届二十一次常委会议协商通过，县政协第九届委员会委员为230名。其中，保留上届委员104名，占45.2%；新进委员126人，占54.8%。届中，先后有24名委员因调离、退休、刑事犯罪、病故等各种原因失去委员资格，并先后增补委员42名，至本届政协届满到期，共有委员246名。

第十届政协委员会

经县政协换届领导小组考察提名，政协九届常委会议协商通过，县政协第十届委员会委员为249名。其中，保留上届委员111人，占44.6%；新进委员138人，占55.4%。届中，先后辞免10名委员，撤销1名委员，病故3名委员，增补18名委员，至本届政协届满到期，共有委员253名。

第十一届政协委员会

经县政协换届领导小组考察提名，县政协于2007年11月9日召开政协十届二十次常委会议协商通过，县政协第十一届委员会委员为245名。其中，保留上届委员53人，占21.6%；新进委员192人，占78.4%。届中，先后辞免21名委员，撤销3名委员，增补35名委员，至本届政协届满到期，共有委员256名。

第十二届政协委员会

经县政协换届领导小组考察提名，县政协于2012年11月20日召开政协十一届二十六次常委会议协商通过，县政协第十二届委员会委员为245名。其中，保留上届委员66人，占27%，新进委员179人，占73%。届中，先后辞免1名委员，撤销1名委员，增补12名委员，至本届政协届满到期，共有委员255名。

第十三届政协委员会

经县政协换届领导小组考察提名，县政协于2016年11月3日召开政协十二届二十次常委会议协商通过，县政协第十三届委员会委员为243名。其中，保留上届委员77人，占31.7%；新进委员166人，占68.3%。届中，先后辞免40名委员，撤销3名委员，增补52名委员，至本届政协五次会议召开，共有委员252名。

第二节　委员界别与结构

县政协委员从中国共产党、民主党派、无党派人士、人民团体、少数民族和各界的代表中产生，设若干界别。历届政协，因所处时代不同，界别设置亦不尽一致。

一、界　别

第一届政协委员会设置13个界别，其中：中共3人，青年团1人，工会1人，妇女1人，科技界1人，教育界2人，文艺界1人，医务界1人，宗教界2人，农民界1人，少数民族界1人，工商联界3人，特邀民主人士1人，共计19人。

第二届政协委员会设置13个界别，其中：中共3人，共青团1人，工会1人，妇女1人，工程技术界1人，教育界6人，文艺界1人，医卫界3人，宗教界1人，农民界1人，少数民族界1人，工商联界4人，人民武装1人，共计25人。

第三届政协委员会设置15个界别，其中：中共3人，共青团1人，工会1人，妇女1人，工人1人，教育界5人，文艺界1人，医卫界3人，宗教界1人，少数民族界1人，工商界2人，人民武装1人。科技界2人，政协1人，社会人士1人，共计25人。

第四届政协委员会设置17个界别，其中：中共8人、统战2人、工会2人、共青团1人、妇女1人、工农2人、科技界7人、教育界5人、体育界5人、卫生界3人、文艺界2人、商业界1人、少数民族界2人、宗教界2人、台属1人、老干部2人、社会人士4人，共计46人。

第五届政协委员会设置25个界别，其中：中共9人、群众团体5人、工人劳模2人、农民3人、人民武装1人、农工民主党1人、农业科技界10人、工业科技界16人、人民教育界15人、体育界2人、文艺界8人、原工商界8人、宗教界3人、少数民族界7人、财政贸易界7人、台胞台属4人、侨胞侨属2人、医药卫生界10人、社会知名人士3人、原国民党起义投诚人员2人、政界3人、个体经济1人、中央驻沅单位2人、省驻沅单位3人，共计127人。

第六届政协委员会设置13个界别，其中：中共15人、工会2人、共青团1人，妇女1人，财贸工商界21人，文艺新闻体育界12人、科技界22人、农业界36人（含农民24人）、人民教育界19人、港澳台侨界14人、民族宗教界10人、医药卫生界13人、特邀界15人，共计181人。

第七届政协委员会设置13个界别，其中：中共9人、总工会11人、共青团3人、妇女15人、工商界18人、科技界17人、教育界18人、农业界35人、医药卫生界14人、文化艺术界10人、体育界3人、少数民族界10、侨联界8人、宗教界3人、特邀界26人，共计

200人。

第八届政协委员会设置16个界别，其中：中共8人、总工会11人、共青团2人、妇联13人、经济界11人、工商界16人、文化艺术界10人、科技界14人、农林界34人、教育界24人、体育界2人、医药卫生界14人、少数民族界14人、侨联界6人、宗教界3人、特邀界21人，共计203人。

第九届政协委员会设置19个界别，其中：中共7人、农工民主党6人、无党派5人、共青团3人、工会8人、妇联15人、工商联界20人、科协界5人、文艺界10人、科技界6人、经济界28人、教育界17人、体育界3人、医卫界14人、侨联界5人、农林界31人、宗教界4人、少数民族界10人、特邀界33人，共计230人。

第十届政协委员会设置19个界别，其中：中共13人，农工民主党7人，无党派6人，工会8人，共青团4人，妇联20人，工商联界32人，科协界5人，文艺界9人，科技界7人，经济界26人，农业界32人，教育界19人，体育界2人，医卫界12人，少数民族界16人，侨联界5人，宗教界4人，特邀界22人，共计249人。

第十一届政协委员会设置20个界别，其中：中共11人，农工党7人，无党派10人，工会8人，共青团5人，妇联10人，工商联界31人，科协界5人，台侨联界8人，文化艺术和体育界9人，科学技术界8人，经济界29人，社会科学和新闻出版界5人，农业界18人，教育界20人，医卫界11人，社会福利和社会保障界8人，少数民族界15人，宗教界3人，特邀界24人，共计245人。

第十二届政协委员会设置20个界别，其中：中共18人，农工民主党7人，无党派11人，共青团5人，总工会8人，妇联8人，工商联界37人，科协界5人，台侨联界5人，文艺社科新闻界10人，科技界7人，经济界32人，农业界17人，教育界14人，体育界4人，医药卫生界11人，社保界6人，少数民族界11人，宗教界4人，特邀界25人，共计245人。

第十三届政协委员会设置20个界别，其中：中共26人，农工民主党6人，无党派12人，总工会8人，共青团5人，妇联7人，工商联界31人，科协界5人，台侨界7人，文艺社科新闻界10人，科技界7人，经济界30人，农业界17人，教育界14人，体育界3人，医药卫生界13人，社保救助福利界11人，少数民族界9人，宗教界4人，特邀界18人，共计243人。

二、结　构

第一届政协委员会19名委员，性别结构为：中共党员3人，占委员总数16%，非中共人士16人，占84%；少数民族委员1名，占5%；男性委员16人，占84%，女性委员3人，占16%。

第二届政协委员会25名委员，性别结构为：男性委员20人，占委员总数80%，女性委员5人，占20%。

第三届政协委员会25名委员，性别结构为：男性委员22人，占委员总数88%，女性委员3人，占12%。

第四届政协委员会46名委员，中共党员19人，占委员总数41%，非中共人士27人，占委员总数59%，女委员6人，占11%。

第五届政协委员会127名委员，中共党员39人，占委员总数31%，非中共人士88人，占69%，女委员12人，占9%。委员中，具有大专文化程度的44人，年龄最高的84岁，最小的24岁，平均年龄51.8岁，比上届降低7.1岁。

第六届政协委员会181名委员，中共党员58人，占32%，非中共人士123人，占68%，其中男性委员156人，女性委员25人。委员中最高年龄85岁，最年轻的24岁，平均年龄49.8岁，较五届委员平均年龄下降3.4岁。委员中30岁以下5人，31～40岁41人，41～50岁48人，51～60岁61人，61岁以上26人。委员有大专以上学历的54人，中专28人，高中40人，初中56人，小学3人，有115人拥有各种专业技术，其中小教三级、中教五级、主治医生、助理工程师以上专业技术人员49人。委员有122人分布城区公司以上的66个县直单位，，占67%，50人分布在农村区、镇、乡、村39个基层单位，乡镇，占28%，9人分布在中央、省直驻沅8个单位，占5%。

第七届政协委员会200名委员，中共党员80人，占40%，非中共人士120名，占60%；有大专和高中以上文化的124人，有各种技术专长的162人，其中获高级职称的21人，中级职称的46人，初级职称的25人，有其他技术专长的67人。委员的年龄绝大多数在四、五十岁左右，平均年龄为49.6岁。委员中民主党派成员6人，黄埔军校同学会会员4人，投诚起义和地方武装人员7人，妇女35人，少数民族22人，有“三胞”关系的37人。委员有123人分布城区，占62%，69人分布在农村乡镇，占35%，7人分布在中央、省、地驻沅单位，占3%。

第八届政协委员会203名委员，中共党员82人，占40%，非中共人士121名，占60%；委员中具有大学专科以上文化程度的55人，获高级技术职称的7人，中级技术职称的の0人，有各种技术专长的105人。委员中，民主党派成员5人，投诚起义人员3人，宗教人士3人，“三胞”亲属26人，少数民族51人，女性31人。委员平均年龄49.3岁。有136名委员分布在城区县直机关的企事业单位，63名委员分布在农村区、乡、镇、村等基层单位，4人分布在中央、省、地驻沅单位。

第九届政协委员会230名委员，少数民族委员135人，占55.1%。委员中，中共党员92人，占委员总数40%；非中共人士138人，占60%。女委员46人，占

20%，少数民族委员100人，占43%。委员中有民主党派成员6人，投诚起义人员2人，宗教界人士4人，“三胞”亲属18人。230名委员中，有10人具有高级以上职称，53人具有中级技术职称，有67人具有技术专长。委员有152人分布城区，占66%，78人分布在农村乡镇，占34%。

第十届政协委员会249名委员，少数民族委员125人，占50.2%。委员平均年龄41岁。其中30岁以下9人，占3.6%；31～40岁130人，占52.2%；41～50岁79人，占31.7%；60岁以上3人，占1.2%。委员中，中共党员98名，占委员总数39.4%；非中共人士151人，占60.6%。女委员53人。具有大学学历的委员29人，占11.6%；大专文化84人，占33.7%；高中（大专）文化95人，占38.25；高中文化39人，占15.7%；小学文化2人，占0.8%。委员中有高级职称者5人，占2%；中级职称者29人，占11.6%；初级职称者20人，占8%。另有46人具备各种专长，占18.5%。

第十一届政协委员会254名委员，少数民族委员135人，占55.1%。委员中，中共党员97人，占委员总数39.6%；非中共人士148人，占60.4%。女委员69人。保留上届委员53人，占21.6%；新委员192人，占78.4%；委员分布在城区的159人，占65%；分布在农村的86人，占35%；委员中非公有制经济代表人士和其他新的社会阶层人士38名，占15.5%。委员年龄结构呈现年轻化趋势，30岁以下18人，占7.4%，比上届增加3.8%；31～40岁110人，占44.9%，比上届减少7.3%；41～50岁101人，占41.2%，比上届增加9.5%；51～57岁16人，占6.5%，比上届减少5.9%；委员文化结构向高学历发展，有硕士研究生3名，大学本科文化64名，占28.2%，比上届增加16.6%；大学专科文化110人，占22%，比上届增加10.4%；有14人具有高级以上职称，占5.7%，比上届增加3.7%。

第十二届政协委员会245名委员，中共党员98人，占40%，非中共人士147人，占

60%；女性委员70人，占29%；少数民族委员154人，占63%。非公经济等新的社会阶层代表人士委员45人，占18%。委员分布城区162人，占66%，分布农村83人，占34%。

第十三届政协委员会243名委员，中共党员97人，占委员总数40%；非中共人士146人，占60%；少数民族委员171人，占70.3%；非公有制经济代表人士29人，占11.9%；新社会阶层人士17人，占7%；女委员79人。委员分布城区145人，占59.7%；分布农村98人，占40.3%。26岁以下6人，占委员总数2.5%；27～37岁41人，占总数16.9%；37～47岁119人，占总数49%；47～54岁77人，占总数31.7%；研究生11人，占委员总数的4.5%；本科113人，占46.5%；大专65人，占26.8%；高中及以下45人，占18.5%。

第三节　委员学习

县政协从成立之日起，就十分重视委员的学习和改造，把加强各界人士学习作为政协自身建设的基础工作狠抓落实，采取自学为主，讨论为辅的方法，开展委员学习活动。坚持每月以委员扩大会议的形式，组织委员集中学习国际形势和党的重大方针、政策、路线，帮助委员改造旧思想，树立新的世界观和人生观。1955年5月，县政协一届一次会议期间，政协在自愿的基础上，组织居住县城的政协委员和县人民委员会的委员13人，成立起政协第一个学习小组，并建立起相应的学习制度，为逐步吸收各界有关人士进行有组织的学习打下基础。学习小组从当年10月13日起至12月25日止，共组织开展9次学习讨论，先后学习《中国人民政治协商会议章程》《中华人民共和国发展国民经济的第一个五年计划》等有关文件和毛泽东主席《关于农业合作化问题》的报告，以及中共中央七届六中全会（扩大）关于农业合作化问题的决议文件。陈伟、马界全、刘诗祥等人，在集中学习后，回到工商联、中医学会、基督教爱国会，马上组织各自单位人员开展学习，将学到的东西带到群众中去，起到宣传贯彻的作用。通过学习，委员和群众对政协组织产生新的认识，感到成为政协委员是非常光荣的事情，一致表示要拥护政协组织，遵守章程，全心全意联系群众，积极反映意见。1956年5月20—22日，县政协一届二次全会期间，组织与会委员认真学习和讨论《关于目前形势和工作中几个问题》的报告及湖南省政协首届二次会议精神，并决定成立政协学习委员会，负责组织和落实委员的政治学习。在学习方法上，以指导委员自学为主，并辅以定期不定期集体学习讨论。在全会期间，除听取和讨论政协常委会工作报考、政府工作报告之外，还要安排一些政治学习内容。1961年9月19日，县政协二届二次会议，组织委员集中学习国内外形势和毛主席著作，并就改造世界观，搞好合作共事等问题展开热烈讨论，取得一致认识。1964年1月，根据省政协统一安排部署，县政协作出《关于在各界人士业余学习中继续进行爱国主义、国际主义和社会主义教育的计划》，分阶段组织开展学习，着重学习中共中央关于农村社会主义教育运动的两个条件和中共中央关于国际共产主义运动总路线的建议，重点学习毛主席《实践论》《矛盾论》和《关于正确处理人民内部矛盾》，同时也穿插学习其他有关阶级斗争和反对现代修正主义的重要文件。学习贯穿全年，共分七个单元进行。

1980年，沅陵县恢复政协组织，成立县政协第四届委员会。县四届政协始终把委员学习放在重要位置，政协刚刚恢复，就首先建立委员学习制度，组织委员和各界人士积极开展学习活动。为组织好学习，1981年3月18日，县政协发出《关于县政协委员分组学习的安排通知》，对学习的组织、方法、时间、地点等方面，均作出具体规定。在工农科技、文教卫生、经济民族、社会联络等四个政协工作组中各成立一个学习组，对委员的学习进行全覆盖，同时吸收各界人士中的学习骨干参加。规定每月月底进行一次集中学习讨论。除去平时以工作组为单位开展学习，政协还经常集中组织城区委员进行学习。同年，县政协把统一思想，作为加强政协委员思想政治工作的主要学习内容，按照县委统一部署，及时组织委员重点学习党的十一届六中全会《关于建国以来党的若干历史问题的决议》和胡耀邦总书记《在庆祝中国共产党成立六十周年大会上的讲话》，以及党报党刊上陆续发表的重要文章。1982年，县政协在委员中深入学习宣传党的十二大精神，9月中旬，召开政协四届八次常委（扩大）会议，县委常委、政协主席陈礼和亲自安排部署党的十二大精神学习宣传工作，要求把宣传贯彻党的十二大精神作为当前政协工作的头等大事，要求政协常委要带头学习，带头宣传，带头贯彻落实。

1985年3月，政协五届二次会议恢复成立学习委员会，配正副专职主任2人，秘书1人，负责组织全体委员学习马列主义、毛泽东思想，学习党和国家的方针政策和重要文件，学习政治时事，坚持把委员学习作为政协的一项基础工作抓牢抓实。规定每月15日为城镇委员学习活动日。根据委员实际情况，将县城129名委员编为8个组，每月以组为单位组织学习活动。农村委员，则以区镇为单位组织学习活动。政协正、副主席，专委会正、副主任，以及各工作组正、副组长，都能自觉做到带头参加委员的集中学习。学习委员会为更好组织和推动委员学习，定期编印《学习参考资料》、编写学习墙报，为每个委员订阅《湖南政协报》《湖南统一战线》。六届政协期间，始终坚持组织委员认真学习讨论中共中央和全国政协重要会议精神，以此提高委员的政治素质和业务素质，取得明显效果。1987年1月，县政协认真组织学习中共中央政治局扩大会议公报和党的十三大文件，向各界人士进行党的基本路线教育，把坚持四项基本原则，反对资产阶级自由化斗争的正面教育作为一件大事狠抓落实。6月15日，政协组织县城90多名政协委员集中在政协会议室进行“坚持社会主义道路”专题学习，委员肖功璞、蒋君鹏、向晓钟、张泽斌、吴绍珍等先后作中心发言。通过学习，进一步坚定委员走社会主义道路的信心和决心。同年，为切实抓好委员和各界人士的学习，政协联合县委统战部举办统战理论知识广播讲座8次，为全县政协委员摘编印发学习辅导资料3期，编印学习简报7期，为年老体弱行走不便的老委员上门送学习资料270人次。对农村委员，则通过邮寄方式，每期学习资料都寄送到本人家中。为检查学习效果，政协对农村委员学习情况采取以区集中，定期走访的形式，组织学习经验交流。城区16名政协委员活动组的正副组长，根据学习参加考勤，有6人实现满勤，10人因事因病共缺勤15次。他们在组织委员学习的同时，结合实际，带领委员开展16次考察和调查活动，每次活动均做到讨论问题有重点，学习发言有对象，实地考察有目标，把委员学习引向解放思想，联系实际，为改革咨询服务的轨道。

1988年，政协组织委员学习中共十三次代表大会、十三届三中全会和全国政协七届一次会议的文件，在全面学习、理解精神实质的基础上，主要抓住生产力标准，“十三大对统一战线意味着什么”，以及围绕治理整顿深化改革这个工作重点，政协“应该做什么，能够做什么，怎么做”等问题进行讨论。在坚持自学为主的同时，召开14次主席会议、7次常委扩大会议和8次城区委员集中会议，机关召开40次工作人员会议和15次中共党员会议集体学习；组织4次辅导报告、4次专题讨论和1次法律知识答卷竞赛活动；组织城区100余名委员分别收听国务委员、国家科委主任宋健和社会科学院秘书长朱真的录音讲话，以及省委对台办公室副主任范重平关于台湾问题的形势报告。为搞好学习和宣传工作，政协给全体政协委员、区镇政协联络员赠订《全国政协七届一次会议文件汇编》《湖南政协报》和《湖南统一战线》杂志，给各工作组组长和区镇政协联络员赠订《人民政协报》，给政协委办和工作组赠订省政协学习委员会编的《学习参考资料》；还编印县政协六届二次会议会刊500本、县政协委员《出力篇》600本和学习十三大文件辅导资料七期1800份。丰富的学习资料，为委员学习活动开展提供了保障。1989年4月，北京政治动乱，打、砸、抢、烧开始向全国一些城市蔓延。县政协紧急号召全体委员，坚定不移的团结在党中央周围，多次召集委员和社会各界爱国人士参加学习，传达党中央国务院关于反对动乱，维护稳定的一系列重要指示，委员们纷纷表示，坚决拥护中共中央制止动乱稳定局势的重大决策，为维护沅陵安定团结的政治局面作出贡献。6月12日，政协作出《关于坚决反对动乱，维护机关安定的意见》，采取半天工作，半天学习的形式，认真组织政协机关全体共产党员、干部职工，深入贯彻学习《中共中央国务院告全体共产党员和全国人民书》和李鹏、杨尚昆等中央领导同志以及老一辈无产阶级革命家关于反对动乱，维护稳定的一系列重要讲话，学习《人民日报》《解放军报》重要社论，收看中央电视台有关报道，使大家充分认清暴乱的真相、危害和实质，坚定维护中央的政治立场。

七届政协始终把组织委员学习作为一项重要工作抓紧抓实，每月坚持对城区委员组织一次月中集中学习，每次学习前都要事先拟定好学习规划，提请主席会议议定后再付诸实施。为把学习引向深入，政协经常抓住一些重大问题组织专题学习和讨论。1990年3月23日，政协七届一次会议闭幕不久，就为深入贯彻《中共中央关于坚持和完善共产党领导的多党合作和政治协商制度的意见》，在县文化剧场举行《以中央14号文件为动力，推进我县社会主义民主政治建设》报告会，县直机关单位干部和全体政协委员、统战系统工作人员600多人参加报告会。通过学习宣讲，帮助政协委员和各界人士、党员干部澄清不少模糊认识。据统计资料，同年，县政协共组织城区委员开展集中学习12次，组织机关干部职工开展学习51次，组织机关党员干部集中学习14次，举办政协委员和各界人士形势报告会5次，开展专题学习讨论4次。1991年，围绕学习中共中央（1989）14号、（1990）10号等重要文件，政协党组会议确定15个学习专题，各专门委员会、就如何围绕党的中心工作，有组织、有计划、有重点地开展学习讨论。为在政协委员中全面贯彻中共十三届七中全会精神，1月5日，政协组织召开县城近百名政协委员和政协机关干部职工学习报告会，邀请县委常委、宣传部长田斌进行《抓住历史机遇，勇敢迎接挑战，为实现我国现代化建设的第二步战略目标努力奋斗》辅导学习，帮助委员认清大好形势，提振奋斗精神。为搞好江泽民“七一”讲话学习，7月15日，县政协组织城区委员和机关工作人员96人，专题学习江泽民总书记在庆祝中国共产党成立七十周年大会上的重要讲话，并听取学习辅导报告，使大家既掌握讲话的基本精神和主要内容，又明确讲话的背景和重大意义，加深对讲话精神的理解。11月，政协成立社会主义思想教育领导小组，开展为时一个半月的社会主义教育学习活动，其中1—15日，学习讨论《坚持社会主义道路》，16—26日，学习讨论《坚持党的领导》，27—12月7日学习讨论《廉政勤政建设》，12月8—17日学习讨论《法制教育》。为保证学习常态化，七届政协要求各委组把学习活动同委组活动相结合，把指导委员活动组的学习纳入相关专委会工作，使委员学习方法和形式更为活泼多样。同时要求每一个委员，每一个政协工作者，都要创造条件搞好自学。为方便自学，县政协为每个委员、每个政协工作者和每个活动组，分别订阅赠送《人民政协报》《学习参考资料》等多种报刊，为委员自学创造条件。

第八届政协成立后，联系工作实际，始终把委员学习看成是提高委员综合素质，搞好参政议政，履行政协职能的前提和基础，坚持在实践中总结提高，不断完善，使学习活动日趋活跃。1993年，政协在加强委员学习中，一是坚持制度学，为及时贯彻党中央重要文件精神，帮助委员了解上情、县情和下情，政协建立学习制度，规定城区委员每月集中学习一次，农村委员每季集中学习一次，而且每次学习，必须做到学前有计划，学中有要求，学后有收获。二是突出重点学。三是联系实际学，在学习中既注意针对性，又讲究实效性，坚持学习与参政议政相结合，学习与咨询服务相结合，学习与调查研究相结合，并根据形势和委员普遍关心的问题组织学习和讨论。通过学习，使委员始终保持清醒的政治头脑。为保证学习有资料，县政协主动为委员学习创造条件，坚持和继承学习资料赠阅制度，每年为委员订阅赠送多种学习资料。1994年，政协为委员订阅赠送报刊学习资料56种共1032份，其中党报党刊14种,《同力》508份,《湘声报》350份,《学习参考资料》102份,《湖南文史》220份。同年10月14日，政协组织城区委员和机关干部职工认真学习《中共十四届四中全会公报》《中共中央关于加强党的建设几个重大问题的决定》和江泽民总书记的重要讲话，并联系政协工作实际，就进一步坚持和完善共产党领导的多党合作和政治协商制度，推进社会主义民主政治建设问题，由政协领导进行深入浅出的辅导讲课。委员们通过学习，围绕加强执政党的建设问题开展认真讨论，一致认为中国共产党肩负着历史的责任，只有把党建设好，中国才能建设好。委员还联系沅陵政协工作实际，提出许多好的意见和建议。1995年，政协结合学习省委、省政府《关于进一步扩大利用外资促进经济发展的决定》，深入抓好《邓小平文选》和政协理论的学习，一年中，政协围绕邓小平、江泽民关于人民政协的重要论述，深入开展人民政协的性质和地位、人民政协的现实作用、人民政协的基本任务问题、人民政协的协商监督职能问题、人民政协的工作领域和活动方式问题等10个方面的专题学习，通过学习，委员参政议政的视野进一步扩大，履行政协职能的能力进一步提升。

九届政协把加强学习，提高素质，作为强化政协意识的一项重要工作来抓，在学习上采取集中学习、辅导、自学和讨论相结合的办法，坚持理论联系实际的原则，把学习与知情出力结合起来，与委员活动结合起来，与参政议政结合起来。1997年，政协以学习为主要抓手，加强自身建设，坚持每月组织机关干部职工学习2天，集中上辅导课3次，每2月组织全体委员以界别或活动组为单位进行一次主题学习。同年，委员参学率达到80%，机关人员参学率达到95%。为保证委员学有资料，政协共为委员订阅二报二刊1143份，确保委员人手1份学习资料。1998年重点学习党的十五大和十五届三中全会精神，以及九届全国政协一次会议精神，辅导学习《领导干部金融知识读本》和《中共中央关于农业和农村工作若干重大问题的决定》等。1999年，重点学习“以经济建设为中心”“讲学习、讲政治、讲正气”等理论课题和江泽民总书记在庆祝人民政协成立50周年大会上的重要讲话。2000年，结合“三讲”教育，县政协在委员队伍中认真组织学习江泽民总书记“三个代表”重要思想，深入开展“三讲”实践活动，取得较好效果。同年9月，政协组织委员集中学习，结合沅陵实际，邀请县委主管工业的副书记到会通报全县工业现状及改革设想，极大激发出政协委员为沅陵发展献计出力的工作热情，极大增强委员履行政协职能的使命感和责任感。

2003年，十届政协将委员学习划归办公室统一管理，规定全体委员，以活动组和乡镇为单位，每月必须集中学习1天以上，学习要有记录、有讨论、有总结。学习活动分为城区和乡镇组织开展，城区委员学习活动，由活动组长负责召集，相关专委会参与指导，驻乡镇委员学习活动，由乡镇政协联络员负责组织实施。同年，政协各专委会针对新委员多，委员们参政议政热情高，但是对政协业务和工作性质不熟悉的特点，在加强组织委员学习党的十六大精神的同时，还在活动组中狠抓党的统战理论和人民政协工作理论、基本常识、政协章程以及全国政协十届一次会议精神的学习。委员们在学习中逐渐认识到，作为一名政协委员，不仅仅是一份荣誉，更是一份责任。工商联界的一些新委员，通过学习，提升对政协的认识和了解，形成“宁愿少拿钻石，也要多做贡献”的共识，积极参加政协组织的各种调研视察和扶贫济困活动，为政协树立起良好的社会形象。2004年，政协各专委会在政协常委会议的统一安排部署下，认真组织各自联系的活动组，开展学习中共中央十六届三中、四中全会精神和《中共中央关于加强党的执政能力建设的决定》，组织委员认真学习“三个代表”重要思想，系统学习新修订的全国《政协章程》，学习《政协提案工作条例》和全国政协办公厅编发的《政协委员手册》以及有关法律、法规、条令、条例。通过学习，引领委员进一步明确人民政协在党的执政能力建设过程中的任务和作用，进一步增强委员参政议政，为民办实事的责任感和使命感。2005年，政协各专委会结合县政协成立五十周年“政协宣传月”活动的开展，以委员活动组为单位，采取集中和分散自学的办法，全年开展小组学习活动100多次，参加学习的委员、政协工作者达2000多人次，先后对中共中央一号文件、《胡锦涛同志在庆祝人民政协成立五十五周年大会上的重要讲话》《贾庆林同志在全国政协十届三次全会上的工作报告》《胡锦涛总书记在中央人口资源环境工作座谈会上的讲话》《中国人民政治协商会议章程》《沅陵县政协工作条例》以及政协历史和其他政协工作业务知识进行学习讨论，帮助委员深入理解中央有关政策，深入认识政协工作的意义和委员肩负的使命，提高委员建言献策的热情和参政议政的能力。2006年，县政协再次强调并坚持把学习、了解党和国家方针、政策，地方经济发展思路、政协工作基础知识和现代科学文化知识摆在重要位置，坚持"每周一课"学习制度，以委室牵头，分别多次集中组织委员活动组，系统学习党的十六届六中全会精神、中共中央和湖南省委、沅陵县委关于加强人民政协工作的意见，中共中央关于建设社会主义新农村的决定，中共中央关于巩固和壮大新世纪新阶段统一战线的意见和与开展政协工作相关的基础知识、基本技能。同年，《中共中央关于加强人民政协工作的意见》发表后，县政协立即组织开展5个层次的学习，首先是组织政协党组成员学习；其次是组织政协机关工作人员学习；第三是通过政协全会组织全体委员学习；第四是在县委党校举办政协联络员培训班进行学习；第五是政协各专委会组织联系的活动组学习。使学习活动达到全覆盖不留死角。全县35个委员活动组，平均组织委员集中学习理论4次以上。通过理论和业务知识学习，政协队伍素质明显提高，同年，县政协工作荣获怀化市政协综合考核一等奖。

2008年，十一届政协针对新委员多的实际，发扬人民政协一贯重视学习的优良传统，努力抓好委员的学习。为保证委员学习有资料，政协为全体委员免费发放《政协委员手册》，免费订阅《文史博览》和《学习参考资料》，同时要求县直各单位、各乡镇和有条件的委员订阅《人民政协报》和《湘声报》，并组织委员开展集中学习，使委员系统了解人民政协知识，掌握履职本领。2009年4月，全县23个乡镇建立政协联工委，驻乡镇委员的学习进一步规范和制度化。同年，政协在全体委员中认真组织学习党的十七大和十七届三中全会精神，广泛开展学习实践科学发展观活动，理论联系实际，对存在的种种与发展不相适应的问题进行整改，不断加强政协自身建设。2010年，政协大力推进学习型政协组织建设，组织委员和机关人员认真学习邓小平理论、"三个代表"重要思想和科学发展观的精髓，认真学习中共十七届四中、五中全会和县委重要会议精神，认真学习人民政协工作的指导方针和肩负的历史使命，以及履职所必需的基本知识，进一步增强贯彻落实县委重大决策部署的自觉性和坚定性。2011年，政协把增长本领，打造肯干事、能干事、会干事的工作队伍作为加强自身建设，保持人民政协生机和活力的有效之举，要求学习人员把学习与知情问政结合起来，与开展委员活动结合起来，与解决工作中的突出问题结合起来，不断加强自身建设，推动政协工作。

2013年，十二届政协把学习作为自身建设的重要抓手，坚持不懈抓好思想理论建设，坚持每月1次集中学习，由主席、副主席带头领学，常委们参学，做到学有课件、学有互动、学有点评、学有提高，推进学习制度化、常态化。政协为提升委员素质和参政议政能力，给每个委员订阅赠送《湘声报》《学习参考资料》《文史博览》杂志，同时选派部分政协委员和政协干部到省、市、县委党校参加短期学习。2014年，政协深入开展以“为民务实清廉”为主要内容的党的群众路线教育实践活动，坚持把学习教育贯穿活动始终，组织全体委员，运用个人自学和集中学习相结合的方式，对“中央八项规定”、省委“九项规定”进行反复学，认真改，取得明显成效。同年，政协“三公”经费比上年同期下降33%；公费出国（境）实现零经费管理；公务卡使用率由年初的20%上升到85%以上；政协会议、文件、简报大幅减少。2015年，继续发扬人民政协“自我学习、自我教育”的优良传统，在全县政协委员中形成学理论、抓落实、促工作的良好氛围。分批次把乡镇委员、城区委员请进机关，相互交流，深入学习贯彻党的十八大和十八届三中、四中、五中全会精神，进一步巩固共同思想政治基础，增强中国特色社会主义道路自信、理论自信、制度自信。认真学习和牢牢把握习近平总书记对做好人民政协工作提出的四个重大原则和“五个坚持”的精神实质，不断提高对新时期人民政协性质、地位、职能、作用的认识。通过不断学习，使委员们更加坚定地贯彻中国共产党领导的多党合作和政治协商制度；更加清醒地认识“人民政协作为协商民主重要渠道和专门协商机构”的定位；更加满腔热情地投入政协工作，始终保持蓬勃朝气，始终保持昂扬锐气，始终保持干事创业勇气。2016年，政协开展“两学一做”学习教育，组织委员和政协机关干部，认真学习党章党规，学习习近平总书记系列重要讲话，开展争做合格党员的活动，巩固拓展党的群众路线教育实践活动和“三严三实”专题教育成果，进一步解决党员委员在思想、组织、作风、纪律等方面存在的问题。

2017年，十三届政协全面落实从严治党要求，认真组织开展“两学一做”常态化学习教育，在政协机关和委员队伍中，采取多种形式，反复组织学习党章党规和习近平总书记系列重要讲话精神。8月30日，召开政协十三届七次主席会议。专题学习习近平总书记关于经济建设、脱贫攻坚的重要论述及“7.26”重要讲话精神，10月27日，召开政协十三届九次主席会议，安排部署学习党的十九大精神。2018年，政协以中共十九大精神为指导，组织委员深入学习领会习近平新时代中国特色社会主义思想，贯彻执行《关于加强新时代人民政协党的建设工作的若干意见》，带领全体政协委员，在政治立场、政治方向、政治原则、政治道路上同党中央保持高度一致。2019年，政协采取集中与自学的方法，组织委员和政协机关干部，进一步深入学习习近平总书记系列重要讲话，为有助于学习中读原著、学原文、悟原理，政协为常委和机关干部统一购置了《习近平新时代中国特色社会主义思想学习纲要》《习近平总书记系列重要讲话读本》《习近平关于全面依法治国论述摘编》《习近平新时代中国特色社会主义思想三十讲》《习近平关于“不忘初心、牢记使命”重要论述选编》等学习资料。9月18日开始，连续3个月，每月两天学习，组织开展“不忘初心，牢记使命”专题研讨学习，每个人都结合实际，对自己政治建设、思想建设、作风建设方面存在的突出问题进行检视反思。同年，政协在引领委员学习，提升委员素质，加强自设建设方面，积极作为，首次创办“沅陵论坛”，引“外脑”强“智库”，弥补县级政协作为智囊团、人才库，在专业、理论、视野等层面的局限性。对照“守初心、担使命、找差距、抓落实”的总要求，将“学习教育、调查研究、检视问题、整改落实”贯穿始终。为增强委员学习自觉性和紧迫性，政协要求并指导全体委员在手机上下载政协云App和学习强国App，对委员学习进度进行跟踪统计和通报，对每月学习成绩前5名的委员，给予奖励。

第四节　委员培训与管理

一、委员培训

历届政协注重在对委员的集中培训上下功夫，以此提升委员理论和业务素质。每年初，政协都会根据实际情况，制定培训安排，采取与县委组织部、县委统战部、县委党校联合办班的形式，对政协基层骨干和政协机关人员进行集中培训。1988年，政协配合县委统战部在县委党校举办为期17天的统战、政协干部培训班，使全县统战、政协干部受到一次比较系统的业务培训。1996年6月，县政协与县委组织部、统战部联合办班，对全县党外骨干人士进行为期一个月的政策理论水平和参政议政能力的培训，48名乡镇党外副职领导、非党政协委员、宗教界负责人、工商私营经济大户以及政府13个职能部门的非党骨干参加学习培训。通过培训，极大提升各界人士政策理论水平和参政议政能力。2004年3月19日，政协在县委党校举办为期15天的政协中层骨干培训班，对38名区镇政协联络员、城区委员活动组长和政协机关委室负责人进行培训，培训期间，邀请怀化市政协提案委主任到培训班为学员授课。2005年，中共中央先后颁布《关于进一步加强中国共产党领导的多党合作和政治协商制度建设的意见》《关于加强人民政协工作的意见》《关于巩固和壮大新世纪新阶段统一战线的意见》，中共湖南省委、怀化市委和沅陵县委也相应制定出一系列贯彻实施意见，这些都是开展政协工作的纲领性文件。县政协采取以会代训的方法，利用党组会议、主席会议、常委会议、委员小组会议及机关每周一课学习会，对委员开展多层次培训，促进广大委员政治理论、人民政协理论、时事形势和各种学科知识的提升。常委会议期间，多次聘请县委党校老师对常委进行中共十六大、十七大精神学习辅导。同年11月9日，政协召开首届乡镇级战线联络员工作会议，对23个乡镇和9大战线的新任联络员进行政协业务工作辅导培训。

2007年12月，县政协换届，新一届委员大多数刚参加政协，对政协知识不熟悉，尤其是对政协提案不熟悉。27日上午政协全会开幕前，政协对全体委员进行政协业务知识培训，为委员参政议政打下基础。2008年5月提案督办月期间，政协各督办小组，利用督办提案和委员广泛接触的机会，均采取以会代训的方式，对委员进行提案知识和人民政协知识的培训，帮助委员掌握履职本领。2010年4月，政协在党校举办集中培训班，对全县乡镇政协联工委主任和县直战线政协联络员进行为期15天的集中培训。通过培训，基层政协工作者对政协工作的基本常识、工作程序和履职要求等，得到系统学习和了解，有力推动全县政协工作规范、有序开展。同年，政协先后2次请党校老师到政协讲课，为政协常委和机关人员辅导学习中共十七届四中、五中全会精神和科学发展观的精髓。还通过常委扩大会的形式，开展政协履职必须知识和新时期统一战线理论知识的培训。2011年，政协抓住时机，为委员争取学习参训机会，先后为2名副主席争取到市委党校和沿海发达地区培训学习的名额，选送3名政协机关干部和6名乡镇政协联工委主任到市委党校和县委党校参加培训班学习。

十二届政协抓学习，重培训。在政协十二届一次会议期间，就认真开展对全体委员进行党的十八大关于统一战线和人民政协工作重要论述的学习辅导，开展提案基本知识与撰写技巧的培训。大会闭幕后，坚持不定期组织常委和政协机关干部集中学习十八大、十八届三中全会精神，并邀请县委党校老师为委员学习进行专题辅导讲座。2014

年，政协重点深入学习党的十八大，十八届三中全会、县委十一届四次会议精神，学习习近平总书记在庆祝中国人民政治协商会议成立65周年大会上的讲话。为搞好学习，加深理解，政协不定期的举办各种专题学习班，邀请专家、学者为委员们进行辅导讲座。召开专题学习常委会议时，分期分批邀请部分委员列席会议，旁听学习，以会代训，提高委员思想素质和参政议政能力。2015年，重点集中辅导学习中共十八届四中、五中全会精神和习近平总书记对做好人民政协工作提出的四个重大原则和“五个坚持”的精神实质，通过培训学习，提高委员对新时期人民政协性质、地位、职能、作用的认识，更加坚定委员推动政协工作向前发展的责任感和使命感。

第十三届政协扎实开展政协章程、政协理论、政协业务知识的学习培训，不断提高委员理论素养、道德修养和政协知识水平。2016年11月22—26日，政协召开十三届一次会议，大会正式开幕前，就对委员进行提案知识集中培训，使新加入政协的委员知道提案是政协委员履行职能最重要的方式，基本掌握提案的构成和选题方法以及撰写技巧。2017年1月，政协以乡镇和战线为单位，完成一轮委员专题学习培训计划，帮助委员快速进入委员角色，履行职责。同年，政协将委员培训列入全县干部培训计划，在县委党校进行为期3天的全封闭式培训，着力提升委员履职能力。以“怀化干部教育培训网络学习”为平台，经常性地组织党员干部专题学习，还通过党组扩大会、常委扩大会、主席扩大会的方式，分期分批辅导委员深入学习党的十八大以来系列全会精神和党的十九大会议精神，学习习近平总书记系列重要讲话精神。通过辅导学习，进一步深刻领会习近平总书记关于人民政协工作的新思想、新论断、新要求，进一步树立政治意识、大局意识、核心意识、看齐意识，促进政协的自身建设进一步巩固加强。2018年，围绕省政协提出打造“务实政协、智慧政协、开放政协、和谐政协”的目标要求，县政协补短板、抓学习、上水平，通过大会全员培训、专题学习培训、调研实践培训等，对委员进行全面培训，综合提高委员“懂政协、会协商、善议政”的履职本领。2019年，政协把学懂弄通做实习近平新时代中国特色社会主义思想作为重中之重的工作狠抓落实，先后组织3次专题研讨学习，分别由主席、副主席进行讲座辅导。在“不忘初心、牢记使命”主题教育活动中，每次集中学习，政协都安排专人进行辅导，以会代训，加深参学人员对初心和使命的理解。12月，在第三次集中学习中，政协请来县革命老区促进会的同志为参学人员进行《从沅陵苏区历史看初心与使命》的党课培训，对学员思想产生震动。2020年，政协加大对委员学习培训的组织和领导，通过集中学习、界别学习、学习强国平台、政协云线上学习等方式，不断提升委员的履职能力。9月初，分两批次组织政协常委、乡镇联工委主任、战线联络员到省政协韶山教育培训基地进行集中培训。

二、委员管理

政协委员分布在各战线、各单位，人员分散，为加强对委员队伍的管理，1990年以来，县政协不断加强和探索委员管理工作，对委员实行“一岗双责”管理，一些违背管理制度的委员，受到辞免或撤销委员资格的处理。1992年2月22日，政协召开七届十五次常委会议，协商通过对1名违反计划生育的委员作出撤销县政协委员资格的处理。八届政协期间，有5名县政协委员因违规违纪被撤销委员资格，1名政协领导因犯错误被免去副主席、常委、委员职务。1998年至2002年4月，九届政协撤销3名违纪或刑事犯罪的委员资格。十届政协，对委员实行严格的制度化管理，在完善历届政协委员管理制度的基础上，探索制定新的管理制度，使得委员管理更加有章可循。2003年5月19日，县十届政协五次主席会议研究制定《沅陵县政协委员管理条例》，经政协常委会议协商通过，委员管理工作得到进一步规范。2005年，1名担任部门领导的政协委员，因接受纪委检查，受到党纪处分，政协及时按照委员管理条例启动问责程序，经常委会议协商通过，撤销该名人员政协委员资格。针对有的委员借口各种理由缺席政协履职活动的现象，2006年3月31日，县政协十届十四次常委会议审议通过《关于县政协委员参加县政协活动的规定》，规定政协委员不得无故缺席政协组织的会议、学习、调研、视察，确因工作或其他事情不能参加的，必须由本人向政协办公室提出，报经秘书长批准并登记在册，全年累计3次不参加常委会议的政协常委，政协给予通报，缺席5次或请假累计超过8次的，按照有关程序进行调整或免去其常委、委员职务。委员未经请假2次缺席政协全会或请假累计3次缺席全会，按照有关程序免去其政协委员资格。

十一届政协把委员管理与考核相结合，制定《沅陵县政协关于政协委员考核质量管理办法》，对委员进行量化考核和管理。2009年12月9日，政协十一届十次常委会议制定通过《关于辞免或撤销县政协委员、常务委员资格的暂行办法》和《辞免或撤销县政协常务委员、委员资格和增补县政协委员人选办法》，对委员作出更为严格的管理制度。2011年，先后对3名违纪和违反治安管理条例的委员给予撤销委员资格的处理。2013年，第十二届政协研究出台《沅陵县政协关于县政协委员管理办法》，在委员管理上提出更多更具体的办法。1名在企业任职的委员，因违反财务纪律受到追责，给政协带来不好的社会影响，经政协十二届五次常委会议研究，决定依据县政协委员管理办法之规定，撤销其十二届政协委员资格。

2017年，第十三届政协根据形势发展和沅陵政协委员队伍管理现状，对历届留下来的委员管理办法进行修订完善，增加委员退出机制。4月14日，政协十三届二次常委会议审议通过新修订的《沅陵县政协委员管理办法》。同年，县政协还根据形势发展需要，按照《沅陵县党政机关国内公务接待管理实施细则（试行）》有关要求，规范政协公务接待行为，界定公务接待范围，将政协机关公务接待归口到办公室，各专委会不再单独安排公务接待，原有涉及专委会公务接待的文件、制度，全部自行终止。为加强对农村委员的管理，2019年7月，县政协制定《关于加强乡镇政协联工委工作的指导意见》，从18个方面对乡镇政协联工委工作提出明确的目标要求。截至2020年12月，十三届政协依据委员管理办法，撤销3名消极履职的政协委员资格，免去1名脱岗者的政协委员资格，并同意1名副主席辞去副主席、常委职务。

第五节　宣传工作

县政协重视宣传工作，主要是围绕“中国共产党领导的多党合作和政治协商制度”和爱国统一战线理论及政协基本知识，以及政协委员爱岗敬业，为民办实事好事来开展宣传教育工作。四届政协至九届政协期间，政协宣传工作，主要通过县广播站、省电台和各地报刊，宣传政协和统战工作，以及沅陵人文历史和自然资源，不断扩大沅陵政协的社会影响。六届政协3年，政协在省以上报刊、电台和县广播站共发表有关政协、统战工作的宣传稿件160多篇；编印《沅陵政协》简报12期，用稿48篇，印发2600份，编写《参阅件》12期13篇，印发900份；机关出墙报6期，用稿93篇，与县委统战部联合举办统战知识广播讲座8讲。通过这些学习和宣传活动，进一步加深政协委员和各界人士对党在社会主义初级阶段基本路线的理解，进一步统一对当前经济形势的看法，进一步坚定夺取改革和建设新胜利的信心，同时也扩大人民政协的影响，促进政协工作的开展。1994年，第八届政协加大政协工作宣传力度，除利用简报、墙报宣传政协工作和委员履职事迹，还积极组织稿件，通过省市报刊进行宣传，扩大影响，全年在省、市以上报刊发表宣传文稿22篇。第九届政协为树立政协良好形象，始终把推广政协工作经验和委员先进事迹作为塑造政协整体形象的一件大事来抓，十分注重从委员队伍中培养和发现先进典型，和县电视台联合，先后录制编播《乡村医“博士”》《辛勤“忙”药人》《山里的女儿》《乐为人民献真情》《桃李无言自芬芳》等数十个反映政协委员事迹的电视专题片，获得社会普遍关注和好评。九届政协期间，政协采取各种鼓励措施，加大宣传力度，年年做到报刊有文章，电视有图像，广播有声音，不但极大激发出委员主动履职的工作热情，也在全社会树立起良好政协形象。

第十届政协开始重视加强对政协工作动态和委员履职贡献的报道，对推动沅陵政协事业发展产生出积极影响。2003年，政协为助推民营经济发展，一面积极向县委、县政府建议改善发展环境，一面在各级媒体报道民营经济人士为沅陵经济、社会发展事业做出的奉献，增加群众对民营经济的认同和理解，反响良好。8月，省政协《湘声报》派出3名记者，专程到沅陵采访报道民营经济发展情况。2004年3月，《湘声报》社会经济部主任亲自带领记者再次到沅陵报道县委、县政府重视支持政协工作的经验做法。2005年8月，政协为纪念抗战胜利60周年，编辑出版文史书籍《抗战时的沅陵》，在《人民政协报》及时发表消息，引起很多县市政协关注。同年，政协通过组织评选政协好新闻奖、实施报刊上稿奖励等，推动政协宣传报道上台阶，全年在中央、省、市各级新闻媒体上稿50多篇，其中14篇在《人民政协报》发表，位居全省政协系统县市区第一名。2008年，十一届政协加大信息宣传员队伍建设，在城乡建立政协信息宣传网络，制定宣传报道奖励制度，规定凡在各级报刊发表有关沅陵政协工作的新闻、图片、经验介绍等文章，按报刊级别和版面大小，给予不同数额的现金奖励，极大提高信息宣传员积极性。2009年，沅陵在各类新闻媒体发表有关政协工作的文章45篇，政协机关人员在《人民政协报》上发表新闻稿件18篇，其中《实施春风行动，沅陵九成返乡农民工实现再就业》被多个国家级新闻媒体采用。2010年，在新闻媒体发表政协新闻69篇，其中国家级26篇、省级18篇。据不完全资料统计，十一届政协五年，累计发表宣传报道政协工作文章300多篇，其中在《人民政协报》《湘声报》等国家和省级报刊上发表80多篇，在省市报刊和县级电视新闻中发表200多篇。

十二届政协创造性地在委员队伍中开展“立德、立言、立功”主题实践活动，20个界别充分发挥界别优势，在建言献策、助力发展、构建和谐等方面发挥出积极作用，涌现很多感人事迹，吸引沅陵新闻网、政府网、电视台多家媒体记者采访报道，先后在省、市报刊、电视台、新闻网站发稿200多篇，在国家级新闻媒体发稿10余篇。十三届政协把宣传工作列入政协工作重要内容，通过宣传报道，传达信息，服务群众，引导舆论，普及政策。从2016年底换届以来，十三届政协每年在报纸、杂志、网络等新闻媒体发表宣传报道稿件在100篇左右。2017年，政协发动专委会和各界别委员，积极参与政协宣传报道，全年共在《人民政协报》《湘声报》《怀化日报》发稿100多篇，其中在《人民政协报》上稿量占整个怀化市三分之一以上。11月7日，《怀化日报》编发一期专版，对沅陵县政协委员的有效履职进行全方位宣传。2018年，政协在报纸、杂志、网络、“政协云”等新闻媒体发表稿件90多篇。2019年，围绕县委中心工作，用心讲好政协故事，政协机关人员在各类媒体发表宣传文章40多篇，其中《人民政协报》9篇、《湖南日报》2篇、《相声报》10篇，有效宣传和推介了县政协的工作及委员先进事迹，较好展示出县政协的风采。2020年，政协进一步强化宣传引导，加大正能量传播，全年在市级以上媒体刊发稿件50余篇，其中《人民政协报》12篇、《湘声报》22篇。截至2020年底，十三届政协在各级、各类新闻媒体累计发表宣传文稿400多篇，为宣传政协，树立委员形象产生出积极的社会影响。

第五章 履行职能

人民政协的主要职能是政治协商、民主监督、参政议政。县政协始终坚持履行好三大职能，通过调查研究、专题协商、委员视察、建言献策，以及政协各种会议，躬耕履职，不负使命，充分发挥出政协在推进民主，协调发展，促进团结和构建和谐社会等方面的作用。

第一节 政治协商

1950年7月12日，举行县首届一次各界人民代表会议，听取县长张子祥的施政报告，与会代表对报告进行协商讨论，对救济失业工人、清匪清枪、巩固社会秩序等提出建议。县政协成立后，通过全体会议协商政府工作的传统得到继承发扬。1956年，政协召开6次委员扩大会议和1次常委会议，对全县私营工商业社会主义改造规划以及基层选举工作计划和代表名额安排、县政协委员增补等事项开展协商。1957年，县政协加大对国家政治生活和本县重大问题协商的力度，通过组织召开政协常委会议、委员扩大会议和参加县人委会有关会议，开展政治协商，不断提升委员参政议政热情。至县政协第五届委员会，政协参与本县大政方针的协商已经形成经常性制度，对县委、县政府在各个时期的中心工作、经济发展和人民群众普遍关心的热点、难点问题，以及人大会的政府工作报告、经济和社会发展计划报告、财政预决算报告、人民检察院和法院的工作报告，以及重大人事安排等，都开展协商活动。历届政协主席、副主席和有关常委，列席县委、县政府及所属部门召开的重要会议均在100次以上，每届政协完成的重点协商课题平均在30个左右，涉及全县政治、经济和人民生活中的重大问题。政协通过大会发言或专题协商会的形式，就这些课题与县委、县政府进行协商，取得满意效果。经过长时间的实践，逐步形成全体会议总体协商、常委会议重点协商、专题会议对口协商的工作格局。

一、协商政府工作报告

县政协成立之初，政协全体会议与人大会议在召开时间上不一致，政协全体会议仅协商讨论政协工作，对政府工作的协商，在全会上安排不多。1960年12月7—11日，参加政协二届一次全体会议的委员，列席参加人大四届一次会议，听取和讨论县政府工作报告，对报告提出的在全县大办农业、大办粮食、克服困难，争取来年大丰收的工作计划和奋斗目标，提出协商建议。1964年9月4—6日，出席政协三届一次全体会议的委员，列席参加人大五届一次会议，听取县人民委员会工作报告，经过协商讨论，对报告提出一些意见和建议。“文化大革命”期间，政协工作瘫痪，政协活动停止。

1980年恢复政协工作，12月10—13日，举行政协四届一次全会。这次会议及1981年9月召开的县政协四届二次会议，与人大会议召开时间还没调整同步。1982年2月19—26日，召开政协四届三次全体会议，在此期间，人大举行八届二次会议，政协委员列席参加，听取包括县人大常委会报告在内的县人民政府、人民法院、人民检察院的工作报告，并对各项报告进行分组讨论，由政协办公室汇总各组意见和建议，提交县政府进行协商。政协委员列席人大会议，听取政府工作报告和其他报告，进行大会政治协商，从此成为政协全体会议的重要内容之一。

1983年3月23—26日召开县政协四届五次会议，与会委员积极参加政府工作报告和其他报告的政治协商，对全县大政方针和社会主义现代化建设，以及群众生活的重大问题，对于法律、法令的实施，对于三个好转基本状况，在肯定成绩的基础上，提出20多条协商意见和建议。1984年3月21—29日，县政协举行五届一次全体会议，会议期间，委员列席人大九届一次会议，协商讨论政府工作报告。

县第五届政协开始，切实发挥政协职能作用，积极参与地方重大事务的协商，采取多种形式，通过多种渠道，从多方面开展政治协商活动，取得较好效果。1989年3月14—19日，县政协举行六届三次全体会议，16日下午，与会委员在县文化剧场列席县人大十届三次会议，听取政府、财政和国民经济计划报告。17日，委员分组对政府工作报告进行认真讨论，一致认为报告对沅陵政治、经济形势的评价和对工作中存在的问题分析符合实际，提出的全县主要任务和各项措施，切实可行，对统一全县人民思想认识，鼓舞斗志，振奋精神，加速沅陵四化建设有着重要意义。委员们对各项报告及人大所作的决议表示赞同和拥护，一致表示要为实现全县国民经济计划的持续、稳定、协调发展进一步献计出力。

1990年2月20—23日，县政协召开七届一次全体会议，22日上午，与会委员听取《关于起草《政府工作报告》的说明》和《沅陵县国民经济和社会发展计划报告（草案）》《财政预决算（草案）报告》。下午，委员对政府工作报告征求意见稿及其他2个报告进行分组讨论，并提出协商意见。会议秘书处以《商改革建设之计，献振兴沅陵之策》为题，对委员的协商意见进行综合整理，共提出11个方面的修改完善意见，其中对《政府工作报告（征求意见稿）》从内容到用词，以及文章结构和文字表述四个方面提出一些批评和建议，涉及移民、教育、商贸、工农业生产、机关作风、计划生育、双增双节等方方面面。2月26日至3月3日，县政协常委列席县第十一届一次人代会，听取政府工作报告后，在政协七届一次会议讨论的基础上再次进行深入讨论，提出协商意见110多条，受到县政府领导高度重视，新当选的县长龙金华亲自主持补充完善政府工作报告，采纳政协委员意见，对报告进行83处修订。

1991年3月，县政协七届二次会议期间，政协委员对政府工作报告、沅陵县国民经济和社会发展计划报告、财政预决算报告等3个报告草案进行反复讨论，共提出288条协商意见，受到县委、县政府领导高度重视，县委书记、县长，以及分管县领导，均在协商意见文件上签出处理意见，有关部门及时将委员意见进行梳理采纳，融入报告之中，仅对政府工作报告就进行95处修改。1992年2月27日，参加县政协七届三次全会的政协工业组委员，在讨论政府工作报告草案时，就如何搞活沅陵工业，向政府提出要实事求是的面对现实，注重社会主义政治导向和经济导向，提高应变能力，树立全县一盘棋思想；在指导思想上应推进经济运行机制的转换，把企业推向市场，让企业在竞争中活起来；要改革企业所有制形式，完善企业产权制度，减少指令性计划，使企业的生产和经营向着计划指导下的市场调节并轨等15条意见和建议。

1992年12月27日召开县政协八届一次全会，在此期间，与会委员认真讨论协商政府工作报告、国民经济与社会发展计划报告、财政预决算报告，尤其是对政府工作报告提出许多建设性意见和建议，得到政府重视。之后5年，县政协八届历次全会，都把对政府工作报告的协商作为政协总体协商的重要内容抓实抓好，每次全会期间，确定专人负责召集和组织委员对政府工作报告进行讨论协商和记录，确定专人对各组协商意见进行归纳整理，形成文件，报送县政府，为政府工作提供决策参考。

县第九届政协因袭八届政协总体协商经验和做法，历次全会期间，对政府工作报告的讨论协商更为细致全面，协商效果也更为彰显。县委书记、县长，每次均亲自参加委员讨论会，全面听取委员意见，现场解答委员问题，极大提高委员参政议政热情。1999年1月17日，县政协九届二次全会召开，会议期间，委员对县长张朝勇作的政府工作报告开展讨论协商，在充分肯定报告对全县“扶贫攻坚，富民强县”中取得的库区移民开发成绩的同时，也对政府扶持发展个体私营经济、加大茶叶产业化建设、加大县城亮化工程建设，以及农业综合开发资金的使用管理提出建议。县长张朝勇认真听取委员建议，对某些问题当场拍板答复。之后，又多次召开政府专门会议，解决落实委员全会期间对政府工作报告提出的建议。2000年1月14日，县政协九届三次会议召开，会议认真听取和协商政府工作报告，认为报告系统的、实事求是的总结了过去一年的工作，对步入新世纪的工作指导思想和目标大局思路清晰，任务明确，举措有力，充分反映出群众的发展愿望，为全县人民指明了奋斗方向。肯定政府一年工作成绩的同时，委员还就政府和两院的工作报告进行总体协商讨论，提出一些科学的有益的建议。2001年1月2日，县政协九届四次全会召开，会议期间，委员听取并讨论县长谢宏有所作的政府工作报告，听取并讨论沅陵县国民经济和社会发展“十五”计划纲要等报告。委员对这些报告表示赞同，一致认为，要实现政府工作报告和“十五”计划提出的工作目标，就必须认真贯彻党的十五大和十五届五中全会精神，在保持全县经济快速增长的同时，要突出发展主题，始终把握结构调整。调整产业结构，促进产业化升级。为此，建议县委、县政府要大力发展农业，提高农业产业化水平；要加大退耕还林力度，充分利用沅陵草场和水面，大兴畜牧水产业“半壁河山”；要抓住沅陵山区资源，大力发展名优产品和加工出口产品，千方百计增加农民收入；要培育优势产业和企业，加快山区工业化进程；要大力发展第三产业，提高第三产业整体水平；要调整所有制结构，提高非公有制经济在整个经济中的比重；要调整城乡结构，提高城市化水平；要加快以县城为中心的小城镇建设步伐，提高县域经济一体化水平；要继续关心、支持贫困和库区移民乡村人民群众的生产生活；要抓住长渝高速公路从沅陵过境的契机，完善境内各互通口农贸市场交易，扩大内外消费；要充分利用沅陵历史文化和生态资源，大力开办旅游休闲业；要努力开辟各种就业渠道，进一步完善社会保障体系，不断提高城乡人民的生活水平。2002年1月9日下午，参加政协九届五次全会的政协委员，分组协商讨论政府有关工作报告，对各项报告表示赞同，对政府工作报告提出的各项任务和奋斗目标，建言献策，提出30多条意见和建议。

2002年12月28日下午，出席县政协十届一次全体会议的政协委员，列席县十四届人大一次会议，听取县长李自成政府工作报告。29日，政协委员分组对报告进行协商讨论，县委、县政府领导，分头参加各组讨论，一致认为，过去的五年，县委、县政府率领全县人民“扶贫攻坚，富民强县”，县域经济得到快速发展，人民生活不断改善，改革开放取得丰硕成果，为顺利实现全县“十五”计划和2010年远景目标打下坚实基础。认为报告提出的未来五年，特别是2003年工作的指导思想、主要目标和工作措施，符合党的十六大精神和沅陵的实际，是可行的，委员们在讨论发言中，还就如何才能保障政府工作报告提出的工作目标顺利实现提出许多积极的建议。2003年12月28日，出席县政协十届二次全体会议委员列席县十四届人大二次会议，听取并分组讨论政府工作报告。县委、县政府领导参加讨论。委员对报告总的评价是内容丰富，实事求是。一致认为县委、县政府在过去一年中，率领全县人民按照“五五三三”战略目标，奋发图强，求真务实，实现沅陵经济又好又快发展，全县政治文明、精神文明建设取得显著成效。对报告提出的下一步工作任务和目标，提出许多建议和意见，县政协将这些意见和建议整理成文，以政协简报和民情专报的形式反馈给县委、县政府，其中有些意见被采纳。2004年12月28日，出席政协十届三次会议委员列席人大十四届三次会议，听取并讨论政府工作报告，对报告总的评价是讲成绩实事求是，摆问题不遮不掩，认为报告对2005年的工作部署，任务明确，措施可行，令人鼓舞和振奋。围绕报告，委员对加快民营经济发展、加快产业结构调整与升级、拓展招商引资引智工作、发展壮大县域经济、扩大就业和提高社会保障水平、优化创业环境、加大城市管理力度、推进民主政治建设、坚持依法治县、发展教育事业、重视县域文化建设等深表关切，就如何进一步解决好“三农”问题、实施旅游兴县战略、加强环境保护、加快民主法制建设等提出许多建设性的意见和建议。2005年12月28日，出席政协十届四次全体会议委员列席人大十四届四次会议，听取并分组讨论政府工作报告，认为报告对2005年工作的总结实事求是，对2006年工作的安排体现出执政为民和求真务实的精神，符合沅陵实际，反映出全县人民加快发展的共同愿望。围绕报告，委员们提出很多具有一定前瞻性和可行性的建议。2006年12月30日，出席县政协十届五次全体会议的政协委员列席县十四届人大五次会议，听取并分组讨论政府工作报告。县委、县政府领导，分头参加各活动组讨论。讨论中，委员们对报告总的评价是实事求是，谈成绩有目共睹，讲问题措施具体，对2007年工作的安排目标明确，重点突出，措施得力，符合科学发展观要求，体现出真抓实干的务实精神，让人对沅陵又好又快发展充满信心。委员们围绕报告中提到的一些具体建设规划和项目提出很多建议，有的被吸纳到政府各有关部门具体工作中，发挥出较好的社会效益和经济效益。

2007年12月28—29日，参加县政协十一届一次全会的委员，列席人大十五届一次会议，听取政府工作报告后，分成13个讨论组，用两个半天时间，进行分组讨论，提出意见和建议。各讨论组对政府工作报告总体上表示赞同，一致认为，沅陵过去五年，人民生活改善显著，社会建设全面发展，基础设施建设明显加快，县城文明卫生程度迈上新台阶。报告对过去五年工作的总结实事求是，经得起历史检验，同时，委员在协商讨论中也对今后工作提出30多条意见和建议。会务组对这些意见和建议，汇总后进行归纳梳理，形成协商意见提交县政府。一些建议被吸纳进入相关决策和文件。2008年12月28日上午，参加政协十一届二次全会的委员，列席人大十五届二次会议，听取一府两院报告，下午及第二天上午，分成13个委员活动组，用两个半天时间，对报告进行讨论，县委、县政府领导，分头参加各活动组讨论，其中县委书记参加工商联活动组讨论，县长参加经济活动组讨论。各组讨论气氛热烈，人人争着发言。一致认为2008年是沅陵喜事多、大事多的一年，全县“四个加快”发展战略推进明显，经济实力增强明显，社会各项事业发展明显，人民生活改善明显。各讨论组对县政府下一步工作，围绕改革开放、科学发展、推进“工业兴县”发展战略、发展特色农业、发展旅游业，提出30多条意见和建议。大会会务组对这些意见建议及时归纳梳理，作为委员协商意见，提交给政府。2009年12月26—27日，参加政协十一届三次全会委员，列席人大十五届三次会议，听取政府工作报告后，分成12个活动讨论组，用两个半天时间，对报告进行讨论。县委、县政府领导，分头参加各活动组讨论，其中县委书记参加经济活动组讨论，县长参加工商联活动组讨论，听取委员们的意见和建议。12个活动组，在讨论中对政府工作共提出近30条可行性合理化建议。县委、县政府领导表示对委员提出的每一条建议，都会进行认真研究，责成有关部门尽快妥善解决。2010年12月22—23日，参加政协十一届四次全会委员，列席人大十五届四次会议，听取政府工作报告，分成12个委员活动组，对报告进行讨论，县委书记参加工商联活动组讨论，县长参加经济活动组讨论。各委员活动组经过讨论一致认为，“十一五”时期的五年，是沅陵面对重大挑战，取得重大突破的五年，在县委坚强领导和政府积极作为下，沅陵全面完成“十一五”发展目标，已经步入快速发展、跨越发展的新阶段。委员认为，2011年是沅陵全面实施“十二五”规划开局之年，也是全面实现小康社会、加快发展的重要一年，县委、县政府要坚持“生态立县、工业强县、开放活县、旅游富县”总体思路不放松，要以调结构转方式为着力点，推动产业转型升级；以加快城镇化进程为动力，促进城乡统筹发展；以扩大改革开放为重点，切实增强发展活力；以生态环境建设为中心，促进可持续发展；以改善民生为核心，推动和谐社会建设。对委员的这些意见和建议，县委、县政府领导高度重视，表示要认真研究，尽快吸纳到修改后的党委政府工作报告和沅陵“十二五”规划中去。2011年12月25日下午，出席县政协十一届五次全会的委员，列席人大十五届五次会议，听取政府工作报告，分组对报告进行讨论，县委书记参加工商联活动组讨论，县长参加经济活动组讨论。委员在讨论中，对政府工作报告表示赞同，一致认为，2011年，沅陵克服自然灾害、通胀压力、货币政策紧缩、能源供应紧张等不利因素，坚持生态立县、工业强县、开放活县、旅游富县总体发展思路，经济社会实现平稳较快发展。委员在协商讨论中，对政府来年工作提出要加快推进工业集群化、农业现代化、旅游产业化和城乡一体化，要注重创新管理、注重改善民生、努力建设经济活跃、生活富裕、环境优美、文化繁荣、社会和谐新沅陵的建议。县委、县政府领导认为这些建议格局高，前瞻性强，具有操作性，表示会尽快安排采纳落实，融入政府具体工作。

2012年11月26日下午，出席县政协十二届一次全会的全体政协委员，列席参加县人大十六届一次会议，认真听取政府工作报告。27日、28日两天，委员分组对政府工作报告进行讨论，县委、县政府领导，分别参加小组讨论，面对面听取委员意见和建议。经过协商讨论，委员对政府工作报告表示赞同，一致认为，过去五年，县域经济实力不断增强，人民生活显著改善，社会建设全面发展，基础设施建设明显加快，县城文明程度迈上新的台阶，为顺利实现沅陵“十二五”规划打下坚实基础。围绕未来五年发展，委员们在讨论中发言民主，畅所欲言，对政府工作报告提出30多条可行性合理化意见和建议，由政协全会秘书处归总整理，形成文字材料报告县委、县政府。2013年12月24日下午，出席县政协十二届二次全会的委员，列席人大十六届二次会议，听取政府工作报告之后，分成12个活动组，用两个半天时间，对报告进行分组讨论，县委、县政府领导，分头参加各活动组讨论，县委书记刘志良参加工商联活动组讨论，县长龚琪参加经济活动组讨论。各活动组在讨论中，对政府工作提出要增强忧患意识，抓住发展机遇，搞好统筹兼顾。围绕政府工作报告中提及的一些具体重点建设项目计划，委员提出26条建设性意见，得到与会县委、县政府领导肯定。2015年1月7—8日，出席县政协十二届三次全会委员列席人大十六届三次会议，听取政府工作报告，并对报告进行分组讨论，认为在过去一年里，政府认真落实中央和省、市、县委的决策部署，扎实开展党的群众路线教育实践活动，狠抓干部作风建设，抢抓机遇，攻坚克难，全县经济实力得到增强，人民生活显著改善，社会建设全面发展，基础设施建设明显加快，县城文明程度迈上新台阶。面对2015年“十二五”规划的最后一年，委员建议县委县政府要以全面建成小康社会为总揽，坚持稳中求进，着力强基础、实项目、兴产业，惠民生，在园区建设、招商引资、优化环境方面，实现更大突破。县委、县政府领导对委员建议虚心采纳，表示尽快研究落实。2016年1月6—7日，出席县政协十二届四次全会的委员列席人大十六届四次会议，听取政府工作报告后分成5个讨论组，对报告进行分组讨论，县委、县政府领导，分头参加各组讨论，县委书记钦代寿参加经济、工商联讨论组协商讨论，县长周重颜参加科技、农业、民族宗教讨论组协商讨论。委员在讨论中，对县政府在过去一年中取得的各项成绩表示肯定，认为报告实事求是，对成绩不夸大，对问题不回避。建议政府在2016年“十三五”规划开局之年，要全面贯彻党的十八大和十八届三中、四中、五中全会精神，深入贯彻习近平总书记系列讲话精神，以脱贫攻坚统领全县工作，以生态文化旅游统领城乡经济发展，坚决实现脱贫攻坚和全面建成小康社会奋斗目标。

2016年11月23日下午，出席县政协十三届一次全会的委员，列席人大十七届一次会议，听取政府工作报告后分为5个联合讨论组，对报告进行协商讨论。县委、县政府领导，分头参加联组讨论，县委书记钦代寿参加特邀、工商联界讨论组协商讨论，县长周重颜参加经济、科技、科协、农业界讨论组协商讨论。各组在讨论中，对报告均表示赞同，认为报告对未来五年工作的谋划思路清晰，目标明确，切实可行。建议政府要真抓实干，坚持以脱贫攻坚统揽经济社会发展全局，以产业发展统揽经济工作，以城镇建设统揽城乡发展，努力实现脱贫攻坚、全面小康决战决胜。委员建议得到参加讨论协商的县委、县政府领导充分肯定，一些建议，被很快采纳融入有关部门的工作中。2017年12月27日上午，出席县政协十三届二次全会的委员，列席人大十七届二次会议，听取政府工作报告，下午，分为5个联合讨论组，对报告进行协商讨论，县委书记参加中共、农工党、农业界联合讨论组和委员协商讨论，县长参加教育、医卫、社保、文艺社科新闻、体育界联合讨论组，与委员协商讨论。委员们对报告中提出的大力实施“一中心三基地”发展战略，把沅陵建设成为武陵山片区次中心城市的规划设想兴趣浓厚，认为努力打造湖南电子信息产业基地、中国沅陵碣滩茶产业基地和全国全域旅游示范基地，是沅陵经济社会发展的战略定位和现实选择，纷纷就这些工作，提出一些意见和建议。2018年12月25日上午，出席县政协十三届三次全会委员，列席人大十七届三次会议，听取政府工作报告，并分为5个联合讨论组，对报告进行协商讨论，县委书记到中共、共青团、妇联、宗教界、战线联络员联合讨论组参加讨论，县长到特邀、农工党、台侨、无党派、科协、工会界联合讨论组参加讨论。各个讨论组一致认为，政府工作报告对2018年工作总结客观全面，实事求是，对2019年工作部署，思路清晰，方向明确，措施可行。围绕报告提出的一些具体工作，各讨论组也都提出一些意见和建议，经过政协十三届三次全会会务组的梳理，形成政协协商建议提交县政府办理。2020年5月县政协十三届四次会议期间，因受新冠肺炎疫情的影响，与会委员未现场列席县人大会议，但是仍然分组对政府工作报告进行认真协商，为沅陵发展大计提出一些富有建设性的意见和建议。

二、专题协商机构和人事

机构

1956年5月，县政协一届二次会议召开前，经与县委、县政府领导协商，决定在政协成立学习委员会，专门负责组织委员学习中国共产党历史、人民政协知识和时事政治，帮助委员提高思想政治觉悟，改造世界观，搞好合作共事。1981年9月，政协四届二次会议前召开常委会议，协商决定成立提案委员会，负责委员提案征集督办。1985年3月，政协五届二次会议前，政协常委会议与县委、县政府领导协商，决定在政协成立学习、工作联络、文史资料研究3个专门委员会，15日，县委以（1985）10号文件批转3个委员会成立的决定，同时对每个专委会的工作职责进行明确界定。1997年，沅陵机构改革，县政协与县委协商，县委同意政协提出的机构改革方案，2月12日发文批准县政协机关设立常委会办公室和提案法制群团委员会、经济科技联络委员会、学习文史委员会、文教卫体委员会等4个专门委员会。2002年，沅陵对全县党政、群团机关和事业单位进行定机构、定职能、定编制，县政协就政协机构改革和人员编制问题，多次与县委协商，形成政协“三定方案”，7月10日，县委以（2002）18号文件印发《中国人民政治协商会议沅陵县委员会机关机构改革方案》，确定县政协机关内设机构为办公室、提案委、经科委、文史委、文教卫体委、民族宗教法制群团委，人口资源环境委。机关行政编制12名、后勤服务人员事业编制2名。2005年8月18日，经县政协研究决定，开始启用民族宗教法制群团委，人口资源环境委印鉴。此后政协十届、十一届、十二届，以及十三届前两年的常务委员会办事机构的设置，均为此“一室六委”。2019年4月，为适应新时代形势发展的需要，县政协十三届委员会根据上级关于政协机构改革的要求，对政协常委会办事机构进行调整，将原来的办公室、提案委、经科委、文史委、文教卫体委、民族宗教法制群团委，人口资源环境委“一室六委”调整为办公室、提案委、经济科技和外事委、文教卫体和文史委、农业农村和人口资源环境委、社会法制和民族宗教委、委员学习联络委等新的“一室六委”。

人事

县委提名，政协协商，是县政协常委会议对人事安排协商的重要工作。1987年2月26日，县委副书记张贻国参加县政协五届二十次常委会议，就县政府、人大、政协、人民检察院、人民法院领导班子推荐安排情况与政协协商，征求意见，政协主席刘俊良还就六届政协领导班子和政协常委人选安排情况向常委会议进行详细说明。会议对县委提名人选进行认真讨论，与会者披肝沥胆，直陈忠言。六届政协期间，县委对提拔到副县级领导岗位的党外人士，都坚持先与政协协商，充分尊重政协协商意见。1990年2月下旬，县人大十一届一次会议期间，中共沅陵县委将县人大、政府、法院、检察院的领导候选人名单，在提交县人民代表酝酿之前，先交政协常委会议协商，征求意见，县委副书记邓元武、罗建中出席政协常委会议，就有关重要人选进行情况介绍和说明，与政协常委对一府两院和人大的人事安排进行坦诚的协商。1991年，县委需要安排一名党外副县长，就有关人选问题，县委分管党群的副书记和组织部领导专程到政协进行协商，经过和政协党组成员讨论协商，最后确定从农工民主党选拔出1人担任党外副县长。2002年以来，县政协主动与县委、县政府就干部换岗交流、专委会兼职副主任配备、党外人士政治安排等内容进行协商讨论，逐渐摸索出经验，形成协商安排人事制度。尤其是参加对县领导提名人选协商成为常态。县政协常委会对县级领导提名人选的协商，主要是协商人大、政府、政协领导成员人选。2008年12月29日，县政协主席张大新主持召开政协十一届六次常委会议，协商县人民政府县长候选人名单。参加协商的政协常委，在认真听取县长提名人选情况介绍后，又经过酝酿讨论，认为这次人事安排有利于沅陵经济社会发展。2012年11月27日，县政协十二届一次全会期间，政协召开相关会议，对人大、政府、政协及两院班子候选人进行协商审议，与会人员充分发表意见，协商过程充满民主，会议气氛热烈，审议结果符合县委人事安排意图。2014年，县政府换届，12

月25日，政协主席张世雄主持召开政协十二届六次常委会议，对政府县长候选人名单进行协商，经过常委酝酿和讨论，对县长提名人选表示赞同。对政协主席和副主席提名人选的协商，主要集中在政协换届和补选之前。历届政协换届之前，上一届政协均要召开一次常委会议，对新一届政协主席提名人选进行协商。届中出现增补副主席的情况，政协也要召开常委会议，对提名人选进行协商。2016年，县十二届政协由五年任期改为四年，1月6日，政协主席张世雄主持召开十二届政协十七次常委会议，县委常委、组织部长、统战部长、政协党组副书记唐海军出席会议，传达中共怀化市委领导关于调整县政协换届时间工作部署会议上的讲话精神，并就相关人事安排情况与政协常委进行协商。与会政协常委一致表示，市委对县政协换届的人事安排，是对沅陵政协的关心和支持，表示坚决拥护市委的决定。11月22日，政协十三届一次会议召开，会议期间，协商了县政府、法院、检察院有关人事，选举产生出新一届政协领导班子。此后，十三届政协届中，对每次重大人事调整，均按照县委提名，政协协商的原则，及时组织召开政协常委会议，对县委提名拟任职人选名单进行认真协商。

三、专题协商社会发展计划

经济与社会发展情况专题协商

对涉及社会经济发展和民生福祉的重大问题，历届县委、县政府在决策之前，均交政协先行协商，以最大程度保证决策的科学化和民主化。1955年，县政协分别对资本主义工商业的改造和中央政治局提出的1956年到1967年全国农业发展纲要草案进行协商，结合沅陵实际，提出一些意见和建议，对工作开展起到促进作用。1957年，县政协组织委员座谈讨论农业发展纲要草案，前后用18天时间，对纲要草案进行逐条学习，然后召开8次座谈会进行讨论，提出一些建议供县委参考。从第二届县政协开始，政协委员列席县人代会，参加听取并分组讨论政府工作报告，同时也听取并讨论全县国民经济和社会发展计划执行情况及下一年度国民经济和社会发展计划草案报告，就报告内容，和发改、财政部门负责人进行深入讨论协商，达成共同意见，完善国民经济和社会发展计划内容。县第七届政协加大参与地方重大事务协商力度，在精神文明建设规划、五强溪移民规划、扶贫规划等重大事项制定中都主动作为，广泛协商，切实做到协商于决策之前，为确保县委、县政府科学决策重大工作发挥出积极作用。为保证协商质量，县政协每年全会前，组织召开1～2次常委会议，邀请县政府领导到会通报全县经济运行发展情况和下一步政府工作计划，增加政协委员知情范围，支持委员更好参与政治协商。

2003年7月23日，县委常委、常务副县长王湘银参加县政协十届三次常委会，向会议通报沅陵上半年经济工作运行情况，就全县经济工作和政协进行协商。2004年7月28日，县政协召开十届七次常委会议，听取县对外经济贸易局负责人关于沅陵县招商引资情况的通报和县委常委、常务副县长王湘银对沅陵上半年经济工作形势的介绍，委员们通过面对面的协商，增加对政府工作面临困难的理解，表示要多做疏导工作，引导群众正面看待问题，激发社会力量，共同为克服困难，建设沅陵努力。2005年9月28日，县政协召开十届十二次常委会，协商沅陵经济建设发展，县委常委、常务副县长向洪振到会，向与会常委通报全县经济运行状况和后段经济工作重点，围绕如何增加财源，加快发展等问题进行协商。2006年，县政协按照“全体会议总体协商、常委会议专题协商、主席会议重点协商、专委会对口协商”的工作格局，围绕国民经济和社会发展计划，针对全县政治、经济、文化和社会生活中的重大问题，通过各种政协会议形式，先后开展协商活动10多次，提出协商意见、建议近100条，引起县委、县政府领导重视，有力推进县委、县政府决策的科学化、民主化。

2008年6月30日，副县长李峰出席县政协十一届三次常委会，向政协常委通报全县上半年经济运行情况和下半年工作思路。上半年经济运行的几个基本特点是，农业生产平稳发展，工业经济持续发展，第三产业快速发展，项目建设步伐加快，经济质量稳步提高。下半年工作思路是突出农业增收，突出工业提质，突出招商引资，突出项目建设，突出财税增收。座谈协商中，与会人员对政府下半年工作思路表示赞同，对上半年经济运行中表现出的GDP增长速度同比下降、农业生产表现薄弱、规模工业增速趋缓等问题进行协商，共同寻找破解这些问题的良方妙策，形成一些建议。2012年7月3日，政协召开十一届二十三次常委会议，听取县政府关于沅陵上半年经济工作运行情况的通报和县发改委关于武陵山区域发展与扶贫攻坚现状情况的汇报。与会常委对沅陵上半年经济运行情况表示满意，对沅陵县武陵山区区域发展与扶贫攻坚项目进展情况寄予很大希望，提出许多建议。

2013年5月23日，政协召开十二届三次常委会议，县财政部门负责人受县政府委托，到会向政协常委汇报2013年度财政预算安排情况和全县财政形势及年度财政工作重点。与会常委对汇报情况开展讨论协商，对财政部门作出的“保运转，保民生，促发展；统筹兼顾，增收节支、收支平衡”的预算编制总体原则表示认同，但是围绕财政预算总支出安排，认为有的支出安排不尽合理，为政府捂紧“钱袋子”的力度不大。对下半年财政工作的重点，常委们也提出一些建议。经过协商讨论，财政部门负责人表示，要根据政协常委会的协商意见，对财政预算进行合理调整，对下半年财政工作计划进行进一步研究完善。同年9月25日，政协召开十二届四次常委会议，听取县委常委、常务副县长谢德明通报1—8月全县经济运行情况，及县经济和信息化局关于工业经济运行情况的报告。对1—8月经济运行情况，与会人员进行讨论，对县域经济实现平稳增长，表示满意，认为这是全县上下加快推进新型工业化、农村城镇化、农业现代化、旅游产业化的结果。但是对城镇居民人均可支配收入和全县社会消费品零售总额方面的数据提出疑问，尤其是城镇居民可支配收入存在被平均的现状，政府应该给予注意。指出对经济运行中存在的主要问题，有些方面估计不足，需要重视。对全县工业经济运行情况，经过政协常委会议讨论，一致认为总的发展形势良好，无论是规模工业经济增长、项目建设、招商引资、园区平台建设，都呈现出良好发展态势。对发展存在的困难和问题，也认为问题抓得准，困难分析到位。围绕下阶段的工作措施，委员在协商讨论中各抒己见，提出一些建议。2014年3月14日，政协召开十二届七次常委会议，听取县财政局关于2014年财政预算安排情况及财政形势的汇报，在协商讨论中，针对政府性基金预算收入，认为有些方面不能盲目追求增长，例如育林基金，增长越是过快，说明树木砍伐越多，与生态立县战略背道而驰。对财政预算支出，委员意见要求突出重点，保证基本，但也更要做到政策公平，托住底线。同年6月17日，县政协副主席杨德信主持召开政协十二届八次常委会议，听取县政府招商引资工作情况的通报，与会常委对新形势下的招商工作，从项目包装到招商方式，进行协商讨论，提出一些好的建议。

五年发展规划的专题协商

协商讨论五年发展规划，为县域经济发展贡献政协智慧，是县政协工作的重要内容之一。1990年，县人民政府在制定第八个五年计划时，充分发挥政协“人才库”的作用，将计划草案交给政协提请协商，县政协为此专门进行两次讨论研究，对计划草案提出一些修改建议，得到采纳。1995年11月，县政协分别组织政协常委和城区政协委员，对沅陵县“九五”规划和“2010年科技、经济和社会发展规划”征求意见稿进行学习讨论，提出许多好的建议。11月10日，政协就两个规划问题，邀请县计划物价局班子成员进行协商座谈，综合听取政协意见和建议。计划物价局领导对政协常委和委员提出的问题进行解释说明，对政协建议表示要认真研究，对可以采纳的意见和建议要尽快研究纳入规划中去。2005年，沅陵县着手编制“十一五”规划，县政协对这项工作非常关注，要求各战线和各界别的委员，要积极配合支持，对发改部门组织召开的规划编制座谈会，要无条件的积极参与，为科学编制“十一五”规划贡献政协智慧。规划草案出来后，县政府组织召开各界人士座谈，广泛征求意见，县政协对参加座谈会的委员提出很高的要求，11月17日，主席黄茂林主持召开政协十届二十三次常委会议，专题协商确定参加县政府“十一五”规划座谈会的政协委员名单。12月28日，政协组织出席十届四次全体会议的政协委员，对《沅陵县社会和经济发展“十一五”规划纲要》进行深入学习讨论，发挥政协人才库的作用，集中集体智慧，对“十一五”规划再建睿言，献良策，力求规划文本更全面，更科学。委员们对规划从指导思想，到发展战略，以及一些具体项目的建设经过认真协商讨论，一致认为，沅陵县“十一五”规划纲要，站在发展的高度，全面科学地勾画出未来五年沅陵经济与社会发展的蓝图，经过全县人民共同努力，完全可以实现。同时，委员们也对规划编制的指导思想、发展战略、智力开发、资金运行、交通运输，以及能源和住房建设等方面提出进一步完善的意见。发改部门领导表示，对委员的意见和建议，会高度重视，认真研究，能吸纳的，要充分吸纳到规划中去。2010年，沅陵编制“十二五”规划，政协对这项工作高度重视，要求所有政协委员都要无条件的配合支持，确保“十二五”规划全面、完整涵盖沅陵政治、经济、文化和社会发展各个方面。委员们对政协号召积极响应，对规划编制表现出极大热情，积极参加发改部门召集的协商座谈会，踊跃发表意见和建议，赢得规划编制部门尊重和好评。一些委员，被推荐参加县政府组织的“十二五”规划征求意见座谈会。同年11月24日，主席张大新主持召开政协十一届十四次常委会议，专题协商《沅陵县“十二五”规划草案征求意见稿》。县发改局长卢新仁到会作编制说明。与会常委围绕“十二五”规划征求意见稿进行充分民主和广泛的讨论协商，认为规划稿站得高，看得远，有指导意义和可行性，但是也有许多值得商榷，需要修改的地方，比如草案提到的1小时经济圈，脱离沅陵交通现状实际，规划中对沅陵五强溪库区的防洪标准，也缺乏科学论证，对人民生活安居基本没有涉及等等。卢新仁要求列席会议的发改局工作人员，要对政协协商意见进行综合归纳，原汁原味地向规划编制团队提出，请对方认真研究政协意见，纳入修改后的规划文本。12月，政协十一届四次全会期间，出席全会的委员，参加对《沅陵县国民经济和社会发展“十二五”规划（草案）报告》的协商和审议，之后，又分组开展进一步讨论，提出一些好的意见和建议。12月23日，主席张大新主持召开政协十一届十六次常委会议，听取各讨论组对“十二五”规划（草案）协商讨论情况汇报，要求全会会务组将讨论组的意见建议归总梳理，向政府和发改部门进行及时反馈。“十三五”是全面建成小康社会的决战时期和全面深化改革的攻坚时期，也是全面推进依法治县的关键时期和全面从严治党的重要时期，科学编制和有效实施“十三五”规划，对于加快经济发展，推动社会进步，提升综合实力，全面建成小康社会，奋力谱写中国梦的沅陵新篇章，都具有十分重大意义。县政协对县政府组织编制“十三五”规划非常重视，政协主席张世雄在政协各种大小会议上，多次要求政协委员，要主动重视“十三五”规划编制，主动参与“十三五”规划编制，为科学完成沅陵县“十三五”规划贡献政协智慧。各条战线，各个界别的政协委员，对“十三五”规划编制充满热情，主动建言献策，积极参加座谈，表现出政协委员履行职能的高度自觉性。2015年8月5日，县委副书记、县长龚琪在县政府三楼会议室主持召开全县“十三五”规划征求意见座谈会，县政协副主席杨德信和部分政协委员出席参加，代表政协提出意见和建议。9月15日，县政协召集政协常委专题协商十三五规划编制，副县长陈启生、发改局主要领导，政协常委会成员、部分县政协委员、县直相关部门负责人、有关专家学者及部分特邀群众代表出席会议。在听取发改局领导关于沅陵县十三五规划编制工作的汇报后，与会人员积极发言，就沅陵的发展战略、基础设施建设、产业建设、民生发展、社会发展、城镇建设等提出意见和建议。如在交通方面，委员建议要将交通问题尤其是国家布局的铁路、高速作为十三五规划的重中之重，要将沅（陵）辰（溪）高速公路、张（家界）沅（陵）新（化）高速、秀（山）益（阳）铁路作为重点；在城市发展方面，要大力推进新型城镇化建设，着眼于建成武陵山片区次中心城市，要对现有的行政区划进行调整，撤乡建镇建街道办事处；在水利建设方面，要突出安全饮水问题，争取十三五期内解决所有乡镇集镇安全饮水问题；在生态文化旅游方面，要将三区五园的旅游交通提质作为重点，把观光游提升到休闲游、度假游、养生游、户外运动游，发挥好生态效益；在农业方面，继续抓好“两茶一鱼一蔬一禽”产业发展，要突出鱼苗、鸡苗等种苗业的发展；在社会事业方面，要规划解决城区教育大班额问题，优化教育布局，着力抓好合格学校建设；要规划做好殡仪馆、公墓配套建设；要加强休闲健身场所的建设，城北要改造扩容现有的体育场建设，城南要规划好体育场所等。政协主席张世雄在协商讨论时说，沅陵十三五规划纲要草案既符合党和国家有关精神又把握国际国内形势，又结合了沅陵实际，是一个符合沅陵发展的纲要，是能实现的纲要。他认为沅陵发展战略就用原来的“生态立县、工业强县、旅游活县、农业稳县”为好，不宜再提新的口号，他特别指出沅陵还是要工业，没有工业强不了县，不能将工业与污染画等号。他还就规划提出一些具体的意见如交通要将两高速即张沅辰高速、张沅新高速作为重点，水利建设要突出安全饮水问题，农业方面要突出种苗建设，教育方面主要解决大班额问题和合格学校建设，城镇建设要搞好区划调整设街道办事处，撤乡建镇等。2020年，县委、县政府就县“十四五”发展规划和2035年远景目标的起草制定，多次征求县政协委员意见。11月10日，县政协召开乡镇政协联工委主任和战线联络员会议，专题听取县发改局局长廉洪志关于十四五规划编制工作的汇报，听取规划编制专家团队对规划编制的说明。会议对十四五规划编制工作进行协商，提出一些建议，大部分建议得到发改局和规划编制专家团队的采纳。2021年2月，政协十三届五次会议期间，全体委员围绕沅陵“十四五”发展规划和2035年远景目标，再次开展多层次、全方位的讨论座谈和协商，委员们积极建言献策，讲得有新意，有深度，体现政协把握大事的特点，充分发挥出政协职能作用。

移民建设与城市管理的专题协商

沅陵县城是五强溪库区移民后新建设起来的城市，建设和管理相对滞后，县政协对此表示关注，历届政协围绕城市建设和管理，深入开展调研，广泛进行协商，有力促进移民建设和城市管理水平提高。1991年，省政协组织委员开展对沅陵移民建设视察，县政协积极配合，并在活动中多次与省政协委员就沅陵移民必须尽快解决的补偿、安置等6个方面问题进行重点协商，达成一致意见，形成调研考察报告，赢得省委、省政府对沅陵移民建设工作的重视与支持。1998年，政协委员关注县城亮化建设，就县城路灯建设与管理问题与县委、县政府领导及有关部门开展协商，指出县城亮化工程存在的建设规划不到位，工程质量低劣；路灯专项资金收入流失，维护资金严重不足；路灯管理体制不顺，市政建设调控乏力等问题，因此建议改设城市路灯线路，加强路灯管理，既要节约用电，又要确保城市亮化，方便城市生活。县政府重视委员建议，多次召集有关部门专题研究城市亮化工程，在工程实施过程中，县政府分管领导还多次带领有关部门负责人到政协征求委员意见。2000年，县城居民对沿江大道管理无序，脏乱差问题突出反映强烈，县政协为此多次组织委员进行视察调查，寻找问题根源和解决办法，向县委、县政府建议对沿江大道要认真编制总体开发规划和强化管理，在建议案中，县政协提出一些关于编制规划、强化管理、领导推动、政策拉动、典型带动等具体建议，引起县委、县政府领导高度重视，专门召开政府常务会议进行研究，一致认为，政协的建议，“拓宽了县政府工作新的视野，诱导了县政府一班人形成全新的工作思路。”

2003年以来，县政协委员高度关注城市建设的美化、绿化和亮化，各个政协活动组，多次开展城市文明建设方面的视察调研，积极向有关部门提交意见和建议，协商助推城市文明建设。委员先后写出《关于加大争创省级文明卫生城市力度的建议》《关于开发宗教文化古巷的建议》等提案，得到县委、县政府和有关部门采纳。2005年，县交警队和自来水公司两家涉及城市管理的单位，在全县双向测评中排名靠后。2006年，县政协组织委员重点对这两家单位进行调研视察，帮助整改，取得一定效果。12月18日，政协召开十届十七次常委会议，专门听取交警队，自来水公司整改情况汇报。与会常委围绕汇报展开协商讨论，认为两家单位一年来重视问题，整改认真，效果明显，同意政协出面，为两家单位进行正面宣传，以帮助在2006度双向测评中实现排名上升。2009年，十一届政协围绕沅陵城市建设中的一些突出矛盾和群众关心的热点、难点问题开展调研协商。9月26日，政协召开十一届八次常委会议，邀请副县长李建国出席会议，报告前5个月沅陵建设工作情况，与会常委经过协商讨论，认为沅陵建设的规划存在随意性大，领导说了算，造成管理盲区，责任难以明确到位，结果给特权人和关系者留下可操作空间，致使无法确定规划工作中的不稳定因素等问题。同时也认为，因为财政用于城市建设的资金严重不足，导致拆迁问题引起群众与政府之间严重不和谐；因为城市管理水平的不足，造成市面脏乱差，交通混乱情况发生。协商中，委员对这些问题给予尖锐指出，并提出一些整顿建议，包括引进人才、整顿摩的、清理乱停乱摆的客运市场，加强城市执法和宣传力度等。2011年，针对群众意见多，社会反响大的城市交通问题，6月份，政协组织委员开展专题视察，与城市管理执法局进行重点协商，提出城市公交应力求做到便捷、有序、合理的建议，对促进的士打表、公交文明运营和创建全国文明县城等工作发挥出积极作用。

县十二届政协重点关注县城平安创建、基础设施建设和城区区划调整，组织委员开展调研协商。2014年8月15日，政协召开十二届九次常委会议，分别听取、协商县城平安创建工作和城区行政区划调整调研报告。副县长、公安局长谢久文到会报告沅陵平安创建工作情况，与会常委对平安创建工作进行讨论协商，肯定取得的成绩，但也指出存在的一些问题，如刑事案件发生频率高，破案率低；对黑恶势力打击力度不够，群众缺乏安全感；城区吸毒贩毒禁而不绝，聚众赌博现象严重；政法队伍形象不佳，警民关系不好等，建议在下阶段工作中，对这些问题要切实整改，给人民群众一个满意答复。关于城区行政区划调整调研报告协商，与会常委在认真听取调研组关于报告的形成过程及报告内容解读后，开展讨论协商，对报告提出的城区行政区划调整方案表示赞同，认为城区行政区划调整后，有利于打造沅陵区域次中心城市地位，有利于沅陵城市空间布局和功能定位，有利于创新社会管理模式，有利于统筹城乡一体化发展。同意调研报告进一步完善后上报县委、县政府。2015年9月，政协主席张世雄牵头，由政协办公室和人资环委具体实施，组织开展对城市公园、广场等公共休闲场所的建设与管理进行调研，形成协商材料。15日，政协召开十二届十四次常委会议，对《县城重点公共休闲场所管理情况视察报告》进行协商审议，认为报告对县城重点休闲场所存在的管理问题调查全面，对问题原因分析深刻，解决问题的建议有一定可操作性，常委会同意上报县委、县政府，责成相关单位和部门落实整改。同年11月23日，县政府函请政协协商《沅陵县乡镇区划调整实施方案》，24日，政协召开十二届十五次常委会议，重点协商撤并乡镇工作，县委常委、副县长李峰和县民政局领导出席会议，李峰代表县政府向会议提请协商，民政局领导代表县乡镇区划调整领导小组办公室向会议作《沅陵县乡镇区划调整工作汇报》。围绕汇报，与会常委展开讨论协商，一致认为，撤销太常乡和深溪口乡成建制与沅陵镇合并，不但有利于城市建设发展，更有利于沅陵进入西部发展国家战略，机会千载难遇，不可错过。

十三届政协在城市建设和管理方面，重点关注群众居住环境的改善和城区基础设施建设，多次组织政协委员，对县城生态环境、交通运输、污水治理、棚户区改造等进行调研协商，促进问题解决。2017年，政协确定县城建设和管理暨美丽乡村建设为一季度调研课题，组织政协委员围绕课题开展调研活动，形成协商报告。3月29日，政协召开沅陵县城市建设和管理暨美丽乡村建设专题协商会，和县委、县政府领导进行面对面协商，委员的意见和建议受到重视采纳。2018年5月4日，政协召开十三届八次常委会议，协商新型城镇化监督性调研成果，县委书记钦代寿、县委常委、县委办主任张振华、副县长王有尚，以及沅陵镇、发改局、住房和城乡建设局、国土资源局、财政局、征收办、交管中心、城管执法局、房产局、辰投公司、规划办、污水管理站、环卫所等单位负责人和荷花池、鸳鸯山、凤凰山、回龙山等社区代表应邀出席会议，参加协商。会议首先听取县政协副主席莫小平对新型城镇化监督性调研开展情况的介绍，之后分别听取调研组“沅陵城区基础设施建设”和“县城棚户区改造情况”两个调研报告。与会人员围绕两个报告提出的问题和建议进行协商讨论，认为调研组怀着强烈的事业心和社会责任感，深入县城大街小巷，深入城市各个角落，不怕累、不怕脏、不怕苦，采集第一手城市资料，研究整理出来的报告，不回避矛盾，敢于讲真话，敢于直面问题，敢于结合沅陵实际提出意见和建议，对如何抓好城市基层设施建设和棚户区改造工作具有很大参考作用。县委、县政府领导对这些建议和意见，现场给予答复和交办，要求有关职能部门，尽快落实解决，要把一些合理建议，尽快吸纳融入具体工作中去。

四、专题协商县域经济发展

工业

围绕工业经济发展，县政协经常组织委员深入工厂车间，就一些阻碍和影响生产发展的问题进行重点协商，帮助工人出点子，想办法，解决疑难问题。六届政协期间，政协加大对县属工矿企业的调查研究，和工厂领导、职工代表开展座谈，深入交流，共商发展。工业工作组先后对县氮肥厂、农机厂、造纸厂、印刷厂、织布厂、皮革厂、南方服装厂、台板厂、航运公司、搬运装卸公司、城建开发公司等20多家工矿企业开展调查活动50多次，提出发展建议近200条。法制工作组到县氮肥厂与厂领导和职工代表一起座谈《企业法》和《职代会条例》的贯彻情况，帮助炭肥厂干部职工进一步认识到发挥职代会作用和主人翁精神与加强企业民主监督和管理的重要性。

1991年，县政协为助推工业经济发展，组织委员就县建筑公司如何走出困境开展调研活动，提出3条合理化建议，县建委及时给予采纳，并与县政协科经委联合召开有县建筑管理站、县建筑公司、县水泥厂、县航运公司4家单位经理、厂长参加的联营办厂协作会，为建筑公司走出困境找到一条好的出路。1994年，沅陵工业发展问题多，困难重，制约发展的瓶颈突出，县政协组织委员深入工矿企业开展多方面的调查研究，寻求发展良方，形成一批高质量的调研报告和操作性强的建议，受到政府主要领导的肯定。7月28日，县长曹丰禄、主管工业副县长宋祖迎带领政府有关部门负责人，参加政协八届八次常委会议，听取政协委员对全县工业发展的批评和建议，与政协委员协商座谈，沟通交流，共同寻找解决县域工业经济发展困难的办法。1995年，由于移民搬迁、市场变化和商业体制改革等各种因素的影响，导致部分商业企业陷入低谷，举步维艰，难以为继，其中尤以肉食水产公司、泰祥调味品公司、商贸公司、饮食服务公司、南杂总店等6家为甚，导致下岗失业人数不低于300人，给社会带来很大的不稳定因素。县政协组织委员对这些公司及全县商业情况开展调研视察，发现问题，寻找根源，研究解决办法，提出意见和建议。8月25日，就如何深化企业改革，帮助特困商业企业摆脱困境，县政协邀请县委、县政府领导和有关部门负责人参加协商座谈会，为促进各种矛盾的缓解献计献策。代县长张朝勇向参加协商座谈的委员通报县政府对特困商业企业的扶持措施，县委书记邓元武对扶持特困商业企业做出具体安排，要求在8月28至30日之间，县委、人大、政府、政协，要对全县特困商业企业再开展一次联合调研，查明症结，治标治本，引导和推动全县企业改革。1996年9月26日，县政协就工业企业保障体系等4个方面的问题，与县委、县政府举行专题协商会。县委书记、副书记、县长、副县长，以及有关部委办局负责人应邀参加协商会议。会议听取政协委员关于工业企业保障体系问题的调研报告，围绕工作中的困难和问题，与政协委员充分交换意见，共同协商解决办法。1999年，县政协注重协商实效，围绕经济发展，认真选择协商课题，8月，将农村用电问题确定为年度工业领域的重点协商课题，组织工业活动组委员对全县农村电网建设与改造情况进行全面调研，发现问题，提出建议，通过政协常委会和政府及有关部门领导面对面协商，促使一些问题得到妥善解决。2001年，围绕国有工业企业改革和民营采矿、冶炼企业发展，政协组织委员深入企业生产一线调研视察，为沅陵工业经济发展把脉献策，形成多份建议报告材料，以大会发言或专题协商会的形式与县委、县政府进行富有成效的协商，受到社会各界关注与好评。

2004年4月21日，怀化市政协副主席廖景云带领市政协经科委主任一行到沅陵调研县域工业经济发展状况，县政协经科委和经济界委员陪同调研，之后，召开协商座谈会，县委副书记黄泽春、王银祥，县政协主席黄茂林、副主席全桂娥及部分工业企业负责人参加会议。廖景云对沅陵工业经济发展状况表示赞许，但也指出沅陵企业发展环境存在很多令人担忧的问题，希望县委、县政府给予重视，建议部门要少设卡，多服务，要帮助企业多解决诸如融资难、检查多等困难和问题。参加座谈会的企业负责人也纷纷反映企业生存和发展遇到的困惑和难题。县政协在以后几个月中，专门就县域工业发展环境开展多次调研活动，形成《关于县内外来企业发展环境的视察报告》，副主席全桂娥在带队调研中，还就外来企业要主动融入地方社区，处理好企业与基层党委政府及其部门之间的关系，处理好企业与当地群众之间的利益关系、处理好外来文化与当地风俗习惯的关系等问题进行思考研究，发表《外来企业应主动融入地方社区》，指出企业发展环境的改善，需要政府和企业共同努力。9月21日，政协召开十届八次常委会议，县委副书记到会，听取政协经科委关于对县域工业发展状况调查的汇报，协商讨论政协《关于县内外来企业发展环境的视察报告》征求意见稿。研究决定，将这份报告作为政协建议案上报县委。2005年，政协委员关注工业经济发展，经过深入调研，向县委、县政府建言《我县工业发展的现状及对策》，受到重视和采纳。2006年，政协围绕政府工作报告中提出的一些重大工作开展调研，组织县农工党、工商联等界别和委员活动组，分别就旅游经济开发、发挥非公有制经济人士作用、小水电资源开发等问题进行协商。2007年3月29日，政协十届十八次常委会议重点协商沅陵工业发展情况，邀请副县长李建国到会通报城南工贸中心建设进展情况，为准确掌握建设面临的各种困难与问题，发现症结所在，寻求解决方案，常委会决定把这次会议的协商讨论阶段转移到城南工贸中心施工现场继续进行。2010年6月30日，县政协召开十一届十三次常委会议，听取并讨论县政府上半年工业经济和招商引资工作情况的通报，认为工业运行良好，全县规模工业完成产值41.8亿元，同比增长42.1%，实现工业增加值18.6亿元，同比增长11.58%，预计元至六月，全县规模工业完成产值58.3亿元，同比增长40%。招商引资方面，上半年全县接待来沅商务考察团13个，参与考察企业50多家，签约项目10个，资金128亿元，在谈项目11个，合同协议资金47.85亿元，实际利用市外境内资金5.08亿元，同比增长27.8%。与会委员对上半年工业运行和招商引资工作表示满意，但也提出思想要进一步解放、方法要进一步灵活等10多条协商建议。2013年9月25日，主席张世雄主持召开十二届政协四次常委会议，听取和讨论沅陵工业经济发展情况，认为1—8月，全县规模工业完成产值96.6亿元，同比增长10.3%，累计实现增加值37.7亿元，同比增长10.9%，规模工业经济实现平稳增长；工业项目建设进度进一步加快，实施项目64个，一批项目进入建设高峰期；招商引资扎实推进，截至8月底，完成签约工业项目11个；工业园区平台建设快速，“两新”产业园区累计完成园区建设投资6亿元，园区水、电、路、通讯、公租房等重要设施基本完备。与会常委对工业运行和项目建设情况表示满意，同时也对工业发展中存在的困难和问题进行解剖分析，协商出一些解决的办法和建议。2014年6月17日，副主席杨德信主持召开政协十二届八次常委会议，重点协商讨论湖南（沅陵）新能源新材料产业园建设情况，县工业园管委会负责人到会对产业园的建设状况和面临的问题进行汇报，经过协商讨论，政协常委对产业园的建设进度总体满意，对园区建设筹资难、招商难、用地难等实际困难表示认同，为如何破解这些难题，提出一些协商建议。对产业园下一阶段的工作，建议重点完善园区功能建设；加大项目跟踪力度，促成项目早落地、早建成、早投产；继续狠抓招商和融资工作；同时要在管理上下功夫，努力提升工作效能。8月15日，政协召开十二届九次常委会议，再次对工业园区建设情况进行重点协商，听取政协常委对沅陵工业发展的意见与建议。十三届政协期间，在发展工业方面，注重环境保护，对承接产业转移多次和有关部门进行重点协商，形成的协商建议，获得县委、县政府主要领导签批。2019年，县政协组织经济、科技界别委员，深入工业园区、工矿企业一线开展调研走访，就发现的问题和企业、主管部门进行面对面协商，为工业发展鼓与呼，受到社会好评。

农业

沅陵是传统农业大县，关注农业发展，是县政协委员长期坚持的责任担当。1988年，县政协农业工作组先后对粮油涨价风波、芭蕉溪晒烟生产现状、五强溪库区水产养殖、林业生态环境良性循环、太常鱼种场发展存在问题等进行调研和重点协商，帮助寻找解决问题的对策，积极呼吁县委、县政府出台优惠政策，促使一些问题得到妥善解决。如在对太常鱼种场调研视察后，农业工作组就直接影响生产的几个问题写出专题材料，引起县政府的高度重视。县长办公会议及时作出决定：一是以粮食局、商业局和畜牧水产管理站联合发文，拨给该场生产饲料专用指标2万斤；二是责成供电公司对该场原以工业用电标准收费，改为企业用电标准收费；三是解决渔种场搬迁定点问题，确定在苦藤铺的堡子逐步建设一个投资170万元、占地150亩、以渔种渔苗供应为主兼有试验示范、技术推广作用的综合性的现代化渔种场。湖南省水产局将县政协委员调研成果转化经验推广全省，获得社会好评。1991年，县政协就山区开发和移民开发，组织委员先后进行19次较大规模的调研和重点协商，形成35份报告材料，经过筛选，产生出24件有分量的提案，向县委、县政府提出很多好的意见和建议，对政府工作起到很好的帮助和促进作用。如农业组提出的《我县“八五”期间板栗和茶叶生产开发前景调查及设想》，为全县“八五”期间发展10万亩板栗和5万亩茶叶提供出科学依据；财贸组关于《从张家口烟叶需求看沅陵烟叶发展前景》的调查，得到县烟草局的重视和采纳，在县内建起3个烟草基地，落实烤烟面积2000亩，晒红烟面积5000亩。1994年7月18日，县政府和政协在政协机关联合召开双向协商会，正副县长、政协正副主席，城区政协常委、政协活动组长、部分政协委员共40多人参加协商会议。会议由政协主席罗建中主持。县长曹丰禄向会议通报政府上半年工作情况和下半年工作打算，与会人员围绕县长通报的情况进行讨论，在肯定政府工作的同时，也从农业和粮食生产、水利基础设施建设、林业木材产销、加快工业发展、加强医药卫生管理，以及其他一些群众关心的热点问题提出许多有益的意见和建议。县委常委、常务副县长罗世高感谢委员的意见和建议，表示对这些意见和建议要尽快研究落实。1995年，县政协组织委员对五强溪库区山水资源开发利用不足的问题进行调研，提出要充分利用五强溪库区山水资源优势，大力发展畜牧水产养殖业的建议。8月25日，政协邀请县委、县政府领导和有关部门负责人，举行协商座谈会，重点协商发展畜牧水产养殖业问题，县委书记邓元武、代县长张朝勇对政协提出的建议十分重视，张朝勇把县政府对畜牧水产工作的部署，向参会委员进行通报，邓元武对畜牧水产业开发提出要求，强调要充分利用沅陵丰富的草场和库区水面资源，加强领导，明确重点，致力开发，促进全县农林牧渔全面发展。1996年，县政协为促进五强溪库区畜牧水产业进一步做强做大，多次组织委员对库区水产养殖业开展调研视察，形成建议报告，与县委、县政府主要领导和有关部门进行协商，促使县政府采纳建议，及时对县畜牧水产“九五”发展规划进行修订，决定加大对畜牧水产业的资金投入，从移民和扶贫资金中安排畜牧防疫经费5万元，基地建设资金480万元，并由县财政每年对全县283名畜牧防疫人员每人每年补助工资400元。1998年，县政协根据县委统一工作部署，认真开展“联区包乡”工作，共联系一区七乡镇。同年，政协领导经常深入基层，了解情况，协调关系，化解矛盾，筹集资金，帮助出主意、想办法、搞服务，解决生产和工作中的实际困难和问题，先后为联系乡组织协调资金28.7万元，水泥140多吨。同时，还牵头狠抓全县的药材开发和黄姜基地建设，共筹措资金26万余元，兴办示范基地3个，种植面积250亩。坳坪乡杨明溪村是县政协的农村建整扶贫联系点。办点中，政协根据实际情况，帮助村里改良低劣果树品种2万株，种植松茯苓600多棵，实施秸秆氨化养牛40头，举办水果、茯苓、养殖等技术培训班3期达310人次。同年，县政协还就茶业产业化问题和县委、县政府领导及有关部门进行重点协商，指出沅陵“碣滩茶”虽然有悠久历史和厚重的文化底蕴，但在形成产业方面还存在茶园老化，管理粗放；制茶技术落后，产品结构单一；没有形成经营和社会服务化体系等问题，建议县政府实施科技兴茶战略，全力推进茶业产业化；实施品牌战略，迅速抢占市场；引进现代化企业管理机制，实施茶叶集约生产、集团经营战略。1999年，县政协加大“联区包乡”工作力度，采取多种形式，助推农村经济发展，先后为联系的区乡镇筹措资金3万多元，投劳500多个，安装水管9000多米，建蓄水池5个，摇井34个，彻底解决政协联系村历史上人畜饮水困难；自集资金2万多元，以最优惠的价格从怀化铁路总公司购回5吨多重100多米长的钢轨和30余吨水泥，为乡村架通6座坚固的人行桥梁；利用委员人才优势，派出专业技术委员，帮助指导联系村对4000亩集体林场和350亩板栗进行培管、改造和开发白术、黄柏、松茯苓、黄姜等药材100余亩。同年，县政协还重点关注沅陵茶叶经济发展，由农业活动组牵头，组织农业、科技界委员和有关单位技术人员，对全县范围内的茶园开发、茶叶生产以及销售情况进行综合性的调研，形成《沅陵县茶叶生产现状及建议》调研报告，在政协常委会上与县委、县政府领导进行协商，受到重视和肯定。县委、县政府领导认为："协商的课题和内容很有层次，很有深度，有很强的说服力。所提意见、建议科学、具体、便于操作，为县委、县政府反思工作和决策工作提供了很好的工作背景。"2001年，政协围绕农村发展，继续埋头抓紧抓实县委、县政府委托的黄姜牵头工作，在全县累计推广人工栽培无性繁殖黄姜1万亩，有性繁殖100亩，促成兴建黄姜皂素加工龙头企业，帮助协调资金100多万元，协调黄姜种子8万多斤，鼓励区乡镇创办起黄姜栽培经济实体。

2003年12月5日，召开政协十届六次常委（扩大）会，政协全体常委和区镇政协联络员出席会议。会议请来县委党校教师辅导学习中央一号文件《关于促进农民增加收入若干政策的意见》，协商要求政协委员吃透中央精神，掌握政策方针，为帮助农民增加收入，实现脱贫开展调研，建言献策。县政协坚持围绕中心，服务大局的工作思路，始终把促进发展作为履行职能的第一要务，先后组织委员就农村教育卫生、经济发展、扶贫项目管理、农村公路维护、乡镇区划调整等工作开展视察调研活动10多次，形成《我县农业综合开发工程后期管理的思考》《我县农村公路养护管理中的问题及对策》《农村老人也需要关爱》等一批有分量有价值的调研报告，其中有的报告被省政协《湘声报》刊发转载。

2014年6月17日，政协召开十二届八次常委会议，听取县政府扶贫攻坚工作情况通报。通报指出，"十二五"期间，全县有贫困村62个，高寒山村2个，截至2013年底，全县有贫困人口13.44万人，贫困发生率为22.8%。一年来，在县委正确领导下，全县上下攻坚克难，扶贫工作取得一定成效，但是仍然面临很多困难，一是贫困面大，贫困程度深，全县移民人口14.66万人，大部分田土因五强溪电站建设被淹没，补偿标准低，成为特殊贫困群体；二是自然条件差，基础薄弱，全县有40个村未通村级公路，15万人安全饮水存在困难，64个村没有村级卫生室；三是产业支撑能力不强，农业整体发展水平低，主导产业基地规模较小。与会常委围绕通报进行讨论协商，认为沅陵扶贫开发任务艰巨，要动员全社会力量参加扶贫攻坚，帮助农民稳定增收脱贫。与会常委对下一阶段扶贫工作开展提出一些建议，并且倡议全体政协委员积极投身扶贫攻坚行动。主席张世雄要求参会人员，会后进行认真调研，形成切实可行的方案，为扶贫攻坚建言献策。之后，县政协组织农业界、工商联界、少数民族界、特邀界、科技界及从事农业产业的部分委员，从6月27日起，对凉水井镇王家岭蛋鸡养殖场、百合村大棚西瓜、马底驿乡长界茶叶基地、官庄镇沐濯铺蔬菜基地、三嘉农科基地、辉煌茶业基地的农业产业化发展情况进行实地视察，经过视察人员集中讨论，形成农业产业化发展情况视察报告。8月15日，召开政协十二届九次常委会议，对这份题为《关于我县部分农业产业化发展情况的视察报告》进行重点协商审议，上报县委决策参考。

十三届政协把产业发展与脱贫攻坚作为重点协商狠抓落实，对协商产业发展与脱贫攻坚早谋划，早布置。在政协换届刚刚完成，研究讨论2017年工作要点时，新一届政协班子就对脱贫攻坚的调研协商进行安排部署，为县委、县政府决策提供参考，促进沅陵产业发展与脱贫攻坚工作。2017年4月14日，政协召开十三届二次常委会议，研究决定成立产业发展与脱贫攻坚调研课题组，分别开展农业产业与贫困人口、工业企业与贫困人口、旅游产业与贫困人口、金融产业与贫困人口、互联网+与贫困人口、沅陵产业扶贫的现状与建议六个子课题进行学习比较研究。课题组成员先后到重庆秀山、贵州湄潭、雷山、玉屏、大龙经济开发区、万山区、湖南麻阳、武陵源区等县、市、区进行比较研究学习。6月23日，县政协召开十三届三次常委会议暨“沅陵论坛”，重点协商产业发展与脱贫攻坚工作。“沅陵论坛”邀请北京市行政学院董晓宇教授对“脱贫攻坚与精准扶贫”进行主题讲座。县委副书记谭绪清、县委常委、常务副县长易中华、副县长向建设，以及县发改局、财政局、扶贫办、农业局、商粮局、林业局、文体旅广新局、经信局、工业集中区管委会、畜牧水产局、金融改革办、农商行、农村经营服务站等单位负责人和部分不是常委的政协委员参加会议。县政协副主席周高兴向政协常委会议介绍产业发展与脱贫攻坚协商会的筹备情况，县扶贫办负责人向会议汇报沅陵产业扶贫工作情况，课题组在会上作建议发言。与会人员结合上午“沅陵论坛”董晓宇教授讲座和下午会议课题组建议发言展开讨论协商，一致认为董教授的讲座，思想新颖、内容丰富、数据详实、旁征博引、论述精辟，既有很高的理论性、知识性，又非常接地气，有很强的实践性、针对性，值得学习和借鉴；课题组的建议发言，调查深入，资料丰富，归纳准确，对比研究成果说服力强，具有针对性、前瞻性和操作性，凝结着政协课题组的心血和对沅陵产业发展与脱贫攻坚的满腔热情。政协常委会议协商同意，将《关于沅陵县产业发展与脱贫攻坚的建议》作为政治协商意见报告，上报县委、县政府决策参考。

旅游

开发旅游资源，打造沅陵新的经济增长点，是省、市、县政协委员共同关注的热点、重点工作。自2001年1月省人大、政协两会期间，省政协副主席游碧竹、姚守拙等联名提出《关于开发沅陵旅游资源，打造我省第二张国际旅游品牌的建议》后，沅陵旅游开发引起全社会广泛关注，县政协积极跟进，将旅游开发纳入政协重点协商内容。同年1月3日，在县政协九届四次全会上，政协委员通过大会发言，与县委、县政府领导协商，寻找沅陵旅游开发突破口；5日，全会向县委、县政府提交《关于实施“旅游兴县”战略，加速推进我县旅游产业开发的建议案》，重点协商全县旅游开发工作。7月11日省政协副主席游碧竹、省政协常委黄祖示，率领由省交通厅、旅游局、广电局、湖南大学等单位领导和专家组成的智囊团，视察沅陵旅游景区建设，旅游、建设、文化、财政等部门的县政协委员，参与座谈讨论。县委、县政府将旅游兴县纳入发展战略。2005年5月27—31日县政协组织机关委室主任一行12人，对湘西自治州的古丈县、泸溪县、张家界市的永定区、武陵源区、怀化市的辰溪县进行为期五天的访问，考察各地旅游开发建设情况。9月，政协主席黄茂林带领机关委室主任和旅游部门有关领导调研借母溪国家自然保护区旅游资源，重点协商沅陵旅游开发和建设工作。一些政协委员，身体力行，带头发展旅游，起到很好示范作用。政协委员、借母溪村主任符星龙，积极响应县委、县政府发展旅游经济的号召，组织村民兴办服务设施，带头办起农家乐旅游项目，有力助推借母溪生态旅游开展。2006年6月12日，政协在二酉山召开十届十五次常委（扩大）会议，会议组织县政协常委，邀请省、市驻沅政协委员和县政府分管旅游开发工作副县长张振华共计51人参加。与会人员实地查看二酉山景区建设，听取二酉乡党委关于乡党委、政府支持景区建设的情况报告；听取二酉公司负责人关于景区开发情况的报告，并对二酉山开发现状和存在问题发表意见和建议，同县、乡政府领导及景区开发商进行广泛的协商。9月28日，政协召开十届十六次常委会议，协商通过县政协关于旅游开发视察调研报告和发行“书通二酉”成语典故邮票的建议案。沅陵旅游第一枚邮票由此诞生。2015年8—9月，由政协副主席杨德信牵头，政协办公室和文史委承办，密集开展对全县旅游基础设施建设及旅游市场管理情况进行调研，先后调研二酉山、凤滩电站、借母溪、官庄镇等旅游景区和乡镇旅游产业发展情况，并与有关企业和乡镇领导进行协商。9月15日，政协召开十二届十四次常委会议，重点协商讨论《关于借母溪旅游基础设施建设情况的视察报告》，就借母溪旅游基础设施建设中存在的问题进行剖析，寻找解决办法，向县委、县政府提出建议。

十三届政协站在更高层次把脉沅陵旅游发展方向，助推旅游产业综合发展，把旅游发展与美丽乡村建设和脱贫攻坚紧密结合，极力推进文旅融合、农旅融合，围绕融合，开展调研和协商，并且每次协商报告，均上报县委、县政府，成为决策参考。2017年，政协成立课题组，结合沅陵实际，对沅陵旅游发展情况进行比较研究学习，形成一些关于全域旅游和美丽乡村建设的建议。9月15日上午，县政协举办第三期沅陵论坛，邀请怀化市发改委主任刘低炉参加并发表《开创旅游发展新时代，描绘美好生活新蓝图》的演讲。下午，政协主席黄忆钢主持召开政协十三届四次常委会议，和县委、县政府领导及有关部门对沅陵旅游工作进行重点协商。县委常委、统战部长金建平、副县长符峻、部分乡镇政协联工委主任、部分县直单位负责人、部分旅游企业代表参加会议。政协副主席莫小平向与会人员介绍全域旅游及美丽乡村建设协商会筹备情况，县文体旅广新局负责人向会议汇报沅陵全域旅游工作情况，课题组人员向会议进行建议发言。围绕部门工作汇报和课题组建议发言，会议开展讨论协商，认为课题组建议发言资料详实，论据充分，所提建议，具有一定的前瞻性、针对性和超脱性，参会领导和部门负责人表示将对协商意见认真研究，尽快促成成果转化落实。

沅陵森林广袤，水资源丰富，自然生态好，适合开展森林康养。为实现旅游工作新突破，2017年二季度以来，政协组织课题调研组，对森林康养课题进行比较学习研究。同年11月30日，政协召开十三届五次常委会议，重点协商讨论沅陵森林康养工作。县委常委、常务副县长易中华、副县长向建设和部分乡镇政协联工委主任、部分县直单位负责人应邀出席会议参加协商。政协副主席卢新仁向会议介绍森林康养协商会的筹备情况，县林业局负责人向会议汇报沅陵森林康养资源情况，政协课题组进行沅陵开展森林康养建议发言。会议围绕课题组建议开展协商讨论，认为沅陵具备开展森林康养的条件，通过项目落实，可以提高沅陵旅游品位，盘活森林资源，促进农民增收，一举多得。参加协商的县委、县政府领导，对课题组建议和意见均现场作出答复，表示将对协商意见认真研究，尽快落实到有关部门，实现成果转化。

沅陵传统名食众多，能够构成沅陵旅游最大亮点，但是没有得到很好的开发利用。2018年，县政协组织课题组，对沅陵传统名食的传承与发展进行比较研究学习。11月21日，政协召开十三届十次常委会议，协商沅陵传统名食的传承与发展工作，邀请县委常委、统战部长金建平、副县长龚宇和部分县直单位负责人、部分特邀企业家代表出席会议，听取课题组建议发言，围绕课题组发言展开协商讨论，形成传承和发展传统名食，助推沅陵旅游经济的一致意见。

交通

交通是经济命脉，历届县政协关注交通建设，积极为县域交通条件改善建言献策。1994年，针对公路养护不善，导致交通不畅，影响经济发展问题，县政协组织科经委、联络联谊委、提案委、工业活动组，联合开展对县公路养路段的视察，就视察中发现的问题与政府主管领导及有关部门进行重点协商，共同探讨解决办法，促进公路养护工作。县第十届政协为改造沅陵至古丈的公路，多次前往古丈，与古丈县政协协商，建议由两县政协牵头，共同向省政协呼吁。2004年9月11日，两县政协、政府和交通部门负责人，在沅陵宾馆举行联席会议，协商沅古公路改造方案，决定由怀化市和湘西自治州的省政协委员联名，向省委、省政府呼吁，将沅古公路改造纳入湖南省“十一五”发展规划。2005年12月15日，县政协为推动沅陵至永顺的公路建设，加快沅陵经济发展，主席黄茂林带领政协有关人员和县交通局负责人，到永顺县政协协商道路修建工作，经过两县协商，达成一致意见，共同就此项目请驻县的省政协委员，通过提案形式向省政协反映两县诉求。2012年2月27日，主席张大新主持召开政协十一届二十二次常委会议，重点协商讨论沅陵交通建设问题，县交通运输局主要领导到会汇报全县交通建设情况，以及建设中存在的问题和下一步工作打算。与会常委围绕汇报展开热烈讨论，一致认为交通是制约沅陵发展的最大瓶颈，建设必须先行，尤其是通乡通村公路，必须抓紧抓早，不能存有半点马虎之心，要本着对人民高度负责的精神和工作态度，克服困难，真抓实干。并就如何破解交通建设中遇到的各种难题，提出一些针对性的建议。2015年5月28日，副主席杨德信主持召开政协十二届十三次常委会议，听取和讨论县政府关于交通工作情况的通报。与会常委围绕全县交通建设现状和存在问题各抒己见，畅所欲言，发表一些意见和建议。

五、专题协商教育与人才

教育

教育问题始终是沅陵群众关心的热点、难点问题，历届政协也将教育作为重点协商内容，经常性地开展调研视察和协商，并主动作为，投入教育事业。县政协为缓解全县教育困难，利用政协资源，1987年9月，创办县内第一所社会团体性质的“胜利中学”，由教育工作组的委员及其所联系的人士任教，学校坚持全面贯彻党的教育方针和国家教学大纲，注重教学质量，取得较好教学效果。1988年，学校66名学生参加统考，被录取42名。1989年，全县评比，胜利中学荣获优秀班级1个，优秀团支部1个，受到县教委和团县委的表彰。1991年，县政协通过协商监督，助推教育发展。11月14日，在议教意见听取会上，县政协文教卫体委与县教委就如何“尊师重教”进行协商，通过县政协创办“教师教学奖励基金会”的建议，县教委表态每年从教育经费中拿出5万元用于基金会，县政府领导也承诺每年要拿出部分资金充实基金会。1995年8月25日，县政协就沅陵职业教育等问题，与县委、县政府进行重点协商，县委书记邓元武、代县长张朝勇，以及其他县委、县政府领导和有关部门负责人参加协商会议，听取政协委员的调研汇报，现场答复委员建议和意见，促进制约职业教育发展问题的解决。为加快沅陵中学生职业教育，1996年9月26日，县政协就普及九年义务教育等4个方面的问题，与县委、县政府进行协商。县委书记、副书记、县长、副县长，以及有关部委办局负责人应邀参加协商会议。会议听取政协委员关于沅陵“普九”工作的调研报告，对工作中存在的困难和问题，与政协委员充分交换意见，协商出一些解决办法。1997年，政协委员提出“加快职中建设步伐”的提案，建议将沅陵四中与职中合并，充分发挥现有教学资源，推进沅陵中学职业教育快速发展。为落实委员建议，政协领导多次实地考察和现场办公，经过一年多不懈努力，终于促成两校合并，并添置近20万元现代化教学设备，教学条件大为改观，赢得社会各界好评。

县第十届政协期间，突出关注教育发展，每年都把教育作为政协调研重点，在巩固农村低龄寄宿制学校建设、城区中小学学位建设、改善学校办学环境、关心教师身心健康和福利待遇等方面，多次开展调研视察，形成建议或提案，与有关单位进行协商，促使一些问题得到有效解决。针对沅陵人口扩容，城市中小学学位不足，各校“大班额”现象突出，群众反映强烈的问题，十二届政协组织力量，对城区义务教育大班额情况开展调研，形成协商材料。2016年6月28日，政协召开十二届十九次常委会议，协商城区义务教育大班额问题。政府分管教育的副县长、教育局长，以及鹤鸣山小学、荷花池小学、溪子口小学、凤鸣学校、一中高中部、二中高中部、三中等城区7所中小学校长和部分家长代表出席会议。教育局长在会上对城区义务教育大班额情况，从城区义务教育现状、城区学校学位紧张与不足原因、“十二五”到“十三五”末城区义务教育阶段学生人数预测、实现城区中小学大班额化解和学位增加的工作措施与建议几个方面进行综合汇报，7所中小学校长也分别对各校大班额情况进行说明。与会常委就大班额现状和解决办法展开讨论，提出意见和建议。通过协商，包括家长代表在内的与会人员，对现存大班额现象都表示能够理解，愿意协助政府，多向社会做好解释工作，疏导民意，同时也希望政府科学规划，尽快调整好城区义务教育学校布局，落实资金，加快新建城区学校，并尽快完成荷花池小学、沅陵三中、凤鸣学校、鹤鸣山小学、黄草尾小学的扩建工程，缓解城区中小学大班额问题。

人才

随着社会发展，沅陵人才匮乏问题日益突出，教育、医疗、旅游、经营、管理等各行业，急需专业人才严重不足。县政协主动作为，为培养人才积极奔走呼吁，与有关部门就人才培养和发挥现有人才作用进行专题重点协商，取得成效。1988年，政协农业工作组的委员深入到麻伊洑镇和柳林汊乡，为村民举办为期15天的科学种菜示范讲学，授课12堂，培训村民1500多人次。同年10月，县政协获悉省委党校举办“私营经济、股份经济研讨班”的信息，认为这是一个难得的学习机会，立即和有关单位协商，动员县经委、建委、个协等单位，派出5人参加研讨学习，学习结束后，县政协安排他们组织开展多场私营和股份经济的学习辅导会，普及传播有关知识，更新干部发展观点。1991年6月，政协组织医药卫生界15位名老医师，深入到麻伊洑镇和官庄镇开展医药卫生、计划生育义诊咨询服务，分别对1100多名患者和计划生育对象进行义诊和咨询服务。为搞好地方病和传染病的防治工作，委员们还帮助基层建立健全2个发热病人疟原虫血检站，落实血检对象2000名，为114名小朋友播放妇幼保健录像。组织科技界和农业组的委员，深入大合坪乡13个行政村，为乡直机关干部和农民群众讲授14堂农业技术课，受训农民达1195人，通过技术讲授，一次性落实杂交晚稻“双两大”面积5576亩，仅此一项就可增产粮食27.5万公斤。同年10月，政协在组织委员下乡调查时，发现楠木乡在1986年引种的4万株温州蜜桔“只长树，不挂果”问题后，主动组织科技界的委员和果茶公司的同志，深入到该乡柑橘栽培重点村组，上门传授柑橘栽培技术，受到果农一致好评。1999年，县政协借助省政协、省民盟牵头组成的科技扶贫专家组实施“科学技术进村入户培训计划”有利时机，采取呈报办班计划等措施，适时邀请湖南农业大学的专家、教授下到凉水井镇、苦藤铺鸭场，现场义务授课，技术指导，从而将牲畜饲养、饲料自配等实用养殖技术传到千家万户。同年，政协还组织科技界的委员在扶贫联系点、黄姜试点村、药材基地乡开展技术结对、服务上门、科技扶贫活动，全年共培训水稻高产、病虫防治、果树栽培、品种改良、实用养殖、药材栽培等各类人员2000多人次。通过技术培训、试验示范和辐射推广，有多项新技术在全县农村得到应用推广，取得较好社会效益和经济效益。

2003年，围绕人才与教育，县政协组织开展调研，参与调研的委员，深入乡村和城市学校，广泛接触教师和学生，进行座谈研讨，形成《关于择优录用、引进人才、优化教师队伍的建议》，政协邀请政府分管领导和教育局负责人参加政协常委会议，对该建议进行认真协商，得到满意答复。2016年以来，政协围绕人才培养与引进问题，多次召开常委会议，与有关领导和部门进行专题重点协商。2018年，政协认真落实《沅陵县人才振兴战略“五百工程”实施方案》，将“沅陵人才的培养和引进”作为年度重点协商课题，从6月份开始，组织力量，先后到广西和省内的长沙、浏阳、张家界等市县进行比较学习人才工作，并在县内分别召开卫生、教育、经济科技三个专题调研座谈会，对沅陵人才状况进行分析研究。9月28日，政协举行十三届九次常委会议，重点协商人才培养与引进工作。县委、县政府分管人才工作的领导，全体政协常委，部分县政协委员，县委组织部、县编办、县财政局、县人社局、县教育局、县卫计局、县科技局、县总工会、县农业局、县经信局、工业园等相关单位主要负责人出席会议。会议首先由县政协副主席、凉水井镇党委书记舒齐向与会人员介绍沅陵人才的培养与引进专题协商活动的筹备情况，县委组织部常务副部长向会议进行沅陵人才工作情况汇报，之后，课题组宣读1个主课题和5个子课题调研报告。与会人员围绕课题组调研报告开展讨论，进行协商发言，对如何加强人才培养和加快人才引进，实现人才强县，提出很多具体的意见和建议。

六、广泛开展对口协商

为推动和改进部门工作，县历届政协每年年初，将全年重要对口协商课题纳入政协工作要点，以文件下发到专委会和乡镇、战线活动组，通过专委会和活动组，就群众普遍关心的热点、难点问题，组织委员，在深入调研的基础上，召开各种专题会议，与有关单位和部门开展对口协商。十二届政协为进一步发挥好政协专门委员会在履行职能中的重要作用，2012年12月10日和2013年1月18日，连续两次召开常委会议，协商通过《政协专委会与县直有关部门对口协商联系制度》，对对口协商联系的主要内容、主要形式，以及专委会对口协商联系的单位、对口协商联系的工作要求均作出明确要求。2013年2月3日，中共沅陵县委印发《沅陵县政协专门委员会与县直有关部门对口协商联系制度》，要求县直各部门高度重视政协专委会的协商意见。2018年12月19日，县十三届政协委员会为更好发挥对口协商对部门工作的促进作用，制定颁发《政协沅陵县委员会各专门委员会联系乡镇、战线及界别委员活动工作制度》，对专委会在对口协商中的组织、调研、协商等各个环节工作开展，提出明确要求，对口协商进一步民主化、科学化、程序化。

对经贸科技的协商

1988年，沅陵经历十年改革，各条战线取得显著成绩，县政协财贸工作组加大对经贸单位调查研究，开展对口协商，帮助总结改革成果和推行承包责任制的成功经验，为各企业、各单位狠抓经济效益，加强政治思想工作，树立职工当家做主思想建言献策，受到普遍好评。委员立足本职做贡献的热情大为高涨，一些委员立足本职岗位，埋头专研，刻苦攻关，不断取得新的科技成果。政协委员、县中蜂场场长段晋宁，从事养蜂事业，完成10余项科研课题，先后发表20多篇学术论文，其中2项分别获得湖南省科技成果三等奖和农牧渔业部改进成果二等奖，其研制开发的3个新产品被评为湖南省优质新产品。1991年初，政协把城镇工作联系点定在县中草药医院，加大与有关部门的对口协商，极力协助医院科技研发，促成医院和湖南有色地质医院联合开设治疗血液病专科门诊，取得批准，将“沅陵县中草药研究开发中心”升格为“湖南省民间技术开发研究院中草药研究中心”，列为湖南省民科院一个独立核算的分支机构，为沅陵中草药研究和开发利用奠定下基础。县政协委员、中草药医院院长高坚，研制成功“复方柿叶丸”，对治疗血小板减少疗效显著，有力促进沅陵中草药生产。为挖掘旱粮生产潜力，打破沅陵粮食生产徘徊局面，县政协组织农业组委员广泛调研，科技革新，在取得研究成效的基础上，积极通过协商，助力成果转化。县政协向县政府提出《把推广地膜杂交玉米列入科技兴农重点项目》的建议案，得到重视和采纳，全年推广地膜杂交玉米2.1万亩，开辟出一条旱粮生产新路。1997年，县政协围绕金融体制改革和增加财政收入，认真搞好对口协商。协商之前，政协组织财贸组委员分别开展调研，对全县金融体制改革和“三税”（土地使用税、房产税、土地增值税）征收情况进行调查，金融体制改革方面，全面摸清全县金融体制改革基本情况，也调查清楚改革中存在的困难和原因，向县委、县政府提出支持银行清收利息、支持银行搞好资产保全，以及整顿金融秩序，规范社会金融活动等3条建议。在“三税征收”方面，政协经过调研，认为全县目前的“三税征收”工作存在城镇土地使用税增收幅度过大、房产税漏税严重、土地增值税受房地产开发影响导致税源减少等问题，并就此写出《房产税征收力度亟待加强》的调研报告。县政协根据调研结果，与财政、税务部门进行专题对口协商，为推动金融体制改革和三税征收做出贡献。1998年，针对沅陵个体私营经济发展中暴露出来的一些问题，县政协组织委员进行调查研究，形成调研报告，指出沅陵个体私营经济存在结构不合理，管理部门对个体私营业主索拿卡要风严重等严重阻碍个体经济发展的问题。8月，政协召开专题协商会，邀请县委、县政府主要领导及有关部门负责人当面听取政协委员的意见和建议，共同研究解决问题的方法和途径，商讨出营造环境，加强领导，依法保护，排忧解难等4条健康有序发展个体经济的措施。2003年，针对县域中小企业发展艰难的问题，政协经科委组织财税金融组委员对全县中小企业发展环境和生存状况进行调研，发现沅陵中小企业634家，因亏损严重，信用恶劣，导致停产半停产，以及名存实亡，被银行定为只收不贷的有434户，占68.5%，究其原因，主要是中小企业自身素质参差不齐，相当一部分素质较差，过来的金融改革和社会信用环境不利于中小企业发展。经过与有关部门对口协商，达成一致意见，就是要通过深化产权改革，规范企业内部管理，促进中小企业全面提高综合素质；要加强对金融工作的指导与协调，为中小企业的发展创造良好的金融环境；要整治社会信用、构建担保中介体系，为中小企业发展创造良好的信用环境；要制定优惠政策，为中小企业发展创造良好的政策环境。这个协商建议，被列为县政协十届二次全会大会发言材料，成为县委、县政府决策的重要参考依据。针对民营经济发展环境问题，法制群团委组织群众团体组的工商联界委员对沅陵民营经济的发展环境问题进行调查研究，发现部分领导对发展民营经济认识不高，“三乱”和执法不公等现象还在一定程度和范围内存在，对民营经济的体制歧视没有得到根本性解决。为此和有关部门开展对口协商，建议要以提高认识为重点，开展发展民营经济大教育大讨论；以落实政策为重点，营造一流的政务环境；以执法公正公平为重点，营造一流法制环境；以理顺体制为重点，为民营经济提供良好的监管和服务；以宣传引导为重点，营造有利于民营经济发展的舆论环境。对口协商建议，在民营经济人士中引起强烈共鸣。

2004年，经科委针对电力设施屡遭偷盗破坏，损失惨重的情况，组织工业交通组的委员深入到319国道沿线实地调查走访，听取沿线乡镇领导和电力局、电业公司关于电力设施保护的情况汇报，并组织认真讨论和分析，对口协商治理对策，形成《关于加强我县电力基础设施保护的建议》，上报县委、县政府，得到重视采纳。针对国有企业在改制过程中出现的困难和问题，经科委组织商贸流通组的委员多次深入到相关企业座谈走访，撰写完成《关于我县国有商业企业改制工作的调查报告》，与有关部门进行对口协商，建议得到有关部门采纳，为改制工作起到良好的推动作用。针对沅陵茶叶生产中存在的问题，人口资源环境委组织农业科技组对全县茶叶开发和研制进行调研，和茶叶办进行对口协商，为促进沅陵茶叶基地开发，茶叶品质提升，以及现代化制茶工艺的引进作出贡献。2005年，针对商贸流通企业下岗职工多，困难职工基本生活保障和再就业等难点问题，经科委指导商贸流通活动组组织政协委员深入企业职工家庭座谈，并及时同企业工会、上级主管部门、县商行办党组开展对口协商，建议在企业成立帮扶领导小组，对职工群众遇到的难点问题，制定帮扶措施和办法，企业要量力而行解决职工实际问题。建议得到主管部门的支持，从而使纺织品、五交化两家企业278名职工进入医保中心享受到医疗保险，百货、纺织、五交化、副食、蔬菜、饮食6家企业720余名下岗职工得到生活补助费，每家企业筹措帮扶资金5000余元，对特困职工进行重点帮扶。肉食水产公司下岗职工谢兴成，参加过中越反击战，全家五口人，他和爱人身体不太好，月收入仅300元，生活十分困难，公司将他作为重点帮扶对象，帮扶资金达千元。为解决因企业破产改制而带来的职工下岗问题，企业工会、商业行业办党组积极采纳政协委员建议，在解决职工困难的同时，鼓励、引导下岗职工自谋职业闯市场、解决再就业，有700余人响应号召下海或自办公司。纺织品公司下岗女职工张金萍开办辰龙量贩，五交化下岗职工尹早春开办家家旺超市，都容纳下岗职工就业百余人。2006年5月，人口环境资源委针对科普工作中存在的方法落后，成效不大等问题，组织农业科技组委员对全县科普工作情况进行调研和对口协商，指出沅陵科普工作中存在方法落后、形式单一、思路不宽、成效不显、建设不足等问题，建议科技部门要加强工作创新力度，全面提高全县人民科学技术水平。一些具体建议，得到参加对口协商的科协领导和县委分管领导高度评价。

2013年，县政协重视经济工作对口协商，安排提案委对科技助推县域经济发展现状进行调研和对口协商，安排经科委对工业园区建设进行调研和对口协商。同年3月，政协主席张世雄带队，对中天塑胶制造有限公司、华益水泥责任有限公司、菩恩矿业有限公司等工业企业和工业园区进行调研，听取企业科技技术应用推广和经济效益情况，对口协商存在问题解决办法，为企业发展和园区建设出主意，想办法，受到企业欢迎。

对农业农村的协商

2003年8月至10月，政协人口环境资源委针对扶贫项目后期管理不善的问题，组织农业科技组委员以长界乡兴安溪村和乌宿乡洪树坪村为样本，对扶贫项目后期的管理和使用情况进行视察调研，发现凡是管理的好的项目，人为损坏程度低，效益持续性好；后期管理乏力的项目，项目效能已基本丧失。项目管理乏力，原因主要是：项目单位投资较低，后期管护难度大；集体项目管理弱，不如到户项目管理好；管理制度多为口头约定，没有正式文字依据；后期管理资金筹措难，部分项目处于瘫痪状态；部分干部和群众认识不到位，没有主动参与保护；项目监管不到位，后期管理体制不健全。为此，人口环境资源委召集政府有关单位进行对口协商，建议要明确扶贫项目建成后的管护权，建立和完善扶贫项目的管理制度，要出台配套政策，多种形式解决管护问题。建议得到政府采纳，被融入县政府扶贫工作。2004年，政协将农业农村对口协商内容重点放在扶贫项目后期管理、农业特产税税源建设、乡镇区划调整、生态规划评审等方面，设置课题进行调研，形成报告，通过政协常委会或专题会议形式，邀请县委、县政府分管领导和部门负责人，面对面进行协商。2005年，政协民族宗教法制群团委针对乡村公路养护管理中的一些突出问题，组织群众团体组委员，对三个少数民族乡的农村公路养护开展专题调研，找出公路养护管理难的原因，研究出对策，与县有关部门对口协商。2006年，民族宗教法制群团委组织委员，对全县农村道路交通进行专题调研，就“全县道路交通管理工作面临困难的情况汇报”与县交通局开展对口协商，较好促成问题解决。2013年，由经科委、人资环委、文史委分别与政协办公室一道，开展对县油茶产业发展、茶叶产业发展两个课题进行调研。课题组在调研中，先后同有关乡镇、县直主管单位，多层面地进行对口协商，就沅陵油茶、茶叶产业发展，提出政协建议，一些建议得以落实到具体工作。2014年，根据政协年度调研工作安排，提案委、法治群团委分别与办公室一道，开展“加强生态立县、建设美丽沅陵”“加快推进扶贫攻坚到户到人”调研，两个专委会在调研过程中，多次和有关部门就调研课题举行对口协商，提出一些切实可行的建议。经科委对农村农民专业合作社的发展进行调研和对口协商，所提意见和建议受到重视，被有关部门吸纳进入工作制度和规划。2015年，政协副主席卢新仁牵头，经科委承办，开展产业精准扶贫工作调研，召集有关部门多次举行对口协商会议，共同探讨产业扶贫工作如何做到精准、如何吸引群众参加等问题。政协落实协商建议，在麻溪铺、太常等乡镇，开展产业精准扶贫示范，扶助村民种植香菇和养殖生猪、林下鸡，受到群众欢迎。

对城建环保的协商

2003年2月28日，政协人口资源环境委组织资源城建活动组委员对沅陵的环境保护工作进行视察调研，通过对环保局机关环境的视察，认为环保局在落实县委、县政府创建省级文明卫生城市的工作中真抓实干，其环境卫生、美化设计和庭院绿化经验值得推广。委员们通过实地查看、听取汇报、个别座谈后，召集环保局班子成员开会进行对口协商，指出沅陵在环境保护方面存在的问题，主要表现在环保宣传力度不够，全社会的环境保护意识不强；环保执法难度较大，环境污染严重；局部地方生态破坏加剧；库区污染隐患大，水环境较差；县城环境基础设施不配套几个方面。就如何进一步加大环保执法力度，进一步提高和改善沅陵环境质量进行协商。协商中，政协委员针对性地提出五个方面的建议。一是拓宽环保知识普及渠道，加大环境保护宣传力度，不断增强公众环境忧患意识和保护环境的责任意识；二是强化环境保护责任，严格建设项目审批，从源头上预防和治理污染；三是加快县城基础设施建设，着力创建美好人居环境；四是加强小城镇建设中的环境保护工作，促进小城镇建设持续健康发展；五是保护好农村生态环境，走生态旅游和旅游兴县之路。2004年，人口资源环境委就沅陵县创建国家卫生县城中存在的生活污水集中处理难问题，组织资源城建组开展调研视察，形成《关于兴建县城生活污水处理厂的建议》，同时组织资源城建组委员对建设部门反映出来的城市建设与管理中表现突出的诸如城市建设无章可循、县城规划缺乏管理、部门与部门之间工作欠协调等问题开展视察。之后，和县建设部门进行对口协商，引起县政府领导重视，由政府办召集公安、建设、交通、电业等部门会商，决定联合解决城市建设和管理中存在的问题。2005年9月，人口资源环境委组织资源城建活动组委员，就创建全国卫生县城和创建全国生态示范县两项重点工作开展专题视察，委员们在认真听取县创建办负责人创建工作专题汇报后，实地视察县木材厂的污水治理情况和尤家巷商业步行街的城市建设情况，就加大城区环境保护工作提出许多具体建议。经对口协商，这些建议全部被建设管理部门所采纳。2006年6月，围绕县委、县政府提出的创建全国生态示范县和省级文明县城这一中心工作，人口资源环境委组织城建资源活动组委员就县城的路灯建设和亮化工程进行专题视察，对如何进一步抓好县城路灯管理，落实亮化工程和县建设局及路灯管理所举行对口协商，提出的意见和建议，得到建设局和路灯管理所的采纳。2013年，人资环委开展环境保护专题调研，3月，先后对凉水井镇内的钒厂、水泥厂等群众反映强烈的企业污染治理情况进行调研，与企业及县工业主管部门进行对口协商，督促企业加大污水、粉尘治理投入，不能以牺牲环境为代价来谋取企业效益。

对文化教育的协商

文化　1988年，县政协委员关注文化市场健康发展，文体工作组多次开展文化市场调研，发现问题，开展对口协商，及时提出整改建议。针对农村文化市场不健康和涉黄图书出现，政协文体工作组邀请县文化局一道，开展专题视察，在对凉水井区的视察中，听取县文化局和区党委对“扫黄”工作的介绍，并具体检查了一些集体和个体书摊，对如何深入持久开展“扫黄”，净化文化市场提出建议。2003年，政协文教卫体委组织委员对县域民间工艺文化，以及沅陵文化资源整合和开发进行调研，分别形成《对沅陵民间工艺的初探及开发设想》《浅谈沅陵文化资源的整合与开发》两篇调研报告。文教卫体委召集县文化局、文化馆领导和负责人，对这两篇调研报告进行对口协商，形成在争取政府财力支持的同时，努力激活民间资本，推动沅陵文化资源保护和开发的意见。2005年，文教卫体委针对群众反映较大的图书市场和网吧管理问题，多次组织文体新闻活动组委员进行调研，形成《对我县文化、新闻、出版市场管理工作的几点建议》，与县委宣传部、文化局、文化执法大队等部门进行对口协商，建议被采纳，群众反映的问题得到重视和逐步解决。2006年，文教卫体委围绕县委、县政府的战略举措，组织和指导文体新闻组的委员就构建和谐文化，繁荣群众文化生活以及保护、利用文化遗产等问题进行调研，开展对口协商，积极向县委、县政府建言献策。6月份，县委针对政协委员的建议召开常委会议，专门研究文化工作，形成2006年第4期县委常委会议纪要。同年下半年，文体新闻组在深入调研的基础上，经过和有关部门对口协商后，向县政府提交出《关于做好文化遗产保护的实施方案》，得到政府采纳。通过文教卫体委对口协商，同年，共为7个乡镇文化活动中心建设争取到政府配套资金10万元。2007年，文教卫体委围绕民俗民间文化的保护和发掘，组织文体新闻活动组委员在龙舟文化、巫傩文化、辰河高腔、跳香、山歌、号子等方面加大调研和对口协商力度，建议申报七甲坪傩戏为国家级非物质文化遗产保护项目。为落实政协委员的对口协商建议，县文化局成立“沅陵县非物质文化遗产保护中心”。2013年，法制群团委根据政协年度调研课题安排，对非物质文化的传承和保护开展调研，课题组就县域非物质文化遗产的保护和利用，进行调查研究并和文化局、旅游局等部门开展对口协商，积极助推文化资源向旅游经济转化。

教育　2005年，文教卫体委针对全县民办教育发展状况，组织教育活动组委员开展调研，形成《我县民办教育发展现状及建议》，建议沅陵民办教育事业要以职业技术教育为主攻发展方向，呼吁县委、县政府尽快出台促进民办教育发展的决定，以适应民办教育发展的新形势。经与教育局开展对口协商，达成共识后，整理成为调研报告，提供给县委、县政府决策参考。2006年，民族宗教法制群团委针对少数民族义务教育状况，组织活动组委员开展专题调研活动，形成《关于民族地区建立义务教育费保障机制的思考》，与政府有关部门开展对口协商。2007年，文教卫体委紧紧围绕中心发挥作用，组织和指导所联系的活动组委员积极参加各类视察，始终把对教育的关注作为专委会的关注重点，认真组织或指导教育活动组的委员围绕全县人民普遍关心的教育布局、教学质量、教育收费等问题，进行走访调研。特别是在中央减负政策到位，农民各项税费取消后，沅陵加快撤区并乡步伐，对教育布局相应作出调整，农村寄宿制学校的建设和城区学校教育布局的调整，都牵动着全县人民的心，关系着很多人切身利益，文教卫体委积极参加全县议教工作会议和教师节慰问走访活动，召开全县创办农村寄宿制学校负责人座谈会，听取创办过程中的一些经验和亟待解决的问题，及时召开对口协商会议，为沅陵教育布局调整做出贡献。2014年，文教卫体委根据政协年度调研安排，对群众长期反映的城区小学入学难的热点、难点进行调研，文教卫体委组织委员围绕城区现行小学招生政策可行性问题，从城市人口容量、城区小学布局、各校学位和招生人数，以及学校内部管理等多角度、多层面问题，进行广泛深入调查研究，和教育局、学校负责人进行对口协商，一起寻求解决办法，使一些焦点、突出问题得到缓解。

对医疗卫生的协商

1990年5月，政协组织开展对沅陵中草药资源开发利用情况调研，经过同一些中草药医生和医院对口协商，认为沅陵中草药资源丰富，中草药使用历史悠久，民间不乏经验丰富、医技高超的中草药医生，应该组织引导他们对沅陵中草药资源进行更好的开发利用，满足人民群众花钱少，治好病的要求。5月31日，政协主席蒋国汉主持召开政协七届四次主席会议，对调研成果和对口协商意见进行梳理，形成《关于办好中草药医院，努力开发中草药资源》建议，并将此建议作为政协建议案，报送县委、县政府。2003年，政协文教卫体委针对群众意见反映强烈的医药市场问题，组织医药卫生活动组委员开展专题调研，形成《沅陵医药市场整顿工作的意见和建议》，与医药市场管理单位进行对口协商，有效促进一些问题解决。2005年，文教卫体委组就群众关心的农村群众看病难问题，组织医药卫生活动组委员深入到10多个乡镇，就如何加强农村乡镇卫生院建设及撤区并乡后的卫生院体制性问题展开调研，形成《树立科学发展观，促进我县乡镇卫生院良性发展》的调研报告，与政府有关部门进行专题对口协商，部分建议得到采纳。沅陵是国家级贫困县，卫生工作一直以来都是弱项，尤其是农村卫生医疗发展缓慢，很多群众有病无钱医，不敢上医院，其症结是贫困和医药费过高，保障体系未建立。2013年，文教卫体委根据政协年度调研工作安排，对新型农村合作医疗运行机制开展调研和对口协商，认为新农合在沅陵农村普遍推广有难度，农民自愿参合率难以达到上级部门要求，基层干部特别是“村支”两委干部，必须耐心工作，熟悉政策，腿快嘴勤，才能说服群众自愿参加。2015年，对新农合推行过程中出现的阻力和其他问题，县政协组织力量开展调研分析，认为阻力主要来源于宣传不到位，对农民政策解释不清楚，工作方法简单，有的乡镇以垫代缴，留下纠纷隐患等。同年6月18日，政协副主席周高兴主持召开改进和完善“新农合”工作专题协商会，与有关部门领导和乡镇负责人举行对口协商，省政协委员、分管卫生副县长莫小平应邀到会参加协商。同年，政协副主席卢新仁牵头，带领文教卫体委，对公立医院债务化解问题开展调研，召集卫生主管部门和各公立医院院长进行对口协商，共同寻找可行有效的债务化解方法和途径，有效缓解一些矛盾。2017年，受县委、县政府领导委托，政协安排文教卫体委组织实施全县农村医疗卫生体制改革调研。参加调研的委员，每到一处，认真听取基层干部、群众、医务工作者和广大患者的意见，并就这些意见，多次召开专题对口协商会议，最终形成农村医改调研报告，报告内容客观真实，既符合群众利益，又符合农村医疗改革政策，得到县委、县政府领导肯定，为推行沅陵医疗卫生体制改革决策的制定起到参谋作用。

第二节　民主监督

县政协忠实履行民主监督职能，通过会议、提案、视察、反映社情民意等多种形式，开展积极的民主监督活动，促进县委、县政府决策民主化、科学化，促进职能部门转变工作作风，改善服务态度，提高工作效率，赢得群众满意。1989年，中发（1989）13号文件《转发政协全国委员会关于政治协商民主监督的暂行规定》，县政协及时组织学习讨论，同年10月13日，县政协召开六届第十六次常委会议，协商审议通过《政协沅陵县委员会关于政治协商民主监督的实施细则》。1997年5月，县政协制定《政协沅陵县委员会关于贯彻执行〈政协全国委员会关于政治协商、民主监督、参政议政的实施意见〉的规定》，进一步规范县政协政治协商、民主监督、参政议政途径、方法和程序。县政协在长期实践过程中，民主监督职能作用发挥明显，受到社会各界广泛欢迎。历届政协均有不少政协委员，被一些部门和行业单位聘请为监督员，为加强沅陵县党风廉政建设、纠正行业不正之风发挥出积极作用。县十一届政协建立民主评议部门制度，推动政协民主监督迈上新台阶，十二届政协开启对全县重点执法执纪部门（单位）委派民主监督员，创新政协民主监督履职形式，十三届政协加大与县纪委的合作，把民主监督和纪律监督紧密结合，使监督更加有力度，有效果。

一、视察监督

开展委员视察是沅陵政协履行民主监督职能的一项重要举措。历届政协委员在视察中，认真履行民主监督职能，深入基层一线，围绕县域经济发展、社会进步和人民群众关心的热点难点问题开展视察，发现问题，写出报告，及时向县委、县政府和相关单位及部门提出中肯的意见和建议，有效促进干部作风转变和问题解决。

对旅游开发工作的监督

沅陵人文历史悠久，旅游资源丰富，开发沅陵旅游，是沅陵百姓一直关注的热点问题，县历届政协都对沅陵旅游工作表现出极大的关注，调研视察持续不断，意见建议丰富多彩，有力推动沅陵景区景点开发建设。1980年12月县政协恢复伊始，四届一次全体会议常务委员会工作报告，号召全县委员团结一致，齐心协力，为四化建设和祖国统一大业贡献力量。当时就有委员在讨论中提出，要发掘整理张学良在凤凰山的人文历史，把凤凰山开发成为沅陵的旅游景区。县政协多次组织委员到凤凰山视察，形成第一手资料。1982年2月15日，政协邀请县人大领导和离休老干部视察凤凰山，向他们详细解说凤凰山风景资源和张学良囚禁山上的历史，协商决定向县委、县政府建议开发凤凰山旅游项目。同年,《关于修复沅陵凤凰山景区的建议》得到县政府批复，同意由县财政配合新城建设分期拨付修复资金。2000年，县政协围绕县委、县政府“旅游兴县”战略，组织委员对全县重点旅游资源和旅游资源开发情况进行视察，从景区选择到项目策划，从规划布局到经典包装，从开发管理到宣传促销，都提出很多好的意见，形成九届政协四次全体会议建议案，得到县委、县政府采纳，融进旅游发展规划。2001年，政协组织委员对五强溪、官庄旅游资源进行视察，认为五强溪瓜瓢湾红星茶场优良的生态环境、官庄金矿的黄金文化，都是具有沅陵特色的旅游资源，建议组织力量研究开发。

第十届政协期间，一如既往关注旅游业发展，多次对旅游景区景点建设，组织委员执证视察，视察内容涵盖资源的保护与开发、旅游环境建设、旅游队伍建设与管理等各个方面，充分发挥出政协委员对旅游业健康发展的民主监督作用。2003年，政协城建资源活动组13名委员，围绕加快旅游产业化进程、优化县城建设发展环境等课题，先后开展视察活动40多次，平均每人参与调研视察3次以上，共撰写提交调研和视察报告30多份，其中80%以上的意见和建议被各级政府有关部门采纳。2006年，政协组织“推进旅游景区景点建设”视察团，就沅陵旅游开发先后组织境内视察调研5次，组织政协活动组外出比较学习调研2次，形成推动旅游发展产业调研报告7篇。同年6月12日，政协组织全体常委，同时邀请县政府分管旅游工作的张振华副县长，以及其他有关部门负责人，视察二酉山景区建设情况。对视察中发现的问题，及时在山上召开常委会议，进行分析解剖。8月18日，县政协组织视察团，对五强溪景区旅游开发工作进行视察，通过视察和座谈，确定五强溪具有旅游开发前景，希望县委、县政府给予重视，并就如何支持当地党委、政府自主招商，开发旅游等工作提出一些建设性的意见。8月下旬，县政协组团对借母溪景区进行专题视察，并就城区旅游工作情况，召集县旅游局、宗教局及旅行社、宾馆、景点负责人进行专题座谈，对发展沅陵旅游提出意见建议60多条。

县十一届政协在五年任期中，每年都要安排至少一次的旅游建设视察活动，助推沅陵旅游业发展。2008年8月1日，政协安排文史委会同县建设局、文化局、旅游外事侨务局等部门专业人员，先行对荔溪乡明中村古民居院落的保护现状和旅游开发前景进行调研，向政协常委会议汇报后，政协组织常委和部分委员，深入明中村，进行实地视察，建议加强对明中古民居院落保护利用，对其进行合理的规划与开发，使之成为推动沅陵历史文化旅游的一个新亮点。2009年，政协关注明溪口镇的旅游建设，一年中二次组织委员对明溪口胡家溪的旅游项目进行体验视察，对项目开发中暴露出的诸如规划布局、建筑风格、服务水平以及物价等问题，向旅游局等有关部门提出批评和整改意见。2010年，组织委员对沅陵镇、官庄镇、五强溪镇的旅游资源开发情况进行视察，发现各地对旅游工作认识不一，有热情，缺信心，在旅游开发上主动作为不够，工作难以推进。政协对此召开专题协商会议，共同探讨解决之策。

十二届政协对旅游建设的视察，站位高，看得远，总是采取联系和发展的观念，着重关注文化、农业和旅游的融合。2013年8月27日，组织委员视察团，对二酉山、酉水画廊、凤滩电厂等景区景点旅游建设项目进行视察，28日在凤滩电厂会议室召开座谈会，分别听取县旅游局关于沅陵旅游产业发展情况汇报，以及二酉山景区、酉水画廊景区等单位的工作情况汇报，详细了解酉水一线旅游景点招商引资及市场运作情况、景区配套设施建设情况、宣传推介及品牌建设情况、发展旅游的思路及对策。2015年7月，组织委员对借母溪旅游基础设施建设情况进行视察，同年，视察茶旅融合情况，先后对七甲坪镇万阳山茶场、五强溪镇红星茶场、二酉苗族乡无射山茶园建设与保护进行监督视察。

十三届政协立足全域旅游和美食沅陵、康养沅陵等项目，对全县旅游资源和建设情况开展视察活动，助推沅陵旅游业发展。2017年，围绕全域旅游，组织委员对借母溪、胡家溪、杜家坪、二酉山、五强溪等诸多乡镇的旅游发展情况进行视察，根据沅陵历史文化悠久、旅游资源丰富和森林资源广袤等特点，提出在发展历史文化旅游的基础上，推进全域旅游和开展森林康养旅游项目的意见和建议。2018年6—7月，县政协组织委员集中对农村传统古村落旅游资源利用与保护进行视察监督。6月6日，主席黄忆钢带队，邀请县文联和二酉乡政府有关领导，视察黄泥田村传统古村落；7月19日，主席黄忆钢带队，视察火场乡桃坪界传统古村落。通过视察，掌握沅陵传统古村落保护情况，建议对传统古村落要在保护中开发，在开发中保护，充分保护利用好传统古村落资源，为沅陵全域旅游服务。结合旅游“吃”要素，7月25日，政协组织委员开展“名食传承与弘扬视察”活动，邀请县委、县政府分管领导和传统名食专题协商调研组部分成员，对土家王食品有限公司、进庄农业科技发展有限公司、星月糕点厂、官庄银峰茶业有限公司进行视察，努力为沅陵旅游寻找新的突破点。

对基础建设问题的监督

自1981年五强溪库区移民建设开始，县政协就把城乡移民基础设施建设作为监督视察的重要内容。1987年4月中旬，县政协科技组一行23人，在副主席肖功璞带领下，对五强溪水电站施工建设、集镇建设以及农业生产发展情况进行监督视察，向县委、县政府提出4项建设性意见。1990年5月22日，政协七届三次常委会议邀请县移民局领导就移民资金的安排和使用情况进行通报，接受政协民主监督。与会政协常委对全县移民搬迁工作充分发表意见，提出一些很好的建议。12月上旬，县政协七届六次常委会议，再次听取县移民局经费安排使用和整改情况，经过会议协商讨论，作出《关于加强移民经费管理和使用向县委和县政府的建议案》。同年，县政协加强对库区公路改建工作的监督，分别对深溪口乡公路改建工程线路和北溶至朱红溪公路改建中遇到的问题进行监督，通过委员提案、政协建议案等形式，反映群众呼声，赢得政府和有关部门重视，促使问题得到妥善解决。1994年底，五强溪电站关闸蓄水发电后，沅陵城镇建设进入一个新的发展时期，城市基础设施建设逐渐成为群众关注的热点，也成为政协委员考察、视察活动的重要内容。八届、九届政协，对基础建设的关注点主要在县城规划和绿化、亮化上，组织委员视察的内容，大都集中在城内建筑施工和街道行人道的绿化及主街道的亮化工程方面。2000年后，沅陵经济建设开始快速发展，城市建设、道路交通、环境保护，以及其他基础设施建设步伐加快，各种矛盾和问题也越来越多，政协委员对基础建设的视察也随之不断增多，加大对项目建设的民主监督。2000年，九届政协组织委员对耗资1700多万元修建的县城滨江大道多次进行视察，发现大道建成后开发利用严重滞后，管理无序，脏乱差问题突出，群众对此怨声载道，于是向县政府提出对滨江大道进行总体开发规划和强化管理的建议。2001年，为促进沅陵民营经济发展，政协多次组织委员对县域民营企业生产状况和发展环境进行视察，建议县委、县政府为民营经济发展创造条件，建立民营经济开发区。

县第十届政协创新民主监督形式，充分发挥委员在基础设施视察中的监督作用，加大对城市建设、环境保护、电力、交通等建设和维修工作的视察与监督。2003年2月8日，政协资源城建活动组在副主席全桂娥的指导下，对县环境保护工作展开视察，拉开十届政协委员视察帷幕。8—10月，政协组织委员，对县域农村扶贫资金修建的水、电、路等基础设施项目进行监督视察，发现项目后期管理存在一些问题，及时提出意见和建议，督促有关部门和乡镇进行整改。2004年，针对农村偷盗、破坏电力设施严重情况，政协组织委员开展视察，对电力设施为什么屡遭偷盗破坏而制止不住的原因进行分析讨论，对有关单位、部门责任心不强、工作不落实的现象提出批评和建议。同年，还组织委员对城市污水处理和五强溪库区水质污染情况进行视察。2005年，结合创建全国卫生县城和创建全国生态示范县两项重点工作，继续加大对城市建设和环境保护工作的视察。9月，组织委员先后视察县木材加工厂污水处理设施及其运行情况，以及尤家巷商业步行街的建设情况。政协各专委会紧紧依靠委员活动组，对全县基础设施进行视察，重点视察农村小水电、城市蔬菜市场、县乡道路交通、农网改造、通信基站等群众关切的基础项目。同年，政协活动组及政协专委会，围绕城市基础设施建设开展视察活动21次，向政协常委会和政协办公室提交活动视察报告18份，内容涉及市容市貌、红绿灯建设，绿化建设、城市给排水设施建设，以及背街小巷的硬化和亮化等。2007年，县十届政协仍然紧抓城市建设生态和环境保护视察不放松，先后开展城南工贸中心建设视察和城区环保设备投入及运行视察。

第十一届政协确定每年5月为委员活动月，集中开展各项视察。2008年的基础设施视察内容，集中在农村交通、县城供水、城市重点工程项目等方面。5月16日，政协举办委员活动日，围绕“为推进四个加快献策，为建设和谐沅陵鼓劲”主题，组织城区政协委员180多人，对县城重点建设项目和二酉景区码头、游道、农家乐等基础设施建设进行知情视察。2009年，政协将农村建筑市场、城郊蔬菜基地建设、城市廉租房建设，县乡公路改造等列为年度基础设施视察的重要内容，分批组织委员开展视察。先后视察大合坪乡集镇、大别溪漂流、凉水井蔬菜基地、沅陵三中等项目建设情况。同年12月26日，组织出席政协十一届三次全体会议的委员，分为2个视察组，分别对二酉大桥建设进展情况及凤滩电站增机扩容情况、县工业园区建设和官庄集镇开发建设情况进行视察。2010年5月，政协将“关心关注身边事，献计献策促发展”作为委员活动月的主题，围绕这个主题开展视察活动，其中基础设施方面，主要对城市重点项目和产业园区建设进行视察，监督、助推城市重点项目和产业园区建设的进程。12月22日，组织出席政协十二届四次全体会议的委员，对“两新”产业园和县城污水处理厂的建设进展情况进行视察。2011年，政协加大对城市交通、乡村医院、环境保护、市民服务中心等基础设施建设项目进行跟踪视察，不断促进工作开展，取得较好成效。如对市民服务中心建设，县政协历时半年跟踪视察，进行大量调查走访，获得丰富详实的第一手资料，经过多次协商，形成十一届政协第一个建议案，引起县委、县政府高度重视。同年12月25日，组织出席政协十一届五次会议的全体委员，对固体生活垃圾无害化处理场的施工进展情况进行视察，委员对垃圾场的建设速度和建设规模表示满意，对县城卫生基础设施建设给予很高评价。2012年，为推进农村环保工作进一步开展，切实改善农村安全饮水问题，县政协组织委员，从4月开始，对全县农村污水排放、垃圾处理、安全饮水等基础设施情况进行视察，建议在农村乡村加大环保投入，加大基础设施建设投入，把美丽乡村建设落实到具体行动上去。

十二届政协坚持聚焦重大工程项目、民生项目的视察，2013年，先后组织委员200多人次，对太常酉水大桥建设、凤鸣大道西延建设、酉水白田段河道综合治理、城南廉租房建设和农村水利重点建设及冬修情况开展视察，提出20多条合理化建议，得到县委、县政府及相关部门的重视采纳。8月27日，主席张世雄带队，率领40多名委员，对城区“两桥一路”重点工程项目建设情况进行视察，听取工程项目建设情况汇报，并就城市改造、优化环境、加强监理、确保质量、安全生产等方面进行讨论，提出一些合理化建议。9月12日，主席张世雄带队，对县城廉租房和龙兴路2个城区重点项目建设情况进行视察，每到一处，视察团都认真察看和听取项目负责人的汇报，详细了解项目建设中存在的困难和问题，并在此基础上提出一些建设性的意见和建议。11月20日，主席张世雄率领近40人的委员视察团，深入官庄水库和怡溪流域，对水库维修工程和怡溪流域治理情况进行全面视察监督，县水利局和官庄镇领导，就当前全县水利工作情况及官庄镇的水库维修和怡溪治理情况，向视察团进行汇报，视察团对病险水库除险加固、农田水利建设、中小河流治理，以及农村安全饮水工程建设，提出10多条建设性的意见和建议。2014年，继续关注重点项目建设情况，组织委员视察沅水二桥建设、龙兴大道建设，以及农村集镇建设，在确保经济增长、稳定群众就业等方面发挥出积极作用。2015年，加大城市人居环境和菜篮子工程视察，多次组织委员对县城公共休闲场所的建设、设备投入及管理情况进行视察，对官庄镇沐濯铺蔬菜产业园和凉水井镇蔬菜开发基地进行视察，就视察中发现的问题，及时开会协商，寻求解决办法。同年1月7日，组织参加政协十二届三次全会的农村乡镇委员97人，对酉水大桥、龙兴大道、“两新”产业园进行视察，为乡镇委员了解城区重点建设项目提供服务。6月25日，组织部分政协常委、城区部分委员，对少帅广场、凤凰山森林公园、龙舟广场、胜利公园、鸳鸯山森林公园等公共休闲场所的建设和管理情况开展视察，形成专题报告和建议，为县委、县政府提供决策参考。

随着经济建设的快速发展，群众对城区建设的要求越来越高，城区棚户改造、交通拥堵、车辆停放、垃圾处理、环境保护、健身场地等等，无不成为社会热点、难点。十三届政协围绕这些群众关心和期盼改善、解决的问题，开展委员视察，进行民主监督，促进问题解决，受到群众点赞。2016年11月25日，政协组织参加十三届政协一次全体会议的委员，对太常酉水大桥、沅水二桥、县工业园、向华电子厂等重点项目建设和工厂生产情况进行视察，为十三届政协视察工作带来一个良好开端。2017年2—3月，政协组织城区委员，对县城的城市基础建设和管理进行视察，对背街小巷的亮化问题进行督促解决。6—7月，政协成立美丽乡村建设课题组，对乡村集镇基础设施建设开展视察，就发现的问题形成报告，提交政协常委会议，与有关部门进行协商解决办法。2018年，加大对新型城镇化建设和棚户区改造视察，成立两个监督性调研视察组，3—5月，两个组分别对城区基础设施建设和棚户区改造情况开展视察，了解到大量生动鲜活的第一手资料，发现一些实实在在的问题，如新型城镇化建设组在视察中发现，县城在新型城镇化建设中，基础设施跟不上，主要存在行路难、行车难、停车难、如厕难、垃圾收集难、污水处理难、市场经营难、市民休闲活动难等八大问题，与县委、县政府提出的县城建设要“生态、宜居、宜业、宜游”的发展理念格格不入。针对问题，调研视察组认真分析问题存在原因，提出解决办法和建议，形成调研报告，交政协常委会议与有关部门协商，得到县委、县政府的高度重视。

对经济领域问题的监督

县政协历届委员会，重视助推经济发展，对制约经济发展的问题，经常有针对性地开展视察监督，促使有关部门和单位落实政策，改变作风，增强服务意识，壮大发展合力。1988年，政协工业工作组先后赴江苏常州市和湖南长沙市，学习考察发展地方工业、乡镇企业和实行股份制经济的经验和做法，向县委、县政府写出专题考察报告，为沅陵经济发展提供决策参考。二十世纪九十年代初期，五强溪镇民营采金如火如荼，为筹集资金发展产业，一些企业大胆尝试，采用股份制。1992年5月26日，县政协牵头组织完成对合仁坪、桐树面股份制金矿的调研，形成《大胆的探索，有益的尝试》调研报告，对沅陵民营股份采金的经验进行总结推广，得出股份制企业是拓宽筹资渠道，开发山区的有效形式；股份制企业能更好地增强劳动者的主人翁意识，充分调动其生产积极性；股份制能冲破传统的地域范围的束缚等几点启示。建议要冲破传统观念的束缚，进一步解放思想，按照“三个有利于”标准，大胆采用股份制形式，开发山区，建设山区。县委、县政府采纳建议，有效促进全县民营股份制经济发展。1994年，针对分税制对县财政带来的影响，县政协财贸活动组委员经过多次深入调查研究，找准问题根源，并提出一些针对性的监督整改意见和建议，形成题为《分税制对我县财政收入的影响及对策》的调研报告，经过县政协常委会议研究同意，呈送给县政府领导参考。县长曹丰禄4月7日对调研报告作出批示：“这份报告不仅分析了分税制对县财政改革带来的影响，而且针对这一变化的情况，提出很多很有采纳价值的建议，看后深受启迪，深受鼓舞。希望财税战线上的全体干部职工认真学习、研究这份报告，从中有所获，有所用，把我县财税体制改革继续推向深入，促进地方财政的增收，促进一方经济的繁荣。”1998年，县政协把库区移民生产生活问题作为视察工作重点，组织委员对移民开发项目进行视察监督，促使有关部门把移民开发安置做好做实。同年6月，县政协农业活动组和太常村区政协活动组联合视察太常乡千亩示范茶场建设和生产情况，针对视察中暴露出的一些问题提出意见和建议。7月，县政协组织委员对库区水产养殖工作进行视察，为改善库区移民生产生活条件，增加移民经济收入出主意，想办法，提建议，受到群众好评。8月22日，县政协就以工代赈、农业综合开发、茶叶生产、水产养殖等事关移民生活问题的调研形成视察报告，与县委、县政府主要领导进行协商。县委书记邓元武、县长张朝勇对政协的视察成果高度肯定，表示对政协委员的意见和建议要进行研究，尽快落实。

1999年，县政协围绕经济发展开展视察调研，为县委、县政府科学决策摸实情，先后组织委员围绕环境污染、生态林业、茶园低改、药材生产等问题，进行视察调研，形成调研报告10篇，提出意见建议30余条，为党政领导决策工作提供实情和科学依据。

2003年，县十届政协对全县民营经济发展环境进行视察，发现一些单位和部门及其工作人员，对民营经济重要性认识不足，对民营企业存在比较普遍的索拿卡要的想象，民营经济融资难、发展难问题突出。政协对此专门组织财税金融、商贸通通、法制群团等活动组的委员，分别深入民营企业，进行多次视察，详细调查了解和分析问题根源，撰写出视察调研报告3篇，提出意见建议20多条，并会同统战部、工商联等单位，为民营企业提供法律咨询150人次，协助处理各种纠纷100余起，挽回各种经济损失200多万元。同年8月，政协组织经济界委员，对全县中小企业发展状况的生存环境开展视察，对视察中发现的问题进行梳理研究，形成《对发展县域中小企业的调查与思考》，对如何扶持中小企业发展壮大提出一些具有前瞻性的意见和建议。2004年，沅陵推进国有企业改制，全县经济形势严峻，社会焦虑心态突出。县政协为促进经济形势平稳过渡，促进社会和谐安定，组织委员对改制企业、财政税收、农村经济等领域开展广泛的视察走访，协助县委、县政府做好政策解释、民情安抚工作的同时，也对各领域内的工作开展情况进行认真的民主监督，推动各项工作的公平、公正、公开。不完全统计，这一年，政协各专委会就经济发展组织开展的委员视察活动共有20多次，形成《关于促进我县外来企业发展的调查与建议》《关于加快我县民营经济发展的调查与建议》《关于加快我县税收征管工作的调查与建议》等18篇高质量的调研报告和7篇全会协商发言材料，其中《不断发展壮大的沅陵民营经济》被《湖南政协》采用发表，《工商联核心竞争力在哪里》被《中华工商时报》采用发表，《关于民族乡社会经济发展情况报告》被专题上报怀化市政协。2005年，县政协精心组织委员活动组，围绕县域经济发展环境开展视察，形成一批把准沅陵经济发展脉搏的视察报告，对沅陵经济发展环境中存在的问题提出意见和建议30多条，得到县委、县政府领导的重视和采纳。2006年，政协组织委员重点视察全县小水电开发和民营采矿冶炼情况，先后对五强溪金矿、永兴矿业、怡溪流域小水电开发进行视察，对资源保护和环境治理中存在的问题进行评价，提出合理化建议，促使企业在自生发展的同时，做好资源节约和环境保护。2007年，政协号召委员开展以防范和化解金融风险为主题的视察，各委员活动组，分别就民营中小企业贷款难、取消农业税后如何促进工业经济发展、如何加强国有资产管理、怎样拓展保险营销等问题开展视察监督，委员围绕沅陵经济发展提出合理化建议共计30多条，有力推动各项工作开展。

十一届政协关注民营经济发展，经常性组织委员对民营企业的生产经营和生存状况进行视察，了解情况，反映问题，为民营经济发展鼓与呼。2008年，围绕县委、县政府推进新型工业化的部署与安排，组织委员对县城工业园区、麻溪铺工矿企业、官庄农庄经济、五强溪旅游经济进行视察。同年12月29日，组织出席政协十一届二次全体会议的农村委员，参观视察孙秋雨委员创办的湘西牧业（大合坪）黑猪保种养殖场和胡生喜委员创办的旺达奶牛场，参加视察的委员受到很大启发，其中一些委员当即表示回去后也要创办养殖业，发展农村经济。2009年，政协以乡镇政协联工委、县城战线为单位，分别对乡镇、县城的企业、商业单位进行视察，如组织委员视察凉水井镇蔬菜种植和销售、视察全县农业产业化经济带动效益情况、视察长青矿业生产经营情况、视察青青木业生产和销售情况、视察官庄镇清捷河村的稻田养殖等，共收集到反映经济社会事业发展的有关问题建议62条。2010年，政协重点对各乡镇茶叶开发基地的种植、生产、销售情况，对少数民族乡和边界农村经济发展状况，以及沅陵中草药资源的开发与利用情况进行视察，帮助解决问题，协调资金，推动发展。2011年，加大对库区水产养殖、农村特产养殖、武陵山经济协作区沅陵片区的调研视察，形成《五强溪库区水产养殖存在的问题与建议》和《武陵山经济协作区沅陵片区的汇报》，产生良好反响。

十二届政协围绕县委、县政府提出的“生态立县、工业强县、农业稳县、旅游活县”发展战略开展经济发展视察调研，四年任期，活动开展有声有色。2013年，结合主席、副主席联系的油茶产业、渔业产业项目，组织委员对全县的油茶开发、茶叶开发、水产养殖情况进行监督视察，发现问题，提出建议。同年，还组织委员对一些工业企业的生产与经营情况进行视察，了解和掌握全县工业经济发展状况。3月27日，政协主席张世雄带队，组织委员对华益水泥、金石公司、中天塑胶、菩恩矿业、磁电高科等5家规模工业企业进行视察，听取企业发展规划，帮助企业解决发展难题。针对企业面临的发展困难，鼓励企业坚定升级转型的信心和决心，建议企业进一步完善、延伸产业链条，提高产品附加值；强化科技投入，积极与科研院所合作，提高产品市场竞争力；鼓励企业创立自主品牌，抢抓市场占有率；要依法依规经营，按国家产业政策做项目，树立现代化工业理念。4月初，主席张世雄带领委员，深入二酉、麻溪铺等多个乡镇山头林地，采取实地踏看、走访座谈等形式，对全县油茶产业发展情况进行调研视察，提出因地制宜、政策扶持、创新模式、科技支撑等建议，助推沅陵油茶产业发展。5月6—17日，政协副主席周高兴带队，组织委员和县农办、县茶叶办有关人员，对沅陵茶叶基地建设、产量产值、技术力量、品牌建设、市场营销等多个方面情况进行为期10天的调研视察，先后对马底驿乡、官庄镇、北溶乡、清浪乡、五强溪镇、太常乡、沅陵镇、借母溪乡等乡镇的茶业经济进行综合视察调研，形成《沅陵县茶叶产业发展情况调研报告》，提出的一些合理化建议和监督意见，得到县委、县政府重视采纳。2014年，政协将农业产业化发展情况作为视察重点，通过视察，助推农业朝着产业化经济发展。4月中旬，视察七甲坪镇万阳山茶场。该茶场由县政协委员敬开山创办，立足黄花界村地理优势，开发成集省级森林公园、生态茶叶基地、林下鸡养殖场、生态康养为一体的综合性农业生态庄园。6月，组织委员，视察凉水井镇王家岭蛋鸡养殖专业合作社。该合作社由县政协委员王铁刚创办，发展社员126户，带动400多人就业，年获纯利657万元。7月，视察沅陵镇湘西牧业有限公司。该公司由县政协委员孙秋雨创办，公司致力于“湘西黑猪”保种工作，并牵头成立沅陵县大合坪黑猪养殖协会、沅陵县湘西黑猪养殖专业合作社，实行公司+保种场+农户产业运作模式，为有效保护湘西黑猪种质资源和帮扶脱贫作出贡献。2015年，政协对经济发展方面的视察，重点围绕产业精准扶贫工作进行。先后组织委员对万阳山茶场、红星茶场、湖南沅陵碣滩茶业有限公司、向华电子厂以及农村电子商务等企业产业扶贫工作进行视察，对企业解决贫困人口就业，增加农民收入的担当精神给予肯定，建议乡镇要积极发展农村电子商务基础条件，把沅陵农村电子商务尽快发展起来，把特色农产品通过电商平台销售出去，促进农民就业，实现产业扶贫。同时，还组织委员对全县精准扶贫工作开展调研，经过对广大贫困户家庭经济状况和生活环境的视察座谈，发现沅陵贫困户普遍存在“穷惯了”的不思进取思想和“等靠要”现象，有一部分贫困群众，虽热脱贫愿望强烈，但是缺乏脱贫能力，缺乏资金和技术。因此建议在加强扶贫政策宣传的同时，还要加大产业扶持，扶持产业大户和龙头企业，增加贫困户就业岗位，实现扶贫造血功能。

十三届政协重点围绕脱贫攻坚，对经济发展进行视察监督。2017年，先后视察向华电子厂扶贫车间、沅陵县碣滩茶业有限公司、肖家桥库区养殖，以及返乡创业委员赵泽伟引导贫困户发展的魔芋产业、邓壮河委员创办的水产养殖产业等。同年，全县委员响应政协号召，通过产业扶贫、教育扶贫、健康扶贫、引导贫困户外出务工等途径，帮扶贫困户1000多户3000多人，委员企业招用固定贫困工人500多人，解决贫困户季节性用工5000多人次。2018年，县政协继续围绕脱贫攻坚开展视察，进行监督，解决问题，先后组织各界委员，针对产业扶贫、教育扶贫、健康救助扶贫，以及美食经济等内容，开展视察调研10多次，帮助600多贫困户进入委员企业实现家门口就业。2019年，重点围绕农村住房安全保障和农村环境卫生治理开展委员视察活动，针对发现的问题，及时剖析根源，提出解决意见和建议，为县委、县政府决策提供依据，其中向县委、县政府提交的《争分夺秒补齐短板，让贫困群众住有所居》等视察报告，得到县委政府主要领导及时签批。同年，县政协还着力开展联动协作，为沅陵经济发展把脉献方，先后与省、市政协一道，联合开展"推进湘南湘西承接产业转移示范区、对接粤港澳大湾区产业融合发展"重大调研，撰写出《沅陵产业发展要在"精、专、深"上下功夫》《试论新形势下沅陵县如何有力有序有效承接产业转移》等调研报告，并在怀化市政协常委议政性协商会议上就沅陵县承接产业转移问题作专题发言。

对文教卫生工作的监督

文化　沅陵历史文化资源丰富，县政协对文化工作向来重视，经常组织委员对其视察调研。尤其是2000年以后，沅陵着手开发旅游，主打历史文化品牌，文化资源开发和文化活动开展，成为群众关注的热点，也成为政协委员进行视察活动的重要内容。2003年，政协人资环委召集资源城建组委员对沅陵民俗文化活动开展视察，对沅陵民俗文化的源头性进行调研，提出将文化优势向经济优势转化的建议，形成《沅陵民俗源头文化游刍论》，参加在张家界召开的湖南西部论坛年会获奖，又被怀化市政府《怀化经济》全文转载，对沅陵文化旅游事业发展及城市小区文化建设起到较大参考作用。文教卫体委组织文体新闻活动组委员，对沅陵民间文化和民间工艺开展视察调研，形成《对沅陵民间工艺的初探及开发设想》《浅谈沅陵文化资源的整合与开发》两篇视察报告。2004年，县政协将家长、学校、社会反映强烈的网吧问题作为视察工作的重点，组织委员深入开展调研，提出切实可行的网吧整治暨"扫黄打非"方案，上报县委、县政府，得到批准，县政府专门成立由县文化局牵头，公安、工商、电信、教育多部门配合的联合行动组，在全县开展声势浩大的网吧整治暨扫黄打非行动。2005年，群众对文化市场整顿呼声仍然很高，针对群众关切的这个热点问题，县政协继续组织委员，对文化市场开展广泛深入的视察和调研，掌握第一手资料，发现问题症结，形成《对我县文化、新闻、出版市场管理工作的几点建议》，为破解文化市场乱象难题寻找到一些有效办法和途径。2006年，围绕县委、县政府的战略举措，政协文教卫体委组织和指导文体新闻组的委员就构建和谐文化，繁荣群众文化生活以及保护、利用文化遗产等问题进行视察，向县委、县政府提出建设乡镇文化活动中心的建议，得到采纳执行。2007年，为促进开展沅陵文化旅游活动，政协组织卫生体育界的委员，围绕龙舟文化、巫傩文化、辰河高腔，以及跳香、山歌、号子等民俗文化表演进行视察。2008年，委员继续围绕非物质文化遗产保护和利用开展视察，提出建议，受到重视，推动有关部门着手对县域非物质文化遗产开展全方面的发掘整理和非物质文化遗产项目申报工作，为推动沅陵文化旅游发挥积极作用。2009年，政协组织委员对农村群众文化生活需求进行视察，建议政府狠抓乡镇文化站、村级文化活动室和社区文化活动中心建设。2013年，十二届政协文化卫生体育新闻界委员关注民间民俗文化传承与弘扬，对民间民俗文化开展多种形式的视察调研，形成《沅陵县民间民俗文化调研报告》，其中一些建议得到有关部门采纳。2014年，政协加强民俗民间文化遗产保护与传承的视察调研力度，得到县政府重视，财政开始每年为民俗民间文化遗产保护与传承拨付5万元专项经费。十三届政协积极助推文旅融合，重视文化调研视察，2017年，委员以各种形式和规模，先后多次对七甲坪金氏祠堂、白田王家大院等进行视察，极力发掘红色文化资源，助推沅陵红色旅游项目开展。2018年，围绕传统村落和民间艺术团体发展、傩文化传承、红色文化挖掘等，县政协多次组织各界别委员联合视察火场土家族乡中村、二酉苗族乡黄泥田和莲花池村、七甲坪镇三星村、荔溪乡明中村等传统古村落的建筑文化和民俗、农耕文化，以及七甲坪民间傩戏剧团和阳戏剧团、凉水井镇的车水号子、沅陵镇的沅水号子等艺术传承情况，就加强文化创意与相关产业融合发展提出建议，为增强沅陵文化影响力发挥出积极作用。

教育 沅陵地瘠民贫，教育基础差，师资力量缺乏，是群众和政协委员共同关注的焦点，历届政协，都将教育问题作为委员视察活动的重要内容，监督和推动教育工作不断进步。1990年6月，县政协副主席张理才带领政协教育工作组一行7人，对知行中学财会人员张某银贪污挪用公款一案办理情况进行监督，对县检察院所作出的“事实存在，事出有因，学校领导应负责任，不予立案”的结论提出异议，并履行政协民主监督职责，多次向县纪委、教委、审计局、检察院、监察局和地区检察院反映，引起县委、县政府及有关部门的重视，县委常委、县纪委书记田士鑫和副县长陈志兵专门召开有关单位负责人会议，就张某银贪污挪用公款一案进行调查处理。1999年，县政协精心组织委员，围绕“普九”迎检、职业教育、素质教育等问题，开展视察和调研，写出视察和调查报告11篇，对沅陵教育发展提出30多条合理化建议，极大拓宽有关部门的工作思路，有力助推教育发展。如为协助政府抓好“普九”迎检各项工作，教育活动组的委员以视察、考察的形式走访有关单位，写出题为《酉水河畔的“普九”赞歌》的视察报告，得到县政府主管领导高度重视，批转教育主管部门认真研究，全文转发，有力促进全县“两基”工作验收合格。2000年春，县政协针对群众反映强烈的小学生负担重的问题，及时组织委员深入城区各小学开展调研，发现小学负担过重，主要是由辅导用书不规范，补课学时过长，存在不合理收费等问题造成。4月，县政协履行民主监督职责，召集县教育局领导、城区各小学校长和部分学生家长代表，列席县政协常委会议，听取政协监督意见，共同协商减负办法。2003年，政协围绕全县教师队伍的学历结构、年龄结构、学科结构、学段分布以及专业化发展方面存在的问题，组织委员开展视察，发现全县中小学专业教师队伍存在的主要问题，是教师人员数量众多，学历水平较低；中小学教师比例倒挂，中学教师奇缺；教师年龄老化，教育观念滞后；教师专业不专，学科结构不良。这些问题严重影响和制约着沅陵教育事业的发展和教学质量的提高。针对这些问题，委员视察组形成《关于我县中小学教师队伍建设的思考与建议》，得到县委、县政府领导重视和有关职能部门采纳。2004年，政协教育活动组委员，立足沅陵一中教师队伍现状和全县教育发展的客观现实，提出并开展实施《贫困地区师资生态系统建设研究》，围绕这个研究课题，活动组委员对全县新课程推进情况、全县中小学生思想品德状况、全县省级立项的教育科研课题研究进展情况进行全面的视察和评估，得到省、市专家领导的高度肯定。2005年，沅陵民办教育方兴未艾，一些问题也随之出现，家长、学生、社会，都有所反响。政协关注热点，不回避矛盾，及时召集委员，对城区民办教育进行视察，提出一些监督性的意见和建议，并形成《我县民办教育发展现状及建议》视察调研报告，提供给县委、县政府决策参考。报告建议沅陵民办教育事业要以职业技术教育为主攻发展方向，呼吁尽快出台《中共沅陵县委、县人民政府关于促进民办教育发展的决定》，以适应民办教育发展的新形势。2007年，政协继续将教育作为视察工作的重点，认真组织或指导委员对全县人民普遍关心的教育布局、教学质量、教育收费等问题，进行视察调研。特别是在中央减负政策到位，农民各项税费取消后，沅陵加快撤区并乡步伐，对教育布局相应作出调整，农村寄宿制学校的建设和城区学校教有布局的调整，都牵动着全县人民的心，关系着很多人切身利益，政协积极组织委员参加全县议教工作会议和教师节慰问走访活动，召开全县创办农村寄宿制学校负责人座谈会，听取创办过程中的一些经验和亟待解决的问题，深入民办学校了解情况。通过视察座谈，帮助委员对全县教育工作的走向及发展认识清晰，更有利于提出合理化建议，形成的《农村寄宿制学校建设与管理》视察调研报告，获得湖南省政协优秀调研报告三等奖。2008年7月，委员对农村教育资源布局结构和学校均衡化水平进行视察，认为虽是沅陵老生常谈问题，但因为迟迟解决不到位，建议县委、县政府要认真对待，高度重视。2009年，县十一届政协组织委员，围绕推进教育强县工作开展专题视察，一年中，各专委会、界别活动组，就教育强县课题，共计开展视察活动10多次，覆盖全县大部分乡镇中小学校，对切实改变教育布局，提高教育质量形成一批有分量的调研报告。2010年，政协委员普遍关注农村留守儿童和师资短缺问题，多个活动组自发开展对留守儿童和农村师资短缺现象的视察，纷纷提出意见建议，促使问题得到逐步解决。2012年，县十二届政协委员围绕农村非法校车安全隐患问题进行视察，提出意见和建议，促使县政府出台《沅陵县学生用车（船）管理办法》。2013年，政协委员围绕农村留守儿童教育问题开展视察，形成《关于推进农村留守儿童工作的建议》，3月29日，邀请部分学生家长和中小学教师一起，围绕建议座谈讨论，协商问题解决办法。并以主席会议形成提案督办会议纪要，将委员的建议上升为政协组织意见，加大促进问题解决力度。针对农村非法校车整治不力，安全隐患得不到彻底消除的问题，政协委员再次对此进行专题视察，向政府提出整治建议，得到采纳，县政府在规范校车（船）运营资质审核、按规定发放学生用车（船）各类补贴的同时，对全县非法运营接送学生的车（船）进行打击整治，教育安全得到保障。2014年，县政协围绕调整优化农村教师队伍、改善民办幼儿园教育环境等问题组织委员开展视察，促使一些问题引起有关部门重视，得到有效解决。2015年，共青团界政协委员针对贫困家庭失学儿童情况开展视察，分析原因，通过“沅陵青年”微信公众号发起公益助学行动，为各类困难青少年募集到100多万元就学就医款。2017年，十三届政协委员，在县政协安排部署和政协专委会指导下，围绕教育公平、特殊教育、农村学校管理、城北学校招生等工作，开展视察和调研，发现一些问题，提出意见和建议，其中关于改善义务教育薄弱学校办学条件、加快城区学校建设、走内涵式教育发展之路等建议，得到教育部门采纳，纳入教育发展计划。2018年，继续加大对城区学校建设和中小学管理工作的视察，以及对留守儿童就学情况的视察，促进教育部门工作扎实有效开展。2020年，县政协根据视察调研中发现的部分农村学校法律意识不强，学生欠缺自我保护意识的问题，组织开展“政协委员送法进校园”活动，在明溪口、借母溪、马底驿等学校开展法律讲座8场，对5000多名师生进行法律知识普及教育，有效提升师生法律意识特别是中小学女生自我保护意识。

卫生　沅陵幅员辽阔，崇山峻岭，溪河纵横，交通不便，卫生工作历来为其弱项，看病贵、求医难，一直以来都是群众热切盼望解决的热点、难点问题。历届政协委员，也始终将医疗卫生作为关注重点，进行视察监督，不断促进工作改善，方便群众看病求医。2003年，沅陵医药市场混乱，无效药、高价药现象严重，群众意见很大，要求对医药市场进行整顿的呼声很高。针对群众意见，县政协组织委员，对县医药公司和城区药房管理、销售、经营情况进行视察，尤其是对医药公司的进药渠道、流程、管理及其对药房、医院、诊所的配送、价格进行全面视察，发现问题，形成《沅陵医药市场整顿工作的意见和建议》。2005年，针对农村群众反映强烈的撤区并乡后看病难问题，主席黄茂林带领委员视察团，先后深入到北溶、五强溪、官庄、凉水井、荔溪等10多个乡镇，对卫生院建设及撤区并乡后的卫生院体制性问题展开视察，发现撤区并乡后，农村群众看病难问题较撤区并乡前更为突出，需要引起县委、县政府的高度重视。通过为时半个多月的视察，形成《树立科学发展观，促进我县乡镇卫生院良性发展》的调研报告，提交县委、县政府决策参考。2007年，针对农村卫生医疗发展缓慢，很多群众因为没有钱不敢进城上医院看大夫的情况，政协以“贫困与卫生”为主题，对全县农村医疗卫生工作开展视察，从药费价格、医疗资源配置、贫困人口医疗保障体系等多个方面进行视察调研，寻求解决办法，向县委、县政府提出减轻农民负担，保证农民健康的建议，得到县委主要领导的肯定。2008年，政协组织委员开展医疗社会保障视察，为完善公共医疗卫生保障体系提出一些有建设性的建议。2009年5月，政协主席张大新率队，带领委员视察团和教育局、卫生监督部门人员，对全县中小学及幼儿园食堂卫生问题开展联合视察，要求学校食堂工作人员持证上岗，每年至少进行一次体检，向社会公开承诺不出售不合格食品，确保学校食品安全。同年，政协委员对乡村卫生室建设情况开展视察，提出《加强村卫生室建设，完善农村合作医疗机制》建议，得到县卫生局重视采纳。2010年，委员就群众反映强烈的医风医德和医疗环境问题进行视察，提出建议，得到卫生局重视，为促进全县医疗卫生系统改善工作作风，提高服务质量作出贡献。2011年，县农工党组织农工党政协委员就全县农村新型合作医疗情况开展视察调研，针对发现的问题，提出农村新型合作医疗要和谐发展的建议，县卫生局采纳建议，6月20日，发出文件，决定全县所有乡镇卫生院自发文之日起施行基本药物制度，所有药品一律按进价销售。2014年，政协委员对新农合机制和农村卫生人才建设，以及非建制乡镇卫生院建设问题开展视察，对进一步完善新农合机制和加快农村卫生人才建设，加大非建制乡镇卫生院建设投入提出合理化建议，一些建议得到采纳，促使问题得到解决，其中非建制乡镇卫生院建设问题经过委员多年呼吁建议，县人民政府决定从2014年起，每年安排200万元用于非建制乡镇卫生院的基础设施建设。2015年，县政协针对群众反映强烈的看病难、看病贵问题，组织委员开展家庭医生式医疗服务、社会力量办医、民营医院健康发展等专项调研视察，为完善医疗服务体系，满足多层次医疗需求献计献策，很多精准的建议被县政府和有关部门采纳。同年，政协加强对农村食品安全管理的视察，发现农村食品安全监管中存在的漏洞和问题，向有关部门提出整改建议，得到重视采纳。5月4—

27日，多家相关部门，联合行动，检查农村食品经营户2100户次，农村批发、集贸市场48场次，查出问题食品120公斤，立案查处2起，有效促进农村食品市场健康发展。十三届政协关注学龄儿童和中小学生健康成长，重视对学校食品卫生监督，经常性开展对幼儿园、中小学食堂视察活动。2017年，组织委员视察凉水井、麻溪铺镇幼儿园和中小学食堂、2018年，委员对官庄、五强溪及城区的一些幼儿园和中小学食堂进行视察，对学校食品卫生监管、中小学和幼儿园卫生室建设等提出建议，为实施健康沅陵战略发挥出作用。

对社会保障工作的监督

社会保障事关沅陵经济和社会的全面发展，事关社会和谐稳定政治大局，政协注重开展社会保障工作视察，加大对社会保障公平、公正、公开的民主监督。2004年7月，政协法制群团活动组委员对社会养老保险进行视察，发现一些问题，提出建议。2005年5月26日，政协再次组织财税金融、商贸流通2个活动组15名委员，对县老年事业发展情况进行联合专题视察，针对沅陵老年事业存在的问题，从围绕构建社会主义和谐社会，促进沅陵老年事业健康发展这个层面，形成《加强我县社会养老保险工作的思考》的调研报告，提出三条建议，一要坚持“老有所养，老有所医，老有所学，老有所为，老有所乐”的指导思想，县委、县政府要把老年事业纳入重要议事日程，各级各单位要成立专门的老年工作机构，确定专人抓老龄工作，大力发展沅陵的老年福利事业，提高服务水平。建立以为老年人服务为重点，居家为基础，社区为依托，福利机构为补充的社会服务体系，推进老年事业发展向法制化、社会化、规范化目标迈进。二要充分发挥政府的主导作用，积极推进社会福利事业投资主体多元化，服务对象公众化、管理形式多样化和服务队伍社会化，不断整合开展老年福利服务资源，提升老年人的生活质量。各级政府要像抓计划生育那样抓好农村五保老人的筹资力度，充分利用撤区并乡后的闲置房产，改善五保老人的居住生活条件，提高集中供养率，保障其基本生活。三要加大社会宣传力度，认真贯彻执行《老年人权益保障法》和省实施办法，对老年人在各个方面给予优待。要对70岁以上的老年人实行免费进入公园、风景名胜区、博物馆、展览馆、纪念馆等场所参观游览，免费乘坐公共交通车辆，免费使用收费厕所；对农村老年人男55岁，女50岁以上的，不得筹资筹劳。要加强公民道德建设，大力弘扬中华民族的传统美德，努力培育全社会尊老、敬老、爱老的良好社会风尚。2006年8月，根据群众呼声，县政协继续关注社会养老保险问题，安排民族宗教法制群团委对该课题组织调研，形成报告，向上级和有关部门提出意见和建议。2007年初，政协民族宗教法制群团委，针对农村五保老人集中供养问题，组织活动组委员开展视察，提出建议，得到有关乡镇和县民政部门重视采纳，对乡镇养老院建设和规范管理起到促进作用。2008年，组织委员对社会保障和农村合作医疗进行视察，6月，委员在农村合作医疗开展情况视察中，就发现的问题提出建议，形成《关于当前农村合作医疗工作的几点意见》。2009年，政协社保界委员围绕返乡农民工培训和再就业问题，联合县劳动和社会保障局、县总工会、县妇联、共青团等部门有关同志，多次开展调研视察，提出建议，并配合开展“春风”行动，举办专场招聘会、培训会，提供再就业咨询等活动，帮助九成返乡农民工实现再就业。2010年，委员高度关注弱势群体生活保障和青年创业就业等问题，围绕这些问题开展视察调研，提出建议，促进有关部门对问题进行缓解和解决。县劳动和社会保障局根据委员视察建议，成立青年就业创业指导服务中心，将有创业愿望和培训需求的城乡青年纳入创业培训范围，并制定《沅陵县小额创业贷款利息奖励方案》，对符合条件的各类创业人员给予适当奖励。2014年，政协委员各界别活动组，在专委会的指导和参与下，对涉及民生保障问题开展广泛全面视察，视察内容涵盖社会养老、重度残疾人护理、精神病人医疗、重大疾病医保等方方面面，其中一些问题，经委员监督建议，较快得到解决。2015年，针对群众关注的低保公平、公正问题，政协委员开展专项视察，发现问题，提出建议，引起有关部门重视和采纳，及时清理清退城乡违规低保对象1150人，政策内低保对象合法权益得到维护。2017年，十三届政协委员关注农村老人养老工作，对乡镇敬老院建设和管理进行视察，提出加强医养结合扶持社会养老，改善敬老院生活条件，使院中五保老人生活更安心、更舒适、更方便等建议，得到民政部门充分采纳。2018年，政协继续关注农村五保户、重度残疾人的养老与护理，关注农村贫困人口的医疗保险和救助工作，组织相关界别委员，开展视察，提出建议，督促部门改进工作，确保社会保障落实到位。

对长治久安的监督

2000年以来，沅陵青少年犯罪现象增多，社会反响强烈。同年7月，政协委员对青少年犯罪情况进行视察调研，发现沅陵人口63万，其中青少年15万，占总人口24%。而同年1—6月，通过侦察破案抓获的138名刑事作案人员，有85名系青少年。政协委员认为青少年是沅陵的未来，更是国家的未来，全社会都应该共同关注青少年的成长。为此，参与视察的委员就预防青少年犯罪的问题，向县委、县政府提出意见和建议，受到重视办理。2002年10月以来，五强溪镇受临近桃源县影响，购买“六合彩”开始风行，波及周边18个乡镇，渗透至千家万户，导致农民无心种地，教师无心上课，职员无心上班，大量资金被骗外流，给沅陵经济造成灾难性的破坏，给社会治安带来重大隐患。针对这一情况，政协组织委员广泛视察，对六合彩“黑庄”手法、“码民”心态、危害现状、严重后果等一系列问题进行调研，向县公安局提出《强化社会综合治理，斩断六合彩黑手》建议，得到公安局重视采纳。2003年2月24日，公安局在全县部署开展“打击赌博活动，大力整顿彩票市场秩序”专项行动，对参与“六合彩”外围赌博人员刑事拘留9人，治安处罚119人，摧毁“六合彩”赌博窝点25个，教育训诫800多人。2004年8—9月，针对外来企业反映投资环境不好，企业设备和物资被偷盗破坏现象时有发生的情况，县政协民族宗教法制群团委组织群众团体组部分委员，对五强溪、官庄、凉水井、麻溪铺及沅陵镇等外来企业比较集中的五镇的外来企业生存发展情况进行专题视察，发现外来企业的生产经营环境不容乐观，确有少数村民与社会黑恶势力相互勾结，对外来企业生产经营和生活秩序进行干扰、破坏。视察组与被视察镇的领导、企业和企业所在村的村支“两委”一班人会商，提出治安综合治理建议。2006年6月间，针对群众反映强烈的吸毒问题，政协组织委员进入社区、医院、拘留所开展视察，分别同社区工作人员、医院治疗中的吸毒人员、拘留所干警及关押的吸毒贩毒人员会谈了解情况，形成《关于搞好山区禁毒工作》的建议。2008年，针对群众反映强烈的学校周边电游室、赌博机增多，严重破坏学校教学秩序，诱发社会不稳定因素等问题，政协委员经过视察，分别向公安局、文化局提出《治理学校周边环境，保证学校正常教学秩序》的建议，引起重视，有关部门及时开展联合行动，对学校附近生意门面的老虎机经营项目给予取缔，对涉及学校的案件加大侦察处理力度，批捕、拘留一批违法犯罪人员。2009年，政协委员围绕犯罪预防、城区巡防等问题开展视察，就发现的问题提出意见和建议，得到政法、公安部门采纳，城区巡特警大队警力得到一定加强。2010年，委员就群众关心的网吧管理问题开展视察，提出建议，得到公安、文化部门重视，两部门联合行动，从加大执法力度、提高技术监管水平、提高网吧准入门槛、开展经营业主法制培训、发动社会人士参与网吧监管等五个方面加大网吧监管力度，为青少年健康成长营造良好社会环境。同年，针对沅陵吸毒现象日益严重的问题，政协委员对吸毒群体、毒品来源、以吸养贩等情况开展视察调研，掌握大量扎实的第一手材料，在此基础上形成《全面开展禁毒工作》的建议，得到县委、县政府高度重视，将禁毒经费纳入县财政预算，加大投入公安禁毒大队警力和设备投入，建立起高标准禁毒教育基地，全面创建无毒社区、无毒乡镇，落实各乡镇和社区吸毒人员管控。2017年，针对沅陵赌博和社会治安等现状情况，十三届政协委员开展调研，先后对棋牌娱乐场所、城区派出所工作进行视察，形成一些意见和建议，要求公安部门对棋牌娱乐场所开展全面清查，对赌博违法犯罪活动进行严厉打击，促进全县社会治安环境进一步好转。

二、民情监督

反映社情民意是新形势下政协加强民主监督的有效形式，为委员履行政协职能拓展开新的途径。政协委员通过社情民意渠道，快速、便捷地向县委、县政府和上级政协及时反映社情民意和社会各界人士对党委、政府工作的意见和建议，有利于党政领导掌握群众关切的热点、难点，了解群众呼声和要求，为及时应对和化解矛盾，解决问题，维护和促进社会稳定，实现决策科学化、民主化发挥作用。县十届政协以来，积极开展对社情民意工作的探索和实践，制定颁布《沅陵县政协反映社情民意目标考核办法》，将反映社情民意工作纳入政协年度考核目标。十一届政协制定主席约见制度，通过定期不定期的约见约谈委员和有关部门领导，为政协委员和基层干部广开言路，反映社情民意提供便利条件。十二届政协建立健全《关于社情民意信息直通车制度》，制定《主席、副主席联系常委、常委联系委员制度》，采取走访、约谈、电话、微信、QQ等多种形式，构造起政协全员参与的民情信息网。十三届政协在社情民意工作中勇于创新，积极运用省政协在全国率先打造的“永不落幕的政协全会”政协云掌上履职平台，制定《沅陵县政协微建议工作办法》，创建县政协微建议处理新通道，使社情民意渠道广为拓宽。

政协在通过社情民意进行监督时，主要抓两方面工作，一方面抓好民情的信息收集，另一方面抓好信息报送。

信息收集

1987年12月，县政协为准确掌握社情民意，分派专人对全县城乡部分委员上门走访，听取和收集他们对发展县域经济和本乡本土本单位的重大事务的建议和意见，共收集到涉及工农业生产和农民、城市居民切身利益方面的群众建议和要求20多条，经政协办公室整理综合成民情信息，提交县政府参考解决。1988年，县第六届政协委员会专门制定政协委员定期反映情况制度，每个季度均向委员印发《沅陵县政协委员季度活动情况汇报表》，表格内容涉及本职工作完成情况、参加政协活动情况，为社会办好事实事情况，调查研究情况，对党政工作和县政协工作的意见、批评、建议，下一季度主要活动安排，以及委员个人思想想法和要求等。通过汇报表，既便于掌握委员活动情况，也为扩大民主渠道，反映群众意见和要求创造条件。制度实施第一年，就收到群众对党的工作和政协工作的意见、批评和建议66条，特别是对农用物资供应、农村乱砍滥伐、党风党纪、社会治安和物价方面的问题反应比较强烈。县政协对这些问题及时进行整理上报，为县委、县政府决策提供依据。县第七届政协继承委员季度活动情况汇报制度，1990年，通过汇报表收集到委员和社会各界对党政工作和政协工作意见、批评和建议84条。县第八届政协期间，通过委员汇报和政协组织的视察调研，县政协总计整理社情民意300余条，其中近200条被县委、县政府和有关部门采纳。1998年，县九届政协会同县工商联和农工民主党深入基层，了解社情，反映民意，向各级党政部门反映群众意见和建议86条，被采纳69条。在全县行风评议活动中，政协发挥联系面广的优势，号召各界别委员深入基层，倾听群众呼声，就治安现状、秉公执法、文明执法和执法人员的执法素质等方面，共收集社情民意57条，通过政协报送，其中49条群众意见和建议，及时得到有关部门采纳解决，群众情绪因此得到理顺，干群矛盾得到及时化解，安定团结局面得到维护。1999年，县政协把社情民意收集和视察、调研、提案相结合，从视察调研和委员提案中敏锐发现群众关心关注的热点焦点问题，及时整理形成社情民意报送县委政府，促进问题较快解决。同年，通过对矿山治理、公正司法、违章建筑、监狱管理等课题的视察，发现一些群众迫切希望解决的热点、难点问题，县政协对这些问题及时梳理，形成民情信息，报送县委、县政府，均得到及时妥善解决，为化解矛盾，促进稳定发挥出重要作用。2001年，县政协委员就民藏民用枪支的收缴、沅（陵）张（家界）公路改建、乡村医疗诊所设置、黔中郡遗址发掘、龙兴讲寺和凤凰寺的维修、库区防洪减灾方案、五强溪库区移民外迁安置、教育“一费制”收费行为等问题，收集社情民意146条，经报送省、市、县各级党政部门，其中125条得到采纳，促进一些热点、难点问题得到妥善解决，群众表示满意，社会反响良好。

县十届政协重视对社情民意信息的收集，办公室安排专人从委员会议发言、提案、视察报告中发现和梳理民情信息。2003年，将社情民意收集纳入政协年度考核目标，实现对社情民意工作的量化管理，在城乡分别确立委员担任民情信息员，鼓励委员多渠道了解和反映不同阶层、不同群体的要求，切实维护最广大人民群众利益。为引导委员搞好社情民意的收集，保证质量，政协主席黄茂林发表《反映社情民意的形式把握》，供委员参考学习。文章被收录进全国政协《主席手记》和《中国市县领导干部论丛》。同年，城乡政协委员共向县政协反映各类民情信息50多条。2004年11月25日，县政协制定《关于加强政协信息工作的意见》，对政协信息工作提出4条措施，一是加强宣传教育，进一步提高全体政协委员对政协信息工作重要性的认识；二是建立健全政协信息工作机制，建立起一支政协信息员队伍，各专委会、政协联络组和活动组，都要确定1至2名信息员；三是建立信息上报激励机制，对县、市、省采用的信息，分别给予不同的物质奖励；四是实行信息员培训制度，政协通过与县委党校合作办班的形式，每年对信息员开展一次集中培训，提高信息员的业务和政治水平。同年，政协专委会按照主席会议工作部署，把群众对撤区并乡、行风管理、物价听证等领域的意见作为社情民意的重点，主动指导和参加政协活动组，广泛深入基层，倾听群众呼声。全年收集民情信息150多条，撰写调研理论文章13篇。2005年，政协强化信息网络建设，制定信息上报和报刊上稿奖励制度，激发出委员收集反映民情信息的积极性和自觉性，推动政协信息工作跃上新台阶，全年共计收集到委员提供的各类民情信息近300条，被各级政府和上级政协采纳200多条。2007年，政协继续坚持以理论研究为载体，以舆论宣传为先导，促进政协职能履行，委员围绕全县经济社会、城市建设、文化旅游、医疗卫生、环境资源等群众关注的热点、难点，反映社情民意300多条。

十一届政协创新信息收集方法，制定专委会联系界别联系乡镇的“双联”制度，在县政府网站上开辟政协网页，广泛收集和反映群众的意见和呼声，线上线下齐头并进，广泛开展社情民意收集工作，短短几个月，就收到各方面信息150多条。为进一步抓好反映社情民意工作，11月中旬，县政协开展委员活动周活动，深入乡镇和县直单位走访委员，围绕党委政府需要解决的重点问题及人民群众要求解决的热点问题，收集到涉及环境保护、社会保障、教育公平、扩大就业、农村新型合作医疗、县城文明创建、新农村建设等民生方面的信息120多条。2009年，政协为调动委员收集社情民意积极性，出台政协宣传报道奖励措施，规定被《沅陵政协》简报和《提案与民情》简报选载的民情信息，也参照省市报刊用稿标准给予奖励，同时在战线、乡镇物色有文字综合特长的委员担任民情信息员，组建起十一届政协信息员队伍。同年，县政协通过信息员队伍共收集反映群众意见和呼声的信息近200条，其中不乏高质量的信息稿件，有18篇信息文章被《人民政协报》采用，其中《实施春风行动，沅陵九成返乡农民工实现再就业》，被多个国家级新闻媒体转载。2010年，政协着力建立健全信息网络，加强与民主党派、工商联、无党派人士的联系，完善信息激励措施，通过调研视察、走访座谈、接待来访等形式，广泛收集和反映社情民意，取得良好成效，全年收集民情信息250多条。2011年，政协将反映社情民意作为维护社会安定和谐的一项重要工作来抓，从畅通社情民意渠道入手，努力构建信息平台，进一步完善信息激励机制，县政协反映社情民意工作取得较以往更好的成绩。

十二届政协不仅将收集社情民意视为民主监督的重要手段，更是将其当作为民代言的重要工作内容抓紧抓实。2013年，县政协围绕廉租房建设、尤家巷步行街能否改为车行道、留守儿童教育关爱等群众关注的热点问题进行社情民意调查，发放调查问卷1500余份，走访困难家庭、留守儿童家庭200余户，收集民情意见近2000条。2015年，政协以社情民意为抓手，促进社会和谐稳定，制定《主席、副主席联系常委、常委联系委员制度》，及时收集掌握社会思想动态，并采取走访、约谈、电话、微信、QQ等多种形式，广泛收集群众意见和呼声，及时把握社会情绪，疏通民意表达渠道，实现从源头减少和纾解社会负面情绪。2016年，政协围绕脱贫攻坚，收集贫困群众民情意见200余条，其中《结对帮扶要帮在需帮处》等一批反映贫困群众心声的民情信息问题抓得准，反映及时，受到政府和相关部门重视采纳。

十三届政协致力于社情民意“上接天线、下接地气”，以促进问题解决，激发委员反映社情民意的积极性和责任感，社情民意成为政协新形势下常态性工作。2017年，政协创办《沅陵论坛》，民情来源得到新的扩展。2018年，结合沅陵实际，政协开启社情民意直通车，建立政协委员闭会期间履职通道，随时接收委员民情意见。同时，积极运用省政协在全国率先打造的“永不落幕的政协全会”政协云掌上履职平台，创建沅陵微建议处理新通道。同年，主席会专题研究出台《沅陵县政协微建议工作办法》，明确对民情意见的受理、审核、交办、处理、回复等相关流程，鼓励政协委员、政协工作者通过“政协云”平台反映群众关注的热点和便民利民的微小建议，为委员自觉履行职能，进行民主监督创造出便捷条件。2019年8月6日，钟广兰、张建中委员成立起怀化市第一个政协委员工作室，截至年底，共收到群众反映的社情民意130多条。同年9月9日，县工商联界别委员工作室挂牌成立，建立界别委员轮流值班制度，不定期组织界别委员进园区、进企业，收集和反映工商界人士的呼声建议，帮助企业排忧解难。

信息报送

县政协重视民意畅通渠道的构建，促使委员反映的问题得到较好解决。1991年9月，县政协委员在肖家桥乡例行走访中听到群众反映该乡部分干部，以发展股份经济的名义，强行参股甚至到民营金矿入“干股”，以权谋私，大发横财，造成当地开矿采金秩序严重混乱。问题反映到县政协，引起高度重视，即刻组成专门的调研视察组，分别深入肖家桥乡有关村组、县矿业管理办公室、县黄金公司开展调研，通过座谈、实地查看、听取汇报、查阅资料等多种形式，掌握大量真实的一手材料，撰写出《关于肖家桥乡部分干部职工参股采金情况的调查报告》，分别报送省政协办公厅、怀化地区政协联工委、县委、县人大和县政府，使问题得到及时有效的解决。同年，县政协办公室共编印政协简报25期，通过简报形式上报信息42篇。1997年，因为修建五强溪水电站，造成沅陵5万多亩良田被淹，10万群众搬迁，库区移民安置、生产开发等面临一系列困难，群众情绪很大，意见很多。为准确收集和反映群众意见和要求，政协及时组织委员深入库区调查研究，倾听群众呼声，收集整理出11个典型突出的问题，与县委、县政府反复协商后，写成《要求五强溪电站试运行期内的收入就地交纳33%企业所得税和分成问题》《要求确定从五强溪水电站上网电价中提取库区维护基金的基本比例》《要求及时返还五强溪电厂随增值税附征的城市维护建设税和教育费附加》等11条信息，上报省、市有关部门和领导，并通过沅陵的省政协委员，将这些信息转化为省政协提案，引起省政府重视，促使问题得到解决落实。

县九届政协把通过报送社情民意信息，监督促进问题解决，作为政协的一项重要工作。2000年，政协会同工商联、农工民主党，深入基层，了解社情，向各级党政部门报送民情意见建议89条，被采纳57条。其中针对五强溪库区群众实际困难和急需解决的问题，配合省、市政协委员向省政府报送的《关于建议省政府对沅陵县五强溪库区移民生产开发专项资金尽快足额拨付到位》《关于建议省政府将沅陵县五强溪库区二次概算调整移民补偿资金及时足额拨付到位》两条信息，引起省政府和有关部门高度重视与关注，较好地发挥出人民政协不可替代的作用。

县十届政协为畅通社情民意反映渠道，先后办有《沅陵政协》《政协工作简报》《民情专报》，经过政协严格筛选需要上报县委、县政府领导和上级政协的民情信息，通过这些载体，进行规范报送。2003年，通过《政协工作简报》形式，编发民情信息50余条报送县委、县政府主要领导。2004年，政协编发简报10期，报送信息100多条，其中98条被各级政府和上级政协采用。2005年，编发《沅陵政协》7期，《民情专报》4期，刊发各类信息200多条，有60余条含金量高的优质信息被各级政府和上级政协采用，促使一些群众关注的问题得到及时解决，受到社会各界好评。2006年，政协全年编发《沅陵政协》7期、《民情专报》4期，上报各类信息60多条，被县以上采用34条。其中《我县部分地方林木资源破坏严重》《我县“三区”环境问题突出，环境保护亟待加强》等信息，引起县委、县政府主要领导高度重视并作出重要批示，在有关职能部门大力配合下，委员反映的问题得到较好解决。《新农村建设应慎重取舍》信息被《人民日报》采用，并被多家主流网站转载。十届政协五年任期，先后编发《政协工作简报》《沅陵政协》《民情专报》50多期，报送社情民意近800条，被县以上部门和政协采用200多条，有10多条民情信息得到县委、县政府主要领导签批。与此同时，县十届政协还采取与广播电视台联办节目的方式，就一些群众关心的热点问题，请政协委员和普通老百姓走上屏幕发表看法，为县委、县政府了解社情民意搭建平台，畅通渠道。

十一届政协主要以《沅陵政协》《提案与民情》两种简报为载体，将一些有价值的信息报送县委、县政府，推动问题的解决，得到县委、县政府领导的高度重视和群众充分肯定。2009年，政协以简报形式向县委、县政府领导报送民情信息100多条，大部分被批转到有关部门落实解决，赢得群众赞许。如二酉乡政协委员报送的《莲花池村民非法开采矾矿》信息，得到县委、县政府有关领导高度重视，职能部门及时予以取缔，群众利益得到维护，生态环境得到保护。2010年，编发《提案与民情》10期，向省、市政协和县委、县政府报送一批重要意见、建议和信息，有69篇信息文章被新闻媒体采用，其中国家级26篇，省级18篇，市级1篇，县级24篇。2011年，编发《沅陵政协》4期、《提案与民情》7期，向上级政协和县委、县政府报送重要意见、建议和信息300多条。信息文章被新闻媒体采用48篇，其中国家和省级27篇，市级5篇，县级16篇。上报和发表的这些民情信息文章，为党政领导机关提供许多基层真实情况，反映出各界人士的愿望和呼声，促使一些问题得到重视或解决。特别是通过新闻报刊发表的信息文章，较好实现民主监督和舆论监督相结合，取得良好成效。

十二届政协建立社情民意专报制度，编发《社情民意》，向省、市政协和县委、县政府专门报送来自基层各界人士的愿望呼声和一些有价值的信息。2014年，建立《关于社情民意信息直通车制度》，进一步规范社情民意专报工作，民情信息上报质量得到大幅度提升。截至2016年11月届满，十二届政协在4年任期中，累计对委员、群众反映收集到的2500多条意见和建议进行归纳分析，形成《社情民意》50件、《政协主席会议纪要》4件，报送县委、县政府和上级政协。其中《确保群众饮水安全》《城区贫困群体扶持力度需要加大》《结对帮扶要帮在需帮处》《美丽设施不美丽的现象当解决》《县城车辆乱停乱放》等信息得到县委、县政府领导重视，有的信息被上级政协采用发布，其中农工党和医卫界委员反映的沅陵山区群众看病难、看病贵，需要帮助的信息，促成全国政协教科文卫委组织专家学者到沅陵开展卫生“三下乡”活动，并为沅陵乡镇卫生院捐赠300多万元的医药器械。

县第十三届政协创新社情民意工作，在坚持传统方法的同时，引入科技手段，使民情报送和处理更为便捷迅速。2017年，政协创办“沅陵论坛”，通过讲座开启委员智慧，激发委员社会责任感，自觉参与民情信息收集工作。同年，县政协在《人民政协报》《湘声报》《怀化日报》等媒体发各类信息文章100余篇，《人民政协报》上稿量占全市三分之一以上。2018年，政协开启社情民意直通车，对重要信息进行及时报送，促使问题尽快解决。政协对委员上报的《龙舟看台路基掏空护坡损毁，安全隐患大》信息，通过直通车，及时送达县委、县政府，有关领导第一时间签批，要求相关部门迅速解决落实，前后两个月时间不到，全面完成龙舟广场路基、护坡的维修处理工程，确保这一重大安全隐患在库区水位上涨之前得到消除。同年，县政协利用新科技，创建微建议快速处理通道，推动社情民意工作迈上新台阶。6月28日，省政协委员王超祥发表《常吉高速沅陵境内沅水观景台垃圾遍地亟待整改》微建议，县政协副主席杨德信及时带队进行现场视察，发现问题反映属实，即将此件进行转办，县综治办、县高速交警大队、盘古乡政府等部门迅速开展联合清理整治，并建立观景台卫生管理长效机制。整个事情，从受理到办结，仅用6天时间，就彻底改变沅陵高速公路观景台脏、乱、差现象。《人民政协报》《湖南日报》《湘声报》等媒体先后对该微建议的办理进行报道，省政协发出社情民意专报在全省通报，给予充分肯定。2019年，县政协通过政协云平台，组织委员开展“微建议”活动，及时快速的反映群众身边事、细微事，不仅拓宽委员履职新渠道，也进一步加深群众对政协的信赖。同年，政协共收到61条微建议，在县直部门、乡镇党委政府的支持下，全部及时办理完毕，受到社会各界普遍好评。2020年，政协加大社情民意信息的收集、编辑和报送，全年被市政协采用6篇，其中《加强疫情防控同时，要保障好农村群众的基本物质生活供应》等4篇社情民意获怀化市委书记彭国甫签批。

三、评议监督

通过对行风进行评议监督，是政协在民主监督工作中积极探索的一种监督形式。县八届政协按照全国政协李瑞环主席关于“人民政协应当适应形势的要求加强民主监督”的指示，紧扣全县经济工作中的热点、难点问题，寻找目标，把握时机，采取行风评议的方法实施监督，取得较好效果。在行风评议中，县政协坚持广纳社情民意的原则，以关系国计民生和群众反映强烈的问题为重点，做到寓监督于支持之中。1996年，县政协常委会议协商通过将邮电部门作为政协行风评议单位，组成行风评议小组，通过座谈、走访等形式，深入6区9乡镇12个村组和13个居民委员会以及县城9个局、行和7家公司进行调研，先后走访座谈群众416人，党员106人，邮电局干部职工47人，收集意见30多条。邮电局党组对政协评议中提出的意见和建议全部采纳，制定出5条整改措施，促进行业服务意识提高，赢得较好社会反映。1997年，县政协为配合县直单位行风政风评议活动，组织10名政协常委和委员，分别担任各受评单位的评议组正副组长，深入区乡和县直单位，走访420人次，召开座谈会50多次，收集群众意见400多条，有力促进评议工作开展，促进行风政风好转。其中财政局行风评议组，走访城乡8区11个乡镇和30多个县直单位，召开座谈会30多次，整理归纳出21条行风整改意见，并协助县财政局制定完善一系列整改措施。农业局行风评议组深入3区25个乡镇，向150多名县人大代表、政协委员、村组干部、教师、农民、区乡领导、农业科技人员，广泛收集意见300多条，归纳整理成10个类型，反馈给县农业局党组进行整改，促进农业局机关面貌和机关干部作风发生很大变化。政协民主监督员帮忙不添乱的工作作风，受到各单位好评。1998年，县人民检察院下文，聘请徐守芳、冯嗣万、罗咏平等8名政协委员担任检察院执法民主监督员。

第十届政协，有50多名委员受聘担任执法执纪部门、公共服务单位的行风监督员，通过这些监督员，政协能够及时了解掌握群众对被监督单位的意见，找出存在问题，积极帮助落实整改措施，有力促进政府有关部门和公共服务单位的工作作风改进。县政协常委多次集体参与对县直部门的行风评议和重大涉及民生事项的听证，并且每年都参加出席县政府组织召开的全县机关效能建设和优化经济发展环境“双向测评”会议，对被测评的部门和单位打分测评。对“双向测评”中排名末3名的单位，政协在下个年度中加大监督力度，促进工作整改，在政协常委会议上对整改效果进行民主评议，促使在政府“双向测评”中提升排位。2005年12月，县政府召开“双向测评”会议，测评结果，县卫生局、交警大队、自来水公司排位后3名。2006年，政协加大对这三个单位的民主监督，促使其整章建制，转变作风，增强服务观念，提升服务水平。在政协十届十五次、十六次常委会议上，分别对三家单位进行民主评议，提出批评整改意见和建议。12月18日，政协召开十届十七次常委扩大会议，三家单位负责人到会报告整改工作和效果，得到与会人员认可，在当年全县“双向测评”中，三家单位均实现排位名次的提升。

第十一届政协在继续指导委员接受执法执纪部门、公共服务单位聘请，担任行风监督员的同时，不断探索民主评议监督新方法，2008年3月26日，召开十一届政协二次常委会议，协商通过《政协沅陵县委员会民主评议部门工作暂行办法》和《县政协2008年民主评议部门工作实施方案》，根据办法、方案，会议采取常委投票方式，决定被评议单位。会上，发出票30张，收回30张，县环保局、林业局、教育局均获10票，并列排名第一，被列为政协2008年民主评议单位。之后，政协民主评议工作小组本着实事求是的原则，深入乡镇、厂矿、学校、社区，采取召开座谈会、发放调查问卷、现场走访等方式，全面了解3个被评议单位在服务质量、履行职能、自身建设等方面的情况，形成较高质量的评议报告。9月9日，政协召开十一届四次常委会议暨民主评议部门工作会议，对受评议的3个单位进行民主评议和测评，满意和基本满意率均在95%以上。12月29日，政协十一届六次常委会议票决产生2009年度政协民主评议单位为县广播电视局。县政协评议工作组深入城乡，开展调研，对县广电局一年来履职情况形成评议报告。政协十一届九次常委会议对县广电局工作进行民主评议和测评，针对沅陵县广电事业发展中存在的问题，提出加快农村广播电视村村通工程建设，提高沅陵电视台信号覆盖率等建议。县广电局对照评议组提出的意见和建议，进行认真整改，民主评议取得满意效果。同年，委员们还通过参加各类会议提出批评意见、反映社情民意、参加优化经济发展环境评议、参与企业改制工作、担任执法执纪部门行风监督员、评议员等形式，充分履行民主监督职能，取得良好社会效果。2010年3月26日，政协十一届十二次常委会议，票决产生县食品药品监督管理局为民主评议单位。政协成立评议小组，组织委员深入乡镇对该局管理服务对象进行广泛走访调查，收集社会各界对该局的意见和建议，形成高质量的评议报告。11月24日，政协十一届十四次常委会议对县食品药品监督管理局进行评议、测评，结果为满意，政协授予其“民主评议满意单位”称号，并将评议情况和测评结果向县委、县政府反馈，在新闻媒体上公布。同年，政协还将重点提案办理情况纳入民主评议监督内容，对县建设局承办的“加强县城基础建设，推动城市可持续发展”、县公安局承办的“关于全面开展我县禁毒工作”、县农办承办的“关于积极引导非公有制经济人士参与农业产业化经营的建议”等3件重点提案办理首次进行民主评议。2011年3月25日，政协十一届十七次常委会议票决出县城市管理行政执法局为民主评议单位，评议工作小组采取听取情况介绍、搞好问卷调查、召开座谈会议、走访视察等形式，广泛收集各方面意见和建议，经过3个月时间的工作，形成评议报告。9月22日，政协十一届十九次常委会议，通过认真评议，县城市管理行政执法局被评为政协民主评议满意单位。同年，政协对县发改局牵头承办的“关于做好沅陵县十二五污染减排工作的建议”、县卫生局承办的“关于促进我县农村合作医疗事业和谐发展的建议”、县农业局承办的“关于大力发展菜篮子工程的建议”等3件重点提案进行民主评议，有效促进部门工作。2012年2月17日，政协十一届二十二次常务会议票决出县卫生局为民主评议单位，7月3日，十一届二十三次常务会议，票决出1号、2号、7号3件提案为民主评议重点提案。

十二届政协创新评议监督方式，改以前政协民主评议部门工作为向全县重点执法执纪部门（单位）委派民主监督员的办法，实行民主监督全覆盖。2012年12月10日，十二届一次政协主席会议专题协商讨论建立向重点执法执纪部门委派行风监督员制度。2013年1月4日，政协十二届二次主席会议审议通过这项制度。1月18日，召开政协十二届二次常委会议，协商通过十二届政协向重点执法执纪部门委派行风监督员制度。2月3日，中共沅陵县委印发《政协沅陵县委员会委派政协委员担任重点执法执纪部门（单位）民主监督员实施办法》，县政协在湖南省率先推出委派政协委员担任重点执法执纪部门和单位民主监督员制度。办法规定，政协委派到各重点单位的民主监督小组人员，两年定期一轮换；民主监督小组通过参加受派部门的有关会议和相关活动，以及召开座谈会，走访党员、群众，查阅资料等方式，对受派部门工作开展情况进行调查研究，以民主监督意见书形式向受派部门反映社情民意，对存在的问题提出意见、批评和建议，不断提高民主监督的实效性。依据办法，同年4月，县政协共委派84名委员组成28个民主监督小组，对县公安局、商务局、教育局、卫生局等28个重点执法执纪部门（单位）开展为期两年的民主监督，有效推动各单位工作管理上台阶，服务上水平。一年中，委派县国土资源局民主监督小组共暗访8次，检查工作4次，走访群众15人次；委派县住建局民主监督小组共参加该局民主生活会1次，专题座谈会2次，党组会2次，开展实地察看2次，提出合理化建议3条；委派县财政局民主监督小组将乡镇财政管理局干部管理确定为监督重点，在反复调研的基础上，积极提出建议，促成县财政局对每名干部职工推行量化打分制度，反响较好。民主监督小组活动开展，对促进干部作风转变，加快问题解决，提升群众满意度，作用发挥明显。委派县公安局民主监督小组，与县作风办一道，对全县公安机关进行2轮作风明察暗访，先后4次对存在问题提出口头建议，并针对警务用车管理和户籍管理提出2份书面监督意见书，对公安队伍建设给予有力促进。12月13日，政协召开十二届五次常委会议，听取28个民主监督小组工作汇报。2014年3月14日，政协十二届七次常委会议审议通过《关于委派政协委员担任重点执法执纪部门（单位）民主监督员的情况通报》。3月26日，中共沅陵县委以“沅委〔2014〕5号”文件转发政协通报。3月27日，召开县政协民主监督工作会议，总结上年度民主监督工作，安排部署2014年委派民主监督员工作。县委副书记胡诗军到会并讲话，代表县委对政协民主监督工作给予高度评价。2015年2月3日，政协召开十二届政协第一轮民主监督工作总结表彰大会，对12名担任民主监督员的政协委员给予表彰奖励。3月17日，政协召开十二届十二次常委会议，协商审议第二轮委派民主监督小组实施方案，决定83名政协委员，组成14个民主监督小组，由政协常委会委派到14个重点执法服务部门开展民主监督工作。各委派民主监督小组，努力工作，积极履职，成效明显。委派发改局民主监督小组，助推该局在全县率先推行公车改革，公车支出同比下降67%，极大降低行政成本；委派林业局民主监督小组，大力支持该局发展林下经济，全县林下经济从业人员迅速发展至1.5万人；委派城市执法局民主监督小组对该局部分执法车无牌照上路执法问题，提出书面整改建议书，促使该局将7台执法车全部挂牌上户；委派国税局民主监督小组将“全县小微企业所得税优惠政策落实情况”作为监督重点；委派公安局民主监督小组对城区部分警务室建设不规范、办公设备不齐全、信息掌握不详细等问题，向该局送达“进一步加强社区警务室建设”建议书；委派交通运输局民主监督小组对交通工程欠账较多，水上交通安全管理未常态化等问题，提出整改意见；委派教育局民主监督小组见证小升初摇号招生和教师进城公选考试、公聘教师等工作。9月15日，召开政协十二届十四次常委会议，听取各民主监督小组工作情况汇报。2016年2月19日，经政协十二届十八次常委会议协商，决定表彰一批民主监督先进单位和先进个人，同时通过2016年度民主监督工作方案。

十三届政协沿袭并完善上届政协委派民主监督小组的做法，开展民主监督工作，每个民主监督小组由5—7名委员组成，分别由政协常委或委员担任组长。2017年，派出5个民主监督小组，分别对县公安局、住建局、农业局、卫计局和文体旅广新局实施民主监督。文体旅广新局民主监督小组多次深入乡村，深入网吧，对群众反响强烈的未成年人上网问题进行监督，收集第一手资料，提出监督意见，有力推进网吧专项整治行动。其他被监督单位党组对政协委派监督员开展民主监督工作也高度重视，主动接受监督，积极推进整改。县公安局党委主动申请接受民主监督工作，邀请政协委员走进公安机关，走进看守所，走进基层派出所，增进委员知情权，促进工作开展。卫计局党组接到民主监督小组反馈的群众呼声，立即着手推动县人民医院微信支付上线，方便患者。政协加大对各监督小组的指导力度，5位副主席带领委室负责人，经常巡回指导，及时协调解决民主监督小组遇到的各种困难和问题，有效推进民主监督工作开展，民主监督成效明显。2018年，政协创新方式，和县纪委联合，从人员结构、工作机制、活动开展等全方位结合，建立联席会议制度、监督小组例会制度、定期通报制度、信息共享制度等，工作中互通有无，确保信息共享，共促监督工作有水平，上台阶，民主监督力度大为加强。同年，政协和县纪委一起，对交通运输局、人力资源和社会保障局、水利局、食品药品和质量技术监督局等4个局委派28名监督员开展监督，并分别就农村公路建设和管理、食品药品的安全和监管、农村安全饮水等问题深入到部门、到乡镇、到企业开展现场监督，下发民主监督报告；将民主监督内容与专题协商课题相结合，就沅陵人才的培养与引进、沅陵传统名食的传承与弘扬开展专题协商，提出解决问题的政协方案。2018年第9期《中国政协》杂志“县级政协工作研究”专栏对沅陵政协民主监督和纪委纪律监督相结合的监督形式进行报道，充分肯定这一创新性工作的可行性。2019年，政协进一步深化民主监督和纪委监委纪律监督相结合，出台《沅陵县2019年度民主监督和纪律监督相结合工作方案》，监督成效逐步提升，特别是在脱贫攻坚工作中，围绕“住房、就学、医疗”三保障工作落实进行多次监督，尤其对住房安全保障开展系列监督工作，并就干部作风、工作成效与县纪委监委适时进行监督。

第三节　参政议政

参政议政是县政协一以贯之的重要工作。历届政协始终坚持组织委员列席县人民代表大会共商全县大政方针，政协主席列席县委常委会议，副主席列席政府常务会议，及时了解县委、县政府工作部署，参与重大工作的协商与决策。1981年，县政协恢复伊始，即以政协简报形式，编发委员具有参政议政性质的报告，向县委、县政府提出意见和建议。1984年6月，政协创办《参阅件》，精选委员各种调研视察报告，为县委、县政府重大决策提供参考。1986年7月1日，县政府发出加强与政协联系的通知，支持政协委员参政议政。参政议政开始成为政协常态化工作，政协委员采取会议协商、调研视察、座谈讨论、反映社情民意等多种形式，广泛开展参政议政活动，参政议政的质量和水平逐年提高。1997年5月，政协制定《政协沅陵县委员会关于贯彻执行《〈政协全国委员会关于政治协商、民主监督、参政议政的实施意见〉的规定》，进一步规范政协委员参政议政应遵循的原则，对参政议政的内容和形式、基本程序和方法做出具体规定。

一、调研建言

1980年12月县政协恢复以来，坚持为经济建设服务，狠抓建言献策，历届政协根据县委、县政府的决策意向和工作思路，按照“县委出题，党派研究，政府采纳，部门落实”的原则，把握大局，研究大事，紧扣“脱贫攻坚，兴业开发，富民强县”目标，先后就全县的山地开发、移民搬迁、城镇建设、工业发展、科技兴农、水产养殖、财源建设、民营经济、旅游产业等参政建言。县第十二届政协开展“立德、立言、立功”主题实践活动，将撰写提案、调研视察报告纳入政协工作考核和奖励，有力推动委员建言献策，参政议政。

对旅游产业的调研建言

沅陵有丰富的历史人文旅游资源，受到关心沅陵发展的各界人士关注，1988年4月19日，国家安全部研究员、原蔡锷秘书修承浩的孙子修泽云至信县政协原副主席向明龙，认为“沈从文先生是当代中外很知名的大作家，特别是在美国和日本威望很高，有不少大学文科专门设有沈从文作品研究一科，还有不少沈从文作品研究会。沈先生作品的不少地方，谈到他对沅陵的特殊感情，并把沅陵当作他的第二故乡”，建议沅陵把沈从文的旧居“云庐”开辟成沈从文纪念馆，对沅陵今后联系海外人士，发展旅游大有好处。县政协对修泽云先生的建议极为重视，组织委员进行调研，向县政府提出《关于在沅陵修建沈从文旧居的建议》。进入21世纪，历届县委、县政府先后把“旅游兴县”“旅游活县”作为全县发展战略之一提出，旅游成为沅陵人民关注的热点，也成为政协委员参政议政的重点。自九届政协以来，委员们围绕旅游产业调研视察，建言献策，表现出极大的参事议政热情。2000年11月，县政协委员会在政协九届四次会议上，为推动旅游产业发展，一鼓作气，向县政府提交《请求对凤凰寺保护维修给予支持》《请求尽快发掘沅陵县黔中郡遗址》《请求将龙兴讲寺保护维修列入“十五”规划并尽快实施》《关于尽快改建沅（陵）张（家界）公路》等4件建议案。2001年，政协在开发沅陵旅游产业上全力作为，积极主动参事议政，县委、县政府根据政协建议，及时推出“旅游兴县”战略，形成以黔中郡为龙头，以二酉藏书洞、龙兴讲寺、凤凰山为重点，以五溪湖百里画廊为主线，以山水风光、自然生态资源为依托，打造西部第一旅游走廊的开发思路。不完全统计，九届政协委员涉及旅游资源开发的调研视察活动多达30余次，形成提案建议20多件，政协第九届委员会也专门向县委、县政府提出加速推进沅陵旅游产业开发的建议案。十届政协，继续助推旅游产业发展，把旅游工作作为参政议政的重要内容，组织委员调查研究，建言献策。2004年，政协各委员活动组、各界别委员，都对旅游兴县战略表示极大关注，纷纷开展调研。政协也组织学习考察组外出学习考察其他省市旅游建设经验，为沅陵旅游建设把脉献策，先后形成50多篇（件）涉及旅游开发的提案、论文和考察报告。政协赴云南考察组撰写的题为《云南旅游发展历程对我县旅游开发的启示》，通过大量史实和文化现象的对比研究，认为沅陵旅游开发前程壮观，但是不能急功近利，一定要坚持统筹规划，综合发掘，力创本土特色，强化品牌意识，并且要坚持不懈努力，加强开发建设。县十届政协委员会在多方调研的基础上，也向县委、县政府就旅游开发工作提出意见和建议，指出沅陵旅游经过几年的开发建设，虽然取得一些进展，但还集中面临四个方面的困难和问题，一是以城区为中心的旅游景点随着城市品位的提升得到较快发展，但各景点特色和文化品位仍然严重欠缺；二是边缘重点景区的开发因受各种因素制约而进展缓慢甚至难于启动；三是宣传促销声势虽然很大，但没有提出体现沅陵旅游魅力的特色口号；四是旅游人才缺乏，服务滞后。为此，政协提出6点建议：一是对旅游规划实施情况进行一次全面检查；二是政府要出台相关文件和措施，明确旅游业的先导产业地位；三是要明确定位沅陵旅游的主题形象，统一宣传促销口径；四是生态建设既要加强更要突出沅陵林业资源特色；五是要努力营造一种传统的文化氛围；六是要加大人力资源的教育培训。

十一届政协把文化旅游细化成多个子课题开展调研活动，五年任期内，围绕旅游资源开发，先后10余次组织委员到明溪口、二酉、荔溪、麻溪铺、官庄、五强溪、七甲坪、借母溪等乡镇开展调研视察活动，对旅游开发中存在的困难和问题进行建言献策，就如何助推沅陵旅游产业发展撰写调研报告、提案建议20余篇（件）。

十二届政协围绕“旅游活县”战略，力推旅游产业健康发展，文史委、人环资委、经科委等专委会，经常组织开展委员活动，调研旅游产业发展问题。县政协也重视找准旅游产业发展中存在的主要问题。2013年8月27日，政协组织部分常委和有关乡镇的政协委员，对沅陵酉水流域旅游开发情况进行视察调研，发现沅陵旅游开发，主要存在资源松散凌乱，缺乏主打品牌；协同作战不够，错失发展良机；统计数据失真，群众信心打折；市场营销不力，等靠思想严重等问题，建议县委、县政府要拓宽旅游项目筹资渠道；加快旅游产业项目建设；整理提炼旅游龙头产品；强化旅游产品促销宣传。2015年8月11—12日，政协组织政协常委和部分委员对借母溪旅游基础设施建设情况进行调研，就存在的问题进行指出并提出解决建议，形成《关于借母溪旅游基础设施建设情况的视察报告》，提交县委、县政府决策参考。十二届政协任期四年，累计提出和旅游开发有关的调研视察报告、提案建议30多篇（件）。

十三届政协围绕全域旅游和美丽乡村建设组织委员参政议政，推动沅陵旅游向高质量发展。2017年7月23—29日，政协组织全域旅游和美丽乡村建设调研组先后赴江西省靖安县、婺源县、玉山县、资溪县、井冈山市等地比较学习，形成考察报告。认为沅陵旅游在品牌方面，存在宣传主题模糊、核心品牌欠缺问题；在规划方面，存在多规融合度不高、规划专业程度不高、规划成果浪费严重问题；在基础设施方面，存在旅游交通形势严峻、景区建设简单粗糙、旅游配套设施欠缺；在环境方面，存在全民参与意识不够、部门服务意识不强、商家诚信环境不优问题；在发展合力方面，存在共抓合力不强、管理体制不顺、考核评价不严问题。并就这些问题解决提出5个方面16条建议，在9月15日召开的政协十三届四次常委会议上向参会的县委和政府领导进行协商。政协办公室将发言整理成为《沅陵县全域旅游专题协商报告》，报送县委、县政府处理落实。2019年，政协就旅游产业、康养产业等课题，与省、市政协开展联合调研，借助省市智库，推动沅陵旅游产业健康发展。

对城市建设的调研建言

1980年开始，沅陵开始新城区建设，新城规划和建设成为群众长期关注的热点，刚刚恢复的县政协，号召委员围绕城市建设多做实事、好事，赢来社会赞誉。在县第四届政协委员的建议下，成立起沅陵县环境卫生管理所，新老城区环境卫生脏乱差现象得到改观。环卫所职工、县第五届政协委员丁伶以辛苦一个人，换来大家净的劲头，经常晚上出门巡查城区大街小巷，发现哪段路灯坏了，就及时与路灯管理所联系更换。遇上雨天，城区巷道排水不畅，尤其是上南门、尤家巷，一逢大雨，就造成排水沟堵塞，丁伶委员每次雨后，都及时主动带人撬开沟盖，清除污物污泥。她还经常自己挑运砂石，对一些背街小巷道路进行平整，为政协委员树立起良好社会形象。1987年，县政协第六届委员会成立，组织委员围绕城市建设发展建言献策，参事议政。此后各届政协委员，均把县城建设和发展作为调研视察的重要内容，主动参与城市建设，积极建言城市管理，助推县城又好又快发展。九届政协成立资源城建活动组，主要分工进行城市建设的调研建言。1999年，政协组织委员对城市建设与管理开展多次调研视察，提出意见和建议，在九届三次全会上，作出《关于沿江道管理与开发利用的建议》发言。2003年3月，十届政协增设人口资源环境委员会，联系资源城建活动组。在人口资源环境委的指导下，资源城建活动组在十届政协五年任期内，经常性开展城市建设调研活动，活动涵盖城建规划、城市交通、城市污水排放处理、城市卫生清扫、城市路灯照明、城市其他基础设施建设等各个方面，形成有关报告、提案、信息20多篇（件），活动组副组长张蓝委员，两次代表活动组，分别在十届政协二次、三次全会上进行参政议政发言。活动组长张大强委员关于建设城市雕塑，传承城市文脉的参政建言得到县建设局的采纳，将城雕建设纳入城市建设规划，催生一批城雕产生。其他委员活动组，也围绕城市建设献计献策，向县委、县政府积极建言，为城市建设做出贡献。如教育活动组向丙元等委员争创省级文明卫生城市的建言、农业科技活动组李世雄等委员强化县城环卫管理，加大城市保洁力度的建言，财税金融活动组李建忠等委员加强侧街深巷“亮化”工程建设的建言、群众团体活动组符德俚委员开发宗教文化古巷的建言，均得到重视采纳，落实效果明显。

第十一届政协以来，委员更为关注城市发展和品位提升。2008年，政协组织委员围绕文明创建工作对城市建设进行调研，把调研课题细化成若干子课题，分解到专委会，负责召集委员实施，在各子课题调研基础上，县政协组织常委和城区委员，对群众关切的县城污水处理、城南供水、城区红绿灯建设、县城卫生保洁等问题进行集中调研，协商对策，形成报告，向县委、县政府进言。2011年，政协牵头，组织县国土资源局、城乡住建局、财政局、房产公司等单位，围绕市民服务中心建设课题开展调研，把调研课题分解成几个子课题，由副主席们分别牵头完成，形成综合的参政议政报告。2012年，针对城市居民反映强烈的丧事扰民问题，政协组织部分常委和委员，以及民政局等有关单位专业人员，就殡仪馆建设问题开展调研，建议修建沅陵殡仪馆，对民间丧事集中办理。建议得到县委、县政府高度重视。五年任期，十一届政协累计形成《我县创建全国文明县城的问题与建议》《创新管理模式，构建和谐社区》等关于城市建设的参政议政报告12份，委员提出诸如整顿出租车市场、纠正城市不文明行为、加强城市社区管理、加大县城环卫投入、加快人民医院改造建设等涉及城市建设的提案50多件。

十二届政协从关注民生和城区重点项目建设入手，组织委员开展活动，参事议政。2013年5月，针对城区部分群众要求将尤家巷步行街改为车行道的问题，县委交办政协进行可行性调研。政协精心组织，深入调研，通过采取设计发放调查问卷，召开专题座谈会等方式，广泛收集民意，听取建议后，形成综合调研意见，认为县城堵车真正原因不在步行街，而是因为滨江大道东西为断头路，形成不了循环，车辆分流能力差。同时也是因为县城交通基础设施不完善，主要表现为停车场建设滞后、小区建设停车位满足不了需求。从提升城市品位角度出发，不仅尤家巷步行街不能改为车行道，城区其他地方若有条件，还应该多增加几处步行街。建议县委、县政府科学规划县城交通网络布局，加强城市交通管理，完善基础设施建设，尊重民意，科学决策，保留尤家巷步行街。政协建议得到重视，参政议政成效明显。同年8月和9月，政协组织常委及部分委员，围绕县委、县政府“发展城南，提升城北，东延西扩”发展战略调研建言，对太常西水大桥、西水白田段河道综合治理、龙兴大道建设、城南廉租住房建设等4个重点项目进行视察，分别提出参议意见。其中对太常西水大桥建设提出2条建议，一是工程建设指挥部要充分了解掌握五强溪水电站枯水期、防洪期和蓄水期，季节水位变化情况，调整制定好施工方案，合理安排工程东、西岸引桥与跨西水主桥的施工季节，有效规避由于水位变化对工程施工的影响；二是县财政要把大桥建设资金按时、按量拨付到位。确保大桥建设工程有序推进，按照预定计划交付使用，正式通车。对西水白田段河道综合治理项目建设提出“摸明疏堵调”等5条建议，其中“摸”，就是要进一步摸清项目规划区内违章突击建房、补种青苗，非法买卖土地及煽动群众阻工带头人的底子；“明”，就是要将摸排出来的情况进行公示，并勒令限期自行改正；“疏”，就是要多作宣传解释工作，疏通理顺民情，引导群众合理合法反映利益诉求，并对群众合理的利益要求给予及时答复和解决；“堵”，就是尽快要配齐、配强综合执法队伍，对在项目规划区内非法买卖土地、煽动群众阻工、违章突击修房的典型，在程序合法、证据确凿的前提下，依法处置，杜绝以获取高额补偿为目的现象继续发生；“调”，就是要结合水情实际调整制定好施工方案，合理安排防洪堤建设、土地整理工程、水厂泵房搬迁的施工时段，最大限度地规避由于五强溪水电站蓄水水位变化对工程施工产生的不利影响。对龙兴大道建设项目提出3条建议，一是在多渠道争取建设用地指标，解决好用地指标不足问题的基础上，坚持“有限指标保重点、一般项目靠挖潜”的原则，在用地指标上向重点项目倾斜；二是进一步优化项目建设施工环境，理顺疏通民情，尽快出台科学、合理、统一的土地征收拆迁补偿标准，及时落实相关补偿资金，杜绝阻工现象发生；三是积极探索并实践市场融资方式，发挥城建投的融资平台作用，按照“市场筹资为主，政府筹资为辅”的原则和“谁开发，谁受益”的模式，建立长期稳定的基础设施建设投资融资机制，争取商业银行的信贷支持，探索面向社会发行债券、BT、BOT等多种形式筹集工程建设资金，解决建设资金紧缺的问题。对城南廉租房建设项目提出3条建议，一是调查研究城南移民培训中心廉租房2～5期建设用地涉及的租赁、使用权转让等具体问题，提前协调解决好我县今后几年廉租房建设所需用地；二是建立符合县情实际的保障房专用资金的筹集机制，县财政要在制定年度财政预算时将廉租房建设资金纳入年度安排，住建部门要积极争取每年中央和省、市安排的住房保障专项补贴，住房公积金管理部门要将上年度利润提取风险准备金后的全部余额投入到廉租房建设，县财政要按《湖南省廉租房保障试行办法》要求将年度土地出让净收益金总额的10%提出作为保障房专项资金，实行收支两条线、专款专用，确保新建廉租房工程的顺利实施；三是积极探索保障房分配行之有效的运行机制，是住房保障工作科学化、规范化的必备基础。县委、县政府及相关部门要提前做好保障房分配方案，形成一整套科学的制度和标准，逐步把行之有效的做法上升为规章和规范，要坚持一切从实际出发，因地制宜、分类指导、扎实推进、公平公正。2014年，围绕县城区划调整、凤鸣大道西延、政务中心建设等重点项目，政协组织委员积极开展调研活动，提出合理化建议，与县委、县政府民主协商，体现出政协参政议政的水平和能力。2015年7月16日，政协组织部分常委和城区部分委员，对县城重点公共休闲场所管理情况进行视察，根据视察结果，向县委、县政府进行政事建言，建议彻底取消凤凰山森林公园门票费，全天候免费开放；建议在胜利公园内合理增置一批爱国主义教育的宣传景观，丰富烈士文化内涵。建议继续加强龙舟广场摆摊设点的经营管理，常抓不懈，防止反弹，同时.撤销樱花园，增加广场容量。建议将城南广场中心的台阶夷为平地，增加旅游大巴停车位。委员建议得到采纳和安排落实。

十三届政协借助“外脑”，提升委员参政议政的智慧，为县城建设建言献策。2017年一季度，政协开展“城市建设和管理暨美丽乡村建设”调研与协商活动，2月27日—3月4日，政协成立城市建设和管理暨美丽乡村建设课题组，由党组副书记、副主席杨德信和副主席卢新仁带队，赴江西省武宁县、湖北省赤壁市、荆州区、湖南省澧县、张家界武陵区进行比较研究学习。3月16—17日，课题组在县内开展视察调研。26—28日，政协邀请著名经济学家、湖南省委重大决策咨询智囊团专家刘茂松教授到沅陵对城市建设和管理暨美丽乡村建设问题进行现场考察。29日上午，请刘茂松教授上“沅陵论坛”作题为《经济新常态与沅陵城镇化发展》的辅导报告。下午，召开专题协商会议，由政协城市建设和管理暨美丽乡村建设课题组向有关县委、县政府领导就城市建设和管理暨美丽乡村建设问题进行参政议政发言。4月28日，政协办公室将课题组参政议政发言整理形成《沅陵县城市建设和管理暨美丽乡村建设专题协商报告》，报送县委、县政府作为决策科学化、民主化的依据。

对“三农”问题的调研建言

沅陵是传统农业大县，历届政协重视围绕农业农村工作参政议政。1956—1960年，政协多次组织委员到乡村视察了解农业生产方面的方针政策贯彻执行情况，提出意见和建议。1984—1986年，政协组织委员对全县农村民族识别、城郊农村蔬菜、水果生产进行视察，围绕民族成分恢复、城市蔬菜、水果供应和市场物价稳定等问题参政议政，建言献策。1990年县第七届政协以来，政协委员围绕库区移民生活生产问题积极向县委、县政府建言，努力拓展移民经济来源。1991年，政协各活动组结合沅陵实际，广泛开展调研，形成一大批促进农村、农业发展的建议和提案。1992年2月，政协向县政府提出《关于发展再生稻的建议案》，提出把推广再生稻作为稳定发展沅陵粮食生产的重要工作纳入科技推广项目，列入“八五”计划；8月，向县委建议发展五倍子生产，把五倍子生产作为山区开发、移民开发、科技开发的重要项目，作为帮助农民脱贫致富奔小康的有效工程来抓。这些建议均得到采纳，逐年安排项目和资金进行落实。1993年，第八届政协把粮食耕地和粮食流通问题作为参政议政的重要内容，3月9—24日，政协组织财贸活动组委员先后4次对县粮食局在粮食购销改革中面临的几个带倾向性的问题进行考察，发现一些诸如干部职工思想不适应改革发展需要、粮食亏损挂账多、利息沉重、专储粮数额大，普遍趋于陈次，损失重，以及因国家建设被占用农林耕地的农民，在粮食价格放开后失去生活保障等值的重视和迫切需要解决的实际问题，向县委、县政府写出考察报告，提出参政意见。1995年，政协关注库区移民生产安置，把移民产业作为政协重点关注之一，2月份开始，就组织力量对全县畜牧业生产情况进行抽样调研，先后对大合坪、楠木铺、凉水井、池坪、军大坪等乡镇的68户农户和部分县直机关开展走访座谈和研究分析，发现当前制约全县畜牧业发展的主要原因有5个方面，一是各乡镇和县直有关单位把畜牧业生产位置摆的不正，没有把养殖业与种植业同等重视，畜牧生产处于自然经济状态；二是区、乡畜牧站工作处于瘫痪状态，工作无人管，事情无人做；三是饲养管理办法老一套；四是草场资源没有开发利用；五是对发展畜牧业生产投资少。通过调查研究，完成《应引起重视的畜牧业》调查报告，向县委、县政府提出发展畜牧产业的意见，建议站在搞好移民安置，关心群众生活的高度切实抓好畜牧产业发展。政府采纳政协建议，把发展畜牧业作为沅陵农业半壁河山工程狠抓落实。1997年，针对全县农村耕地面积逐年减少和五强溪库区水产养殖面临的困难和问题，政协分别组织开展和调查研究，形成建言报告，得到县委、县政府主要领导的充分肯定。尤其是经科委牵头的畜牧水产产业化调查组，深入10多个乡镇15个村，行程1030公里，走访农户100多户，召开座谈会15次，收集数据3000多个，写出的《关于沅陵县养殖业产业化的调查与思考》，成为县委、县政府科学决策的重要依据。1999年，政协受县委、县政府委托，按照市场产业导向的要求，会同医药主管部门，在赴湖北、郧西、房县等地实地考察黄姜生产的基础上，研究制定出《沅陵县中药材生产五年发展规划和1999—2002年5万亩黄姜生产开发实施方案》，并适时组织召开《沅陵县中药材开发暨黄姜生产工作会议》，明确提出1999年度和今后一段时期沅陵黄姜生产开发的总体思路、基本原则、计划要求以及保障措施。为落实实施方案，政协认真抓好办试点，建基地、传技术、抓培管、搞服务等工作，在高坪、麻伊洑、五强溪、黄壤坪、简车坪等30个区乡镇组织试种黄姜3000多亩，积累下丰富的黄姜种植经验。2001年，政协委员围绕黄姜产业、特色农业、乡镇旅游业开展调研视察，形成参政议事调研报告10余篇，就如何推动农村经济发展提出近50条意见和建议，大都进入党政决策程序，得到县委、县政府充分肯定和高度重视。

2003年8月，政协农业科技组委员通过调查，发现一些乡村对扶贫项目争取积极，但是项目到手后，对项目的后期管理和使用不重视，导致项目效能丧失，甚至处于瘫痪状态。委员找准问题，深入分析，提出要明确扶贫项目建设后的管护权，建立和完善扶贫项目的管理制度，出台配套政策，多种形式解决管护问题等建议，形成《关于沅陵县扶贫项目后期管理调查报告》，在政协十届二次全会上作参政议政发言。2004年，政协农业科技组把退耕还林工程后期管理作为政事参议的重点，组织委员分别深入到麻伊洑区、官庄区、乌宿区的部分乡镇，对退耕还林完成情况、主要经验，以及钱粮兑换中的上清下不清等问题，进行全方位的调查研究，基本找准沅陵县退耕还林工作中存在的主要问题及其成因，形成《我县退耕还林工程后期管理情况思考》的报告，被政协安排在十届二次全会上作参政议政发言。2005年，政协组织农业科技组委员，对全县农业综合开发工程后期管理情况进行调研，深刻剖析问题，提出中肯意见和切实可行的建议，形成《我县农业综合开发工程后期管理情况思考》调研报告，在县政协十届四次全会上作为全会发言进行参政议政。2006年，围绕贫困山区如何开展新农村建设问题，政协组织委员开展调研，走遍全县大部分乡镇，召开座谈会20多次，参加座谈人员有农村政协委员、乡政干部、村组干部、农民代表，累计座谈200多人，形成《关于贫困山区社会主义新农村建设的难点与对策》参议建言，在政协十届五次全会上发表。

十一届政协在农村农业方面，组织委员重点围绕农村基层党组织建设、农村土地流转、农村产业发展等问题建言献策。2008年，政协委员对库区移民群众生活状况进行调查，发现肖家桥、陈家滩、北溶等沿河一带库区移民，因土地淹没，无田地可以耕种，生活状况困难，于是建言政府，要促进五强溪库区水产养殖业发展，为困难群众找一条脱贫致富的路子。共青团界政协委员，针对农村基层组织软弱涣散，带领致富能力欠缺的问题开展调研，发现问题根源，找准治理对策，形成建议报告，通过在十一届二次全会上的发言，进行参政议政。同年，农工党沅陵县基层委员会组织党员和政协委员，围绕新农村建设进行广泛深入调查和研究，针对乡村环境、经济和人口现状，认为现实条件下，要推动沅陵新农村有形建设，必须将前瞻规划与农村建设实际结合起来，与沅陵县正在实施的加快县乡公路建设、农田水利建设、农网改造建设等结合起来，与创建全国文明生态县结合起来，与提高农民的生活水平结合起来。农工党的意见和建议得到政协重视，被安排在十一届二次全会作大会发言，与县委、县政府领导进行面对面协商。2009年，政协针对农村产业化发展和农村合作医疗事业和谐发展建言献策。人资环委组织委员对全县农村产业规模、种类、发展现状进行调查研究，完成《农业产业化调研报告》。官庄镇政协联工委组织官庄镇政协委员和工商联分会人员，对官庄茶业产业发展进行调研，提出加快茶业产业发展的意见和建议，得到有关部门重视采纳。农工党针对新农合推广艰难的问题，组织农工党员和政协委员，深入到10个乡镇，分别走访座谈乡镇领导、卫生院长和村民，共计走访座谈150多人，根据调研情况，形成《坚持以人为本，促进我县农村合作医疗事业和谐发展》的调研报告，被县政协安排在十二届三次全会上作参政议政发言。2010年，政协关注青年农民工返乡创业就业，组织共青团、工会界的委员开展联合调研，发现返乡青年农民工普遍存在不想干、不愿干、不敢干、不去干等滞后的就业创业观念，宁愿闲在家里，也不愿意做事。针对这种现象，联合调研组认真分析，解剖原因，提出一些切实可行的建议，在县政协十二届四次全会上发表参政议政意见。2011年，政协人资环委牵头，组织委员对发展现代渔业情况进行调研，认为沅陵具有发展现代渔业的良好有利条件，发展起来，可以实现地方经济发展，增加社会就业，带动库区移民增收致富，建议县委、县政府加大政策支撑，鼓励多方参与，打造特色品牌，强化协调服务。麻溪铺镇政协联工委围绕沅陵土鸡养殖存在的问题开展调研，发现制约沅陵土鸡养殖业发展壮大的根本原因在于养殖资金短缺、技术力量薄弱、产业活力不强、市场信息不灵，建议政府要制定产业规划，鼓励专业集约养殖；创新融资手段，化解养殖资金难题；加强品牌建设，提升土鸡养殖效益；健全信息网络，开拓土鸡销售市场。这两个调研成果，事关农民增收脱贫，都被安排在政协十一届五次全会上进行参政发言。2012年4月，政协人环资委组织相关委员，开展农村环境保护调查，发现农村环境保护存在的一些困难和问题，调查人员针对这些问题进行分析解剖，提出建议，形成参政议政建言报告，推动农村环境保护得到改善。

2013年，县委、县政府下发一号文件，明确未来五年突出发展“两茶一鱼”产业。

十二届政协组织委员围绕“两茶一鱼”参政议政，建言献策。同年3月，主席张世雄带队，对油茶产业进行调研，5月，副主席周高兴带队，对茶业产业进行调研，7月，杨德信副主席带队，对沅陵渔业产业进行调研，分别形成《沅陵县油茶产业发展调研报告》《沅陵县茶叶产业发展调研报告》《沅陵县渔业产业调研发展报告》3份高质量的调研报告，为县委、县政府发展“两茶一鱼”产业提供更加民主化、科学化的决策依据。同年，政协各专委会，也主动作为，指导所联系的界别政协委员，围绕农村经济建设、产业创新、环境保护及其他工作开展调研，形成一批参政参到点子上，议政议到关键处的调研报告，12月23日，政协十二届二次全会上，委员通过大会发言，进行参政议政，其中56%的委员是在为农村农业工作建言献策。2014年，政协继续加大对农村产业化发展的调研，为农村产业化健康发展建言献策。6月，政协组织委员先后深入凉水井镇、马底驿乡和官庄镇开展部分农业产业化发展视察，通过察看蛋鸡养殖场、茶叶基地、蔬菜基地建设，召开座谈会，全面了解沅陵农业产业化发展现状，形成《我县部分农业产业化发展调研报告》。为鼓励、引导、支持农民大胆发展产业，政协响应县委“全民创业”号召，11月，集资在麻溪铺镇毛家溪组创办洪山界香菇种植基地10.2亩，帮助当地群众免费学习香菇种植技术并增加劳务费收入。其他政协委员，也积极围绕农村产业发展，大兴调查之风，涌现一批高水准的调研报告，其中《推进精准扶贫工作的建议》《发展壮大林下生态土鸡养殖产业的建议》《加快休闲渔业发展，再创水产产业辉煌》《充分发挥农民专业合作社作用的建议》等涉农报告，在政协十二届三次会议上进行参议发言，引起较大反响。2015年8月，政协开展产业扶贫调查，由副主席卢新仁牵头，县政协办公室、经科委、县扶贫办等相关单位人员组成沅陵产业扶贫调研组，围绕如何做好沅陵产业扶贫工作，先后赴花垣排碧乡十八洞村、贵州遵义县枫香镇花茂村、沅陵县太常乡罗家村、侯子坪村、七甲坪镇黄花界村、借母溪乡养蜂合作社、凉水井王家岭村养鸡合作社等地考察调研，并召集县直相关部门负责人座谈。通过调研，调研组认为，沅陵县自1994年被列为国家“八七”扶贫攻坚县至今，走过20年的扶贫开发历程，取得较为明显的成效。特别是2012年以来，沅陵县抢抓列入武陵山片区区域发展与扶贫攻坚试点县机遇，致力推进从整村推进、深度扶贫到精准扶贫等扶贫方式的转变，全县贫困人口每年减少1.5～2万人。近几年来，沅陵着力产业扶贫，形成合作社加农户、大户带动、干部推动个体创业等几种沅陵特色的产业扶贫模式，脱贫成效更为显著。但是仍然存在一些问题，如产业市场化程度低、现有资源开发程度低、群众产业开发自觉性不高、资金投入欠跟踪管理等。建议县委、县政府在下一步的产业扶贫中，要处理好产业发展优势与劣势的关系、处理好产业发展大户和小户的关系，中长效与短效的关系、处理好生产与销售的关系、处理好产业扶贫资金投入与效益的关系、处理好外部推力与内生动力的关系。

十三届政协关注农业产业发展，组织委员调研视察，建言献策，引导委员参政议政，积极助推脱贫攻坚取得胜利。2016年11月23日，政协十三届一次会议上，就有委员在参政议政发言中提出加快美丽乡村建设和激发贫困人口内生动力的建议，把关注的焦点聚集在农村农业上。2017年5月5日，副主席周高兴牵头，组织委员对农产品质量安全监督管理工作进行调研，对调研中发现的问题，提出4条书面建议：一是尽快解决检测中心检验检测场地问题；二是积极向县政府汇报解决检测技术力量及经费不足问题；三是加强乡镇农产品监管站人员的培训和指导；四是切实担负起农产品质量安全监管职责。6月，政协组织委员开展“产业发展与脱贫攻坚”专题调研活动，活动分为6个子课题调研小组，分别进行外出比较研究学习、县内调研、主席会议成员视察和沅陵论坛研讨，形成《沅陵产业发展与脱贫攻坚扶贫的建议》，经政协常委会专题协商后，报送县委、县政府，成为政协参政议政的成果。8月28日，由政协经科委牵头，组织委员对马底驿优质稻田示范区、辰龙关碣滩茶庄园等农业产业化重点项目建设情况开展监督调研，对发现的问题提出整改建议，促进乡、镇政府和相关职能部门转变作风，狠抓落实，推动工作。同年，委员围绕做大做强农业产业，还提出要切实加强“五强溪鱼”品牌建设、加快推进农村扶贫车间建设等建议。这些建议直接关系农民增收脱贫，被政协安排为参政议政重点内容，在十三届二次会议上进行全会发言。2018年3月22—23日，政协主席黄忆钢带领有县委常委、县委统战部长金建平、副县长向建设等人参加的政协产业扶贫调研组一行21人，对官庄镇、五强溪镇的产业扶贫工作进行深入调研，发现问题，提出建议，督促整改，为更好推进全县产业扶贫做出贡献。5月18日，政协主席会议邀请县委副书记谭绪清、副县长符峻等县委、县政府分管领导和政协委派交通局民主监督小组成员，以及凉水井镇、交通局、交建投等单位负责人，对凉水井镇部分贫困村组公路建设情况开展视察，通过实地调研和座谈，发现农村扶贫公路建设和管理中的一些困难和问题，提出解决方案及建议，得到县委、县政府重视采纳。6月底至7月初，政协开展产业发展调研，组织委员重点对五强溪农业产业及农业产业和旅游融合情况的调研，之后，又到临近的桃源县进行比较学习，形成农旅融合共识，向县委、县政府提出参议建言。11月2日，政协副主席舒齐带领有分管副县长参加的政协调研组一行28人，对沅陵镇碑岩山村饮水安全工程实施情况进行调研，发现该村虽然管道入户，但是无水供应，村民饮水仍然存在困难。通过走访群众，听取意见后，调研组在太常便民服务中心召开专题协商会议，分析农村安全饮水问题，提出解决办法和建议，县水利局班子成员及相关股室负责人，太常便民服务中心负责人参加会议，汇报情况，表态发言，县政府分管领导对促进和改善农村安全饮水提出限时要求，政协参政议政工作取得实效。政协各界别委员，在政协专委会指导下，加大对农村农业工作调查研究，加大对产业扶贫领域的参政议政，一年中形成有关农村产业发展和乡村建设的调研报告、建议、提案20多篇（件），其中《关于脱贫攻坚工作的几点建议》《大力发展民俗经济助推乡村振兴》《进一步加强农村基础设施建设的建议》等5篇报告，被政协作为参政议政重点内容，安排在十三届三次全会上进行大会发言，占大会发言总数的50%。2019年，政协继续重点关注农业农村工作，围绕决战决胜脱贫攻坚，组织开展一系列的调研建言和实践活动，取得较多成果，在十三届四次全体会议委员协商发言中，有5件发言，都是关于如何抓好农业农村工作方面的建议，占发言总数的56%。

对县域工业的调研建言

1987年，政协以经济建设为中心，多次组织委员深入工矿企业视察调研，进行参议建言，助推县域工业发展，写出有分量的工业调查报告3份。第八届、九届政协，对县域国营、集体工矿企业经济发展较为关注，每年都会组织委员开展调研视察1～2次，帮助企业呼吁解决一些困难和问题。1993年10月，政协工业活动组对县水泥厂、氮肥厂、酒厂、造纸厂、灯芯绒总厂、针织厂、木材建工厂、汽车修配厂、机械化施工公司、自来水公司、开发公司、建筑公司、汽车运输公司、航运公司、搬运公司等12家国有企业和集体企业进行视察调研，掌握大量一手材料，发现许多企业发展和生存的问题，写出《关于视察我县工业现状情况的报告》，向县政府综合性地提出10条建设性意见。1997年，政协针对工业经济中的突出问题，组织委员开展“如何拉长我县工业短腿”的调研视察，写出报告，为县委、县政府出谋划策，对促进工业经济发展起到一定作用。同年，针对沅陵黄金生产中暴露的问题，政协组织有关委员，前往山东招远、河南灵宝实地考察，结合沅陵黄金群采中的一些敏感性问题，写出《让股份制采金业为振兴沅陵经济增光添彩》考察报告，并根据考察成果，在1998年1月1日县政协九届一次会议上，向县委、县政府提出《让股份制采金业登高台，演主角，唱大戏，撑起振兴沅陵经济的一片蓝天》建议案。县委、县政府对此十分重视，多次召开会议认真分析和研究沅陵黄金生产存在的问题，并就如何发展黄金生产采取一系列措施，有力推动沅陵黄金产业发展。2000年后，县域民营经济崛起，尤其是森工、矿业等方面发展迅速。随着工业经济发展，环境问题也越来越突出。政协在促进民营工矿企业发展、协调发展和环境关系反面建言献策，参政议政，做出不懈努力。十届政协五年任期内，先后组织和指导经济界、科技界、工商联界及其他相关界别的委员，深入木材加工、黄金采掘、铅锌冶炼、水电建设、食品加工等工矿企业开展调研30多次，写出调研报告、意见建议、提案、民情信息50余篇（件），其中《对发展县域中小企业的调查与建议》《促进我县外来企业发展的建议》《加快我县小水电资源开发的建议》等一批调研报告，得以在政协全会上作参政议政发言。十届政协经过多次反复调查研究和民主协商，向县委、县政府作出《沅陵县工业发展的现状及对策》建议，为沅陵工业发展献出睿智之言。

2008年，十一届政协关注县域工业经济发展，组织委员对工业发展现状与发展环境开展调研，形成数篇调研报告。6月30日，政协邀请副县长李峰参加十一届三次常委会议，通报全县上半年经济运行情况，同时听取政协常委、委员对沅陵工业发展的参议建言。2009年，政协重点关注金融危机下的工业发展问题，组织委员围绕如何改善民营企业生存发展环境和提升品牌市场竞争力开展调研，提出职能部门要服务靠前、企业要加大挖潜力度、推行科学管理、注重人才培养等合理化建议和意见20多条。经济界政协委员对全县在推进新型工业化过程中遇到的问题和困难进行调研，写出《进一步优化我县工业发展环境的建议》，被县政协作为参政议政的书面材料，在十一届三次全会上进行发放。2010年，政协委员对工业发展的关注，重点集中在工业园区建设和工业发展对环境的影响。一年中，政协组织委员，2次视察调研工业园区的建设和招商情况，2次视察调研工业排污对环境的影响情况。同年，政协人口环境资源委也组织委员对全县“十一五”期间污染减排情况进行总结性调研，对“十二五”工业污染减排工作提出5条建议：一是科学合理设定主要污染物总量控制指标；二是严格环保准入，优化能源结构，从源头上控制污染物增量；三是多措并举，最大限度地削减现有工业污染物存量；四是管建结合，最大限度地削减生活型污染物排放量；五是加强领导，最大限度地增加污染减排资金的投入。政协将人环资委的调研报告，作为参政议政书面材料，通过十一届四次全会，递交到县委、县政府主要领导手上。2011年，政协关注规模工业发展，组织委员围绕规模工业发展问题开展调研，写出一批调研报告和提案建议。其中以《关于跨过省级工业园门槛，增强我县工业园发展后劲》为代表的一系列相关提案和建议，帮助有关部门确立以新能源新材料“两新”产业为沅陵工业园区主导发展方向，催生出市县合作的“两新”产业园框架协议，使之成为怀化市工业园的重点分园和省级工业园区。工商联界别委员《关于培育和发展我县规模以上工业企业的几点建议》，作为重要的参政议政内容，在十一届五次全会上大会发言。

2013年，十二届政协组织委员围绕县委、县政府“一园三区”工业发展思路开展调研，建言献策。9月25日，政协主席张世雄组织召开十二届四次常委会议，专题研讨工业发展状况。会议邀请县政府分管领导向与会人员通报1—8月份经济运行情况，县经信局领导汇报2013年度工业经济发展情况，为政协委员知情参政创造条件。委员通过对“两新”产业园的建设进行调研，发现在建设资金、开发用地、招商引资、管理体制等诸多方面，都存在一些制约因素，对县域经济跨越式发展造成一定阻碍作用。针对问题存在，政协委员从4个方面提出13条建议，形成《加快搭建工业园区经济发展新平台的建议》，在十二届二次全会上向县委、县政府进行参议发言。2014年，针对县级工业产业层次低、工业发展环境欠佳，以及“两新”产业园建设投入不足，建设缓慢等问题，政协组织委员开展调研，找到制约工业经济健康发展的一些根源问题，提出意见和建议。经科委组织经济界的委员，对沅陵全县工业发展状况进行深入调研，形成题为《当前工业发展状况及建议》调查报告，经政协常委会议协商通过后，提交县委、县政府领导。

2018年11月，国家发改委批复同意成立湘南湘西承接产业转移示范区，要求有力有序有效承接国内外产业转移，深化供给侧结构性改革，加快构建现代化经济体系，争当中西部地区承接产业转移的“领头雁”。2019年6月，十三届政协就沅陵承接产业转移工作，对县城工业开展专项调研，形成《承接产业转移要在聚焦产业链上下功夫》调研成果，认为承接产业转移，要聚焦产业链汇集强大力量；要聚焦产业链做强特色园区；要聚焦产业链招大引强；要聚焦产业链做好延伸文章；要聚焦产业链纳才引智。7月14日，县政协主席黄忆钢参加怀化市政协五届17次常委会议，向会议作《承接产业转移要在聚焦产业链上下功夫》报告；9月，黄忆钢出席湖南省政协常委会议暨湖南湘西承接产业转移专题协商会议，再次就《承接产业转移要在聚焦产业链上下功夫》进行协商，使沅陵聚焦产业链，承接产业转移的做法和经验引起省市政协关注和重视。

对社会事业的调研建言

1982年，政协第四届委员向县政府建言，提出修复凤凰山风景区，彰显沅陵文化内涵的建议，得到政府采纳实施。1985年9月，庆祝第一个教师节，县第五届政协教育组的委员参政议政，提出建立离（退）休教师协会和修好由胜利公园至沅陵第二中学的便民路两条建议，都得到落实。1986年7月1日，县政府发出通知，要求全县各单位要加强与政协的联系，支持政协委员参政议政。政协委员就经济体制改革、机构设置、县志编纂、尊师重教、职业培训、市场物价、食品卫生监督等方面开专题座谈会35次，开展调查62次，形成调查报告50篇，编印《参阅件》17期，提出各种建议或批评意见300多条。同年，中共沅陵县委开展整党，政协委员300多人次参加7次座谈会，提出建议或批评意见198条。第八届政协把对教育的关注重点，放在如何稳定教师队伍以及农业职业教育方面，把对文化的关注重点放在文化市场建设方面，把对社会稳定的关注重点放在加强和改善城镇居委会管理方面，为此开展大量调研视察，积极参政建言。1993年5月，由文教卫体委员会牵头，组织委员对全县教师流失情况开展调研，从教师异动的表现、原因等几方面入手展开调查研究，找出问题根源，写出《稳定教师队伍刻不容缓》调查报告，对如何稳定教师队伍提出6条针对性的建议。报告经过县政协常委会议审议研究后，上报给县委常委和主管教育副县长，受到重视采纳，为稳定教师队伍起到积极作用。1995年4月，政协认为农业职业教育是与农村经济建设最直接的教育，组织委员对全县农业职业教育情况开展专项调查，总结出农业职业教育的基本经验，也发现农职教育中存在的管理体制不全、办学经费不到位、校址选地不合理、专业教师不力等4个问题，向县委、县政府写出《不可忽视的农业职业教育》报告，提出改变办学体制、调整职校布局、下放办学自主权、拓展农业专业、改革劳动用工制度等5条协商意见。同年5月，政协文体活动组针对群众反映较大的文化市场建设和管理问题开展为期一个多月的视察调研，发现阻碍文化市场繁荣发展的主要问题是，文化稽查队伍严重不足，全县只有2名文化稽查人员，且无任何通讯和交通工具；在收费管理上，文化市场管理与工商部门矛盾突出，在影像市场管理上，文化部门和工商部门各自为政；在市场开放方面，存在求稳怕乱思想，导致市场开放不够。政协文体活动组为此写出视察调研报告，与县委、县政府有关领导进行建言协商，取得一定效果。二十世纪九十年代以来，由于库区建设，导致农村大量土地被淹没，城市众多工厂关闭或破产，沅陵各种社会矛盾突出，加之沅陵镇各居委会因移民搬迁至新城，原来居委会建制被打乱，导致基层基础工作严重薄弱，各居委会常住人口与流动人口居住混杂，情况难明，使不安定因素增多。政协对此在1995年向县委、县政府提出《加强居委会行政管理职能建议案》，建议重新合理划分各居委会的行政区划，重新明确各居委会的管理范围，并把社会治安综合治理工作列为居委会的一项重要任务。县委、县政府充分采纳政协建议，及时对居委会组织进行调整，重新划分各居委会的管辖区域，有效促进城区安定有序发展。1996年，政协针对一些工厂破产或停工停产，退休职工生活失去保障的问题，深入调查，提出解决办法，与县领导进行面对面的协商，引起县委、县政府高度重视，多次召开专门会议，就如何落实政协协商意见进行研究部署，通过加大资金筹措和资金收缴力度等措施，对参加统筹的63个单位按时足额发放退休费1077万元。

进入二十一世纪以来，随着社会进步和人民群众对美好生活的向往，美化城市环境，丰富文化生活，整顿社会秩序，加强社会保障，提高教育、医疗质量等，成为社会事业中委员参政议政的热点问题。2003年6月至9月，第十届政协组织委员就全县教育、文化、卫生等工作进行全面调研，对沅陵民间文化、民间工艺、医药市场、教师队伍建设、学校环境建设等方面存在的问题进行解剖和寻找解决途径与方法，综合提出50多条批评意见和建议，有些建议被职能部门采纳实施，其中教育活动组的调研报告《加强我县中小学师资队伍建设的思考和建议》，被推荐安排在政协十届二次全会上进行参政发言，为促进沅陵社会事业发展作出贡献。2004年，政协委员围绕扫黄打非、书报音响市场管理、学校周边网吧管理、医药市场管理等问题参政议政，先后开展调研视察活动8次，开座谈会3次，写出调研报告6篇，提出批评意见或建议25条，其中教育活动组提出的《加强中小学生思想道德教育的建议》、资源城建组提出的《加快县城生活污水治理的建议》，均被作为参政报告，在政协十届三次全会上进行发言，大部分建议被有关职能部门采纳实施。公安、工商、电信等部门，落实委员建议，联合开展声势浩大的扫黄打非暨网吧整治行动。2005年，政协委员围绕乡镇卫生院良性发展和社会养老保险工作开展调研，几乎跑遍全县所有乡镇卫生院，先后就卫生院发展问题召开座谈会20多次，就老年事业健康发展问题召开座谈会4次，提出意见和建议近40条，其中法制活动组提出的《加强我县社会养老保险工作的思考》和农工民主党提出的《树立科学发展观，促进我县乡镇卫生院良性发展》2篇调研报告，通过政协十届四次全会发言，引起共鸣，受到重视。2006年，政协加大对社会发展问题的参政议政，指导或组织委员广泛开展科技教育、民族教育、社会综合治理、文化产业发展和医疗卫生领域的调查研究。2007年，重点调研教育、文化、卫生领域的教育质量、教育布局、教育收费、非物质文化遗产保护、民间传统文化的开发与利用、农村文化阵地建设、农村卫生体制改革、医院看病难、看病贵等问题，提出一些意见和建议，通过政协全会、常务委员会议、专题协商会议，进行参政议政。

2008年，针对县城扩容，城南供水不足的问题，十一届政协委员对城南供水状况进行调研，建议政府加快城南供水设施建设，得到政府高度重视采纳实施。同年，政协组织委员，对政协常委会议票决产生的政协民主评议单位教育局开展视察调研，深入乡村学校，采取座谈、问卷调查、现场走访、实地察看等多种方式，全面了解掌握教育工作整改情况，形成调研评议报告，为促进和改善沅陵教育做出贡献。2009年，政协委员围绕学校周边环境治理、学校食品卫生监督、新农村文化建设、新型农村合作医疗等方面的工作开展参政议政，建言献策活动，活动有的由政协组织开展，有的由政协专委会牵头，界别活动组组织开展，形式多样，生动活泼，效果良好。委员们通过调研，参政议政，提出一些意见和建议，大部分意见和建议得到职能部门采纳实施，如卫生局接受委员批评意见和建议，对乡镇卫生院医务人员及时开展培训，并投入资金，更新一批农村医疗设备，出台政策，调整农村部分医疗报销比例。县文化局接受政协委员意见和建议，大力推进演艺惠民工程，送戏下乡60多场，并帮助建设起一批社区文化活动中心、农家书屋、乡镇文化站。2010年，政协委员着重围绕文化产业培育和教育均衡发展两方面的工作参政议政，经科委组织委员开展文化产业调查研究，撰写发表理论文章《沅陵县文化产业发展研究》，文化艺术和体育界委员向上，在政协十一届四次全会上作《发挥资源优势，培育五大产业，努力推动沅陵文化产业有力发展》参政发言。教育方面，委员就整合资源，实现教育均衡发展问题，深入城乡中小学校开展视察和调研，为沅陵教育均衡发展提出一些好的建议。2011年，教育界委员在政协卫教文体委的指导下，对全县教师队伍结构进行调研，就加大教师人才引进，建立用人留人机制，改善教师队伍结构等问题，进行参议建言，得到教育、人事部门的重视采纳。

十二届政协委员对社会事业关注度高于以往各届。2013年，委员就校车安全、校园食品安全、校园建设、教师队伍建设、留守儿童教育与保护、公共文化服务体系建设、网络文化推广和管理、城市文化建设、群众体育基础设施建设、医疗卫生建设、农村乡镇敬老院、社会养老保险等涉及社会事业方面的内容，提出意见和建议50余条，这些意见和建议，有分量，有见地，一些重要的建议受到重视，进入政府决策或得到相关部门采纳，参政议政作用发挥明显。2014年，政协提请县委、县政府出台《关于加强人民政协提案办理工作的若干规定》，通过提案和提案督办，广泛开展参政议政，并首次以县委办、政府办名义对提案办理情况进行通报，委员意见和建议开始件件有着落，事事有回应，再也不是“不提白不提，提了也白提”，委员参政议政热情空前高涨。同年，委员对社会事业方面的教育、文化、卫生、体育、综治、社会保障、社区矫正等，开展调研、视察活动15次，参加调研、视察的委员共计200多人次，提出各类意见和建议60余条，其中《推进阳光低保，促进公平和谐》《进一步推进我县依法治县工作的建议》2遍涉及社会事业发展的调研报告，被政协安排在十二届三次全会上作参政议政发言。2015年，针对精神病患者疏于管护，精神病患者伤人现象时有发生的情况，引起政协委员高度关注，委员深入城市社区和农村乡镇开展调查，写出《关爱精神病患者，推进康复事业发展》的调研报告，意见和建议受到重视，县财政在资金调度困难的情况下，为县精神病医院优先解决一批建设投入资金。同年，在政协委员的参议建言下，县政府积极推进农村卫生服务体系和医疗救助体系建设，出台一批包括城市居民大病救助、农村贫困户医疗费报销比例提高等惠民政策。

十三届政协委员围绕社会发展事业开展调研，重点针对教育、医疗、社保、民生等领域工作参政议政。2017年，政协报请县委常委会研究同意，对城市建设管理和美丽乡村、产业发展与脱贫攻坚、全域旅游、森林康养等四个事关民生和社会发展的课题开展调研活动。尤其是森林康养，在沅陵是一个完全陌生的课题，委员对这个课题研究，表现出浓厚兴趣和认真负责精神。经过对沅陵森林资源进行全面调研之后，写出调研报告，提出发展森林康养建议。11月30日，政协召开十三届五次常委会议，邀请县委常委、常务副县长易中华和副县长向建设出席会议，听取森林康养调研组参政议政建言。同年，县政协通过议政例会、调研视察、专题协商、民主监督、提案督办等平台，组织委员有序参政议政，先后召开6次政协常委会议，配合省市或县级开展12次视察活动，召开多次对口协商会议，提出许多助推沅陵社会事业发展的意见和建议。尤其是在教育扶贫、健康扶贫方面，深入现场调研，广泛征求意见，积极参政建言，率先行动示范，取得显著成效。《谁来担当贫困地区教育的重任》《对青少年身心健康发展的建议》等调研报告，社会反响大，发挥作用好。县政协委员、湖南弘惠教育发展基金会秘书长杨晓华关注沅陵教育事业，身体力行，组织基金会资助500多名沅陵贫困学生，资助200多名长期在一线的教师和农村中小学校长参加外出进修学习。同年，委员围绕教育、卫生、社会保障等民生问题，提出提案35件，涉及教育公平、健康疗养、社会养老等多个方面问题，得到有关部门认真办理，促进一些问题及时解决。2018年初，县政协组建课题调研组，围绕新型城镇化建设开展监督性调研，内容涉及城市公共卫生设施建设、城镇居民群众文化体育设施建设、城市棚户区改造、沅陵县省级文明卫生县城创建与国家级卫生县城验收等。通过近半年深入调研，课题组发现沅陵新型城镇化建设中存在一系列影响群众幸福指数的问题，对民生需求产生较大的制约作用，拖了社会发展的后腿。如县城龙兴大道、太常大道、凤鸣大道西延、滨江大道东扩西延、体育场建设、鸳鸯山公园建设等重点项目建设普遍进展缓慢，城区公厕和垃圾中转站等公共服务设施严重缺乏，污水处理及综合管廊建设达不到规范要求，停车场和蔬菜瓜果批发市场建设一直没有启动。龙舟二期广场项目建设停工多年，无人问津。因县城设施不完善，公益设施欠账多，城市管理不到位，棚户区改造缺乏统一规划，资金保障难落实，工作协调欠缺力度等。群众对此意见很大。针对这些问题，调研组提出一些批评意见和合理化建议，在5月4日召开的政协十三届八次常委会议上进行参政议政发言，得到参见会议的县委书记钦代寿等县委、县政府领导的重视。5月，县政协开展“全力打好污染防治攻坚战”课题调研，组织委员重点对城区居民饮用水源的环境保护及县城环境问题进行调查，对群众意见集中、反映强烈的问题，及时召集有关部门座谈沟通，提出解决办法和建议。6月中旬，县政协牵头组织部分政协委员和相关单位负责人开展“沅陵人才的培养和引进”专题调研，对全县卫生、教育、经济科技人才现状进行调研，7月，又组织调研人员赴长沙、浏阳和广西进行人才工作比较学习，通过县内调查研究和县外比较学习，对“沅陵人才的培养和引进”工作形成1个总课题和5个分课题报告。9月28日，6分报告均通过政协十三届九次常委会议审定，由政协办公室综合整理后，作为参政议政文件，报送县委、县政府主要领导和分管领导。

二、全会建言

政协全体会议是政协规模最大、层次最高的会议，也是政协委员参政议政最集中的体现。县政协从提高政协例会深度入手，每次全会上，均安排委员进行发言，努力把政协全会开成共商全县大计的盛会。尤其是1980年县政协恢复以来，每次政协全会之前，都集中力量开展调研视察，精心准备发言材料，通过全会发言的形式，参政议政，和县委、县政府及县直各部、委、办、局开展建言协商。

1988年1月，政协六届二次全会期间，县委、县政府领导主持召开委员意见听取会，13名政协委员履行参政议政职能，在会上进行专题发言，对政府工作提出28条重要意见，多数意见得到及时采纳。此后政协全会，都要安排委员发言议程。但是在1992年政协七届三次会议以前，委员发言的重点主要放在委员报告个人一年成绩及经验交流方面，对利用全会平台履行参政议政职能做得不够。1992年11月10日，政协七届十九次常委会议协商决定，以后全会不再进行个人成绩汇报或工作经验交流之类的发言，而是要利用全会平台，开展参政议政，向政府建言献策。以后各届全会发言，协商议政和个人工作汇报相互掺杂。这种状况一直延续到政协九届三次全会才得到彻底扭转。九届政协常委会非常重视利用全会平台，组织委员履行职能，参政议政，在九届三次全会期间，为搞好大会发言，进行精心的会前准备，首先由政协常委会议协商确定6个发言课题，组织调研，指定专人撰写发言材料，并确定发言人选。之后，又先后两次召开政协常委会议，对发言材料进行协商审议，集体修改完善。1月15日上午，大会秘书组召集发言人预备会议，由政协主席罗建中亲自主持，对发言人从着装仪表、上下台礼仪、发言语速，都提出具体要求。16日上午8点，全会进入大会发言阶段，冯嗣万等6名委员，围绕经济发展、科技兴沅、城市建设与管理、教育改革、文化建设、公正司法6个方面工作发言，提出意见和建议。县长张朝勇对委员发言表示充分肯定，认为委员发言问题看得准，建议有水平，要求有关部门及时采纳，对照改进。2001年1月4日上午，政协九届四次全会举行大会发言，龚锡旺等6名委员，围绕深化国有工业企业改革、加快小城镇建设、发展民营经济、旅游开发、黄姜生产、乡镇财政等6个方面工作，提出意见和建议。县长谢宏有对委员发言中提出的问题表示充分认可，对委员建议表示赞同，要求政府有关部门要将这些建议进行梳理采纳，融入工作实际。2002年5月9日上午，农业组、财贸组、文体组和县工商联，分别围绕进一步推进黄姜开发、加快县财政可持续发展、加快旅游开发进程、促进民营经济快速健康发展等方面，参政议政，和县委、县政府领导面对面开展协商。

2003年12月28日，6名委员在政协十届二次全会上就扶贫项目后期管理、中小企业发展、优化经济发展环境、农业特产税、环境保护、中小学教师队伍建设等方面提出意见和建议。县委常委、常务副县长王湘银在听取委员参政议政发言后讲话，认为6名委员的发言选题准确，调查深入，针对性强，代表县委、县政府对政协委员的建言献策表示感谢，要求各相关单位和职能部门认真对待，尽快将委员意见和建议融入工作中去。2004年12月27日，7名委员在政协十届三次全会参政议政发言中，就促进外来企业发展、加强电力基础设施保护、加快县城生活污水治理步伐、加快民营经济发展、加强税收征管、加强中小学生思想道德教育、推进退耕还林工程等方面提出建议。县委常委、常务副县长王湘银认为，这些发言，对沅陵的发展很有价值，体现出政协委员参政议政的质量和水平，对县委、县政府的决策有重要参考作用，要求各相关单位和部门认真尽快地将委员建议吸纳进具体工作。2005年12月27日，6名委员在政协十届四次全会上进行参政议政发言，内容涉及乡镇卫生院发展、乡村公路养护管理、社会养老保险、农业综合开发工程后期管理、财源建设、非公有经济发展等方面。委员发言准备充分，材料详实，理由充足，引起县领导和有关部门重视。县委常委、常务副县长向洪振在听取发言后发表讲话，认为委员发言紧扣发展主题，具有很强的可操作性，表示县政府要对这些发言进行全面梳理，认真研究，一定要把委员的真知灼见吸纳到县政府决策中去，吸纳到相关部门工作中去。2006年9月28日，政协召开十届十六次常委会议，向洪振到会，向与会常委通报政协十届四次全会委员发言意见采纳情况。同年12月29日，6名委员在政协十届五次全会上代表各自所在委员活动组进行参政议政发言，对沅陵小水电资源开发、旅游建设开发、山区新农村建设、非公有制经济人士参与新农村建设、非物质文化遗产保护、农村低龄寄宿制学校建设等方面建言献策，提出意见和建议。县委常委、常务副县长向洪振听取发言后，对委员的批评建议给予充分肯定和认可，同时谈到自己的三点想法，一是充分肯定政协和政协委员在沅陵各项建设事业中所作出的贡献；二是真诚希望政协和广大委员一如既往地关心支持政府各项工作；三是县政府将继续为政协和全体委员参政议政创造更好的条件。2007年9月27日，政协召开十届十九次常委会议，向洪振专程到会，向与会常委通报政协十届五次全会委员发言意见采纳情况。

2007年12月，政协换届，因时间紧，会议内容多，政协十一届一次全会没有安排委员发言。2008年12月27日，政协十一届二次全会安排3名委员进行发言，就推进新农村建设和谐发展、推动沅陵新农村有形建设、发挥农民在新农村建设中的主体作用等问题参政议政，建言献策。县委常委、副县长宋祖武对委员发言进行答复，认为3个发言选题准确，内容集中，有深度，有广度，是政协委员切实履职尽责、关注农村发展的结果，代表县委、县政府对广大政协委员的辛勤劳动表示感谢。2009年12月25日，6名委员在政协十一届三次全会上进行大会发言，就农村合作医疗事业和谐发展、引导非公有制经济人士参与农业产业化经营、进一步优化工业发展环境、加强县城基础设施建设、促进库区水产养殖业发展、加快蔬菜基地建设等方面坦陈己见，提出意见和建议。另有3名委员的参政议政材料，因时间关系没有上会发言，作为书面交流材料随同会议文件发至参会领导和各部门单位负责人。这3件参政议政材料，内容涉及物业管理、农村信息一体化建设、茶业产业开发。2010年12月21日，政协十一届四次全会安排6名委员进行参政议政发言，委员们围绕健康发展民办教育、发展工业园区建设、发展文化产业、解决返乡农民工创业就业、做好“十二五”污染减排、加强酉水流域植被保护等方面建言献策。另有3名委员发言材料，因时间关系，没有上会发言，作为书面交流材料发给参会领导和各部门单位负责人。这3件参政议政材料，内容涉及教育资源整合、农村留守儿童、社区居委会基础设施建设等方面。2011年12月24日，5名委员在政协十一届五次全会上进行大会发言，就培育和发展规模以上工业企业、合理利用库区资源科学发展现代渔业、加强生态文明建设促进经济平稳和谐发展、加强物业管理创建和谐社区、加快土鸡养殖发展等方面参政建言。一些建议被政府和有关部门采纳，落实到工作计划和安排部署中。

2013年12月23日，政协十二届二次全会安排6名委员代表界别进行大会参政议政发言，就加强快递行业管理、建好“农民家门口的担保公司”、推动开展全民创业、加强和完善新农合运行机制、改善农村坏境保护现状、解决小微企业融资难等方面提出意见和建议，与县委、县政府领导进行大会协商。另有3名委员发言材料，作为书面交流材料发给参会领导和各部门单位负责人。这3件参政议政材料，内容涉及社区矫正、工业园区经济发展新平台搭建、特色农业产业科技创新等方面。2015年1月6日，9名委员在政协十二届三次全会上进行大会协商发言，内容涉及生态建设、精准扶贫、林下生态土鸡养殖业、休闲渔业、民营经济发展、县域工业发展、农民专业合作社、依法治县、阳光低保等方面。这些发言，问题抓得准，道理讲的清，参政参到关键处，建言建到点子上，受到领导重视。全会闭幕后，政协办公室对委员发言提出的意见和建议进行梳理，把一些有价值的建议转化为重点提案，交给有关部门办理。2006年1月5日，政协十二届四次全会安排10名委员，代表界别作大会参政议政发言，内容涉及电子商务、精准扶贫、旅游、交通、通讯、企业发展、惠民资金、招商、教育、医疗等方面，另有3件涉及饮水安全、农村合作医疗保险、环保法贯彻落实的议政材料，作为书面交流材料发给参会领导和各部门单位负责人。

2016年11月23日，县政协十三届一次全会安排6名委员代表各自所在界别，围绕城市建设、新农村建设、交通建设、河道治理、旅游开发、森林康养产业等方面进行大会发言，委员在发言中提出的一些建议，受到县委、县政府领导和有关部门的重视采纳。2017年12月26日，县政协十三届二次全会安排10名委员代表界别进行发言，就切实加强“五强溪鱼”品牌建设、加快推进扶贫车间建设、推进沅陵地方智库建设、加强文物保护利用，让文物充分活起来等工作提出意见和建议。2018年12月24日，政协十三届三次全会安排10名委员进行大会发言，就脱贫攻坚工作、人才建设机制改革、继承光大传统美食、加强传统村落保护、巩固国家卫生县城创建成果等方面参政议政，建言献策。委员发言结束后，县委书记钦代寿发表讲话，充分肯定政协和广大政协委员在建设幸福美丽富饶新沅陵中所做出的努力和贡献，代表县委向全县政协委员和政协工作者表示衷心感谢。2020年5月18日，政协十三届四次全会安排9名委员进行大会发言，就决战决胜全面小康、保护传承红色基因、稳定贫困人口就业、加快公立幼儿园建设、加强农村集镇污水治理、以人才振兴助推乡村振兴等方面工作提出意见和建议，和县委、县政府进行协商。2021年2月22日，政协十三届五次全会安排11名委员进行大会发言，就构建沅陵立体交通格局、支持民营企业参与乡村振兴、推动生态文明建设、打造宜居宜业宜旅山水新城、如何搞好农民专业合作社建设等11个方面工作，向县委、县政府建言，提出协商意见和建议。

历届政协全会委员参政议政发言统计表

全会届次	时间	发言人（单位）	发言题目
八届三次	1995.1.4	财贸活动组	关于我县财贸工作的几点建议
八届三次	1995.1.4	教育活动组	强化意识　增加投入　开拓沅陵教育崭新局面
八届三次	1995.1.4	法制活动组	加强青少年教育刻不容缓
八届三次	1995.1.4	医药卫生活动组	关于医药卫生工作几个问题的建议
八届三次	1995.1.4	农业活动组	加深认识　加大力度　稳步发展我县农业
八届三次	1995.1.4	工业活动组	真心实意改革　振兴沅陵工业
九届三次	2000.1.14	冯嗣万	着力开拓农村市场　拉动县域经济发展
九届三次	2000.1.14	张泽湖	进一步提高认识　加快科技兴沅步伐
九届三次	2000.1.14	廖哲奇	关于沿江道管理与开发利用的建议
九届三次	2000.1.14	肖功璞	深化教育改革　全面推进素质教育
九届三次	2000.1.14	隋景芬	充分发挥我县图书馆在精神文明建设中重要作用的几点建议
九届三次	2000.1.14	宋海军	加大执法力度　切实解决法院“执行难”问题
九届四次	2001.1.2	龚锡旺	关于深化我县国有工业企业改革的建议
九届四次	2001.1.2	廖哲奇	关于加快我县小城镇建设的思考与建议
九届四次	2001.1.2	江　焱	困扰乡镇财政主要问题与解决途径
九届四次	2001.1.2	张国卫	发展我县民营经济的思考与建议
九届四次	2001.1.2	龚由青	我县旅游开发必须找到突破口
九届四次	2001.1.2	刘德明	关于进一步发展我县黄姜生产的几点建议
九届五次	2002.1.7	农业组	关于进一步推进我县黄姜开发的几点建议
九届五次	2002.1.7	财贸组	关于我县财政可持续发展的思考
九届五次	2002.1.7	文体组	关于加快我县旅游开发进程的建议
九届五次	2002.1.7	工商联	关于促进民营经济快速健康发展的几点建议

续表

全会届次	时间	发言人（单位）	发言题目
十届二次	2003.12.28	向延力	加强扶贫项目后期管理的建议
十届二次	2003.12.28	米玖田	对发展县域中小企业的调查与建议
十届二次	2003.12.28	刘　林	进一步优化我县经济发展环境的建议
十届二次	2003.12.28	周德生	对我县农业特产税税源现状的调查与思考
十届二次	2003.12.28	张　蓝	对我县环境保护工作的调查及建议
十届二次	2003.12.28	马　刚	加强我县中小学师资队伍建设的思考与建议
十届三次	2004.12.27	周刚生	促进我县外来企业发展的建议
十届三次	2004.12.27	张会群	加强我县电力基础设施保护的建议
十届三次	2004.12.27	刘八英	我县退耕还林工程的调查与建议
十届三次	2004.12.27	赵绍波	加快沅陵民营经济发展的几点建议
十届三次	2004.12.27	马　刚	加强小学生思想道德教育的建议
十届三次	2004.12.27	李建忠	加强我县税收征管工作的建议
十届三次	2004.12.27	张　蓝	加快县城生活污水治理步伐的建议
十届四次	2005.12.27	李湘鄂	树立科学发展观　促进我县乡镇卫生院良性发展
十届四次	2005.12.27	罗展文	搞好乡村公路养护管理　推动农村经济社会发展
十届四次	2005.12.27	宋海军	加强我县社会养老保险工作的思考
十届四次	2005.12.27	贾文艺	我县农业综合开发工程后期管理情况思考
十届四次	2005.12.27	李建忠	进一步加强我县财源建设的基本对策
十届四次	2005.12.27	周高兴	促进我县非公有经济发展的对策与建议
十届五次	2006.12.29	向　上	加强我县非物质文化遗产保护的对策与建议
十届五次	2006.12.29	马　刚	加强对农村低龄寄宿制学校建设的建议
十届五次	2006.12.29	刘八英	贫困山区新农村建设的难点与对策
十届五次	2006.12.29	唐方烛	发挥非公有制经济人士参与社会主义新农村建设作用的建议
十届五次	2006.12.29	张会群	加快我县小水电资源开发的建议
十届五次	2006.12.29	李湘鄂	真抓实干　促进我县旅游开发迈上新台阶的建议
十一届二次	2008.12.26	刘　林	加强引导　发挥农民在新农村建设中的主体作用
十一届二次	2008.12.26	杨晶辉	加强基层党组织建设　推进新农村建设和谐发展
十一届二次	2008.12.26	刘朝彦	搞好“四个结合”　推动我县新农村有形建设
十一届三次	2009.12.24	李湘鄂	坚持以人为本　促进我县农村合作医疗事业和谐发展

续表

全会届次	时间	发言人（单位）	发言题目
十一届三次	2009.12.24	周高兴	积极引导非公有制经济人士参与农业产业化经营
十一届三次	2009.12.24	郑德钢	进一步优化我县工业发展环境的建议
十一届三次	2009.12.24	李枝林	加强县城基础设施建设　推动城市可持续发展
十一届三次	2009.12.24	杨　宁	建设特色农业园区　促进库区水产养殖业发展
十一届三次	2009.12.24	张新国	加快蔬菜基地建设　促进县域经济发展
十一届四次	2010.12.20	李湘鄂	优化环境　落实政策　依法管理　促进我县民办教育健康有序发展
十一届四次	2010.12.20	符梅桃	提升园区质量　搭建发展新平台
十一届四次	2010.12.20	张　蓝	关于做好沅陵县“十二五”污染减排工作的建议
十一届四次	2010.12.20	向　上	发挥资源优势　培育五大产业　努力推动沅陵文化产业有力发展
十一届四次	2010.12.20	冯　杏	切实解决好青年返乡农民工创业就业问题
十一届四次	2010.12.20	石崇友	科学采伐　合理开发　切实做好酉水流域植被保护工作
十一届五次	2011.12.23	李湘鄂	加强生态文明建设　促进我县经济平稳和谐发展
十一届五次	2011.12.23	李丽娟	关于培育与发展我县规模以上工业企业的几点建议
十一届五次	2011.12.23	向开华	合理利用库区资源　科学发展现代渔业
十一届五次	2011.12.23	刘幼凤	化解四大难题　促进我县土鸡养殖发展
十一届五次	2011.12.23	杨团英	加强物业管理　创建和谐社区
十二届二次	2013.12.22	刘兰岚	关于加强我县快递行业管理的建议
十二届二次	2013.12.22	刘　辉	努力建好农民家门口的担保公司
十二届二次	2013.12.22	刘幼凤	关于推动我县开展全民创业的建议
十二届二次	2013.12.22	田学洋	关于加强和完善我县新农合运行机制的建议
十二届二次	2013.12.22	邬　刚	关于改善我县农村环境保护现状的建议
十二届二次	2013.12.22	钟生爱	关于解决我县小微企业融资难的建议
十二届三次	2015.01.06	刘兰岚	加强生态建设　促进县域经济社会发展
十二届三次	2015.01.06	梅寒冰	关于进一步推进我县依法治县工作的建议
十二届三次	2015.01.06	李红心	关于推进精准扶贫工作的建议
十二届三次	2015.01.06	钟生爱	优化服务　促进非公经济发展
十二届三次	2015.01.06	敬开山	发展壮大我县林下生态土鸡养殖产业的建议
十二届三次	2015.01.06	郑德钢	当前工业发展状况及建议
十二届三次	2015.01.06	张灵君	加快休闲渔业发展　再绘水产产业辉煌

续表

全会届次	时间	发言人（单位）	发言题目
十二届三次	2015.01.06	张　进	关于加快发挥农民专业合作社作用的建议
十二届三次	2015.01.06	刘　斌	推行阳光低保　促进公平和谐
十二届四次	2016.01.05	林申达	关于发展农村电商，助力精准扶贫的建议
十二届四次	2016.01.05	曹跃斌	关于推动沅陵旅游跨越发展的建议
十二届四次	2016.01.05	敬开山	关于依托“互联网+”促进特色产业的建议
十二届四次	2016.01.05	郭海龙	关于解决沅陵县城南交通拥堵问题的建议
十二届四次	2016.010.5	张　婕	加快健全完善农村通信设施建设的建议
十二届四次	2016.01.05	田学洋	关于改善中小企业生存环境的建议
十二届四次	2016.01.05	邓小东	关于治理惠民资金缩水走样的建议
十二届四次	2016.01.05	李　华	关于做好招商引资项目落地服务的建议
十二届四次	2016.01.05	李培养	关于整合资源做强职业教育的建议
十二届四次	2016.01.05	刘朝彦	关爱精神病患者　推进康复事业发展
十三届一次	2016.11.22	张海燕	关于加快美丽乡村幸福家园建设的建议
十三届一次	2016.11.22	全小军	关于我县发展森林康养产业的建议
十三届一次	2016.11.22	张　婕	突破交通瓶颈制约　促进县域经济发展
十三届一次	2016.11.22	刘　林	把城市当作景区建　让百姓生活在公园里
十三届一次	2016.11.22	邬　刚	加强河道管理　确保水域安全
十三届一次	2016.11.22	李　莉	激发贫困人口内生动力　增强群众自我发展能力
十三届二次	2017.12.26	王　婕	解放思想　勇于创新　创建品牌
十三届二次	2017.12.26	张水秀	加强文物保护利用　让文物充分活起来
十三届二次	2017.12.26	李培养	谁来担当贫困地区教育的重任
十三届二次	2017.12.26	周志英	关于切实加强“五强溪鱼”品牌建设的建议
十三届二次	2017.12.26	杨国胜	昂起县城龙头　打造“辰州府”旅游名城
十三届二次	2017.12.26	宋秋艳	关于加强城区项目建设现场管理的建议
十三届二次	2017.12.26	孙明汉	关于建设沅陵地方智库的建议
十三届二次	2017.12.26	向　翼	对青少年身心健康发展的建议
十三届二次	2017.12.26	张　进	将齐眉界打造成全国知名森林康养基地
十三届二次	2017.12.26	张　超	关于加快推进我县乡村扶贫车间建设的建议
十三届三次	2018.12.23	王　艳	关于脱贫攻坚工作的几点建议
十三届三次	2018.12.23	田学洋	沅陵品牌建设攻守之道

续表

全会届次	时间	发言人（单位）	发言题目
十三届三次	2018.12.23	李　娜	关于深化沅陵县人才建设机制改革的建议
十三届三次	2018.12.23	李　然	让沅陵传统美食在传承中发扬光大
十三届三次	2018.12.23	陈　洋	大力发展民宿经济　助推乡村振兴
十三届三次	2018.12.23	杨平如	关于进一步加强农村基础设施建设的建议
十三届三次	2018.12.23	莫秀英	关于加强我县传统村落保护的建议
十三届三次	2018.12.23	马　军	关于加强我县农村消防安全的建议
十三届三次	2018.12.23	向文菊	关于切实加强医技人才队伍建设的建议
十三届三次	2018.12.23	王　捷	关于巩固国家卫生县城创建成果的建议
十三届四次	2020.05.18	刘兰岚	做好农业发展文章，决战决胜全面小康
十三届四次	2020.05.18	刘　林	保护红色资源，传承红色基因
十三届四次	2020.05.18	舒彩云	把传统美食培育成县域经济发展新动能
十三届四次	2020.05.18	王　岩	关于稳定我县贫困人口就业的建议
十三届四次	2020.05.18	王　捷	关于盘活我县农村集体资产的建议
十三届四次	2020.05.18	姜　燕	关于加快公立幼儿园建设的建议
十三届四次	2020.05.18	邬　刚	加强我县农村集镇污水处理的建议
十三届四次	2020.05.18	张　华	关于筹建沅陵文学艺术馆的建议
十三届四次	2020.05.18	刘琼波	以人才振兴助推我县乡村振兴
十三届五次	2021.02.21	金　海	努力补齐发展短板，构建立体交通格局
十三届五次	2021.02.21	张建中	政府要为民营企业参与乡村振兴松绑破题
十三届五次	2021.02.21	李　俊	优化城区教育布局　办好人民满意教育
十三届五次	2021.02.21	廉海晏	高起点规划建设太常与城南新片区　打造宜居宜业宜旅山水新城
十三届五次	2021.02.21	张丙文	以“五化”推动我县生态文明建设
十三届五次	2021.02.21	刘兰岚	建立健全管护机制　巩固饮水安全成果
十三届五次	2021.02.21	王　岩	巩固脱贫攻坚成果　推进乡村振兴
十三届五次	2021.02.21	姜　燕	关于农民专业合作社建设的几点建议
十三届五次	2021.02.21	符　蓉	关于建设我县公共就业实训基地的建议
十三届五次	2021.02.21	王　捷	实行活禽集中屠宰　推动家禽养殖产业发展
十三届五次	2021.02.21	张玉环	多措并举为未成年人健康成长保驾护航

三、座谈研讨

县政协采取召开座谈会，组织各界人士及广大群众参与国家事务管理和县域发展，实现参政议政。

参与国家事务讨论

县政协从成立之初起，经常组织委员和各界人士对国家重大事务开展座谈研讨，提出意见和建议。1955年，针对复杂紧张的国际局势，政协多次组织委员和各界人士进行座谈讨论，经过学习讨论，大家清醒认识，一致指出国际局势紧张的根源，是美帝国主义侵略集团干涉我国内政的阴谋，表示坚决反对美蒋集团签订所谓《共同防御条约》，坚决要求解放中国台湾地区，反对原子武器，并积极参加和平签名运动，用实际行动展现爱国热情。同年11月13日，政协召开座谈会，专题座谈讨论全国第一个五年发展计划纲要，与会人员各抒己见，畅所欲言，对我国第一个五年计划中工农业建设的规模速度以及投资比重的安排情形充分发表意见。1956年1月2日，政协举行成立以来第一次委员（扩大）会议，报告目前国家形势的发展，讨论如何将资本主义工商业改造工作推进一个新的阶段，与会工商业者对国家政策表示一致拥护，并根据改造规划形成决议，用实际行动支持改造资本主义工商业，促进社会主义工商业的发展壮大。20日，政协召开第二次会员（扩大）会议，县委书记、政协主席苏君向委员传达学习中共中央政治局提出的1956年到1967年全国农业发展纲要（草案），委员围绕纲要（草案）进行3天学习讨论，提出一些建设性意见。同年，政协还组织委员和各界人士座谈，分别对汉语拼音方案（草案）和汉字简化方案、国家对日本战俘处理等问题进行讨论，通过座谈交流，澄清认识，统一思想。1957年，政协组织各界上层人士20多人，前后用3个月时间，学习座谈党的八大会议精神，5月中旬，就关于如何处理人民内部矛盾问题，组织委员和各界人士召开5天座谈会，学习毛泽东主席关于正确处理人民内部矛盾的文章，结合沅陵实际，畅所欲言，提出意见和建议。

1982年5—6月，县政协先后召开2次学习谈论会，专题学习讨论《中华人民共和国宪法修改草案》，组织政协委员和各界人士对宪法修改草案提出意见和建议，政协办公室综合大家的建议，整理出沅陵县政协委员和各界人士对宪法修改的11条补充意见，归口交县人大办公室上报省人大。8月7—9日，政协召开四届七次常委扩大会议，学习讨论《中国人民政治协商会议章程修改草案》，与会人员对章程修改草案逐条仔细研读，认真思考，句斟字酌，反复推敲，共提出34条修改意见和建议，经综合研究，筛选整理，最后汇总成13条，上报省政协秘书处。同年，县政协与省内外45个县市政协和有关单位联系往来，互相交换情况资料230多件，为国家重大事务贡献出沅陵智慧。

专题研讨热点难点

政协围绕社会热点难点问题，经常组织委员和群众开展座谈讨论，采纳大家智慧，助推问题解决，起到较好参政议政作用。城乡教育、产业扶贫、城乡建设，是政协专题研讨中最为突出的三大问题。

城乡教育　教育问题历来是政协委员关注的热点和焦点，每届政协，涉及话题最多的基本上都是教育方面的问题，委员的调研视察和研讨，多数也是围绕教育进行。1988年上半年，针对城乡学校普遍存在的片面追求升学率问题，政协教育工作组用近2个月时间，对全县各中小学进行调研，在掌握大量第一手材料的基础上，写出《端正办学思想，克服片面追求升学率的倾向》报告。6月10日，邀请县城9所中小学校长，在政协胜利中学召开专题研讨会，就教育工作组的调研报告进行专题研讨，与会人员本着讲真话、讲实话的精神，畅所欲言，各抒己见，围绕近几年出现的片面追求升学率的问题，摆表现、论危害、查原因、谈见解，发表一些意见，最后形成共识，一致认为，办教育，应着眼和致力于提高全民族的素质，必须自上而下都要端正办学思想，克服片面追求升学率的错误倾向。十届政协以来，政协针对低龄制寄宿学校发展中存在的问题，教育均衡布局问题、师资队伍建设问题、城区义务教育学校大班额问题等多次进行专题研讨。2007年7月15日，政协组织教育界委员和教育局有关领导、部分乡镇学校负责人，在县教育局召开低龄制寄宿学校建设专题会。大家讨论认为，沅陵县自2004年以来，按照县委“十年后看沅陵教育，二十年后看沅陵经济发展”的战略构想，结合乡镇行政区划调整，着力优化学校布局，全力推进农村低龄寄宿制学校建设，二年内共撤销村小和教学点328个，建成低龄寄宿制学校23所，4683名村小和教学点的学生集中进入乡镇寄宿制学校学习，成绩显著。与会人员在讨论中指出，随着低龄寄宿制学校建设工作深入推进，各种问题也相继出现，主要表现为社会对低龄寄宿制学校反响评价不一，学校配套设施不全，项目建设资金不足，教师队伍素质偏低、角色职能分担不明、安全工作任务繁重、村小资产隐形流失等。与会人员经过深入讨论，提出五条建议：一是加强统一领导，努力形成社会、学校、家庭全方位共抓寄宿制学校建设的良好氛围；二是形成寄宿制学校建设及管理的长效机制（包括经费投入保障机制、各级目标管理机制、教师队伍建设培养机制等）；三是建立农村寄宿制学校目标管理规范和规程；四是地方乡镇党委、政府主动支持并配合学校发展需要，加强对学校发展环境的综合治理，为学校发展保驾护航；五是教育行政主管部门和学校，要深入研究农村低龄寄宿制学校的教育教学管理和质量建设，迅速取得可持续的内涵式发展。2016年6月28日，政协召开会议，专题研究讨论城区义务教育学校大班额问题，县委常委、副县长闫力、政协班子成员、政协常委、县教育局、一中、二中、三中、鹤鸣山小学、荷花池小学、溪子口小学、凤鸣学校等城区学校负责人以及3名学生家长代表参加会议。与会人员畅所欲言，各抒己见，在充分肯定沅陵教育工作成绩的同时，也对学校大班额问题久拖不决提出批评意见，并对大班额问题存在原因及其弊端进行深入研究讨论，一致认为，城区义务教育学校大班额问题形成，主要是因为城镇化发展加快，城区人口增加带来学生生源猛增，城区教育资源欠均衡、布局欠合理等因素造成的。会议指出，大班额问题导致学校、教师、学生、家长的负担加重，造成很多制约学校教学教育质量提升的弊端，如学校担心学生出入校园的安全和学生用餐安全，教师要付出超负荷的工作量；学生因校园活动空间、教室活动空间都很小，身心健康难以得到充分发展；低年级家长因不放心要接送小孩等等。经过研究讨论，会议认为解决好大班额问题，是全面建成小康社会的内在要求，是加快推进新型城镇化的客观需要，是教育均衡发展的应有之义，也是深化基础教育综合改革的重要基础。为此，协商形成4条消除城区学校大班额的建议：一是要科学布局城区教育，按照推进新型城镇化发展要求，依据人口结构、学龄人口变动趋势、计生政策调整等，统筹考虑现有教育资源状况、地理环境、交通条件、中小学服务半径等因素，县政府要科学布局城区学校；二是要加快城区学校改建、扩建、新建；三是要均衡教育发展，对照《国家中长期教育改革和发展规划》和党的十八大提出的“均衡发展九年义务教育”精神要求，县教育行政主管部门要切实有效地促进城乡基本公共教育服务均等化，缩小城乡教育差距，努力办好每一所学校，教好每一个学生，不让一个学生因家庭经济困难而失学，要让教育脱贫落地生根，改变命运；四是要鼓励城区学校自行逐步消除大班额。为此，建议县政府、教育行政主管部门逐步落实《关于城区公办小学举办幼儿园有关问题的意见》（怀教发〔2007〕24号））的文件要求；建议县政府对城区学校自行消除大班额的，实行以奖代补的措施，以引导和鼓励城区学校逐步退出学前教育和幼儿教育，腾出教室用于消除大班额问题。

产业扶贫　2015年8月，政协成立产业扶贫调研组，围绕如何做好沅陵产业扶贫工作，先后赴花垣县排碧乡十八洞村、贵州遵义县枫香镇花茂村、沅陵县太常乡罗家村、侯子坪村、七甲坪镇黄花界村、借母溪乡养蜂合作社、凉水井王家岭村养鸡合作社等地考察调研，并多次召集县直相关部门负责人进行专题研讨，通过研究讨论，逐步形成关于沅陵产业扶贫的一致意见。认为沅陵在推行产业扶贫中坚持“因地制宜、集中连片”的原则，充分利用丰富的山地资源和国家、省、市产业优惠政策，确定两茶一鱼一蔬一禽为全县重点农业产业，抢抓列入武陵山片区区域发展与扶贫攻坚试点县机遇，致力推进从整村推进、深度扶贫到精准扶贫等扶贫方式的转变，产业开发呈现良好的态势，扶贫工作队的重心开始转向产业扶贫，全县产业扶贫已经形成合作社加农户、大户带动、干部推动、个体创业等模式。但也还存在一些问题，主要是产业市场化程度低、现有资源开发程度低、群众产业开发的自觉性还没调动起来、资金投入欠跟踪管理等。对此，调研组综合专题研讨意见，建议县委、县政府在推进产业扶贫中要把握处理好5个方面的关系，即：正确处理沅陵产业发展优势与劣势的关系；处理好产业发展大户和小户的关系、中长效与短效的关系；处理好生产与销售的关系；处理好产业扶贫资金投入与效益的关系；处理好外部推力与内生动力的关系。2017年二季度，政协成立“产业发展与脱贫攻坚”调研组，分为农业产业与贫困人口对接、工业企业与贫困人口对接、旅游产业与贫困人口对接、金融产业与贫困人口对接、互联网+与贫困人口对接、沅陵产业扶贫的现状与建议等六个分组，围绕产业扶贫开展调研。4月17—28日，调研组先后赴重庆市秀山区、贵州省湄潭县、雷山县、玉屏县、大龙经济开发区、万山区、湖南省麻阳县、武陵源区等地比较研究学习。5月15—16日，调研组对县内马底驿乡、肖家桥乡、陈家滩乡、深溪口、凉水井镇的产业发展与脱贫攻坚工作进行调研视察，征求群众意见。6月23日，调研组成员集体参加“沅陵论坛”，听取北京行政学院教授、政府改革与组织设计课题参与者董晓宇教授《脱贫攻坚与精准扶贫》专题讲座报告。在前后2个月的学习、调研活动中，调研组先后召开多次座谈和研讨会，根据研讨成果，形成《沅陵县产业发展与脱贫攻坚专题协商报告》，为县委、县政府决策提供参考，促进沅陵产业发展与脱贫攻坚工作。2018年5月18日，政协邀请凉水井镇、交通局、交建投等单位负责人对部分农村扶贫公路建设情况开展视察，下午，在凉水井镇政府召研讨会，就视察中发现的困难和问题进行专题讨论，研究解决方案，提出建议。

城乡建设　围绕城乡建设工作，政协经常召开委员和群众性会议，对建设中发现的问题和困难进行研究讨论，集思广益，建言献策。2013年8月和9月，政协针对太常西水大桥、酉水白田段河道综合治理、龙兴大道施工建设、城南廉租住房建设等4个重点项目存在的主要困难和问题进行视察后，召开诸葛亮会议，进行研讨。会议认为，太常酉水大桥的初步设计方案与实际施工存在矛盾，跨酉水主桥段工程施工因五强溪水电站蓄水水位变化受到影响，造成工期延缓。酉水白田段河道综合治理工程征地拆迁难度大，项目规划区内存在非法买卖土地、违章突击建房现象，加上五强溪水电站进入蓄水期，水位上升，影响防洪堤工程施工。龙兴大道建设用地指标紧张、报批难，融资渠道窄，筹资难，建设资金难落实，征地拆迁难度大，存在阻工问题。城南廉租住房建设用地难落实，财政配套资金紧缺。针对存在问题，会议研究讨论出一些解决方案和措施，对各项工作推动产生积极作用。2015年7月16日，政协以社情民意为导向，以群众公共需求为标尺，对胜利公园、龙舟广场、少帅广场、凤凰山森林公园、鸳鸯山森林公园等重点公共休闲场所管理不到位的情况进行视察后，在住建局召开专题研讨会，对如何加强城市公园、广场管理，提升群众满意度问题进行讨论，县林业局、民政局、旅游局、沅陵镇负责人在会上进行情况汇报，参加视察的委员们踊跃发言，提出意见和建议。2017年一季度，政协成立“城市建设和管理暨美丽乡村建设”调研组，2月27日至3月4日，赴江西省武宁县、湖北省赤壁市、荆州区、湖南省澧县、武陵区进行比较研究学习，3月16—17日，对全县城市建设和管理暨美丽乡村建设情况进行调研视察。3月26—28日，邀请著名经济学家、湖南省委重大决策咨询智囊团专家刘茂松教授来沅陵现场考察，29日，调研组全体成员参加“沅陵论坛”，聆听刘茂松教授《经济新常态与沅陵城镇化发展》辅导报告。在前后2个月的学习、调研活动中，调研组多次召开委员和社区群众协商讨论会，广泛听取各方面人士对县城建设和管理的建议诉求，形成《沅陵县城市建设和管理暨美丽乡村建设专题协商报告》，报送县委、县政府，成为民主化、科学化决策依据。

开展广泛协商讨论

广泛听取各方面意见，协助政府做好疏通民意，增进了解，促进和谐，是历届县政协在参政议政中坚持不懈的工作。1956年，县第一届政协广泛开展和社会各界人士的座谈讨论，助推政府各项工作顺利开展。为推动基层选举工作，政协邀请部分上层人士列席政协委员（扩大）会议，听取县长、政协副主席宋文溥关于普选工作的政治意义和工作计划的报告，并邀请他们参加讨论，共同协商，提出意见。在对资本主义工商业改造进入公私合营阶段，工商界人士对清产核资、人事安排、公私关系等方面认识不足，思想混乱，工作出现阻力。政协针对这种情况，及时召集工商界委员和代表人士进行座谈，听取反映，收集5条意见，并根据意见，建议政府和有关部门组织报告会，贯彻赎买政策，适当解决遗留问题，调和公私关系，政府采纳政协建议，促使问题得到有效解决。同年，政协还就增产爱社、粮食购销、生产自救及政协工作，和各界人士广泛开展座谈交流，听取他们的意见和建议，并帮助他们答疑解惑，消除疑虑，安心搞好工农业生产。

1963年5月底至6月初，政协就当前各界人士政治思想状况，多次召开各界人士座谈会，开展调查研究。在座谈会上，通过揭盖子，亮底子，暴露出许多问题，发现各界人士由于两面性的存在，在一些根本性的问题上，容易出现大的反复和动摇，需要不断加强学习，提高认识，巩固政治基础。通过座谈调研，县政协及时掌握各界人士真实思想状况，形成《关于当前各界人士的政治思想状况》调研报告，提交县委。以后每年全体委员会议期间，政协都要组织委员对《政协常委会工作报告》和《政府工作报告》进行分组学习讨论，尤其是把对《政府工作报告》的讨论，作为委员参政议政，履行职能的重要内容，每次讨论，无不深入全面，所提意见和建议，都达六、七十条之多，涉及政府工作的方方面面。政协组织的调研视察，座谈讨论是每次活动必有内容。座谈人员除政协委员、相关部门领导外，通常也邀请部分群众代表参加。特别是涉及一些有争议的难点、热点工作，政协会邀请更多群众代表参加座谈讨论，发表意见，达成共识，实现从源头减少和纾解社会争议，促进和谐发展。1984年7月，为弘扬传统文化，振兴辰河高腔，政协组织委员经过前期调研，在基本掌握沅陵辰河高腔历史和现状的情况下，于7月10日召集高腔剧团老人和文艺界代表进行座谈，全面深入研讨辰河戏的起源、发展过程及群众基础，围绕辰河高腔要不要改革，怎样进行改革等问题，进行整整两天的讨论，最后形成共识，认为辰河戏要发扬光大，必须在继承中有所改革，既要弘扬传统，也要剔除糟粕，才能与时俱进，永葆艺术精华。1987年7月15日，政协工业科技工作组就城市建设问题，在县开发公司召开座谈会，专题讨论新城开发中的城管、征地、拆建、公共设施建设等方面工作，经过座谈讨论，达成共识，一致认为，县开发公司在新城建设中作出很大努力，取得一定成绩，但也存在建设速度缓慢、干群思想认识不统一、整个工作指挥不力、对征地拆迁中遇到的矛盾和困难缺乏解决的勇气和办法、建设资金周转太慢等问题。9月7日教师节前夕，政协举行离退休教师代表座谈会，邀请35名教师代表、政协委员座谈讨论沅陵教育工作。座谈会上，大家踊跃发言。政协主席刘俊良出席座谈会并讲话。会后，根据座谈讨论的意见和建议，政协向县委、县政府提交《关于解决离退休教师几个具体问题的建议》，得到采纳批转有关部门逐项落实。据不完全统计，在1984年至1987年政协五届委员会任期的三年时间，政协先后组织召开各种讨论座谈会30余场次，提出建议或批评意见300条。仅在整党期间，就召开7次党外人士座谈会，参加座谈会的党外人士多达300多人次，听取整理建议和批评意见198条，呈现出生动活泼的政治局面。

1988年，政协正副主席和有关政协常委共列席县委和政府召开的重要会议68次，就我县政治、经济和人民生活中的重大问题进行专题协商和讨论。政协召开主席会、常委会和举行委员学习日，都要通报县委和政府的有关工作情况，并就一些重大问题进行座谈讨论。10月25日，县委邀请八十多名各界人士，在政协礼堂举行座谈会，县委、人大、政府和政协的13位领导出席会议。县委书记黄伯炎向党外朋友通报中共十三届三中全会、省委五届七次全体（扩大）会议和县委常委（扩大）会议精神；县长周宗亮就如何结合我县实际，贯彻落实中央确定的指导方针、政策措施作了重要讲话。下午，到会领导参加分组座谈，与各界人士直接对话，进一步统一认识。这次座谈会，是在县委常委会议结束的第二天，还未向区镇乡党委传达的情况下进行的，体现出县委对党委外人士的充分信任。

1996年，政协第八届委员会，全面开展调查研究活动，通过调研和座谈讨论，吸收各方智慧，共同形成意见和建议，推动各项工作顺利进行。针对沅陵县普九教育工作中存在的问题，政协副主席尹叔宜带领政协文教卫体委员会和教育活动组的成员，深入陈家滩、杜家坪、官庄、五强溪、七甲坪、大合坪、用坪等7个乡镇的中学和中心完小以及14所村小进行调研视察和座谈，掌握大量事实依据，找到影响普九教育工作问题的根源，通过召开全县区教办主任会议，就全县普九工作进行专题座谈，统一思想认识，形成《我县普及九年义务教育的现状及对策》，为推动完成普九教育做出贡献。针对个体私营经济发展现状中的突出问题，政协财贸活动组通过调研和与有关人士座谈讨论，一致认为，制约个体私营经济发展的主要原因是行业结构不合理，本应成为农村致富的种养业被冷落，对生态环境具有破坏性的采掘、冶炼等行业却成为热门，占有较高比例。另外，个体私营业发展的外部环境差，检查多、融资难，以及地痞恶霸的敲诈勒索，都是制约和阻碍个体私营经济健康发展的主要原因，希望引起县委、县政府高度重视。同年，政协还就工业企业改制、社会保障体系建立、库区移民就业安置等多种事关民生的工作开展广泛调查研究和座谈讨论，协商拿出一些建议和意见，提交县委、县政府和有关职能部门，促使一些问题得到有效解决。

2000年，围绕企业改革、结构调整、产业优化、品牌战略、发展环境等内容，政协以委组为单位，有计划地开展委员学习与研讨，在政协系统进行广泛的座谈和交流，极大拓宽委员参政议政的视野，推动委组活动开展。助推沅陵旅游开发，实现旅游兴县战略，是历届政协连续不断认真狠抓的一项工作，尤其是在第十届政协期间，政协围绕旅游资源开发和旅游事业发展，进行大量的调查研究，召开座谈会，集思广益，通过建议案和提案，向县委、县政府提出很多切实可行的建议。2006年6月至8月，政协集中3个月时间，开展旅游专题调研活动，对全县各乡镇的重要旅游资源，特别是借母溪、二西山、五强溪三个乡镇不同类型的旅游资源进行深度调研分析，并多次召集县旅游局、宗教局、旅行社、宾馆和景区负责人座谈讨论，综合各方意见，采纳大家智慧，形成政协《关于我县旅游开发工作的建议》，提交给县委、县政府，成为沅陵旅游开发的重要依据。

2013年，不少群众呼吁县委、县政府，要求将尤家巷步行街改为车行道，县委领导批示，要求政协调研拿出建议。5至6月份，政协就尤家巷步行街能否改为车行道进行专题民意调查，发放调查问卷1164份，收回1163份，其中有效调查问卷1104份。据统计显示，对尤家巷步行街改为车行道，33%的人表示同意，62%的人表示反对，5%的人表示无所谓。6月21日，政协邀请县人大办、政府办、住建局、规划局、房产局、城市执法局、交通运输局、交警大队、教育局、财政局、民政局、沅陵镇政府、鹤鸣山居委会、荷花池居委会等主要负责人召开座谈会，讨论尤家巷步行街能否改为车行道问题。与会人员充分发表自己的意见和看法，除个别职能单位外，绝大部分单位持反对意见。政协根据调研分析结果和大多数人的意见，向县委、县政府提出尤家巷步行街不改为车行道的建议。同年7月，有老同志联名致信县委主要领导，要求将南岸新车站命名为“叙丞站”，理由是二十世纪三十年代，沅陵籍人张叙丞为抗战监修湘黔公路有功，国民政府曾将沅陵汽车站命名为“叙丞站”，因此要求县委、县政府恢复这个站名。县委督查室将老同志联名信函转交政协处理。政协研究决定由文史委牵头调研座谈。文史委经过史料研究发现，张叙丞监修湘黔公路时间在1935年，当时国民政府是为追剿红军开展的筑路工程，并非老同志所言是为抗战修建，至于该公路日后成为抗战时期后方经济动脉，与国民政府对“叙丞站”命名毫无关联。情况了解清楚后，政协邀请多名社会知名人士和老同志代表座谈讨论，通报“叙丞站”名称由来的历史原因，经过座谈，一致认为沅陵新建汽车南站，不适合以“叙丞站”为名。同年9月12—13日，针对群众反映强烈的学生营养餐工作和校车（船）安全问题，政协组织政协常委和委员共50余人的视察调研队伍，深入凉水井镇小学、中学，官庄镇小学、幼儿园、沅陵六中、五强溪镇小学、沅陵七中等地，对学生营养餐工作和校车（船）安全问题进行实地视察。每到一个乡镇，都要召集学校老师、家长代表和车船主进行座谈，认真听取各方面意见，通过座谈讨论，掌握了解问题存在的原因和群众真实想法。根据视察情况和群众意见，对改善学生营养餐和加强校车（船）安全管理分别提出意见和建议，改善学生营养餐方面，建议教育主管部门坚持抓好三件事：一是食品的配送和采购工作要再严格把关、再严格督查；二是要责令学校限期改善仓储条件；三是要狠抓管理制度的落实，避免形同虚设。教育主管部门提出将学生营养餐补入中餐的想法，要深入调研，慎重考虑。加强校车（船）安全管理方面，一是建议县校车办、教育局、乡镇政府加强联合执法，对性能差、政府未许可的“校车（船）”进行整治。二是建议县政府合理调整校车运营补贴标准。目前，县政府确定的运营补贴标准是：面的车1元/公里，中巴车1.2元/公里，大客车1.5元/公里。多数车主反映标准过低，保本经营，甚至亏本。建议县校车办就调整补贴标准进行调研，为县政府决策提供参考依据，既要保护现有校车车主的积极性，又要吸纳更多的车主加入校车服务行列，力争三年内实现校车（船）服务全覆盖。

2014年11月19日，政协召集县财政局、水利局、发改局、人社局、卫生局、教育局、交通运输局、计生局、林业局、农业局、扶贫办、民政局等单位负责人，在政协会议室举行城区行政区划调整涉农部门座谈会，征求涉农部门就城区行政区划调整涉农政策意见。会议由政协主席张世雄主持。张世雄首先介绍城区行政区划调整前期调研情况，说明此次座谈讨论的两个问题，一是太常乡是一分为二，还是成建制调整为街道；二是对老百姓的利益是否有影响。各单位负责人畅所欲言，充分发表意见，如水利局认为：保留太常乡，太常设街道管理难度大。就水利方面政策，农村投入和城市投入是不一样的。“十三五”水利投入还是在农村，饮水投入在农村。太常设立街道变城区后，今后会有影响，对今后的水利项目争取有很大的影响。卫生局认为：目前，太常乡要保留，村卫生室今年才启动，今年全县启动70个村卫生室建设。设立街道办，卫生室建设没有投入，没有项目。沅陵镇撤销也不支持村卫生室建设。发改局提出三点建议，一是沅陵经过四次行政区划调整，由于调整力度太大，在争取项目上是吃亏的，撤销沅陵镇，设立三个街道，保留太常乡，主要是为方便群众办事。二是发改争取项目，中央政策通盘考虑到乡、镇、县，所以撤销沅陵镇，保留太常乡有利于向上争取项目，国家对乡镇的扶持也大些。三是干部职数编制，保留太常乡好，太常6个村在红线范围内，两桥拉通后与城市没有区别，主要是在太常乡址的选择上。

同年12月，政协就发展垂钓休闲项目邀请有关人士对发展规划进行座谈，大家对规划文本提出许多修改建议，其中湖南生物机电职业技术学院张建国对沅陵钓休闲规划提出4条书面建议，首先，五强溪库区不应主推“垂钓”，从国际趋势来看，大库渔业休闲主要发展趋势是“游钓”，应规划为“游钓度假”较好。垂钓主“静”，以鱼饵钓常规鱼为主，讲究“打窝”，存在残饵污染现象，不符合现代生态渔业要求；游钓主“动”，以“路亚”钓凶猛鱼（肉食性鱼）为主，没有残饵污染现象，符合现代生态渔业要求，而且是一种户外运动形式，可结合国家户外运动发展规划中去，举办各种赛事推广。其次，从五强溪水库水质条件看，陈家滩库汊优于肖家桥库汊，规划应主要着手陈家滩库汊。第三，规划内容应围绕“沅水鱼文化”为中心建设的思路。突出水资源、鱼资源的保护和增殖维护，应有环保措施。第四，现有网箱应做景观改造，从规划开始实行起，对原网箱养殖进行登记清查，对原有老网箱及鱼排达到使用年限后坚决取缔上岸，逐步发展“深水”景观环保网箱。政协将座谈讨论意见和建议进行综合反馈，一些合理化建议得到相关部门采纳。

2015年7月16日，政协邀请城区部分委员和有关部门负责人以及群众代表，对免费开放凤凰山森林公园一事进行座谈，大家讨论认为，随着县城扩容提质，凤凰山森林公园在市民眼中已经成为名副其实的城市公园，继续收取门票非常不合理，群众反映强烈。虽然经过政协委员多年不懈呼吁，公园已经取消每天上午8时之前，下午5时之后的入园收费，但是没从根本上解决免费开放问题。建议加大反映力度，坚决要求取消凤凰山森林公园每张50元的门票费，向全县市民全天候免费开放；对由于取消门票造成管理单位资金损失，建议由县财政安排一定数量的补助资金；有关部门要对公园内的违章建筑坚决取缔，同时加强凤凰山基础设施建设，尤其对里面一公里左右的黄色公路尽早硬化亮化。这些建议全部得到采纳实施。8月12日，政协副主席杨德信在借母溪乡主持召开委员座谈会，协商讨论借母溪旅游设施建设问题，会议邀请副县长赵玉燕和借保局、旅游局等单位负责人参加。会议先听取借保局关于借母溪基础设施建设情况介绍和旅游局关于旅游基础设施建设情况的报告，与会委员根据两家单位的介绍，结现场视察掌握的情况，开展热烈讨论，对借母溪旅游发展提出一些意见和建议，得到县政府领导充分肯定。

2016年11月23日下午，政协组织参加十三届一次会议的委员，分为5个联组，对《政府工作报告》进行座谈。委员们围绕产业发展、脱贫攻坚、旅游发展、城市建设和管理等8个方面踊跃发言，热烈讨论，提出66条合理化建议。如在产业发展方面，委员讨论时提出，政府应该加大碣滩茶品牌保护和营销力度。委员讨论认为茶叶生产要转型，新建基地已不再是重点，要着力现有茶园管理，提高单位面积产量，提高加工利用率，加大市场营销力度，打击以次充好或外地茶代替碣滩茶的非法行为，大力发展大众茶产品。在脱贫攻坚方面，委员们认为，沅陵要抓住扶贫政策机遇，用活金融政策，让更多的产业大户、加工大户、农业龙头企业、各类专业合作社受益。同时鉴于当前扶贫数据表格太多，乡镇、村扶贫工作人员花费太多精力于表格统计与上报，耽误干实事时间，建议规范和简化各类统计，县扶贫办要与县直机关各部门的扶贫数据实行共享。在城市建设和管理方面，委员们讨论认为，政府应该集中精力与资金修通沅水二桥、龙兴大道，尽快拉开城市交通大骨架，要对太常片区及时做好城市发展规划，坚持科学规划，突出绿地和公共基础设施要素。

2017年8月，政协成立“森林康养”课题调研组，对沅陵发展“森林康养”进行可行性调研。调研组在外出比较学习和县内实地视察过程中，多次召开各种形式的座谈讨论会，参加人员有政协委员、相关单位领导、林场职工、农民代表等。经过座谈讨论，极大丰富调研内容，11月30日，政协召开十三届五次常委会议，对开展“森林康养”进行专题协商，形成《沅陵县森林康养专题协商报告》，报送县委、县政府作为发展“森林康养”决策的参考依据。

2018年3月，政协成立新型城镇化监督性调研课题组，围绕沅陵城区基础设施建设和棚户区改造工作开展调研。在为期近2个月的调研活动中，调研组多次组织有关单位、社区群众和行业人士座谈讨论，通过座谈，了解群众所思所想，所期所盼。在座谈城区基础设施建设时，参加座谈的群众认为县城公共服务设施严重缺乏，重点项目进展缓慢，城市管理不到位，行路难、行车难、停车难、如厕难、市民休闲活动难等问题长期得不到有效解决，他们对此意见很大。参加棚户区改造调研座谈的群众，对改造工程进度缓慢表示不满意，对普通住宅小区改造没有与打造5A级县城建设相结合提出批评意见，认为这是对小区原有区位、文化资源的浪费。调研组充分采纳群众意见和建议，写进调研报告，群众呼声得到如实有效的反映。

同年7月，政协成立“沅陵传统名食传承与弘扬”课题组，围绕传统名食的传承问题进行调研。课题组分为3个调研组，深入城区、乡镇、餐饮行业走访调查，与群众座谈。群众在座谈中对沅陵传统美食的种类如数家珍，但是对继承弘扬传统名食缺乏信心，认为现在沅陵饮食行业作坊多，企业少、产品多，标准少、流失多，传承少、品种多，品牌少、竞争多，合作少，相关企业普遍存在资金运转难、市场拓展难、技术人才断层、企业传承创新能力不足等问题，严重制约着我县传统美食的传承与弘扬。调研组对群众座谈意见进行综合分析思考，形成《沅陵县传统美食传承与发展调研报告》，向县委、县政府提出“让传统美食在传承中发扬光大”的建议。

2020年，政协重点围绕五强溪库区产业转型发展、农村环境卫生治理、如何对接乡村振兴等课题，组织委员深入乡镇，扎实开展视察、调研、协商，全年开展座谈协商和特色活动60多次，七甲坪镇就集镇禁放鞭炮开展委员视察，发放市民征求意见书，召集群众座谈协商，最终形成建议，助推七甲坪、蚕忙集镇全面禁放烟花爆竹规定出台落地，为倡导乡村文明新风作出贡献。

第六章　提案工作

政协提案是政协委员、参加政协的各党派、人民团体和政协专门委员会、政协各委员活动小组（以下简称提案人）向政协全体会议或常务委员会提出的、经提案审查委员会或者提案委员会审查立案后，交承办单位办理的书面意见和建议。政协提案是人民政协履行职能中最直接、最有成效的形式之一。县政协自成立以来，始终重视提案工作，一届至三届政协虽然没有成立专门的提案工作机构，但是政协对委员提出的意见和建议，都及时由办公室整理成文，经主席办公会或政协常委会审定通过后，转交给各承办单位进行办理。1981年9月，政协四届二次会议决定设立提案审查委员会，负责对全会提案的审查立案工作，全会闭幕后，转为提案委，作为提案工作机构在政协办公室内予以保留。1987年3月，政协六届二次会议决定成立提案专门委员会，政协提案工作得到快速发展。以后历届政协，先后制定并多次修订县政协提案工作条例，提案征集、审查、督办工作不断得到充实完善。2014年，县政协制定《关于加强人民政协提案办理工作的若干规定》，进一步推动提案工作向经常化、制度化、规范化发展。

第一节　提案提出

一、提案产生

《政协沅陵县委员会提案工作条例》规定，具有提案者资格的人员和单位是县政协委员、参加政协的各党派和人民团体、县政协各专门委员会、县政协各委员活动小组。同时还规定，政协委员可以个人或联合方式提出提案；各党派、人民团体可以本党派、团体名义提出提案；县政协各专门委员会可以专委会的名义提出提案；委员活动小组可以本活动小组名义提出提案，全体会议期间可以小组或者联组名义提出提案。为做好提案的组织和引导工作，1981年10月，县第四届政协向全体委员发出《关于开展提案工作给委员同志们的一封信》并附《委员提案卡片》，明确提案的主要内容和要求。之后4个月中，收到委员和有关人士提案22件，提案范围包括实现社会主义现代化建设、搞好精神文明、发扬民主、加强法制和青少年教育、改善人民生活、开展“五讲四美”活动等方面。1983年，县政协进一步根据全国政协新章程规定，结合沅陵实际经验，决定政协委员平时可将建议书面提出送政协提案委员会，由政协通过常委会议协商讨论，审查研究后，统一为“建议案”，综合整理、分送县人民政府、人大有关部门。第五届政协以来，把提案撰写培训作为委员学习内容之一，经常利用各种机会，对委员进行提案培训，以促进委员提案质量的提升。1989年3月，政协六届三次会议召开前夕，根据主席会议安排，由政协秘书长以《怎样写好提案》为题，从什么是政协委员提案，提案工作为什么重要，如何提高提案质量，怎样撰写提案四个方面对全体参会委员进行辅导。1990年1月22日七届一次政协全会期间，县政协提案委编印出提案工作辅导材料《委员书写提案必须明确的几个问题》，打印200多份，委员人手一册。这种利用政协全会对委员进行集中培训的做法为以后历届政协所效法。2003年，县政协先后制定《提案撰写须知》《关于改进提案工作的意见》，要求在每次全会召开之前，要以政协办公室文件的形式，向每个委员致信，下发年度提案参考选题，并对提案征集提出具体要求，指导委员做好提案的调研与撰写；以各专委会开展的活动为载体，积极组织委员参加调研、视察，情况通报会、座谈会等，拓宽委员视野和扩大知情权，并将委员在政协各种会议上的发言整理成提案；各委组将调查报告、意见和建议改写成提案；各界别组织本界委员撰写提案。通过对提案工作方法的改进，提案逐步实现与县政协各专门委员会的活动相结合、与委员活动组调研活动相结合、与委员的本职工作相结合。十一届政协开始，又针对提案撰写进行专门培训，并指导委员将大会发言，有选择性地转为提案。

二、审查立案

县政协提案委和政协全体会议期间的提案审查委员会，根据《政协沅陵县委员会提案工作条例》，对收到的提案进行逐件审查，审查合格者给予立案登记，交给有关部门办理。对涉及党和国家机密的；国家明令禁止的；中共党员对党内有关组织、人事安排等方面有意见的；民主党派成员反映本组织内部事务的；进入民事、刑事、行政诉讼以及仲裁程序的；属于学术研究的；为本人或亲属解决个人问题的；宣传、推介具体作品、产品的；指名举报的；内容空泛、没有具体建议的提案，根据条例规定，均不予立案。对不能立案的提案，根据不同情况，分别以适当方式转送有关部门研究参考，并向提案人作出不予立案的解释。

五届政协任期3年，政协委员共提出各类提案87件，截至届满时，办理完成79件。一些提案经过共同努力，协商办理，产生出良好效果。其中修建岩屋潭二级电站的提案，被县委和政府采纳，适时组织筹建施工，至五届政协届满时已经接近竣工投产。全党全社会要关心教育的提案，由县政协牵头办理，在县政府支持下，县政协组织有关单位为沅陵二中、四中修建1100多米校内外水泥道路，解决两校师生雨天行路难。针对委员提出“看病难”的提案，县政协出面组织委员中部分退休名老中、西医生，在县城古城路口创办一所医疗门诊部，极大方便群众求医问药，得到社会一致赞赏。

县六届政协任期3年，各民主党派、人民团体、政协各专门委员会和全体政协委员，共提交提案319件，其中属于农林水方面的57件，占17.87%；属于工交方面的46件，占14.42%；属于科技、文教、医药卫生方面的56件，占17.55%；属于财政、贸易、金融方面的40件，占12.54%；属于党群、政法方面的50件，占15.67%；属于移民开发、新城建设、环境美化方面的25件，占7.84%；其他有关民族、宗教、侨务、旅游、人事工资以及机构体制、落实政策、培养人才、干部作风等方面的41件，占12.85%。对这些提案，县政协采取“请进来，走出去“的办法认真办理，如召开承办单位负责人座谈会，登门交办，定期检查，及时催办，截至届满，已办复315件，占交办提案的为98.75%。

县政协第七届委员会重视提案质量，利用多种形式，加强委员提案撰写培训，提升委员提案质量和数量。1991年3月，县政协七届二次会议期间，共收到委员提案151件，是县政协成立以来收到委员提案数量最多的一年。而且这些提案质量都明显高于以往，多数提案做到一事一议，有分析、有办法、有措施，符合实际，颇有见地，受到政府有关部门及时采纳利用。在3年届期中，第七届政协委员共提交提案379件，其中有关农林水方面的50件，占提案总数13.2%；工交方面的63件，占16.6%；科技、教育、文化、卫生、体育方面的72件，占19%；财政、贸易、金融方面的52件，占13.7%；党群、政法方面的56件，占14.8%；经济发展计划、移民开发、新城建设、环境美化方面的58件，占15.3%；统战、民族、宗教、旅游、人事、工资、组织建设、干部作风建设、人才培养等方面28件，占7.4%。经提案委员会审查立案291件，占提案总件数76.8%，改作意见和来信来访处理的88件，占23.2%。截至1992年12月县政协第七届委员会届满时，立案的全部提案都已经办复完毕，其中142件提案所提意见和建议，得到有关部门采纳和解决，或基本解决。

县第八届政协一次会议期间，收到委员提案163件，立案160件，其中有关经济建设和旅游开发方面的9件，新城建设和集镇搬迁方面的27件，工交、邮电、通讯方面的16件，农林水利方面的18件，工商、财贸、金融方面的15件，教育、科技、文化、卫生、体育方面的28件，党群、政法、劳动、人事方面的36件，统战、民族、宗教和其他方面的14件。在经济建设和旅游开发的提案中，政协委员建议开发“中华猕猴桃”良种基地，建议引进和发展人工养殖蚜虫培育五倍子生产，建议发挥五强溪库区水上优势，加强水域开发，兴办水上旅游项目；在新城建设和集镇搬迁方面，委员建议要尽快对县城古城南路进行路面铺装，尽快规划设计好城北境内3条主干线和新城街道的衔接道路。这些提案，问题抓得准，提出的建议具有很强的可操作性，受到县委、县政府重视和采纳。八届政协

在5年任期中，共提出提案708件，经审查立案622件。其中有关农林水方面的72件，占提案总数的11.5%；城建、环保、国土方面的94件，占15.1%；工业、邮电、交通方面的58件，占9.3%；工商、财贸方面的83件，占13.3%；文教卫生、计划生育方面的102件，占16.3%；民族、宗教方面的31件，占4.9%；移民工作方面的43件，占6.9%；思想作风建设方面的58件，占9.3%；社会治安方面的54件，占8.6%；其他方面的24件，占3.8%。经政协催办和协办，截至八届政协届满时前，622件立案提案，有620件已经办复完毕，办复率为99.9%。其中已经落实解决的421件，占办复总数的67.9%，以纳入计划准备处理的113件，占已办复提案的18.2%。

九届政协一次全会，收到委员提案128件，闭会期间收到提案5件，经审查立案107件，内容涉及10条战线26个单位。其中城建环保方面25件；科教卫文方面21件，工商财贸方面14件，移民方面16件。九届政协二次全会，收到委员提案71件，闭会后又收到2件提案，合计73件，经审查立案69件，涉及9条战线26个单位，只要集中在城建环保和科教文卫方面。九届政协三次会议，收到提案78件，经审查立案65件。其中有关经济建设方面的提案20件，有关科教文卫方面的15件，有关法律、党政工作、劳动人事和人民生活方面的25件。九届政协四次全会，共收到委员提案95件，审查立案86件，其中经济

建设类方面的提案达到53件，科教文卫类方面提案25件，分别占提案总数的55.79%和26.32%。截至2002年12月九届政协届满时，共收到委员提案515件，审查立案448件，立案率为87%。其中属经济建设方面284件，占63.4%；科教文卫体方面85件，占18.978；党群政法及劳动人事方面79件，占17.63%。这些提案均得到各承办单位回复，回复率为100%。其中提案所提问题已经解决落实的（A类）215件，占64.95%；正在解决落实的（B类）14件，占4.23%；因受条件限制或其他原因待以后解决的（C类）31件，占9.37%；作为参考的（D类）71件，占21.45%。从办理提案征求意见表反馈的情况看，九届政协委员对提案办理满意率达90%以上。由此可见，政协委员的提案有质量、有分量，绝大部分提案被县委、县政府和有关部门采纳。

县政协十届一次全体会议期间，各民主党派、人民团体、政协各专门委员会和全体政协委员，共提交提案139件，经审查立案123件，未立案16件。立案的123件提案，经济建设方面82件，科教文卫体方面24件，党群政法劳动人事方面17件。二次全体会议期间，共提交提案76件，其中73件经过审查立案，3件不予立案。立案的73件提案，经济建设方面41件，科教文卫体方面14件，党群政法劳动人事方面18件。三次全会期间，共提交提案61件，审查立案57件，4件不予立案。57件立案提案，经济建设方面35件，科教文卫体方面16件，党群政法劳动人事方面6件。四次全会期间，共提交提案58件，审查立案56件，2件不予立案。56件立案提案，经济建设方面31件，科教文卫体方面14件，党群政法劳动人事方面11件。五次全会期间，共提交提案54件，审查立案52件，2件不予立案。52件立案提案，经济建设方面32件，科教文卫体方面12件，党群政法劳动人事方面8件。截至2007年12月十届政协届满时，共收提案388件。经审查立案361件，其中经济建设方面221件，占61.22%；科教文卫体方面80件，占22.16%；党群政法劳动人事方面60件，占16.62%。在各级领导关注支持和承办单位努力下，所有提案都在规定时限内全部办结，办复率为100%。

县政协十一届一次全体会议期间，共提交提案124件，经审查立案112件，未立案12件。立案的112件提案中，劳动社保类9件，工业交通类14件，城建环保类20件，文教卫生类29件，农村农业类21件，财贸金融类11件，民族宗教类2件，政法及其他类6件。未立案的12件提案，有6件因内容相同并入相关提案，另外6件作为人民来信转县直有关部门处理。会议闭会期间，收到委员提案2件，立案2件。二次全体会议期间，共提交提案136件，立案134件，未立案2件。对未立案的2件提案，作为意见转送相关部门领导参阅。立案的134件提案，委员个人提案75件，占立案件总数56%，委员联名提案52件，占立案件总数39%，团体提案7件。立案提案分类情况是，城建交通方面49件，农村农业方面19件，教科文卫体方面27件，经济建设与环境保护方面16件，劳动和社会保障方面8件，财贸金融方面4件，党群政法方面12件。三次全体会议期间，共提交提案154件，经审查立案154件，其中经济建设方面47件，城市建设与管理方面44件，社会各项事业发展及群众生活方面63件。闭会后收到提案4件，四次全体会议期间，共提交提案136件，经审查立案126件，未立案的10件提案，作为意见转有关部门酌情处理。截至2012年11月十一届政协届满时，共收到委员提案643件，审查立案558件，立案率86.7%。其中经济建设、农业、农村、交通建设方面309件，占52.6%；科教文卫体方面175件，占29.8%；政法、劳动和社会保障、民族宗教、群众生活等方面104件，占17.6%。在各级领导关注支持和承办单位努力下，所有提案都在规定时限内全部办结，提案办复率为100%，委员对提案办理的满意和基本满意率达98%。

县政协十二届一次全体会议期间，共提交提案140件，经审查立案96件（含合并处理23件），未立案44件。二次全会期间，共提交提案131件，经提案委审查，对涉及城市交通、城乡基础设施建设等11个方面的25件提案进行合并处理，实际交办提案114件，另有17件没有通过审查，不予立案。三次全会期间，共收到提案84件，审查立案64件，不予立案20件。四次全会期间，共收到提案94件，立案83件，不予立案11件。截至2016年11月十二届政协届满时，共收到政协委员、政协各参加单位和专门委员会提交提案449件，经审查立案357件（包括合并立案提案），实际交县委、县政府部门办理331件，作委员来信转有关部门参考88件，立案率79.5%。其中：涉及工业经济、农村经济、城市建设、交通建设和生态文明建设等方面的提案283件，占63%；涉及教育、卫生、文化、体育、社会保障等方面的提案146件，占32.5%；涉及社会治理和廉政建设等方面的提案20件，占4.5%。所有提案都在规定时限内全部办结，办复率为100%，委员对提案办理的满意和基本满意率达95%以上。

县政协十三届一次全体会议期间，共提交提案144件，经提案委审查，对涉及城市交通拥堵、全域旅游、医养结合等方面27件提案进行合并处理，共立案103件，另有41件不予立案。二次全会期间，立案交办提案117件。内容涉及脱贫攻坚、人才建设、法治建设、传统文化保护和传承、教育基础设施建设和教育公平、生态保护和城区环境建设等方方面面。三次全会期间，立案交办提案109件，涉及28个承办单位。其中涉及精准扶贫、全域旅游、森林康养的17件；涉及县城建设与管理、推进美丽乡村建设的21件；涉及教育、卫生和社会保障的35件；涉及农村水电路基础设施建设的26件，涉及社会治理方面的4件。2020年四次全会期间，共立案提案97件，涉及49个承办单位。其中在经济建设方面，围绕贯彻新发展理念、促进高质量发展、实施乡村振兴战略等，提出提案23件；在政治建设方面，围绕加强党的建设、推进依法治国、加强基层协商民主建设等，提出提案9件；在文化建设方面，围绕繁荣社会主义文艺、推动文化事业和文化产业发展等，提出提案17件；在社会建设方面，围绕决战脱贫攻坚、决胜全面小康、办好人民满意的教育、提高健康水平、完善社会保障等，提出提案33件；在生态文明建设方面，围绕全面推动绿色发展、着力解决突出生态环境问题等，提出提案15件。十三届五次全会，立案提案72件。截至2021年2月，十三届政协共立案提案498件，办复率为100%，委员对提案办理的满意和基本满意率达95%以上。

历届政协提案立案统计表

（截至2020年12月）

届次	收到提案（件）	立案（件）	立案率	办复率	满意率
五届	87	87	100%	90.8%	
六届	319	319	100%	98.7%	
七届	379	291	16.8%	100%	90%以上
八届	708	622	87.9%	99.9%	90%以上
九届	515	448	87%	100%	90%以上
十届	388	361	93%	100%	95%以上
十一届	643	558	86.8%	100%	95%以上
十二届	449	357	79.5%	100%	95%以上
十三届		498		100%	95%以上

说明：十三届政协二次会议以后资料未统计提案收到数。

第二节　提案办理

一、提案交办

县第一届至第三届政协的委员提案，均由政协工作组收集或委员直接递交到政协办公室，经办公室分类整理后转至有关领导和单位给予办理。1981年9月18日，政协四届二次会议通过决定，建立提案审查委员会，对全会期间提交的委员提案进行审查，对符合立案条件的，给予立案，交由有关部门给予答复办理。1987年3月，政协六届二次会议决定成立提案委员会，提案办理工作逐步规范。每次政协全会后，提案委对立案提案进行分类，交给各级党委、政府及相关部委办局办理，称为提案交办。县委系统的提案，由县政协直接交给承办单位办理，政府系统的提案，由于涉及内容广，承办单位多，一般是由县政协办公室和县政府办公室联合召开提案交办会议，进行统一布置，分别交办。1990年4月14日，县政协在政协机关礼堂举行七届一次政协会议提案交办会，县直15个有关部、委、办、局负责人到会，接受县委常委、县政协主席蒋国汉、副主席张理才、陈自如的亲自交办。交办会首先组织学习全国政协主席李先念《给全国政协提案工作座谈会的贺信》和程思远副主席在全国政协提案工作座谈会上的《进一步改进和加强提案工作，更好地为社会主义现代化建设服务》的工作报告，传达怀化地区政协联络工作委员会召开的提案工作会议精神，通过学习，各部门对提案工作的重要性认识进一步深化提高。七届一次政协会议共收到委员提案103件，除46件作为来信处理，其余57件全部面交各承办单位办理落实。1995年3月8日，县委、县政府在政协会议室举办提案交办会，出席会议的有政协主席罗建中、县委常委、常务副县长罗世高、县人大副主任杨淑媛、县政协副主席扬长庚等领导和县委办、县政府办等34个承办单位的负责人。罗世高对提案办理提出要求，一是要建立和完善提案承办的分级负责制度、归口管理制度、交办制度、答复和审查制度、反馈制度；二是各承办单位要建立提案办理领导小组，确定分管领导，党派、团体等重大问题提案要报领导审阅，经办人员对提案办理答复工作要及时向分管领导请示汇报。经过逐年摸索总结，到县第十届政协，提案交办经验日趋成熟，形成规范化程序。县第十届一次政协会议立案提案123件，交给28个单位承办，其中县委系统7件，县政府系统115件，县政协1件。二次会议立案的73件提案，交给24个单位办理，其中县委系统6件，县政府系统67件。三次会议立案的57件提案，交给15个单位承办，其中县委系统3件，县政府系统54件。四次会议立案的56件提案，交给22个单位承办，其中县委系统1件，县政府系统55件。五次会议立案的52件提案，交给24个单位承办，其中县委系统3件，县政府系统49件。十届政协届中五年，共向县委系统交办提案20件，占提案总数5.54%，向政协交办1件，占0.28%，向政府系统交办340件，占94.18%。以后各届政协，提案均实行归口交办制度，属于政府口单位承办的提案，由县政府办统一交办有关承办单位办理答复，属于党委部门承办的提案，由县委办公室统一交办有关部门承办答复。

二、提案承办

提案交给相关承办单位后，承办单位要针对提案提出的问题和建议，对照工作实际，进行检查落实，并需要向提案人当面沟通，将情况向提案人进行书面答复。县政府领导以及承办单位负责人，都极为重视政协提案办理，除亲自过问办理情况，还亲临现场实地察看，现场解决问题。1987年3月5日，在县政协六届一次会议上，委员田德函等人提交《保修教场坪体育场》提案，引起县政府重视，14日，县长周宗亮、副县长陈自兵召集县建委、教委、体委、环保局、建设银行、沅陵一中、纺织品公司等单位负责人开会，专题研究委员提案办理落实，在统一思想的基础上，当场作出三项决定，一、由教委和体委出资3000元，沅陵一中负责施工，在体育场和学校之间建一道围墙；二、体育场内堆放的建材、杂物，一律尽快搬走；三、今后，体育场内严禁放牧牲畜、倒垃圾、停放车辆和堆放杂物。决定作出后半个月，体育场即得到完全清理，面貌大为改观，受到各界好评。1991年，县政协委员戴先凤提交《关于要求拨款一万元维修县幼儿园厕所》提案被县政府转交县财政局承办，财政局领导班子高度重视，由局长带队，到县幼儿园实地视察，现场办案，就地拍板，为改建幼儿园厕所落实资金一万元，使幼儿园的老大难问题得到稳妥解决。县交通局在办理曾小石委员提交的《关于加强沃溪镇矿区公路交通管理》提案时，交通局领导带领有关股室人员，深入矿区实地调研，并会同矿区交管部门共同研究整改措施，认真落实整改方案，促进沃溪镇矿区交通秩序明显好转，赢得群众普遍称赞。县水电局在办理《栗坡水库设施配套问题》提案时，由一名副局长带领工程技术人员深入栗坡水库实地调研，和提案人共商解决办法，经过多方努力，终于争得省、地业务主管部门同意，将栗坡水库工程配套纳入水利工程重点项目，安排配套设施建设资金25万元。县建委在办理《绿化城市，造福人民》提案时，多次向县委、县政府汇报，争取到县委、县政府领导重视，不但成立沅陵县绿化管理所，而且从有限的移民搬迁经费中列支40万元用于新城绿化建设。县公安局在办理《严厉打击拐骗人口犯罪》提案时，主动联合相关部门，集中力量重点办理，共抽调干警190名，走村串户，调查取证，并赴江苏、浙江等地解救被拐骗妇女19名，抓获人贩子71名。

在历次提案交办会上，联系政协工作的县委、县政府领导，都亲自参加并对办理工作进行总部署，提出严要求，把提案办理工作纳入各单位年度工作考核目标。1992年12月底县政协八届一次会议期间，委员提出《关于加强社会办学领导的建议》，该件提案交由县委办承办，县委领导对提案办理十分重视，及时进行研究落实，并于1993年3月24日以沅委（1993）4号文件批复，同意成立沅陵县社会办学领导小组，由县委副书记曾谦益任组长，对社会办学进行统一领导。县委对提案办理工作的重视，为在全县各部门各单位落实委员提案办理树立起榜样。县邮电局在办理《关于要求县邮电局在社区内设立投递箱》提案时，局党组一班人深入社区进行现场办公调研，决定在新城武陵西路、鸳鸯桥北、龙泉山中心地段各设一个邮政代办所，并附设公用电话，极大方便群众生活，赢得社会好评。县农委在承办《发展五倍子生产》提案时，因提案内容牵涉到其他单位，需要联合办理才能切实解决问题，农委就主动牵头，联合县科委、县科协等部门，先后举办6期五倍子繁殖技术培训班，培训农民400多人次，帮助农民掌握五倍子栽培技术。同时，农委又主动向县政府汇报，取得政府支持，成立沅陵县五倍子生产领导小组。县林业局在办理《关于灭荒及林政工作应结合我县实际》提案时，多次向县委、县政府汇报办理情况，引起重视，县政府为此颁布《关于保护森林资源的布告》，制定出处罚乱挖乱烧的有关规定，并在全县范围内开展护林专项行动，使全县林业资源得到有效保护。1994年，县政府收到《鼓励库区农民造田》提案，政府领导高度重视，马上开会研究，认为提案可行，随即成立县开田领导小组，由县农业综合开发办具体抓落实，纳入综合开发计划，每年开发1000亩，还从耕地占用税中拿出部分资金奖励开田有功者，计划实施半年多时间，全县就投入资金近100万元，新开稻田500多亩。《尽快落实人民医院院址》一案经县政协督办后，引起县领导高度重视，1994年9月7日，县四大家领导共同协商研究办理该提案，形成“县人民医院门诊大楼建设问题会议”纪要，作出“同意县人民医院门诊大楼临龙腾公园施工建设，医院的总体规划面积要在满足全部功能的基础上留有空地，门诊大楼可先行建设”的决定，使该件提案得到圆满落实。县政府对县政协提交的《关于在城区增建一所完全小学的建议案》亦高度重视，将其列入1994年第一次政府常务会议议程进行专题研究，及时解决建议案中提出的一些问题。同年，委员共提出提案156件，立案146件，其中重点提案62件全部被县委、县政府及有关部门采纳办理。

经过历届政协不断努力，提案工作已经引起各级领导高度重视，县委领导经常过问和督促提案办理工作，并深入实际现场研究解决委员提案提出的相关问题。县政府领导亲自主持提案交办会，对提案办理工作提出严格要求。各承办单位领导在提案办理工作中也坚持做到大胆创新，亲力亲为，深入基层，现场调研办理。1999年，县委、县政府在办理《关于整顿市容市貌，创建文明城市》提案时，专门成立以县委副书记向华银为组长，6位县级领导为副组长，有关单位主要负责人为成员的城市整顿领导小组，并组建一支30多人的执法整顿队伍，短时间内完成城区主要街道占路经营的市场和乱搭乱建的撤除，使城区市容市貌得到改观。以后逐年，各部门、各单位，认真办理委员提案，有力推动工作开展，如在办理《关于明确水域使用权限》提案时，县政府责成县库区管理局进行前期调研后，出台一项具有较强操作性的库区水域经营方案；在办理《关于加强档案管理，增加档案抢救保护经费》的提案时，县政府领导深入县档案局现场调研，并及时召开政府常务会议进行专题研究，决定采纳委员意见，把档案保护及管理工作作为财政预算提高标准的重点科目，将档案工作经费由每年7万元提高到13.5万元，使档案抢救保护工作得到正常开展。2005年，县政协就提案办理情况向委员发放《委员意见征求表》，从调查结果发现，承办单位与委员见面率为95%，提案办复率为100%，落实率为96.5%。有1件提案，委员对办理不满意，县政协高度重视，及时安排专人向委员和承办单位沟通，并责成受理单位对提案进行重新办理。为切实抓好提案办理，县政府制定出台《人民代表建议和政协委员提案办理工作规定》，要求提案受理单位在提案办理工作中要实行领导负责制，要建立提案督办制度、联系制度、联合办理制度、审批制度、反馈制度、奖惩制度，做到以制度规范办理工作，以规范办理提高工作质量。县政府在政府系统积极推行提案办理工作目标责任考核制，与各单位签订《代表建议委员提案办理工作目标管理责任书》，把提案办理工作量化到单位。各承办单位亦按照责任书的要求，把办理工作细化到个人，形成一级抓一级，层层抓落实的提案办理责任机制。

1994年县政协委员提案办复进度表

（截至6月底）

承办单位	交办（件）	办复（件）	承办单位	交办（件）	办复（件）
县农委	6	6	县移民局	11	11
县林业局	5	5	县财政局	5	5
县畜牧局	2	2	县乡企经委	1	1
县水电局	8	8	县物价局	1	1
县经委	3	3	县国土局	2	2
县交通局	4	4	县环保局	2	2
县邮电局	4	4	县粮食局	1	1
县建委	4	4	县劳动局	1	1
县文化局	2	2	县志办	1	1
县教委	22	22	县委办	2	2
县卫生局	8	8	县房产局	4	4
县计生委	1	1	县民政局	4	
县工商局	16	16	县医药局	1	
城建指挥部	9	9	团县委	1	
县公安局	8	8	合计	146	140

三、提案督办

政府系统每年提案办理情况，均要求政府办领导向政协常委会议进行专题报告。县政协为督促承办单位认真落实提案办理，每年要召开2~3次主席会和常委会，专题研究提案督办工作，并将每年的五月确定为提案督办月，由政协各专委会分头上门进行督办。政协每年从委员提案中筛选出10件左右问题提的准、操作性强的提案作为重点提案，由主席、副主席牵头督办。县六届政协319件提案，在届中得到采纳落实的有112件，占提案总数36%；届中正在解决或列入规划逐步解决的134件，占42%；届中一时难以解决的53件，占17%；留作参考的16件，占5%。这些提案内容丰富、广泛，并且抓住改革、建设重点，得到县委、县政府和相关承办单位重视，提案办理效果好，受到人民群众欢迎。如姚复天委员提出《关于解决岩屋潭库区移民开发问题》的提案，引起县人民政府重视，立即组织财政、粮食、水电、林业等部门负责人，成立库区经济开发办事处，并由一名副县长带队，通过7天实地调查，采取13条措施，具体落实库区开发工作。对教育工作组宋长辉等14名委员关于要求解决中小学教师医疗费待遇问题的提案，县政府3次开会研究，据县教委、县财政局、县公费医疗办3家单位对全县教师1987年元月至1989年6月两年半期间医疗费情况统计，共超支70.31万元，在经费困难情况下，已由县财政拨付20万元，另由县教委和各学校承担一半，连同具体方案落实下发到校到人。针对政协文体工作组《关于普及农业生产技术知识宣传，扩大农村有线广播设施》的提案，县广播局2次研究和向上级汇报，并成立沅陵县广播电视事业领导小组，负责抓好广播电视建设，在经费方面，从1990年开始，每年财政投入10万元，另加22个移民乡镇的72万元补偿费，可分五年安排使用。有关城市建设方面的提案，按照“人民城市人民建”的原则，责成县建委集中办好几件实事。仅整修城镇巷道，就投资15.4万元，修建好尤家巷、甲第巷、冻库路、佘家桥及其下水道，清除沟泥1750立方米，在杏浒冲一段险道安装上排水铁闸门和钢管栏杆，使行人安全得到保障。根据财贸工作组《关于迅速解决新城搬迁吃菜难问题的建议》，县政府成立蔬菜领导小组办公室，对此专题研究，统筹安排，并决定在沅陵镇和太常、白田、苦藤铺、郑家村四乡新开辟蔬菜基地1800亩。针对委员提出的《库区物价逐日攀升，亟待平抑刻不容缓》的意见，县政府先后组织工商、税务、物价、公安等部门重点检查157个单位的生产资料价格，查处非法金额92300元，其中清退36200元，没收非法收入36900元。针对改变我县工业落后局面问题的提案，县政府确定2名副县长分管，并配备分管乡镇企业的副县长，同时结合移民开发决定新上一批工业项目。1996年，县人民政府出台《关于认真做好人大代表建议、政协委员提案的若干规定》，对提案承办提出明确规定和要求，县政协第八届委员会依据此规定，加大提案督办力度，有力推动提案办理质量的提升。

县第九届政协坚持重点提案重点办理，每年都要从委员提案中筛选出一些热点、难点问题，作为重点提案进行查办、协办和督办，促使问题得到有效解决。1998年，政协从已立案的107件提案中筛选确定18件重点提案，进行重点跟踪办理，取得效果。医药卫生组委员提交的《巩固乡村卫生组织是促进农村经济发展的可靠保证》提案，作为重点提案交办后，受到县委、县政府高度重视，将卫生扶贫纳入县政府工作议事日程，采取多种形式增加卫生投入，并作出《关于加速卫生改革与发展的决定》。县委、县政府非常关注《亟待解决下岗职工生活问题，加快实施再就业工程步伐》的重点提案，专门成立以县长为组长，经委、财委、劳动等部门负责人为成员的国有企业解困领导小组，负责实施全县国有企业改制及下岗的分流与安置工作，通过多种渠道增拨经费209.83万元，用于破产企业及特国企业退休职工退休费发放，并由县财政垫付退休费及失业救济金478.9万元，同时为下岗职工发放《下岗职工证》和《困难职工证》，凭证享受政府规定的税费免征等优惠政策，鼓励和扶持2000多名下岗职工走上再就业道路。1999年4月，县政府办公室印发《关于印发〈沅陵县办理人大代表建议和政协委员提案工作暂行规定〉的通知》，对提案办理范围、办理原则、办理程序、办理制度、组织领导等方面均作出具体规定，并统一复文格式，提案承办和督办进一步规范，各级各部门领导，对政协提案办理工作愈加重视。6月17日，县委、县政府针对《发展我县经济，改善外部环境》《要综合整治县城的经济环境》两件提案，召开联席会议，认真研究办理，形成《中共沅陵县委、沅陵县人民政府关于治理经济发展环境的实施意见》，并成立经济环境治理领导小组和办公室，通过一段时间治理，使得沅陵经济发展环境得到较大改善。政协主席罗建中和分管提案工作的常务副主席全桂娥，为落实提案督办，经常下基层了解委员提案情况，到各承办单位指导、督办提案，征求意见。委员对提案办理工作满意率达到100%。2000年，县政协从委员提交的65件提案中，精心筛选出内容重要、委员反映强烈、操作性强的12件提案作为重点提案交办和督办，全部得到承办单位认真办理，效果明显，委员满意。如向丙元等10名委员提出的《强化市容市貌整顿、创建文明卫生城市》的提案，得到县委、县政府高度重视，多次召开四大家领导会议进行专题研究，并成立沅陵县创文明卫生城市领导小组和集中整治指挥部，发布《沅陵县集中整治城区占道经营实施方案》等一系列通知、通告，并划分了由县委、人大、政府、政协、人武部五套班子牵头负责的整治路段和各战线的整治责任区，通过20天的集中整治，违章建筑被拆除，经营市场得到规范，划分出车辆停靠点，以街为市和乱建、乱搭、乱堆、乱放、乱停、乱靠现象得到遏制，城市脏、乱、差现状得到改观，赢得广大市民赞誉。再如县政协《关于认真编制沿江大道总体开发规划和强化管理的建议案》送达县政府后，县政府于5月25日召开第三次常务会议进行专题研究，形成三项决定：一是要高度重视县政协建议案；二是要高标准地制订沿江道总体开发规划，且规划要与旅游开发有机结合起来；三是要引入竞争机制，实行多元开发，促进沿江道开发建设，沿江道内侧土地实行有偿转让，并决定将沿江道改称为滨江道，同时成立县滨江小区治理开发协调领导小组和县滨江小区治理开发管理委员会，具体负责滨江小区的招商建设和管理。针对政协九届四次全会期间委员提出的加大实施旅游兴县战略的提案，县委、县政府专门研究成立县旅游开发领导小组，切实加强旅游开发工作，组织宣传部门对沅陵旅游开发进行大量详实的宣传报道，快速提升沅陵旅游知名度和美誉度，并邀请知名专家学者献计献策，共商沅陵旅游兴县大计，县政府还采取政府引导、市场运作、社会投资的机制，广泛筹集旅游开发资金，有力推进沅陵旅游事业及其他各项事业的发展。

2003年5月，政协机关“一室六委”主任，分成两个组，在主席、副主席带领下，对28个提案承办单位开展提案督办，先后召开各种形式督办会16次，督促所有承办单位在6月底前将全部提案办复完毕。其中建议已经采纳的提案（A类）和拟采纳的（B类）共84件，留待参考的（C类）27件，因政策原因无法解决的（D类）12件。办复率达到100%，落实率68%，承办单位与提案人见面率92%。通过信息反馈，委员对提案办理的满意率达到95%。一些围绕沅陵经济发展、三个文明建设和人民群众关注的热点、难点问题提出的提案，得到各级党政领导和承办单位高度重视，有效促进问题解决。向丙元委员提出的《关于加大争创省级文明卫生城市力度的建议》被县委、县政府采纳，专题召开全县创省级卫生城市动员大会，拆除违章搭建物125处，清理乱堆乱放41处，纠正占道经营1000多起，并组织发动120名老同志成立市容环境卫生保洁纠察队。环卫部门还积极投入资金，添置2台多功能压缩垃圾车，修建1处垃圾中转站，在主要街道两旁设置一批果皮箱。针对周德生、李建忠等委员提出的《深化社会治安综合治理，斩断“六合彩”黑手》提案，县委、县政府专门部署开展“打击赌博活动，大力整顿彩票市场秩序”专项行动，县公安局将打击地下“六合彩”赌博活动作为严打整治的头项重要工作来抓，抽调40多名警力组成专案组，抓获赌博违法犯罪人员257名，其中刑事拘留64人，治安拘留99人，劳教43人，批捕13人，判刑2人，治安罚款9人，摧毁“六合彩”赌博窝点25个，训诫461人，教育2133人，有效遏制住“六合彩”赌博活动在沅陵的蔓延。2004年5月，县政协对24家提案承办单位上门督办，5月31日，24家承办单位的73件提案全部办复，有21件提案的意见和建议得到解决落实，34件正在解决落实之中，有11件需要今后条件成熟时解决落实，有7件留作有关单位参考。县政协提案委收到16份委员反馈的办理意见征求表，满意的13份，占81.25%：基本满总的2份，占12.5%；不满意的1份，占6.25%。石庭艳委员提出的《要强化网吧管理力度的提案》得到县领导高度重视和承办单位认真办理，县政府分管教育的副县长肖健为办理这份提索，专门召集文化、公安、电信、工商、教育等部门负责人开会，专题研究网吧治理问题，决定由文化局牵头，公安、电信、工商、教育等部门配合，对学校周边网吧进行为期40天的集中清理整顿，查处和查封一批违规经营的网吧和电子游戏室，学校周边环境得到净化。针对张吉阶委员提出的《加强农村车辆管理，确保人民生命安全》提案，公安、交警部门认真办理，对全县几千名驾驶员分期分批进行安全驾驶培训和法制教育，同时在全县范围内开展大规模、地毯式的专项整治活动，对查获的应该报废的车辆进行强制报废，对农村危险路段和禁令客运车辆通行的路段进行摸排，设立标志，许多安全隐患在整治活动中得到消除。2005年5月，经过政协工作人员上门走访督办，到6月底之前，全部提案办复完毕，有10件提案提出的意见和建议得到解决落实，30件正在解决落实，17件需要今后条件成熟时解决落实，1件留作有关单位参考。提案人对提案办复满意率100%。2006年5月，政协对22个承办单位的56件提案进行全面督办。截至5月31日全部办结，办复率100%。其中，有21件提案提出的意见和建议得到解决落实，23件正在解决落实，9件需要今后条件成熟时解决落实，1件留作有关单位参考。承办单位与委员见面率为95%，委员对提案办理满意率为96.5%。有1件提案办理，委员表示不满意，由政协提案委退回承办单位责成重新办理。在办理大合坪乡政协联络组委员提出的《应尽快解决退耕还林款兑付不到位问题》提案时，县粮食局领导亲自带队到大合坪乡当面征求乡政协联络组委员的意见，认真听取委员建议，协商解决问题办法，并将所欠该乡的13万元退耕还林款全部兑付到群众手中。在办理张会群委员提出的《加快我县水电资源开发》提案时，县政府多次召开常务会议进行专题研究，出台《沅陵县水电资源开发暂行办法》。公安局在办理张吉阶委员提出的《提高户籍管理质量》提案时，针对提案中提到的常住人口错户、漏户、漏人等实际问题，在全县组织开展大规模的户口清理整顿行动，印发10000多份宣传资料发放到群众手中，请群众配合当地公安派出所做好户口清理校对及纠错工作，经过3个多月的工作，全县共受理16000多条人口纠错信息。截至2007年12月届满时，县十届政协五年中共立案处理提案361件，其中建议被有关部门采纳，已经实施和正在实施的267件，占已办理总数的74%；建议合理但因条件所限暂时不能解决的73件，占办理总数的20.2%；因种种原因不能解决的21件，占办理总数的5.8%。

2008年，各提案承办单位在办理提案时，按照“件件有答复，事事有回音”的部署要求，坚持重实情、办实事、求实效的原则，认真办理每一件提案，到9月底，完成112件提案办理，提案办复率、见面率、委员满意率均为100%。其中政府系统办理的106件提案，提案所提问题已经解决或基本解决的有54件，占51%，正在解决或列入计划解决的有42件，占39.6%。这些提案，对加强民主监督、推动工作开展、促进作风改变，取得明显效果。在办理《关于规范公务接待》提案时，县政府2008年3月出台《关于县直机关事业单位公务接待住宿餐饮实行定点有关事项》，县政府采购中心通过公开招标方式，确定12家宾馆、25家酒店（餐馆）为县直机关事业单位公务接待定点单位，有限期一年。在办理《应加强城区临街面车辆维修点整治》提案时，县建设局联合公安局、交警大队、交通局，5月份集中开展整治行动，对无照经营的车辆维修场所进行取缔，县城整体形象得到改观。2009年，经过政协督办，6月底，各承办单位对承办提案全部答复完毕，其中A类76件，B类41件，C类14件，D类3件，提案人对承办单位办理情况，满意率和基本满意率达到95%以上。一些提案，得到较好落实，县工商联提交的《关于实施品牌战略，加强我县民营企业品牌建设的建议》提案，受到县政府高度重视，成立由县长为组长，县委、县政府分管领导为副组长，县工商、质监、科技、工业、农办等部门负责人为成员的实施品牌战略工作领导小组，并编制出《标准强企质量兴县实施方案》。县文化局在承办《关于对加快沅陵县新农村文化建设的建议》提案时，大力推进演艺惠民工程，以政府采购的形式送戏下乡60余场，完成50个农家书屋和一批乡镇文化站建设。2010年，政协交办的154件提案，经37个单位的认真办理和积极采纳，6月底全部办复完毕，其中A类68件,B类66件,C类20件。大部分提案被采纳到县委、县政府决策之中，由相关部门付诸实施。杨宁委员提出的《关于五强溪库区综合产业发展的几点建议》，受到县政府、县政协和五强溪库区管理局领导高度重视，县政协主席张大新、副县长张振华，几次主持召开提案办理座谈会，督促五强溪库区管理局办理落实，推动库区综合产业逐步走上市场化、规范化发展道路。针对委员意见和建议比较集中的乡镇卫生院建设、医疗环境和医德医风问题，县卫生局全面开展以“规划管理，优化服务”为主题的乡镇卫生院管理年活动和“平安医院”创建活动，在47家乡镇卫生院设立专门的人民调解员，在4家二级医院设立专门的工作调解室和警务室，有效推动医疗服务质量和医疗环境的改善。2011年3月和4月下旬，政协共向县委、县政府系统37个承办单位交办提案125件，经各承办单位努力和政协的大力督办，到6月底，交办的125件提案全部办理完毕，其中已落实和基本落实的46件，已经列入计划着手落实的66件，因条件不成熟暂时难以落实及政策依据不强或其他因素限制留作参考的13件。同年，提案办复率100%，承办单位与提案人见面率90%，提案落实率为89.6%，64名提案人对提案办理情况进行意见反馈，满意率为97.5%，提案落实效果，得到提案人广泛认同。办理农工党沅陵县委提出的《关于促进农村新型合作医疗和谐发展的建议》提案时，县卫生局多次召开会议专题研究办理问题，对新农合工作存在的问题进行全面梳理，从完善机制、增加投入、用活政策三个方面进行整改。2011年6月20日，全县所有乡镇卫生院正式实施基本药物制度，所有药品一律按进价销售。同时出台《2011年沅陵县新农合补偿方案》，提高各级定点医院住院报销比例，并对2011年1月1日以来出院的参合病人进行追补。办理张蓝委员提出的《关于做好“十二五”污染减排工作》提案时，县政府牵头领导多次召开专题会议进行研究，进一步健全污染减排工作机制，成立领导小组，建立联席会议制度，出台考核办法，着力推进经济发展方式转变和经济结构调整，着力推进污染减排基础设施建设，同时决定严把项目关，对不符合环保政策的项目，不予立项。十一届政协五年间，审查立案提案558件，得到解决和基本解决的418件。

2013年，十二届政协以修订完善沅陵县政协工作条例为契机，推动提案工作上台阶。主席、副主席不定期听取提案工作汇报，批阅委员提案，督促指导承办单位办理提案，先后组织召开提案督办会议2次，提案办理座谈会30多场次，各层次专题视察调研活动19场次，有力促进提案办理。同年，县政协向县委、县政府工作部门及政协办公室共交办提案78件，承办单位办理答复75件，未答复3件。其中问题得到解决或基本解决的29件，问题正在解决或以列入计划解决的40件，另有6件，因条件限制或政策不许可等因素暂时不能解决。委员对提案办理反馈意见，满意率和基本满意率达95%以上。在办理《关于建立健全茶叶产业化项目考核机制》《关于进一步加快我县特色产业发展》等提案时，县委、县政府根据沅陵县情、综合委员提案，提出“两茶一鱼”发展战略，出台《关于突出发展“两茶一鱼”特色产业加快推进农业产业化的决定》。在办理《关于整治改善建设西街道路交通拥堵状况》提案时，县城市管理行政执法局、县公安交警大队主动联系委员，充分征求委员意见，采取建设西街两侧禁止停放货运车辆，二中至公安路口单向通行，规范该路段周边市场，加强对流动摊贩日常管理等措施进行集中整治，使这一路段交通拥堵问题得到改观。在办理《关于建议加强农村编外非法校车安全隐患整治》提案时，县政府结合《沅陵县学生用车（船）管理办法》，在加强对学生、家长及广大车（船）驾驶员开展交通安全常识宣传教育，强化接送学生的车（船）运营资质审核，按国家规定发放学生用车（船）各类补贴的同时，对全县非法运营接送学生的车（船）进行整治打击，收到很好社会效果。2014年，政协共向41个单位交办提案114件，经过政协全力督办和各单位共同努力，截至同年9月，114件提案全部办复完毕，办复率及承办单位与提案人见面协商率实现两个100%。一批经济建设方面的提案，建议大多得到采纳。针对委员提出的帮助小微企业解决融资难方面的提案，县委、县政府高度重视，专题研究，抢抓武陵山经济协作区建设和金融改革的政策性战略机遇，积极搭建政府统贷、融资担保、产权交易、信用协会等服务平台，出台发展小微企业优惠政策，采取省县联动、县乡联动、政企联动，建立新型金融组织和速效担保机构，设立乡镇农民创业资金互助社等多种方式，使小微企业融资难题得到一定缓解。在办理组建县人民政府法律顾问团、加大非正常信访行为打击力度、加大县城和郊区违章建筑执法力度等涉及民主法制建设内容的提案时，承办单位积极采纳委员建议，组建由8名律师组成的县人民政府法律顾问团，负责为县政府重大决策提供法律咨询，处理有关重大涉法涉诉事务。县“两违办”多次组织开展违章建筑专项整治活动，对部分县城和郊区违章建筑依法进行拆除。2015年，政协立案交办提案64件，至8月底，全部办复完毕，办复率、承办单位与提案人沟通率、提案人对提案办理结果满意和基本满意率均为100%。在办理张诚委员提出的《关于切实提高我县环卫工人工资福利待遇的建议》的提案时，县城市管理执法局会同县财政局认真调查研究，并报请县政府领导批示同意，将环卫工人工资标准从每月1250元上调至1500元；在办理刘斌委员提出的《加强城乡低保管理》的提案过程中，县民政局高度重视，通过落实以乡镇政府为主体的工作责任制，严格执行入户调查、民主评议、结果公示等低保工作流程，建立健全一系列低保工作制度，加强城乡低保管理，清退城乡违规低保对象1150人，其中城市低保530人、农村低保620人，使低保对象的合法权益得到维护。在办理《加强农村食品安全监管》提案时，县食品药品监督管理局主动担责，积极加强与县工商、质监部门的沟通联系，并以县食安办的名义，开展多部门联合整治行动，2015年5月4日至27日，共检查农村食品经营户2100户次，农村批发集贸市场48场次，查出问题食品120公斤，立案查处2起。截至2016年12月届满时，县十二届政协四年，共交办立案357件，经督办，全部办理到位。十二届政协提案办理工作，在县委、县政府领导重视和各承办单位努力下，亦取得很好成绩，提案办复率为100%，委员对提案办理的满意率达95%以上。特别是一些围绕县委、县政府中心工作，反映百姓心声的重要提案得到很好办理，取得实实在在效果，较好地发挥出政协提案在推进民主监督和经济社会发展、民生进步改善中的积极作用。

县十三届政协提案工作紧扣“围绕中心，服务大局，提高质量，讲求实效”原则进行开展。2017年，交办提案103件，涉及28个承办单位，经过政协督办，截至10月底，全部办理完毕，办复率为100%，面商率为98%。所提问题已经解决或基本解决的有24件占23.3%，所提问题正在解决或列入计划解决的有56件，占54.4%，所提问题因条件限制或政策不许可等因素暂时不能解决的有23件，占22.3%。总体来看，这些提案内容丰富，针对性强，办理后取得较好成效，为推进“五位一体”总体布局和“四个全面”战略布局在沅陵的实践发挥出积极作用。其中17件提案围绕精准扶贫、全域旅游、森林康养等问题提出扶贫工作单位联村全覆盖、坚持高位推动沅陵全域旅游、规划建设一批高质量的森林康养基地等40多条意见和建议，得到县委、县政府的高度重视，很多建议被融入全县重大决策部署。21件提案围绕县城建设与管理、推进美丽乡村建设等问题提出意见和建议，对部门工作落实情况进行民主监督，促进部门改进作风，有效解决群众关心的热点、难点问题。针对《关于解决沅陵县城区交通拥堵问题的建议》，承办单位认真办理，切实加强交通安全基础设施建设，在望圣坡路口安装电子警察系统，在城北辰州大街主干道中间安装隔离护栏，对城区主次干道交通标线进行重新划线，加强城区交通安全整治，全年查处各类交通违法2万多起。35件提案围绕教育、卫生、社会保障等民生问题提出意见和建议，有效促进教育公平、农村医疗卫生以及社会养老中的一些问题及时解决。26件提案围绕改善农村水电路基础设施方面问题提出意见和建议，有关部门认真采纳办理，着力加强农村通路、通水、通电、通讯等基础设施建设，积极构建完成沅陵立体交通格局。4件提案针对沅陵社会风气和治安管理中存在的问题提出意见和建议，政法系统积极采纳，对全县棋牌娱乐场所开展专项治理，对赌博违法犯罪活动进行严厉打击，促进社会治安环境好转。2018年，交办提案117件，经过督办，5月底，全部办复完毕。这些提案内容丰富，针对性强，办理后取得较好成效。经济建设方面，关于加大扶工作力度、解决精准扶贫存在的问题、推进乡村扶贫车间建设、引导社会力量参与脱贫攻坚、推进农村土地使用权流转等建议，被有关部门采纳，成为脱真贫、真脱贫，提高脱质量的睿智良策。政治建设方面，关于建设地方智库、培养和引进人才、建立干部关爱帮扶基金等建议，引起县委、县政府高度重视，充分吸纳委员们意见，为推动人才强县战略的制定和人才体制机制改革作出贡献。文化建设方面，关于传统村落保护、民间艺术团体发展、红色文化挖掘、传统文化传承等建议，为统筹推进文化遗产保护和开发利用，弘扬爱国精神发挥作用。关于利用茶渔、水电，龙舟等特色文化资源、加强文化创意与相关产业融合发展等建议，为文化创新，增强文化影响力发挥出作用。教育方面，关于促进教育公平、办好特殊教育、加强学校管理、加快建设城区学校，消除城区大班额、走内涵式教育发展之路等建议，县委、县政府积极采纳，城区大班额问题得到有效化解。生态文明建设方面，关于治理城区扬尘污染、整治农村环境污染、加强农村垃圾无害化处理、关于加强河道综合整治、加大生态渔业资源保护等建议，被相关部门吸纳进入具体工作，有力促进沅陵生态环境改善。2019年，立案交办提案109件，截至11月底，全部办复完毕，取得较好成效，为全县决战决胜脱贫攻坚发挥出积极作用。2020年，县政协加大提案督办力度，主席张振华多次主持召开党组会、主席会、常委会听取提案工作汇报、研究部署提案工作，并将提案工作纳入对委员履职考核的重要内容，主席会议成员牵头督办、专委会具体督办，承办单位周密安排办理工作，对立案交办的97件提案，实现督办全覆盖，截至12月底，97件提案全部办复，其中，采纳34件，占35%；部分采纳43件，占44%；因现有条件限制或其他原因暂时未能采纳20件，占21%。

第三节　提案表彰

县政协为激励委员和党派团体运用提案履行政协职能的积极性，对提案承办先进单位、提案工作先进个人，以及评选出的优秀提案，在全体会议上进行表彰。1991年，县农业委员会、建设委员会、教育委员会、公安局、交通局等10个政协提案承办先进单位，邓冬玲、刘志伟、向昌旺等15名提案承办先进个人，以及《绿化城市，造福人民》《将库区渔业开发列入移民安置重要项目》等19件优秀提案，受到县政协七届三次全会表彰奖励。1993年，共有县政府办、县农委等6个提案承办先进单位，孙宪初、钟清扬等11名提案工作先进个人，以及《关于搞好社会治安综合治理》《建议引进和发展人工养殖蚜虫培育五倍子新技术》等5件优秀提案受到政协八届二次全会的表彰。2003年7月23日县政协十届三次常委会议修订通过的《政协沅陵县委员会提案工作条例》第二章第七条规定："对于国家和我县有重大贡献的提案，对于办理提案认真负责并有显著成绩的承办单位，由提案委员会报请主席会议或常务委员会审定，给予表彰。"同年12月6日，县政协颁发《政协沅陵县委员会关于改进提案工作的意见》，对优秀提案的评比程序提出改进意见，指出优秀提案的评比，先要由提案委制定优秀提案评比条件及推荐表，年度优秀提案由各专委会先进行初评，并将初评出来的优秀提案填表送交提案委汇总，然后提交主席会议、常委会议审定，对审定通过的优秀提案在政协全会上进行表彰。

历届政协表彰的优秀提案

县政协七届三次全会表彰1991年度优秀提案19件：

1. 绿化城市，造福人民

   提案人：杨玉静

2. 柳林汊至大洑角公路的修复问题

提案人：唐春明等2人

3. 关于加强沃溪镇矿区公路的管理

提案人：曾小石

4. 应重视来县建筑企业的发展

提案人：张再规

5. 栗坡水库的设施配套问题

提案人：胡业圣

6. 建议结合沅水大桥通车召开商交会

提案人：李树发

7. 加强水面开发，大力发展库区渔业

提案人：张祖鹏

8. 将库区渔业开发列入移民安置重要项目

提案人：戴开勋

9. 建议成立沅陵县晒烟开发领导小组

提案人：李奎平

10.加强治安管理，制止骗卖妇女

提案人：李必锐等6人

11.严厉打击拐骗人口犯罪分子

提案人：姚复天

12.要求严厉打击拐骗妇女的人口贩子

提案人：孙　仁

13.请求对拐卖人口贩子严加处理

提案人：瞿湘周等7人

14.采取得力措施，控制在校学生流失

提案人：李　洪

15.建议编印沅陵县名胜古迹及新城建设画册

提案人：方思默

16.新城应建立农贸市场

提案人：丁德富等3人

17.建议整顿沅陵建筑市场，切实加强管理

提案人：胡友荣

18.请将栗坡乡级公路列入县道公路

提案人：杨远保

19.加快振兴沅陵建筑公司建设

提案人：翦凝鹏

县政协八届二次全会表彰1993年度优秀提案5件：

1. 关于搞好社会治安综合治理

提案人：瞿湘周

2. 建议引进和发展人工养殖蚜虫培育五倍子新技术

提案人：唐志广

3. 为便民利民按街道设立邮箱

提案人：张积斗

4. 实施初级卫生保健是为民造福的好事

提案人：张喜桂

5. 加速再生稻推广，开辟我县粮食生产新途径

提案人：唐达吉

县政协八届三次全会表彰1994年度优秀提案5件：

1. 恢复扩大24万亩绿肥种植面积

提案人：唐达吉

2. 把反腐斗争深入开展下去

提案人：张祖善

3. 筲箕湾集贸市场不能毁

提案人：冯嗣万

4. 建议在县城区内增设一所完小

提案人：周家先

5. 建议狠狠打击玩花牌等各种形式赌博的非法活动

提案人：杨永川

县政协八届五次全会表彰1996年度优秀提案7件：

1. 要强化“贫边”乡教育工作的领导，促教育工作平衡发展的建议

提案人：肖功璞

2. 要求整顿市容，消除脏乱，建文明城市的建议

提案人：张泽斌

3. 坚决制止公务人员在执行公务活动中接受宴请的建议

提案人：陆承加

4. 要求县电视台开辟”科技兴沅“栏目的建议

提案人：符先尧

5. 关于县城白肉市场税费定点联合征收的建议

提案人：颜泽孝

6. 关于把沅陵县建成牛、羊、鱼养殖基地县的建议

提案人：刘宗民

7. 关于发展烟叶生产的建议

提案人：政协财贸活动组

县政协九届一次全会表彰1997年度优秀提案6件：

1. 关于加快我县畜牧水产产业化进程的建议

提案人：政协农业活动组

2. 急需建好县畜禽良种繁殖场的建议

提案人：胡大长

3. 城区垃圾应及时处理的建议

提案人：张焕文

4. 库区开发要搞好开田造地的建议

提案人：李永忠

5. 要搞好扶贫工程的建议

提案人：李　飞

6. 初中以上的学生寒暑假应参加社会活动的建议

提案人：张泽斌

县政协九届二次全会表彰1998年度优秀提案6件：

1. 巩固乡村卫生组织是促进农村经济发展的可靠保证

提案人：政协医卫活动组

2. 亟待解决下岗职工的生活出路问题，加快实施再就业工程步伐

提案人：宋海军

3. 对有关部门向个体工商户乱收费、滥罚款的行为应加强管理

提案人：杨宗保

4. 关于尽快建成城西农贸市场的建议

提案人：蒋新国

5. 分税制形势下的乡镇财政体制要健全

提案人：李鹏飞

6. 农村经济要振兴，普及科技应先行

提案人：瞿道生

县政协九届三次全会表彰1999年度优秀提案6件：

1. 抓好我县生态林建设，促进县域经济发展

提案人：政协农业活动组

2. 发展我县经济，改善外部环境

提案人：宋海军

3. 加强依法治教力度，确保“普九”验收合格

提案人：黄英林

4. 整顿市容市貌，创建文明城市

提案人：胡大长

5. 加强五强溪镇财税体制改革刻不容缓

提案人：刘永仁

6. 要求县法院必须依法执行中院的民事裁判书

提案人：刘朝阳

县政协九届四次全会表彰2000年度优秀提案6件：

1. 关于认真编制沿江大道总体规划和强化管理建设的建议

提案人：政协经科委

2. 强化市容市貌整治，创造文明卫生城市

提案人：向丙元

3. 要为非公有制经济参与国企改革营造宽松环境

提案人：张国卫

4. 天宁市场的防火措施应及早落实

提案人：刘序树

5. 移民开发新茶园要进一步加强管理

提案人：张如杰

6. 强化农业意识，加强农村工作

提案人：肖功璞

县政协九届五次全会表彰2001年度优秀提案5件：

1. 关于实施“旅游兴县”战略，加速推进我县旅游产业开发的建议

提案人：政协文体活动组

2. 关于加强县乡道路交通综合治理的建议

提案人：李枝林

3. 开展专项治理、巩固农网改造成果

提案人：张会群

4. 净化我县文化市场势在必行

提案人：李鹏飞

5. 要加强城市基础设施建设和管理

提案人：苏明义

县政协十届一次全会表彰2002年度优秀提案5件：

1. 关于建立“民营经济开发区”的建议

提案人：县工商联

2. 关于规范我县水利市场的建议

提案人：周高兴

3. 关于加速我县乡镇电力体制改革的建议

提案人：张会群

4. 关于加强天宁市场安全防火的建议

提案人：杨永川

5. 关于加速五强溪水电厂人文景观旅游开发的建议

提案人：王家德

县政协十届二次全会表彰2003年度优秀提案7件：

1. 加大争创省级文明卫生城市力度的建议

提案人：向丙元

2. 加快黄姜产业发展，培育黄姜支柱产业

提案人：刘奇柏

3. 择优录用引进人才，优化教师队伍的建议

提案人：马　刚

4. 要重视科教影片在扶贫开发中的特殊作用

提案人：陈德玉

5. 开发宗教文化古巷的建议

提案人：符德俚

6. 搞好五强溪旅游板块服务工作的建议

提案人：王家德

7. 深化社会治安综合治理，斩断六合彩黑手

提案人：周德生

县政协十届三次全会表彰2004年度优秀提案5件：

1. 在城区小学实施“小黄帽”行动的建议

提案人：政协教育活动组

2. 强化网吧管理力度的建议

提案人：石庭艳

3. 加强农村车辆管理确保人民生命安全的建议

提案人：张吉阶

4. 确保城市电网改造顺利实施的建议

提案人：张会群

5. 强化县城环卫管理，加大保洁力度的建议

提案人：李世雄

县政协十届四次全会表彰2005年度优秀提案6件：

1. 加大争创国家级文明卫生城市力度的建议

提案人：向丙元

2. 加强农村小学布局调整和重新分段的建议

提案人：冯丽华

3. 加强库区水产资源保护的建议

提案人：石庭艳

4. 加强和改善我县投资环境的建议

提案人：张会群

5. 关于发展沅陵旅游要突出重点的建议

提案人：凌　云

6. 加强我县科技科普工作组织建设的建议

提案人：县科协

县政协十届五次全会表彰2006年度优秀提案6件：

1. 关于创建和谐社会促进经济发展的建议

提案人：向丙元

2. 关于制止乱砍滥伐保护景区植被的建议

提案人：龚由青

3. 申报发行成语典故“书通二西”邮票的建议

提案人：向显桃

4. 进一步提升城市建设品位的建议

提案人：马　刚

5. 加快我县水电资源开发的建议

提案人：张会群

6. 未成年思想道德教育应走三结合的道路

提案人：钟安云

县政协十一届一次全会表彰2007年度优秀提案5件：

1. 加强龙舟广场及滨江大道基础设施建设的建议

提案人：龚由青

2. 积极推进社会主义新农村建设的建议

提案人：张会群

3. 重大农业项目建设决策前实行听证的建议

提案人：向延力

4. 加快茶叶产业化基地建设的建议

提案人：曾次炎

5. 完善优化经济发展环境双向测评方法的建议

提案人：罗咏平

县政协十一届二次全会表彰2008年度优秀提案11件：

1. 对当前农村合作医疗工作的几点建议
2. 加强“降消”项目工作的建议
3. 取缔“慢慢游”应重视对群体的安置
4. 强化电网建设组织协调，建设沅陵坚强电网
5. 进一步优化农村教育资源布局结构，提高学校均衡化水平
6. 关于加强我县非物质文化遗产保护和利用的建议
7. 关于促进五强溪库区水产养殖业发展的建议
8. 关于解决朱红溪集镇饮水困难的建议
9. 关于规范公务接待的建议
10. “110”应当在老百姓身边
11. 关于加强流动人口计划生育管理的建议

县政协十一届三次全会表彰2009年度优秀提案13件：

1. 关于实施品牌战略，加强我县民营企业品牌建设的建议
   提案人：县工商联
2. 积极推进民俗文化旅游产品的建议
   提案人：陈　璐
3. 关于乡村通达公路安全管理问题的建议
   提案人：政协民族宗教法制群团委
4. 在县城修建社会营运车辆停车场所的建议
   提案人：全竹英
5. 加强荷花路交通治安管理的建议
   提案人：叶　艳
6. 加强公安巡特警大队警力的建议
   提案人：张群松
7. 加大水产开发，致富库区群众的建议
   提案人：胡淑芳
8. 积极鼓励与支持农民工返乡就业
   提案人：县总工会

9. 加强机关效能建设的几点建议

提案人：丁冬菊

10. 坚强学校食品卫生监督的建议

提案人：熊东兵

11. 建立和完善农村新型合作医疗管理体系的建议

提案人：粟登翠

12. 建立妇女儿童维权长效机制的建议

提案人：县妇联

13. 加强乡镇村超市食品卫生监督管理的建议

提案人：向一明

县政协十一届四次全会表彰2010年度优秀提案15件：

1. 加强县城基础设施建设，推动城市可持续发展

提案人：李枝林

2. 关于五强溪库区综合产业发展的建议

提案人：杨　宁

3. 关于促进青年创业就业的提案

提案人：共青团沅陵县委

4. 积极引导非公人士参与农业产业化经营的建议

提案人：县工商联

5. 全面开展我县禁毒工作的建议

提案人：张群松

6. 在学校开展民族团结教育工作的建议

提案人：胡桂富

7. 加大城市建设规划执法力度的建议

提案人：覃友龙

8. 加快我县社区服务业建设步伐的建议

提案人：汪　明

9. 推进我县“五险合一”工作的建议

提案人：金继军

10. 加强沅陵县革命文物、遗址保护及开发利用

提案人：苗建辉

11. 关于五保户就医及陪护问题的建议

提案人：李鹏飞

12. 关于完善我县农业保险工作的建议

提案人：张名立

13. 当前农村留守儿童的教育问题亟待全社会关注

提案人：丁冬菊

14. 加快蔬菜基地建设，促进县域经济发展的建议

提案人：张新国

15. 关于加快茶叶产业发展的几点建议

提案人：周岗山

县政协十一届五次全会表彰2011年度优秀提案14件：

1. 做好我县“十二五”污染减排工作的建议

提案人：政协人资环委

2. 促进我县农村合作医疗事业和谐发展的建议

提案人：农工党

3. 做好我县返乡农民工就业创业的建议

提案人：总工会

4. 推动沅陵文化产业有力发展的建议

提案人：政协经科委

5. 加强我县城镇社区居委会建设的几点建议

提案人：政协提案委

6. 加强公务车辆管理，树立良好党政形象

提案人：邓长龙

7. 关于发展我县茶叶产业的建议

提案人：侯绪华

8. 关于建立社会医疗急求求助基金的建议

提案人：雷光泽

9. 关于纠正与城市文明不协调行为的建议

提案人：肖崇国

10. 实施市民素质工程，深入开展文明礼仪系列实践活动

提案人：李生珍

11. 采取有效措施防止农村未成年人进入网吧、游戏机室

提案人：张志华

12. 加强学生心理健康教育，维护社会稳定

提案人：石庭艳

13. 加快沅陵县域工业经济税源发展的建议

提案人：宋先知

14. 跨过省级工业园门槛，增强我县工业园发展后劲

提案人：周德生

县政协十二届一次全会表彰2012年度优秀提案10件：

1. 关于在城区重点区城、时段禁放限放烟花爆竹的建议

提案人：陈璐等25人

2. 关于培育和发展我县规模以上工业企业的几点建议

提案人：县工商联

3. 关于对太常发展及早规划、科学定位的建议

提案人：杨建民

4. 关于将凤凰山森林公园改建为城市公园的建议

提案人：刘林等5人

5. 关于加强我县小区物业管理的几点建以

提案人：政协民族宗教法制群团委

6. 关于倡导全民阅读，共建书香沅陵的建议

提案人：郭美春

7. 关于解决我县计划生育手术并发症者社会救助问题的建议

提案人：杨文振

8. 加强中小学幼儿园学生交通安全管理

提案人：舒　海

9. 重视关心和支持民间艺术社团组织的生存和发展

提案人：陈湘玲

10. 建立环县城无公害蔬菜基地

提案人：石庭艳等2人

县政协十二届二次全会表彰2013年度优秀提案10件：

1. 进一步引导民营工业企业加快产业升级转型的建议

提案人：李　华

2. 建议加强农村编外非法校车安全隐患整治

提案人：周　俊

3. 关于加强网络舆情答复的建议

提案人：张　诚

4. 建立健全茶叶产业化项目考核机制

提案人：张革非

5. 关于设置建设项目地下考古前置审批的提案

提案人：代支生

6. 加强我县住宅小区物业管理的建议

提案人：郑德钢

7. 加强户外广告及门店招牌管理与改造，提升文明城市形象

提案人：田学洋

8. 对精神病人实施特殊救助制度的建议

提案人：张辉煌

9. 加强我县社会养老的建议

提案人：唐彩兰

10. 加快我县农村环境污染治理的建议

提案人：张云霄

县政协十二届三次全会表彰2014年度优秀提案11件：

1. 关于加快推进我县小城镇建设的建议

提案人：农工党

2. 关于解决我县小微企业融资难的建议

提案人：县工商联

3. 关于推动我县全民创业工作的建议

提案人：刘莎琳

4. 加大对沅陵县城和郊区违章建筑执法力度的建议

提案人：曾建新

5. 加大林下生态土鸡规模养殖扶持力度的建议

提案人：政协经科委

6. 在我县实施重度残疾人护理补贴的建议

提案人：政协医卫界

7. 建立和完善乡镇便民服务中心的建议

提案人：李鹏飞

8. 对县城十字路口红绿灯做出调整与改进的提案

提案人：政协科技界

9. 将个人建设项目纳入建筑安全质量管理监管体系的建议

提案人：刘序梁

10. 加强快递行业管理的建议

提案人：张清秀

11. 规范县城广场舞的建议

提案人：邓小鹏

县政协十二届四次全会表彰2015年度优秀提案10件：

1. 关于优化服务促进非公经济发展的建议

提案人：县工商联

2. 提高离任村妇代会主任（计生专干）待遇的建议

提案人：县妇联

3. 关于化解公立医院债务的建议

提案人：张清秀

4. 加强基层人民调解工作的建议

提案人：张云霄

5. 切实提高我县环卫工人工资福利待遇的建议

提案人：张　诚

6. 规范农村建房问题的建议

提案人：张邦富

7. 依托县疾控中心建立水质监测中心的建议

提案人：雷光泽

8. 建立生态公益林保护建设长效机制的建议

提案人：全小军

9. 关于加强城乡低保管理的建议

提案人：刘　斌

10. 精神病人住院起付线和住院人均费用亟待解决

提案人：政协医卫届

县政协十三届一次全会表彰2016年度优秀提案8件：

1. 关于对精准扶贫工作的几点建议

提案人：刘幼凤

2. 加强对《抗战日报》史料与旧址保护的建议

提案人：孙明汉

3. 规范沅陵县城乡居民婚丧嫁娶等事宜操办的建议

提案人：李鹏飞

4. 健全完善农村通信设施建设的建议

提案人：张　婕

5. 加强我县政府投资项目管理的建议

提案人：郭凤祥

6. 建立基层民兵应急分队，提高乡镇抢险救灾能力的建议

提案人：舒克实

7. 加快我县蔬菜基地建设，解决好菜篮子的建议

提案人：李　华

8. 加大城区贫困群体扶持力度的建议

提案人：刘　林

县政协十三届二次全会表彰2017年度优秀提案13件：

1. 解决城区交通拥堵问题的建议

提案人：张　进

2. 加大我县农村环境治理的建议

提案人：向　琼

3. 贯通乡村“断头路”的建议

提案人：李飞跃

4. 加快我县科技馆建设的建议

提案人：胡华鸣

5. 关于我县发展森林康养产业的建议

提案人：农工党

6. 解决城区义务教育学校大班额的建议

提案人：政协提案委

7. 加强沅陵县金融生态环境建设的建议

提案人：李生东

8. 加强乡镇集镇饮用水安全管理的建议

提案人：李小勇

9. 加强贫困户易地搬迁后续帮扶工作的建议

提案人：刘莎琳

10. 发展绿色农业促进乡村旅游的建议

提案人：全继国

11. 改进和加强乡镇敬老院管理扶持社会养老的建议

提案人：刘金海

12. 扶持和促进社会养老服务业发展的建议

提案人：张清秀

13. 引进和留住医疗卫生人才的建议

提案人：张华龙

县政协十三届三次全会表彰2018年度优秀提案10件：

1. 破解我县教师队伍建设两难困局的建议

提案人：政协文教卫体委

2. 引导社会力量参与脱贫攻坚的建议

提案人：黄远河

3. 切实抓好农村“厕所革命”的建议

提案人：肖礼明

4. 加大力度治理城区扬尘污染的建议

提案人：田学洋

5. 加强农村公路管理执法的建议

提案人：李欧海

6. 加强重点区域消防安全的建议

提案人：李　佳

7. 规范城区物流管理，促进集中入园经营的建议

提案人：文国宝

8. 在县乡干部中建立关爱帮扶基金的建议

提案人：全仁茂

9. 在学校加强生命教育的建议

提案人：钟冬珍

10. 加强非物质文化遗产传承与保护的建议

提案人：毛永祥

县政协十三届四次全会表彰2019年度优秀提案7件：

1. 关于脱贫攻坚住房保障工作的建议

提案人：向贵勇

2. 关于加快我县教育信息化的建议

提案人：张艳丽等3人

3. 关于促进我县农民工返乡创业的建议

提案人：颜音等2人

4. 关于完善我县农村饮水安全的建议

提案人：王岩等2人

5. 关于对我县古树名木、文物古迹建立电子身份证的建议

提案人：李俊等3人

6. 关于加强我县残疾人康复机构建设的建议

提案人：张远友

7. 关于加强乡镇敬老院服务人员管理的建议

提案人：李华等3人

县政协十三届五次全会表彰2020年度优秀提案15件：

1. 关于我县茶产业发展的建议

提案人：农工党

2. 关于强化渔政管理，推进库区渔业转型的建议

提案人：邓壮河

3. 关于加强县城防内涝能力建设的建议

提案人：宋　国

4. 关于加强村级辅警队伍管理的建议

提案人：谢正义

5. 关于加强王家大院保护利用的建议

提案人：政协提案委

6. 关于加强村医队伍建设的建议

提案人：政协提案委

7. 关于加强我县农村集镇污水处理的建议

提案人：政协农业农村和人资环委

8. 对加快和规范我县物流行业发展的建议

提案人：黄远河

9. 关于推进脱贫攻坚与乡村振兴有机衔接的建议

提案人：刘琼波

10. 关于建立脱贫攻坚项目和产业“双长机制”的建议

提案人：全仁茂

11. 关于加强凤凰山步行道安全设施建设的建议

提案人：刘序根

12. 关于规划城市公交基础设施建设用地的建议

提案人：周晓慧

13. 关于加快龙舟广场二期建设，打通体育场至龙舟广场通道的建议

提案人：杨国胜

14. 关于优化县城学校教师年龄结构的建议

提案人：李建军

15. 关于完善听力残疾鉴定服务项目的建议

提案人：陈　娟

县历次政协全会表彰提案承办先进单位

表彰会议	表彰年度	表彰单位
七届三次	1991年	农委　建委　教委　水利水电局　财政局　公安局　工商局　交通局　卫生局　移民建设指挥部
八届二次	1993年	县政府办　农委　财政局　公安局　邮电局　卫生局
八届三次	1994年	县政府办　农村工作办　城市建设指挥部　工商局　公安局　卫生局
十三届一次	2016年	财政局　住房和城乡建设局　畜牧水产局　民政局　公安局
十三届二次	2017年	卫生和计划生育局　环境保护局　科技局　交通运输局　畜牧水产局
十三届三次	2018年	教育局　交通局　水利局　住房和城乡建设局　消防大队
十三届四次	2019年	财政局　林业局　人力资源和社会保障局　农业农村局　文化旅游广电体育局
十三届五次	2020年	水利局　发展和改革局　民政局　财政局　教育局　人力资源和社会保障局　公安局交管中心　中国邮政沅陵县分公司

县历次政协全会表彰提案承办先进个人

表彰会议	表彰年度	表彰人员
七届三次	1991年	邓冬玲　刘志伟　向昌旺　向泽元　肖佳希　李光全　李明发　金述惠　张　军　张自力　钟清扬　龚云启　董绍元　曹德玉　瞿秀英
八届二次	1993	孙宪初　钟清扬　胡光灯　邓冬玲　张宏群　董绍元　孙太东　曹德玉　李光全　李世雄　钟　勇
八届三次	1994	钟　勇　贾文艺　李枝栋　孙宪初　李　青　孙太东　舒克满　董绍元　曹德玉　金述惠　胡光墩　李世雄
十三届五次	2020	吕延中　孙华长　陈德群　全　局　陈湘英　廉　洁　米承攀　符雪梅　田承平　于　燕

第七章　服务经济

县政协具有独特的人才和智力优势，是沅陵的“人才库”“智囊团”，政协充分运用自身特殊优势，带领广大政协委员，坚持不懈地扎实开展“我为群众办好事实事”活动，自办学校、医院和经济促进会等组织，以及组织委员开展社会公益、脱贫攻坚和其他服务社会的活动，努力推动全县精神和物质文明建设。1987年4月，县政协副主席朱文锦荣获省政协授予“为社会主义两个文明建设服务先进政协委员”。1991年，县政协被政协怀化地区联工委授予“在围绕经济建设办实事中成绩显著”先进集体称号。1992年，政协在“争贡献”活动中，再度荣获政协怀化地区联工委授予的“服务于基层成绩显著”先进集体称号。县工商联积极组织开展企业进农村，为群众办实事好事，2008年，组织66家民营企业开展“百企帮百村”活动，为1000多名困难群众找到就业出路，被评为全国工商联系统先进单位。十二届政协以来，工商联界政协委员积极投身“百企联百村，共建新农村”活动，截至2016年12月，共实施村企对接项目20多个，投入资金1.4亿元，建立农业生产基地1万多亩，开展农民实用技术培训4000人次，实现劳动力就地安置600多人。

第一节　自办实体

县政协1987年开始，自建实业组织，开展社会服务。政协自建有胜利中学、古城医院、经济建设促进会等三个实业组织。

一、胜利中学

为帮助解决学生读书难、家长忧虑多、教育部门压力大等困难，1987年4月6日，经政协常委会议研究，决定建立沅陵县政协培训学校，在不花国家一分钱的前提下，通过政协服务，解决青少年读书难的问题。政协培训学校成立校务委员会，由尹叔宜、方思默、刘汉钦、张汉清、唐达吉、莫丙炎、胡斐然、肖宏良、宋长辉、戴仪、全淑珍、瞿幼平、安庭英等13人组成，尹叔宜为校长，方思默、刘汉钦为顾问，张汉清为副校长，瞿幼平为教务主任，聘请安庭英为总务主任，其他人为委员。并于即日启用“沅陵县政协培训学校”印鉴。9月，学校正式挂牌成立，成为沅陵县第一所社会团体办学性质的学校，学校设在县政协院内，开设两个高三班和一个初三班，由政协副主席尹叔宜任校长，县政协委员田德涵任副校长。

1988年5月9日，经县教委批准，政协培训学校正式改为全日制学校，定名为沅陵县胜利中学，启用新的印章。政协对新校校务委员进行调整，校务委员会由尹叔宜、田昌森、张汉清、宋长辉、刘芹国等5人组成，尹叔宜为校长，田昌森、张汉清为副校长，宋长辉、刘芹国为委员，聘请方思默为顾问。6月8日，经政协主席会议研究决定，增补瞿幼平、田心正为校务委员会委员。同年，学校66名学生参加统考，被录取42名，录取率60.6%，受到社会各界好评。

1989年，为不断完善学校管理制度，政协多次召开政协主席会议，研究学校议教、人员、后勤工作等问题，要求学校坚持全面贯彻党的教育方针和国家教学大纲，注重提高教学质量，取得较好教学效果。上半年毕业一个高中补习班，38名学生参加升学统考，23名被高中录取，升学率为60.5%，两个高中一年级班的118名学生，中考7科，人均及格率78.1%，赢得社会各界赞誉。同年10月15日，政协对胜利中学校务委员会成员进行调整，任命尹叔宜为校长，张汉清、田德涵任副校长，宋长辉、刘芹国、瞿幼平、田心正为校务委员，聘请方思默为顾问。同年秋季，学校共招收315名初、高中学生，1990年完成学业，75%的学生升入各级学校。1991年，学校为250多名高考落榜生补习文化课，1992年，这些学生参加高考，被高等院校录取26名，其中大学本科4人，大学专科20人，省属大专2人。1996年8月1日，政协主席会议研究决定，将胜利中学划归县经济促进会管理。

二、古城医院

1986年5月，县政协创办古城医疗门诊部诊所，一方面帮助群众解决就医困难，同时也作为医卫工作组开展政协活动的阵地。医卫界的名老中、西医生，利用休息时间，轮流到诊所值诊，为病患群众服务。诊所建立当年，就接诊2.4万人次，为群众看病提供极大方便。1988年，为适应形势发展需要，政协多次召开主席会议，专题研究医疗诊所的发展问题。7月8日，政协主席会成员与人民医院向宏树、刘新瑜、杨流勤等领导开会，协商扩建政协古城医疗诊所，商定用政协机关院内地皮扩建，双方协商办一个医院，也可作为人民医院分院，产权属于政协，人事安排政协不干预，利益按比例双方分成。双方达成协议，政协在提供地皮的基础上，出资3万元，与县人民医院联合创办政协古城医院，医院每年上交政协3千元利益分成。8月1日，主席刘俊良主持召开政协主席会议，专题研究古城医院发展问题。9月16日，政协主席会议再次深入讨论古城医院建设问题。11月17日，政协主席会议研究决定，对古城医院进行承包管理。1989年，政协为古城医院筹集资金9000元，对水灾损坏的房屋进行全面维修，并新建病房75平方米，增加病床10张，添置一批医疗器械和病房用品，使医疗条件得到极大改善。为进一步规范诊所管理，同年10月15日，政协调整诊所管理人员，成立政协古城医院管理委员会，任命朱文锦为医院管理委员会主任，陈自如为副主任，文锦华、陈沅龙、杨树森为委员，杨树森兼任医院院长。截至第六届政协届满时，政协古城医院累计接诊47600多人次，出诊治疗350人次，其中急症抢救140多人次，取得良好社会效益。

七届政协一如既往关心古城医院建设和发展，1990年5月30日，主席会议专题研究医院管理问题，8月14日，召开政协常委会议，向全体政协常委通报古城医院的建设与发展情况。1991年5月27日，县计委批复同意成立“沅陵政协医疗诊所”，定为集体性质。由于政协医疗诊所管理规范，医疗服务水平高，社会口碑好，县委、县政府机关干部到政协诊所就诊看病的人逐年增多，要求予以看病公费报销的呼声也越来越高。为解决政协诊所享受公费医疗报销问题，七届政协多次召开主席会议，讨论解决办法。1991年11月12日，县委常委、政协主席蒋国汉主持召开政协七届十七次主席会议，邀请县委副书记李振英参加，专题研究解决政协诊所公费医疗报销问题。

1993年，为适应改革需要，政协对自办经济实体进行清理，实行承包管理，同年3

月10日，政协主席罗建中主持召开主席会议，安排部署对政协医疗诊所财产进行清理，交由政协文教卫体委管理。1994年4月18日，政协文教卫体委任命政协委员范祥生为诊所所长，对诊所实行承包经营。1996年8月1日，经政协主席会议研究决定，将政协医疗诊所划归县经济促进会管理。

三、经济促进会

为促进沅陵经济建设和智力扶贫工作，进一步沟通技术、经济、商品信息，加强横向联系，1987年6月29日，经县政府、县政协领导协商同意，决定由县政协牵头成立“沅陵县经济建设促进会”（以下简称经促会），经促会属于社会性事业组织，由刘汉钦、宋祖迎、肖功璞、邓必礼、邓南斌、宋贻丰、刘声洪、刘济树、潘先武、毛羽、赖双和、张慕之、孟昭海、王元一等14名政府、政协人员组成。刘汉钦任理事长，宋祖迎、肖功璞、邓必礼任副理事长，其他人任理事。经促会办公室设政协机关。7月26日，启用“湖南省沅陵县经济建设促进会”印鉴，正式开始对外办公。1988年，为加强经促会工作，县政府为经促会增配4名专职人员。1989年11月15日，经促会设立五强溪分会，筹资5.5万元，创办“五强溪服务部”经济实体，通过牵线搭桥，开展信息、咨询服务，部分项目取得经济效益。为进一步发挥经促会作用，政协围绕经济发展，通过经促会开展大量联谊交流和咨询服务工作，在招商引资、产品推介、信息服务方面做出贡献。1990年8月14日，县委常委、政协主席蒋国汉主持召开政协七届五次常委会议，研究部署经促会发展工作，引起与会常委共鸣，提出不少好的意见和建议。1996年8月1日，经主席会议研究，将政协机关所属实体“政协古城诊所”“胜利中学”，以及临街门面，全部划归经促会管理，经促会的工作内容得到充实扩展。

第二节　引导发展

历届政协根据县委、县政府统一安排部署，坚持发展第一要务，带领委员和政协机关工作人员，积极参与多种经济建设，对全县经济工作，多方配合，支持帮助，尽力服务，引导经济健康发展。

积极投身经济建设

1955年县政协成立以来，就坚持围绕县委中心工作，服务经济建设。县第一届政协在对私营工商业社会主义改造中，主动担当，多次组织私营工商业者学习政策，开展上门说服宣传，号召全县私营工商业者积极创造条件走社会主义道路的高级形式，助推县委、县政府按时完成各行业的社会主义改造和公私合营。1956年，政协宣传发动，号召工商业支援农业生产，积极组织工商业下乡推销农业生产资料；号召各界委员，带头开展增产节约运动，为国家建设积累资金。在政协委员的模范引领下，全县按时完成公债分期入库和1956年公债任务。1958年，县政协几次召开委员扩大会议和归口行业私方人员座谈会，专门讨论和动员支援农业生产和发展工商业经济问题，9月28日，县工商界委员经过协商讨论，形成《坚决贯彻社会主义建设总路线，加速自我改造，积极贡献智慧和力量的决议》，为推动沅陵经济发展发挥作用。

1980年以来，县政协以发展为第一要务，坚持不懈，经常性地在委员中开展建功立业活动，尤其是重视和鼓励原工商业者投身经济建设，通过他们的技术传承，培育成长起一大批民营经济佼佼者，活跃在沅陵各个不同建设时期。1981年，县政协提出“创优要品牌，把师傅请回来”的理念，引导企业发挥原工商业者的作用。县糕点厂在政协的影响下，把配料高人一着的原工商业者徐红生请回厂里参加产品攻关，试制沅陵酥糖、雪枣、焦切片、广桃酥、金钱饼等5个传统产品，取得成功，使之成为怀化地区优质产品。1982年，沅陵酥糖获得省优产品称号，畅销全国12省的50多个县市。1984年5月，政协委员孙毓群、丁德富响应政协号召，采取自愿入股的原则，发动工商业人士自筹资金8200元，向银行贷款5000元，成立沅陵县第一个个体劳动协会合营供销公司。10月，县政协和县委统战部联合发布《充分发挥原工商业者的作用，为搞活经济服务》的文件，要求统一思想，落实党对原工商业者的政策；发挥原工商业界人士的才智，创办经济实体，激发工商业人士爱国热情，把他们的绝技和经验传承下来。文件发出后，全县很快恢复9名原工商业者干部身份，清退26户在“文革”中被查抄的价款29878元，发还4户在“文革”中被挤占的私房，补发243户64219元利息，收回在“文革”中被下放农村的29户32人，帮助他们返城落户安排工作，为14人平反历史冤假错案。党对原工商业者的政策落实，充分激发起他们的爱国热情，争相发挥才智，投身经济建设。6名原工商业者退休人员（最大71岁，最小63岁，平均年龄67岁）由县政协副主席刘汉钦、陈伟牵头，创办起沅陵县工农产品贸易服务公司，公司开业3个月，就完成50万元的营业额，上缴国税4万元，实现纯利1万元。沅陵镇油毡厂有80多名工人，由于经营不善，严重亏损，处于关停状态，原工商业者赖生成接受聘请出任该厂业务厂长后，一举扭亏为赢，救活了工厂。沅陵酱油厂生产的“老同兴”酱油，创办于抗战时期，是地方传统名牌产品，但是经过“文革”，技艺基本失传，商业部门采纳县政协重视发挥原工商业者才智，发展沅陵经济的建议，聘请原工商业者朱仲谋、许传珍进厂担任技术和经济顾问，恢复试制“老同兴”酱油，取得成功。1986年，县政协大力鼓励委员开办经济实体，为沅陵经济建设服务，先后帮助政协委员中的原工商业者建立起工农产品贸易服务公司和大隆联营经销公司两家经济实体。1989年11月，经济建设促进会设立五强溪分会，筹集资金5.5万元，创办五强溪服务部经济实体，通过牵线搭桥，开展信息咨询服务，部分项目取得经济效益。县政协委员唐春明，积极响应政协号召，大力支持扶助五强溪民营经济发展，先后为500多名个体工商户担保贷款金额115万元，1993年5月8日，县政协主席罗建中在县委工作会议上发表《围绕经济建设中心，努力做好政协工作》的讲话，强调政协工作要围绕经济建设开展调查研究，搞好献计献策，使县政协工作得到进一步拓展，服务经济建设成为全县政协委员日常工作的一项重要内容。县第九届政协以来，坚持以开展委员“办实事、办好事”、建功立业、“立言、立德、立功”等活动为载体，鼓励委员投身经济建设，政协委员唐春明响应政协号召，在五强溪镇筹资组建起湖南西部地区首家股份制市场——五强溪股份集贸市场，为五强溪经济繁荣发展作出贡献。明溪口镇林场政协委员李腊英，在县政协的鼓励下，一面加强林场新品种引进与培植，创造出较高的林场效益；一面向全镇推广优质柑橘品种，积极向农民推介柑橘栽培技术，发挥出良好的经济效益。她在担任袁耳坪村党支部书记后，创办借母溪风景区旅游接待点，为修建明溪口至借母溪的旅游公路筹措人力、物力和财力，在借母溪风景区建设中作出积极贡献。政协委员、官庄镇鱼儿山村党支部书记李绍富，积极带领村民大搞山地开发，创办村级企业，不断壮大村集体经济，使村民纯收入由原来不足400元提高到2000多元，对村民的上交提留也全部给予免除，同时还通过捐资、集资等多种渠道，架通全村10公里输电线路和全村有线电视，并由村里投资10万多元，修复水毁大堤3000米，水渠5000米，多次被评为市、县先进个人、优秀政协委员，1995年被县委、县政府授予“劳动模范”称号。五强溪镇王家德在担任县政协委员的10多年时间里，积极投身经济建设，先后创办股份制金矿、五强溪木制品厂、五强溪大酒店、大别溪漂流旅游公司等，其中五强溪大酒店是湖南全省第一家乡镇星级宾馆。尤其是第十届政协，开展民企联乡联村活动，鼓励经济界、工商联界委员到农村投资创业，带领农民脱贫致富奔小康，政协委员投身经济建设主战场的热情高涨，助推全县民营经济飞速发展，先后有20多名县政协委员响应号召，到农村创办企业，其中一些企业进入全县规模企业行列，涌现出一批优秀乡镇企业家和市县先进工作者、劳动模范，如县政协委员、官庄银峰茶业有限公司经理曾次炎，坚持文明经营，积极扶贫帮困，热心公益事业，为官庄社会进步和经济发展作出较大贡献，多次受到市县表彰奖励。2000年，曾次炎被中共怀化市委、市政府授予怀化市乡镇企业家称号；2002年被市政府授予怀化市首届优秀乡镇企业家称号；2003年被市委、市政府授予怀化市乡镇企业先进工作者称号；同年，被市委、市政府授予怀化市乡镇企业先进工作者称号；2004年被县委、县政府评为发展乡镇企业和个体私营经济工作先进个人，被市委、市政府授予怀化市劳动模范称号。据2006年不完全统计，县政协委员创办企业43家，新增就业岗位1000多个，引进合同资金2亿元，实际到位资金6000万元。

十一届政协以来，坚持把促进发展作为履行职能的第一要务，紧紧围绕经济建设这个中心，发挥优势，体现特色，鼓励和引导政协委员积极投身全县的经济社会建设，勇于探索、勤奋努力的建功立业先进典型层出不穷。县政协委员孙秋雨，为推动湘西黑猪保种和养殖产业发展，先后投资1200多万元，创建全国首家“湘西黑猪资源场”，并牵头成立沅陵县大合坪黑猪养殖协会和沅陵县湘西黑猪养殖专业合作社，促进湘西黑猪入列《国家级畜禽遗传资源保护名录》和国家种质资源基因库，开发的“湘西老哥”牌黑猪系列产品被评为怀化市十大农业特色品牌，远销上海、广州、深圳、珠海、长沙等地，带动沅陵生猪养殖业发展，多次被县政协授予建功立业和“三立”活动先进个人。十二届政协委员舒珲，创办湖南省沅陵碣滩茶业有限公司，依靠科技，大胆创新，研发生产的绿茶、红茶、白茶，多次荣获“中茶杯”“中绿杯”“潇湘杯”评选一等奖或金奖，成为怀化市农业产业化龙头企业、湖南省茶叶研究所科技支撑重点企业、大湘西唯一拥有绿、红、黑、白四大茶类生产许可的企业，是全国农业农村信息化示范基地、湖南省巾帼脱贫示范基地、湖南省现代农业产业示范园，“怀化市巾帼建功标兵”称号。十三届政协委员邓传建，带领发动周围群众开展茶叶种植，采用全新的土地流转模式，引导农民土地入股，流转土地3000余亩，开发成功种植茶园2000余亩，涉及2个乡镇，6个行政村，农户200余户，直接受益群众1000多人，成为清浪乡回乡创业青年的优秀代表。2017年，邓传建成立沅陵县皇妃农林开发有限公司，采取“公司+合作社+基地”的经营模式，开发有机茶叶基地5000亩，辐射陈家滩、清浪2个乡镇的35个行政村，直接帮助500多村民实现在家门口就业，并与5300名贫困户签订保底分红帮扶协议，带动他们进入茶叶发展。

缓解政府就业压力

1995年开始，随着越来越多县办工厂企业破产、倒闭或重组，大批工人下岗，沅陵就业压力很大。为帮助政府缓解就业压力，县政协充分发挥委员典型带动作用，鼓励有条件的政协委员自办、领办、联办经济实体，帮助下岗职工和待业人员，以及农村富余劳动力实现再就业，为缓解社会就业压力，保持社会和谐稳定做贡献。政协委员田开华，在县水泥厂倒闭后，对水泥厂资产进行收购重组，成立沅陵县华益水泥有限责任公司，安排下岗职工98人。政协委员张永林，2000年创建永兴矿业有限责任公司，安排500多名农村剩余劳动力及下岗职工再就业。2003年，政协委员宋海军主动与广州等城市妇联和劳动部门联系，适时开办家庭劳务输出和免费刺绣培训，先后培训400多名下岗职工和待业女青年，为下岗职工再就业开辟出新的途径。2004年，政协各专门委员会、委员活动组、区镇联络组，也纷纷以建功立业为载体，为840名下岗职工和农村富余劳动力解决就业问题。2005年，全县政协委员采取领办、联办等方式创办企业70多家，安置下岗、待业人员4000多人，促进沅陵的食品加工、茶叶加工、苗绣、民用建材、矿山开采及其深加工等形成产业，并逐步走上良性发展轨道。县政协委员、借母溪村主任符星龙响应县委、县政府发展旅游经济的号召，组织村民兴办服务设施，并带头办起农家乐旅游项目，为景区农民群众谋求到新的生活出路，受到当地群众和党委政府高度评价。政协委员、永兴木业公司总经理陈威，致力企业发展，安排下岗待业人员130多人，年均交纳税费100万元以上。沅陵镇政协活动组采取多种形式鼓励支持政协委员带头发展经济，为镇域经济出力，2006年，田学洋委员在其新浪潮电脑技术有限公司安排30多名下岗工人再就业，付潭英委员利用自己开办的土家王食品有限公司，帮助232名下岗职工实现再就业。同年，县政协还结合新农村建设，积极发挥委员优势，鼓励委员到农村去创办企业，张会群等城区委员响应号召，率先在乡村创办企业3家，另有一些城区委员，也纷纷深入农村考察投资项目，积极和乡村衔接企业创办。同年，全县政协委员共创办企业43家，新增就业岗位1000多个。2008年以来，沅陵经济形势逐渐向好，下岗职工就业压力得到缓解，农村富余劳动力也随着劳务输出，大部分实现就业。对留在乡村没有外出务工的农民群众，委员企业对他们进行招用，帮助他们在家门口实现就业。十二届政协农业界委员瞿运韬，开发集旅游休闲、采摘和林下养殖为一体的生态农场，每年吸纳临时就业7000余人次，发放工资60多万元。特邀界委员敬开山，创建万阳山综合性农业生态庄园，安置当地62名村民就业，每年发放工人工资70多万元。十三届政协委员主要帮助农村贫困家庭实现就业，2017年以来，委员企业每年招用贫困家庭人口600多名进入企业。

积极参与引资兴业

县政协充分利用交流广，朋友多的优势，积极牵线搭桥，引资兴业，促进沅陵经济发展。1988年5月，政协主席刘俊良带队赴北京参加沅陵一中校友会期间，分别与北京市长城风雨衣厂和崇文区百货公司联系，帮助沅陵订得新时髦风雨衣2000件，并将沅陵刺梨、蜂王浆等特色产品打入北京市场。政协委员宋诒丰利用北京同事同学多的关系，为沅陵酒厂在北京召开沅陵经济信息发布会，推销刺梨鲜汁260多吨，与北京有关单位签订联合建立京湘刺梨饮料厂的合同。同年，通过县政协牵线搭桥，促成沅陵与外地建立18项业务联系，部分项目取得较好经济效益。2004年，政协利用接待三胞回乡探亲访友、观光旅游、商务考察等机会，积极向他们宣传沅陵的发展形势和良好投资环境，鼓励他们在沅陵投资兴业，先后引进台侨资金930多万元。一些政协委员，也积极响应县政协的倡议，积极投资兴办企业，发展经济。同年4月，五强溪镇政协委员唐春明，针对集镇贸易市场与日杂经营门面相连，场地狭小又不卫生的状况，投资近20万元，重新择地修建一个高标准的屠宰场，从根本上解决该镇屠宰场小而差的问题。王家德委员利用修建五强溪大坝时挖取沙石遗留下的坑地，投资40万元修建出一个有100多亩水面的养殖场，安置劳力8人，年产值20多万元，每年为村集体经济增收3000元。8月，委员唐承银从芷江县引进民间投资128万元，对1200平方米的少帅宫人防工程进行开发，使之成为集饮食、健身、休闲娱乐于一体的多功能综合项目，让闲置六年的少帅宫人防工程发挥出战备、社会、经济效益。2005年，政协积极激活民间资金，服务县域经济，通过联络联谊，共激活启动县内外民间资金1000万元投入沅陵经济建设之中。2006年，县政协进一步加大引资兴业力度，通过各种渠道引进合同资金2亿元人民币，实际到位资金接近6000万元。凉水井镇田兴元委员，引资300万元对其创办的灰渣砖厂进行扩建，冉茂青委员引进资金对青青木业有限公司进行扩容，使之成为县属工业规模企业。十二届政协委员敬开山，曾在深圳东胜（机电）有限公司为公司董事长承明开车，当得知沅陵大力发展茶叶生产时，就辞去高薪工作，并从公司先后引资近3000万元，开发万阳山茶叶基地，经过几年努力，把万阳山开发成为一个集茶叶生产、生态养殖、农业休闲为一体的综合性农业生态庄园。

第三节　脱贫攻坚

2013年11月，习近平总书记在湖南省花垣县十八洞村考察扶贫开发工作时首次提出“精准扶贫”概念。2014年，县政协根据中共沅陵县委统一部署和安排，积极参与到“精准扶贫”工作中，实行一对一的扶贫帮困。2015年11月29日，《中共中央国务院关于打赢脱贫攻坚战的决定》正式发布，对未来五年的脱贫攻坚做出全面部署，要求“采取超常规举措，拿出过硬办法，举全党全社会之力，坚决打赢脱贫攻坚战。”县政协从2016年开始，将工作重点转向脱贫攻坚，在一对一扶贫帮困基础上，抽调得力人员，组成驻村工作队，全面参与脱贫攻坚工作。

精准帮扶

2014年，根据县委统一部署和安排，按照“六个精准”“六个到户”“四个一批”扶贫思路，政协组织机关干部深入政协联系乡太常的穿衣溪、白羊坪、黔中郡等村，认真开展贫困户信息资料采集，填写《精准扶贫手册》，为县、乡动态跟踪贫困户生产、生活状况，搞好精准扶贫建立档册资料。按照县委、县政府精准扶贫的工作要求，政协以扶助创业为抓手，在联系乡太常沙金滩村开展结对扶贫，以党员干部结对贫困户为载体，实行一对一的精准帮扶。政协机关党员干部，共捐款38700元，购买60头“湘西黑猪”，帮扶30户贫困户发展黑猪养殖产业。同时，政协积极参与联乡工作和“大走访、大排查、大化解”活动，先后到太常乡沙金滩村、穿衣溪村、朝瓦溪村了解民情，帮助村民解决实际困难，谋划致富门路。在北溶乡蛟口村，帮助解决修建3.5公里通村组路、3处人行过溪码头；在盘古乡荔溪口村帮助解决避险安置库区群众40户198人。2015年3月，政协选定55户贫困户家庭作为政协机关干部职工的结对帮扶对象，面对面地确定生产项目，因地制宜地走产业扶贫路子。9月，政协机关给每户贫困户送去20只鸭仔或鸡仔，帮助贫困户家庭发展养殖业，仅此一项，户均可增收3000元左右。

十三届政协响应省、市政协号召，积极开展“帮助一名贫困家庭在校学生完成学业、结对一个贫困家庭增加收入充实家业、帮助贫困家庭一名成员解决就业”的“三个一”扶贫行动，认真组织政协委员开展和贫困户的结对帮扶，实现“三个一”扶贫行动全覆盖。各界别委员充分发挥自身优势，助力“三个一”，受到社会普遍称赞。县工商联界别在开展“百企帮百村”的基础上，大力开展“户帮户，亲帮亲，互助脱贫奔小康”活动，23名界别委员在完善基础设施、提供就业机会、慈善爱心捐助等方面积极作为，做到精准帮扶，取得一定成效。官庄镇政协联工委发挥“委员活动组”作用，持续在产业发展、教育就学、医疗保障、基础设施等方面倾情帮扶，使大部分建档立卡贫困户实实在在享受到政协“三个一”活动的实惠。县十三届政协全体委员参加结对帮扶，使精准帮扶落到实处，贫困户在享受国家扶贫政策、解决生产、生活具体困难方面，都得到帮扶责任人的及时帮助。据不完全统计，在“三个一”扶贫行动全覆盖活动中，县政协委员通过产业扶贫、教育扶贫、健康扶贫、引导外出务工等途径，帮扶贫困户1000余户300多人，投入帮扶资金3000多万元，委员企业招用贫困群众500余人，资助贫困学生50余人，涌现出一大批扎实工作、乐于奉献的优秀政协委员，得到上级政协肯定，2017年11月，迎来怀化市政协委员“三个一”扶贫行动现场会在沅陵召开。

推进全民创业

2014年，政协按照《中共沅陵县委沅陵县人民政府关于大力推进全民创业的实施意见》文件精神，带头在麻溪铺镇毛家溪组创办洪山界香菇种植基地10.2亩。机关党支部经常组织党员、干部深入基地参加劳动，还安排人员常驻基地，带领当地群众成立香菇专业合作社，发展香菇产业，帮助群众脱贫致富。2015年，县政协筹资引导贫困户家庭，在太常沙金滩村创办林下生态鸡养殖模式，实现增收脱贫。通过带着群众干、做给群众看的方式，有力促进特色产业发展。在政协的示范引领下，一大批能人委员在创业和帮扶脱贫中积极创办各种专业合作社，有效带动农村产业发展，3000多名农村贫困人口，通过政协委员帮助实现劳动就业，摘掉贫困帽子。如瞿运韬委员，自主创业，投资200余万元，在二酉乡四方坪村创办葡萄基地300余亩，解决50多人就业；周春委员，在火场乡组建武陵山开发公司，成立茶叶专业合作社，新造茶园1000亩，带动农村500多人就业；敬开山委员利用山地优势，在扩大茶叶基地开发的同时，大力发展养殖业，帮助村民就业，实现增收脱贫等等。2017年，政协进一步加大对委员创业的引领和贫困户就业引导，努力拓宽贫困户就业渠道，增加劳动收入。如返乡创业的赵泽伟委员，引导贫困户发展魔芋产业，为贫困户无偿提供种子和技术指导，对接3个乡6个贫困村78户226人，帮助他们脱贫致富；邓壮河委员利用水产养殖专业知识，深入库区，指导养殖户科学养殖，助推渔业科学发展；工商联界组织66家民营企业参与“百企帮百村”活动，为500多名贫困群众解决就业务工难题。在第四个全国扶贫日，工商联组织界别委员为全县贫困户捐赠价值5万元的物资。2018年，在县政协和政协委员的帮助下，有400

多户贫困户共1100人实现增收脱贫，全县政协委员共投入帮扶资金近千万元，牵头成立合作社20余家，招用贫困群众600多人进企业务工。如政协常委钟广兰和政协委员张建中，合伙成立养鸡专业合作社，建立“辰沅易购”电商平台，与200多户700余名贫困人口建立利益联结机制，一年入股分红8.6万元，发放贫困人员务工工资5万多元。

全面攻坚

2016年，政协根据县委、县政府打赢脱贫攻坚战的安排部署，向县委立下脱贫攻坚“军令状”，围绕白羊坪、黔中郡、碑岩山、槐子坪4个政协联系村的贫困人口不愁吃、不愁穿，义务教育、基本医疗、住房安全有保障和收入增长幅度超过全国平均水平（简称“两不愁三保障一超过”），采取超常规举措，全力投入到脱贫攻坚主战场。将政协机关全部人员，按每人帮扶3到5户的标准，分派到各个联系村，担任帮户责任人，对帮户对象定期进行全面核查，建立精准扶贫台账，实行有进有出的动态管理，引导贫困户发展产业或外出务工。2017年，认真落实《沅陵县脱贫摘帽实施方案》，将脱贫攻坚列入政协重要工作日程。对碑岩山、槐子坪两个村派驻脱贫攻坚工作队，每支工作队3人，与政协工作脱钩，驻村全面负责脱贫攻坚任务。对白羊坪、黔中郡两个村，派驻第一书记，亦与政协工作脱钩。政协机关其他人员，在全力完成帮扶责任人工作任务的同时，尽力协助工作队和村支两委的脱贫攻坚工作。县政协主席会议成员，承担起联系乡太常便民服务中心脱贫攻坚的全面督导工作。为坚决打赢脱贫攻坚战，县政协在十三届三次会议期间，提出从政治入手，从作风入手，从服务入手，要求各乡镇、各界别的政协委员，凡是有利于脱贫的工作都要积极去做，凡是与脱贫攻坚有矛盾的都要坚决让路。政协机关在脱贫攻坚方面，更是人员上全力投入，工作上全面指导，资金上倾力支持。2019年2月21日，沅陵召开脱贫摘帽誓师大会，全县整体脱贫摘帽进行总动员、总部署。会后，政协及时组织机关全体人员开展讨论，认为脱贫摘帽情势很急，政协在脱贫攻坚中应该有所作为，否则就对不起老百姓。3—6月，县政协组织委员先后到沅陵镇、五强溪镇、凉水井镇、明溪口镇、荔溪乡、二酉苗族乡、盘古乡等乡镇和太常、深溪口便民服务中心所辖村组，对农村住房安全保障进行实地调研，并向全县各乡镇寄送了专题调查问卷。6月13日，政协主席黄忆钢主持召开十三届十四次常委会议，协商审议《关于切实做好我县农村住房安全保障的建议案》，强调全体委员要把精力集中在脱贫攻坚上，把风采展现在脱贫攻坚中，继续开展好微记录，讲好扶贫故事，宣传好先进典型，用力推动沅陵打赢脱贫攻坚战。同年10月31日，政协机关全体人员开始参加全县脱贫攻坚“空城冲刺50天”行动，50天中，所有政协机关干部职工，全部深入村组，逐户进行脱贫攻坚问题排查，风雨无阻，早出外归，没有一人请假，没有一人掉队，始终坚持问题导向，以基础台账为切入口进行查漏补缺，对贫困户住房、饮水安全和控辍保学情况进行认真走访摸排和取证，对排查中发现的各种问题，及时进行解决，如碑岩山工作组在排查中发现有的五保户家里缺少桌椅、衣柜和床铺，及时设法为他们募集或购买沙发、衣柜、桌子等家具送到家中，解决五保户家徒四壁的状况，对住在城里的贫困户，逐户上门了解情况，对贫困户住房安全和残障人员的生活状况进行取证，确保“八类对象专项检查”问题清零工作扎实开展。11月16—17日，政协利用星期六、星期日两天时间，从凉水井镇借调40多人，组成检查组，对政协联系的碑岩山、槐子坪、黔中郡、白羊坪等四个村的脱贫攻坚工作进行交叉检查，18日，综合反馈交叉检查情况，对反馈出来的问题，马上进行新一轮问题清零。政协主席黄忆钢要求，在问题清零工作中，必须做到五类重点人群走访全覆盖；房屋走访要栋栋到，确保无危房住人或有生活痕迹，要求各项惠民政策确保用足；要求不存丝毫侥幸心理。脱贫攻坚空城冲刺五十天，政协作风、政协智慧、政协情怀、政协速度、政协效率，均得到淋漓尽致的展现。

脱贫攻坚中，政协领导加强对联系乡镇脱贫攻坚全面督促和指导，政协主席黄忆钢起早贪黑连轴转，足迹踏遍太常每一个村组，深入贫困户家中和群众面对面交流，倾听群众呼声，回应群众关切。对部分乡村干部和联乡单位存在的作风漂浮，政治站位不高等问题，及时联合县纪委共同纠正整改，确保太常的脱贫攻坚整体推进不掉队。为加强联系村脱贫攻坚硬件建设，县政协在2017—2019年，先后挤出经费共近百万元，帮助所联系的四个村分别添置办公桌椅、电脑设备和空调，组织村干部外出学习考察，帮助村支两委解决贫困户生产生活实际困难等。在政协人力、物力支持下，太常便民服务中心各村脱贫攻坚工作，先后通过省、市、县的评估检查。2020年，政协全力助推打赢“脱贫攻坚战”，在做好联村工作和委员个人帮扶同时，根据《湖南政协人助力巩固脱贫成果万户帮扶行动实施方案》，强化省市县三级联动，将安排在沅陵的60名省、市政协委员与全县政协委员及机关工作人员一起成立81个帮扶小组，实现参与巩固脱贫成果“万户帮扶行动”全覆盖，在产业发展、消费扶贫、基础建设、个人帮扶上群策群力，大显身手，涌现出一批工作扎实、业绩突出、乐于奉献、富有爱心的先进集体和优秀委员，其中全小军、张建中委员荣获省政协授予的“全省政协扶贫行动先进个人”荣誉称号。

第四节　社会公益

沅陵县政协以建功立业活动为载体，鼓励和引导全体政协委员，发挥自身优势，积极投身各项社会公益事业，委员们在扶贫帮困、捐资助学和其他社会公益活动中踊跃捐款，奉献爱心，得到社会各界好评，树立起良好的政协形象。

扶贫帮困

扶贫帮困是政协优良传统。第六届政协委员、县齐眉界林场场长全林，大胆改革，勇于开拓，创造出林场造林、护林的新经验，与周围3个乡11个村联合造林10万亩，为众多乡民找到生活出路。高砌头乡县政协委员陈明启致富不忘乡亲，响应政协号召，积极扶贫帮困，1987年春季，与县林业局签订承包荒山造林合同，联系胡家溪、李公溪、毛坪头等18户村民连片造林450亩，带动贫困村民实现增收。同时又与县果茶开发公司签订营造板栗苗的合同，发动25户村民挖山整地25亩，营造板栗苗85万多株，实现户平增收1000元。贫困户龚中金一家4口人，本人常年生病，家境非常困难，陈明启委员鼓励他合伙营造板栗苗，并承诺风险由自己独担，利益两家平分，从而打消龚中金的顾虑，让他找到经济来源，家庭困难局面得到改善。县政协委员、麻溪铺区农技站干部刘叙坤为帮助筲箕湾乡五里山十组村民脱贫致富，把传授农业技术作为突破口，教会农民掌握培育壮秧和防止烂秧的育秧技术，使该组群众在连续低温阴雨没有薄膜的情况下，确保19亩秧苗普遍生长良好。他还指导村民对60亩天水田进行深耕改造，提高土壤保水保肥能力，使每亩稻田平均增产128斤。他在扶贫过程中，改变以往扶贫发粮、送衣、给钱的救济方法，推进科技扶贫，帮助群众搞经济开发，充分利用山地资源，发展商品生产。同年，刘叙坤委员引领五里山十组村民斜坡山地栽种板栗30亩，利用山脚平地开发柑橘基地100亩，全组村民每户平均栽种果树487株。通过科技扶贫，全组一年共产粮食87689斤，比上年增产22312斤。用坪乡九龙山村主任、县政协委员瞿宏成响应政协推进科技扶贫号召，积极带领村民改良土壤和品种，实现粮食丰收增产，1987年全村粮食总产量达到616000斤，比上年增产24000斤；组织村民挖山造林1350亩，通过造林，实现集体和村民收入的增加，村委会干部工资和村民各种集体提留，都由村集体收入给予解决，大大减轻农民负担。农业工作组的委员想政府之所想，急移民之所急，积极为开发性移民办实事，着手库区移民的转产试点，如唐达吉委员主动在太常乡朝瓦溪村建立蔬菜生产联系户，在北溶乡侯家湾村和沅陵镇，分别联系和指导种植柑橘、葡萄加甘蔗、西瓜，具有长短结合的专业户，帮助农民实现增收。1988年，沅陵受灾严重，县政协委员、农工民主党员、黄埔同学会员和政协机关工作人员，纷纷解囊相助，捐钱捐粮捐物，以实际行动支援灾区人民。据不完全统计，117名县城政协委员参加捐献，共捐现金3829元（含集体300元），捐粮票1450斤，捐衣服27件。县政协委员、麻伊洑镇个体协会会长唐春明，不仅自己积极捐款650元，还发动个协会员为受灾群众捐款12200元。

七届政协坚持把办点作为扶贫帮困的重要工作。1990年，政协将大合坪乡马鞍潭村作为农村工作联系点，县委常委、政协主席蒋国汉在马鞍潭驻村77天，引导和扶持该村干部群众发展农业生产，开办种植和养殖业，实现农民增收。在该村遭受水灾淹田600多亩的情况下，蒋国汉和县政协机关干部一道，发动群众抢插“双两大”1003亩，仅此一项，实现粮食增产10万公斤。在政协的帮助下，马鞍潭村当年粮食总产99万公斤，亩产粮食845公斤，比政协驻点之前增长17%，实现该村历史上第一次粮食大丰收。同年，政协还帮助扶持马鞍潭村办起集体猪场1个，集体商店1家，营造集体林740亩，使村集体收入由上年的500元增加到29500元，增长59倍。1991年，政协将城镇扶贫工作联系点定在县中草药医院，一年中，为医院办实事6件，一是协助并参与医院与省地质学院在长沙联合开设治疗血液病专科和进行再生障碍性贫血课题研究；二是征得有关方面同意，将原013医院部分房产划归该院使用；三是协助该院改善制药室和草药加工条件；四是主动配合和支持该院开发香草；五是帮助医院解决落实经费2.7万元；六是帮助取得省科协民科院支持，将“沅陵县中草药研究中心”升格为“湖南省民间技术开发研究院中草药研究中心”，成为湖南省民科院一个独立核算的分支机构，各地来医院求医问药者不断增多，社会效益和经济效益都得到进一步提高，截至1991年9月底，医院医疗业务收入达到59.9万多元，比上年同期业务收入增加17.9万元。同年，政协还通过开展科技咨询、下乡义诊等，帮助农民朋友解决生产生活中的各种难题。1月17日，政协主席蒋国汉在楠木铺乡调研时了解到该村群众为脱贫致富，引进温州蜜橘4万多株，但是栽种5年仍不结果，于是立即召集有关技术人员，组成政协技术咨询团，深入到楠木铺乡柑橘栽植重点村进行调查研究，并及时开展技术咨询培训班，对120多户柑橘栽植户进行技术咨询服务，受到果农一致好评，他们说：“过去只知道给柑橘施肥，不知如何管理。搭帮县政协为我们送来栽培技术，可以让我们少做好多冤枉事，少花好多冤枉钱。”6月初，政协医卫工作组一行15人深入麻伊洑镇、官庄镇开展医药卫生、计划生育义诊咨询活动，向群众免费发放卫生知识宣传手册450册，展出伪劣药品27种，为4个幼儿园的114名小朋友播放妇幼保健录像宣传片，使群众受到一次较好的医药卫生知识教育。活动中义诊患者446人，接待咨询群众652人，帮助建立2个发热病人病原虫血栓站，落实2000名血检对象，免费发放一批医药用品。同时配合县卫生局和县药材公司对开设乡镇的4家药品经营单位进行检查，共查药品2100多种次，查出伪劣药品和违法经营药品46种，为保障农村群众卫生健康发挥出一定作用。

第八届政协在扶贫帮困工作中坚持基层办点，以点带面。1993年，政协在扶贫联系点楠木铺乡帮助创办地板拼花厂，解决30多人就业，全年完成产值50万元。同时多次组织政协委员和有关技术人员深入楠木铺乡各村组实地传授农业技术，帮助营建五倍子生产基地150亩，培植五倍子蚜藓1000平方米，并指导8个村改造茶园330亩，实现茶叶产值翻番。1994年，政协根据上级统一安排部署，积极参加“八七”扶贫攻坚工作，抽调政协机关人员组成工作队，驻坳坪乡杨明溪村开展建整扶贫。工作队围绕建好一个班子、培育好一支队伍、创建好一个路子、完善好一个机制、制定一套好制度的要求，狠抓村级班子整顿和扶贫开发，取得一定成效。1997年，经过工作队的帮扶，杨明溪村民庭院经济得到发展，全村栽种椪柑、沙田柚、蜜橘等果树1.4万多株，户均40株；集体经济开始壮大，建成一个3亩的药场，年收入超过1万元；基础设施得到加强，政协工作队牵针引线，引来13个单位，帮助杨明溪村改善基础设施建设，为村里新架4公里高压电线，改造6公里低压线路，修建起过水小桥，添置整套电排设备，整修2口水井，修复部分农田水毁工程；培养起村民自己的科技队伍，县政协工作队在驻村期间，经常邀请县农业局、畜牧局、药材公司的专业领导和技术人员到村里开展技术培训，大部分村民经过培训，都掌握到一门种养实用技术及相关病虫害的防治本领。全村通过政协帮助，实现粮食增产，村民增收，“一库、一税、二费”完成情况名列坳坪乡第一名。同年，县政协还组织农业界的委员深入其他乡镇开展科技培训和咨询服务，共举办技术培训班3期，培训280人次，其中开展果树栽种培训班2期，水稻栽培及病虫害防治培训班1期，完成咨询服务15次，接待咨询群众400多人次。县政协委员、高级农艺师邓作煌在水稻病虫害防止关键时期，深入10多个区乡镇检查指导，传授技术，向县政府提出建议，为全县粮食农作物战胜病虫危害，夺得丰收作出贡献。

1998年，九届政协期间，沅陵分别遭受“6.18”特大洪灾和“9.12”火灾，灾情发生后，政协及时组织机关干部赶赴受灾现场，帮助受灾群众开展生产自救，重建家园，并先后为受灾群众争取和捐助救灾资金2万多元，水泥22吨，大米2000公斤，衣服500多件，篷布6000米。医药卫生界的委员，洪灾后及时会同沅陵红十字会、农工民主党等单位，深入光荣院、福利院，以及枫香坪乡、官庄镇，开展送医送药和义诊咨询活动，共义诊咨询1500人次，捐献药品价值达4500多元。法制活动组委员会同有关单位，深入受灾乡镇，为群众免费提供法律服务，接待咨询群众78人次，挽回经济损失50多万元。1999年5月，多种疾病在政协联系点麻溪铺镇宋家湾村复发流行，政协及时组织医药卫生界委员和红十字会等单位，冒雨抗洪，涉水入村，开展送医送药，义诊咨询，服务上门。先后共义诊咨询患病群众230多人次，捐献药品价值达1500余元，为一肺结核患者在县防疫站进行免费治疗，赢得村民百姓很高评价。2000年，根据宋家湾村实际情况，政协以加强基础设施建设和推进科技进村入户为重点，经常组织科技界的委员和邀请县直有关单位有名望的专业技术人员到村里帮助村民因地制宜，开展扶贫。先后采取扶贫支持与村民投工投劳相结合的办法，完成5.4公里乡村公路建设；帮助筹措资金7000多元，水泥15吨，修复1座库溶8万立方米的骨干山塘；开展访贫问苦、送温暖活动，捐资7000余元，帮助特困户和贫困户解决生产生活中的困难；帮助村里开通有线电视，安装程控电话。围绕全县扶贫工作，县政协积极倡议和组织广大委员开展科技下乡活动，一是组织科技界的委员在扶贫联系点、黄姜试点村、药材基地乡开展技术结对、服务上门、科技扶贫活动，全年培训水稻高产果树栽培、品种改良、特种养殖、药材栽培1500多人次；二是大张旗鼓地进行新技术新产品新成果的宣传和咨询服务，全年接待咨询群众3500多人次，免费赠送科技资料2418份（册），通过技术培训、咨询和示范，使多项新技术在农村乡镇得到推广，取得较好的经济效益。同年，政协各活动组委员积极参加县政协组织开展的“建功立业”活动，深入乡镇扶贫帮困，共为困难群众捐资15.1万元，办实事91件，义诊咨询患病群众1331人次。2001年，政协在扶贫帮困实践中，以加强基础设施建设和发展当地经济为重点，协调各方资金物质，为联系村兴建、整修公路3.8公里，架设高压线路1.2杆公里，为困难群众捐资4.7万元，捐棉被、衣服900多件（套）。

2003年，县十届政协各专门委员会、委员活动组、区镇联络组，深入基层，努力为农村、为企业、为贫困群众谋发展之路，协调资金，引进项目。同年，通过组织委员开展扶贫帮困，为群众办实事283件，捐资297万元。法制群团组委员发挥优势，通过内引外联，筹措资金，扶贫帮困，一年中，通过民间渠道筹措扶贫资金14万元，救助贫困中小学生149人，帮助500多名残疾人和下岗职工实现再就业。医卫界委员与县红十字会、农工民主党合作，为地处边远，交通不便的张家坪乡洞溪村、北溶区火场乡送医送药，上门服务，接待义诊咨询群众2639人次，为生病群众提供价值6785元的免费药品，为困难群众捐献被褥20床，棉衣40件。五强溪镇活动组的委员，在帮扶救助、兴办公益事业活动中共赞助资金9.5万元，人平达1.6万元。2004年6—7月，沅陵连续两次遭受特大暴雨袭击，损失惨重。灾情发生后，县政协领导和机关全体工作人员，立刻分赴政协联系的乡镇指导抗灾自救和参加受灾乡镇灾后生产恢复工作，及时帮助受灾群众解决生产和生活中的实际困难。在两次救灾行动中，全体政协机关工作人员和全县255名政协委员，共为灾区捐物821件，捐款28400元，义诊受灾群众1800人次。同年，县政协对困难群众开展结对扶贫，有100多名政协委员和工商联执委，与困难群众结成扶贫对子，通过吸收就业、解决生产经营资金等方式，帮助一批贫困户逐步走上致富道路。据统计，政协委员全年共为群众办实事178件，为扶贫帮困捐资19.6万元，安排就业人员780多人。2005年7月，政协在县委、县政府统一安排部署下，实行干部对口联系困难职工，7名正副主席和9名正副委室主任，对沅陵煤矿、灯芯绒总厂、木材总公司、肉食水产公司、橡胶厂等5家单位的16名特困户进行一帮一对口联系。政协各专门委员会、委员活动组，开展扶贫帮困活动20次，捐资15万元。2006年1月7日晚，一场无情的大火将荔溪乡明中村一组34户村民的房屋和粮食化为灰烬，火灾殃及村民127人，造成直接经济损失近百万元。灾情发生后，政协机关干部职工及部分政协委员积极捐献衣物300余件，棉被80床，政协还从十分紧张的办公经费中拿出6800元，用于灾民生活安置。同年，全县政协委员为民办实事218件，组织开展扶贫帮困活动3次，为一些困难群众解决实实在在的生活生产困难，受到广大群众赞扬和好评。

十一届政协委员在扶贫帮困中，一面帮助困难群体解决就业门路，一面号召委员捐资帮困。2008年，各界委员，累计为扶贫帮困捐资200多万元。2010年，县农工党界别的委员，深入借母溪敬老院开展送医送药义诊活动，所送药品价值5万多元；工会界委员为困难职工争取发放救助金21万元；民族宗教界委员组织献爱心活动，为五保户捐助2万多元。同年，广大委员和非公有制人士扶贫帮困筹资近100万元。青年界的委员支持帮助农村青年创业，落实小额贷款152万元，争取青年创业就业基金10万元，资助大学生村官投身新农村建设。妇女界委员通过举办妇女就业培训、十字绣技能培训，共培训妇女1300多人，就业率达100%。2011年，县政协各个界别的委员，立足岗位，发挥优势，积极为民办实事和好事，在扶贫帮困中做出贡献。工会界委员全面推行工资集体协商合同制度，发挥“组织起来，切实维权”的工会作用，为下岗工人、特困职工募捐发放帮扶资金290多万元；青年界委员支持帮助农村青年创业，落实财政贴息小额贷款38万元。

十二届政协开展“立德、立言、立功”主题实践活动，积极参与联乡工作和“大走访、大排查、大化解”活动，帮助群众解决实际困难。2013年，先后到太常乡白洋坪村、穿衣溪村、沙金滩村和群众一起谋划致富门路。同年夏天，沅陵遭受严重干旱灾情，政协领导及时来到田间地头，参与抗旱，并筹措资金为严重缺水的栗坡老百姓送去生活用水。10月中旬，政协组织机关干部职工参加太常乡农田水利建设，得到当地群众赞扬。同年，县政协发挥界别优势，帮扶困难群众解决就业、技术、信息等多方面困难。共青团界别依托移动互联网技术，推出全国首款县级共青团政务应用程序“沅陵梦工厂”，引导青年有序参与政治生活，借鉴“SNS”优秀社交软件现有模式，为县内外青年搭建交流互动平台，实现线上线下发动青年、聚集青年，为青年创业就业拓宽渠道。工会界委员多方努力，争取就业岗位，帮助300多名下岗职工实现再就业。经济界、农业界、工商联界委员立足本职，在发展经济、扩大就业等方面也都作出积极贡献。截至2016年底，县十二届政协凝智聚力，共谋发展，组织工会界委员筹集资金60多万元，为300多名下岗职工购买就业岗位；发动工商联界委员投身“百企联百村，共建新农村”活动，实施村企对接项目20多个，投入资金1.4亿元，建立农业生产基地1万多亩，开展农民实用技术培训4000人次，实现劳动力就地安置6000多人。共青团界委员依托互联网，成立沅陵青年电商协会，孵化出“沅汁沅味”和“狃花姑娘”两个本土农产品电商品牌。广大政协委员在“三立”主题实践活动中坚持一岗双责，在完成本职工作的同时，忠实履行委员职责，在不同界别、不同战线、不同岗位，为政协争得荣誉，为沅陵经济社会发展作出贡献。

捐资助学

沅陵农村学校办学条件简陋，交通不畅，尤其是一些孩子因家庭贫困而辍学。改善学校办学条件，帮助贫困家庭孩子完成学业，是县政协委员共同心愿。全县城乡政协委员，每年在捐资助学方面积极贡献力量。1987年初，县政协委员出主意，想办法，干实事，协同县教委等有关部门，多方筹资5000多元，为沅陵二中修建一条连接胜利公园的水泥路，为沅陵四中修建一条连接太常村渡口码头的水泥路，解决两校学生晴天一身灰，雨天两脚泥的困难。1992年2月27日，政协七届三次全会期间，向社会发出“动员社会各界集资助建沅陵县教学奖励基金会的倡议”，得到各界响应与支持。2001年，政协在扶贫帮困实践中，筹措资金，帮助34名农村特困学生和失学儿童圆了读书梦。五强溪镇营盘头村是全镇重点贫困村，村小学校舍破旧，老师不安心教，学生无心思学，村小面临关闭。2003年，五强溪镇的县政协委员开展捐资助学活动，募集资金1.5万元，为营盘头村新盖一所小学，保证村小正常开学，受到群众广泛好评。9月，麻伊洑区和五强溪镇中小学生运动会在五强溪镇中学召开，学校操场急需资金改造，该镇政协委员得知情况后，慷慨解囊，积极筹资2万多元，帮助学校解决燃眉之急。县政协常委唐方烛，联络五强溪镇政协委员和工商联人士，捐资救助贫困学生30名。县政协委员刘美贵，经营一家木材加工厂，富了不忘乡亲，积极资助贫困学生读书。高坪乡善溪村一个学生考上中央民族学院，为家庭困难不能入学发愁，刘美贵知道情况后，立即上门为这个学生送去2000元助学费，并承诺帮助提供该生每年寒暑假往返车费。有个村干部因病早逝，留下一个正读高中的孩子，眼看就要辍学，刘美贵及时上门，主动承担这个学生从高中到高中毕业的全部学杂费用。通过捐资助学，全县政协委员共救助贫困学生179名。2003年12月28日，县政协十届二次全体会议期间，政协以常委会的名义向全体委员及社会各界发起“扶贫助学捐资倡议”，参会政协委员以及列席会议的单位和个人，现场捐款37802元，这笔捐款，帮助152名特困学生重新走进学校大门。2004年，政协积极主动与县内外非公有制经济人士、社会团体联系，争取他们捐资助学。通过努力、湖南德天（投资）集团等县外民营企业捐助资金7.5万元，救助23名优秀高中在读贫困学生。县工商联组织部分非公有经济代表人士到全县最贫困的栗坡乡，为贫困学生送去1万元助学金和100多套书包文具等学习用品，使该乡60多名品学兼优的贫困学生得到及时救助。县基督教三自爱国会为苦藤铺乡小学引资1.4万元助学款，捐助50套学生服装，并为一名高中特困生捐助生活费1300元。县政协办公室联合县民政局一起筹措资金10多万元，为池坪乡田坪村兴建一所新型村级小学，又联合县教育局等单位，为小学捐赠3500元现金和一批图书、体育和教学器材。沅陵镇政协活动组的委员时刻关心贫困学生入学问题，为火场土家族乡40多名贫困学生捐资3000元，为栗坡乡九校捐助价值2000元的文体用品。五强溪镇政协活动组的委员针对部分学生因家庭贫困面临失学的情况，共同商议资助3名特困生，为他们提供上学一切费用。凉水井镇县政协常委田开华，为凉水井镇中心小学捐资1.4万元。2005年，县政协发动有能力的委员继续开展各种形式的捐资助学活动，300名贫困学生在县政协委员的资助下重返校园。3月份，沅陵镇的县政协委员为郑家村乡村小捐资3000元修建一所厕所，田学洋和田铁武两位委员个人捐资6万多元，帮助学校改善办学条件、资助贫困学生。借母溪乡政协委员符忠宝，为借母溪乡学堂溪小学及乡九校捐资5500元用于改善办学条件。五强溪镇的政协委员，积极捐资5万多元，对镇中学的食堂危房进行改造，保证学生有一个安全的就餐环境。同年，全县共有300多名贫困学生在政协委员的资助下得以重返校园，10多所乡村学校的教学环境和教学条件得到不同程度改善。2006年，政协委员为贫困失学儿童和农村学校捐资捐物达40多万元。

十一届政协加大对贫困学生教育关注力度，组织动员各界委员和非公有制企业人士投资希望小学、资助在校贫困生，2008年，委员为助残助学累计捐资200多万元，结对资助在校贫困学生200余人。2010年，妇女界委员在实施“春蕾计划”中，资助贫困女童52名，引进“小书包，大未来——爱心背包行动”项目，1000名儿童受益；青年界委员开展“芙蓉学子”活动，救助15名贫困大学生；民族宗教界委员为贫困学生、病残孤儿捐资3万多元。据不完全统计，同年，广大委员和非公有制人士助残助学筹资近200万元。2011年，县政协组织委员积极参加“牵手佳惠，真情结对”活动，为农村留守儿童捐赠爱心书包，妇联、教育、民族、宗教、青年、经济等界别的委员组成爱心联盟，呼吁全县人民为6岁绝症女孩小美凤治病找妈妈，筹集善款80余万元。

十二届政协发挥界别作用，鼓励委员奉献爱心，积极为困难家庭学生募资助学，得到委员响应，各界别委员，每年均组织开展助学活动。2013年，妇联界别委员发起“爱心妈妈”活动，征集200余名“爱心妈妈”，与农村留守儿童进行结对帮扶；共青团界委员为460名困难家庭孩子募集助学资金120多万元；工会界委员积极开展“春送岗位、夏送清凉、秋送助学、冬送温暖”活动，为贫困学生送去助学资金6万余元，使50名贫困学生免于辍学；台侨界委员联系台胞戴锷先生捐款10万元，为沅陵一中筹建校史馆。2014年，共青团界委员为农村困难青少年捐赠书籍近2000册，为460名贫困学生募集发放助学款120余万元；妇联界委员积极开展“春蕾计划”，新建眷蕾学校、创办春蕾班，扶助100多名贫困女童上学，另一方面通过积极争取，在深溪口和二酉乡免费发放母亲邮包1002个，价值13万元，让1002名贫困母亲受益；工会界委员开展“金秋助学”活动，资助特困职工大学生子女20名，发放助学金8万元；少数民族界、宗教界委员积极筹集救助资金40多万元开展助学活动。届中四年，十二届政协各参加单位和全体委员，在捐资助学中，累计引进和捐献资金近5000万元。

十三届政协发挥界别作用和引导有产业的委员加大助学力度，2017年，湖南弘慧教育发展基金会秘书长杨晓华委员，协调基金会资助500余名贫困学生，资助200多名长期在一线的教师和农村中小学校长参加外出进修学习。2018年，共青团界别委员，发挥联络联谊优势，主动对外交往联谊，争取到两所学校希望工程建设资金73万元，为78名贫困大学生争取助学金27万元。有400多名贫困学生，受到十三届政协委员企业的资助。2019年，政协各界别委员倾情助学，开展对学龄儿童献爱心活动，共青团界别委员多渠道争取资金145万元，资助350多名贫困家庭留守儿童就学读书和两所农村学校的建设。政协委员的社会公益心和责任感，在每年的捐资助学中都得到充分体现，塑造起政协良好社会形象。

公益活动

县政协委员致富不忘乡亲，热心公益事业，积极为群众办好事实事，深受群众好评。2003年，政协常委唐方烛牵头筹集资金5万元，对19公里的乡村公路进行义务养护。2004年，政协委员张永林为用坪乡修路建桥捐资5000元，尹桂兰为筲箕湾镇修路捐资3000元，瞿宏长为竹园乡修路捐资3000元。2006年，政协委员郑玉晓捐资1万元，并组织人力对楠木铺到双河坪的乡村道路进行整理。在构建和谐社会，建设社会主义新农村的活动中，政协委员积极参与新农村公益建设活动。同年，县政协常委张永林带头为新农村建设捐资1.5万元，成为全县为新农村建设捐资第一人。五强溪镇的政协委员和部分非公有制经济人士，积极筹资75万元用于集镇硬化、美化、亮化和乡村公路等基础设施建设。同年，全县政协委员累计为新农村公益设施建设捐资接近100万元。截至2007年12月，县十届政协委员共为各种社会公益事业和新农村建设捐资2000多万元。

2008年，政协号召委员有钱出钱，有力出力，在关爱社会、服务公益等方面积极开展献爱心活动，委员积极响应，有的通过自己的专业和特长深入基层送医送药送科技；有的捐助资金支持农村基础设施建设。5月12日，四川汶川发生特大地震，对汶川群众的痛苦，政协委员感同身受，纷纷发起捐款，支援汶川抗震救灾。委员累计捐款27.6万元，其中有7名委员个人捐款1万元以上。县政协委员、佛教协会会长释方丽，以佛教协会名义向灾区捐资13万元，个人捐资4600元。2010年4月14日，青海玉树发生7.1级大地震后，政协及时组织委员开展为玉树捐款活动，在短时间内为玉树灾区捐款16万元。2013年10月31日晚，沅陵县举办“善心有约”首届慈善晚会，工商联界委员率先捐款，带动各界委员奉献爱心，一次性捐款200万元，其中县政协委员、澳门闽台总商会副会长、怀化市永鑫置业发展有限公司董事长兼总经理蔡龙溪捐款50万元，用实际行动诠释出委员企业家义利兼顾、奉献社会的良好品质。2013—2016年，政协各参加单位和全体委员，积极参加各种慈善公益活动，累计捐款超过5000万元，直接受惠困难群众达到2万多人。2017—2020年，县十三届政协把公益慈善活动融入扶贫攻坚，各界别委员和各个活动组，以多种形式开展帮扶献爱心活动，为农村孤寡病残老人和贫困家庭儿童送钱送物送温暖。涌现出一批最美扶贫人物，受到市、县两级人民政府的表彰，其中县政协副县级干部卢新仁荣获怀化市2019年“百名最美扶贫人物”称号。

参加城市文明创建和社会应急管理

文明创建　2000年，中共沅陵县委、县人民政府作出“三年创建卫生县城，五年创建国家卫生县城，六年创建省级文明县城”的决定，并建立起二级政府、三级管理、四级网络的创建工作体系。县政协号召和动员全体政协委员及政协机关干部职工，紧紧围绕创建一流文明城市目标，以“做文明沅陵人，建文明沅陵城”为主题，积极履行政协职能，用实际行动参加文明创建工作。首先，政协组织全体常委和城区委员，参加万人游行签名活动，政协专委会联系各活动组，广泛开展文明创建宣传活动。其次，组织政协机关全体人员参加社区网格管理，主动认领社区文明创建工作岗位，值守交通路口，劝导行人遵守红绿灯交通规则；清理社区背街小巷卫生，不留卫生死角；夜晚参加社区巡逻，增加社区居民安全放心保障。三是号召全体委员和政协工作者，积极为龙舟大看台的建设捐款捐石，彻底改变县城卫生景观。广大政协委员踊跃参加，一些委员不但自己捐款献石，还替父母子女捐献，表达热爱家乡，建设沅陵的心情。通过和全县人民共同努力，沅陵县城卫生状况日益改善，2005年，通过国家有关部门明察暗访、检查验收，荣获国家卫生县城称号，顺利实现县委、县政府“五年创建国家卫生县城”的目标。

2006年，根据县委、县政府统一部署，政协号召去体政协委员积极参与创建湖南省文明县城行动，对委员实行一岗双责管理，要求委员在各自工作和生产岗位上，认真履行政协职能，做到廉洁高效、公平公正、诚实守信、健康向上。各界别委员，充分发挥界别优势，积极投身省级文明县城创建，不断加大视察频率和力度，深入发现影响创建的问题，及时提出整改建议和措施，通过协商、提案、社情民意等各种渠道向县领导和有关部门反映，促使问题及时解决，相关部门采纳委员建议，不断开展县城交通秩序、市容市貌、社会治安、娱乐场所和电子网吧以及噪声污染等方面的专项整治，全面推进城市基础设施建设和城市的亮化、绿化、美化，加大城市管理力度。同年，沅陵省级文明县城创建工作通过省政府组织的严格审查和评选，荣获省委、省政府颁发的湖南“省级文明县城”称号。

为推进新一轮平安沅陵创建工作，提升公众安全感满意度，建设基础更牢、水平更高、人民群众更加满意的平安沅陵。2017年沅陵广泛开展“平安创建万户行”活动。根据安排，政协机关参与胜利门小区的“万户行”活动。每天晚上，政协机关全员参加，进行“平安巡防”和“平安宣传”，为小区抓紧抓实“平安创建”献策出力。

2018年，沅陵为迎接国家卫生县城和湖南省级文明县城的复核验收，组织开展沅陵国家卫生县城“保卫战”活动，细化指标体系，层层分解责任，县政协负责参与胜利门社区的卫生清扫，并与县妇联、县档案局等单位共同负责包保辰州中街物贸大楼至新华书店段文明卫生的清扫、巡查和劝导。为搞好社区清洁卫生，政协机关制定每周卫生清扫制度，每周五下午进入区帮助社区开展卫生大扫除、向社区居民普及宣传环境卫生知识，促进社区面貌不断改善，环境保护工作进步明显，社区居民卫生文明意识得到进一步提高。在全县上下共同努力下，沅陵通过复核验收，2019年3月20日，被国家卫健委公布为重新确认的国家卫生县城。

为进一步提升城市文明，打造干净、整洁、有序的市容环境，着力解决在文明城市创建工作中存在的问题，确保成功创建2018届湖南省级文明城市，2019年3月8日，沅陵召开创建省级文明城市工作会议，部署相关工作，明确标准要求。根据安排部署，政协立即开展行动，响应调度，定人、定岗、定路段，全力以赴投入到省级文明城市创建之中，对发现的问题及时整改到位。经过与全县各部门和广大群众的共同努力，取得明显成效。4月15日，省文明委将沅陵作为2018届文明县城进行公示，12月18日，全省隆重召开精神文明建设暨"五个一工程"表彰大会，沅陵等17个县被正式授予2018届湖南省文明县城称号，怀化市政协副主席、县委书记钦代寿参加会议并接受“省级文明县城”授牌。

应急防范　1996年7月14日，沅陵发生历史罕见特大洪涝灾害，截至19日，全县52个乡镇611个村及200多个机关单位不同程度受灾，灾民达9.3万多户50多万人，其中8万多人无家可归，衣食住行和医疗卫生严重短缺。在此情况下，县政协及时号召全体政协委员冲向洪涝第一线，积极抗灾自救。城区政协委员，很多人顾不上自家灾情，坚守岗位，帮助单位和群众抢救财产损失，清理灾后卫生，防止疫情发生。农村乡镇一些委员，不顾个人安危，帮助群众转移，确保群众生命财产安全，处处彰显出政协委员的爱心和社会责任感，受到群众称赞和政府表彰。如太常乡村民、县政协委员谢长兵，在7.14特大洪灾发生后，不顾自己安危和家中损失，连续几天几夜不休息，奋力战斗在抢救群众生命财产第一线，被县委、县政府授予“抗洪抢险先进个人”称号。县畜牧水产局助力畜牧师、政协委员向维贵，因在抗洪抢险中表现突出，为群众挽回重大经济损失，被县政府荣记“三等功”。

2003年，在抗击“非典”期间，各政协活动组的委员，纷纷深入抗击“非典”第一线，不辞辛苦，不怕危险，在抗“非典”的宣传和防治中，做出重要贡献，涌现一批自觉履行职责，勇于担当使命的优秀政协委员。县政协常委、教育局长、政协教育活动组委员覃志刚面对突如其来的“非典”，恪尽职守，应对有方，整个“非典”防治工作不仅得到县委、县政府的充分肯定，也获得省、市抗“非典”督察组的一致好评。二酉苗族乡中学校长、县政协委员石庭艳，在“非典”期间，对学校加强科学管理，消除学生恐惧心理，确保校园整洁卫生，生活和教学健康有序，受到市、县领导表彰，县委、县政府授予学校“防非”先进单位称号。县人民医院传染科主治医师兼县卫生局副局长、政协医卫活动组委员向仁贵，自担任县“非典”防治诊断治疗技术指导专家组组长时起，就不辞劳苦，不分昼夜地奔波在县城和乡村之间，哪里有可疑病人报告，他就赶往哪里进行临床排查，以一种忘我的精神，时时冲在抗击“非典”第一线，被怀化市政府荣记三等功。县政协常委、医卫活动组委员刘朝彦，毅然挑起全县“非典”防治主攻治疗的任务，当第一例疑似“非典”患者送到医院后，他以高度的责任感细心观察病情，分析症状，连续10多天没有离开岗位一步，被县政府荣记三等功。

2020年1月，新冠疫情发生以来，为防控疫情蔓延之势，进入全国战时状态，开启全民参与的防控新冠肺炎保卫战。县政协坚决贯彻落实县委疫情防控决策部署，奋力投身打赢疫情防控战，第一时间发出倡议，号召广大委员“我在我作为、众志成城战疫情”，主席会成员深入太常、肖家桥、深溪口、清浪、凉水井等乡镇抗疫一线督导指挥；政协机关工作人员在政协大门口为政协小区设置体温检测点，连续坚守3个多月，对每一位进出人员进行身份登记和体温检测，每天坚持工作16个小时以上；同时参加社区防疫宣传，不分白天黑夜，行走社区楼栋巷道，用小广播反复宣传疫情防控知识和县委新冠疫情防控指挥部的防控命令。全县其他单位和乡镇的县政协委员，也积极参加到疫情排查和检测点的值守，坚持防控不松懈，医卫界政协委员张清秀、谢琼、向文菊、曾庆章等人，不顾个人安危，奋战在抗疫第一线，刘艳委员牵头对县城药店反复巡查，维护城区防疫药品和医疗器械市场稳定。在县委发出为支持新冠肺炎疫情防控工作捐款倡议后，政协及时组织机关干部职工和退休人员进行捐款，政协主席黄忆钢带头捐献2000元，机关在职和退休人员共有50人参加捐款，共计捐资21900元，人均捐款438元，超过上级党委部门每人自愿捐款不超过100元的标准。澳门籍县政协委员蔡龙溪，从澳门采购4万个口罩和1000公斤消毒液，两次驾车从澳门送到沅陵免费赠送，彰显出政协委员的大爱情怀。同年3月，为帮助企业复工复产，解决困难群众就业，县政协机关干部职工深入政协联系乡村，逐户上门了解贫苦家庭人员务工情况和意向，宣传企业招工信息，劝导鼓励群众有序外出或参加县域企业的复工复产，做到疫情防控和劳务输出两不误。据不完全统计，在整个新冠肺炎防控保卫战中，全县政协委员以多种形式参与疫情防控，发放宣传资料6000余份，参与巡逻5000余人次，摸排上万群众，牵头县委第4督查小组开展督查20多次，捐款捐物100多万元。

第八章　文史征编

征集、编辑、出版文史资料是政协工作中一项常规又特殊的工作，它既是统一战线工作的重要内容，也是重要的文化建设事业。1981年9月，政协成立文史资料工作组，1985年3月，裁文史资料工作组，成立政协文史资料研究委员会，负责征集、编辑、出版沅陵近现代史回忆资料。2007年全国政协颁布《关于加强文史资料工作的意见》，根据意见明确的新世纪新阶段人民政协文史资料工作原则，县政协积极推进文史资料工作的创新与发展，着力于对县域历史文化问题开展调查研究，把挖掘历史与记录当下相结合，不断推进文史资料工作上台阶，充分发挥文史资料传播文化、服务经济、促进发展的作用，彰显出政协文史工作“存史、资政、团结、育人”的特有社会价值。

第一节　史料征集

史料征集是文史工作的一项基础性任务，县政协根据政协文史资料的统战性、史料性、可读性和亲历、亲见、亲闻特色，始终高举爱国主义旗帜、坚持实事求是原则的指导方针，通过各种途径，采取多种方法，有计划、有重点地开展文史资料征集，不断开拓创新文史资料工作。

1981年9月，县政协四届二次会议决定成立文史资料工作组，10月8日上午，政协召开文史资料工作组成立以来第一次会议，学习全国政协副主席王首道《解放思想，进一步开展文史资料工作》的讲话；传达省政协第一次文史资料工作会议精神。10月31日，县委常委、政协主席陈礼和带领文史资料工作组有关人员赴湘西州政协，就联合开展湘西事变史料征集进行洽谈，达成共识，决定合编《湘西事变》文史资料。湘西事变始于1949年（民国38年）1月中旬永顺兵变，扩展到整个湘西公开反叛，是当时统治阶级的一场内讧。3月2日，叛军攻进沅陵县城，烧杀婬虏，百姓惨遭其害，史称“三·二事变”，是湘西事变中的重要一环。县政协文史资料工作组通过走访老人、查阅档案、约请亲历事变者撰写回忆录等途径方法，收集三·二事变资料10余万字。

1984年8月10—11日，政协召开文史资料工作会议，各界代表和政协委员64人参加。会议传达学习全国政协第四次文史资料工作会议精神及省第二次和省民建、省工商联第四次文史委员扩大会议精神，省工商联常委、县政协副主席陈伟在会上作关于加强征集、抢救沅陵工商经济史料的专题发言。11日下午，政协副主席、县委统战部长方思默向会议作《做好文史工作，让爱国主义旗帜永远飘扬》发言。会议激发起一些老委员撰写文史资料的热情，纷纷赋诗以表心声。原国民党起义投诚人员陈湘声委员赋诗云：“愿效董狐笔，尤怀大史心；不惭操滥竽，为国奏新声。”原国民党暂编第二军军长、起义投诚人员石玉湘委员赋诗《听政协文史工作会议有感》：“文史报告视野开，往事历历滚潮来。挥笔直书湘西史，力争垂暮献素材。”原蔡锷秘书修承浩的儿子修九华委员写诗：“不顾汗流背，攀登到会场。敬聆高格调，顿觉史生光。司马千秋业，董狐日月长。壮怀不服老，执笔写新章。”1986年，政协为纪念西安事变五十周年，决定编辑出版《张学良在凤凰山》文史资料专辑，政协文史资料研究委员会根据政协工作安排，开展征集张学良囚禁沅陵期间的文史资料，面向全国范围印发资料征集、调查、组稿函件，至10月上旬，共征集到有关张学良西安事变后被蒋介石囚禁沅陵凤凰山的史料和其他资料60多篇，约15万字，以及一些图片资料。1985—1987年，政协文史资料研究委员会组建文史网络系统，与全国158个省、地、县级政协和有关部门建立起工作联系，聘请县内外文史顾问52名，组建132名文史通讯员队伍，有力促进政协文史工作开展。累计征集文史资料427篇，共156万多字，图篇什物203件，内容涉及沅陵历史人物、重大事件、民族风情、名优特产等各个方面，为沅陵文史资料编辑出版积累丰富素材。1988年，政协把文史资料征集重点放在珍贵史料的抢救上，全年通过实地采访、上门抢救、专题约稿、小型座谈及函征聘征等办法，共征到51个单位22人次提供的文史稿件和口碑资料64篇34.6万字。县政协常委、省人民政府参事石玉湘和湘西著名书法家、县政协委员娄千里，以其丰富的阅历，分别为政协撰写出《在湘西剿匪委员会的点滴经历》《忆陈复初将军》《清末民初沅陵诗人与著作》等珍贵的“三亲”史料。政协原副主席、县委统战部长方思默接到约稿函，闭门谢客，焚膏继晷，完成近万字的《南下湘西的前前后后》

回忆文章。耄耋之年的张希贤、张鉴炳、修承渭等社会名流，也先后为政协撰写较有价值的县域文史资料25篇5.2万多字。九届政协期间，政协继续狠抓新中国成立以来史料征集，先后征集到《回忆土地改革》《沅陵的合作化运动》等珍贵“三亲”史料。

2004年以来，政协文史委在资料征集中，根据上级政协文史委员会的指导意见，结合沅陵实际情况，坚持与时俱进和科学发展观，积极探索大文史工作格局，努力营造和谐政协文化氛围，把征集对象扩大到社会方方面面人士。征集内容涵括政治、军事、经济、文化、教育、科技、民族、宗教、社会等各个方面，以及图片、日记、诗文、个人创作成果等，只要具有史料价值，不限体裁，不求完整，不拘观点，通在征集之列。2005年，为向县政协成立五十周年献礼，政协决定编辑出版《委员诤言》，文史委根据安排部署，从历届委员上千件提案中精选出100篇，另选政协建议案3篇，提案撰写和办理的经验交流文章8篇，委员探讨提案写作的理论文章6篇，总计约35万字资料编辑成书。同年，为纪念抗战胜利60周年，政协决定编辑出版《抗战时的沅陵》，面向社会广泛征集沅陵抗战时期的文史资料。抗战时期，湖南省政府曾两次迁入沅陵，县城人口一度突破10万，形成沅陵历史上独特的抗战文化和经济现象。这次征集，共计收到文稿20多篇，12万多字。涉及《抗战日报》在沅陵坚持出版；张学良囚禁凤凰山；杭州国立艺专和北平国立艺专合并、日本军机轰炸沅陵等诸多历史事件，以及田汉、周立波、翦伯赞、吴冠中、潘天寿、王若水等文化、艺术界的著名人物在沅陵的生活和工作经历。

2006年，征集重点转向当代资料，突出存史作用。同年初，文史委策划以名录的形式出版一本全面记载十届政协委员履职奉献的专辑，方案经十届十一次常委会议协商通过后，文史委及时向255名县政协委员每人发出一份资料征集表格，收回240多份。每份资料，都简要记录下委员在十届政协五年任期内的履职工作情况，其中涵盖和保存下沅陵五年发展中许多珍贵史料。湖南省第八届、九届政协委员石煌远，长期从事电视专题片采访，写过大量反映沅陵移民、山地开发、退耕还林、计划生育、旅游兴县等电视片的解说词，都是沅陵时代发展的纪录，具有很高的史料保存价值，政协文史委将其30多年的创作成果全部征集保存，分类处理。2007年，政协向81岁高龄老中医、湖南著名倒笔书法家齐绍宗征集中医药专题资料，齐绍宗专程从武汉赶回沅陵，将自己用歌诀形式创作并书法，且珍藏20多年的《坐堂说药》和《坐堂说方》两本浅显易懂又具有较高实用价值的医书，交给文史委复制收藏。十届政协五年，先后收集整理各类具有史料价值的文稿500多万字，社会各界人士吟咏沅陵的诗词500多首，珍贵历史照片资料百余帧。

2008年，政协文史工作突出为旅游发展服务，资料征集着重于县域景观传说、民俗文化、历史故事。收集“沅陵之最”资料23篇，“古迹名胜”资料11篇，“湖光山色”资料12篇，“山歌戏曲”资料5篇、“坊间习俗”资料8篇、“民族节日”资料12篇、“掌故传说”资料16篇，以及其他资料近40篇，总计20多万字。2009年，本土作家石煌远创作的歌词作品唱遍大江南北，对推动沅陵旅游产生名人效应，政协文史委及时收集整理石煌远成长传奇经历，编辑《原生态石煌远》文史书籍，借助名人影响，宣传沅陵旅游人文资源。

十二届政协进一步发挥文史工作为县域经济建设服务的作用，把工作重点转向地方历史文化研究，用研究成果服务经济建设。2013年，政协建议县委、县政府成立“沅陵县历史文化研究领导小组”，小组办公室设在政协文史委，出台《关于沅陵县历史文化研究工作的意见》。意见明确研究工作的主要内容有6项，即：历史、遗迹、社会类研究；生产、生活、文化类研究；民族、宗教、习俗类研究；山水、地理、资源类研究；交通、运输、经济类研究；沅陵其他特色文化及专门史研究。2014年，政协组织人员分10个专题开展资料征集和研究，进行沅陵历史文化丛书的编辑，征集资料内容涉及沅陵文化历史、水运交通、民俗风情、民间歌谣、美食方物等，约200万字。2015年，政协组建无射山研究课题组，由政协主席张世雄担任组长，县人大、政府、政协有关领导任副组长，开展对陆羽《茶经》记载的无射山归属地进行研究。课题组人员多次深入走访和查阅大量古籍文献，累计收集资料50多万字，涉及沅陵古代地理、交通、民族、生态、种植、饮食、服饰、语言等多方面内容，为无射山在沅陵研究成果诞生奠定坚实基础。

十三届县政协深挖历史文化富矿，继续坚持用文史促发展，彰显政协助推经济文化建设的特色。2017年，为推动二酉山旅游新发展，政协对二酉文化进行研究，从秦代藏书历史、二酉山藏书历史贡献、二酉藏书的深远影响，以及二酉文化的多元性、二酉文化留给后人何种启示等9个方面进行资料征集和研究，共征（收）集文献资料30多万字。2018年，政协开展沅陵城市变迁历史研究和走进、走出沅陵人物的资料收集，其中城市变迁历史研究的资料征集重点是沅陵筑城历史和县城的迁移和建设，走进、走出沅陵人物，主要征集外地来沅工作和沅陵人外出工作，对祖国各条战线建设有所贡献的人物生平简介和成就事迹。

第二节　出版发行

编辑出版

1983年5月，县政协对征集到的“三·二事变”历史资料进行整理编辑，与湘西自治州政协编辑的湘西事变资料合在一处，两家单位联合出版《湘西事变专辑》，是为沅陵政协出版的第一辑文史资料，全书共计11万字。因《湘西事变专辑》资料详实，可读性强，备受青睐，索要者众，1984年11月，县政协对其进行第二次印刷，以满足众多文史读者的需要。1986年，政协纪念西安事变五十周年，编辑出版沅陵文史资料第二辑《张学良在凤凰山》，共收录“三亲”资料40篇，约10万字，收录有关图片17祯，收录“凤凰山的怀念——纪念西安事变五十周年诗词”16首。1990年11月，县政协在县地方志办公室的协助配合下，筛选辑录自公元前202年至1987年间大事记1303条，12万多字，编辑成沅陵文史资料第四辑《沅陵大事记》出版。1991年5月，政协着手编辑第五辑文史资料《沅陵人物今古》，至7月中旬，征集、整理人物史稿220余篇，25万多字，经过遴选，共辑录130条目，180人，15万字，另插彩图11祯，11月底，完成《沅陵人物今古》编辑出版。1994年，政协为筹划纪念抗战胜利50周年和西安事变60周年活动，决定对文史资料第二辑《张学良在凤凰山》进行充实完善，更名为《凤凰山上忆少帅》，重新印刷出版。在常务委员会和主席会议领导下，由政协常委、文史委主任邓人璋负责编著，继之向省内外与之联系过的65名文史顾问和156名撰稿通讯员发出征稿函件及个人联谊信，并先后赴怀化、长沙、北京、沈阳等地奔走访问，实地勘察，对资料进行认真的核实、补充工作，在征集中，各方热情支持，均竭尽自己所知，有的登门送稿，有的复函惠赐，有的献出珍藏，有的代为转抄或复制，有的于电话联系中录访或为之惠献书画珍品；还有50多位知名作家、诗人赐寄怀念张学良将军的诗词、楹联80余首。经与历年收录资料累计，共达38万余字，诗词楹联近百首，图片200余帧。提供者有张学良的亲朋密友、老部下和其他知情者，也有多方探寻张学良往事的史学工作者，还有当年曾监管过张学良的原国民党军政人员。通过遴选汇编，辑录为《凤凰山上忆少帅》专辑56篇，计24万字，附有首次选编的图片71帧，其中，增刊《凤凰胜景恋将军》旅游景观13篇；《颂歌首首献功臣》诗词、楹联62首；特刊了原中央顾问委员会常委王首道题写的书名和原全国政协副主席吕正操为沅陵县各界人士纪念西安事变五十周年的题词。

2004年，为筹备庆祝沅陵县政协成立50周年，县政协文史委采纳历届县政协委员建议，计划编辑一本综合反映政协委员提案成绩的《委员诤言》，作为沅陵政协第六辑文史资料。希望通过这本资料，不但把沅陵县政协提案工作的阶段性成果总结出来，也为十届委员在新的形势下如何更好地利用提案形式参与经济建设和社会事务管理，如何把广泛深入的调查研究所得，用高质量的提案反映出来，赢得各级领导和承办单位的重视提供帮助和参考，使之不仅是一本存史的资料书，也是政协委员提案写作的一本实用工具书。文史委的编撰方案得到县政协领导高度重视，提上主席会议专题研究通过。7月18日，县政协党组以〔2004〕01号文件对该书的编辑从时间和人员上明确进行安排。11月初，完成初稿编辑，全书35万字，12月20日通过评审，县委书记作序。2005年1月，《委员诤言》在香港天马出版有限公司出版。同年，为纪念抗日战争胜利60周年，政协专题策划编辑出版第七辑文史资料《抗战时的沅陵》，得到社会各界踊跃支持，不到半年时间，完成征稿和编辑，其中《周立波在沅陵》一篇3万多字，得到周立波儿子和孙子两代人的精心校对修改，文稿辗转长沙、日本两地，质量得到周立波后人赞赏。8月，《抗战时的沅陵》经过评审，公开出版。同年，政协文史委与县委宣传部合作，以“建言献策，共谋发展”为主题，向全县各单位党政一把手和乡镇党委书记、乡镇长征集调研文稿，编辑出版《策论沅陵》。这本专辑，充分凸显文史资料资政存史的功效。2006年7月，政协文史委与县工商联合作，启动《众手托金盆》的征稿编辑，力图通过这本书，全面展示和记录沅陵县民营经济发展成效和水平，宣传民营经济人士的艰辛与业绩，以及他们对社会的爱心回报，从而让社会各界更好地理解、支持民营经济，为民营经济的健康发展提供更好的环境和空间。《众手托金盆》共收录反映民营企业和个人事迹文稿37篇，全书12万多字。十届政协期间，文史委还与县内有影响的人士合作，将他们有史料价值或社会影响的文章旧作，纳入文史资料征集范围，给予编辑出版。先后征集石煌远作品200多万字，编辑出版《石煌远影视文稿选》《石煌远戏剧作品选》《石煌远诗词作品选》3本，123万字。十届政协五年，共出版文史书籍10本，257万字，启动编辑文史书稿4本。

2008年，政协文史委在县委组织部资助下，对农工民主党党员、著名老中医齐绍宗数十年坐堂行医心得资料进行征集整理，编辑出版《坐堂说方》《坐堂说药》两本医书专辑，共20多万字。同年，文史委征集整理沅陵历史、人文、物候、民族、风情等资料20多万字，编辑出版综合性文史图书《走进沅陵》。2009年5月，经怀化市政府有关领导支持，政协文史委完成人物专辑《原生态石煌远》的编写，并在大众文艺出版社公开出版。11月，完成石煌远新编辰河高腔《寡妇链》剧本的编辑出版，《寡妇链》是石煌远二十世纪八十年代的作品，曾风靡湖南全省，在省城长沙创下连演十多场，场场观众爆满的佳话，是湖南辰河高腔的经典剧作。政协将其编印出版，使之得以永久保存，免遭散失厄运，是对沅陵文化的重要保护。2010年，文史委提出编写《沅陵县第十届政协志》的工作方案，3月26日，政协十一届二次常委会议审议通过文史委工作方案。初稿完成后，政协邀请十届政协主席、副主席、部分常委、委员、专委会主任，以及县史志办有关人员召开审稿座谈会，请他们补充完善资料和提出修改意见。一个月后，意见得到反馈。文史委根据反馈情况，对书稿进一步修改完善，并根据县史志办“五年时间不宜为志”的意见，将书稿易名为《沅陵十届政协五年》出版。《沅陵十届政协五年》的编写，得到县委、县政府重视和社会各界支持，县委书记为该书出版作序，对十届政协履职情况给予充分肯定。2011年，政协文史委取得县人民医院支持，对医院成立以来一百多年时间里的技术发展、人员变迁、历史贡献进行梳理总结，编辑完成《跨越百年的医院》，12月，《跨越百年的医院》由中国文史出版社出版，社会反响良好，被湖南省政协评为优秀文史图书。同年，根据县委、县政府有关领导指示，要对石煌远作品进行精心整理，编辑出版，认为其作品，不仅属于沅陵，更属于湖南，属于中国，是沅陵人民值得珍惜的宝贵文化财富。政协文史委再次承担石煌远作品收集整理工作，在石煌远本人指导下，编辑完成《经挤耐压的河——石煌远诗词歌赋选》《会哭能笑的山——石煌远影视剧文选》，收录各个时期诗词歌赋作品201首，影视剧文作品44篇，共计40多万字，交由作家出版社出版发行。2012年4月，政协编辑出版《沅陵县政协第十一届委员名录》，对届中委员履行政协职能，立足岗位奉献的事迹进行整理收集，载入史册。十一届政协五年任期，共编辑出版具有资政、存史、团结、育人价值的文史书籍10本，206万字。

2013年，为规范沅陵历史文化研究现状，出版一套官方权威的县域文化历史书籍，统一对外宣传口径，助推沅陵旅游事业健康发展，经县委、县政府同意，由政协组织力量编辑出版沅陵历史文化丛书。5月，政协成立编辑机构，制定编辑方案，落实任务到人。6月，完成丛书编目设计和审定，县委办下发《关于开展沅陵历史文化丛书编辑工作的通知》，正式启动丛书编辑工作。丛书一套共10本，分别是《辰河汤汤》《历史回眸》《楚韵流风》《民俗风情》《美丽乡镇》《名胜古迹》《美食方物》《诗文掬珠》《民间歌谣》《风华印象》。通过一年多的辛勤努力，编辑人员完成资料征集和编写，2014年9月，沅陵历史文化丛书由中国文史出版社出版发行，10本共计170多万字。2015年，政协成立无射山茶文化研究课题组，组织人员从神话、历史、茶叶、地理、民族、风俗、语言等不同角度，通过细致的考证和严密的分析，形成《寻找无射山》调研报告18万余字，得出陆羽《茶经》中的无射山，就是沅陵县田坳枯蔎山的结论。8月15日，结论通过以湖南农业大学教授、中国茶叶学会顾问施兆鹏为组长，湖北省陆羽茶文化研究会会长、中国茶叶博物馆技术顾问欧阳勋，湖南师范大学教授、中国茶文化首席专家蔡镇楚为副组长的专家鉴定组的鉴定，认为《寻找无射山》是一次具有国际性的历史文化意义的寻找，是对博大精深的中华茶文化的有益的研究与探索。10月，县政协将《寻找无射山》易名为《无射山在沅陵》，通过中国文史出版社出版发行。同年，为纪念县政协成立60周年，经主席会议研究，决定对十二届政协成立以来涌现出来，受到政协全体会议表彰的“三立”（立德、立言、立功）委员、优秀委员和优秀提案人的事迹汇编成书，目的在于向县政协成立60周年献礼，以及更广泛地宣传人民政协工作，展示政协委员风采，进一步增强政协组织的凝聚力、向心力，更好地调动广大政协委员的积极性、创造性，鼓励更多政协委员在本职岗位和履行职能、参政议政活动中发挥作用。截至12月，共征集符合入选条件委员资料45篇，17万字，编辑出版《践行使命的身影》。2016年，政协编辑《沅陵美丽村寨》，入选村寨由旅游、文化、建设等诸多部门共同推选，由各乡镇调查摸底推荐，共收录入编60个村寨，进行图文并茂的展现。这种展现，不是千篇一律，而是按村寨的特色有所侧重，有的侧重历史文化、有的侧重自然景观、有的侧重新农村建设、有的侧重特色产业、有的侧重特色种养、有的侧重科技示范。9月，《沅陵美丽村寨》编辑完成，交付中国旅游出版社出版发行。

2017年，政协为推动二酉山文化旅游扎实开展，安排人员对二酉文化进行研究，拟出版一本资料性、可读性、权威性相统一的专辑。编辑人员带着任务，多次深入二酉村寨实地调查，翻阅古籍文献数十万字，焚膏继晷一年时间，编写出17万多字的《二酉文化探幽》，在中国社会科学院学部委员、中国社会科学院大学人文学院学术委员会主任、中国殷商文化学会会长王震中的指导下，几经修改完善后，2018年1月，交付中国文史出版社出版发行。王震中先生为之作序，称《二酉文化探幽》“不失为一本开二酉文化研究之先河的著作”。同年，政协文史委还制定出一揽子十三届政协文史书籍的编辑出版计划，启动《走出沅陵》《走进沅陵》《沅陵筑城史》《沅陵非遗概览》《沅陵影像》《老城回忆》等资料征集编写工作。2020年2月，编辑完成《沅陵县政协志》和《沅陵老城记忆》初稿。截至2020年底，县政协累计编辑出版文史书籍40辑，其中内部准印15辑，公开出版25辑，总字数790多万。

图书发行

县政协文史书籍，主要以赠阅方式进行发行。1983年5月，县政协与湘西自治州政协合作编印沅陵文史第一辑《湘西事变专辑》，沅陵分配1000册，通过赠阅形式很快发行完毕，供不应求。县政协于1984年11月第二次印刷1200册，赠阅给需要的读者。1986年11月印刷《张学良在凤凰山》1200册，在1986年12月10日县政协举行的“各界人士纪念西安事变五十周年”大会上进行首次发行，社会各界人士听到消息，纷纷上门索求，政协免费给予赠送。1995年4月，政协通过岳麓书社印刷出版《凤凰山上忆少帅》8000册，由湖南省新华书店经销，向国内外公开发行。这是政协文史资料首次公开出版发行。

2005年4月，政协印刷出版《委员诤言》2000册，5月18日，在沅陵政协成立五十周年庆典大会上作为礼品书，赠送给与会来宾。余下部分，在年底两会期间，赠送给与会人大代表和政协委员。之后每有文史书籍出版，发行工作均由政协文史委和县政协办公室共同负责，以赠送为主，范围为县级领导、政协委员、县人大代表、县直各部门、乡镇、怀化各县市政协，以及上门索书的读者。

2011年9月，政协编辑石煌远作品集《经济耐压的河》《会哭能笑的山》，交由中国文史出版社出版发行。两本书均以少量在网络图书商城上架，主要通过这种形式，对沅陵资源进行宣传。其余的书，全部运回沅陵，一部分用于赠阅，一部分交给新华书店发行。2014年9月，政协通过中国文史出版社出版发行《沅陵历史文书丛书》，每套10本，共印5000套。政协针对《丛书》发行作出方案，明确发行分为赠阅和销售两个层面进行，以赠阅为主。赠阅对象为全县79所中小学校图书室、499个村（居）社区委员会阅览室、县直机关各单位、全县各乡镇、全体县人大代表、县政协委员、档案局、图书馆、电视台，以及由县委办、县人大办、县政府办、县政协办负责接待的来沅领导和嘉宾。销售层面的发行，主要通过亚马逊、当当、京东等网络图书商城、淘宝特色中国·湖南沅陵县馆进行上架发行，主要通过这种方式扩大沅陵影响。此外，给县新华书店部分图书销售，满足读者需要。各单位赠送数量，根据单位人员多少而定，每个单位10套，人员少的单位，一般2～3套不等。23日，举行《沅陵历史文化丛书》首发式，县委书记刘志良、县委副书记、县长龚琪、政协主席张世雄，以及其他县委常委、政协领导参加。首发式上，县委副书记胡诗军致辞指出，《沅陵历史文化丛书》为县委、县政府决策民主化、科学化提供依据，为开展县情教育提供教材，为宣传推介沅陵提供载体。要求全县各级各部门要借丛书出版首发的契机，在干部职工中兴起一场“知沅陵、爱家乡、促发展”的读书热潮。之后，一些单位对丛书需求量不断增加，主要用于对外交往的礼品书，县政协为满足部门和单位需要，将委托网络图书商城销售的图书撤回，用于免费赠阅。2018年1月，沅陵文史图书《二酉文化探幽》由中国文史出版社出版发行，11日，政协在沅陵宾馆举行图书首发式，并向有关单位举行赠书仪式，共向全县各乡镇、县直单位及星级宾馆、星级乡村旅游接待场所赠书4060册。据不完全统计，县历届政协，先后共向县内、县外的社会各界人士赠阅沅陵文史图书5万多册，遍及全国多数省市和港、澳、台地区，在宣传、推介、弘扬沅陵优秀历史文化，增强文化自信，助推沅陵全域旅游方面做出贡献。

沅陵县政协文史书籍出版一览表

书名	主编（著）	出版社	字（万）	出版时间
湘西事变专辑	湘西州政协合编	内部资料	12	1983·05
张学良在凤凰山	邓人璋	内部资料	10	1986·11
沅陵文史	邓人璋	内部资料	15	1988·10
沅陵大事记	邓人璋	内部资料	12	1990·11
沅陵人物今古	邓人璋	内部资料	15	1991·11
凤凰山上忆少帅	邓人璋	岳麓书社	26	1995·04
委员诤言	张大强　唐承银	香港天马	35	2005·04
抗战时的沅陵	张大强　唐承银	香港天马	12	2005·08
诗写沅陵	张大强　田铁相	香港天马	10	2006·01
策论沅陵	张大强　孙　智	香港天马	35	2006·03
十届政协委员名录	张大强　唐承银	内部准印	18	2006·08
石煌远影视文稿选	张大强	香港天马	55	2006·10
石煌远戏剧作品选	张大强	香港天马	45	2006·10
石煌远诗词作品选	张大强	香港天马	23	2006·10
建言献策	张大强	内部资料	12	2007·05
众手托金盆	张大强	内部资料	12	2008·02
走进沅陵	张大强	内部资料	20	2008·05
坐堂说方	齐绍宗	内部资料	10	2008·06
坐堂说药	齐绍宗	内部资料	12	2008·06

续表

书名	主编（著）	出版社	字（万）	出版时间
原生态石煌远	张大强	大众文艺	15	2009·05
寡妇链	石煌远	内部资料	55	2009·11
沅陵十届政协五年	张大强	内部资料	21	2010·08
经济耐压的河	石煌远	作家	20	2011·09
会哭能笑的山	石煌远	作家	20	2011·09
跨越百年的医院	张大强　陈文华	中国文史	15	2011·12
十一届政协委员名录	张大强	内部资料	18	2012·04
美丽乡镇	张大强	中国文史	18	2014·09
历史回眸	谢根常	中国文史	18	2014·09
楚韵流风	杨　斌	中国文史	18	2014·09
民俗风情	刘昌林	中国文史	18	2014·09
名胜古迹	颜　音	中国文史	18	2014·09
诗文掬珠	颜　音	中国文史	18	2014·09
美食方物	苗建辉	中国文史	18	2014·09
辰河汤汤	李生江	中国文史	18	2014·09
民间歌谣	莫厚材	中国文史	18	2014·09
风华印象	刘　科	中国文史	18	2014·09
无射山在沅陵	张大强	中国文史	18	2015·10
践行使命的身影	张大强	内部资料	17	2015·12
沅陵美丽村寨	文史委	中国旅游	12	2016·09
二酉文化探幽	张大强	中国文史	17	2018·01

第三节　作用与影响

文史工作是县政协的亮点工作，成为政协联络各界，广交朋友的重要桥梁和纽带，在存史资政，团结育人，宣传沅陵，加强协作，促进县域经济建设发展等方面，均发挥出积极作用。

存史

抗战期间，沅陵成为大后方，全国沦陷区很多单位和10多万人口迁入沅陵避难，这个时期，沅陵发生很多重大历史事件，例如首次成立中共沅陵地下县委、张学良被蒋介石关押在沅陵凤凰山、湖南省政府迁驻县城、杭州国立艺专和北平国立艺专合并为国立艺术专科学校（即中国美术学院前身）、日本军机对沅陵县城进行狂轰滥炸等，以及1949年"三二事变"给沅陵人民带来的巨大灾难，这些历史，以前大多只存在当时一些人的往来书信、回忆文章和口碑里，片言只语，散珠在盘。政协文史委对这些资料进行整理编辑，使之成为一篇篇可读性强的文章，保存下许多珍贵的历史资料。如政协出版的《湘西事变专辑》《凤凰山上忆少帅》《抗战时的沅陵》等文史书籍，对这一时期的历史，都有研究保存，弥补了地方志记载的不足。政协文史资料对政协自身的发展历史，保存更为全面。《沅陵十届政协五年》《十届政协委员名录》《十一届政协委员名录》《践行使命的身影》等，记录下委员履行职能，积极作为的事迹，《委员诤言》《建言献策》等，让政协委员为县域经济建设和社会发展所做出的参政议政，建言献策贡献得以保存。

资政

2005年，政协从历届政协委员近千件提案中精选出100篇，编辑《委员诤言》出版。这100篇提案，是不同时期的政协委员，围绕沅陵经济建设和社会发展提出的真知灼见，集中展示出政协成立五十年来参政议政所取得的丰硕成果，其中很多建议，具有普遍借鉴意义，并不因人事替换而失去其资政的参考价值。2006年，政协与县委宣传部合作，以"策论沅陵"为主题，约请全县各单位党政一把手和乡镇党委书记、乡镇长，结合沅陵历史、文化因素，就如何发展县域经济进行理论探讨和建言献策，收到文稿80多篇，编辑出版《策论沅陵》，成为一本影响深远的资政工具书。2007年，政协对委员全会发言进行整理，编辑出版《建言献策》，其中涉及教育、医疗、城市建设、社会保障等工作的建议，具有长效参考价值，受到有关部门和单位的重视。

团结

1986，县政协编辑《张学良在凤凰山》文史专辑时，向省内外有关单位和人士发出资料征集函，得到支持响应，全国政协副主席吕正操、原湖南省政协副主席杨第甫为专辑题词、辽宁省政协副主席卢广绩、北京市政协离休老干部陈大章、萧离，原《大公报》部分老记者，以及全国政协"西安事变史领导小组"、贵阳市政协、修文县政协等单位，都热情来信来稿，和沅陵建立起长期的友情联络。2005年，县政协编辑《抗战时的沅陵》文史专辑，清华大学老教授、沅陵籍人士何重礼闻讯，专门为专辑写来《抗战时期的沅陵境况》，为政协提供不可多得的“三亲”史料。政协文史委将《周立波在沅陵》请周立波后人审阅，得到其儿子、孙子两代人的感谢，加深周氏一家对沅陵的美好感情。在《周立波在沅陵》一文中，提到徐特立沅陵办事处的戴立人（戴汗轩），专辑出版后，戴立人的后人对这段史实非常珍惜，联系作者表示感谢，并将戴立人在沅陵的经历写进《革命家戴汗轩的传奇一生》。随着政协文史书籍编辑出版数量的增多，社会影响不断扩大，吸引更多沅陵籍在外乡亲的关注，纷纷通过信函、电话的方式，为政协提供资料，加强联系，增进团结。政协文史书籍，也成为县内各界人士和政协联系的纽带，经常上门索要书籍，交流资料，反映民情，为沅陵经济建设和社会发展献计献策。

育人

1986年，政协征集资料编辑出版《张学良在凤凰山》，通过张学良西安事变后被蒋介石关押在凤凰山的逸闻轶事，反映出蒋介石国民党集团在民族危亡之际不抵抗的一面，值得后人深思。县政府根据政协资料，将凤凰山逐渐建设成为沅陵县爱国主义教育基地，2011年，跻身成为湖南省爱国主义教育基地。每年前来接受爱国主义教育的中小学生超过5000人次。政协文史资料《沅陵人物今古》“群英篇”征集整理沅陵在各个时期牺牲的革命先烈20多人资料，成为单位、学校开展爱国主义教育的教材，其中1927年牺牲的姚鉴雪烈士，每年清明节，都有中小学校组织师生对其进行吊唁缅怀。县政协与县人民医院合作编辑出版的《跨越百年的医院》，对沅陵县人民医院历代医生、护士为医院发展壮大所作出的艰辛努力和无私贡献的记载，尤其是关于二十世纪五六十年代医生、护士，为救治患者，不惜割下自己皮肤为患者植皮、为患者捐献自己鲜血，以及在自己身体上扎针试药等事迹，在医院引起震动，医生护士自觉掀起学习前辈精神，把患者当亲人的活动。

宣传

政协整理出版的文史资料，在一些相关领域得到广泛采用，为宣传沅陵历史，树立文化自信发挥出作用。

1. 为新编县志提供资料。1986年2月，成立《沅陵县志》编委会，县政协积极配合新编县志修纂，将文史资料工作组成立以来征集到的10多万字的“三亲”资料，与县志编修人员共享，部分“三亲”资料内容编入新编《沅陵县志》。

2. 为各地报刊提供文史文章。政协从1981年成立文史资料工作组开始，就利用征集到的资料，编写文章，向各地报刊供稿，宣传沅陵资源物产和人文历史。尤其是在宣传碣滩茶和凤凰山方面，长久坚持，成效显著，使之成为沅陵的两个亮点。1981年，政协文史资料工作组邓人璋编写的文史资料《辰州碣滩茶》在当年第6期《中国茶叶》杂志发表，接着编写完成《唐代贡茶又飘香》，发表在《林业科技》1982年第3期，1989年，政协文史资料研究委员会姜宏顶撰写的《碣滩茶的来历及其演变》在《农业考古》发表，同年，在《中国工商》杂志发表《辰州碣滩茶》。对张学良在凤凰山的资料征集和宣传，也是始于20世纪80年代初期，政协组织有关文史文章，向《人民日报海外版》及各地报刊供稿，被大量采用。如政协姜宏顶，致力收集和研究张学良在沅陵的历史资料，据不完全统计，从1981年至2001年，他在全国各地报刊发表文史文章30多篇，其中在《湖南文史资料》《湖南文史通讯》《湖南党史通讯》《民主》《人民论坛》《北京政协》《党史博采》《湖南政报》《人民政协报》《人民日报海外版》《海内与海外》等刊物发表有关张学良和凤凰山的文史文章20多篇，约3万字，为宣传爱国主义思想，促进祖国统一大业作出贡献。2006年，政协征集编写关于沅陵风俗、历史人文的文章数十篇，先后在《怀化史志》《张家界日报》《吉首团结报》及其他一些知名网站上发表，其中大部分文章被各网站转载，对宣传沅陵，促进旅游经济发展起到一定作用。

3. 为电视台宣传沅陵提供资料。1998年，县政协协助全国政协“百年碑刻”工程，完成《湘西剿匪胜利纪念塔》的拍摄和史料撰稿。2005年抗战胜利60周年，政协将征集整理的文史资料《沅陵抗战大事记》提供给县电视台，电视台每晚播报数条，连续播报一个星期。2015年，政协在无射山研究中征集整理出大量关于沅陵无射山和茶文化历史的资料，提供给县电视台，编辑成《寻找无射山》专题片播出。此外，政协还先后向电视台提供许多碣滩茶、传统龙舟、二酉山、龙兴讲寺及其他历史文化资源方面的文史资料。

4. 为展馆陈列提供实物和资料。1938年3月至1939年12月，张学良被幽禁在沅陵县凤凰山期间，在凤凰寺使用过一张九屉书案。他被转押贵州修文后，这张书案由当时迁至沅陵的长沙福湘女子中学教务主任范琯女士购买收藏。后来，范琯女士将书桌交给自己的侄子和侄女，保存在武汉的范家。1986年11月，县政协征集张学良在凤凰山的文物资料，做通范琯侄亲工作，把张学良在凤凰寺用过的九屉书案捐献给沅陵县人民政府，成为凤凰山张学良陈列室的珍贵文物。

抗战期间，周立波奉周恩来指示，将《抗战日报》社转移到沅陵坚持出版，并出任抗战时期中共沅陵县委第一任宣传部长。2005年抗战胜利60周年，政协征集抗战资料，整理出《周立波在沅陵》文史文章3万多字，编入《抗战时的沅陵》。2008年周立波100周年诞辰前夕，益阳市周立波故居纪念馆复原陈列，委派专人来沅陵收集资料，沅陵有关部门向周立波故居纪念馆赠送《抗战时的沅陵》。2016年，湖南省贯彻落实习近平总书记关于“让文物活起来”的重要指示精神，举办“讲文物故事，知家乡历史”首届文物价值解读与传播大赛。全省各县市开展文物解说词征集。县政协协助县文化广播电视新闻出版局对征集到的58篇文章精心指导，对其中20篇重点解说词重新打磨修改，取得11篇入围获奖的好成绩，其中一等奖1篇，三等奖2篇，优秀奖8篇，居怀化各县市获奖之首。2017年，县博物馆以“文韵沅陵”为主题开设历史文化陈列馆，县政协为陈列馆从历史源流、文化多元、非物质文化遗产、红色土地、大美沅陵5个方面，整理文史资料近3万字，使博物馆的历史文化陈列内容得到极大丰富。

为旅游经济提供文化支撑

政协文史工作在促进沅陵经济发展方面的效益日益显著，尤其是对旅游经济发展的促进作用最大。2002年，县政协委员张大强通过对沅陵历史文化资料的整理研究，提出沅陵龙舟早于战国时代，不是纪念屈原，而是纪念五溪祖先盘瓠的观点，被人民网记者报道，全国多家网站转载，得到专家学者认同，成为沅陵成功申报中国传统龙舟之乡的重要资料。2003年，通过对盘瓠文化资料收集研究，提出盘瓠是盘古原型人物的观点，得到湖南省社科院研究员、著名历史学家、民俗学家何光岳的支持，2005年丑溪口、舒溪口两乡合并，省民政厅批复同意将新合并的乡命名为盘古乡。2014年，政协编辑出版《沅陵历史文化丛书》一套10本，从古迹名胜、民俗风情、美食物产、民族文化等多方面，对沅陵历史文化进行全景式的立体介绍，配发进入县城各大宾馆房间，对推动沅陵全域旅游产生较好效果。2015年，政协通过对陆羽《茶经》中记载的“无射山”进行研究，得出沅陵二酉乡田坳村枯蔎山就是陆羽《茶经》无射山的结论。8月15日，由湖南省茶叶学会主办，沅陵县人民政府承办，邀请省内外茶学和茶文化专家，在长沙湖南宾馆召开成果鉴定会，专家们通过对无射山研究成果的鉴定，在《成果鉴定书》中称这项研究成果“是一次具有国际性历史文化意义的寻找，是对博大精深的中华茶文化一次有益的研究与探索，是对陆羽《茶经》研究的重大突破，有助于武陵山片区茶产业和茶文化旅游产业的蓬勃发展，有助于推进沅陵的茶经贸、茶旅游、茶休闲、茶博览发展，实现全国茶业强县目标。”之后，中国茶叶流通协会、中国国际茶文化研究会联合授予沅陵无射山“中国茶文化名山”称号，有效提升沅陵茶叶历史文化地位，对扩大沅陵茶叶影响，提升美誉度产生积极作用。2018年，政协协助有关单位编撰的《怀化茶全书》，对沅陵碣滩茶的发展历史及其蕴含的文化进行深入研究和解析，极大提升沅陵碣滩茶文化品位，对扩大碣滩茶客源市场产生积极影响。

附录

专家鉴定意见

2015年8月15日，由湖南省茶叶学会主办、沅陵县人民政府承办的“《寻找无射山》茶文化研讨会”在长沙召开。研讨会专家组成员在前期审阅《寻找无射山》书稿的基础上，观看了《寻找无射山》电视专题片，听取了中共沅陵县委常委、沅陵县人民政府副县长李峰代表寻找无射山课题组所作的“关于田坳枯蔆山是《茶经》无射山的研究说明”，经专家组讨论，形成了如下意见：

1. 寻找无射山，是对博大精深的中华茶文化的一项有意义的研究与探索，具有国际性的历史文化意义。

2.《寻找无射山》以丰富详实的神话、历史、地理、民族、茶叶、交通、商贸、民俗、方言等第一手资料，通过细致的考证和严密的分析，形成了可信的结论，确定沅陵县田坳村的枯蔆山，就是陆羽《茶经》中的无射山。

3.《寻找无射山》课题组根据有关资料做了大量的探索性研究，所得出的结论破解了《茶经》无射山的千古之谜，是陆羽《茶经》茶文化研究的最新成果。

4.《寻找无射山》茶文化研究成果，是对陆羽《茶经》研究的重大突破，有助于武陵山片区茶产业和茶文化旅游产业的蓬勃发展，有助于推进沅陵的茶经贸、茶旅游、茶休闲、茶博览发展，实现全国茶业强县目标。

建议进一步深化无射山的茶文化研究和宣传推广，促进茶产业快速发展。

专家组组长：施兆鹏

副组长：欧阳勋　蔡镇楚

2015年8月15日

第九章　团结联谊

县政协在社会主义和爱国主义两面旗帜下，发挥独特优势，开展多领域、多渠道、多层次、多形式的联谊活动，加强与社会各界人士的团结，为促进祖国统一大业和实现沅陵经济振兴作出贡献。

第一节　对台工作

县政协坚持围绕争取早日实现包括台湾在内的祖国统一以及反对霸权主义，维护世界和平的斗争，履职尽责，做出贡献。1955年5月，针对复杂紧张的国际局势，政协多次组织委员和各界人士进行座谈讨论，经过学习讨论，大家清醒认识，一致指出国际局势紧张的根源，是美帝国主义侵略集团干涉我国内政的阴谋，表示坚决反对美蒋集团签订所谓《共同防御条约》，坚决要求解放中国台湾地区，反对原子武器，并积极参加和平签名运动，用实际行动展现爱国热情。1956年4月28日，政协召开第一届第八次委员会议，听取中共沅陵县委宣传部副部长、县政协委员慕斌报告关于处理日本战犯的时事问题，结合周恩来总理关于和平解放中国台湾地区的号召开展讨论，一致拥护和平解放中国台湾地区。1961年9月19日，县政协召开二届二次委员（扩大）会议，明确政协工作要着重抓好工商、知识、宗教、社会等各界人士的国内外形势学习，推动各界人士为保卫世界持久和平、保卫祖国安全，确保社会主义建设的顺利进行和实现祖国统一、解放中国台湾地区而斗争。

1980年12月，县政协恢复重建之初，即成立社会联络工作组，高举爱国旗帜，广泛团结爱国人士，密切同“三胞三属”的联系，调动一切力量，为推动祖国统一大业服务。县第四届政协成立以来，政协委员中对台湾回归有影响的人士比例逐年增加，第四届政协，设置台属界，安排1名台属委员，并在少数民族界安排1名台湾高山族委员，第五届政协委员，安排2名台胞台属，2名原国民党起义投诚人员，1名台湾高山族委员。第六届政协，设置港澳台侨界，安排政协委员14名。以后各届政协，台侨界均安排5～8名不等的委员。1981年10月5日，县委常委、县政协主席陈礼和主持召开台胞、华侨代表和海外侨胞在沅陵的亲属，以及起义投诚人员代表座谈会，学习座谈全国人大委员长叶剑英向新华社发表的关于台湾回归祖国，实现和平统一的重要谈话，及10月2日《人民日报》发表的《为台湾回归祖国，完成统一大业共同奋斗》社论文章。与会人员由衷高兴，认为叶剑英委员长的谈话完全符合包括台湾同胞在内的全国各族人民的意愿和根本利益，通情达理，言辞恳切，感人至深。座谈中大家踊跃发言，讨论热烈，纷纷表示要主动向海外亲人朋友积极宣传党的对台政策，宣传祖国四化建设的成就和社会主义新面貌，为台湾回归祖国，实现统一大业竭尽全力。12日，县政协举行纪念辛亥革命70周年座谈会，参加过辛亥革命的杨岳先生的84岁遗孀戴筠荪、省人民政府参事室秘书、原国民党暂编第二军军长石玉湘先生等13人参加座谈。座谈会上，政协组织大家首先学习《胡耀邦在首都各界纪念辛亥革命七十周年大会上的讲话》和《人民日报》发表的《统一祖国，振兴中华》社论文章，然后开展座谈讨论。与会人员深情回顾、畅谈辛亥革命的伟大历史意义，热烈拥护全国人大委员会叶剑英委员长对台九条政策的谈话，戴筠荪、石玉湘等老人还写诗明志，表示要竭尽余力，为祖国统一大业奔走呼号，作出贡献。县第四届政协期间，利用元旦、春节等传统节日召开台胞、台属、侨胞属座谈会，茶话会，宣传学习对台工作的方针政策，畅谈祖国社会主义建设大好形势，组织对台有影响的委员和有关人士撰写对台宣传稿件，举办写稿、组稿学习讨论会，截至1984年3月，共撰写对台宣传稿件130多篇，被各级报刊采用40多篇，其中对台有影响的政协委员撰稿55篇，采用21篇，为激发全县归侨、港澳同胞及其眷属的爱国主义热情，推动祖国统一大业做出努力。县第五届政协为促进祖国统一，广交海内外朋友，开展祖国和平统一工作，积极宣传“一国两制”的基本国策。年逾古稀的政协副主席陈伟，经常深入街道乡镇做各界人士的团结工作。1986年，陈伟撰写的《我是怎样做好侨胞探亲接待工作的》被《湖南统一战线》全文刊载。

1987年元月，县政协围绕观看《非常大总统》电影，组织老委员座谈写随感，一些老委员结合自身经历，写诗撰文，抒发感慨。原国民党暂编第二军军长、起义投诚人员石玉湘委员在《参加座谈一点感想》中写道："参加《非常大总统》公映活动……这不仅是全国人民政治生活中的一件大事喜事，也证明中国共产党和人民政府对国父、对伟大民主革命先驱的尊敬。"原蔡锷秘书修承浩的儿子修九华在观看电影后写诗抒怀："国父精神充宇宙，光辉形象在人间。联俄联共筹方略，为国为民不息肩。结束千年封建史，赢来亿万自由天。当今四化争先进，肝胆宁忘一寸丹。"同年4月28日县政协社会联络工作组邀请20多名"三胞"亲属在政协机关举行《中葡草签澳门问题联合声明》座谈会。与会人员热情歌颂党中央"一国两制"英明决策，热烈欢呼祖国和平统一大业的又一重大胜利，热切表达海峡两岸亲人盼望团聚的心情，纷纷表示要加强同海外亲人的联系，为推进"一国两制"的实施，为统一祖国，振兴中华作出积极贡献。1988年，政协组织委员认真学习讨论省委对台办领导关于台湾问题的形势报告，积极开展对台、对外联络工作，不断促进祖国统一大业。

二十世纪九十年代以来，县政协通过加强同台湾同胞、港澳同胞、海外侨胞的广泛联谊交往，宣传党的开放政策、"一国两制"方针以及祖国的发展变化，为促进祖国统一做了大量工作，赢得社会各界的尊重与支持。1993年，政协组织委员向海内外寄发贺年片200多份、慰问信178封，书信外来180多件，对大陆政策稳定、民心安定的大好形势进行有效宣传。1994年，政协发动"三胞三属"和有外海关系的政协委员发出海外慰问信、贺年卡、联络联谊、寻亲访友等信件300多件，广泛宣传祖国统一大业。1996年，政协为发挥统战优势，根据委员联系面广的特点，积极开展"三胞三属"联谊活动，有计划、有组织的邀请沅陵籍港澳台侨人士回乡观光。春节期间，以统战部、政协名义向港澳台侨人士发贺年卡300多张，寄慰问信288封，全年接待探亲旅游观光的海内外朋友185人。1997年，政协统战系统接待来沅陵探亲旅游观光台胞57人次，为15名台胞排忧解难，发往海外联谊信件200多封。据不完全统计，1992年至1997年，县政协共走访"三胞"亲属1340人次，向海外寄发贺年卡800多份，慰问信446封，接待回乡探亲观光的海外朋友879人次。2003年3月，政协成立民族宗教法制群团委员会，专门负责学习、宣传、贯彻执行祖国统一的方针政策；开展多种形式联谊活动，广泛团结和联系台湾同胞、港澳同胞和海外侨胞；做好来沅陵探亲观光的台港澳和海外有关人士联络接待，促进祖国和平统一，把政协对台工作推向一个新的阶段。

第二节　服务三胞三属

县政协积极开展同台湾同胞、港澳同胞和海外侨胞及其亲属的联系（简称“三胞三属”），通过举办接待、走访“三胞三属”等联谊活动，为“三胞三属”解决实际困难，不断加深和“三胞三属”的感情沟通，促使他们积极参与祖国统一工作，并为家乡经济建设贡献力量。

1980年统计，沅陵县有统战对象近万人，加上他们的家属、亲友，占全县总人口数10%左右，分布在城乡七个区五十一个乡镇和各条战线，“三胞”人员及家属除居港澳台外，分布在24个国家，其中多数在美国、加拿大、巴西，其次是韩国、马来西亚、印尼、新加坡等东南亚国家。做好三胞亲属工作，对维护祖国统一大业和促进社会主义市场经济发展，建设美好沅陵，具有重要的现实意义和深远的历史意义，受到历届政协高度重视。

帮助“三胞”亲属落实政策

1980年代以前的历次政治运动中，不少港、澳、台属及侨属曾受到不同程度的打击和迫害，合法权益遭到侵害，遗留下不少政策问题，严重影响爱国统一战线的团结和社会稳定。1980年12月，政协恢复活动后，把调查研究落实政策作为一项重要工作，在县委统一安排部署下，成立由政协、统战、组织、宣传、政法等部门领导组成的落实政策领导小组，全面落实党的政策，平反冤假错案。截至1987年，共为8618名干部、工人、知识分子、起义投诚人员、“三胞三属”，以及居民、农民落实政策。错划的“右派分子”全部改正，清退补偿“文化大革命”中被查抄财物13.47万元，清退补偿“文化大革命”中挤占、没收房屋12689平方米，补发“文化大革命”中停发、扣发冤假错案人员工资15.91万元，解决受株连回乡和受错处理期间在农村结婚的配偶子女农转非户口379人。其中落实政策的历届县政协委员有23人32项，占应落实政策委员的95.7%，占应落实项目的87.5%，落实起义投诚人员2083名，在落实政协委员中的台胞和台属政策、起义投诚人员政策、知识分子政策、宗教政策、原工商业者政策等方面取得显著效果。通过落实政策，老委员杨肇琴的历史反革命分子帽子被摘掉，原判被撤销，其丈夫被错划为右派的问题也得到纠正。政协离休干部周礼曾因被错判为右派分子判刑，预备党员资格被撤销，落实政策后，撤销原判，恢复其预备党员资格并按期转为中共正式党员，党龄从批准入党按期转正时（1956年4月29日）算起。1987年9月，县政协对各级政协委员在“文化大革命”中被抄没的房屋财产落实政策，进行清退，共清退房产5户16间，面积250.38平方米，查抄补偿3人，补偿金额16145.55元。其中清退房产的5户是：刘淑元房子1间5.28平方米，万静观房子1间27.2平方米，修承浩房子3间53.9平方米，瞿子清房子5间90平方米，杨肇琴房子6间74平方米；查抄补偿的3人是：姜昆斋的金银折价1250元，其中补差1000元，周奋生的黄金折价14395.55元，蒋君鹏的金银折价500元。

联系关怀“三胞”亲属

县政协重视统一战线工作，坚持广交朋友，积极为民主人士和海内外同胞及其亲属纾困解难，赢得社会各界普遍称赞。1955年5月县政协成立之初，推选原国民党少将蒋维中任县政协专职驻会副主席，从政治上信任，生活上关心。1957年3月18日，蒋维中先生病故后，政协于19日召开全体委员会议，商议决定成立“蒋维中先生治丧委员会”，委员会由县委副书记、政协副主席宋文溥、政协常委、副县长陈伟、沅陵镇党委书记文锦陶，以及其他有关人士组成。丧期5天，政协组织各界代表300多人和30多个单位参加送殡，之后，又组织干部上门看望其遗孀，社会各界和民主人士深受感动。

1980年底，县政协恢复活动以来，加强同“三胞”人员联系。1982年，政协热情接待从香港和国外来县探亲访友的工程师、教授或工商界人士16人次。向他们宣传统一祖国方针政策，激发他们的爱国思乡之情。原在台湾地区任工程师多年、时任加拿大多伦多市水利工程师的周辅荣，回乡与阔别30多年的妻子儿女团聚，县政协给予热情接待，并特意邀他去岩屋潭电站参观，请他做学术报告，他深受感动，回加拿大后多次来信，抒发海外赤子对祖国的深情，盛赞党和政府对他和他家属的关怀与照顾，表示“将尽个人可能，为祖国统一大业而努力，以图报效。”还特地花380美元购买一批空调、冷冻等最新科技情报资料寄赠县政协，县政协通过有关途径将这些资料转交给湖南国际信托公司参考备用。1984年9月10日中秋节，政协举办“沅陵县三胞及其亲属庆祝建国三十五周年茶话会”，政协主席刘俊良在茶话会上发表讲话，他指出，沅陵县政协127名委员中，有三胞三属委员13人，其中有9人被组织安排进入政协常委。沅陵三胞三属，热爱祖国，热爱家乡，为推动祖国和平统一，建设美好富饶沅陵作出贡献，取得成绩。副县长罗惠源应邀参加会议并发表讲话，代表县政府对三胞三属为沅陵建设作出的贡献表示感谢。县政协原副主席、县委统战部长方思默就中央和湖南省委统战工作精神进行择要传达，鼓励三胞三属积极投身维护祖国统一大业和社会主义市场经济建设中来，为建设美好沅陵作出更大努力，取得更大成绩。与会人员纷纷表示，要多做维护祖国统一大业和促进沅陵经济发展的好事、实事，用实际行动感谢党和政府的关怀。1987年，第六届政协着手对政协组织机构进行适当调整，在全县9个区（镇）的18个乡镇建立“三胞三属”联谊小组，使政协组织体系更倾完善，对“三胞三属”的联系面和团结面遍及国内国外。同年，政协协助统战部门接待来沅陵探亲访友、旅游观光的去台人员、港澳同胞、外籍华人和国外朋友10多人次。

1990年代以来，政协加大和海内外沅陵籍人士联系，加大对“三胞三属”走访关爱，努力帮助他们消除思想疑虑，解决实际困难。1993年，政协联合县委统战部对台办、侨联、侨办等部门，走访“三胞”亲属178人，走访农工党员、黄埔同学会员、非公有制经济代表和个体工商业者850多人，为他们送去关怀和温暖。1994年，政协开展走访活动，共走访委员和各界人士300多人，其中走访“三胞三属”102人，走访新老工商界人士120人，走访农工党成员和黄埔军校同学会成员30多人，走访其他政协委员50多人。通过走访，进一步加深三胞三属、各界人士和政协的感情。老政协委员、国民党起义投诚将领石玉湘卧病在床，政协多次组织上门走访看望，在其病故后，政协为他举行隆重追悼会，在社会各界产生很好影响。在走访返乡探亲的国民党高层人士戴锷先生时，政协出面，帮助他解决2名亲属就业困难，通过办实事，联络加深感情，戴锷回报家乡，多次为沅陵教育事业捐资建校和设置奖学基金，成为沅陵美谈。1994年，政协通过台侨等各种组织渠道发出海外慰问信、贺年卡、联络联谊、寻亲访友等信件300多件，为境内11名在台死亡的亲属继承遗产97万台币。1996年，政协认真开展办实事活动，努力帮助三胞人员解决实际问题，全年共为“三胞”亲属办实事35件，寻找到海外亲人38人，为“三胞”亲属争取到“三胞”瞻家资金173万元。1997年，政协统战系统走访“三胞三属”150人次，通过走访座谈，了解到三胞亲属的困难和诉求，帮助15名台胞解困纾难，其中为6名台胞亲属办理赴台探亲手续，指导6名台胞亲属办理去台亡故人员的遗产继承手续。1998年，政协组织委员积极开展与沅陵籍的港澳台侨、工商界、宗教界、黄埔同学会、民主党派和无党派人士的通信、通话、通汇联络，以及走访交友、以文会友、座谈联欢等活动，为统一祖国增进共识，起到一定促进作用。在联谊交往活动中，共走访慰问“三胞”亲属125人次，向海内外寄发贺年卡、慰问信1100多封，字画、“沅陵简况”，以及各种乡土特产宣传资料2100多件次，接待回乡探亲、观光旅游的海外客人及外国友人155人次。2003年，政协在联谊交往活动中，接待来沅陵探亲、访友、旅游、经贸的台胞13人，指导台属赴台探亲16人，并与美国、加拿大、日本、韩国等10

几个新的涉侨人士建立起初步联络。2005年，政协接待来沅陵从事探亲访友和经商贸易等事务活动的台胞34人次，帮助台属赴台探亲12人次，走访台胞台属67人次，走访特困侨眷6户，为台胞台属和侨眷排忧解难23人次。侨眷向锡用、向自秀的兄长向高博士在加拿大逝世后，其遗产的归属多年来无法解决，政协副主席、县委统战部长陈启生组织相关委员筹集资金近3万元，走访、联络国内外华人华侨团体，克服重重困难，为侨属落实200余万元的遗产，使侨属的合法权益得到有效维护。

鼓励“三胞”亲属造福桑梓

沅陵是湘西地区“三胞”人员最多的县之一，全县共有“三胞”人员近3000人，其中去台人员583名，港澳同胞248名、去美人员1300多名，另有500多人在加拿大、巴西、韩国、马来西亚、印尼、新加坡等国家。他们在沅陵的亲属接近2万人，其中台属有8700多人，是维护祖国统一大业和促进沅陵开放发展的重要力量。1980年恢复政协活动以来，县政协通过“三胞”亲属及同事同学，加大和海内外沅陵籍人士的联络联谊，激发出“三胞”的爱国热情，促使他们用捐助公益、投资办企业等方式，支援家乡建设。1985年，县政协副主席方思默多次与他的同学路克难通信联络，宣传大陆政策，介绍沅陵情况。1986年8月，路克难夫妇带着女儿回到沅陵探望亲人，怀念母亲佘国新，并以亡母佘国新的名义捐助2万元，设立“沅陵县佘国新中小学优秀生奖学金”，发给经过毕业或升学统考，以及在全县专科竞赛中取得优异成绩的中小学生。同年11月，成立沅陵县归国华侨、侨眷联合会，选举产生第一届侨联委员会，由7人组成，县政协常务委员赖双和当选为主席。侨联团结归侨、侨眷和华侨，进行爱国爱乡教育，增强华侨与侨眷的联系。在县政协帮助下，县侨办和侨联集聚三胞三属闲散资金，由三胞三属中的政协委员牵头，创办“沅陵县华侨旅游侨汇公司”，为沅陵发展引进技术、人才、资金、设备提供信息服务，1987年实现利润16000多元。1989年10月，原台湾国民党总统府中将参议长戴锷回沅陵探亲，给家乡四所小学捐款9000美元，以表达自己的爱乡之情。1990年1月，县侨联积极引导侨胞侨眷开展“我为三庆（国庆、中秋、沅水大桥通车）添光彩”活动，为沅陵大桥建设捐献资金5600元。同年11月25日，成立沅陵县台属股份实业公司，加大对台资和项目的引进，实现造福桑梓。1993年，政协接待“三胞三属”和港台客商30多人次，引进资金338万元。1994年3月，沅陵县成立台属联谊会，政协委员瞿湘周、赵儒义被推选为首届理事会理事，唐娅莉被推选为秘书长。在台属联谊会的工作下，一批台资项目在沅陵落地，为沅陵经济发展作出贡献。同年，县政协在“三胞三属”和有外海关系的政协委员中开展“写好一封信，联络一个人，牵好一条线，引进一笔资金或项目”的活动，引来外商19批41人次，签订4项协议，投资总额2080万元。去台人员、原台湾国民党总统府中将参议长戴锷捐资1万美金给沅陵一中设立优良学生奖助金，1995年1月20日，由县委对台办牵头，召集县教育局、沅陵一中等有关单位负责人会议，成立“戴锷先生沅陵一中优良学生奖助金”，拟定奖励办法和标准。1996年，政协为发挥统战优势，促进经济建设，根据委员联系面广的特点，积极开展“三胞三属”联谊活动，通过联谊，和海外同胞加深感情，增进了解，引进外资44万元，内资244多万元。1997年，政协通过联络联谊，引进台胞意向投资项目2个。1992年至1997年，县第八届政协以联谊促合作，以合作求联谊，通过开展各项联谊活动，为沅陵引进内资765万元，外资692万元，对促进沅陵经济建设作出贡献。1998年，政协通过联谊交友，为沅陵建设引进外资27.1万元，港币25万元。政协委员戴开勋积极牵线搭桥，促成台胞戴锷再次为其家乡朱红溪小学捐资助教人民币20万元。

2000年以后，政协在县委领导下，进一步探索统战工作新途径，与时俱进，解放思想，广交朋友，加大招商引资力度，推动经济发展。2003年，在县政协的积极推荐下，完成12个招商引资项目。2006年5月，引进台湾台塑集团30万元，在凉水井镇建设一所“明德小学”。2019年，县政协积极配合县委、县政府筹划建设占地200公顷的沅陵台湾工业园，截至2020年12月，台湾工业园已经入园企业15家，其中台资企业有奇力新、向华、旺诠、美桀、飞磁等5家，该5家台资企业，2020年实现产值10亿元，在台湾工业园区初步形成奇力新、旺诠、向华等亿元级台资企业为龙头的被动元器件产业集群，为全市乃至全省提供了可复制、可推广的“沅陵经验”。

第三节　政协之友联谊

1987年，县政协分别建立沅陵县黄埔军校同学会和政协老委员联谊会，定期组织学习和参观活动，通过联络联谊，沟通感情，增进共识，促进团结合作和祖国统一，促进政协自身建设和工作水平的提高。

一、黄埔军校同学会

沅陵县有黄埔军校同学会成员34人，分布在全县各乡镇。为发挥黄埔同学在统一祖国，建设四化中的特殊作用，加强同他们的联络，根据省政协有关文件精神，1987年5月12日，县政协召开首次黄埔军校同学会委员代表会议，决定成立黄埔军校同学会沅陵县联络组，由政协原副主席方思默任组长，湖南省政府参事室参事、县政协常委石玉湘和县政协委员、沅陵二中校长李作声任副组长，陈湘声、刘启尧、董庚星、杨肇琴、邓声鸿任成员，联络组办公室设在政协机关，由政协文史资料研究委员会副主任邓人璋兼办公室秘书。联络组成立会上，方思默作《高举爱国主义火炬，为祖国统一献计献力》发言。经过会议讨论，明确联络组的工作宗旨为："发扬黄埔精神，联络同学感情，促进祖国统一，致力振兴中华"。同年6月20日，成立沅陵县黄埔军校同学会，县委统战部举行茶话会祝贺并提出希望，要求沅陵县黄埔军校同学会继续秉承湖南省黄埔军校同学会宗旨，高举爱国主义旗帜，为促进两岸交流，实现祖国统一大业发挥积极独特的作用，推动对台工作再上台阶。80多岁的杨肇琴委员，是黄埔军校第六期学员，后在中央军事政治学校女生队任过少校队长，在政协的宣传影响下，她为祖国和平统一大业，不辞辛劳，主动联络在台湾或国外的亲朋好友，澄清台湾同胞对大陆政策的疑虑，促进海峡两岸的统一和团结，积极为国家的繁荣和统一作贡献。1988年3月29—31日，黄埔军校同学会沅陵县联络组召开第二次会议，来自城乡的20名黄埔同学汇聚一起，学习中共十三大文件，讨论今后的工作计划，大家表示，要为统一祖国和振兴中华贡献自己的力量。同年10月29日，县政协举行黄埔军校同学会会员座谈会，向会员传达学习中共十三届三中全会精神。1989年11月24—25日，沅陵县黄埔军校同学会第三次代表大会在县城召开，"黄埔军校同学会湖南省沅陵县联络组"更名为"湖南省沅陵县黄埔军校同学会"。大会选举方思默任会长，刘启尧、李作生任副会长，谢茂玉任秘书长。沅陵县黄埔军校同学会成立以来，除每年接受邀请列席参加县政协全体委员会议和县政协组织的委员参观活动外，还坚持参加县政协组织的其他学习活动，通过学习和参观，不断提高同学会会员的思想认识水平，使他们积极投身促进祖国和平统一大业，为沅陵经济发展作出贡献。2000年以后，沅陵县黄埔军校同学会成员年事日高，行动不便，活动日渐式微，机构组织逐渐消失。

二、政协老委员联谊会

为发挥历届离任政协委员的作用，加强同他们的联系，1987年6月12日，县政协召开首次老委员联谊会议，通过《沅陵县政协老委员联谊会章程》，根据章程成立沅陵县政协老委员联谊会，选举产生会长、副会长。政协副主席向明龙当选为会长，离休干部梁玉纯、县剧团党支部书记邓连喜当选为副会长，政协学委会干部瞿秀兰兼任政协老委员联谊会秘书，联谊会办公室设在县政协机关。县政协老委员会成立以来，每年应邀列席参见县政协全体会员会议，参加政协组织的参观、学习活动，对沅陵经济社会发展建言献策，贡献余热。2008年，县政协老委员联谊会停止活动，机构组织消失。

第四节　茶话会联谊

1980年以来，县政协和县委统战部多次举办政协委员、归国华侨和侨眷、黄埔军校同学会、农工民主党、工商联等社会各界人士参加的茶话联谊会。农工民主党、工商联等政协参加单位，也经常举办茶话联谊。每次联谊会人数不等，多则上百人，少则十几二十人。政协茶话会一般在春秋两季举行，其他月份有值的相聚畅谈的事情，也会临时举办茶话会。春季举行迎春茶话会，交流一年成绩，展望未来前景。秋季茶话会通常在中秋、重阳前后举行。

一、迎春茶话会

县政协迎春茶话会，亦称春节团拜会。县四届政协至九届政协期间，基本每年都有举行，县团领导和城区政协委员及社会各界人士参加，茶话会规模通常在200人左右。十届政协以来，迎春茶话会场次减少，多数情况下，为政协全会期间的集中看望慰问所取代。

1981年1月27日，政协在县人民政府第二招待所举行迎春茶话会，全体政协委员和各界人士150余人应邀参加。政协领导陈礼和、陈伟、方思默在茶话会上发表热情洋溢的讲话，代表政协向全体政协委员和各界人士表达新春祝愿，号召社会各界，在中共沅陵县委的领导下，紧密团结，共同努力，为社会主义现代化建设贡献力量。与会人员热情澎湃，欢欣鼓舞，修九华、刘明汉等政协委员及各界代表，即兴赋诗，歌咏盛世。1982年1月18日，县委和政协在县政府第二招待所联合举办各界爱国人士迎春茶话会，县委、人大、政府、政协、武装部领导和县委、县政府各有关部委办局负责人及城区政协委员、各界爱国人士、离退休老红军、老干部共100多人参加。1983年2月2日，县政协在政府第一招待所举行各界人士迎春茶话会，城区政协委员和各界人士53人参加，县委、县政府、人大、武装部领导应邀出席。茶话会由县委常委、政协主席陈礼和主持。县委书记黎玉书、县委顾问夏勤增、县长刘永寿等领导发表讲话，代表县委、县政府感谢政协委员和各界人士为沅陵建设发展做出的贡献，祝贺大家新春快乐，健康长寿。各界人士和政协委员欢庆一堂，纷纷赋诗抒发情怀。县长刘永寿作《有感迎春茶话会》："迎——热情，春——更新，茶——香甜，话——诚恳知心，会——团结奋进"；县人大副主任、政协副主席陈伟以《茶话会上表决心》为题献诗："肝胆相照铭刻心，荣辱与共同命运。坚定不移跟党走，誓为四化献余生"；政协副主席、一中校长方思默赋诗《学"一号"文件有感》："梅花含笑迎春色，志士同心会彩图。客岁分尝武陵酒，今朝共品碣滩茶。一号文件开新路，千秋功业立丰碑。从此莫煮大锅饭，国富民强颂太平"。1984年1月19日，政协举行"沅陵县各界人士代表迎春茶话会"，政协会员和各界人士150多人参加。县委常委、政协主席陈礼和发表讲话。参会人员欢聚一堂，心情愉悦，大家畅谈党的十一届三中全会以来的大好形势，对未来发展情景充满希望，纷纷献词赋诗，抒发情怀，相互勉励，相互祝愿。八十高龄的蒋君鹏老委员冒着风雪严寒登上梧桐山参加会议，兴奋地说："都讲人生七十古来稀，我们现在碰上党的好政策，真同年过八十不足奇。"他说自己最大的心愿就是能看到国共实现第三次合作，祖国能够早日统一。原蔡锷秘书修承浩的儿子修九华先生参加茶话会，心情激动，填词《浪淘沙》一阙："窗外日融融，爆竹声中，岭梅含笑报春踪。物质精神欣媲美，荡荡春风。《邓选》要钻透，事事从公，中华一统著丕功。锦绣河山增秀色，万紫千红。"

1987年1月17日，政协在县政府招待所礼堂举行迎春茶话会，县委、县政府、人大、人武部有关领导和各部委办局负责人、离休老干部代表、政协委员共120多人参加。政协主席刘俊良致辞，祝愿大家新春愉快，阖家幸福。县委副书记张贻国发表讲话，代表县委、县政府，对政协一年工作和政协委员在各自岗位上的贡献表示肯定和感谢；向与会人员通报过去一年沅陵各行各业的工作情况和取得的成绩。张贻国对学习和贯彻中央1号文件精神进行进一步强调，要求旗帜鲜明地反对资产阶级自由化。政协副主席朱文锦就政协委员一年来发挥作用情况向与会人员进行报告。县委书记黄伯炎专程到会，向政协委员提出三点希望，希望全县政协委员要进一步关心国家大事，珍惜和维护好沅陵当前安定团结的政治局面；希望政协委员进一步为沅陵的改革开放和发展商品经济献计出力；希望政协委员用自己的模范行动关心教育好下一辈。茶话会上，一些政协委员现场即兴赋诗，抒发喜悦之情，文艺界的委员还编排上演10余个精彩的文艺节目。1988年2月12日，政协在政协礼堂举行各界人士迎春茶话会，政协委员、政协工作者、有关部门负责人和社会各界特邀人士近100人出席茶话会。茶话会实况通过县广播站直播全县城乡，有20多名委员在会上积极发言，畅谈大好形势，总结改革成果，提出意见建议，会议气氛热气腾腾。1989年1月28日，政协在政协礼堂举行各界人士迎春茶话会，会议由政协副主席覃功友主持。来自各界代表人士130多人参加。县委书记黄伯炎、县人大主任刘立松、政协主席刘俊良出席茶话会并分别发表讲话。9名参会代表发言，介绍各自单位一年来取得的工作成绩和来年奋斗目标。12名政协委员在茶话会上即席表演诗朗诵和戏曲演唱。会场气氛热烈，其乐融融。县广播站对整场茶话会进行现场录音直播。

1991年2月25日，政协在县政府招待所举行新年茶话会，240多名政协委员、社会各界人士、各级各部门领导应邀参加。茶话会共分三个阶段进行。第一阶段，领导致辞和讲话，首先由县委常委、政协主席蒋国汉致辞，县委书记张贻国代表县委、县人大、县政府发表讲话，离休老干部夏勤增、县委顾问刘立松、县政府顾问刘俊良等也先后发言。第二阶段演讲朗诵，20多名政协委员和各界人士，踊跃上台演讲和朗诵诗词，抒发情怀。八十高龄的老政协委员蒋君鹏、修九华等人也健步上台，即兴赋诗。第三阶段茶会联欢，40多名书法爱好者和文艺界的政协委员，上台进行书法创作和酉水号子、车水号子、快板、高山族民歌演唱等表演。老政协委员、著名书法家娄千里等人，现场创作书法、绘画、剪纸等艺术作品41件，为茶话会奉献出精彩多姿的技艺。1992年1月18日，政协在县工人文化宫举行“沅陵县各界人士迎春茶话会”，县委、人大、政府、武装部、县纪委有关领导和150多名县政协委员、社会各界知名人士，以及统战系统、人民团体和有关部门单位负责人出席参加。茶话会由政协副主席覃功友主持，县委常委、政协主席蒋国汉致辞。县委、县政府领导分别发表讲话。老委员娄千里、傅铁生等为茶话会进行现场书法表演，黄宝森进行健身剑舞表演，其他委员纷纷登台献演汉戏、民歌、老年迪斯科、太极拳、京剧等文艺节目，县委副书记邓元武亦情不自禁，登台献唱“喝令三山五岳开道，我来了”。年逾八十高龄的老委员修九华等人，也登台献诗表达祝贺喜悦心情。整场活动，张灯结彩，热闹非凡。

2004年1月5日晚，县政协在沅陵会堂举行迎春茶话会，全体县团领导、城区政协委员及社会各界人士400多人出席。政协主席黄茂林主持会议，县委副书记黄泽春发表讲话，代表中共沅陵县委对十届政协成立一年来在履行政协职能，服务县域经济建设方面所取得的成绩给予充分肯定和高度评价。文艺界政协委员和县老年大学的学员，为联谊会奉上一台精彩的文艺演出。2005年1月31日下午，政协举办社会各界人士迎春茶话会，邀请部分县委常委和县人大、县政府、县武装部领导及社会各界代表50多人出席，政协主席黄茂林向出席会议的领导和来宾通报政协一年来民主监督、参政议政的履职情况。县委、人大、政府、武装部领导分别讲话，对政协工作给予肯定和感谢。部分与会委员发言，畅谈履职体会。2013年1月8日，政协举办全县各界人士迎春茶话会，上午，听取县委、县政府领导讲话和座谈发言，晚上，邀请县剧团和县老年学校歌舞班学员，进行文艺演出。城区各界人士400多人参加出席。

二、中秋重阳茶话会

1984年9月10日中秋节，政协举办“沅陵县三胞及其亲属庆祝建国三十五周年茶话会”，政协主席刘俊良在茶话会上发表讲话，他指出，沅陵县政协127名委员中，有三胞三属委员13人，其中有9人被组织安排进入政协常委。沅陵三胞三属，热爱祖国，热爱家乡，为推动祖国和平统一，建设美好富饶沅陵作出贡献，取得成绩。副县长罗惠源应邀参加会议并发表讲话，代表县政府对三胞三属为沅陵建设作出的贡献表示感谢。政协原副主席、县委统战部长方思默就中央和湖南省委统战工作精神进行择要传达，鼓励三胞三属积极投身维护祖国统一大业和社会主义市场经济建设中来，为建设美好沅陵作出更大努力，取得更大成绩。

1987年10月31日，政协举办沅陵县第一届老年节（重阳）茶话会，邀请县政协老委员、老干部，以及社会各界知名人士和县委、人大、政府有关领导共60多人参加。茶话会由政协原副主席方思默主持，副主席向明龙代表政协致辞。县委书记黄伯炎出席茶话会并发表讲话。9名老委员、老干部代表在茶话会上发言，对组织给予老同志的关怀表示感谢，对沅陵未来发展充满信心，由衷祝愿沅陵经济振兴，社会发展，人民幸福。1988年10月20日，政协在政协机关举行老人节（重阳）茶话会，邀请县政协五届、六届老年委员代表23人座谈。茶话会由政协副主席覃功友主持。参加茶话会的老委员代表踊跃发言，畅谈十年改革成就，热情歌颂党对老年人的关怀，互相交流健康长寿经验，纷纷吟诗作赋，抒发情怀。老委员文锦华即席献诗一首："黄花垂拱庆重阳，盛世雍容分外香。尤爱菊花重晚节，昂扬直立傲秋霜。"茶话会上，一些老委员还对治理经济发展环境、整顿金融秩序、全面深化改革、发展教育事业、移风易俗、加强青少年教育等问题提出意见和建议。1996年9月26日，政协在县人武部歌舞厅举办"沅陵县各界人士中秋茶话会"，100多名政协委员和社会各界人士欢聚一堂，载歌载舞，同献经济振兴良策，齐抒"四化"建设豪情，共架外引内联金桥，气氛热烈，欢乐融融。

三、其他茶话会

1986年11月24日，县政协和县委统战部联合举办归国华侨侨眷茶话联谊会，庆祝县首次归国华侨、侨眷代表大会召开和县归国华侨侨眷联合会成立，号召鼓励归国华侨和侨眷要多多关心祖国统一事业和家乡建设。1987年6月20日，沅陵县黄埔军校同学会成立，县政协和县委统战部联合举办黄埔军校同学会茶话联谊会，要求沅陵县黄埔军校同学会继续秉承湖南省黄埔军校同学会宗旨，高举爱国主义旗帜，为促进两岸交流，实现祖国统一大业发挥积极、独特的作用。1997年6月16—18日，沅陵各界人士以不同方式喜迎香港回归，政协举办茶话会，邀请政协委员座谈。25日，县农工民主党、县工商联分别举行迎香港回归茶话会，并通过讲演、作诗，表达迎接香港回归的喜悦心情。1999年12月19日，县政协机关、县农工民主党、县工商联，分别举行迎澳门回归茶话会，以座谈、讲演、作诗等形式，庆祝澳门回归祖国。

第五节　诗书画联谊

书画联谊活动是县政协的特色活动之一。通过以书画交流为载体，广泛联系诗词、书画名人和社会各界广大书诗词画爱好者，有利于增进大团结、大联合，推动沅陵物质文明、政治文明和精神文明协调发展，有利于扩大政协组织的宣传和影响。

1987年5月15—16日，政协文体新闻工作组委员和政协机关委办代表一行14人，赴湘西金矿开展文化联谊活动。15日下午，湘西金矿党委、工会、共青团、医院、报社、文学社的领导和负责人，分别向县政协委员介绍金矿发展历史及其他工作开展情况，通过情况介绍，加深委员对湘西金矿历史和现状的了解。16日上午，委员参观金矿选矿厂和700米深的矿井巷道，亲眼见证工人们为祖国建设在地层深处的劳动场面，大受鼓舞。下午，政协委员与金矿开展联谊活动，举行书画笔会。

1987年7月1日，为纪念中国共产党成立66周年，政协向县内外各界诗歌爱好者160多人征集以歌颂共产党为主题的诗歌176首，与中南传动机械厂在机械厂大礼堂联合举办“我爱党”七一赛诗晚会，政协原副主席方思默、政协副主席、县委统战部长肖功璞、中南传动机械厂宣传部长张惊涛等9人组成评委会，对参赛诗歌现场打分，评选出一、二、三等奖。1700多名群众参加晚会，观看诗歌朗诵演出。

1987年7月中旬，政协文艺新闻体育工作组联合县总工会、图书馆、文化馆举办“青少年美术书法培训班”，把62名来自全县各乡镇的报名学员按专业基础编成初、中级两个全日班进行授课辅导。82岁高龄的县政协委员、著名书法家娄千里，每天冒着酷暑从城西赶到工会教课。培训班受到社会各界欢迎。

2009年9月底，政协举办湘粤两地书画家沅陵雅集活动，邀请湘粤两省16名书画名家和广东电视台、南方都市报记者，来沅陵进行为期五天的实地采风，并在五强溪镇挥毫泼墨，共同以艺术的方式，讴歌沅陵美景。活动期间，广东电视台、南方都市报采写大量宣传沅陵历史文化和自然风景的报道文章。

2018年1月12日，政协联合县文联在沅陵镇黔中郡村开展送春联进万家活动。9位县内书法名家，为黔中郡村530户村民撰写春联1000多幅。

2019年1月17日，政协联合县文联在沅陵镇白洋坪村开展送春联进万家活动。县书法家协会6名书法家，为村民书写春联1000多幅，另有美术协会会员，为村民现场剪纸和写生创作，受到村民热情欢迎。

第六节　纪念庆典

县政协的纪念庆典活动，具有社会性和统战性相统一的特点，对宣传人民政协，推动团结、民主具有重要意义。县政协的纪念庆典，主要有各种周年纪念和庆祝活动。

一、纪念活动

纪念毛泽东90周年诞辰

1983年12月26日，政协举行纪念毛泽东同志九十周年诞辰座谈会，座谈会由县委常委、政协主席陈礼和主持，省、县政协委员和工商界人士50多人参加座谈，对毛泽东同志进行深切缅怀。一些老委员用自己在新旧社会的亲身经历，对比出共产党的伟大，感激毛主席的恩情，纷纷写诗讴歌毛主席，赞美新中国，文锦华委员在座谈会上即席朗诵他歌颂毛主席的一首新诗：济世才华冠古今，运筹帷幄起沉沦。井冈举以宏图展，遵义推崇局面新。真理坚持忠马列，狂澜力挽救人民。巨星虽陨光辉在，留得美名万古存。

纪念西安事变50周年

1986年12月10日，政协举行纪念西安事变五十周年报告会，县政协委员、黄埔军校同学会以及社会各界人士200多人出席报告会。报告会对张学良、杨虎城将军为中华民族解放事业建立的卓越功勋进行追忆，号召全县人民勿忘国耻，要继续弘扬爱国主义精神和民族团结精神。报告会期间，政协还召开西安事变50周年座谈讨论会，编印出版《张学良在凤凰山》文史专辑，向社会各界人士免费赠阅。

纪念人民政协成立40周年

1989年9月21日，政协在政协礼堂举行中国人民政协成立40周年庆祝活动，250多名各方面领导和各界人士出席。活动以报告会和联欢会相结合的形式进行。报告会阶段，县委书记黄伯炎、县政协主席刘俊良、县政协原副主席方思默、老干部代表夏勤增，分别发表热情洋溢的讲话。联欢阶段，各界人士齐欢同乐，有38人即席赋诗、献联、书法和表演文艺节目。会前收到领导题词、单位贺词和各界人士所献诗词、楹联、书画等共200余件。政协向参加庆祝活动的领导和各界人士印发《中国人民政协的光辉历程》宣传资料，对人民政协工作是一次有力的宣传和推动。

纪念人民政协成立45周年

1994年9月19日，沅陵县各界人士在县城工人文化宫隆重集会，庆祝中国人民政协成立45周年。县委、人大、政府、政协四大家领导以及老干部代表出席会议，参加庆祝会的有城区政协委员及各界代表和社会知名人士200多人。大会由政协副主席杨长庚主持，县委书记龙金华、县长曹丰禄、政协主席罗建中分别在会上发表讲话，回顾政协历程，总结沅陵发展成就，展望发展未来。之后，与会人员开展文娱联欢活动，共庆中秋佳节到来。

纪念县政协成立40周年

1995年5月18日，政协在县文化宫隆重集会，庆祝县政协成立40周年，全体县政协委员，县委、人大、政府、武装部领导，部委办局负责人和社会各界人士400多人参加集会庆祝。

纪念县政协成立50周年

2005年1月6日，政协党组向县委提交《关于筹备县政协成立五十周年庆祝活动的请示》，建议成立由县委书记为组长，县长、县委副书记、政协主席、政府常务副县长为副组长，县直有关单位负责人为成员的县政协成立五十周年庆祝活动领导小组；庆祝活动规模为600人；庆祝活动内容为出版一本政协历届委员提案精选；召开一场500人左右的庆祝会；举办为期一个月的政协专题宣传；组织一台文艺晚会。2月3日，县委常委会议通过县政协的请示。3月28日，县委批复同意政协成立五十周年庆祝活动领导小组，同意政协提出的庆祝活动时间、地点和活动内容。3月31日，政协办印发《沅陵县政协成立五十周年庆祝活动方案》，明确各工作小组人员和职责。4月份，被确定为庆祝活动中的政协专题宣传月，政协会同县内主要媒体，开展“政协宣传月”活动，系统宣传新修订的全国政协章程，组织力量采编拍摄一批在建功立业活动中表现突出的政协委员人物专题。向全县人民进行宣传报道期间，政协还出版发行《委员诤言》文史专辑，集中展示县政协成立五十年来参政议政的丰硕成果。各政协联络组和委员活动组在宣传月期间，也纷纷以召开座谈会、联谊会等不同形式庆祝政协成立五十周年。通过政协宣传月活动的开展，使社会进一步了解到政协的性质和政协工作，政协知识得到一次大规模的普及，政协组织和政协委员形象得到较大提升。5月18日，是县政协成立五十周年纪念日，也是整个庆祝活动的高峰。这天下午，县政协在沅陵会堂召开高规格庆祝大会，会议由政协副主席全桂娥主持。全体政协委员、县委、人大、政府、人武部领导、乡镇政协联络员、县直机关主要负责人出席会议，怀化市政协副主席曾庆文到会祝贺。县委书记谢宏有、政协主席黄茂林分别在大会上发表讲话，回顾总结政协五十年来，团结各民主党派、无党派人士、工商联及社会各界人士，与执政党肝胆相照，荣辱与共的风雨历程。当天晚上，政协在沅陵会堂举办庆祝晚会，把庆祝活动推向高潮。6月28日，政协召开十届一次常委（扩大）会议，分项详细报告庆典活动经费收支情况，其中单位和委员个人共为活动开展捐资52500元，活动各项支出共计64239元。副主席全桂娥向会议报告《县政协成立五十周年庆典活动专题总结》，指出这次庆典活动的主要成果是：宣传了政协知识，提升了政协形象，展示了参政议政成果，推动了政协工作开展，加强了联络联谊，体现了团队精神，加强了合作共事。同时指出这次庆典活动有3点主要体会：一是政协工作离不开党的领导和人大、政府及县直各部门的支持，二是政协工作离不开全体委员的合作共事和积极参与，三是政协工作离不开政协机关工作人员的共同努力。

纪念抗日战争胜利60周年

2005年8月，政协编辑出版《抗战时的沅陵》文史专辑，12日，在政协机关召开专辑首发座谈会，纪念抗日战争胜利60周年。并联合县电视台，以《抗战时的沅陵》为蓝本，开展为期一周的专题报道，对抗战胜利60周年进行纪念，社会反响良好。

纪念农工民主党成立85周年

2015年10月20日下午，农工党沅陵县委在机关会议室举行纪念中国农工民主党成立85周年座谈会，会议由农工党沅陵县委副主委刘朝彦主持。会议传达学习农工党十五届十一次中常会、中共中央统战工作会议及农工党怀化市委四届六次会议精神。秘书长瞿继宏领学《中国共产党统一战线工作条例（试行）》。参加会议的离退休老党员和中青年党员代表踊跃发言，结合自身经历，谈感想、谈认识，抒发对组织的真挚情感，表达对农工党的忠诚和热爱，对多党合作政治协商制度的坚定信念，并表示要继承和发扬农工党老一辈领导人同中国共产党亲密合作的优良传统，立足本职工作，不断提高履职能力，在参政议政、民主监督中做出新成绩。农工党沅陵县委主委全小军简要回顾农工党85年光辉历史，要求全县农工党员以纪念农工党成立85周年为契机，总结历史，继往开来，深入学习贯彻中共中央统战工作会议精神，深入开展坚持和发展中国特色社会主义学习实践活动，持续加强参政党能力建设，切实履行好参政党职能，为全力推进沅陵科学发展跨越发展贡献力量。

二、庆典活动

1986年寿诞庆典

1986年重阳节，县政协组织贺寿活动，为10名80岁以上的老政协委员和各界知名人士举行集体寿诞庆典，产生积极社会反响。

刘诗祥九十寿诞

1991年6月6日，是县政协常委、县基督教“三自”爱国会主任刘诗祥九十寿辰，县政协、县委统战部、县民族宗教事务委员会在永生堂为刘诗祥联合举办隆重庆典仪式，祝贺其九十寿诞。湖南省基督教“三自”爱国会、教务委员会发来贺电。怀化地区民委宗教科、地区基督教联络小组、沅陵县人民政府、县天主教爱国会，以及刘诗祥亲属代表参加庆典仪式并热情发言祝贺。刘诗祥也在庆典仪式上发言，回顾自己几十年的坎坷经历，对共产党表达由衷的感激和敬仰。一些辛亥革命后裔老人、来宾和教友为寿诞庆典表演歌曲、京剧和口技，把庆典活动推向团结、和谐、欢快的高潮。

1991年寿诞庆典

1991年10月16日重阳节，县政协在宁园宾馆集会，为70岁以上的老龄高寿政协委员进行集中贺寿。县政协主席、副主席和县委统战部领导，以及县农工党、黄埔同学会等单位负责人30多人参加活动。县委常委、政协主席蒋国汉，副主席、县委统战部长肖功璞分别发表讲话，向高龄长寿老委员表示祝贺，并向老委员征求对政协和统战工作的意见。老委员们纷纷发言，一致表达对政协组织关怀的感激之情，表示要加强学习，保持晚节，在反和平演变和改革开放中发挥余热，继续为宣传沅陵、建设沅陵尽心尽力，奉献余热。

红星茶场成立38周年庆典

红星茶场位于五强溪镇瓜瓢湾，是1967年由下放知青开垦的知青茶场。知青回城后，茶场荒芜。1985年，唐方烛对茶场进行承包。1990年，唐方烛加入政协，历任县政协第七届、八届委员、九届、十届常委。红星茶场作为政协委员领办企业，生产的优质茶叶打入欧美市场，为沅陵茶叶经济做出重大贡献。2005年1月1日，茶场成立38周年之际，政协主席黄茂林率政协机关全体人员前往茶场，召开纪念座谈会，对茶场发展提出希望和建议。

县政协综合办公楼落成庆典

2003年3月18日，县政协与怀化市广达房地产开发有限公司沅陵分公司签订改造办公楼和古城路旧门面的协议。22日，政协旧办公楼拆除，政协机关迁到胜利中学办公。2004年5月18日，政协综合办公楼竣工落成交付使用，县政协举办隆重简朴的庆典仪式，县委、人大、政府、人武部领导，亲临政协祝贺。县委书记谢宏有在座谈中对政协办公楼的开发建设思路给予充分肯定，希望其他单位向政协学习，大胆解放思想，创新工作思路，最大限度地促进沅陵经济又好又快发展。对政协办公条件的改善，谢宏有也给予衷心祝贺，并要求各单位要提高对政协工作重要性的认识，要更好地支持政协工作，自觉接受民主监督，积极有序地推进沅陵民主政治建设。

《沅陵历史文书丛书》首发庆典

2014年9月23日，县政协在新华书店门口举行《沅陵历史文书丛书》首发典礼。丛书由县委、县政府委托政协编纂完成，共10辑，170多万字，是沅陵县历史上第一部综合、全面的历史文化丛书，由中国文史出版社出版发行。县委书记刘志良、县委副书记、县长龚琪、县政协主席张世雄，以及其他县委常委、政协领导出席首发式。县委副书记胡诗军为首发式致辞，指出,《沅陵历史文化丛书》为县委、县政府决策民主化、科学化提供依据，为开展县情教育提供教材，为宣传推介沅陵提供载体。要求全县各级各部门要借丛书出版首发的契机，在干部职工中兴起一场“知沅陵、爱家乡、促发展”的读书热潮。沅陵县城区学校、沅陵镇社区（居委会），以及部分县直单位参加丛书首发典礼。

第十章　机关建设

县政协按照“讲质量、讲效率、讲规范、讲协作”的要求，以关心委员、服务委员、帮助委员为宗旨，注重学习型、创新型、服务型、和谐型“四型”机关建设，努力把政协机关建设成为“委员之家”“党外人士之家”。历届县政协党组、县政协常委会和县政协机关党支部，为加强机关建设，做了大量工作。

第一节　思想建设

政协通过党组教育和党支部工作开展，经常性地对政协机关干部进行教育，加强思想建设。

一、党组教育

加强领导

政协党组是县委派出机构，具体负责和领导政协工作，1984年政协成立党组后，历届政协党组始终在中共沅陵县委的领导下，认真贯彻执行中央、省、市党委指示精神，坚持民主、团结，坚持统一战线，紧紧围绕县委、县政府工作中心，充分发挥政协人才汇聚优势，服从服务于全县工作大局，忠实履行“政治协商、民主监督、参政议政”职能，为维护沅陵社会稳定，推进县域经济和社会事业全面发展，加强社会主义精神文明和民主法治建设，做出积极努力。为进一步加强党对政协工作的领导，历届政协党组始终坚持与县委“思想上同心、政治上同向、工作上同步”。凡是政协的主要工作、重大活动、重要人事安排和重要问题，都主动向县委请示汇报；政协召开全体会议、制定年度工作要点，主席会、常委会的协商议题和视察内容、专题协商的比较研究学习等重要工作，都及时报请县委审批；主动邀请县委、县政府领导参加政协的各种重要会议和重大活动；对县委重大决策和工作部署、交给政协的临时性工作，均能及时落实到位，切实发挥政协党组在政协工作中“把方向、管大局、保落实”的责任，确保政协工作在党的领导下扎实有效开展。

贯彻政策

历届政协党组，坚持与时俱进，根据新形势下人民政协发展的需要，结合沅陵县政协工作实际，及时研究提出加强和改进政协工作的意见和措施，报经县委批转执行，有力促进人民政协工作上台阶，开新局。1990年12月，政协党组根据全省政协工作会议精神，报请县委出台《关于加强政协工作的意见》，要求各级党委政府充分认识政协工作在新时期的地位和作用，把政协工作列入党委的重要议事日程，县委常委会议要每年专门研究2次政协工作。1997年5月，政协党组就关于贯彻执行《政协全国委员会关于政治协商、民主监督、参政议政的规定》作出实施意见，指出各级党委、政府，要加强党对政协工作的领导，要为政协政治协商、民主监督提供必要保障，党政重大方针、重大部署和人民群众生活中的重大问题，都要与政协协商，并做到协商于决策之前，监督于执行之中，要根据各个时期党政主要工作，出题目、交任务，充分发挥政协各界代表人物和“高层次智力库”的作用。县委同意并批转政协党组意见，为政协履行职能提供坚强保障。2006年初，中共中央发布《关于加强人民政协工作的意见》，政协党组及时组织学习讨论，并根据省市相关文件精神，结合沅陵实际，从加强和改善党对人民政协工作的领导、认真搞好政治协商、积极推进民主监督、深入开展参政议政、切实加强自身建设等5个方面，向县委提出加强沅陵人民政协工作的18条意见。9月19日，中共沅陵县委发出《中共沅陵县委关于加强人民政协工作的决定》。2013年初，政协党组对政协常委会制定的《沅陵县政协专门委员会与县直有关部门对口协商联系制度》《政协沅陵县委员会委派政协委员担任重点执法执纪部门（单位）民主监督员实施办法》进行认真讨论，2月3日，两份文件经县委批转执行。同年，县政协党组为认真履行政协职能，逐步实现政协工作规范化、制度化，根据《中国人民政治协商会议章程》《中共中央关于坚持和完善中国共产党领导的多党合作和政治协商制度的意见》和《政协全国委员会关于政治协商、民主监督、参政议政的规定》的精神，制定出《沅陵县政协关于履行政治协商、民主监督、参政议政职能的实施办法》，得到县委批转执行。2018年8月，中共中央办公厅印发了《关于加强新时代人民政协党的建设工作的若干意见》，9月，中共湖南省委发出关于学习贯彻《关于加强新时代人民政协党的建设工作的若干意见》的通知。县政协党组按照通知精神，分批组织党组成员、机关党员，和政协常委会成员进行认真学习贯彻。10月，怀化市政协召开全市政协系统党的建设工作座谈会，县政协出席会议并发言。

组织学教

历届政协党组始终坚持把思想建设摆在首位。2000年，根据上级党委指示精神，沅陵开展“三讲”（讲学习、讲政治、讲正气）学习，政协党组按照县委统一安排和部署，认真落实每个环节和学习内容，通过3个月扎扎实实地学习，党组成员理论素养和思想认识得到新的提高，思想上、政治上更加坚定地同以江泽民为总书记的党中央保持高度一致，工作作风更为务实，精神面貌焕然一新。2005年1月27日，根据县委统一安排，政协成立以党组书记为组长的“保持共产党员先进性教育活动领导小组”，在机关党员、干部中开展保持共产党员先进性教育活动。活动中，结合先进性教育内容和委组工作实际，采取集中辅导、专题讲座、分散自学等方式，组织党员干部原原本本、扎扎实实学习《保持共产党员先进性教育读本》，掌握“三个代表”重要思想的基本内容和《中国共产党党章》对党员的基本要求，不断提高党员干部的思想道德素养和服务意识，改进机关工作作风，增强履行职责的责任感和使命感。党员干部在学习实践中撰写心得体会、党性分析及整改材料近30万字。4月7日，政协党组召开民主生活会，开展批评和自我批评，认真总结“保先”教育活动成绩和不足，研究整改意见和措施。6月16日下午，中共沅陵县委党员先进教育办公室督导组在政协召开政协机关党员先进性教育活动群众满意程度测评会，邀请社会各界人士30多人对政协党员进行测评，有80%以上的群众对政协的先进性教育活动表示满意，接近20%群众表示“基本满意”。十一届政协党组深入实践科学发展观，坚持以邓小平理论和“三个代表”重要思想贯穿政协工作始终，不断加强学习，提高自身素质，组织委员认真学习党的十七大各次会议精神，学习党和国家在新时期有关政协工作的方针政策、统一战线理论和人民政协的基础知识，实现以科学的理论武装头脑。2013年，政协党组深入贯彻学习党的十八大、十八届三中全会和全国政协会议精神，认真学习中央“八项规定”，省委“五项制度”“九项规定”和县委若干规定，加大机关党员干部的思想教育，促使工作作风转变和工作能力提高。2014年3月，政协参加县委统一安排的党的群众路线教育实践活动，活动由政协党组主持，政协机关各委室一并参与。在政协党组领导下，活动始终围绕“为民务实清廉”主题，按照“照镜子、正衣冠、洗洗澡、治治病”的总要求严格进行，在深入学习教育、广泛听取意见、认真开展讨论、深入谈心交流的基础上，认真查摆“四风”方面突出问题11条。政协党组对这些问题根源进行深刻剖析，并提出4条针对性的整改措施。2015年8月，政协党组开展“三严三实”专题教育，每个党员都参与其中，并联系实际，开展批评与自我批评，对总结出的问题进行深刻解剖。2018年，政协党组结合政协工作特点，狠抓意识形态工作，制定落实《沅陵县政协党组理论学习中心组学习实施办法》《沅陵县政协党组理论学习中心组2018年度理论学习计划》，根据学习计划，一年中，政协党组理论学习中心组共组织集体学习11次，认真学习习近平新时代中国特色社会主义思想的科学理论体系和习近平总书记关于全面深化改革、关于坚持党对一切工作的领导、坚持以人民为中心、关于脱贫攻坚等诸多领域里的一系列重要思想。通过学习，党组班子成员的政治理论素养得到新的提高。2019年9月，政协根据县委统一安排，参加“不忘初心、牢记使命”主题教育活动，教育活动中，政协党组坚持高标准、严要求，对照“守初心、担使命、找差距、抓落实”的总要求，将“学习教育、调查研究、检视问题、整改落实”贯穿始终，取得明显成效，党组成员和机关全体党员、干部理论水平普遍提高，理想信念进一步坚定，工作作风出现新的转变，工作效能大幅提升，政协自身建设得到进一步加强。2020年，政协党组理论中心学习小组，根据中央、省委关于党委（党组）理论学习中心组学习办法文件精神和建设学习型政党的工作要求，从3月下旬开始，组织党组成员和党外副主席，开展对习近平总书记关于依法治国的重要论述；在全国决战决胜脱贫攻坚座谈会上的重要讲话；关于防范化解重大风险的重要论述：坚持底线思维，强化风险意识，打好防范和抵御风险的有准备之战；在十九届中央纪委四次全会上发表的重要讲话；以及中共中央办公厅《纪检监察机关处理检举控告工作规则》等进行深入学习和研讨，切实加强党组一班人的理论武装，用理论指导实践，推动新形势下的政协工作。2021年，县政协在全体党员干部中认真开展党史学习教育活动，做到学史明理，学史增信，学史崇德，学史力行。

二、党支部活动

政协机关党支部在加强机关干部思想建设中，起到非常重要的作用。历届党支部开展形式多样的支部活动，为加强机关干部思想道德教育发挥出较好作用

活动形式

1. 主题教育活动

政协机关党支部在中共沅陵县党群战线党委领导和县政协党组指导下，围绕县委、县政府各个时期中心任务和政协机关自身工作，开展各项活动，组织学习。1985年，按照中央文件精神和中共沅陵县委的部署，组织党员学习有关整党文件，彻底否定“文化大革命”，清理“左”的思想影响。1986年以来，先后组织党员、干部学习马列主义、毛泽东思想、邓小平理论、“三个代表”重要思想、科学发展观、习近平新时代中国特色社会主义思想；学习党的基本路线和重要文件；对机关党员、干部进行经常性的思想政治教育，不断提高党员思想水平和政治站位，坚定马克思主义政治立场，时刻保持共产党员的先进性。县政协第七届委员会机关党支部重视党员的形势教育和政治理论学习，经常开展学习辅导讲座，提高党员的政治意识。1990年7月24日，机关党支部召开形势报告会，由机关党支部书记邓必礼报告《当前东欧和苏联情况》，9月21日，由县委统战部副部长姜宏顶为机关党员干部作对台形势报告。除此而外，政协机关还通过支部会、党员会、党课专题辅导等多种形式，开展党员教育，进行党性锤炼。2019年9月18日，机关支部成立“不忘初心，牢记使命”主题教育领导小组，召开“不忘初心、牢记使命”主题教育动员会，截至12月，共开展3期读书班活动，组织系统学习习近平总书记关于“不忘初心、牢记使命”重要讲话精神。党员还通过自己学、集中学、讲座辅导学、讨论研究学等方式，积极读原著、学原文、悟原理，对照党章党规和人民群众新期待，对照先进典型和身边榜样，聚焦职责查摆自身不足，深刻检视反思自身存在的突出问题，自觉落实改进措施。

2. 爱国主义和革命传统教育活动

政协支部每年“七一”前夕，都要安排机关党员开展以爱国主义和革命传统教育为内容的主题党日活动，在活动中重温入党誓词，重问入党初心。自2002年以来，政协机关党支部多次组织党员到井冈山、韶山，以及县内的红军活动遗址进行参观学习。2018

年6月29日至7月1日，支部组织政协机关党员干部29人到贵州遵义、赤水红色教育基地参观学习，回顾党的历史，重温入党誓词，接受爱国主义和革命传统教育。2019年7月，开展“重温红色历史，再走红军路”主题党日活动，组织党员沿着贺龙红军在沅陵县城活动路线，寻访沅陵苏区历史，缅怀革命先烈，回忆革命业绩。

3. 生产帮扶活动

政协支部从二十世纪八十年代开始，就经常组织机关党员、干部深入乡村田间地头，和农民群众同吃、同住、同劳动，帮助群众插秧、收割。2000年以来，机关党支部每年组织党员开展1～2次主题党日活动，帮助茶农采摘春茶或秋茶。2013年10月，政协机关党支部践行中共怀化市委、市政府开展的“三级干部下基层，百万群众修水利”活动，组织机关党员到太常乡白羊坪村开展主题党日活动，与当地群众一起参加农田水利基本建设义务劳动。2017年以来，政协机关党支部围绕精准帮扶工作需要，组织开展以帮扶贫困户为主题的党日活动，带领党员、干部深入政协帮扶的贫困村开展卫生清扫、消费扶贫等活动，受到基层农民群众的欢迎。

4. 爱心救助活动

每逢群众有灾难发生，政协机关党支部总是第一时间在党员中发起爱心救助。1990年7月16日，沅陵遭受百年一遇的洪灾，政协机关党支部及时召开机关党员职工大会，通报灾情形势，号召全体党员干部投身抗洪救灾工作，得到积极响应。有的党员自家受灾严重，但是他们放弃自己财物的抢救，带头深入受灾群众家里，帮助他们转移财物，清除淤泥，并为受灾的困难群众捐物捐款，帮助群众渡过难关。1996年7月14日，沅陵再次发生特大洪涝灾害，机关党支部一面组织党员干部捐款捐物，一面组织抗洪抢险，一面帮助受灾群众转移财物，始终让党旗飘扬在群众最无助的时刻和最需要的地方。2003年12月，机关支部响应政协常委会向全体政协委员及社会各界发出的扶贫助学募捐倡议，在机关党员干部中率先开展募捐活动，得到机关全体人员的踊跃支持。2004年6月23—24日，沅陵遭受特大暴雨袭击，机关支部响应县委、县政府号召，紧急组织机关党员、干部开展捐助行动，两小时内捐助到位被套15件、床单23套、衣裤54件、现金920元。27日，落实县委、县政府抗灾自救会议精神，政协机关全体党员、干部，按照机关支部安排，分成3个抗洪救灾小组，分赴北溶、马底驿、池坪乡，协助当地党委、政府疏散转移受灾群众。2005年，黄壤坪、竹园等乡镇，先后发生重大火灾事故，政协机关党支部均在第一时间组织党员、干部，赶赴受灾现场，为受灾群众送上钱粮物质，帮助灾民渡过难关。2008年5月12日四川汶川地震后，机关党支部及时组织党员、干部为汶川捐款，支援灾区群众抗震救灾。2017年，一名乡镇政协干部患上白血病，政协发起爱心救助活动，机关党支部积极响应，组织机关党员、干部为患者捐款献爱心。2020年2月，政协机关支部组织党员、干部为支持新冠肺炎疫情防控工作捐款，机关26名党员群众，共计捐款2.19万元。

工作成效

政协机关党支部的主要任务是加强机关党员学习，发展壮大党的基层组织，认真调查，落实政策，帮助党员解决历史遗留问题等。政协离休干部周礼，1949年8月参加工作，历任湖南宁乡县七区副区长、沅陵县乌宿区副区长、区长、县百货公司经理等职，1953年4月，经黔阳地委组织部批准，接纳为中共预备党员，预备期2年，在肃反审干中，因其历史问题，于1957年9月20日由黔阳地委批复，被撤销预备党员资格，行政上降级处理，1958年1月，被错判为右派分子给予判刑处分。党的十一届三中全会后，周礼对之前的处分进行多次申诉，县政协机关党支部经过认真调查，在掌握充分证据的基础上，于1986年11月17日召开机关党员会议，经过讨论，一致认为，周礼入党时未向组织彻底交代基本全部历史问题，实属严重错误，但在入党后预备期间，继续向组织做了交代，按照《党章》规定，应该可以按期转为正式党员。经向上级党委请示，1987年3月13日，中共怀化地区纪律检查委员会作出“关于对周礼同志政治历史问题复查报告的批复，同意撤销原中共黔阳地委1957年9月20日（地字）第140号《对周礼同志取消预备党员资格并给予行政降职处分的批示》，恢复周礼预备党员资格并按期转为中共正式党员，党龄从批准入党按期转正式时（1956年4月29日）算起。

政协机关党支部注重机关党员思想建设，经常组织党员开展学习教育活动，激励党员为县域经济建设出力献策，在历次洪灾和乡村火灾中，机关党员都主动冲在一线，抗洪抢险，救助灾民。1990年，为确保高滩水电站建设工程如期上马，全县要在9月5日前集资120万元到建设银行账上。8月28日，政协机关党支部接到集资通知，及时组织机关召开宣传发动会议，18名党员积极支持水电站建设，在党支部的号召下，克服家庭经济困难，共集资3450元，人均集资181元。在党员的带动下，政协机关非党干部职工也主动参与，集资600元，为高滩水电站建设献出一份力量。1991年，政协机关党支部共有党员22人，同年，县政协成立社会主义思想教育领导小组，机关党支部根据领导小组工作安排，在机关全体党员中深入开展社会主义思想教育，从11月到12月，机关党支部开展四次辅导讲座，辅导党员学习《坚持社会主义道路》《坚持党的领导》《廉政勤政建设》《法制教育》等内容。组织开展2次党员会议，发展1名党员；召开2次党内民主生活会，结合民主生活会，在党员中开展“入党为什么，在职干什么，离岗留什么”的大讨论，有7名副科级以上党员干部写出学习心得和讨论文章；组织2次党课活动，均由县委常委、政协主席蒋国汉主讲，一次主讲《加强廉政建设的重要性和必要性》，一次主讲《聚精会神地抓好党的建设是加强和改善党的领导的迫切需要》。为开展好党员自学活动，党支部为机关每个党员和干部职工发放一套《毛泽东选集（再版本）》《中国共产党七十周年》《湖南人民革命史》《新版毛泽东选集学习词典》《新版毛泽东选集学习辅导》。1998年，机关党支部在机关全体党员干部职工中深入开展“三义（爱国主义、社会主义、集体主义）三观（人生观、价值观、世界观）三德（家庭美德、职业道德、社会公德）”教育和“三争一创”文明创建活动。通过教育和活动开展，增强全体机关干部为人民服务意识，促进机关、家庭和社会团结和睦的氛围，为强化机关工作秩序和提高工作效率起到积极作用。

2003年5月，根据工作需要，将政协机关党支部调整为在职党员支部（一支部）和退休党员支部（二支部），一支部负责组织和推动机关干部职工的学习，做到每月集中学习不少于1次，每次不少于1天，以此促进机关党员、干部思想觉悟提高和思想观念更新。2006年，按照组织部门的要求，在政协党组指导和部署下，政协机关第一支部经过研究，决定将每周三下午定为支部集中学习日，每个党员轮流授课，授课内容由党员自定，党课教育内容丰富多彩，形式灵活多样，取得良好效果，被县委授予先进党支部称号。从2008年开始，政协机关党支部恢复每月1次集中学习，平时党员学习以自学为主，支部活动和学习，逐渐规范化、制度化。2017年以来，政协机关党支部建设进一步加强，支部学习和活动与工作实际相结合，形式多样，内容丰富，得到机关全体党员的一致好评。

第二节　职责建立

县政协办公室和各专委会的工作职责，在政协自身发展过程中，与时俱进，不断得到补充和完善。2019年4月，县政协进行机构改革，同时，进一步完善建立政协机关、办公室、专门委员会的工作职责。

一、政协机关主要职责

1. 负责县政协全体会议、常务委员会议、主席会议、主席办公会、常务委员专题座谈会和专门委员会会议的会务工作，负责上述会议所形成的决议、决定的组织实施。

2. 协调县政协各专门委员会的工作，充分发挥县政协委员的作用，履行好政治协商、民主监督、参政议政的基本职责。

3. 负责县政协委员视察、参观、调查、座谈、学习、研讨等日常活动的服务和具体组织工作；受怀化市政协的委托，组织在沅的市政协委员进行视察活动。

4. 研究统一战线和人民政协的理论、政策，调查研究基层政协的共同性问题及其解决办法，供领导决策参考。

5. 宣传人民政协的方针政策、工作业绩和经验以及政协委员的先进事迹，收集和反映县政协委员和各界人士的意见建议，综合、反映社情民意。

6. 指导乡镇政协联工委的工作，联系民主党派、工商联、各人民团体和无党派人士。

7. 负责县政协开展各项活动的有关后勤服务管理工作和县政协机关行政事务管理工作。

8. 负责权限范围内的人事任免。

9. 负责对口接待来沅访问的海内外相关友好人士和相关对外联谊工作。

10. 承办县政协主席、副主席交办的其他事项。

二、办公室主要职责

根据政协机关职责，设置政协办公室，主要职责是负责机关日常运转工作。办公室在秘书长领导下开展工作，设政务组、人事组和事务组3个工作组，各工作组的职责是：

1. 政务组。负责以县政协党组、县政协和县政协办公室名义召开的各类会议的秘书工作和有关决定事项的催办落实；负责安排县政协领导同志公务活动，承办县政协及办公室重大活动的落实；负责县政协机要保密、印鉴管理、文电处理、机要通讯、档案、收发、图书管理、机关文印、值班安排和信访工作；负责机关党建、意识形态、党风廉政建设和政协党组理论学习中心组集体学习有关工作；编写政协简报、政协大事记、政协年鉴；负责与省、市政协和乡镇政协联工委的联系；负责县政协机关承办提案的分配和催办工作。

2. 人事组。负责县政协机关的机构编制管理与干部职工人事管理工作；承办机关干部、职工的考察、任免、调配、教育培训、职称和技术等级考评的申报工作，办理离退休有关手续；负责机关干部职工的工资和“五险一金”参保缴费信息的调整、报批等工作；负责机关干部职工的档案管理工作；负责组织机关干部、职工年度考评和日常考勤工作；负责机关工作人员因公出国（境）的审核呈报和政审工作；承办县政协全会和常委会议人事任免事项的具体工作。

3. 事务组。负责机关年度经费的预算、核拨、决算和财务管理；负责机关日常接待工作；负责以县政协组织的县内视察、参观、调研、研讨等日常活动和外出比较学习的综合协调及服务保障工作；负责县政协各种会议的后勤服务保障工作；负责机关办公用品及其他国有资产的采购和管理；负责机关公共设施的建设、维护和管理工作，负责机关绿化、保洁、水电、物业、安全等管理工作；负责机关公务车辆、驾驶员的管理工作；负责县政协机关在职在岗人员、离退休人员的行政后勤服务管理工作；负责机关计划生育、社会治安综合治理、文明创建等工作。

三、专门委员会主要职责

根据政协机关职责，政协设置委员学习联络委员会、提案委员会、经济科技和外事委员会、农业农村和人口资源环境委员会、文教卫体和文史委员会、社会法制和民族宗教委员会等6个专门委员会。各专门委员会主要职责如下。

1. 委员学习联络委员会。负责联系驻沅全国、省、市政协委员，组织协调和承办驻沅全国、省、市政协委员出席各项会议和在沅视察调研等活动，承办全国、省、市政协委员来沅视察、调研活动的联系工作。负责委员联络工作，做好县政协委员视察、考察、调研活动和外出比较学习的协调组织工作，协调、督促各乡镇政协联工委组织在本地的县政协委员开展视察调研活动。负责界别活动组划分，组织协调开展界别活动。负责换届选举协商推荐、届中调整增补和任免委员等有关工作。负责政协全体会议、常委会议有关人事事项的会议程序性工作和换届选举工作。负责县政协委员履职情况的收集、综合与考核，统筹委员评先评优，建立并管理好委员履职档案。负责县政协委员的学习教育培训工作和来信来访工作。负责委员学习资料、报纸杂志的发行发放工作。承办县政协委员、各界知名人士有关事宜。负责推荐、选派各级政协委员担任特邀监督员等监督职务或参与监督评议活动。根据提案督办任务安排对本委负责的提案进行督办。加强与县政协委员、县对口协商部门、民主党派、工商联、各有关人民团体以及其他专门委员会的联系与协作。完成县政协常委会、主席会和领导交办的其他事项。

2. 提案委员会。负责起草常务委员会关于提案工作情况的报告，向政协全体会议报告提案审查情况。负责制定全体会议期间提案工作方案和提案委年度工作计划。负责提案征集、审查立案、督促办理与检查、重点提案的遴选与督办。组织提案工作的宣传报道，逐步推进提案工作公开化。组织提案工作研讨交流和提案工作理论研究。对提案进行综合分析，反映社情民意信息。根据县政协安排，牵头组织开展相关调研、视察、监督和专题协商，提出建议和意见。协助市政协提案委开展工作，加强与兄弟县市区政协对应专委会的联系、交流和合作。加强与县委办、县政府办提案协调督查部门及各承办单位的联系，加强与县政协委员、对口协商部门、民主党派、工商联、各有关人民团体以及其他专门委员会的联系与协作；完成县政协常委会、主席会和领导交办的其他事项。

3. 经济科技和外事委员会。负责对全县经济、科技、外事、港澳台侨等方面工作开展调研、视察和监督，提出建议和意见。根据县政协安排，牵头组织开展相关调研、视察、监督和专题协商，提出建议和意见。组织委员积极撰写提案和反映社情民意信息。根据提案督办任务安排对本委负责的提案进行督办。协助市政协经济科技和外事委员会开展工作，加强与兄弟县市区政协对应专委会的联系、交流和合作。加强与县政协委员、对口协商部门、民主党派、工商联、各有关人民团体以及其他专门委员会的联系与协作。完成县政协常委会、主席会和领导交办的其他事项。

4. 农业农村和人口资源环境委员会。负责根据我县农业农村、人口资源环境工作的实际、农业和农村经济社会发展的形势、人口环境及可持续发展领域带战略性、综合性、全局性、前瞻性的重大问题，组织政协委员及社会各界人士，开展调查研究、视察与协商座谈活动，提出意见和建议。根据县政协安排，牵头组织开展相关调研、视察、监督和专题协商，提出建议和意见。组织委员积极撰写提案和反映社情民意信息。根据提案督办任务安排对本委负责的提案进行督办。协助市政协农业和农村委员会、人口资源环境委员会开展工作，加强与兄弟县市区政协对应专委会的联系、交流和合作。加强与县政协委员、对口协商部门、民主党派、工商联、各有关人民团体以及其他专门委员会的联系与协作。完成县政协常委会、主席会和领导交办的其他事项。

5. 文教卫体和文史委员会。负责就我县文化、文史、教育、卫生、体育及可持续发展领域带战略性、综合性、全局性、前瞻性的重大问题组织委员开展座谈讨论、专题调研、视察和监督，并通过调研报告、提案、社情民意信息等形式，提出意见和建议。征集、编辑和出版文史资料。参与文史学术和有关文化宣传活动。根据县政协安排，牵头组织开展相关调研、视察、监督和专题协商，提出建议和意见。组织委员积极撰写提案和反映社情民意信息。根据提案督办任务安排对本委负责的提案进行督办。协助市政协文教卫体和文史委员会开展工作，加强与兄弟县区政协对应专委会的联系、交流和合作。加强与县政协委员、对口协商部门、民主党派、工商联、各有关人民团体以及其他专门委员会的联系与协作。完成县政协常委会、主席会和领导交办的其他事项。

6. 社会法制和民族宗教委员会。负责就本县社会法制建设、民族宗教、精神文明建设、社团组织、社会福利工作中的重大问题，开展专题调研、座谈讨论、视察和监督，提出意见和建议。组织委员学习宣传有关政策、法律、法规，帮助委员了解社会主义法制、民族、宗教、精神文明建设和工青妇及社会福利等方面的情况。根据县政协安排，牵头组织开展相关调研、视察、监督和专题协商，提出建议和意见。负责处理有关法律方面的咨询，协助做好政协机关社会治安综合治理有关工作。应邀参加有关会议、检查、行风评议调研等活动，协助职能部门搞好相关工作。根据提案督办任务安排对本委负责的提案进行督办。协助社会法制和民族宗教委员会开展工作，加强与县市区对应专委会的联系、交流和合作。加强与县政协委员、县对口协商部门、各民主党派、工商联、有关人民团体以及其他专门委员会的联系与协作。完成县政协常委会、主席会和领导交办的其他事项。

第三节　制度建设

为促进机关管理，县政协逐步建立健全各项规章制度，做到用制度管人，用制度理财，用制度管理机关事务。

一、综合性工作制度

县政协始终把规范化、制度化建设作为加强政协自身建设的一个重要方面，不断进行探索和完善。1988年，县六届政协坚持以改革的精神，加强政协自身建设，首先着力推行双文明目标管理，成立政协双文明目标管理领导小组，狠抓双文明目标管理的推行和落实。用制度确定出政协各专委会共同和各自的具体指标和计分办法，先后修改完善和制定出91条16个方面的规章制度。七届政协坚持以改革为动力，从双文明目标管理入手，狠抓政协自身建设，层层签订责任书，不断制定和完善各项制度，先后建立起例会、议事、学习、廉政、生活会和下基层等各项制度，与双文明目标管理配套执行。1995年3月，第八届政协对以前历届政协所制定的各项规章制度进行修订完善，汇编成《政协机关规章制度》，主要有《党组生活制度》《主席会议制度》《常委会议制度》《学习制度》《廉政制度》《接待制度》等13种，第八届政协工作，依循制度，进一步规范化。九届政协在以往历届政协“两化”建设的基础上，先后建立和完善《常委会工作制度》《例会规则》《提案工作规则》《执证视察简则》《接待联系委员办法》以及政协机关财务管理、委员走访、接待信访、干部岗位责任目标管理等20多项规章制度，对政协工作严肃性起到有效维护，避免了委员履职的随意性。第十届政协在履行职能中积极推进“制度化、规范化、程序化”建设，对之前各届政协所制定的制度，进行修改完善，使之更具时代性，更能满足现实政协工作的需要。2003年7月，政协修改实施《沅陵县政协提案工作条例》。同年12月5日，建立《沅陵县政协委员执证视察条例》。2005年，政协改进提案工作，对原有《沅陵县政协提案工作条例》进行修改完善，9月28日，政协十届十二次常委会议审议通过新修订的提案工作条例。2006年3月31日，县政协召开十届十四次常委会议，参照全国和省、市政协相关规定，对一系列政协工作制度和工作通则进行修订完善，审议通过《沅陵县政协常务委员会工作规则》《沅陵县政协关于县政协委员参加县政协活动的规定》等规章制度，政协工作指标得到量化，工作程序进一步规范，岗位目标和履职实效得到充分体现，政协工作严肃性得到有效维护，履行职能随意性得到避免，政协履职“三化”进程得到促进，为新时期政协工作发展积累下宝贵经验。

十一届政协在继承中求发展，结合沅陵政协工作实际，制定出一些新的工作制度。2008年3月26日，政协召开十一届二次常委会议，协商通过《沅陵县政协民主评议部门工作暂行办法》，进一步规范政协民主监督工作。十二届政协加强建立健全各项规章制度，2013年初，先后制定和完善《沅陵县政协委派政协委员担任重点执法执纪部门（单位）民主监督员实施办法》《沅陵县政协在县政协委员中开展“立德、立言、立功”活动的表彰制度》《沅陵县政协“立德、立言、立功”主题实践活动先进单位，先进个人评选办法》等。9月25日，政协召开十二届四次常委会议，对政协提案工作条例进行修订，审议通过《政协沅陵县委员会提案工作条例》。2014年，对政协工作制度进行再完善再建立，新建《沅陵县政协关于创新政协履职制度》《沅陵县政协关于促进政协调研成果转化制度》等制度，同时，依据中央和省委文件精神，结合沅陵实际，提请县委、县政府出台《关于加强人民政协提案办理工作的若干规定》。2015年11月17日，政协召开十二届政协第21次主席会议，协商通过《沅陵县政协关于政治协商、民主监督、参政议政的规定（试行）》。

十三届政协与时俱进，根据国家相关政策，结合沅陵实际，对历届政协规章制度修订完善。2017年2月21日，召开十三届政协第2次主席会议，专题研究制度修订事宜。经对历届政协制度进行梳理，发现共有各类制度21种。主席会议研究，对这些制度进行修订完善，其修订原则主要遵循规范性、合法性、需求性、可操作性等相关原则，把上级制度规范与政协工作实际相结合，尽可能做到既符合制度要求，让政协工作做到有章可循，又切合沅陵实际，让制度的修订更具操作性，更能促进政协工作。如对“政协民主监督工作制度”的修订，主要是坚持“精简、高效、双赢”的原则，缩小监督范围，提升监督质量，积极探索政协民主监督与纪委纪律监督的有效结合，真正形成工作活力。

二、议事制度

为提高工作质量和效率，2003年12月5日，政协召开十届五次常委会议，协商通过《沅陵县政协关于进一步发挥县政协委员作用和完善例会制度的决定》，对政协各种例会的举行，从召开方法和主要解决问题，都作出明确规定，使各次例会有章可循。2006年3月3日，十届政协32次主席会议协商通过《沅陵县政协主席会议工作规则》，规定主席会议由主席、副主席和秘书长组成，每月召开一次，会议内容主要是学习政策理论知识；研究部署政协工作；审议政协沅陵县委员会增加或者变更参加单位、委员名额和人选，以及下届政协委员会的参加单位、委员名额和人选及界别设置，提交致协常委会协商讨论；审查以县政协委员会或常务委员会名义向县委、县人大常委会、县人民政府提出的重要建议案；审议县政协委员会及常务委员会的工作计划、工作报告和要活动方案；审议专门委员会的年度计划和工作总结；决定专委会委员人选等。3月31日，召开政协十届十四次常委会议，审议通过《沅陵县政协常委会议工作规则》，明确县政协常委会议每季度召开一次，并对常委会议的议事内容和流程进行界定与规范。2013年，县政协为进一步规范议事工作，更好提高政协工作质量和工作效率，对《沅陵县政协主席会议工作规则》《沅陵县政协常务委员会工作规则》《沅陵县政协全体会议工作规则》进行修订完善，使政协议事更加规范和程序化。

三、专委会工作制度

根据全国政协章程和有关规定，县政协设置若干专门委员会。2002年7月10日，中共沅陵县委批复同意县政协成立6个专门委员会，作为县政协常务委员会和主席会议领导下的工作机构。2006年3月31日，政协十届十四次常委会议审议通过《政协沅陵县委员会专门会议通则》，对专委会的组织原则和工作制度给予明确。同时制定《沅陵县政协接待联系委员办法》，确保专委会工作制度化、规范化开展。随着形势的发展和工作需要，2013年1月18日，县政协十二届二次常委会议通过协商讨论，对十届政协制定的《专门委员会通则》进行修改和完善，重新制定《政协沅陵县委员会专门会议通则》。

四、机关管理制度

规章管理制度

1980年县政协恢复以来，不断加强和完善机关制度建设，至1988年，共制定和完善《来信来访登记制度》《文件阅办制度》《政协机关财物管理制度》《关于节约行政经费开支的规定》《保密制度》《车辆管理制度》等政协机关16个方面的91条规章制度，促进机关面貌发生变化。2000年以来，县政协加大推行机关制度化管理，进一步完善《沅陵政协机关干部考勤管理制度》《沅陵县政协机关学习制度》《沅陵县政协机关财务管理制度》。至2005年底，县政协机关共建立《考勤考绩制度》《财务管理制度》《廉洁自律制度》《政协机关学习制度》《外出学习考察暂行规定》等各种制度21项。2017年，十三届政协在原有各项制度的基础上，根据新的形势要求，对历届政协遗留下来的各项制度进行修订完善，对过时的旧的制度进行清理，同时根据政协工作需要，建立起《社情民意收集上报制度》《保密工作制度》《工会慰问制度》《机关工会活动制度》《印章管理制度》等5项新的政协机关工作制度。通过历届政协对机关工作制度的不断修订和完善，县政协机关面貌逐年发生变化，主要表现在五个方面：一是机关干部职工责任心逐年增强；二是机关委办团结与合作逐年增强；三是工作计划性逐年增强；四是机关工作透明度逐年增强；五是机关工作作风逐年改进明显，办事效率逐年提高明显，有效推动政协各项工作全面开展。

信息收集和报送制度

为激励委员主动开展信息上报，加强政协信息宣传工作，县政协1996年3月29日发文颁布《关于政协系统报刊用稿奖励有关规定》，对上级报刊采用的政协信息稿件和政协理论文章实行奖励。2003年开始，县政协进一步加大信息员队伍建设，在城乡分别建立政协信息员网络，制定颁布《沅陵县政协反映社情民意目标考核办法》，将信息工作纳入政协年度考核目标，实行信息奖励制度。有力促进政协信息工作。2005年，强化信息网络建设，制定《政协宣传奖励办法》，实施报刊上稿奖励制度。十一届政协修订完善宣传报道奖励和信息奖励制度，扩大奖励范围，提升奖励标准，吸引更多委员和社会各界人士加入政协信息宣传队伍，促进沅陵政协信息工作大发展。2014年，十二届政协制定《沅陵县政协关于社情民意信息直通车制度》。2017年，十三届政协制定《社情民意收集上报制度》，2018年5月，县政协根据《政协湖南省委员会微建议工作办法（暂行）》文件精神，结合沅陵实际，制定《沅陵县政协微建议工作办法》。这些制度的建立，在处理民情信息新通道方面，都作出探索和创新，取得明显效果。如2018年6月，一名省政协委员通过政协云提出《常吉高速沅陵境内沅水观景台垃圾遍地亟待整改》的微建议，县政协立即转办，县综治办、县高速交警大队、盘古乡政府等部门开展联合清理整治，及时落实委员建议，反响良好。十三届政协还结合县委宣传部门《外宣奖励办法》对《沅陵县政协宣传奖励办法》制度进行修订，结合政协工作，加入理论文章、调查研究及网络评论等有关内容，使奖励的范围更广，也更切合政协工作实际。

委员联系制度

政协委员来自不同方面和界别，需要加强联系，才能有效履职，推动工作。县政协第一届二次会议成立工商、社会文教2个工作组，分头联系各有关界别委员开展活动。为加强和委员的联系，县第一届政协建立委员走访制度，采取到户访问的办法，通过上门工作，切实掌握了解委员的思想和生活状况，针对情况帮助解决一些问题。1980年12月，恢复县政协工作，召开政协四届一次会议，成立工农科技、文教卫生、经济民族、社会联络4个工作组，把全体委员全部编入工作组，由各工作组负责联系组内委员，开展经常性的走访活动，在县直机关、企事业单位调查情况，听取意见。1981年6月，政协为加强和各界人士的联系，建立政协信访接待制度，热情做好信访接待工作。制度建立半年多时间，就接待来访250多人次，收到来信82件，反映的主要是落实政策、要求解决户口、住房、就业、救济、工作调动和检举、寻人等方面的问题。政协认为群众要求无小事，对每一件来信来访，都进行认真研究和答复，需转有关部门处理的即时转送有关部门研究办理。各条战线的政协常委和委员，亦按政协要求，经常深入社队、学校、医院，走访了解有关落实政策情况和思想动态，发挥政协纽带作用，加强政协同人民群众和各界人士之间的联系。1985年，政协五届二次会议，决定成立政协工作联络委员会，负责全县政协委员的联系工作，同时成立区、镇政协活动组，每个区镇设置1名政协联络员，在政协工作联络委员会的指导下，召集农村政协委员开展活动，由1名驻区镇的县政协委员担任活动组秘书。1988年，县政协建立《走访委员制度》，把走访委员作为委员联系制度固定下来，通过加强对委员联系走访，经常了解委员工作和生活情况，听取委员要求和建议，及时帮助委员解决实际问题。同年，政协领导和机关工作人员，共走访委员270多人次，收集典型70多例，从中梳理出委员对党政工作和政协工作意见、批评和建议111条，特别是对农用物资供应，滥砍乱发、党风党纪、社会治安和物价等方面的问题，反映强烈。

2002年底，县第十届政协成立，为便于组织政协委员开展活动，履行政协职能，对委员实施分组管理，其中农村以区镇为单位，成立政协联络组，每区镇配设1名政协联络员。城区委员划分为12个活动组，每组推选正副组长和秘书各1人，分别在人口资源环境委、文教卫体委、经科委、民族宗教法制群团委联系指导下开展活动。2003年3月1日，县政协颁布《关于政协沅陵县委员会各专委会联组工作安排》，规定提案委负责联系官庄区、麻洢洑区、五强溪镇、北溶区、沃溪镇政协联络组；文史委负责联系太常村区、乌宿区、麻溪铺区、凉水井区、军大坪区、沅陵镇政协联络组；经科委负责联系工业交通、外资企业、农业科技、财税金融、商贸流通、联络联谊活动组；人口资源环境委负责联系资源城建活动组；文教卫体委负责联系教育、医卫、文体新闻活动组；民族宗教法制群团委负责联系群众团体、法制活动组。同年12月，针对工作实际，政协对专委会联组工作进行适当调整，提案委和文史委不再联系区镇政协联络组，8区3镇政协联络组的工作改由政协办公室负责联系。经科委联系的外资企业和农业科技活动组，改由人资环委负责联系；经科委联系的联络联谊活动组，改由民族宗教法制群团委负责联系。为便于联系工作开展，同年，政协制定《沅陵县政协接待联系委员办法》，对联系工作的经费开支实行公开透明的制度化管理。2005年，沅陵县撤区并乡，将8区3镇撤并为23个乡镇，每个乡镇设政协联络员1名，负责联络本乡镇的政协委员。6月9日，政协为协调分属县直各部门的委员参与政协活动，由政协党组请示县委同意，在城区按战线设立政协联络员，负责联络所在战线委员开展活动。同年，政协制定落实《沅陵县政协走访和联系委员制度》，规定政协各专委会和政协办公室，每年至少要对所联系的城区、乡镇活动组委员进行一次集中走访，加强和委员的联系。

为进一步加强政协联系工作，增强协商民主时效性，更好推进协商民主广泛、多层、制度化发展，发挥好政协专门委员会在履行职能中的重要作用，十二届政协根据《中国人民政治协商会议章程》和党的十八大精神，结合沅陵实际，2013年1月18日召开县政协十二届二次常委会议，协商通过《沅陵县政协专门委员会与县直有关部门对口协商联系制度》，2月3日，中共沅陵县委发文批转执行该制度。制度对政协专委会对口协商联系的主要内容和形式，及各专委会对口协商联系的单位都作出明确规定。其中提案委对口协商联系县委办、县政府办、县人大办、县纪委（县监察局）、县委组织部、县人武部政工室、县信访局；经济科技联谊委对口协商联系发改局、物价局、统计局、财政局、交通运输局、经信局、安全生产监督管理局、科技局、科协、扶贫办、审计局、机关事务管理局、商务局、粮食局、供销联社、商行办、轻工行业办、人防办、质量技术监督局、工商局、工商联、沅陵电力局、沅陵电业公司、公路局、邮政局、住房公积金管理中心、信用联社、地税局、国税局；人口资源环境委对口协商联系水库移民管理局、借母溪国家级自然保护区管理局、五强溪国家湿地公园管理处、国土资源局、住建局、人口计生局、环保局、农办、农开办、水利局、林业局、农业局、农机局、畜牧水产局、农经局、气象局、水文管理局；民族宗教法制群团委对口协商联系政法委、县委统战部、台办、残联、侨联、法院、检察院、公安局、交警大队、森林公安局、司法局、县委610办、政府法制办、城市管理行政执法局、总工会、团县委、妇联、老干部局、编办、民委、宗教局；文教卫体委对口协商联系教育局、文广新局、文化市场综合执法局、卫生局、食品药品监督管理局、体育局、人社局、民政局、县委党校；文史委对口协商联系县委宣传部、档案局、史志办、广播电视台、旅游外事侨务局、新华书店。为加强委员联系工作的领导，县政协同时制定《县政协主席、副主席联系常委、常委联系委员制度》，在全体委员中搭建起沟通有序的联系桥梁，为政协委员快速有效的反映群众呼声，提出合理性建议提供了制度保证。

2017年4月13日，针对沅陵机构改革后，一些单位合并或更名的实际，县政协召开十三届四次主席会议，协商通过《沅陵县政协专门委员会与县直有关部门对口协商联系制度》，对部门名称发生变更的，及时予以调整。4月14日，召开县政协十三届二次常委会议，审议通过《沅陵县政协主席、副主联系常委、常委联系委员制度》，对主席、副主席、政协常委的联系工作进行明确分工。为积极探索政协履职新途径，切实增强政协履职实效，充分发挥政协专委会职能，2019年1月1日，县政协颁布实施《沅陵县政协专门委员会联系乡镇、战线及界别委员活动制度》，对联系原则、联系内容、联系要求和组织实施，均作出规定，极大促进专委会联系工作制度化、规范化开展。其中人资环委由政协主席黄忆钢牵头，负责联系官庄、五强溪、七甲坪、火场4个乡镇和太常便民服务中心，联系党群战线和建设战线，以及中共、特邀、共青团3个界别的委员；提案委由政协副主席杨德信和政协副县级领导李湘鄂牵头，负责联系马底驿、北溶、肖家桥、大合坪、陈家滩5个乡，联系政府办战线和工业战线，以及经济、科协、科技3个界别的委员；民族宗教法制群团委由政协副主席周高兴和政协副县级领导卢新仁牵头，负责联系筲箕湾、麻溪铺、荔溪3个乡镇，联系政法战线，以及工会、妇联、少数民族、宗教、台侨5个界别的委员；文史委由政协副主席周高兴和政协副县级领导卢新仁牵头，负责联系明溪口、二酉、楠木铺、杜家坪4个乡镇，联系宣传战线，以及农工党、无党派、社会保障3个界别的委员；文教卫体委由政协副主席莫小平牵头，负责联系沅陵镇、借母溪2个乡镇和深溪口便民服务中心，联系教育战线、发改战线，以及教育、体育、医卫、文艺社科新闻4个界别的委员；经科委由政协副主席李丽娟、舒齐牵头，负责联系凉水井、清浪、盘古3个乡镇，联系商务战线、农口战线，以及工商联、农业2个界别的委员。

第四节 作风建设

县政协始终狠抓政协机关干部队伍的作风建设，努力培养和锻炼作风过硬的政协机关干部队伍，不断推动人民政协事业向前发展。

一、大兴调研之风

县政协从第一届起，就以作风建设为抓手，组织委员深入基层开展调研视察，委员通过深入扎实的走访调研，了解到工农业生产等方面方针政策贯彻执行情况，形成调查报告和建议，向县委、县政府和有关职能部门建言献策，推动沅陵经济建设和社会事业全面发展。1984—1986年，政协委员先后12次深入城乡50个单位，就蔬菜供应、市场物价、资源开发、民族识别等问题开展调查研究，提出合理化建议。1987年，政协以经济建设为中心，组织委员到工厂、农村、机关、学校、医院，视察调研24次，写出10多份调查报告和建议。1988年，县政协选择县委和政府工作中亟待解决的问题和群众普遍关心的问题开展定点调查，内容主要是农业发展、企业改革、教育改革、蔬菜供应和物价等，调查中，采取以组调查、个人调查、联合调查等多种方式，累计开展专题调查26项，提出65条意见和建议。其中教育工作组对城区中小学办学思想欠端正，片面追求升学率问题的调查报告，得到怀化地区副专员谢永芳的亲自批示，转发全区各县。瞿湘周委员对瓦乡人聚居区的教育情况进行深入调查后撰写出《试论沅陵县瓦乡人聚居区的教育问题》，被纳入湖南省民族研究学会进行学术讨论交流。

七届政协结合双文明目标管理工作加大作风建设，机关干部职工纷纷深入基层为群众办好事、办实事，围绕热点、焦点问题开展调研。1990年，政协参加怀化地区政协联工委组织开展的“创优评先”活动，在岗干部职工人平出勤322天，人平下乡46天，参加劳动22.5天，最多的全年出勤359天，下基层125天，参加劳动24天，县委常委、政协主席蒋国汉深入政协联系村大合坪乡马鞍潭，放弃节假日休息，和村民同吃同组同劳动，政协常务副主席覃功友抽调高滩水电站建设指挥部，日夜奔波，冲破万难，筹措资金，为电站建设早日上马作出贡献。同年，县政协分别被评为全县先进单位和怀化地区政协办实事成效显著单位。1991年，政协围绕山区开发和移民安置问题，号召各界别委员和政协专委会，发挥自身优势，开展调查研究，积极建言献策。政协各专委会、各委员活动小组积极响应，同年，各专委会共组织调研活动21次，各委员活动小组共组织开展调研活动近40次，另有13名委员单独进行17项专题调研。这些调研活动，主要围绕稻田育种、科技兴农、山区综合开发、库区果茶开发、水面养殖开发、库区劳动力转移等群众关心的热点、难点问题展开，所形成的一系列调研报告，对县委和县政府进行山区开发和移民安置工作的决策很有参考价值。其中《浅谈库区剩余劳动力转移的主要途径》等3篇调研报告总结出的经验，被上级有关部门在全市和全省范围内推广。

县第八届政协把坚持为群众办实事、办好事和深入调查研究作为转变政协作风的重要工作来抓，每年均坚持将县委、县政府想办而无暇顾及，群众反映强烈，有利于推动整个经济工作和局部工作的问题作为全年调研工作重点课题进行安排筹划，做到分工明确，责任落实，领导亲自参与。1993年，政协采取专题调查、视察等形式，组织委员开展履职活动54次，形成有分量的报告材料和重要提案48件，向县委、县政府提出很多很好的意见和建议，有效帮助和促进政府工作。1994年，政协根据政府工作处在“改革关键、移民关键、社会稳定关键期”的特点，突出重点，躬耕履职，组织委员围绕实施税制物价改革、库区移民安置、社会治安综合治理、发展个体私营经济、居民“菜篮子”建设等群众关心的热点、难点问题，进行深入、全面、广泛的专题调查研究，写出《关于分税制对我县财政收入的影响及其对策的考察报告》《关于个体私营经济发展情况的调查报告》《沅陵镇部分街村社会治安情况调查》《关于“菜篮子”工程的调查与建议》等69份有分量有价值的建言报告，得到县委、县政府和有关部门的采纳利用。1996年，政协围绕经济建设和社会发展问题以及群众关注的“热点”，组织委员深入城市社区与农村村组，开展专题视察、社会调查和跟踪调查58次，写出调研材料14篇，形成重点提案45件。为协助县委、县政府抓好屠宰市场的规范化管理，县政协委员联合县财委、县商行办和肉食水产部门，对全县屠宰市场采取视察、考察、座谈等多种活动方式进行跟踪调查，先后向县委、县政府提交《我县屠宰市场的现状与对策》《我县定点屠宰市场的实施意见》等报告和建议，引起县委政府高度重视，促成政府及时出台定点屠宰的实施方案，让城市居民吃上放心肉，受到社会各界普遍称赞。第八届政协在各次调查研究中，尤其重视和加强与民主党派、工商联、有关人民团体、无党派代表人士的联系和合作，充分发挥他们在政协工作中的重要作用。对调研中反映的问题，坚持集体研究和分析，在意见基本统一的基础上撰写调研报告，并主动作为，组织委员力所能及地为群众解决生产生活中遇到的实际问题，受到社会好评和上级表彰，分别于1994年、1996年被怀化地区政协联工委授予“全区县市政协目标管理评比一等奖”和“开展政治协商活动成效显著先进集体”称号。

1998年，针对农业和农村工作中的新情况与新问题，政协组织委员广泛开展专门调研和考察视察活动，委员作风过硬，工作扎实，深入基层，开展调查，先后形成调查、视察报告15篇，为县委、县政府领导决策工作提供科学依据，助推县委、县政府领导工作思路进一步得到拓宽。1999年，政协把握工作特点，围绕环境污染、生态林业、茶园低改、药材生产、卫生“初保”“普九”迎检、职业教育、素质教育等问题，开展考察和视察活动，参加活动的委员，认真处理好本职工作和政协履职的关系，自觉落实一岗双责，合理安排工作时间，积极参加履职活动，形成视察、调研报告21篇，对政府和部门工作提出意见建议62条。经政协常委会议研究筛选，确定出《关于我县农村水电网建设与改造的建议》《沅陵县茶叶生产现状及建议》《对我县公费医疗运作机制的思考与建议》等6个课题，与县有关领导和相关职能部门进行专题协商。2000年，县政协把政协委室和活动组工作的量化指标纳入政协年度考核程序，并建立严格配套的考核和奖励机制。各委组根据量化指标，认真开展走访座谈、视察考察等多种活动，形成相互配合，上下联动，活动丰富的政协工作局面。同年，县政协“四委一室”和19个委员活动组、区镇联络组，共开展各种视察调研80多次，既有声势，又见实效。如教育活动组通过专题调研、跟踪视察、对口协商等活动，写出较有说服力的报告材料4份，提出富有建设性意见和建议的提案21件。

2003年5月，政协根据中共沅陵县委、县政府《关于在全县广泛开展“转变观念、转变方法、转变作风、加快经济发展步伐”教育活动的意见》要求，作出《沅陵县政协机关“三转一加快”教育活动整改方案》，在政协机关和全体委员中深入开展“三转一加快”教育，同时以实际行动加入“三转一加快”活动，以调查研究为抓手，组织机关委室深入基层，扎扎实实开展调查研究。2006年，县政协以巩固共产党员先进性为契机，狠抓落实政协机关作风建设，全年高质量完成协助配合省政协委员来沅视察调研200人次，为政协委员和基层群众提供咨询、协调等服务近150人次。优质的服务和良好的精神风貌受到服务对象和上级领导的好评。十届政协五年任期，扎实转变作风，紧紧围绕县委、县政府中心工作，采取领导领衔、委组联动等方式，抓住全局性重要问题和群众关心的热点问题进行调研。先后组织委员就旅游开发、招商引资、退耕还林工程后期管理、民族乡经济社会发展、乡镇卫生院建设、中小学教育布局调整、非公有制经济发展环境、小水电开发交通建设、文明县城创建、社会主义新农村建设等50多个课题开展广泛深入的调查研究，写出一批高质量的调研报告提案、建议，对促进沅陵又好又快发展发挥出积极作用。

十一届政协在调查研究中始终坚持“县委出题、党派调研、政府采纳、部门落实”的原则，把调研课题的重点放在县委、县政府关注的大事、难事上，要求每一次调研，都要必须精心组织，妥善安排，调研活动要扎实深入，坚决杜绝走马观花、蜻蜓点水。2008年，县政协把县委领导提出的交通建设、文明创建、文化旅游等三大调研课题细化成若干子课题，交由相关专委会分年度逐步落实，2009年，形成沅陵交通建设专题调研报告，引起县委、县政府高度重视，促使县政府出台一些加强县域公路建设和后期管理的政策。据统计，县十一届政协在2008—2012年的五年间，共组织各类调研视察活动100多次，形成调研报告80多份，其中经过政协常委会议审议通过，报送县委、县政府20余份，转化成政协全会发言或政协提案的60余份。

十二届政协常抓不放作风建设，坚持没有调查就没有发言权，要求委员每一条建议、每一篇发言，都必须建立在深入扎实的调查研究基础上面，做到言之有物，言之有据，言之有理。对重大调研课题，由政协统一调度，相关领导牵头，专委会负责组织实施。届中四年，十二届政协围绕县委、县政府的发展战略和工作中心，认真筛选课题，精心组织调研，先后组织相关界别委员深入乡镇、村组、社区开展专题调研50多次，撰写有分量、有见地调研报告50多篇。委员围绕城市建设与管理、生态文明建设、农村专业合作社发展等问题进行多方面调查研究，累积形成建议提案350多件。比较突出的调研活动，是围绕县委、县政府提出的“两茶一鱼”发展战略开展的调查研究。2013年5—9月，分别由政协主席张世雄、副主席周高兴、杨德信各带一个调研组，对沅陵的油茶产业、茶叶产业、渔业产业进行深入调查研究。调研组爬高山、入溪河，不辞辛劳，走村入户，白天访问调查，夜晚整理材料，经过数月奋战，各自完成相关产业调研报告，促进县委、县政府发展沅陵油茶产业、茶叶产业和渔业产业的决策更加民主化、科学化。

十三届政协紧扣发展和脱贫攻坚主题，组织委员以扎实务实的工作态度和作风，开展调查研究，建言资政。对重大课题的调研，采取走出去，请进来的方式，开展比较学习调研，将重大课题划分为若干子课题，由主席、副主席牵头，相关专委会负责，组织行家委员、职能部门、党派、团体，成立调研队伍，对承担的课题开展调查研究，对发现的问题进行民主协商，科学分析，达成共识，形成合理化建议。为帮助委员拓展思维，扩宽视野，提高调研水平和质量，县政协创办“沅陵论坛”，在每次重大调研活动中，请来相关领域著名的专家教授讲课辅导。2017—2020年，政协先后组织开展产业发展与脱贫攻坚、全域旅游、新型城镇化监督性调研、森林康养、沅陵人才建设、传统美食传承与弘扬等课题的比较学习调研活动，每次调研活动，承担子课题调查研究的人员，在深入县内乡镇村组调查走访，掌握第一手材料后，还要不辞辛苦，辗转奔波其他县市，进行比较学习。如2017年4月，政协开展“产业发展与脱贫攻坚”课题调研，由副主席周高兴牵头，政协经科委负责，政协办公室、文史委、民族宗教法制群团委配合实施，县扶贫办、农业局、文体旅广新局、经信局、林业局、畜牧局、金融改革办、农商行、农村经营服务站等相关单位共同参与。将课题划分为农业产业与贫困人口对接、工业企业与贫困人口对接、旅游产业与贫困人口对接、金融产业与贫困人口对接、互联网+与贫困人口对接、沅陵产业扶贫的现状与建议等6个子课题，分头开展调查研究，并到重庆市秀山县、贵州省湄潭、雷山、玉屏等县（区）和湖南省麻阳县、武陵源区进行比较学习，委员们兢兢业业，毫无怨言，保质保量完成各项调研任务，拿出高水平的调研报告，受到县委、县政府有关领导的称赞。

二、深入走访委员

走访委员，过问委员履职情况，了解委员家庭生活状况，是县政协坚持传承的优良传统。历届县政协主席、副主席，每年都要带领政协机关干部，对全县政协委员集中开展一次走访活动。对城区委员的走访，以战线为单位，通过座谈会的形式进行。对农村委员的走访，逐户上门进行。通过走访，了解委员一年履职情况和家庭生活状况，对遇上困难的委员，设法给予帮助救助。1990年6月13日晚，池坪乡发生罕见特大洪灾，该乡筒车坪村个体医生、县政协委员戴兴忠在灾情发生时，奋不顾身抢救出8名老人和儿童，导致自己1.2万多元的医疗机械和药品全部被洪水冲走。政协办公室在走访中得知这一情况后，立即向领导进行汇报。7月6日，县委常委、政协主席蒋国汉召集县直8个医疗卫生单位主要负责人开会，向他们介绍戴兴忠委员抢险救人的事迹及其本人受灾情况，动员各单位伸出援助之手，帮助戴兴忠委员渡过难关。7月7日，蒋国汉主席和政协机关全体人员，带着募集到的60多件医疗器械和慰问金，专程赶赴池坪乡筒车坪组对特殊受灾户戴兴忠委员进行看望慰问，帮助他尽快恢复重建起医疗卫生室。据统计资料，同年，政协领导和政协机关工作人员共走访委员180人，占委员总数90%。其他县政协常委和活动组组长、区镇政协联络员，也对所联系的委员进行普遍走访。十届政协期间，每次走访，不但为委员送去慰问金，还给委员送去政协学习资料，为委员学习提供帮助。十一届政协以后，主要安排家住集镇的产业大户或农业生产带头人担任政协委员，政协对农村委员走访，由上门走访改为集中看望，一般在乡镇政府开会座谈，乡镇有关领导参加。2008年开始，对委员走访，取消现金慰问，但对遇上困难的委员，仍会通过政协管道，给予资金和物质上的帮助。2010年6月，明溪口镇一邓姓委员，经营鞭炮厂，不慎发生事故，被严重烧伤，生活出现困难，县政协安排专人为这个委员联系民政部门，帮助申请困难救助，还从有限的办公经费中挤出资金帮助委员渡过难关。2018年，筲其湾镇原政协联工委主任宋谋安患上白血病，政协在全体政协委员中发起募捐倡议，为患者募集救助资金3万多元。

县政协积极维护委员合法权益，成为委员最可信赖的“娘家”。丑溪口乡和舒溪口乡合并时，原驻舒溪口乡一名政协委员的合法财产受到侵害，反映到新成立的盘古乡政府，一直得不到合理解决。情况反映到县政协，政协领导高度重视，立即安排两名政协干部到盘古乡调查，协调解决。由于乡领导和委员个人之间有矛盾，对政协调查不予配合，对政协提出解决问题的建议拖延不理，政协将问题反映给县委主要领导，受到重视，在县委、县政府领导的直接重视下，使问题得到妥善解决。

对委员家庭发生重大变故，政协都极力给予关怀，体现组织温暖。十届政协期间，委员家中举办嫁娶或丧葬事情，联系委员的专委会，要代表政协组织上门祝贺或慰问，是政协常委的，由主席、副主席带领政协机关干部上门祝贺或吊唁。

三、狠抓廉洁自律

1998年，县政协认真学习贯彻实施中共中央、国务院《关于实行党风廉政建设责任制的规定》(以下简称《规定》)，结合政协实际，修订完善财务管理制度、车辆管理制度、差旅报账制度、委员接待制度，制度化抓好党风廉政建设和反腐败工作、不断增强拒腐防变和抵御风险能力。历届政协主席带头遵照执行各项廉政建设制度，为政协机关干部树立起学习榜样。十届政协主席黄茂林清正廉洁，严于律己，在他的榜样示范下，整个十届政协五年期间，机关干部没有发生一起违规使用公车现象。

2014年，十二届政协在严格执行中央“八项规定”和省委“九条规定”的基础上，进一步制定、完善、落实好符合政协实际的相关制度办法，规范机关管理，严格践行廉洁自律各项规定，把廉政建设落实到政协机关各个委室，落实到所联系的乡镇。同年2月，修订完善《政协机关财务制度》，着力解决财务透明的问题，规定每月5号之前公布上月财务支出明细情况，在全县率先按月执行财务全面公开制度。同时，补充完善《政协机关车辆管理制度》，严格规范公车管理，实行张贴公务用车标志，所有公务用车下班后、双休和节假日一律定点停放在机关院内，着力解决公车私用问题；出台《政协机关公务接待制度》，严格规范公务接待标准，公务接待一律凭公函或正式通知按标准实行接待，着力整治超标接待等问题；严格规范办公用房标准，着力解决超标配备办公用房的问题；建立政协廉政谈话制度，开展谈心活动。政协主席张世雄经常找班子成员谈话谈心，经常督促、提醒联系乡镇主要领导抓好廉洁自律。通过学习和教育，政协形成自觉遵守廉政规定，反对抵制形式主义、官僚主义、享乐主义和奢靡之风的良好氛围，机关干部到乡镇视察调研，不吃接待饭，不抽招待烟，一切开支，全部由干部个人自己买单。对外单位来政协办事人员，也严格按照文件精神执行，不符合接待规定的，坚决不开支接待。同年，政协“三公”经费比上年同期下降33%，公费出国（境）实现零经费管理，“四风”整改成效得到充分体现。届中四年，十二届政协领导班子成员，在廉政建设方面，带头做表率，清廉政协有口皆碑。

十三届政协成立以来，认真落实党风廉政建设责任制，加大从源头上预防和治理腐败的力度。政协党组坚持定期研究部署党风廉政建设工作，将党风廉政建设与年度重点工作同部署、同落实、同检查、同考核。为切实加强对党风廉政建设工作的领导，政协调整充实党风廉政建设领导小组，由政协党组书记任组长，县政协党组成员任副组长，县政协办班子成员、相关专委会负责人为成员。领导小组下设办公室，负责开展党风廉政建设具体工作，并协助党组书记抓好党风廉政建设的组织和督促检查工作，确保党风廉政建设责任制落到实处。政协党组把贯彻执行《关于领导干部报告个人有关事项规定》作为履行全面从严治党主体责任的一项重要政治任务，列入议事日程。领导班子成员带头执行，切实增强纪律意识、规矩意识和组织观念，自觉接受组织监督。严格按照《关于领导干部报告个人有关事项规定》要求如实报告个人有关事项，严格遵守湖南省《关于党和国家工作人员操办婚丧喜庆事宜的暂行规定》，及时向纪委报告操办婚丧喜庆事宜情况。2017年，政协机关未发生违规操办婚丧喜庆事宜现象，财务管理、公务接待严格执行规章制度，公费出国（境）实现零经费管理，顺利通过中共怀化市委督查组专项检查。2018年，继续深入贯彻落实中央八项规定精神，5月25日，召开政协十三届十五次主席会议，制定《沅陵县政协关于进一步贯彻落实中央八项规定精神的具体实施办法》，对改进调查研究、改进新闻报道、厉行勤俭节约等作出明确规定。同年，政协对办公用房、公务接待、公车运行等进行自查自纠和全面清理，接受市委督查组专项督查和省审计厅经济责任审计。十三届政协期间，政协党组始终绷紧廉政弦，时刻不放松对政协领导干部的教育，严格执行廉洁自律准则。2020年9月11日至10月25日，县政协接受县委巡查，对发现的问题，及时整改到位。

第十一章　人　物

第一节　人物传略

在县政协第一至第十三届以及省市驻沅的已经故去的委员，任职时间较长，工作成绩优秀，社会威望较高、影响较大，或在委员任期内获得省部级以上表彰的，按其逝世年月之先后列入本志人物传略。

修承浩

（1875—1953）

修承浩，字翰青，沅陵人。清光绪二十二年（1896）中秀才。后赴长沙岳麓书院深造。光绪二十八年长沙乡试中壬寅科举人，入京会试不第，分发广西，以候补知事任用。

光绪三十年，在广西巧遇蔡锷，结为金兰，次年，秘密参加同盟会。尔后，出任广西宜山县、富县知事，因审理山神一案，政绩优异，擢升广东阳江厅同知。

辛亥革命后，蔡锷任云南省都督，修承浩任都督府秘书长，在振兴军队，创办云南讲武堂，训练军事人才中，付出辛勤劳动。

嗣后，任四川省永宁、川东道道尹、四川省政务厅厅长等职。蔡锷病故，四川军政各派，明争暗斗，修承浩厌恶官场角逐，遂于民国6年（1917）乞假省亲归里。以后，湖南、湖北、四川等省请他出任省政府要职，他都一一谢绝。

民国10年，沅陵大旱，饥民云集县城嗷嗷待哺，修承浩建议县知事“以垦代赈”，被采纳，即从殷商富户中筹得银圆1000余块、稻谷5千多担，在城后鸳鸯山和城南客山，以及白田、舒溪口等地设置灾民垦工场，按劳动量发给报酬，人心稍安。修承浩亲自负责鸳鸯山垦工场的事务，将场地划分若干垦工区，分类进行技术指导，实行林粮结合，林菜结合，营造经济林千亩以上。

民国15年，贺龙北伐途经沅陵，与修相交甚厚，行前赠修宜兴花钵一对，现存县博物馆。

民国16年5月26日，沅陵国民党驻军，大捕革命党人，数名革命志士疏散不及，时值修母去世，权充吊丧者奔入修家，修承浩热情款待。出殡时，革命者夹在送葬人群中出城。在被捕的进步人士中，修承浩设法营救出狱的有妇女会特派员李瑞远，妇女会常务委员会王玉珍等6人。

民国18年沅陵县纂修县志，县长罗亨衢延请修承浩为修纂。他亲自撰写户口、食货、风俗等4个大类和11个目。经两载笔耕，35卷县志脱稿。

1949年中国人民解放军解放沅陵，进驻县城时，纪律严明，市井不惊，修承浩感慨地说：“尝闻鸡犬不惊，秋毫无犯，今日所见，真人间奇迹。”

1950年，修承浩亲送两个孙子参军，随中国人民志愿军赴朝作战。10月，修承浩出席湖南省首届各界人民代表会议。省主席王首道设宴款待，共商根除湘西匪患和社会“三害”（鸦片、娼妓、赌博）事宜。会议期间，修承浩向《新湖南报》记者发表谈话，拥护人民政府土地改革政策，自家田产均已造具清册，随时准备亲自点交。此后，修承浩先后担任湖南省政治协商会议第一届、第二届委员会委员、常务委员。

蒋维中

（1892—1957）

蒋维中，沅陵人，6岁入私塾，后毕业于辰州府中学堂，旋入南京讲武学堂。民国7年（1918）考入日本士官学校。北伐战争胜利后，入南京陆军大学研究院，毕业后，授少将军衔，留院任教。其一生治学严谨，编写教案，通宵达旦。课后与学员一起交流学习心得，一道进行军事训练，深受学员敬重。

抗日战争爆发，他率领由学生组编的部队，在嘉兴击退日军的17次连续猛扑，坚守阵地30余日。官兵伤亡过半。自己亦负重伤，后撤退入院治疗。伤愈仍回陆军大学研究院执教。

蒋维中生活简朴，不求名利。在陆军大学任教期间，不言苦，不厌贫，一切生活杂务，全都自理，研究院按编制给蒋配给勤杂员2名，也被他谢绝。

1949年，中国人民解放军将横渡长江直攻国民党老巢时，南京政府内外一片混乱，官僚豪强四处钻营逃往台湾，蒋维中却毅然携眷返里。说："余志在田园，名利非吾愿，富贵不可求。"五月到达沅陵，租佃城郊教场坪菜地一块、民房一间，以种菜为业，供养三口之家。

斯时，匪患猖獗，社会动荡，物价暴涨，蒋维中生活艰难，靠借贷过日子。在房东催租逼佃、小儿辍学挖野菜辅食、老伴出走桃源娘家的情况下，国民党湘西军政界要人愿以高薪聘任要职，都被他拒绝。

1950年，中国人民解放军第四十七军军长曹里怀，得知蒋维中在沅陵躬耕菜圃，亲往拜访，适逢蒋正在菜园劳动。曹入室视察，详细询问后，深受感动，立即给予生活接济。两月后，蒋任湖南省人民政府参事室参事；次年，选为沅陵县人民代表，1955年选为县政协第一届副主席，驻会主持会务，并牵头成立政协委员学习小组，组织委员和各界人士开展学习活动，一届二次会议期间，县政协成立学习委，蒋维中兼任学习委主任。

1957年3月18日，蒋维中病故，政协于19日召开集体委员会议，通过协商，决定成立"蒋维中先生治丧委员会"，由县委副书记、政协副主席宋文溥、政协常委、副县长陈伟、沅陵镇党委书记文锦陶，以及其他有关人士组成。丧期5天，政协组织各界代表300多人和30多个单位参加送殡，之后，又组织干部上门看望其遗孀，社会各界和民主人士深受感动。

马介全

（1895—1958）

马介全，四川成都人，回族，其父马文光受聘任四川庆府县伊斯兰教教长30余年。马介全自幼随父专习回文并读医书，初中毕业时父逝，庆府回民公推他代理教长5年，旋入成都回文大学，毕业后，先后任四川永陵县，云阳县，武顺县、湖南岳阳县、湖北沔阳县和荆门县的伊斯兰教教长，兼行中医。日军进犯武汉荆门时，举家由荆门首迁松滋，再迁常德。民国33年（1944）8月来到沅陵。

马介全来沅陵后，初在驿码头贩卖牛肉，附带行医。民国34年被回族群众公推为教长，任伊斯兰教礼拜堂阿訇，仍兼行中医。

中华人民共和国建立后，马介全拥护中国共产党的领导和人民政府各项政策法令，带领回民积极参加社会主义革命和建设事业。任湘西抗美援朝委员会沅陵分会常务委员，县人民委员会委员，1952年组建沅陵中医学会并任主任委员。1955年5月，县第一届政协成立，马介全被推举为政协委员并当选政协常委。1957年4月，组建沅陵县中医院，任中医院第一届院长。在任县政协常委期间，积极参加政协组织的各种学习活动，并将党的方针政策及时向宗教界人士传达贯彻。马介全擅长小儿等科，为穆斯林治病一律免费，对贫困汉族同胞亦免费施药。对重病号，他常守候照料至病情好转。

马介全任阿訇，每逢“主麻日”（即星期日）、“尔代节”（相当春节）、“古尔邦节”（忠孝节）、“圣祭节”，都组织回民隆重、热烈地进行祷告、聚礼、念经活动，表扬回民中值得推崇的人和事。他主张回汉民族自由通婚，增强民族之间的友谊，并将独生女儿嫁给汉族人。他常深入回族群众了解情况，并及时向政府反映回民的困难与要求，深受回民爱戴。

邓文炜

（1901—1963）

邓文炜，字经畬，号其昌，祖籍江西省清江县，民国初年随父母定居沅陵，在沅陵县城湖南省立第八中学读书，毕业后考入北京法学院攻读法律专业。1927年，其弟邓文辉与李大钊同时遇难于北京，邓文炜离京逃回沅陵避难。1930年，邓文炜重赴北京复学，毕业后任山西定襄县县长。后因病离任回沅陵，弃政从商，养息病体。1935年，友人推荐赴南京出任民训部总干事之职。终因无意从政，于1937年春辞职回家，一心经营商业。抗战胜利后，他的同学许孝炎（国民党中宣部副部长）来沅陵竞选立法委员时，邀他参加竞选，或出任政府部门职务，被他婉言谢绝。

邓文炜酷爱书法，在京读书时每天黎明即起，于课前进行练字。其书法博得全校师生赞赏，并受到齐白石先生青睐，亲刻石章一对赠他留念。离京回沅陵后，大半功夫用于书法练习。他先攻颜、柳，后融两家之精华，而独具一格。其书法既有颜之丰满，又有柳之刚劲，尤以榜书著称，前来求书屏联招牌者络绎不绝。在沅陵、常德一带，他写的招牌很多，至今墨迹尚存。

新中国建立后，邓文炜经营的仁昌厚布店，在1952年的“五反”运动中被评为基本守法户。1953年受聘担任沅陵二中图书管理工作。1954被选为县人大代表，1955年5月，县第一届政协成立，邓文炜被推举为县政协非委员特邀代表。临终前，将文房四宝及字帖献给县政协，叮嘱子女听共产党的话，全心全意为人民服务。有《麻姑仙坛记》字帖一部传世。

刘柏伦

（1908—1976）

刘柏伦，原名子上，沅陵人。1924年随亲友许孝炎、邓文炜外出求学。先后就读于北京励志中学和天津南开中学。1929年，任国民党河北省党部助理干事时参加中国国民党孙中山主义实践社。次年，考入武昌中华大学，一边读书，一边代课，求取学资。毕业后，去川谋事，被四川当局以异党嫌疑分子逮捕入狱，半年后保释回乡。1936年，应聘于沅陵简易乡村女子师范学校任教。抗日战争爆发后，创作《号角》《红颜军士》等20多个剧本，组织师生演出，宣传抗日救国。1940年，省教育厅督学推荐他去溆浦省立九中任国文教员。教学中结合课文抨击时弊，激励学生爱国爱民之情，当地政府以哗众煽变之嫌迫其离境。

嗣后，在贵州铜仁国立第三中学任教，旋回沅陵在雅礼中学任教。在省立第九中学任教导主任时，组织学生创办《明天》刊物，因而受到国民党特务监视。1949年，在沅陵县立中学任教，拾到一张中国人民解放军布告，回到家里兴奋地对妻子说：“天快亮了!”并给刚出生的儿子，冠以“亮”字取名。

中华人民共和国建立后，刘柏伦任私立贞德女子中学教导主任、沅陵县城中学教研组组长。1951年秋，任省立沅陵中学（今沅陵第一中学）高中部语文教员、教研组长。他执教有方，尤以指导习作见长。在他任教三年中，沅陵一中为中国人民大学、北京大学、中山大学输送文科新生20余人。1957年，他在课堂讲授《孔雀东南飞》时，适逢省教育厅副厅长周世钊莅临听课。课后，周给予很高评价。1960年12月，刘柏伦被推举为县第二届政协委员，1961年1月7日，应邀参加湖南省高级知识分子座谈会。1964年9月，连续担任县第三届政协委员并当选政协常委。

石玉湘

（1907—1994）

石玉湘，又名石西庵，字岩佛，湖南辰溪人。1918年启蒙于辰溪县立小学，后就读沅陵朝阳附小、常德二师附小、常德明明中学。1927年1月在常德明明中学读书时，参加中国共产主义青年团。长沙马日事变时被捕入狱，在狱中囚禁一年又一月。出狱后于长沙岳云高中学习，两年后毕业考入中央军校第八期，受训时因左手骨折，在总队长谢膺白再三劝说下，作为肄业生退学。不久派至长沙十九师，任少尉副连长。1933年调陶广二十八军司令部任上尉工兵连长，在湘、鄂、赣边区围堵工农红军，从湘西大庸、沅陵追赶红军至云南。1937年奉调夏楚九十八师二九四旅五五八团，先后任少校营长、中校副团长，尔后升任五八九团上校团长。时值抗战时期，随部参加了著名的淞沪会战，鏖战江防。部队由十八军军长罗卓英指挥，对狮子林、川沙口登陆之日军进行阻击，浴血苦战25天，全师官兵伤亡4900多人，阵亡营连排长200余人，日军亦损失惨重。后又随部参加昆山、徐州等抗日战役，1938年参加武汉大会战。尔后在湘赣、铜鼓、修水等地区随部同日寇进行游击战。1943年任第一战区抗日志愿兵教育团长。1945年因与延安抗大通信一次，被当局以“通共”为由撤职查办，逃亡广州、香港一年又两月。1947年取消查办，任长沙绥靖公署高参。1949年3月由长沙绥靖公署任命为直属第二纵队第一支队少将司令，1949年7月改任陆军暂编第二军七师少将师长，1950年2月由白崇禧指令代理第二军少将军长。

湖南和平解放后，石曾投诚，做官的希望破灭后，逃回辰溪县长田湾，联络辰怀地区的土匪们自立山头。解放军进军湘西，国民党一二八军、一〇〇军、暂编第二军相继从澧水、沅水、资水放弃阵地，因地形不熟，一二八军、一〇〇军均被击溃歼灭。石率部从溆浦、辰溪撤退至麻阳、铜仁，并以铜仁、麻阳、芷江、怀化毗连地区的西皇大山为据点，东窜西逃，苟延时日，1950年被解放军重重包围在西皇大山地区，放下武器，走向人民，重获新生。此后曾任湘西军区剿匪委员会副主任，随解放军一九三师、一四零师赴各县协助剿匪工作。同时发表《从旧我到新我》的告湘西土匪公开信，劝告他们

“赶快回头，靠拢人民”，对当时剿匪工作起到了积极作用，还为解放军争取瞿波平、周燮卿的投诚做过一些工作。因历史原因，1952年12月被关押于抚顺战犯管理所学习改造，1964年特赦。1965年1月在沅陵县百货公司工作，1977年任湖南省革命委员会参事室秘书。1981年12月，经沅陵县政协四届九次常委会议协商通过，增补为沅陵县第九届政协委员会委员。1985年3月，由沅陵县政协五届二次全会补选为县政协常委，此后连续当选第六届、七届县政协常委。在担任县政协委员、常委期间，为统一祖国大业做过一些有益的工作。1994年6月在沅陵逝世，享年87岁。

蒋国汉

（1937—1992）

蒋国汉，沅陵人，高中文化，1954年12月加入中国共产党，1951年12月参加工作，先后任职于沅陵县柳林汊区、县肃反办公室、县委财贸部、县委办公室、共青团沅陵县委，系共青团沅陵县委书记。1960年12月，担任沅陵县政协第二届委员会委员。1964年6月，出席共青团全国第九次代表大会，受到党中央毛主席等领导同志接见。同年9月，再次被推荐担任第三届县政协委员。1971年1月起，历任沅陵县北溶区委书记、县委宣传部长、县委常委、县纪委书记。1990年2月，当选政协沅陵县第七届委员会主席，系县委常委。在担任县政协第七届委员会主席期间，蒋国汉始终坚持为群众办实事、好事的观点，坚持把办点作为扶贫帮困的重要工作，1990年，政协将大合坪乡马鞍潭村作为农村工作联系点，蒋国汉在马鞍潭驻村77天，引导和扶持该村干部群众发展农业生产，开办种植和养殖业，实现农民增收。在该村遭受水灾淹田600多亩的情况下，和县政协机关干部一道，发动群众抢插“双两大”1003亩，仅此一项，实现粮食增产10万公斤。在政协的帮助下，马鞍潭村当年粮食总产99万公斤，亩产粮食845公斤，比政协驻点之前增长17%，实现该村历史上第一次粮食大丰收。同年，政协各委室在蒋国汉带领下，还帮助扶持马鞍潭村办起集体猪场1个，集体商店1家，营造集体林740亩，使村集体收入由上年的500元增加到29500元，增长59倍。1991年1月17日，蒋国汉在楠木铺乡调研时了解到该村群众为脱贫致富，引进温州蜜橘4万多株，但是栽种5年仍不结果，于是立即召集有关技术人员，组成政协技术咨询团，深入到楠木铺乡柑橘栽植重点村进行调查研究，并及时开展技术咨询培训班，对120多户柑橘栽植户进行技术咨询服务，受到果农一致好评。在任期三年内，蒋国汉始终坚持“围绕中心，调研献策，跟踪服务，注重实效”的指导思想，按照“调查于协商之先，协商于决策之前，监督于执行之中”的准则，在工作方法上做到“协商不决策，建议不指挥，支持不包办，出力不越位”，基本上做到意见上的协商，行动上的协调，工作上的协助，目标上的协同。从而使协商监督的职能作用得到较好发挥。始终坚持围绕经济建设办实事，充分利用政协知识密集型的特点，广泛开展各种服务活动，在培养技术人才，解决群众热点、难点问题方面取得卓越成效。在政协三年期限内，运用委员科技专长，共组织培训各类实用技术人员3359人次，接受科技咨询7073人次。1992年3月，在驻村支援农业生产时，突发疾病，抢救无效，与世长辞。

娄千里

（1905—1994）

娄千里，原名娄大宽，湖南辰溪人。自幼刻苦学习书法，曾拜4个翰林为师，书法造诣独具一格，四川、武汉一些名山大川中，都留用他的书法石刻作品。其书法成就得到我国京剧著名艺术表演家尚小云的赏识，二人结为好友。1955年5月，被推举为沅陵县首届政协非委员特邀代表。1980年，娄千里被推举加入沅陵县政协，连任第四届、五届、六届、七届、八届政协委员。为第四届政协文史资料研究委员会委员。在任政协委员期间，热心培养书法人才，不顾年事已高，经常深入企事业单位和农村乡镇，义务讲授书法基础知识和书法创作辅导。在第五届政协期间，他参与政协组织的文化联谊活动，先后在城关镇和五一机械厂、马底驿乡讲授书法基础知识40多次，授课近百个小时，听众达2500多人次。1987年7月中旬，政协文艺新闻体育工作组联合县总工会、图书馆、文化馆举办“青少年美术书法培训班”，82岁的娄千里，每天冒着酷暑从城西赶到工会教课。认真准时，深受学员爱戴。先后于1988、1990、1991年荣获沅陵县优秀政协委员称号。1994年在辰溪病故，享年89岁。

陈礼和

（1924—2000）

陈礼和，湖南宁乡人，1950年1月加入中国共产党，1949年5月参加工作。历任沅陵县第六区民政助理、区长、区委书记、县委机关直属党委书记、县人民检察院检察长、县委常委、组织部长、县革委会副主任。1980年12月，恢复沅陵县政协组织，当选县政协第四届委员会主席。县政协恢复之初，一些人不理解或不热心参加政协组织，把政协看成是安排“统战人士”的清淡场所，与四化无关紧要，误认为参加政协都是有问题的人，总觉得不光彩。有的中青年非党干部职工，担心当了政协委员以后入不了党；有的老委员心有余悸，生怕再担风险；社会上还有个别人全然不理解政协的性质与作用，问“政协是集体的还是全民的？”如此等等。面对这种情况，陈礼和带领政协一班人，采用多种形式，深入广泛地开展人民政协的性质、地位、作用和统战理论政策的宣传教育，并用实际行动切实清除“左”的影响，与统战、组织、宣传、政法等部门联合成立落实政策领导小组，本着高度负责，实事求是的精神，做了大量细致的工作，为22名老政协委员落实政策28项，占应落实政协委员的95.7%，应落实项目的87.5%。对落实政协委员中的台胞和台属政策、起义投诚人员政策、知识分子政策，宗教政策、原工商业者政策等工作，都取得显著效果。通过政协考察、推荐，有5名委员加入了党组织，13名委员提拔到领导岗位。经过四届政协三年任期的努力，原来不愿当政协委员的，开始有了光荣感，原来参加会议不积极的，开始担心错过开会的机会，怕影响入党的也消除了顾虑，中断15年之久的政协活动，重新焕发出勃勃生机。1984年3月，四届政协任期届满，陈礼和卸去县委常委、县政协主席职务，调离政协工作。2000年病故，享年76岁。

邓人璋

（1942—2001）

邓人璋，笔名闻严，土家族，沅陵人，中共党员。1956年毕业于辰溪师范。为沅陵县第五届、六届、七届、八届、九届政协委员，第七届、八届政协常委。历任沅陵县五届政协文史资料委员会副主任、六届政协文史资料委主任、七届、八届政协文史委主任，九届政协副秘书长。系中国近现代史史料学学会、中国民俗摄影协会、湖南省摄影家协会、岳麓诗书画社和东方诗词协会会员，省地县文联、科普创作等社团组织成员或理事，《世界名人录》特约顾问编委，《沅陵文史》主编。爱好诗词、书法、篆刻。在全国各级报刊发表诗词、散文、摄影等作品450余篇（件）。1983年，获得湖南省科协系统先进工作者荣誉状；调研论文《关于修复沅陵凤凰山风景区的建议》《由古代谏官制度引发对人民政协职能的思考》《秘书著书立说随感》《“卖瓜”还得要“瓜甜”》等文章，先后获得省、市优胜奖，有的作品入选《世界学术文库·华人卷》。1997年荣获湖南省人民政府颁发的“从事三十年以上秘书工作者”荣誉证书，被省人民政府、省人事厅荣记二等功。2001年1月病故，享年59岁。

陈依白

（1921—2004）

陈依白，女，湖南省泸溪县人。受父亲影响，自幼爱好辰河高腔，4岁时，就已经学会许多高腔段子，8岁时开始登台演出。高腔大师石玉松看她是根好苗子，无私地向她传授技巧，要求她不仅要“唱腔到，动作到，心也要到”。陈依白遵从师傅教导，苦练高腔技艺，进步极快。她唱《荆钗记》中的钱玉莲，《盘花》中的柳二姐，表演贴切，转调自然，句句声声都紧扣戏中人物的心理，唱到悲凉处，在唢呐的"帮腔"下催人落泪。谢幕后，有的观众当即买鞭炮为她祝贺。十几岁的陈依白表演时，不仅有戏迷追着围着，有些年纪长于她的演员，还想要拜她为师。

1950年，沅陵成立辰河戏剧团，陈依白成为第一个辰河戏女演员，不久，即担任沅陵县汉剧团副团长。此时，陈依白风华正茂，容貌俊秀，高腔技艺也达到一个高峰。沅陵百姓对她的戏剧喜爱至极，剧团无论到哪儿演出，都有群众跑到戏台前点名要“陈老师”出场。一次，在筲箕湾镇演出时，恰好陈依白病了不能登台，全镇600多男女老少纷纷来探望，嘱咐她好好养病，一位大娘握着陈依白的手说：“只要陈老师在身边，即使不上台，我们也像看了你的戏。”

1955年，沅陵县第一届政协委员会成立，陈依白被推举为沅陵县第一届县政协委员。1956年，陈依白主演的高腔剧目《李慧娘》赴北京汇报演出并取得巨大成功，演出结束后，受到周总理、刘少奇、贺龙等中央领导同志和文化部门的陆定一、田汉、周扬等人的亲切接见，田汉部长对她说："不要叫我部长，叫我田伯伯。"同年，她参加中央文化部门举办的"全国第二届演员讲习会"，学习结束，被推荐加入中国戏剧家协会。1960年，陈依白再次被推选为沅陵县第二届政协委员会委员，此后连续担任县政协第三届、第四届委员，并当选第四届政协常委。在担任政协委员期间，陈依白为沅陵辰河高腔艺术的发展倾尽心力，作出巨大贡献，经她手收集的高腔曲牌达到468支，整理沅陵地方戏剧本324部，充分展示出辰河高腔艺术的价值。2004年9月在泸溪县浦市去世，享年83岁。

刘俊良

（1931—2006）

刘俊良，湖南桃江人，高中文化。1954年加入中国共产党，1951年8月参加工作，历任人民银行沅陵县支行行长、县委宣传部长、区委书记、县经委主任、县委办主任、县人大常委会副主任。1984年3月，当选政协沅陵县第五届委员会主席。1987年3月，再次当选第六届政协主席。在任政协主席期间，认真履行政协职能，不断加强组织机构建设，在政协建立起完善的专门委员会制度，结束政协委组并存的机构状况，推动政协工作进一步规范。健全起政协文史工作体系，通过文史工作，加强协作，先后与全国省地市县各级政协和有关部门近200个单位建立了工作联系，开辟了县政协文史工作的新领域。在加强自身建设方面，集思广益，先后建立起一系列具有沅陵特色的政协管理制度，为沅陵政协事业发展奠定下较好的基础。在两届政协主席任期中，他积极组织委员开展调查研究，通过各种会议和政协《参阅件》，向县委、县政府建言献策，总结摸索出许多协商监督、参政议政的好经验、好方法。坚持开展为群众办好事，办实事活动，以身作则，经常深入农村田间地头，为老百姓解决为难事情，深得广大农村群众的好评。坚持广交朋友，在团结台港澳和海外侨胞，团结本县"三胞三属"，为促进祖国统一大业，发展沅陵经济方面，作出积极努力，取得较大成效。1990年2月，调离政协工作。2006年3月病故，享年75岁。

方思默

（1926—2007）

方思默，安徽歙县人，中共党员。1944年春，抗战形势严峻，正读高中二年期的方思默瞒着父母毅然从军。1945年9月，随部队前往杭州，参加接受日军投降仪式。1948年7月，赴北平，任“陆训处补训总队”见习排长。1949年1月31日北平和平解放，随部队接受改编，在“四野十三兵团政治部解放军官训练处”学习一个月后，由组织介绍，考入华北大学。8月5日，华大两千学员南下，9月15日夜，部队抵达长沙。27日，部队召开赴湘西工作动员大会，10月2日，方思默随部开赴沅陵，分配在沅陵专署工作，为湘西剿匪、征粮支前作出积极贡献。1952年沅陵专署撤并后，调入辰溪县政府文教科任副科长，后又调任辰溪师范学校副校长，主持全面工作。1957年，调任沅陵一中副校长，潜心语文教学工作，师德和教学艺术广为学生赞扬。1980年10月，加入中国共产党，12月，当选沅陵县第四届政协副主席，接着被任命为沅陵一中校长。1983年12月，任沅陵县委统战部长。1987年5月12日，县政协召开首次黄埔军校同学会委员代表会议，决定成立黄埔军校同学会沅陵县联络组，方思默任联络组长；6月20日，成立沅陵县黄埔军校同学会，方思默任会长。在县政协及县委统战部任职期间，兢兢业业，为统一战线工作呕心沥血，受到社会各界群众尊重爱戴。2007年9月在长沙病故，享年81岁。

齐绍宗

（1922—2014）

齐绍宗，沅陵人，中国农工民主党党员。武汉大学文史系肄业，八代中医传人，专攻烧伤和疑难杂症。自幼喜好书法，六岁起描红，十六岁即为店铺书写招牌，先后师从于张蔚彬，印佛痴，舒默农，张咏梅，娄千里。六十岁始变法，痴于倒步行走锻炼和左笔倒书，并改名为齐步童，寓意与孩童同步。历为中国老年书法研究会会员、湖北省老教授协会会员、台湾国宝书画院兼职教授、湘西二酉书画院顾问、沅陵县书法家协会主席。其倒笔书法广受喜爱，曾在北京崇文门永定门外大街做“左笔倒书”表演，观众云集，大声叫好。武昌洪山宝通禅寺罗汉堂大门楹联“诸恶不作回头是岸，众善奉行佛海无边”及沅陵县凤凰山凤凰寺楹联“千古英雄存日月，四时胜景绘辰州”，皆为齐绍宗左手倒笔所书。他的书法作品入选《中国书法家选集》《中国书法家精品卷》《世界华人书画集》《百年经典中国书法全集》《世界当代著名书画家真迹博览大典》等。沅陵县政协文史委整理其书法医案，出版有《坐堂说方》《坐堂说药》，保留其许多手迹。齐绍宗为沅陵县第八届、九届政协委员，先后于1996、1997、1999、2000年荣获沅陵县优秀政协委员称号。2014年1月病故，享年92岁。

罗建中

（1944—2017）

罗建中，湖南邵阳人，本科学历。1973年6月加入中国共产党。1968年9月参加工作。先后担任沅陵县百货公司干部、县革委会干事、郑家村公社党委副书记、管委会主任、公社党委书记。1983年12月至1992年12月任中共沅陵县委第五届、六届、七届副书记。1992年12月当选政协沅陵县第八届委员会主席。1997年12月，再次当选第九届政协主席。在任县政协主席10年期间，始终坚持高举伟大旗帜，围绕经济建设中心努力开创政协工作新局面，取得有目共睹的好成绩。在推进民主政治建设方面，罗建中带领全体政协委员，十年累计开展各种形式的政治协商活动60次，写出报告材料70件，提出意见、建议300余条，被县委、县政府采纳200多条。在加强民主监督，维护稳定方面，坚持广纳社情民意的原则，以干部群众对部门单位反映的主要问题为重点，先后深入到11个区（镇）42个乡的村组和13个居委会，累计走访干部职工近3000人次，搜集意见200多条，被县委行风政风评议领导小组和部门采纳的100多条，通过强有力的民主监督，不仅促进单位工作的开展，而且还有力地维护了安定团结的政治局面。在任职政协主席期间，罗建中要求政协委员不仅要会说，而且要能干，积极带领全体政协委员投身县域经济建设主战场，在基层办点、推进黄姜种植，开发药材建设方面，作出很大成绩。先后帮助基层开发药场基地46个、开发药材面积2.6万亩。先后筹集资金（含物质折价）25万多元，帮助联系服务的乡村办起地板厂、加工厂、药场、茶场、养殖场，发动群众整修水塘堤坝14处，水渠3条，饮用水井19口，村组道路3.5公里，架通高低压输电线路14

公里，新修行人水泥桥2座，受到社会各界好评。2002年12月，政协换届，罗建中退休卸任。2017年12月病故，享年73岁。

石煌远

（1944—2019）

石煌远，沅陵人，苗族，湖南省第八届、九届政协委员。从小聪明好学，中学辍学后，回乡务农，先是做生产队会计，后为挣高工分，辞去会计，当了收粪员，整天在城里走街串户收购大粪。农闲时又和船工排工们打得火热，经常和他们一起在沅水上斗浪闯滩，醉酒高歌。30岁那年，一个偶然的机会，让他进入沅陵剧团，走上专业创作道路。多年的生活积累和感受，给他带来取之不尽的创作灵感和素材。他一进剧团，就接受了大型辰河高腔《寡妇链》的编剧工作，不负众望，三天时间完成任务，上演后一炮走红，在长沙一连演出10多场，轰动省城。此后更是一发不可收，上乘佳作泉涌而出，尤其是小戏和小品创作成果最丰，影响也最大，有的作品过了十几年，至今还活跃在舞台上。二十世纪80年代中后期，电视普及后，石煌远开始把精力转向电视专题片撰稿和电视剧创作，很快在这个全新的艺术领域做出成绩。他撰稿并指导拍摄的七集电视专题片《沅陵，那遥远的山乡》，第一次在电视领域用文学白描的手法，娓娓讲述出大湘西一个边远县城的历史景观和人文故事，中央电视台每天一集连播七天。被电视界同行视为中国电视专题片的一个里程碑，选入多家电视教学教材。也是从这之后，中国的电视专题片才开始从长新闻的框架中摆脱出来，有了自己的表现形式，进入一种文学的氛围，变得好看耐看起来。涉足电视领域后，石煌远的作品越来越多，影响也越来越大。他撰稿并指导拍摄的各种专题片，经常在央视和省台播出，获得的各种奖项难以计数。湖南电视台曾经连续四年聘请他担任春晚总撰稿。他创作的八集电视连续剧《爱河流淌着一支歌》，荣获第四届全国少数民族电视艺术“骏马奖”的编剧奖。干了一段时间电视撰稿，正是事业有成的时候，他又突然改行从事歌词创作，不少作品广为传唱。刘欢、宋祖英、杨洪基、李琼等许多著名演唱家，不止一首的演唱过他的歌曲作品。他的《只因你太美》被湖南省选作宣传湖南旅游的主打歌曲，参加在香港举办的全国旅游艺术节的演出。《妹妹的小酒窝》《八百里洞庭我的家》《我家就在山里住》等数十首歌词作品，深受群众喜爱，成为KTV包厢点击率很高的歌曲。粗略统计，在中央电视台以及全国各省电视台播出的石煌远歌曲作品，不下200余首，其中近百首作品，被央视制成MTV发行，有50多首作品被制作成为音乐盒带发行。曾被人事部、文化部授予“全国文化系统先进工作者”称号。在任省政协委员期间，他利用自己的影响力，为加快沅陵太常酉水大桥建设向省政协提交提案，争取到省政协、省交通厅组织现场办公，落实项目开工。出版有作品集《经挤耐压的河》《会哭能笑的山》两种。2019年6月病故，享年75岁。

第二节　人物简介

一、历届主席简介

沅陵县政协自1955年5月成立，至2020年，65年间，共经历13届，选举产生主席12人。其中第五届和第六届主席、第八届和第九届主席，均系连任。第十三届政协，因届中人事调整，产生主席2人。现按任职先后分别进行简单介绍，所有人等，离开政协后的行状，均不予记载。凡在人物传略中已有记载的，本节不重复记载。

苏　君　山东人，中共党员。1953年7月—1954年6月，任沅陵县人民政府县长；1954年8月—1956年5月，任中共沅陵县委书记。1955年5月，当选政协沅陵县第一届委员会主席（兼）。

武洪光　河北人，中共党员。1954年8月—1956年5月，1957年12月至1959年3月，任中共沅陵县委第二书记；1956年5月—1957年11月，1959年3月至1961年1月，任县委书记。1960年12月，当选政协沅陵县第二届委员会主席（兼）。

平吉奎　河北人，中共党员。1961年1月—1965年4月，任中共沅陵县委书记。1964年9月，当选政协沅陵县第三届委员会主席（兼）。

黄茂林　1952年9月生，沅陵人，大专文化。1974年1月加入中国共产党。1976年8月参加工作。历任沅陵县岩屋潭电站工人，官庄镇、杜家坪乡、马底驿乡、北溶区、沅陵镇党委委员、副书记、乡长、书记、区长、区委书记、镇党委书记。1995年起先后任县委常委、县委办主任、县委副书记；2002年10月任政协第九届委员会党组书记，12月，当选政协沅陵县第十届委员会主席。

张大新　1954年7月生，土家族，湖南泸溪人，中共党员，大专学历。1972年3月参加工作，历任中国人解放军空军高炮某团雷达班班长、雷达技师、军械所长、技术处主任、中共沅陵县委正科级组织员，县纪委副书记、监察局长、凉水井区委书记、县政府助理调研员、建设局党组书记、局长、县政府党组成员、政府办主任、县委常委、政法委书记、县委调研员。2007年12月当选政协沅陵县第十一届委员会主席。

张世雄　1963年6月生，苗族，沅陵人，研究生学历，中共党员。1982年7月参加工作，先后任沅陵县蚕忙公社团委书记、洞溪乡副乡长、乡长、县委政研室正科级研究员、柳林汊乡党委书记、县委宣传部理教干事、副部长、县委办副主任、工商局党组副书记、书记、局长、民政局党组副书记、局长、县政府党组成员、县政府办党组书记、主任、五强溪库区管理局长、县委常委、县委办主任、县委政法委书记。2011年6月，任县政协党组副书记。2012年11月，任政协党组书记，当选政协沅陵县第十二届委员会主席。

黄忆钢　女，1972年2月生，苗族，湖南武冈市人，本科学历。农业推广硕士学位。1994年12月加入中国共产党。1992年7月参加工作，先后在沅陵县张家坪乡政府、凉水井区公所、沅陵镇政府工作。历任沅陵镇党委委员、纪委书记、高砌头乡党委副书记、乡长、荔枝溪乡党委书记、县妇联党组书记、主席、县委常委、统战部长、县政协党组副书记、上海青浦区朱家角镇党委副书记（挂职）、县委常委、宣传部长。2011年12月至2013年3月，先后任中共溆浦县委常委、组织部长、统战部长；新晃侗族自治县委副书记。2016年8月，任沅陵县政协党组书记。11月，当选政协沅陵县第十三届委员会主席。2020年5月，届中人事调整，辞去第十三届政协主席职务。

张振华　1967年8月生，苗族，沅陵人，研究生学历。1992年10月加入中国共产党。1986年7月参加工作，曾任沅陵县凉水井镇中心小学教师、凉水井区公安派出所副所长、太常村区公安派出所所长、县公安局办公室主任、太常乡党委书记、麻伊洑区委副书记、区长、区委书记；2002年7月至2020年4月，历任沅陵县政府党组成员、副县长、县委常委、县委办主任、县全面深化改革领导小组办公室主任、二级调研员。2020年5月，当选政协沅陵县第十三届委员会主席。

二、历届副主席简介

沅陵县第一届至第十三届政协，共选举产生副主席66人，其中，届中补选7人，26人连任，有3人连任四届政协副主席，2人连任三届政协副主席，14人连任两届政协副主席。现按任职先后，将历届政协副主席进行简单介绍。所有人等，离开政协后的行状，均不予记载。凡在人物传略中已有记载的，本节不重复记载

宋文溥 北京市人，中共党员。1955年4月—1956年12月，1958年5月—1960年2月，任沅陵县人民政府县长；1956年5月—1968年9月，任中共沅陵县委书记处书记。1955年5月至1960年12月，兼任政协沅陵县第一届委员会副主席。

王典富 沅陵人，中共党员。1960年2月至12月，任沅陵县人民政府副县长；1960年5月至1963年3月，任县委书记处书记；1960年12月至1962年8月，任沅陵县人民政府县长；1960年12月至1964年9月，兼任政协沅陵县第二届委员会副主席。

陈 伟 1913年3月生，四川万县人。1950年10月任沅陵县工商联筹备委员会成员，1954年2月24日，县工商联成立，先后任工商联副主任、主任。其间，当选沅陵县第一届政协常委；历任沅陵县人民政府副县长、省工商联执委、省人大代表、县防疫站站长、县卫生局副局长、县人大常委会副主任，及沅陵县政协第二届、三届委员会副主席。1982年2月，经县政协四届三次全体委员会议补选为第四届政协副主席；1984年3月，当选为县第五届政协副主席。1986年3月加入中国共产党。

赵连友 山东人，中共党员。1962年8月至1965年3月，任沅陵县人民政府县长。1964年9月，当选政协沅陵县第三届委员会副主席（兼）。

周光烈 1928年11月生，沅陵人，高中文化，中共党员。1950年9月参加工作，曾任中共沅陵县委统战部长、官庄区区长、城关镇党委书记兼县工会联合会主席。1964年9月，当选政协沅陵县第三届委员会副主席；1980年12月，当选第四届政协副主席。

刘汉钦 1927年4月生，湖南宁乡人，高中文化。1949年9月参加工作，1953年6月加入中国共产党。1956年9月至1958年5月，任沅陵县人民政府第一副县长；1980年12月，当选政协沅陵县第四届委员会副主席；1984年3月，当选第五届政协副主席。

朱文锦 1927年7月生，湖北武昌人，本科学历，西医主治医师，沅陵县人民医院妇产科主任。1953年7月由成都华西大学毕业分配到沅陵工作。1980年12月，当选沅陵

县第八届人大代表。1984年3月，当选沅陵县政协第五届委员会副主席。1986年11月参加中国农工民主党。1987年3月，当选县政协第六届委员会副主席，同年4月，中共沅陵县委下文，确定其为政协专职副主席。

向明龙 1921年11月生，苗族，湖南古丈人，高中文化。湘西无党派上层人士。1950年2月参加工作。任湘西行署民政处科员。后历任沅陵县民政科副科长、城关镇副镇长、民政局副局长、县人大常委会委员。1985年3月，经县政协五届二次全体委员会议补选为政协副主席。

覃功友 1950年10月生，苗族，沅陵人，大专文化。1970年12月加入中国共产党。1972年1月参加工作。历任沅陵县革委会政工组干部、县档案馆干部、共青团沅陵县委干部、团县委书记、杜家坪公社、乌宿公社党委书记、县委办副主任、主任。1987年3月，当选沅陵县政协第六届委员会副主席。1990年2月，当选第七届政协副主席。

肖功璞 1932年2月生，湖南衡阳人，大学文化。1952年6月加入中国共产党。新中国成立前做过党的地下工作。新中国成立后在湖南师范学院工作，任学院教职工党支部委员、工会副主席。1961年5月调入沅陵，历任公社书记、沅陵一中副校长、文教局副局长、县委宣传部副部长、县委统战部副部长、县政协秘书长。1987年3月，当选县政协第六届委员会副主席。

尹叔宜 1940年5月生，湖南邵东县人，大学文化。1962年8月由湖南师范学院物理系毕业，分配到沅陵第四中学任教。历任县教委教学仪器站站长、教研室主任、教育电视台负责人。系省物理学会会员，全国物理研究者协会会员。1987年3月，当选县政协第六届委员会副主席；1990年2月，当选第七届政协副主席；1992年12月，当选第八届政协副主席。1993年5月，中共怀化地委研究决定，同意其为沅陵县政协专职副主席。1997年2月，当选县政协第九届委员会副主席。

陈自如 1943年9月生，湖南浏阳人，台属，大学文化，主治医师。1968年8月由湖南医学院毕业分配到沅陵工作。曾任沅陵县卫生防疫站医师，县卫生学校教师、县人民医院科主任、医务科长、副院长。1986年11月参加中国农工民主党。1987年3月，当选第六届政协副主席。1990年2月，当选第七届政协副主席。1991年1月因调离沅陵，中共怀化地委同意其辞去沅陵县政协副主席职务。

肖芳杰 1936年10月生，湖南祁阳人，大专文化。1954年7月至1957年12月在湖南省林业厅任技术员。1958年下放沅陵，先后在沅陵渭溪林区、县森工局、农垦局、林业局、交通局、木材公司工作。1987年3月，当选第六届政协副主席；1990年2月，当选第七届政协副主席；1992年12月，当选第八届政协副主席。1997年1月6日，经县政协八届十七次常委会议研究同意，免去其政协副主席职务。

张理才　1937年4月生，沅陵人，大专文化。1956年12月加入中国共产党。1956年3月参军入伍，先后在南京、洛阳、广东服役。历任战士、班长、排长、连长、营教导员、宣传股长、宣传处副处长。1984年转业，先后任沅陵第一中学党支部书记、县委宣传部副部长。1990年2月，当选县政协第七届委员会副主席。

张祖鹏　1940年2月生，沅陵人，大专文化。1961年8月从长沙畜牧畜医学校毕业分配到龙山县农业局工作，1982年1月调沅陵县畜牧水产管理站，曾任沅陵县渔种场场长。1990年2月，当选县政协第七届委员会副主席；1992年12月，当选第八届政协副主席。

向生杰　1948年7月生，苗族，沅陵人，大专学历。1969年7月加入中国共产党。1968年1月参军入伍，历任中国人民解放军空军第二航空飞行团飞行员、副营职飞行员、空军乌鲁木齐指挥所正营职飞行员、副中队长（副团职）、总参陆军航空兵二团正团职飞行员、团长。1991年9月转业。1992年2月，经县政协七届三次全体委员会议补选为政协副主席（正县级）。

杨长庚　1944年9月生，沅陵人，高中文化。1965年5月加入中国共产党。1960年12月参加工作。先后担任军大坪公社通讯员、县委通讯员、县委招待所管理员、县委机要科干部、公安局人保组干部、县委组织部干事、组织部副部长、统战部长。1992年12月，当选沅陵县政协第八届委员会副主席；1997年12月，当选第九届政协副主席。

欧宗棠　1940年4月生，沅陵人，大专文化。中共党员。1960年8月参加工作。曾任沅陵县凉水井、张家坪中小学教师、团总支书记、副校长。1971年以后，先后任张家滩公社党委副书记、县委老干局副局长、组织部副部长、官庄区委书记、县人事局长、县委统战部长。1994年1月，经县政协八届二次会议补选为政协副主席。

彭隆墀　1944年7月生，沅陵人，高中文化。主管中药师。1961年9月参加工作。先后担任沅陵县药材公司仓库保管员、药材收购员、生产培植员、业务员、公司副经理、县医药管理局副局长。1992年12月，当选县政协第八届委员会副主席；1997年12月，当选第九届政协副主席。

全桂娥　女，1947年7月生，土家族，沅陵人，大专文化。1969年11月加入中国共产党。1970年3月参加工作。历任沅陵县官庄区委副书记、共青团沅陵县委书记、县妇联副主任、司法局副局长、局长，县委常委、县纪委书记。1997年12月当选县政协第九届委员会副主席；2002年12月，当选第十届政协副主席。

向建平　女，1965年11月生，苗族，沅陵人，大专文化。1987年7月从湖南省农学院常德分院毕业分配到沅陵县农业技术推广中心工作，1997年1月，任农业局副局长，12月，当选县政协第九届委员会副主席。

曹国基　1964年2月生，白族，沅陵人。大专学历。1984年7月从湖南省林业学校毕业分配到沅陵县麻伊洑区林业站工作，曾任技术员、副站长，1996年5月调县林业局，先后任营林站站长、林业局副局长。1997年12月，当选县政协第九届委员会副主席。

瞿东升　1966年5月生，苗族，沅陵人，本科学历。1988年7月参加工作。历任江苏淮阴机械厂技术员，沅陵县第一中学团委书记，教育局副局长、第一中学校长。2001年1月，经县政协九届四次全体委员会议补选为政协副主席；2002年12月，当选第十届政协副主席。

陈启生　1963年9月生，沅陵人，本科学历，中共党员。1984年8月参加工作，历任沅陵县枫香坪乡农技员、秘书、副乡长，军大坪乡长、党委书记，军大坪区委书记、凉水井区委书记、县委统战部长。2002年12月，当选县政协第十届委员会副主席。2006年6月，任县政协副主席兼县交通局党组书记。2007年12月，当选第十一届政协副主席。

周高兴　1968年3月生，土家族，沅陵人，本科学历，水利建筑工程师。1990年7月参加工作。历任沅陵县水利局建设股长，水利股长、副局长，县工商联主席、县总商会会长。2002年12月当选县政协第十届委员会副主席；2007年12月当选第十一届政协副主席；2012年11月，当选第十二届政协副主席；2016年11月，当选第十三届政协副主席。

胡大长　1954年7月生，沅陵人，本科学历，兽医师。1981年8月参加工作。曾在沅陵县乌宿区畜牧水产站、县畜牧水产局工作。1999年4月，任县科技局副局长。2002年12月，当选县政协第十届委员会副主席。

李湘鄂　女，苗族，1962年1月生，湖北松滋人，本科学历。农工民主党员。1979年12月参加工作，历任航空航天部310厂广播电视台播音员、沅陵县旅游局局长助理、农工民主党沅陵县直属支部专干、副主委。2002年12月，当选县政协第十届委员会副主席。2003年12月，任农工民主党沅陵县基层委员会主委。2007年12月，当选第十一届政协副主席；2012年11月，当选第十二届政协副主席。

蔡泽亮　1955年3月生，沅陵人，大专学历，中共党员。1975年10月参加工作，历任沅陵县木材公司职工、柳林汊乡木材收购站站长、副乡长，张家坪乡长，郑家村乡党委书记，乌宿区委书记，县民政局长、县政府县长助理。2007年12月当选县政协第十一届委员会副主席。

全竹英　女，1965年7月生，沅陵人，本科学历。1987年7月参加工作，历任沅陵县人民法院书记员、助理审判员、审判员、办公室副主任、民一庭副庭长、立案庭庭长。2003年3月任县人民法院副院长。2007年12月当选县政协第十一届委员会副主席。

杨德信　1963年10月生，苗族，沅陵人，本科学历，中共党员。1982年7月参加工作。历任沅陵县乌宿乡政府干部、副乡长、党委副书记、乡长，县移民办开发安置科科长、副主任、党总支委员，五强溪库区管理局党组成员、党组书记、副局长、党组副书记、局长，县水库移民管理局党组副书记、局长，县政府党组成员、副县长。2012年11月，当选县政协第十二届委员会副主席；2016年11月，当选第十三届政协副主席。2020年5月，因届中人事调整，辞去第十三届政协副主席职务。

卢新仁　1964年5月生，白族，沅陵人，本科学历，中共党员。1990年4月参加工作。先后任沅陵县荔枝溪乡党政办秘书，官庄镇镇长助理、副镇长、党委副书记、镇长、党委书记，沅陵镇党委副书记、镇长，北溶区委书记，麻溪铺镇党委书记、人大主席，县委办副主任，县政府党组成员、发改局党组副书记、局长、发改战线党委书记、县政府党组成员。2012年11月当选县政协第十二届委员会副主席；2016年11月，当选第十三届政协副主席。2017年12月，辞去政协副主席职务。

李丽娟　女，1979年6月生，沅陵人，本科学历。1998年12月参加工作。历任沅陵县北溶乡、肖家桥乡计生干部、杜家坪乡副乡长、乡政协联工委主任、县计生局副局长，借母溪乡长、县工商联主席、县总商会会长。2012年11月当选县政协第十二届委员会副主席；2016年11月，当选第十三届政协副主席。

莫小平　女，1976年7月生，沅陵人，本科学历、农业推广硕士学位。1996年12月参加工作。历任沅陵县肖家桥乡副乡长、乡长、县妇联副主席、县政府办副主任、副县长。2016年11月，当选县政协第十三届委员会副主席。

舒　齐　1979年11月生，苗族，沅陵人，本科学历，中共党员。2001年10月参加工作。历任沅陵县荔枝溪乡党委委员、二酉苗族乡党委副书记、纪委书记、马底驿乡党委委员、纪委书记、政协联络员、武装部长、凉水井镇党委副书记、镇长、书记。2017年12月，经县政协十三届二次全体委员会议补为政协副主席。

戴　军　1971年8月生，沅陵人，本科学历，中共党员。1990年7月参加工作，历任沅陵县经济委员会副科级秘书、县轻工总公司党委委员、副经理、轻工行业办副主任、轻工总公司党委书记、总经理、轻工行业办主任、沅陵镇党委副书记、镇长、县科技局党组副书记、局长、县委组织部副部长、七甲坪镇党委书记、县人社局党组书记、局长、县委组织部副部长（兼）、组织部常务副部长、四级调研员。2020年1月，任政协党组成员，5月，经县政协十三届四次会议补选为政协副主席。

三、历届秘书长简介

县政协从第四届委员会开始设秘书长，至第十三届政协，共选举产生秘书长10人，其中兼职秘书长1人，连任两届政协秘书长1人，连任四届政协秘书长1人。现按任职先后，将历届政协秘书长进行简单介绍。所有人等，离开政协后的行状，均不予记载。

肖功璞 1932年2月生，湖南衡阳人，大学文化。1952年6月加入中国共产党。1961年5月调沅陵。曾任沅陵县委宣传部副部长、统战部副部长。1980年12月，当选县第四届政协兼职秘书长。

邓必礼 1933年4月生，沅陵人，高中文化，1952年7月加入中国共产党，8月参加工作。历任县劳动科长、公社党委书记、区委副书记、县信访科长、县委办副主任。1984年3月，当选县第五届政协秘书长。

张汉清 1946年12月生，土家族，沅陵人，高中文化。1970年11月加入中国共产党。1971年10月参加工作。曾任沅陵县委宣传部新闻干事、统战部副部长。1987年3月，当选县第六届政协秘书长；1990年2月，当选县第七届政协秘书长。1991年8月，因调离沅陵，辞去秘书长职务。

李宏勋 1955年3月生，湖南桃源人，大专文化。1976年12月加入中国共产党。1974年12月参军入伍，曾任南京空军司令部航管设备技术室技术员、助理工程师、中共沅陵县委政策研究室干部。1991年2月调县政协工作，任政协副秘书长；8月，代理秘书长。1992年2月，经县政协七届三次会议补选为秘书长。1992年12月，当选第八届政协秘书长；1997年12月，当选第九届政协秘书长。2001年12月，政协机构改革，县级政协不设秘书长，其秘书长职务被免除。2004年12月，恢复政协秘书长制度，政协十届三次全体会议补选其为政协秘书长。

毕　松 1964年2月生，苗族，沅陵人，中共党员，在职研究生毕业。1983年7月参加工作，曾任沅陵县广播电视局党组书记、县政府办副主任、信访局长。2007年10月，任政协办公室主任，同年12月，当选第十一届政协秘书长。

唐　钧 1973年9月生，土家族，沅陵人，本科学历，中共党员。1996年10月参加工作。先后任沅陵县清浪乡党政办秘书、副乡长、副书记、陈家滩乡党委副书记、县纪委执法监察室主任、湖南借母溪国家级自然保护区管理局党委委员、纪委书记。2012年10月，任政协办公室主任，同年11月，当选第十二届政协秘书长。

陈 泽 1975年2月生，土家族，沅陵人，本科学历。2000年6月加入中国共产党。1996年9月参加工作。历任沅陵县公安民警、县纪委宣教室主任、正科级纪检监察员、派出第五纪工委书记、监察分局局长、县纪委常委。2016年10月，任政协办公室主任，同年11月，当选县第十三届政协秘书长。

四、省以上荣誉称号获得者简介

全国防汛抗洪先进个人戴兴忠 苗族，1935年生。沅陵县池坪乡桐车坪村个体医生。系沅陵县第六届、七届、八届、九届政协委员。1990年“6.14”特大洪灾中，他不顾个人生命财产安全，从洪峰中先后救出7个住院病人和4位村民，而自己苦心经营10余年积累起来的价值1.3万多元的医疗器械以及药品、房屋等全部被洪水洗劫一空。其舍己救人的事迹先后受到国家防汛总指挥部和中国红十字总会的表彰奖励，被授予“全国防汛抗洪先进个人”称号。

全国群众体育工作先进个人黄莘耕 1938年12月生，湖南汨罗人。1963年湖南师院体育系毕业分配来沅陵工作。1979年授予国家一级裁判称号。1981年调沅陵县教育局，任体卫专干、教研室副主任，系县政协第六届、七届、八届常委、政协文体组长及怀化地区体育学会副理事长、县体育学会理事长。在教学、教研、训练期间，多次参加地区体育竞赛的组织编排工作，出任地区田径、篮球教练、总教练、总裁判长及省运会和全国运动会裁判工作。1987年，带队参加怀化地区学生田径运动会，夺得各组团体总分第一名和个人金牌数第一名。同年，获湖南省体育传统项目学校优秀工作者奖励。1989年，创办怀化地区第一所体育职业高中班，向全区各县招生60名，毕业60名，其中为高校输送体育本科生2人、专科生5人。同年，又组建怀化师专沅陵体育函授站，面向怀化地区各县招收在职体育教师50名，3年函授期满，经国家考试均获体育大专文凭，其中1人晋升为中学高级体育教师，1人评为国优，3人评为省优，5人评为地优。1991年获湖南省施行《国家锻炼标准》先进工作者称号。先后为省运动学校、地区体育队、高校、各基层单位输送体育合格人才109名。1994年，被国家体委授予全国群众体育工作先进个人。

全国侨眷先进个人李万能 女，1952年生，沅陵人。沅陵县个体劳动者协会副会长，1990年1月，任县第七届政协委员，之后连续当选第八届、九届、十届政协常委。长期从事个体、私营经济管理工作，有较强的纳税意识和过硬的致富本领，为全县个体工商户税收突破1000万元大关作出一定成绩，多次被评为省、市、县先进个人和优秀政协委员。2004年被全国侨联授予全国侨眷先进个人称号。

全国农村体育先进个人金承乾 1942年生，沅陵人，土家族。曾任沅陵县麻伊洑区七甲坪乡文化专干。在任文化专干期间，着力开展农村群众体育活动，在全乡12个村建起篮球场和乒乓球室，发展体育活动骨干1540人。组建15个篮球队、18个乒乓球队、4个民间武术队、3个民间龙灯狮子队、10个象棋队、3个民族绝技表演队。每逢年节，以乡组织各种农村体育比赛活动，并经常与近邻的张家界市的王家坪、沅古坪乡进行体育交流和比赛，极大地丰富了农村群众的精神文化生活。1988年10月，中国农民体育协会授予其全国农村体育先进个人称号，同年11月，湖南省经委、农业厅、体委亦分别授予他全省体育先进个人称号。1990年1月，被推举为沅陵县第七届政协委员。在政协委员任期内，积极履职，为推动发展全县农村群众文化体育活动建言献策，获得1990年度优秀政协委员称号，受到县政协全会表彰奖励。

全国工会职工教育先进工作者张祖善 1936年9月生，沅陵人，中共党员。1956年2月参加工作，历任共青团沅陵县委办公室主任、公社党委副书记、主任、区委秘书、乡镇人大主席、县总工会副主席。任县总工会副主席期间，于1992年12月当选县第八届政协常务委员。积极致力于工会职工学校的恢复，经多方努力终于筹得资金35万元建成1栋职工学校教学楼，并为学校配置100多张课桌、50多张床铺，聘请13名教师，先后开设成人文化高中班、全日制职高美术班、岗位短期培训班等。1994年职校被评为怀化地区先进单位。张祖善个人被评为全国工会职工教育先进工作者，分别受到湖南省总工会和全国总工会的表彰奖励。在抓好本职工作的同时，积极履行政协委员职责，担任政协常委5年，先后3次被评为优秀政协委员，受到政协全会表彰奖励。

全国“优秀女职工百朵金花”印湘陵 女，1956年6月生，土家族，湖南吉首人。1974年下放沅陵荔枝溪马家坪农场；1976年在中南机械厂工作；1987年调入沅陵人寿保险公司，历任公司业务科长、副经理、工会主席。先后多次被评为先进工作者。1993年1月加入县政协委员队伍，系沅陵县第八届、九届、十届政协委员。在任政协委员期间，自觉履行一岗双责，本职工作和政协履职两不误。2000年被评为县政协优秀委员，受到政协全会表彰奖励；2002年，荣获保险系统全国“优秀女职工百朵金花”称号；2005年，再次被评为县政协优秀委员。

特级教师覃远志 1944年生，土家族，沅陵人。沅陵县教育科学研究室主任，中学高级教师。1962年起从事教育工作，1984年任专职教研员。他在教育科学研究中坚持理论联系实际，一切从实际出发，充分发挥当地优势，选题准确，突出特色，坚持不懈，成果迭出。多项教改成果获得省教育厅、国家教育部的奖励和推广，他主持的沅陵县凉水井区自然教学实验点被授予“全国小星火计划先进集体”称号。1997年，被评为湖南省劳动模范、全国优秀教师。1998年，当选县第九届政协常委。在任政协常委期间，坚持参加政协活动，积极建言履职，连续五年被授予优秀政协委员称号，受到政协全会的表彰奖励。

全国妇幼卫生先进工作者张良圣 1958年生，沅陵人，中共党员，大学本科学历，主治医师。历任沅陵县妇幼保健院院长、沅陵县中医男性病医院院长。他在应用中医结合治疗男、女性不育方面有一定专长，先后在《男科新论》和《中国医药百家精华丛书》等医药理论书刊上发表论文，在国内外产生影响，1991年被录入《中国当代中医名人志》。1994年11月作为专家代表应邀出席海峡两岸特色医疗交流恳谈会。1995年12月，参加首届中国民族医药国际研讨会和中国医疗保健品博览会，并应邀参加中央电视台《中华名医荟萃》的拍摄和作为优秀专科专家进京巡诊。1996年，国家卫生部授予张良圣全国妇幼卫生先进工作者称号。1998年1月，被推举为沅陵县第九届政协委员。2002年12月，连任县第十届政协委员。在两届政协委员任职期间，他积极为改善沅陵农村医疗卫生条件和培养医疗卫生人才建言献策，先后六次被评为优秀政协委员，受到政协全会表彰。

全国千名优秀社会指导员舒琪 女，1965年生，苗族，沅陵人，沅陵县体育局干部，县老年体育协会秘书长，县第九届、十届政协委员。她在平凡的工作岗位上，始终保持饱满的工作热情，率领从工作岗位上退下来的老同志，克服缺乏资金、场地等困难，推动沅陵老年体育活动开展有声有色，让老年人老有所乐，老有所为，为创建和谐沅陵作出积极贡献。沅陵老年人在她的指导下，体育活动的参与率与竞技水平都位列怀化市前茅。由于工作出色，沅陵县老年人体协从1986年以来年年被评为怀化市先进单位，1997年至2005年，被评为全省老年体协先进单位。舒琪个人于1993年被评为全省老年体育先进工作者，并在全省老年体育工作表彰大会上作典型发言。1996年、1998年、2000年、2002年，她先后四次被评为湖南省老年体育先进工作者，1998年、2003年，先后两次被评为县政协优秀委员。2004年，荣获全国千名优秀社会指导员称号。

农工党全国先进个人全小军 1970年3月生，土家族，沅陵人。1993年8月参加工作，2005年7月加入中国农工民主党，在职研究生学历，高级审计师。现任沅陵县审计局局长、中国农工民主党沅陵县委员会主委。系政协湖南省第十二届委员；政协怀化市第三届、第四届、第五届委员；政协沅陵县第十二届、第十三届常委。自1993年8月学校毕业参加工作以来，在审计部门工作23年，在监察部门工作近5年。2017年11月，被农工党中央评为全国先进个人；2019年，获得全国审计通联宣传工作先进个人奖励；2018年4月，农工党湖南省委授予他优秀党务工作者称号；2020年8月，农工党中央和农工党湖南省委分别授予他纪念中国农工民主党成立90周年“先进个人”称号；2021年1月，被评为湖南省政协扶贫行动先进个人。

湖南省模范共产党员唐春明 1943年4月生，沅陵人，中共党员。县政协第五届、六届、七届、八届、九届、十届委员。二十世纪八十年代初开始从事个体经营，曾任沅陵县个协麻伊伏区分会会长、县个协副会长、县工商联第七届、十届执委，第八、九届常委，工商联五强溪分会第二届副会长、分会党支部书记等职务。1983年以来，先后以自己家产为500多名个体工商户担保贷款115万元，为发展麻伊伏区个私经济作出了较大贡献。1992年组织修建安澜桥，拉开了沅陵非公经济投身社会公益事业的序幕；1993年筹资组建湖南西部地区首家股份制市场—五强溪股份集贸市场，任市场董事长、总经理。集贸市场的建设，有效解决了当地长期以来以街为市的局面。2002年出任五强溪工商联分会第一任党支部书记。1984年被授予全省模范共产党员称号，先后7次被县政协评为优秀政协委员给予表彰奖励。工商行政管理、湖南日报、湘声报、怀化日报、工商大观等报刊，对他发展个私经济，真诚回报社会的先进事迹进行过多次宣传报道。

湖南省党政机关先进秘书工作者彭泽时 1950年生，苗族，沅陵人，中共党员。历任沅陵县五交化公司业务股长、县财委副科级秘书、副主任、县招商局副局长、县人大办公室副主任、沅陵县第十三届人大常委会委员、财政经济工作委员会主任。在财委工作期间，及时掌握、反映财贸系统经济活动情况，为县委、县政府领导提供决策依据，科学、及时指导财贸工作起到了积极作用。1988年8月，被中共湖南省委、省人民政府授予“湖南省党政机关先进秘书工作者”称号。1993年12月25日，经政协八届五次常委会议增补为县第八届政协委员。在任政协委员期间，彭泽时坚持一岗双责，认真履职，先后与1994年、1996年、1997年，被评为优秀政协委员，受到县政协全会的表彰奖励。

湖南省非公有制经济先进个人唐方烛　1946年12月生，沅陵人。县政协第七届、八届委员；九届、十届常委。系怀化市第二届政协委员。历任怀化市工商联兼职副会长省工商联执委，沅陵县工商联副会长。1972年起，一直在柳林汊红星茶场工作。1985年，承包红星茶场624亩茶园，任茶场董事长兼总经理。从柳林乡贫困户中招募20人为工人，凭着实干和灵活的经济运筹，使茶场每年以5万元的经济效益递增。生产的“柳林绿波茶”，1995年和1996年连续两年被评为湖南省“湘杯茶”银质奖。1987年起，在经营茶场的同时，又先后创办10个股份制金矿，每年创税费达50余万元。1993年以来，投资乡镇文化、教育等公益事业30多万元，事迹先后被《湖南日报》《湘声报》以及电台、电视台等多家媒体广泛宣传报道。在履行政协委员职能中，先后向各级政府提出建议20条，80%得到采纳。2001年，被授予全省非公有制经济先进个人称号。先后11次被评为县政协优秀委员。

湖南省计划生育优秀调查员卢军秀　1960年12月生，女，苗族，沅陵人，本科文化。沅陵县人口和计划生育局党组成员，县政协第九届、十届委员。工作主动作为，积极争取省、市、县投入经费500余万元，配齐全县计生办公所需电脑、打印机等现代化办公设备，为计生工作步入信息化轨道做出一定贡献。筹措资金400余万元，为基层计生服务站增添妇科治疗仪、便携式B超等先进设备，基层计生服务环境大为改善。分管计生财务工作以来，完善工作思路、健全工作机制、强化队伍建设，使全县计划生育财务工作在短时间内有较大起色，全县财政投入计生工作经费由2003年的60万元增加到2005年的198万元。在与县人口计生局同仁的共同努力下，使全县计生工作取得了很大成就。1997年以来，沅陵县计生工作连续八年被评为全省先进单位，2004年荣获全省计生优质服务先进单位。她分管的工作连续六年被省、市主管部门评为先进，个人多次受到政府和部门表彰，连续六年被县委、县政府评为先进工作者，并荣立财务工作三等功一次，被县委组织部评为优秀党员。2004年，被湖南省人口和计划生育委员会评为计划生育优秀调查员。在做好本职工作的同时，积极履行委员职责，认真开展社会调查，每年都写出2篇以上有价值的调查报告供局党组和上级党委、政府决策参考。针对县、乡计划生育的经费投入和农村村级计生专干退辞荣誉金制度等有关问题，提出了很多好的建议。2005年，县政协授予她优秀政协委员称号，在政协全会上给予表彰奖励。

湖南省“国家贫困地区义务教育工程”先进个人李建忠　1967年6月生，苗族，沅陵人，大学文化，中共党员。曾先后在官庄镇、马底驿乡财政所工作，历任乡镇财政所税收专管员、总预算会计、副所长、所长。1992年调县财政局工作。1999年1月5日，经县政协九届五次常委会议协商通过，增补为县第九届政协委员。1999年，被湖南省教育厅、财政厅授予“国家贫困地区义务教育工程”先进个人称号。之后连续担任第十届、十一届政协委员，系第十届政协常委。多年从事县乡财政管理工作，并致力于完善县乡财政管理体制的探索研究。勤于调研思考，在任职协委员期间，多次就完善乡镇财政管理，改变贫困地区县级财政困难现状撰文建言。工作中不断完善县乡财政性资金支出管理办法，努力提高财政资金使用效益。先后6次被单位评为优秀公务员，4次被评为优秀政协委员，2次被评为政协先进工作者。

湖南省扶贫工作先进个人向延力 1967年2月生，苗族，沅陵人，中共党员，大专文化。历任沅陵县三区十乡（镇）绿化指挥部任技术员；仙门林场营林股长、技术员；凉水井区林业站任技术员；沅陵县飞机播种造林指挥部任技术员。在“借母溪沟谷森林综合考查”中以主要参加人之一获省林业厅技术进步奖和证书，在“飞播造林技术”课题中以参加人之一获省二等奖。1991年调县扶贫开发办公室任副主任、助理工程师。2000年被评为全市“八七”扶贫先进个人。2001年被评为全省扶贫工作先进个人。2002年12月，任县第十届政协委员。在任政协委员期间，坚持工作履职两不误，2003年，分别荣获全省扶贫工作先进个人和县优秀政协委员称号表彰。

湖南省政协扶贫行动先进个人张建中 1978年7月生，苗族，沅陵人，中共党员，湖南辰沅农业开发有限公司总经理，县第十三届政协委员。在脱贫攻坚工作中，带领公司参与县“百企帮百村”行动，通过产权分红、经营收益和务工收入，与贫困户181户400多贫困人口建立利益联结机制，年入股分红28.5万元，发放贫困人员务工工资40余万元。2017年，公司被评为“怀化市农业产业化龙头企业”。张建中与一户贫困户建立固定帮扶关系，帮扶助学一名贫困学生，多次参与县消费扶贫，并为贫困学生捐钱捐物7000余元。2019年8月6日，在公司成立起怀化首家委员工作室（钟广兰、张建中政协委员工作室），依托平台、精准履职、达成社情民意直通车。2021年1月，被省政协授予全省政协扶贫行动先进个人称号。2018至2020年，连续3年被评为县政协优秀委员，受到县政协全会表彰奖励。

第三节　人物录

一、县政协委员名录

第一届委员（19名）

马介全　朱仲谋　刘诗祥　苏　君　宋文溥　林　野　李守仁　李素英（女）
杨英俊　陈　伟　陈玉洁（女）　陈依白（女）　周　振　周光烈　周奋生
温文扎　蒋维中　慕　斌　熊承裕

届中增补委员：

王宏均（女）　王雄发　刘汉宗　杨玉静　杨德全　陈一民　郑君麟　徐希明
彭道隆

第二届委员（25名）

王玉海　王吉言　王秀英（女）　王典富　尹友珍（女）　刘汉宗　刘柏伦
刘诗祥　朱文锦　杨庆达　张名梁　张致柔　陈　伟　陈依白（女）
陈觉英（女）　陈济仁　吴学增　武洪光　周光烈　周奋生　周重玉（女）
胡伯庭　侯广梯　彭道隆　蒋国汉

第三届委员（25名）

王玉海　王吉言　邓忠纯　平吉奎　向明龙　刘之一　刘汉宗　刘柏伦
刘诗祥　杨庆达　吴学增　张致柔　陈　伟　陈依白（女）　陈济仁
周光烈　周生香　周重玉（女）　赵连友　胡伯庭　高　超　黄继礼
蒋君鹏　蒋国汉　熊曼芝（女）

第四届委员（46名）

万　古　王德润　文锦华　方思默　邓世易　邓忠纯　田忠裕　田学胜
白阿雀（女）　向开勤　向启先　全桂娥（女）　刘汉钦　刘诗祥　刘茹薇（女）
杜必祈　李　裕　李治华　李宪章　李清秀（女）　肖功璞　吴伯泉
宋长辉　张　林　张　复　张焕文　张致柔　张清炳　陈礼和　陈依白（女）
陈湘声　罗宗浦　周光烈　周重玉（女）　钟启寿　段晋宁　修九华　娄千里
高　超　梁玉纯　董志民　蒋君鹏　韩庆林　谢流洪　廖泽川　瞿　迪

届中增补委员：

邓必礼　石玉湘　石家桂（女）　朱文锦　向启先　刘俊良　李柄生　李炳生
陈　伟　陈静庭　欧阳甲　周　礼　周吉凤　钟吉成　莫丙炎　高恒煦
黄宝森　谌振兴　彭启东　赖双和　熊文梓　戴　仪

第五届委员（127名）

丁　伶（女）　丁德富　王志群　王幼辉　毛建和　文锦华　方思默　邓人璋
邓必礼　邓作煌　邓连喜　石玉湘　石家桂　龙溢洲　叶志鸿　田兴正
田忠裕　田学韬　田学圣　白阿雀（女）　朱文锦　朱泽俊　向开勤　向启先
全淑珍（女）　邬凤官（女）　刘长庚　刘汉钦　刘俊良　刘叙坤　刘淑元
刘荣民　刘历柄　刘耀曹　刘芹国　刘大钰　刘如薇（女）　刘云英（女）
刘诗祥　孙　仁　孙　霖　孙毓群　李立龙　李柄生　李永栋　李宪章
李清秀（女）　李来弘　李炳生　杨天富　杨玉静　杨宏清　杨树森　肖功璞
吴冠敏　吴伯泉　吴应祥　何　敏　邹迪贤　宋长辉　宋家龙　张　复
张如杰　张清炳　张仁玉　张焕文　张云飞　张至柔　张周南　陈　伟
陈静庭　陈湘声　陈自如　欧阳甲　欧阳寅　罗光德　罗远长　周　礼
周吉凤　周重玉（女）　郑代义　赵德府　胡斐然　钟吉成　钟吉寿　段晋宁
修九华　侯丙森　饶须知　姜宏顶　姜昆斋　娄千里　袁长琛　莫丙炎
钱祥云　徐衡阳　高恒煦　唐达吉　唐世明　海大志　黄书义　黄宝生
黄盛福　崔世华　梁玉纯　谌振兴　彭启东　彭友智　董志民　董信山
蒋君鹏　覃占齐　傅铁生　舒易芳　赖双和　蔡长双　廖泽川　漆森林

熊文梓　蒴凝鹏　潘银珍（女）　戴　仪　戴先凤（女）　瞿湘周　瞿　迪
瞿资新　瞿蔚春

届中增补委员：

王怀兴　邓冬玲（女）　邓文鸿　吕启文（女）　向明龙　陈明启　周文生
李世杰　杨肇琴（女）　吴文豪　唐春明　黄怀琼（女）　彭惠民　董庚星

第六届委员（181名）

丁　伶（女）　丁德富　于保成　万静观（女）　王幼辉　毛建和　文锦华
方思默　尹伯勋　尹叔宜　邓人璋　邓必礼　邓文鸿　邓克秋　石玉湘
石家桂（女）　田开华　田学正　田学韬　田德涵　田易英（女）　田中裕
冯宗兰（女）　冯嗣万　吕水生　吕启文（女）　朱友泉　朱文锦　朱国权
向发进　向开勤　向晓钟　向启先　向明龙　向子肩　全桂娥（女）
全淑珍（女）　邬凤官（女）　刘汉钦　刘俊良　刘荣英（女）　刘大顺　刘长清
刘荣民　刘芹国　刘叙坤　刘茹薇（女）　刘运均　刘诗祥　孙　仁　孙　霖
李玉梅（女）　李柄生　李先国　李宪章　李清秀（女）　李生贞　李永栋
李清琼（女）　李立龙　李来弘　李崇亮　李学华　李典祥　杨志远　杨玉静
杨树森　杨宏清　杨肇琴（女）　肖功璞　肖芳杰　肖宏良　吴冠敏　吴绍珍（女）
吴文豪　吴伯泉　吴应祥　何　敏　邹迪贤　宋长辉　宋重金　张汉清
张清炳　张　明　张　复　张　道　张如杰　张民生　张祖鹏　张泽富
张生华　张至柔　张云飞　张开松　张泽斌（女）　张树仁　张志华
张贵清（女）　张伯泉　张焕文　陈　伟　陈自如　陈明启　陈静霞（女）
陈湘声　欧阳寅　罗运长　罗有根　金树元　周　礼　周全民（女）　周吉凤
周荣章　周祖武　郑代义　赵辉烈　涂迪华　胡业圣　胡业茂　胡斐然
钟吉成　钟生和　段晋宁　修九华　侯金荣（女）　姜绍辉　姜宏顶　娄千里
姚庚申　袁诗柏　袁长琛　莫丙炎　钱祥云　徐衡阳　高泽启　唐圣伟
唐世树　唐达吉　唐春明　唐自广　黄怀琼（女）　黄宝森　黄莘耕　黄盛福
龚立谦　崔世华　符祖兴　符星仪　梁小华　谌振兴　隋景芬（女）　彭惠民
董志民　董信山　蒋建凯　蒋美才　蒋君鹏　蒋疑鹏　覃功友　覃占齐

傅铁生　舒代文　曾几根　曾小石　谢根炬　赖双和　蔡长双　漆森林
谭孝国　熊文梓　熊文亮　熊宏旭　潘银珍（女）　戴　仪　戴先凤（女）
戴兴忠　戴开勋　瞿湘周　瞿资新　瞿宏进　瞿宏臣

届中增补委员：

文德章　全　林　全菊梅（女）　李湘朴　张仁忠　姚复天　梁开英　陆承加
陈世桢　李奎平（女）　宋贻丰　郝运祥　郝运武　黄仁德　戴运珪　向秀英（女）

第七届委员（200名）

丁　伶（女）　丁德富　丁瑞云（女）　于保成　王金民　孙　仁　孙友信
孙劲勇　文志池　文承孝　文德章　方思默　尹伯勋　尹叔宜　邓人璋
邓必礼　邓玉仙（女）　石瑞本　石玉湘　卢应植　田开华　田德涵　田楚生
冯宗兰（女）　冯嗣万　吕水生　吕兴德　吕春英（女）　朱友泉　朱文锦
朱国权　向子肩　向晓钟　向发进　向明盛　向开勋　向德祖　全　林
全桂娥（女）　全淑珍（女）　全菊梅（女）　邬凤官（女）　刘俊良　刘大顺
刘茹薇（女）　刘长清　刘荣民　刘仁昌　刘叙坤　刘芹国　刘诗祥　李玉梅（女）
李润芝　李　洪　李生珍　李必锐　李学华　李典祥　李　飞　李立龙
李枝新（女）　李奎平（女）　李清秀（女）　李清凉（女）　李素梅　李树发
李湘朴　李万能（女）　李先国　杨远保　杨玉静　杨志远　杨肇琴（女）
肖功璞　肖宏良　肖芳杰　吴伯泉　吴应祥　吴绍珍（女）　吴善萍（女）
何　敏　何明松　宋诒丰　宋重金　张汉清　张理才　张在规（女）　张清炳
张泽湖　张焕文　张　道　张人清　张治华　张　杰　张干梓　张仁忠
张生华　张如杰　张家泮　张祖鹏　张代雄　张兰花（女）　张开松　张泽斌（女）
张光少　张海艳（女）　陆克强　陆承加　陈静霞（女）　陈世祯　陈自如
陈明启　陈福萍（女）　范祥雄　罗菊珍（女）　金承乾　周全民（女）　周兴富
周祖武　周荣璋　郑　红　郑永龙　赵辉烈　赵儒义　郝运祥　郝运武
涂迪华　胡斐然　胡大生　胡业圣　胡业茂　钟生和　钟吉成　段晋宁
修九华　侯金荣（女）　姜宏顶　姜绍辉　娄千里　洪巫峰　姚更生　姚复天
袁长琛　袁世柏　袁凤鸣　钱祥云　徐衡阳　翁惠元　高　坚　唐世树

唐春明　唐方烛　唐达吉　唐志广　唐春金　黄盛福　黄仁德　黄怀琼（女）
黄英林（女）　黄莘耕　黄伯年（女）　龚力谦　龚学林　符爱林　符开觉
符祖新　梁小华　梁开英　谌振兴　隋景芬（女）　彭隆墀　彭惠民　董信山
蒋国汉　蒋建凯　覃功友　覃占齐　傅依荣　傅铁生　曾小石　谢根钜
赖双和　蔡长双　蔡秀礼　谭孝国　谭湘桂（女）　熊文亮　熊宏旭　翦荣华（女）
翦凝鹏　潘真栋　戴先凤（女）　戴开勋　戴兴忠　戴运珪　瞿宏进　瞿宏成
瞿资新　瞿湘周　瞿道展

届中增补委员：

向生杰　向开运　李大荣　李宏勋　李作生　张积斗　杨长庚　胡友荣
胡官均　聂学俊

第八届委员（203名）

丁瑞云（女）　于保成　王金民　孙　仁　孙友信　孙劲勇　文志池　文承孝
尹叔宜　邓人璋　邓必礼　邓玉仙（女）　邓耀龙　邓作煌　石瑞本　石宪升
石银花（女）　石绍沅　石玉湘　石金龙　印湘陵（女）　卢志华　田开华
田易英（女）　田德涵　田志龙　冯嗣万　吕春英（女）　朱友泉　朱培丁
向仁贵　向开勤　向延萍（女）　向祖德　向锦铭　向晓钟　向发进　向先瑞
向明盛　全　林　全菊梅（女）　全承泽　刘序孝　刘序坤　刘时中　刘荣民
刘晓英（女）　刘宜春　刘国斌　刘　凯　刘诗祥　李宏勋　李玉梅（女）
李枝新（女）　李奎平（女）　李清琼（女）　李树发　李述梅（女）　李学儒
李慧芬（女）　李　飞　李明觉　李家炎　李生珍　李必锐　李学华　李典祥
李大荣　李　洪　李兴淼　李万能（女）　李作生　李湘仆　杨长庚　杨树敏
杨国祥　杨远保　杨玉静　杨永川　肖功璞　肖芳杰　肖守省　吴绍珍（女）
吴应祥　吴伯泉　何　敏　何明松　宋友云　宋诒华　宋重金　张祖善
张代雄　张仁和　张兰花（女）　张泽斌（女）　张义勇　张在规（女）　张　杰
张水金　张如杰　张仁忠　张远进　张祖鹏　张家泮　张干渭　张生华
张积斗　张　道　张喜桂　张焕文　邹赤茜　陆克强　陆承加　陈明启
陈福萍（女）　陈秋生　范祥雄　罗建中　罗菊珍（女）　金述德　周家先

周祖武　周克刚　周荣璋　郑永龙　赵儒义　涂迪华　胡业茂　胡大长
胡大生　胡业圣　胡官均　钟生和　钟吉成　钟吉槐　钟建军　修九华
姜绍辉　娄千里　姚更生　姚复天　袁凤鸣　钱祥云　徐守芬（女）　徐衡阳
翁惠元　高　坚　舒绍时　唐春明　唐辉煌　唐达古　唐志广　唐方烛
黄仁德　黄伯年（女）　黄英林（女）　黄莘耕　龚学林　符开党　符双全
符先尧　符祖新　邬风官（女）　曹义勇　曹忠智　梁开英　谌振兴　隋景芬（女）
彭世泽　彭振辉　彭治民　彭隆墀　彭惠民　蒋多玲（女）　覃功友　覃占齐
傅依荣　曾小石　曾宝庆　谢根钜　赖双和　蔡长双　蔡秀礼　谭孝国
谭湘桂（女）　熊文亮　熊宏旭　熊斛源　聂学俊　翦荣华（女）　翦凝鹏
廖哲奇　糜永贵　潘真栋　戴运珪　戴先凤（女）　戴兴忠　戴开勋　瞿宏成
瞿湘周　瞿资新　瞿道展　瞿仁贵

届中增补委员：

王湛浙　欧宗棠　陈沅龙　梁光友　唐娅莉（女）　彭泽时　杨学林　张晓文
张吉方　张钟奇　向楚山　邓必德　刘序国　符金英（女）　文宏修　齐绍宗
刘德明　袁忠恕　颜泽孝　曹义新　胡亚光　叶明文　甘秉华　龚由青
石烈常　周自鑫　唐官茂　张良林　李大凤　李生新　李永忠　李华金
李桂玉（女）　向沅华　罗咏平（女）

第九届委员（230名）

丁之新　丁德鹏　万召武　井多佩（女）　王湛琪　王淑君　王家德　王建中
王济民　王林凯　王　群（女）　孙友信　孙劲勇　孙太森　文宏修　文承孝
尹长福　尹叔宜　邓人璋　邓玉仙（女）　邓耀龙　冉祥富　冉茂清　齐绍宗
石士猛　石绍沅　石烈常　石金龙　印湘陵（女）　印胜年　田开华　田志勤
田礼柏　龙吉顺　甘秉华　毕　松　苏明义　江　焱（女）　冯嗣万　冯仕云
向　玲（女）　向晓钟　向仁贵　向新华　向孝寿　向玉梅（女）　向梵山
向丙元　向自玉　向建平（女）　向先瑞　向光伟　向学湘　全桂娥（女）
全继中　刘卫星　刘乐玉　刘生波　刘德明　刘序树　刘永仁　李宏勋
李枝兴　李绍灯　李先声　李鹏飞　李玉梅（女）　李顺礼　李海涛　李　羲

李万能（女）　李裕华　李华君　李芝文　李运国　李永忠　李爱丁　李绍富
李桂玉（女）　李枝新（女）　李作生　李湘仆　李　飞　李永庆　李湘鄂（女）
李腊英（女）　杨长庚　杨宗保　杨开榜　杨学林　杨玉珍（女）　杨长平
杨永川　杨流祥　杨恋华（女）　肖功璞　吴伯泉　何明松　宋海军（女）
宋重金　余　静（女）　杜清华　张　杰　张　道　张小龙　张干发　张仁忠
张泽斌（女）　张茂华　张晓文　张会群　张泽湖　张良林　张珍香（女）
张吉阶　张良圣　张吉方　张如杰　张焕文　张钟奇　张荣耀　张生华
陆克强　陆承加　陈　勇　陈沅霞（女）　陈有香　陈德玉（女）　陈跃进
陈福萍（女）　陈瑞平　陈秋生　陈定辉　陈沅龙　陈治党　范祥生　范祥雄
罗　维　罗建中　罗咏平（女）　周钢生　周维平　周国祥　周高兴　周丰双
郑永龙　赵世珍（女）　涂迪华　胡　欣　胡大长　胡淑芳（女）　胡官均
胡业圣　钟广保　钟吉谊　修九华　姜绍辉　姜宏顶　姚筱琼（女）　袁鸿飞
徐守芬（女）　徐孝全　徐衡阳　高其云　舒　琪（女）　舒支袖　舒克俭
唐方烛　唐菊秀（女）　唐美英（女）　唐春明　唐征球　唐辉煌　唐际常
唐自广　唐娅莉（女）　黄　羽　黄海松　黄英林（女）　龚先华　龚由青
龚自深　龚锡旺　龚洵裕　常建德　符祖新　曹义勇　曹国基　梁光友
梁兴武　谌振兴　隋景芬（女）　彭青云（女）　彭振辉　彭体初　彭曙沅
彭隆墀　彭惠民　葛秋根　蒋多玲（女）　蒋雪松　蒋新国　覃远志　曾　海
谢长兵　谢允良　谢德明　谢根钜　赖双和　廉官桃（女）　谭湘桂（女）
熊占峰　颜泽孝　廖哲奇　糜永贵　潘久藩　戴开勋　戴先凤（女）　戴运圭
戴运龙　戴兴忠　魏象雒　瞿义清　瞿玲艳（女）　瞿晓明　瞿道生　瞿宏成
瞿湘周　瞿幼平（女）　瞿运才

届中增补委员：

刘昌林　孔庆新　宋新中　李世雄　杨文亮　李建忠　谢丽芬（女）　周　堃
瞿　炜　邓传辉　杨华林　刘朝阳　向维贵　蔡长安　向显桃　钟建军
鄢祥学　符德俚　张国卫　余树炎　李凤义　李枝林　瞿东升　周　详
谢茂球　粟贵全　唐承银　余玉和　陈开福　周恒祥　刘自仁　周德怡
张大强　刘　林　郝运斌　肖玉娥（女）　陈　威　钟广淼　尹桂兰（女）
余善明　向　上　刘锦莲（女）

第十届委员（249名）

丁宏建　丁德鹏　井多佩（女）　王云碧　王中华　王挚晶（女）　王家德
王淑君　王次舟　孙劲勇　尹先铁　尹长福　尹桥松　尹桂兰（女）　孔庆新
邓有前　邓湘勇　冉茂清　冉祥富　石　标　石绍沅　石庭艳　石烈常
印湘陵（女）　印圣年　付潭英（女）　卢映万　卢军秀（女）　卢桂莲（女）
马　刚　叶建清　田开华　田开胜　田心园　田学海　田学洋　田礼柏
匡　靖　龙厚轲　苏明义　汤美华（女）　江　焱（女）　冯秀枝（女）　冯丽华（女）
向　上　向　文　向　飞　向延力　向学湘　向仁贵　向玉梅（女）　向维贵
向丙元　向桃春（女）　向玉芳（女）　向叶友　向显桃　全桂娥（女）　全必恒
全必鹏　刘　林　刘自仁　刘昌林　刘冬梅（女）　刘珍玉（女）　刘朝阳
刘贵松　刘八英（女）　刘奇柏　刘兴高　刘美贵　刘宝丽（女）　刘朝彦
刘锦莲（女）　刘厚福（女）　刘运斌　米玖田　李　红（女）　李宏勋　李湘鄂（女）
李永庆　李文君（女）　李玉华（女）　李腊英（女）　李清斌　李先声　李凤义
李建忠　李又谋　李世雄　李芝文　李运国　李绍富　李观发　李顺礼
李宗旺　李锡清　李万能（女）　李新文　李华君　李湘仆　李枝林
杨长生　杨绍慧（女）　杨宗保　杨建民　杨晓辉　杨志华　杨高兴
杨长平　杨恋华（女）　杨永东　肖　斌　肖崇国　肖玉娥（女）　何明松
何秋林　宋先知（女）　宋海军（女）　余　静（女）　余玉和　杜清华
张　卉（女）　张金海　张灵三　张清秀（女）　张清相　张树珠　张爱兰（女）
张仁忠　张仕清　张国卫　张富龙　张少华　张安勤　张会群　张永林
张永贤　张汉初　张春生　张晓文　张中顶　张吉阶　张晓彬　张良圣
张爱国　张新国　张吉芳　张祖欢　张大强　张　蓝　张泽生　张生华
陈　恩　陈　威　陈　曙　陈启生　陈沅龙　陈建权　陈开富　陈德玉（女）
陈宇明　陈跃进　陈福萍（女）　陈秀君（女）　陈治党　陈自力　金素强
罗咏平（女）　罗展文　周　堃　周恒祥　周德怡　周耀明　周德生
周高兴　周刚生　周树生　周明宪　周丰双　郑玉晓　赵儒忠　郝运斌
胡大长　胡淑芳（女）　胡业圣　胡太胜　宣益潮　钟广淼　钟建军
钟安云　钟广超　党国章　袁劲松　贾文艺　钱先芝（女）　凌　云
凌久同　徐云洲　徐爱国　徐孝全　高兴辉　高其云　高春和　舒　琪（女）

舒支袖　唐方烛　唐春明　唐征球　唐美英（女）唐承银　黄　羽
黄茂林　黄海松　龚由青　龚锡旺　常建德　崔　文　符艳芳（女）
符祖新　符忠宝　符德俚　符星龙　隆文强　彭曙沅　彭惠民　覃志刚
粟建平　粟贵权　曾次炎　曾绍春（女）鄢祥学　谢　贞（女）谢乔友
谢莉芬（女）谢春生　谢长兵　赖丽燕（女）熊占峰　熊先德　颜家合
糜建芳（女）戴　蓉（女）瞿　炜　瞿东升　瞿玲艳（女）瞿继任
瞿宏长　瞿幼平（女）

届中增补委员：

张石东（女）瞿秀兰（女）张　俊　彭昌海　张光年　张　健　杨柏荣
田学武　张召元　鲁云华　郭时尧　赵绍波　邓东明　刘武华　刘和平
肖雄民　代先生　田铁武　吴建新　张福龙　杨国友

第十一届委员（245名）

丁　杰　丁冬菊（女）丁宏建　丁苗军　文　英（女）王　伟　王　敏
王　锋　王少文　王家德　王启田　代先生　代先杰　孙晓牧　孙国好
艾进明　毛永祥　任　权　汪　明　苗建辉（女）尹桂兰（女）尹建国
尹丽平（女）邓建朝　邓宗民　邓启洪　邓美生　邓楚广　邓华平　冉茂清
石崇友　石庭艳　印圣年　付潭英（女）卢兰玉（女）卢映万　马　刚
叶　艳（女）田学洋　田菊珍（女）毕　松　匡　靖　江发义　冯丽慧（女）
冯丽华（女）向　飞　向　上　向开华　向先军　向明孝　向仁健
向一明（女）向光祥　全　新　全竹英（女）全大容　刘　斌　刘　科
刘　辉　刘　军　刘　林　刘纯美（女）刘武华　刘宝丽（女）刘春林（女）
刘梓畲　刘集锦（女）刘招武　刘朝彦　刘秋兰（女）刘厚福（女）李　军
李生用　李世珍（女）李生沅　李生珍（女）李建国　李　波　李先秀（女）
李湘鄂（女）李大有　李仕祥　李宗灯　李玲娜（女）李玉宏　李世政
李海雄　李枝林　李建忠　李新文　李观发　李德群（女）杨　辉
杨　霞（女）杨团英（女）杨书贵　杨高兴　杨晶辉　杨建民　杨素珍（女）
杨光胜　杨国友　杨文振　杨青山　肖崇国　吴　俊　何正春　沈清臣

宋　国　宋晓静（女）　宋云秀（女）　宋芝玉　宋小兰（女）　宋先知（女）
余兴旺　余善民　余秀群（女）　杜三英（女）　张　勇　张大强　张大新
张灵三　张良红　张顺光　张名立　张邦富　张吉龙　张玉环（女）
张祖凤　张小才　张福喜　张远忠　张春晓　张世雄　张春生　张良荣
张良海　张先安　张怡银　张吉阶　张志华　张学军　张玉林（女）
张新国　张　蓝　张　俊　张水秀（女）　陈　威　陈　璐（女）　陈启生
陈万新　陈良群　陈道学　陈娟珍（女）　陈湘玲（女）　邵美群（女）　金述森
金裕志　金继军　罗本文　罗劲松　罗展文　周开文　周立龙　周耀阳
周高兴　周厚荣　周德生　郑德钢　赵　斌　赵绍波　赵湘媛（女）
赵彦彬　胡　浪　胡生喜　胡淑芳（女）　胡自力　胡桂富　侯水玲（女）
侯绪华　姜和珍（女）　姜桂婵（女）　姚春莉（女）　宣益潮　曾　军
曹艳萍（女）　秦泽清（女）　释方丽（女）　钟生爱　钟桃花（女）　钟吉卷
钟群英（女）　徐　桥　徐秀清（女）　舒　凤　舒文胜　舒克实　舒建平
郭美春（女）　唐世辉　唐征球　唐宏飞　唐宏保　唐志保　唐宏跃
唐春常　黄　飞　黄　芳（女）　黄忆钢（女）　黄小芳（女）　黄海松
崔　文　符　慧　符合金　符梅桃（女）　符忠宝　梁海英（女）　彭志国
彭曙沅　覃胜宝　粟登翠（女）　曾立亿　曾建新　曾端阳　鄢华兰（女）
谢　忠　谢灵芝（女）　谢新辉（女）　雷光泽　蔡泽亮　廉　丰　廉桂花（女）
熊先德　熊爱民（女）　熊东兵　熊俏玲（女）　颜　音　颜学友　戴　蓉（女）
戴小雨　瞿勋清　瞿玲艳（女）　瞿华秀（女）　瞿章相　瞿绍来

届中增补委员：

王　艳（女）　王铁刚　王桂梅（女）　王本华　李　弘　李鹏飞　张　军
李又斌　张先铢　张美华　张岳来　张群松　张良旺　张良麟　张仁超
张晓红　张桂华（女）　张朝晖　张勇军　章功伟　向明金　唐元生
覃友龙　蔡传洋　曾庆章　强昌松　邓国华　全爱蓉（女）　龙利平（女）
冯　杏（女）　郑银兴　龚秀春（女）　谢春林（女）　邓长龙　邓立平
刘　成　刘幼凤　朱国志　杨　宁　宋书生　陈　庆　周岗山　欧阳芳（女）
滕召云　梅寒冰（女）　谭顺环　熊爱蓉（女）　舒爱文（女）　廖晓红（女）

瞿继宏 邓凤翔 全国光 舒 海 陆长舟 佘 凯 贺庆玲（女）

第十二届委员（245名）

万 燕（女） 王 艳（女） 王桂梅（女） 王本华 王铁刚 代支生
代士畅 孙瑞琦（女） 孙春媛（女） 孙秋雨 孙明汉 毛 凯 尹建国
邓小鹏 邓自生 邓华平 邓满玲（女） 邓金花（女） 邓启洪 邓国华
邓成明 邓传建 冉祥青 石 华 石祥安 印胜焘 付潭英（女）
卢兰玉（女） 卢新仁 马建丰（女） 马梭源 马昌佳 叶叙华 叶建华
田学洋 匡 靖 冯泽彪 冯丽慧（女） 冯泽救 冯国武 向 军
向 智 向 刚 向小勇 向伟仁 向喜梅（女） 向晓萍（女） 向明宣
向建军 向清云 全 陵 全兵飞 全爱蓉（女） 全小军 刘 斌
刘 辉 刘 珂（女） 刘 林 刘幼凤 刘兰岚（女） 刘序梁 刘莎琳（女）
刘发群 刘金香（女） 刘介凡 刘树青（女） 刘德林 刘朝彦 刘雨珍（女）
刘家权 李 成 李 华 李 霞（女） 李 霞（女） 李顺礼 李启凡
李德来 李支凤 李 明（女） 李 俊（女） 李大有 李建军 李培养
李 娜（女） 李云利 李云启 李光裕 李凤英 李智刚 李丽娟（女）
李林静（女） 李鹏飞 李湘鄂（女） 李红心 李音好 杨 锷 杨德信
杨银霞（女） 杨周云（女） 杨建民 杨源萍（女） 杨毅群 肖 明 肖礼明
肖崇国 肖远宏 吴厚友 吴启铭 沈宏远 沈德利 宋芝玉 宋云秀（女）
杜沅华（女） 张 卉（女） 张 森 张 俊 张 诚 张 进 张 婕（女）
张 静（女） 张大强 张云霄 张世雄 张世雄 张朝晖 张清秀（女）
张良忠 张邦富 张莲英（女） 张桂华（女） 张士贵 张丕华 张祖凤
张海燕（女） 张名立 张春晓 张泽民 张绍雄 张革非 张祖欢 张勇军
张翠莲（女） 张振宇 张远友 张水秀（女） 张平华 张梅珍（女） 张辉煌
张德彪 张灵君 陈 波 陈 辉 陈万新 罗本文 范吉根 范竹芳（女）
林申达 林润龙 周 俊（女） 周 春 周 宏 周昌华 周高兴 周小丰
周开文 周湘平 郑玉晓 郑银兴 郑德钢 赵 斌 胡 军（女） 胡伟东
胡学勇 胡自力 姜桂婵（女） 姚祖习 贺庆玲（女） 蒋丽春（女） 粟五定
曾立亿 曾 光 曾陵祥 曾令周 曾建新 曾祥谢 曹园园 曹跃斌

释方丽（女） 董静芳（女） 钟生春 钟生爱 钟定柏（女） 贾光仲 舒 珲（女）
舒 璇（女） 舒克实 舒支会 舒爱文（女） 郭海龙 唐 兵 唐 钧
唐世辉 唐宏飞 唐新沅 唐彩兰（女） 黄 飞 黄清孝 黄渊地 黄兵才
黄清龙 梅寒冰（女） 龚秀春（女） 符梅桃（女） 符忠宝 符星喜 邬 刚
康存华 章功伟 谌 淼 覃道善 鄢华兰（女） 敬开山 鲁云华 谢 华（女）
谢允明 谢正义 赖 沙 雷光泽 蔡龙溪 廉 洁（女） 廉 权 谭在勋
熊子龙 熊东兵 熊爱民（女） 滕吉峰（女） 颜 音 廖晓红（女） 戴 群（女）
戴小雨 戴老陆 魏 群（女） 瞿 彬 瞿宏英（女） 瞿红梅（女）

届中增补委员：

王艳华（女） 孙本金 邓小东 沙永兵 全宏权 向尚福 李 冰 郑朝阳
粟贵云 冯本伟 张良长 郭凤祥（女） 胡 军 余自有 徐永胜 唐泽亮
唐海军 熊宗顺 潘 进 袁泽军 瞿运韬

第十三届委员（243名）

万 燕（女） 马 钊（女） 马 军 马梭源 马昌佳 王 平 王 岩
王 琼 王 捷 王 艳（女） 王美花（女） 王义明 王艳华（女） 王有杰
文国宝 毛永祥 尹 静（女） 邓 文 邓 炜 邓传建 邓金花（女）
邓壮河 邓国华 石远波 石秋生 卢新仁 叶 青 田 凡 田兴华
田祖华 田学洋 田建军 田迎春（女） 代支生 冉茂清 冯本伟 冯国武
冯辉军 吕崇贤 朱成功 向 琼（女） 向 静（女） 向 翼（女） 向喜梅（女）
向文菊（女） 向清国 向贵勇 向建军 全小军 全仁茂 全兵飞 全继国
邬 刚 刘 斌 刘 艳（女） 刘 娟（女） 刘 珂（女） 刘 林 刘兰岚（女）
刘序梁 刘春林（女） 刘莎琳（女） 刘序根 刘琼波 刘立红 刘金海
刘晓斌（女） 孙 权 孙 燕 孙明汉 孙本金 孙科周 严金星（女）
杜时云 杜治化 李 然 李 佳（女） 李 莉（女） 李 芳（女） 李 华
李 华 李 霞（女） 李 俊（女） 李培养 李生东 李丽娟（女） 李平整
李绍军 李小勇 李云利 李飞跃 李冬霞（女） 李树民 李青松 李欧海
李银阶 李建军 杨平如 杨国胜 杨高旺 杨德信 杨琼文（女） 杨晓华

杨　森　肖礼明　肖　鹏　肖崇国　肖亚京（女）吴启铭　邱海波　佘　丹
余进怀　余自有　邹　羽　宋　国　宋天安　宋永红　宋芝玉　宋秋艳（女）
宋谋安　宋雅兰（女）张　淼　张　进　张　娟（女）张　诚　张　丕
张　华　张　卉（女）张　超　张　婕（女）张丙文　张艳丽（女）张艳霞（女）
张绍雄　张辉煌　张玉环（女）张建中　张清秀（女）张　明　张水秀（女）
张海燕（女）张春晓　张名立　张玉玲（女）张绿林（女）张远友　张玉凤（女）
张华龙　张灵君　张远文　张宏艳（女）陈　洋（女）陈　琼（女）陈　辉
陈　泽　陈朝林　陈中国　陈满堂　欧道玉（女）金　海　金建平（女）
周　翔　周　俊　周志英（女）周昌华　周高兴　周开文　周晓慧　周湘平
郑　壮　郑朝阳　赵泽伟　胡　华（女）胡青云（女）胡华鸣　胡淑芳（女）
柳　云（女）钟　璇（女）钟广兰　钟冬珍（女）钟玉胤　聂　文（女）
莫小平（女）莫秀英（女）徐登高　徐永胜　徐剑虹　郭晓春　唐　芳（女）
唐新沅　唐仙芝（女）唐宏飞　唐宏伟　唐滋蔓（女）黄忆钢（女）黄渊地
黄兵才　黄远河　曹　斌　曹义平（女）曹银花（女）曹跃斌　龚向胜
龚锡斌　符梅桃（女）符忠宝　符国喜　康炜舟　彭长勇　彭永怀　释方丽（女）
董伟华　董静芳（女）蒋先德　蒋树清　覃道善　覃晓慧（女）粟　静（女）
粟小准　舒　璇（女）舒支会　舒爱文（女）曾　俊　曾立军　曾庆章
谢　琼（女）谢　凌（女）谢正义　谢继红（女）谢碧莲（女）颜　音
颜小湘　颜立国　廖立英（女）廖晓瑜（女）熊国富　戴　群（女）戴小雨
瞿忠科　瞿东山　瞿继宏　瞿继锋　瞿金枝（女）

届中增补委员：

王　涛　王建明　吉声玉　向　华　向　俊　向明武　全剑霞（女）江　军
李　娜（女）李　华　李　芬（女）李明珍（女）李述东　李海剑　杨团英（女）
杨吉武　肖　伟　肖　鲜　肖建平　何　伟　张万玉　张振华　张振鹏
张朗铭　张德飞　陈　娟（女）陈　敏（女）陈　波　陈万水　陈云飞
罗雪琴（女）周永雄　周德喜　胡英杰　钟广圣　钟云波　姜　燕（女）
姚建翔　祝　林（女）徐晓婵（女）符　蓉（女）彭　鹏　舒　齐　舒丽莉（女）
舒彩云（女）温　苏（女）谢仲成　廉世周　廉海晏　蔡龙溪　谭永松
戴　军

二、驻沅陵省、市政协委员名录

1. 驻沅陵省政协委员名录

政协湖南省第一届、二届委员会委员

修承浩

政协湖南省第三届委员会委员

周奋生

政协湖南省第五届、六届、七届委员会委员

白阿雀（女）

政协湖南省第六届委员会委员

周汉国

政协湖南省第八届、九届委员会委员

石煌远

政协湖南省第十届、十一届委员会委员

莫小平（女）

政协湖南省第十二届委员会委员

全小军

2. 驻沅陵市政协委员名录

政协怀化市第一届委员会委员（14人）

罗建中　杨长庚　向建平（女）　周高兴　周刚生　覃远志
鲁云华　宋海军（女）　唐美英（女）　李玉琼（女）　向晓钟
钟吉宜　胡　欣　杨宗保

政协怀化市第二届委员会委员（14人）

黄茂林　陈启生　向建平（女）　瞿东升　周高兴　周刚生
向仁贵　唐方烛　符德俚　田开华　符梅桃（女）　谢继秀（女）
王德宝　杨宗保

政协怀化市第三届委员会委员（17人）

张大新　黄忆钢　周高兴　李丽娟（女）　全小军　邓小鹏
刘志伟　李国安　王德斌　张　帆　李德玖　郭小春　孙国良
李林静（女）　佘　飞　徐秀清（女）　释方丽（女）

政协怀化市第四届委员会委员（14人）

张世雄　贺庆玲（女）　李丽娟（女）　蒋晖军　唐植新　王家德
全小军　王德斌　张丙文　马　刚　李国安　徐秀清（女）
湛飞清　贺建林

政协怀化市第五届委员会委员（15人）

钦代寿　黄忆钢（女）　张振华　金建平（女）　李　娜（女）
张丙文　全小军　田学洋　李丽娟（女）　谢　琼（女）
万目国　田建军　王长富　唐新沅　舒绍征

三、先进委员名录

1. 1988年度先进委员（40名）

丁　伶　万静观　文锦华　田兴正　全　林　朱友泉　刘诗祥
孙　霖　李清琼　邹迪贤　张仁忠　张开松　张生华　张伯权
张树人　张致柔　张祖鹏　宋长辉　宋重金　陈静霞　吴应样
罗远长　周全民　周祖武　胡斐然　修九华　娄千里　姚更生
唐世树　涂迪华　梁开英　谌振兴　黄仁德　黄莘耕　梁小华
蒋君鹏　谢根钜　熊宏旭　蒯凝鹏　瞿宏成

2. 1990年度先进委员（38名）

丁瑞云　方思默　田开华　田德涵　全　林　刘长清　刘诗祥
刘叙坤　邬凤官　李　洪　何明松　吴应祥　宋贻丰　宋重金
张　杰　张生华　张代雄　张光少　张泽斌　周全民　周祖武
金承乾　胡大生　胡斐然　娄千里　陆克强　唐达吉　唐春明
钱祥云　黄仁德　龚学林　符祖新　符爱林　董信山　彭隆墀
戴先凤　瞿宏成　瞿宏进

3. 1991年度先进委员（34名）

文承孝　张光少　聂学俊　蒯凝鹏　向开勤　范祥雄　吴绍珍
蒋建凯　李先国　李树发　涂迪华　张代雄　李奎平　刘芹国
向晓钟　谭孝国　胡斐然　娄千里　黄伯年　赖双和　孙劲勇
胡官均　全桂娥　邬凤官　全淑珍　孙友信　何明松　瞿宏成
李述梅　张家泮　唐春明　张理才　胡友荣　李宏勋

4. 1992年度先进委员（40名）

文承孝　张光少　田得涵　李枝新　唐达吉　聂学俊　全　林

肖功璞 刘荣民 杨玉静 刘芹国 覃占齐 邬凤官 钱祥云
孙劲勇 彭隆墀 戴开勋 李 飞 唐方烛 吴应祥 李万能
李清秀 钟吉成 向明盛 张焕文 黄莘耕 陆克强 胡斐然
陆承嘉 李奎平 张代雄 冯嗣万 向德祖 姜绍辉 张生华
黄英林 吴春英 王济民 李 洪 谢根钜

5. 1993年度先进委员（50名）

冯嗣万 涂迪华 张代雄 蔡秀礼 肖芳杰 张祖善 徐守芬
田开华 杨玉静 彭振辉 傅依荣 聂学俊 全 林 潘真栋
向晓钟 肖功璞 戴先凤 周家先 黄莘耕 杨树敏 何 敏
黄柏年 戴开勋 谌振兴 钱祥云 李万能 胡官均 向发进
邬凤官 糜永贵 瞿仁贵 向德祖 唐志广 陈明启 罗菊珍
戴兴忠 吕春英 瞿宏成 胡业茂 黄英林 向先瑞 李 洪
宋重全 符祖新 谢根钜 唐春明 唐方烛 熊宏旭 胡大生
张生华

6. 1994年度先进委员（53名）

张祖善 范祥雄 向楚山 李明觉 邓耀龙 田开华 符开觉
唐达吉 邓作煌 冯嗣万 陆承嘉 张在规 张泽斌 张文勇
李慧芳 张代雄 蔡秀礼 向晓钟 肖功璞 周家先 邓必德
杨树敏 邓人璋 黄莘耕 戴开勋 刘德明 黄柏年 唐娅莉
彭泽时 李桂玉 李作生 谌振兴 熊文亮 糜永贵 瞿仁贵
孙友信 何明松 向德祖 瞿道展 罗菊珍 李必锐 戴兴忠
瞿宏成 张兰花 张家泮 符祖新 周克刚 李 洪 王济民
唐春明 胡业先 唐方烛 熊宏旭

7. 1996年度先进委员（61名）

冯嗣万 张良林 邹赤茜 李慧芳 张水金 彭世泽 杨学林
郑永龙 张泽斌 徐衡阳 唐娅莉 彭泽时 齐绍宗 胡官均
刘德明 文宏修 戴开勋 石友祥 范祥雄 向楚山 吴绍珍

覃占齐　傅依荣　肖功璞　徐守芬　戴先凤　周家先　向晓钟
李枝新　龚由青　杨树敏　陆克强　石银花　甘秉华　唐官茂
杨永川　向发进　钟吉怀　符开觉　全　林　张泽湖　何明松
姜绍辉　谢长兵　张吉方　戴兴中　张　杰　张家泮　黄英林
向先瑞　张其荣　李绍富　符祖新　钟生和　李永忠　朱培丁
孙友信　张　道　唐方烛　李兴淼　张如杰

8. 1997年度先进委员（55名）

廖哲奇　张祖善　徐守芬　向楚山　邓耀龙　李明觉　唐达吉
胡大长　张泽湖　冯嗣万　邓作煌　张泽斌　张良林　陆承嘉
张水金　彭世泽　郑永龙　向晓钟　肖功璞　戴先凤　陈福萍
黄莘耕　隋景芬　蒯荣华　向仁贵　谭湘桂　戴开勋　徐衡阳
胡官均　齐绍宗　彭惠民　唐娅莉　彭泽时　向发进　甘秉华
瞿仁柱　杨永川　唐志广　姜绍辉　李华君　李必锐　戴兴忠
瞿宏成　张吉方　向先瑞　王济民　符祖新　李永忠　唐方烛
熊宏旭　张如杰　张　道　谢根钜　石金龙　胡大生

9. 1998年度先进委员（59名）

钟吉谊　向仁贵　张良圣　谭湘桂　刘德明　肖功璞　向晓钟
覃远志　龚由青　张晓文　舒　琪　冯嗣万　王　群　周国祥
罗咏平　江　燚　张良林　张泽湖　周高兴　井多佩　龙吉顺
赵世珍　杨永川　李湘仆　甘秉华　龚锡旺　陈沅霞　向楚山
张会群　田开华　胡官均　修九华　戴开勋　姜宏顶　唐娅莉
彭惠民　李华君　何明松　孙太森　瞿道生　李腊英　张吉方
瞿义清　印胜年　高其云　彭体初　黄海松　张干发　李绍富
钟广保　田礼柏　李先声　唐方烛　陈定辉　张　道　李　羲
潘九藩　唐征球　石金龙

10. 1999年度先进委员（67名）

冯嗣万　杨玉珍　陈治党　周国祥　李建忠　江　焱　涂迪华
张良林　范祥雄　彭青云　魏象雒　龚锡旺　梁兴武　张会群
李世雄　胡大长　王建中　瞿玲艳　文宏修　瞿晓明　刘德明
范样生　肖功璞　李顺礼　戴先凤　周　堃　覃远志　杨永川
刘序树　龚洵裕　宋新中　縻永贵　徐衡阳　唐娅莉　胡官均
齐绍宗　修九华　姜宏顶　杜清华　尹长福　张晓文　彭曙沅
何明松　李华君　李腊英　瞿道生　李爱丁　瞿义清　瞿宏成
高其云　李运国　丁德鹏　张干发　彭体初　李　飞　李永忠
田礼柏　戴运龙　张　道　潘九藩　唐方烛　李　羲　张吉阶
李鹏飞　唐春明　杨宗保　张生华

11. 2000年度先进委员（65名）

冯嗣万　张良林　李建忠　印湘陵　熊占峰　江　焱　杨文亮
苏明义　李凤义　龚锡旺　梁兴武　徐守芬　黄　羽　彭振辉
廖哲奇　覃远志　李顺礼　肖功璞　杨华林　向仁贵　瞿　炜
文宏修　李海涛　刘德明　李湘仆　刘序树　李枝林　胡淑芳
杜清华　龚由青　尹长福　彭曙沅　唐娅莉　彭惠明　李万能
齐绍宗　舒克俭　李湘鄂　宋海军　孔庆新　井多佩　张茂华
向维贵　何明松　李华君　李腊英　瞿运才　戴兴中　李爱丁
佘树炎　高其云　唐美英　丁德鹏　张荣耀　彭体初　田礼柏
钟广保　曹义勇　张　道　张吉阶　冯化云　刘永仁　向玉梅
石金龙　张生华

12. 2001年度先进委员（71名）

彭青云　邓耀龙　徐孝全　廖哲奇　黄　羽　魏象雒　文承孝
胡大长　谢茂球　杨长平　陈自党　冯嗣万　李宏毅　杨文亮
王林凯　熊占峰　杨宗保　谢允良　江　焱　戴先凤　覃远志
周钢生　周　堃　罗　维　隋景芬　杜青华　龚由青　杨恋华

刘德明　文宏修　向仁贵　石烈常　唐承银　李枝林　杨永川
麋永贵　龙吉顺　宋海军　舒克俭　唐娅莉　徐衡阳　赖双和
何明松　张仁忠　李华君　瞿道生　李芝文　陈开福　李爱丁
唐菊秀　瞿义清　高其云　印胜年　唐美英　黄海松　丁德鹏
张干发　余玉和　田礼柏　符祖新　张　道　冯仕荣　张吉阶
唐方烛　李先声　李永庆　李绍富　孙友信　张生华　刘永仁
王家德

13. 2002年度先进委员（72名）

张会群　田开华　陈　威　杨开榜　廖哲奇　徐守芬　文承孝
李世雄　井多佩　孔庆新　熊占锋　李凤义　谢允良　涂迪华
江　焱　周国祥　杨玉珍　石绍沅　杨华林　覃远志　李顺礼
周　堃　陈德玉　张晓文　向　上　龚由青　向仁贵　瞿　炜
文宏修　杨恋华　唐承银　石烈常　杨永川　麋水贵　李枝林
宋海军　李桂玉　李湘鄂　刘　林　蒋兴国　徐衡阳　何明松
刘朝阳　张仁忠　李腊英　陈开福　李芝文　张吉方　戴兴忠
尹桂兰　印胜年　唐美英　冉茂清　丁德鹏　向学湘　黄海松
钟广保　田礼柏　余玉和　王湛琪　唐方烛　冯仕云　张吉阶
钟广森　李永庆　李先声　李鹏飞　肖玉娥　石金龙　张生华
王家德　唐征球

14. 2003年度先进委员（58名）

张会群　陈　恩　杨绍慧　陈建权　陈　曙　张　蓝　李　红
卢映万　向延力　刘八英　宣益潮　谢春生　周德生　米玖田
李文君　苏明义　罗咏平　张晓文　舒　琪　张　卉　刘朝彦
杨恋华　张良圣　刘　林　宋海军　粟贵全　丁宏建　彭惠民
李顺礼　周　堃　向炳元　陈自力　罗展文　周明宪　匡　靖
唐承银　何明松　胡业圣　陈开福　石　标　张永林　尹桂兰
田心园　冉祥富　袁劲松　向学湘　邓湘勇　田礼柏　余玉和
全必恒　张汉初　钟光淼　李永庆　符忠宝　张生华　肖　斌

李绍富　王家德

15. 2004年度先进委员（39名）

丁宏建　石绍沅　向　上　李清斌　李新文　陈建权　李　红
李枝林　井多佩　宋先知　宋海军　曾绍春　杜清华　刘冬梅
刘朝彦　周德生　周树生　常建德　粟贵全　符德俚　钱仙芝
石庭艳　冉茂清　丁德鹏　郑玉晓　钟广超　钟广淼　张　蓝
张永林　张良圣　张泽生　张吉阶　张福龙　符忠宝　肖玉娥
田学洋　唐春明　邓湘勇　瞿幼平

16. 2005年度先进委员（52名）

李清斌　陈　恩　龚锡旺　陈　威　张少华　卢军秀　李　红
颜家合　刘冬梅　郭时尧　印湘陵　周德生　王次舟　高春和
王挚晶　张晓文　杜清华　刘武华　张良圣　杨恋华　鄢祥学
田铁武　陈福萍　刘厚福　周刚生　赵绍波　丁宏建　彭惠民
唐承银　匡　靖　胡淑芳　江　焱　李枝林　肖玉娥　肖　斌
付潭英　王家德　唐方烛　黄海松　邓湘勇　刘运斌　唐美英
全必鹏　张仁忠　刘珍玉　石庭艳　张祖欢　符忠宝　郑玉晓
王云碧　余玉和　刘美贵

17. 2006年度先进委员（51名）

陈　恩　杨绍慧　杨建民　陈建权　瞿玲艳　党国章　向玉芳
颜家合　井多佩　郭时尧　谢莉芬　周德生　宋先知　高春和
凌　云　尹先铁　向　上　李观发　张良圣　刘朝彦　瞿继任
向丙元　向桃春　杨长生　赵绍波　李锡清　李万能　戴　蓉
罗展文　李枝林　胡淑芳　向显桃　李湘仆　张仕清　赵儒忠
杨高兴　唐春明　王家德　曾次炎　冯秀枝　尹桂兰　冉茂青
钟广淼　钱仙芝　石庭艳　张吉芳　符忠宝　丁德鹏　田礼柏
李玉华　符祖新

18. 2007年度优秀委员（39名）

代先生	陈　恩	陈　威	刘冬梅	瞿秀兰	张　蓝	熊占峰
宋先知	李建忠	井多佩	王挚晶	杨恋华	刘武华	向　上
杨长生	杨国友	张良圣	张金海	马　刚	瞿继任	周树生
李湘仆	肖玉娥	曾次炎	张吉阶	陈开福	郑玉晓	符祖新
徐云洲	向显桃	瞿幼平	张生华	邓湘勇	唐方烛	田心元
刘运斌	刘朝阳	田礼柏	张永贤			

19. 2008年度优秀委员（39名）

张良荣	赵　斌	陈湘玲	周立龙	李建忠	颜　音	向仁健
邵美群	曾建新	张祖凤	黄海松	张福喜	王家德	王　伟
杨建民	丁宏建	黄　芳	匡　靖	向先军	周德生	杨青山
张志华	叶　艳	杨　霞	陈　璐	侯水玲	舒文胜	刘　斌
宋晓静	张玉环	钟群英	胡桂富	释方丽	刘朝彦	印圣年
符忠宝	张学军	向　飞	唐志保			

20. 2009年度优秀委员（35名）

马　刚	文　英	叶　艳	印圣年	石庭艳	孙国好	向仁健
刘秋兰	刘　斌	刘　辉	刘招武	李枝林	李丽娜	宋云秀
杜三英	陈良群	陈　璐	张春生	张玉环	张福喜	张吉阶
郑德钢	侯绪华	唐元生	唐志保	章功伟	符梅桃	舒　凤
舒文胜	舒建平	熊爱民	鄢华兰	瞿绍来	瞿继宏	瞿章相

21. 2009年度建功立业先进个人（9名）

王家德	张良荣	向明金	张良海	张春晓	冉茂青	张新国
曾建新	代先杰					

22. 2010年度优秀委员（37名）

邓美生	叶　艳	刘秋兰	王　敏	刘春林	陈　璐	李枝林
胡淑芳	钟群英	杨素珍	张　蓝	谭顺环	向一明	唐志保

张学军　刘纯美　王家德　舒克实　张岳来　雷光泽　周德生
张　俊　胡桂富　吴　俊　代先生　张先铢　张邦富　冯　杏
郑德刚　钟生爱　代先杰　瞿继宏　杨国友　鄢华兰　释方丽
丁宏建　赵　斌

23. 2010年度受表彰建功立业先进个人（6名）

马　刚　刘招武　刘武华　曾立亿　覃友龙　瞿章相

24. 2011年度优秀委员（42名）

李枝林　钟吉卷　陈良群　邓华平　张　俊　张吉阶　全爱蓉
周德生　雷光泽　侯水玲　熊先德　龙丽萍　黄　飞　张志华
廉桂花　石崇友　张先铢　胡淑芳　张福喜　杨文振　宋云秀
邓启洪　向一明　张邦富　钟生爱　陈　璐　向光祥　全　新
田学洋　章功伟　黄海松　侯绪华　黄小芳　谭顺环　张良麟
向先军　李大有　金裕志　龚秀春　戴　蓉　释方丽　冯　杏

25. 2011年建功立业先进个人（7名）

王家德　邓美生　刘秋兰　杨　辉　杨　霞　付忠宝　颜学友

26. 2012年度优秀委员（31名）

丁　杰　丁宏建　马　刚　王家德　尹桂兰　邓启洪　石庭艳
卢映万　冯丽慧　向一明　刘　成　刘幼凤　刘秋兰　李又斌
李世政　李枝林　李鹏飞　佘　凯　张　俊　张吉阶　张福喜
陈娟珍　周德生　钟吉卷　唐宏飞　黄海松　龚秀春　符忠宝
舒　凤　舒爱文　雷光泽

27. 2012年度建功立业先进个人（9名）

邓华平　叶　艳　田学洋　向　飞　刘朝彦　宋云秀　唐世辉
唐宏保　舒文胜

28. 2013年度优秀委员（27名）

曹园园　戴小雨　邓传建　瞿宏英　邓金花　石祥安　符忠宝
陈　辉　唐新沅　刘介凡　周　春　邓华平　李大有　全小军
李云利　肖　明　张　俊　姚祖习　张丕华　周　俊　全爱蓉
向　刚　李　飞　舒　晖　郭海龙　李　俊　李　霞

29. 2013年度“三立”活动先进个人（10名）

孙秋雨　李　华　刘　林　刘　辉　向喜梅　张春晓　周湘平
黄清龙　敬开山　蔡龙溪

30. 2014年度优秀委员（25人）

曾立亿　曹园园　陈　辉　姜桂婵　马梭源　万　燕　向清云
周　俊　戴老陆　刘兰岚　刘序梁　钟生爱　田学洋　李　飞
张勇军　龚秀春　梅寒冰　张绍雄　张远友　冯国武　刘　斌
蔡龙溪　邓小鹏　戴小雨　黄兵才

31. 2014年度“三立”活动先进个人（10名）

沈德利　刘朝彦　邓金花　敬开山　唐世辉　释方丽　王铁刚
邓国华　孙秋雨　周湘平

32. 2015年度优秀委员（32人）

邓启洪　王　艳　王艳华　冯泽救　印盛春　全兵飞　刘树青
刘莎琳　李云利　李启凡　李　霞　张水秀　张振宇　张辉煌
张翠莲　张勇军　张绍雄　陈　辉　周　俊　周　春　林申达
姜桂婵　唐宏飞　郭海龙　覃道善　龚秀春　黄　飞　黄清孝
舒爱文　曾祥谢　曾立亿　戴老陆

33. 2015年度“三立”活动先进个人（10名）

田学洋　冯本伟　李培养　张云霄　张海燕　蒋立春　姚祖习
瞿运韬　释方丽　戴小雨

34. 2016年度优秀委员（30名）

万　燕　邓小东　邓传建　邓金花　全小军　全爱蓉　刘莎林
邬　刚　肖礼明　肖崇国　吴启铭　吴厚友　田学洋　代支生
张丕华　张革非　张海燕　张辉煌　唐新沅　黄兵才　李培养
李建军　张　进　张　婕　周　俊　郭海龙　舒爱文　戴　群
龚秀春　黄渊地

35. 2016年度“三立”活动先进个人（10名）

马梭源　邓国华　王艳华　刘兰岚　向喜梅　张远友　陈　辉
符忠宝　谢正义　戴小雨

36. 2017年度优秀委员（50名）

余进怀　田兴华　杨平如　李　然　杨国胜　全小军　刘兰岚
刘莎琳　陈　辉　向　翼　向文菊　孙　燕　张绍雄　邓传建
马梭源　钟广兰　张春晓　戴小雨　向清国　邓壮河　朱成功
黄兵才　聂　文　佘　丹　李小勇　文国宝　陈满堂　张　进
邓国华　胡淑芳　刘立红　赵泽伟　刘金海　杜治化　蒋树清
杜时云　吕崇贤　李培养　刘　斌　张远友　符国喜　舒爱文
黄远河　李青松　孙明汉　谢正义　张玉环　全继国　杨晓华
瞿东山

37. 2018年度优秀委员（50名）

王　平　王　捷　王美花　文国宝　向　翼　向文菊　向清国
全小军　全仁茂　刘　斌　刘立红　刘兰岚　刘琼波　孙　燕
孙科周　杜时云　杜治化　杨团英　杨国胜　杨晓华　李　华
李　佳　李　娜　李　莉　李青松　张　华　张玉环　张丙文
张华龙　张远友　张灵君　张建中　张清秀　张绍雄　张振鹏
郑朝阳　胡淑芳　赵泽伟　钟广兰　聂　文　徐登高　唐新沅
黄远河　覃晓慧　覃道善　释方丽　曾庆章　谢正义　瞿忠科
瞿继宏

38. 2019年度优秀委员（40名）

王　平　王　捷　文国宝　田学洋　冯本伟　吕崇贤　刘　珂
刘兰岚　刘莎琳　向文菊　孙　燕　杜时云　杜治化　李　佳
李　俊　李绍军　李培养　杨琼文　杨晓华　佘　丹　张　华
张　进　张　超　张丙文　张清秀　张建中　陈　辉　罗雪琴
赵泽伟　胡淑芳　钟广兰　唐新沅　黄远河　符国喜　符忠宝
曾庆章　释方丽　舒彩云　谢　琼　蔡龙溪

39. 2020年度优秀委员（40名）

马梭源　王　捷　王艳华　文国宝　田学洋　冯辉军　吕崇贤
向文菊　向清国　全仁茂　刘金海　刘晓斌　杜治化　李　娜
李平整　李青松　李培养　肖　鲜　肖建平　何　伟　佘　丹
张　华　张玉环　张华龙　张宏艳　张建中　张绍雄　张艳丽
陈　娟　欧道玉　罗雪琴　胡淑芳　钟广兰　钟玉胤　徐晓婵
黄远河　黄渊地　曾庆章　舒彩云　瞿继锋

四、先进工作者名录

1. 1990年度先进工作者（7名）

1.1　先进联络员：文锦华　向德友　张寿龙

1.2　先进工作人员：陈沅龙　赵　英　谢和平　瞿幼平

2. 1991年度先进工作者（6名）

2.1　先进联络员：向德友　向开选　刘历藻

2.2　先进工作人员：陈沅龙　叶明己

2.3　支持政协工作先进个人：胡跃华

3. 1992年度先进工作者（10名）

3.1　先进联络员：向德友　徐永松　张寿龙　向开选　刘历藻
易端民

3.2　先进工作人员：谢和平　陈沅龙　张萍萍　赵　英

4. 1993年度先进工作者（8名）

4.1　先进联络员：谢顺满　张大顺　张先刚　陈自锦

4.2　先进工作人员：陈沅龙　谢和平　向宏遂　钟吉成

5. 1994年度先进工作者（10名）

5.1　先进联络员：谢顺满　张大顺　张先刚　刘历藻

5.2　先进工作人员：李枝新　廖哲奇　瞿秀兰　谢茂玉　向宏遂
张萍萍

6. 1996年度先进工作者（10名）

6.1　先进联络员：胡耀华　谢顺满　全帮英

6.2　先进工作人员：文承孝　瞿秀兰　邓人璋　廖哲奇　陈沅龙
杨团英　李文平

7. 1997年度先进工作者（8名）

7.1　先进政协联络员：全帮英　谢顺满　胡跃华

7.2　先进政协工作者：瞿幼平　邓人璋　文承孝　陈沅龙　杨团英

8. 1998年度先进工作者（7名）

8.1　先进联络员：全帮英　向太权　邓水桂

8.2　先进工作者：陈沅龙　杨团英　瞿幼平　瞿秀兰

9. 1999年度先进工作者（9名）

9.1　先进联络员：邓永桂　向太权　全帮英　张远富

9.2　先进工作者：李枝新　陈沅龙　廖哲奇　瞿幼平　瞿秀兰

10. 2000年度先进工作者（10名）

10.1 先进联络员：邓永桂 向太权 全帮英 张远富 谢桂生

10.2 先进工作者：文承孝 李枝新 瞿秀兰 陈沅龙 姜宏顶

11. 2001年度先进工作者（10名）

11.1 先进联络员：邓永桂 谢桂生 全邦英 孟凡珍

11.2 先进工作者：李文平 陈沅龙 宋谋德 赵 英 范吉彪 叶明已

12. 2002年度先进工作者（12名）

12.1 先进联络员：邓永桂 谢桂生 全邦英 符开贵

12.2 先进活动组长：张会群 冯嗣万 刘序树 徐衡阳

12.3 先进工作者：周恒祥 刘自仁 向宏遂 赵 英

13. 2003年度先进工作者（7名）

13.1 先进联络员：邓永桂 李 鸿

13.2 先进活动组长：张大强 张安勤 刘 林

13.3 先进工作者：张萍萍 李文平

14. 2004年度先进工作者（7名）

14.1 先进联络员：蔡远明 欧柏林

14.2 先进活动组长：马 刚 罗展文

14.3 先进委室主任：陈沅龙

14.4 先进工作者：杨团英 赵 英

15. 2005年度先进工作者（5名）

15.1 先进活动组长：罗展文 李建忠

15.2 先进委室主任：张大强

15.3 先进工作者：杨团英 刘 林

16. 2006年度先进工作者（12名）

李建忠 向叶友 杨恋华 张 蓝 张大强 蔡 平 吕长彦
蒋 华 廖晓红 谢和平 郑德纲 赵 英

17. 2007年度先进工作者（9名）

17.1 优秀工作者：赵 英 刘 林 丁兴文 郑德钢 王桂梅
张珍华 谢泽元

17.2 优秀活动组长：钟建军 罗展文

18. 2008年度先进工作者（9名）

毛永祥 王启田 符梅桃 郑德刚 万年贵 陈沅龙 李 莉
周剑虹 杨志忠

19. 2009年度先进工作者（6名）

丁兴文 王启田 刘 成 张良旺 陈 庆 瞿秀兰

20. 2010年度先进工作者（5名）

刘 成 张 军 张美华 丁兴文 田祖华

21. 2011年度先进工作者（7名）

李顺礼 舒 海 佘 凯 尹 萍 瞿 彬 刘 林 田祖华

22. 2012年度先进工作者（7名）

丁兴文 尹 萍 石开芳 田祖华 全爱蓉 赵林春 颜 音

23. 2013年度先进工作者（3名）

丁兴文 刘 成 李又斌

24. 2014年度先进工作者（5名）

唐 兵 谭顺环 邓凤翔 郑德钢 姜 燕

25. 2015年度先进工作者（5名）

全继国　刘　成　佘　凯　杨清平　赵林春

26. 2016年度先进工作者（5名）

丁兴文　全继国　张丙文　郑德刚　姜　燕

27. 2017年度先进工作者（5名）

马　军　李树民　张　超　覃振华　陈万春

28. 2018年度先进工作者（10名）

马　军　王　岩　李　然　李飞跃　张　超　陈　辉
陈万春　陈朝林　胡英杰　覃振华

29. 2019年度先进工作者（10名）

王　岩　王　涛　田祖华　向彩霞　杨平如　肖　鲜
何　伟　张万玉　陈万春　赵　英

30. 2020年度先进工作者（12名）

王　岩　王　涛　邓　辉　向彩霞　刘莎琳　杨平如
张丙文　陈万春　陈　辉　罗柯亭　姜　燕　覃振华

丛　录

一、文献辑录

县政协第一届一次全体会议向毛主席致敬电

敬爱的毛主席：

中国人民政治协商会议湖南省沅陵县第一届委员会第一次全体会议已经胜利闭幕。

五年多来，沅陵县各界人民在中国共产党的英明领导和您的深切关怀下，光荣地完成了各项任务。我们谨向您表示由衷的感谢和崇高的敬意。

中国人民政治协商会议湖南省

沅陵县第一届委员会第一次全体会议

一九五五年五月十九日

中共沅陵县委
批转县政协党组《关于进一步发挥
县政协委员作用的报告》的通知

各区公所，镇、乡人民政府、县直机关各单位：

县政协党组《关于进一步发挥县政协委员作用的报告》符合中国人民政治协商会议章程，也符合我县实际，是切实可行的。现转发给你们。一个好的制度的贯彻执行，要善于总结经验。在实践过程中，如发现新的问题，可向政协党组反映。

人民政协是中国人民爱国统一战线的组织。我县政协恢复五年多来，在调动一切积极因素，团结一切可能团结的人，同心同德，群策群力，在我县“两个文明”建设中作出了可喜的成绩。希望今后进一步发扬党的统一战线的“政治协商，民主监督，合作共事，广交朋友，自我教育”的优良传统和作风，作出新的贡献。

附：关于进一步发挥县政协委员作用的报告

中共沅陵县委员会

1985年10月15日

关于进一步发挥县政协委员作用的报告

县委：

《中国人民政治协商会议章程》总纲中指出：“中国人民政治协商会议是我国政治生活中发扬社会主义民主的一种重要形式，根据中国共产党同各民主党派和无党派民主人士‘长期共存，互相监督，肝胆相照，荣辱与共’的方针，对国家的大政方针和群众生活的重要问题进行政治协商。并通过建议和批评发挥民主监督作用”。

过来，我们贯彻执行上述方针，作了很大的努力，并取得一定成效，但由于缺乏制度上的具体措施，致使我县政协在“政治协商，民主监督”的主要职能作用上未能得到充分发挥。为了更好地调动政协委员的积极性，更好地为四化建设服务，使他们在社会主义现代化建设、争取早日实现包括台湾在内的祖国统一以及反对霸权主义、维护世界和平的斗争的三大任务中，进一步发挥重要作用，现作以下具体规定。

一、关于政协委员参加会议问题

1.凡县政协委员除列席县的人民代表大会之外，在乡、镇的县政协委员，还应列席所在乡、镇的人民代表大会。

2.凡召开副科级以上的干部会议，由主持会议单位负责通知政协常委参加；如召开副科级以上的党员干部会议，可通知县政协常委中的党员参加。

3.凡召开公司、股、站以上的干部会议，由主持会议单位负责通知县政协委员参加，如召开公司、股、站以上的党员干部会议，要通知政协委员中的党员同志参加。

4.凡有政协委员的单位（包括机关、学校、工矿企事业等）召开行政、工会等有关会议，要邀请本单位政协委员列席，召开党支部会议，要邀请本单位政协常委中的党员同志参加。

二、关于政协委员阅读文件问题

1.凡发至县团级的有关文件，政协正、副主席可主动到政协办公室阅读。

2.凡发至部、委、办、局的有关文件，要主动通知本单位的政协常委阅读。

3.凡发至区、乡、镇的有关文件，由管理文件的秘书通知当地政协委员前来阅读。

4.凡政协委员阅读各级文件，由单位提供方便，但一律不得借带回家。

三、关于向政协委员通报党内情况与协商大政方针问题

凡党和政府的有关重大方针、政策问题，可事先召集有关政协委员进行协商讨论，征求意见，事后通报有关执行情况，共同总结经验教训。此类会议，分别由县、区、乡、镇、部、委、办、局各级领导同志视情况需要时决定召开，由党政负责人主持。

四、关于建立政协委员小组问题

1.凡一个单位内（包括机关，学校、工矿企事业等）有政协委员三人者，即可成立政协委员小组。政协委员小组根据政协委员人数多少，可推选正、副组长各一人，报县政协办公室备案。

2.政协委员小组在县政协指导下开展工作。工作计划可征求本单位党组织和当地党组织的意见，开展活动中所需少量经费开支，可由单位或当地政府给予适当经费。

以上报告，如无不妥，请批转有关单位参照执行。

中共沅陵县政协党组

1985年10月10日

沅陵县人民政府
关于加强县政协及其各委办和工作组联系的通知

各区公所，镇、乡人民政府、县直机关各单位：

根据省政府湘政发［1986］15号文件精神，结合我县实际情况，为充分发挥政协“综合性人才库”的优势，使人民政协的基本职能同为经济建设服务的根本目标和任务结合起来，在宏观上能够积极参与国家的大政方针的协商讨论，实行民主监督；在微观上能够办更多的实事，为四化建设出力。现就加强同县政协及其工作组、委员会的联系作如下通知：

一、县人民政府今后召开有关带全局性的决策会议，将邀请县政协有关领导同志参加，在工作上取得密切联系。

二、县直各部门召开的有关改革实施，专业探讨性的重要会议，请通知县政协有关委办和工作组派人参加。

三、县属各科、局（行）的有关制订规划、落实任务和改革措施等重要的业务性会议，请通知所属单位的政协委员小组或委员派人参加。

四、县直各部门印发的有关重要文件，请抄送县政协有关委办和工作组参阅，上级发至县属各科、局（行）的有关重要文件，请告知所在单位政协委员小组或委员阅读。

五、各部门制订的重大改革措施和方案，要在正式公布实施前征求县政协有关委办和工作组的意见，县属各机关单位，在制订本单位发展规划时，亦应邀请所属单位的政协委员小组或委员参加讨论，以充分发挥其“协商于决策之前”的作用。

六、各区公所、镇、乡人民政府、县直机关各单位，在县政协工作组和委办前来调查研究或考察、协商工作时，要热情接待，给予支持，还可根据工作需要，邀请县政协有关委办工作组，联合开展专题调查。

七、对县政协送交的提案，调查报告，咨询建议等，各有关单位都要认真研究处理，并予以答复。

各区公所、镇、乡人民政府、县机直关各单位，要认真研究贯彻上述精神，密切加强同县政协及其委办工作组的对口协商联系，使人民政协这个爱国统一战线组织，在为四化建设，和平统一祖国的工作中，充分发挥其重要作用.

沅陵县人民政府

1986年7月8日

中共沅陵县委
批转县政协《关于政治协商、民主监督的实施细则》的通知

各区镇乡党委，县直各部委办局党委（党组、总支、支部）：

县委同意《政协沅陵县委员会关于政治协商、民主监督的实施细则》，现批转给你们，请你们结合本地本部门的实际情况，在开展政治协商和民主监督的工作中，参照执行。

人民政协是具有广泛代表性的爱国统一战线组织，是以中国共产党为领导的多党合作的重要形式，是发扬社会主义民主，实现领导决策民主化、科学化的重要渠道，在建

设有中国特色的社会主义的进程中，担负着重要的任务。因此，各级各部门党组织应当充分认识新时期政协工作的重要性，切实加强和改善对政协工作的领导。要认真贯彻我党与民主党派和无党派人士“长期共存、互相监督、肝胆相照、荣辱与共”的方针，采取多种形式，与政协保持经常联系，听取和采纳他们的合理意见和建议；积极创造条件，支持政协开展各项活动，使政治协商和民主监督经常化、制度化，推动我县各项改革和建设事业不断发展。

附：政协沅陵县委员会关于政治协商、民主监督的实施细则。

中共沅陵县委

1989年10月20日

政协沅陵县委员会关于政治协商
民主监督的实施细则

（1989年10月13日县政协六届十六次常委会议通过）

根据中国共产党中央委员会中委（1989）13号通知精神，参照全国政协、省政协颁发的关于政治协商、民主监督的暂行规定，结合我县实际，制定本实施细则。

第一条　人民政协的主要职能是政治协商和民主监督，其目的是：

1.有步骤有秩序地推进社会主义民主与法制建设，反映社会各方面的意见和要求，广辟参政议政渠道，以促进党政重大决策的科学化和民主化。

2.本着肝胆相照、荣辱与共的精神，帮助党委和政府不断改进工作作风，提高办事效率，克服官僚主义，加强廉政建设。

3.对党政机关贯彻执行宪法和地方性法律、法规以及各项政策等实行民主监督，为推进社会主义物质文明和精神文明建设，加快改革开放和山区开发，振兴沅陵而共同努力。

4.坚持四项基本原则，协调各方面关系，加强中国共产党领导下的民主党派和群众团体的团结合作，贯彻“一国两制”方针，增进与“三胞”人士的联系，促进祖国的和平统一。

第二条　政治协商的主要内容有：

1. 地方大政方针、重要部署和人民群众生活中的重大问题。

2. 县政府工作报告、财政预算、国民经济与社会发展规划，以及地方性法规、条例草案。

3. 有关机构改革和重要人事任免事项。

4. 有关统一战线内部的重大问题。

5. 其他需要协商的重大问题。

第三条　政治协商的主要形式为：

1. 政协例会制度。主席会议一般每月一次，常委会议一般每两月一次，视工作需要，可扩大到有关负责同志列席。委员全体会议每年至少一次，安排在县人民代表大会之前举行，邀请县委、县人大、县政府领导及有关部门负责人参加，听取意见、批评和建议。

2. 列席会议制度。县政协主席或副主席列席县委和政府的有关重要会议；政协专门委员会和工作组的负责人列席县委和政府有关部、委、办、局的重要会议。

3. 协商对话制度。就本县社会各界普遍关心的重大问题，开展协商对话。协商对话应为双向制，每年县政协邀请县委、县人大，县政府有关领导参加一到二次，县委、县政府领导邀请县政协组织各界人士代表参加一到二次。

4. 情况通报制度。县政协及各专门委员会、工作组应与党政有关部门和人大有关委员会，建立文件资料相互交流制度。县政协委员视察前，应由有关部门通报有关情况，视察后应向有关部门通报视察的结果。县政协办公室要与县委统战部及其归口单位保持经常联系，互通情报。

5. 办复委员提案、建议案制度。提案一经成立，建议案一经送达，承办单位应认真研究，及时办理，做到件件有着落，事事有答复。

第四条　民主监督的主要内容有：

1. 宪法与法律、法规和条例以及地方大政方针、党的各项政策的贯彻执行情况。

2. 本县各条战线的发展规划和改革方案的实施情况。

3. 政协委员提案、建议案的办复情况。

4. 党政机关及其工作人员的履行职责、遵纪守法、为政清廉等方面情况。

5. 参加政协的各单位和个人遵守政协章程和执行政协决议的情况等。

第五条 民主监督的主要形式为:

1. 政协主席会议、常委会议或专门委员会、工作组以文字形式向县委、县政府或有关部、委、办、局提出建议、意见和批评，有关方面或部门应认真负责地进行研究处理，并将结果以文字形式作出答复。

2. 政协常委会、各专门委员会或工作组要积极主动地组织专题调查、视察、考察，或参与县委和政府组织的有关检查等活动，并及时写出书面报告送交政协办公室，编成《参阅件》分送县领导或有关部门阅处。

3. 政协有关专门委员会、工作组对某个方面、某项工作中的重大问题，与县委、县政府有关部、委、办、局之间进行对口协商讨论，力求得到比较圆满的解决。

第六条 根据“协商在决策之前，监督于实施之中”的原则，协商监督工作按下列程序进行:

1. 确定议题。凡党委、政府以及政协各组成界别提议协商监督的问题，由政协统筹安排。议题确定后，至少提前一周通知参加协商监督的各方，以便事先作好准备。

2. 通报情况。由提议一方向参加单位、个人提供议题的文件资料，通报有关情况，让大家对议题有更充分的讨论。

3. 处理反馈。对讨论中所形成的意见、建议或建议案归纳整理，送达有关部门办理或参考，有关方面一般应在一个月内作出反馈，某些重大而复杂的问题，需较长时间办理的，亦须在办理过程中向政协通报情况。

第七条 凡有政协委员和民主党派成员单位的党政领导，要积极支持他们参加政协和党派组织的各项活动。按照中共沅陵县委沅发［1985］27号文件和沅陵县人民政府沅政发［1986］30号文件的规定，保证政协委员参加有关会议，阅读有关文件，更好地促进他们知情出力，提高参政议政水平。

第八条 本实施细则报经中共沅陵县委批准后实行。

中共沅陵县委办公室、县委组织部、县委统战部
县政府办公室、县政协办公室、县人事局
关于行政编制不在县政协机关的县政协常委会
组成人员阅读文件、生活待遇和其他有关问题的若干规定

（1994年8月3日）

中国共产党领导的多党合作和政治协商制度是我国一项基本的政治制度。人民政协是由各民主党派、各人民团体和社会各界、各方面代表人士组成的最广泛的统一战线组织，肩负着党和人民赋予的重要职责和光荣使命。我县有的县政协兼职副主席和大多数县政协常务委员的行政关系在原单位，不在县政协机关，妥善解决这些同志阅读文件、生活待遇和有关工作方面的问题，使他们履行好政治协商和民主监督职责，对加快我县改革开放和促进经济建设，具有重要的意义和作用。现根据上级有关文件以及政协章程的精神，对有关事项作如下规定：

一、县政协兼职副主席阅读文件，是中共党员的，可阅读副县级干部阅读的党中央、国务院、省委、省政府、地委、行署以及县委、县政府的文件；非中共党员的，除少数纯党内问题的文件外，原则上与上述阅读范围相同。县政协常委阅读文件，具体组织工作由所在单位负责，文件没有发至所在单位的，可定期到县政协办公室阅读。

二、县政协兼职副主席，享受副县级干部医疗待遇，住房按不低于科局级干部的标准，由所在单位优先安排；参加社会活动及工作用车，所在单位应予保证；任职期间工资，生活补贴没有达到专职副主席最低标准的，由县财政给予补贴。

三、行政编制不在县政协机关的县政协常委，阅读文件，是中共党员的，任期内可阅读科（局）级干部阅读的文件；非中共党员的，除少数纯党内问题的文件外，原则上与上述规定相同。

四、行政编制不在县政协机关的县政协常委，每年有不少于一个月时间参加县政协安排的会议和其他活动，所在单位应提供方便条件，合理安排他们的工作时间，核减他们的工作任务，保证他们能按期出席县政协的有关会议，参加视察活动和从事必要的社

会调查。

五、行政编制不在县政协机关的县政协常委，其工资、奖金、医疗、用车和其他生活福利及管理事务，仍由原单位负责，原单位撤销或合并的，由其业务归口单位或合并后新组建的单位负责。县政协常委有条件安装住宅电话的单位，应优先安排。

六、凡召开副科级以上的干部会议，主持会议单位应负责通知政协常委参加，如召开副科级以上的党员干部会议，应通知县政协常委中的党员参加。

以上各项，请各有关单位认真贯彻执行。

中共沅陵县委　沅陵县人民政府
关于进一步改善支持和加强人民政协工作的决定

（1996年12月27日）

为了贯彻落实中共中央和中共湖南省委关于进一步加强人民政协工作的指示精神，积极推进人民政协政治协商、民主监督、参政议政的规范化、制度化建设；充分发挥人民政协在全县扶贫攻坚、富民强县、改革开放和社会主义现代化建设中的重要作用，特作如下决定：

一、提高对新时期人民政协性质、地位、作用的认识

人民政协是中国人民爱国统一战线的组织；是中国共产党领导的多党合作和政治协商的重要机构，是发扬社会主义民主的重要形式，也是各党派、人民团体和各族各界人士参政议政的重要场所。重视和加强人民政协工作是坚持中国共产党领导的多党合作和政治协商基本政治制度的需要。充分发挥人民政协政治协商、民主监督、参政议政的职能作用，对于发扬社会主义民主，促进各级政府决策的民主化、科学化，监督宪法、法律和方针政策的贯彻执行，推动党委政府机关改进工作，提高效率，克服官僚主义，反对腐败现象，推动两个文明建设和民主法制建设，促进我县经济和各项事业的发展，协调社会各方面的关系，维护我县的政治和社会稳定，贯彻执行“和平统一、一国两制”

方针，促进祖国统一大业的实现都有着重要意义。各级党委政府及国家公务员要从加强社会主义民主政治建设和顺利实现我县国民经济和社会发展“九五”计划和2010年远景目标的战略高度，充分认识人民政协在建设中国特色社会主义中的重要作用，积极自觉地支持政协工作。

二、把政治协商制度全面纳入政府的决策程序

各级政府要按照中共中央〔1995〕13号通知和《政协全国委员会关于政治协商、民主监督、参政议政的规定》以及中共沅陵县委关于进一步加强人民政协工作的有关要求，切实把政治协商纳入各级政府的决策程序。凡涉及我县大政方针及政治、经济、文化和社会生活中的重要问题及在决策执行过程中，要与同级政协进行协商，认真听取意见和建议，以实现决策的民主化、科学化。

三、自觉接受人民政协的民主监督

各级政府要自觉接受政协就宪法及其他法律法规的实施，中央方针政策的贯彻执行，全县重大决策，以及国民经济和社会发展计划、财政预决算执行情况等的民主监督。对政协各种会议以及调查、视察、检查中对政府工作提出的意见、建议和批评，政府及各部门要认真研究，积极采纳。县人民政府要定期不定期地向政协通报政府机关及国家公务员在履行职责、遵守法纪、为政清廉等方面的情况，接受政协的监督，以推进机关廉政建设，不断改进工作作风。要做好政协委员的来信来访工作，对政协委员举报政府工作人员的违法违纪问题，要认真查处。政府有关部门要积极支持政协委员中担任特邀监察员、审计员、教育督导员等工作的同志大胆开展工作，充分发挥他们的作用。

四、切实加强党委、政府与政协的工作联系

各级党委、政府要与同级政协建立经常性的工作联系，相互支持，相互配合。要确定一名领导同志负责联系政协工作。县委、县政府办公室要与同级政协办公室建立经常性的工作联系制度，及时沟通情况，相互交流信息。各级党委、政府召开的一些重要会议应邀请同级政协领导或有关负责同志出席。政府和有关部门组织的重要专题会议专项检查和考察活动，应邀请政协和政协对口委室派员参加。政协举行有关重要会议及重要活动，邀请政府领导及部门负责同志参加的，应积极参加。

五、进一步坚持和完善对口联系和协商制度

要认真贯彻落实建立县委、县政府有关部门与县政有关专门委员会对口联系、协商制度，及时互通情况。逐步建立重大课题共同调研、联合攻关的制度。对有关改革和建设中的重要工作、重大问题、重点建设项目，应邀请政协及民主党派、工商联负责人或有关专家参与论证，也可委托政协组织力量开展相关的调研，政府及有关部门要支持配合政协及其专门委员会组织的视察、考察、咨询和专题调查等活动。对政协提出的建议和意见，要认真研究处理，并及时反馈。

六、建立重要情况通报和文件、资料交流制度

为了帮助政协委员了解和掌握情况，各级党委、政府要向同级政协通报本辖区国民经济和社会发展的重要情况以及党委、政府工作情况，一般一年不少于两次。县委、县政府及有关部门可根据不同时期中心工作，不定期地召开座谈会，听取政协委员的意见和建议。党委、政府及有关职能部门制发的重要文件、行政规章、重要信息、资料应抄送政协，政协需要的其他有关资料，也应及时提供，为政协委员了解情况、熟悉政策创造条件。

七、认真办理政协建议案和提案

按照县人民政府1996年印发的《关于办理人大建议和政协提案工作的规定》精神，进一步健全办理工作各项制度。对政协全体会议、常委会议、主席会议提出的建议案，党委、政府领导同志要亲自阅批办理意见，由专门办理机构督促有关方面负责落实，并向政协作出书面答复。对政协专门委员会、民主党派和政协委员提出的提案，按照管辖范围和业务分工，实行分级负责，归口办理。要由部门和单位负责同志亲自阅办，指定专人具体办理，并向提案者作出书面答复。各级办公室每年对办理政协建议案和提案工作进行检查考评，总结经验，表彰先进。

八、积极支持政协开展海内外联谊和对外交往活动

各级党委、政府要重视发挥政协在海内外联谊和对外交往活动中的优势和作用。各级党委、政府组织的重要联谊活动，根据工作需要，应安排政协和民主党派负责同志参加。对政协开展的海内外联谊和对外交往活动，有关部门要大力支持配合。

九、积极为人民政协开展工作创造必要的条件

各级党委、政府要积极为政协开展工作创造条件，对政协在经费、车辆和办公条件及职工住房等方面存在的困难和问题，要与同级机关通盘考虑，妥善解决。对政协的活动经费，要列入政府财政预算并予以保证，并视财力状况逐年适当增加。

要结合本地实际，认真贯彻执行本决定，并就贯彻落实情况每年检查一次，向同级政协进行通报。

（此件发至乡级）

中共沅陵县委关于转发《政协沅陵县委员会关于贯彻执行〈政协全国委员会关于政治协商、民主监督、参政议政的规定〉的实施意见》的通知

各区、乡、镇党委，县委各部委，县直机关各单位、各人民团体党组（党委）：

《政协沅陵县委员会关于贯彻执行〈政协全国委员会关于政治协商、民主监督、参政议政的规定〉的实施意见》已经县委同意，现转发给你们，请认真贯彻执行。

中共沅陵县委

1997年5月1日

政协沅陵县委员会关于贯彻执行《政协全国委员会关于政治协商、民主监督、参政议政的规定》的实施意见

（1997年4月18日县政协八届十九次常委会议通过）

中国共产党领导的多党合作和政治协商制度是我国的一项基本政治制度。中国人民政治协商会议是中国人民爱国统一战线的组织，是中国共产党领导的多党合作和政治协商的重要机构，是我国政治生活中发扬社会主义民主的重要形式。它的主要职能是政治协商和民主监督，组织参加政协的各党派团体和各界人士参政议政。为了认真贯彻执行《政协全国委员会关于政治协商、民主监督、参政议政的规定》，加强我县社会主义民主政治建设，逐步实现政治协商、民主监督、参政议政的规范化、制度化，特提出实施意见如下。

一、关于政治协商

政治协商是对我县的大政方针以及政治、经济、文化和社会生活中的重要问题，在县委决定、人大通过、政府实施之前进行协商，并就决策执行过程中的重要问题进行协商。

（一）政治协商的主要内容：

1. 本县贯彻执行党和国家大政方针的重要部署。

2. 本县在社会主义物质文明建设、精神文明建设、民主法制建设和改革开放中的重大决策及重要措施。

3. 县政府工作报告，县财政预算、决算报告，国民经济与社会发展计划及中长期规划，县人民法院、县人民检察院工作报告。

4. 本县城市及乡镇建设总体规划的修订和重大建设项目。

5. 本县政治生活方面的重大事项和群众生活的重要问题。

6. 本县重要地方规章草案。

7. 县委提出和人大通过的重要人事安排与调整。

8. 本县乡镇以上行政区划的变动。

9. 各界人士、各民族之间的共同性事务和政协内部的重要事务。

10. 其他需要协商的重要问题。

（二）政治协商的主要形式：

1. 政协沅陵县委员会全体会议，常务委员会议，主席会议，常务委员专题座谈会议，各专门委员会会议。

2. 根据需要召开的各党派、无党派爱国人士、人民团体和各族各界人士的代表参加的协商会议。

3. 参加县委召开的政协、民主党派和工商联主要负责人协商座谈会。

（三）政治协商的有关程序：

1. 政协沅陵县委员会主席会议根据县委、县人大、县政府、各民主党派、各人民团体以及县党政有关部门的提议，安排协商活动并决定协商的形式和参加范围。

2. 政协沅陵县委员会主席会议认为需要协商的问题，建议县委、县政府、各民主党派、各人民团体以及县党政部门将问题提交政协协商，有关负责人应就提交协商的问题作出说明。

3. 本县贯彻党和国家大政方针的重要部署和改革开放中的重大决策或措施，事前应提交县政协常务委员会议、主席会议或常务委员专题座谈会协商讨论，有关负责人应到会听取意见。

4. 县政府工作报告在提交县人大全体会议审议前，应送交县政协常务委员会议或全体委员会议协商讨论，县政府领导同志应到会听取意见。

5. 县政府工作报告的实施情况和重大决策的执行情况，县政府或有关部门应分别向县政协常务委员会议、主席会议或有关专门委员会会议通报，听取意见和建议。

6. 本县重要地方规章草案在提交县人大常委会审议前，应送交县政协或有关专门委员会征询意见，县政府或有关部门负责人应作出说明并听取意见。

7. 每年要制定协商计划，每次协商要有一个重要议题。县政协各专门委员会和各民主党派、人民团体应围绕议题开展调查研究，也可以根据需要同县委、县政府有关部门开展联合调研，做好协商准备。

8. 协商的议题与会期确定之后，县政协办公室一般应提前一周将会议有关文件及通知送达参加会议的人员，以便与会人员事先做好准备。

二、关于民主监督

民主监督是对本县贯彻实施宪法、法律、法规的重大方针政策的情况，本县国家机关及其工作人员的工作，通过建议和批评进行监督。

（一）民主监督的主要内容：

1. 本县党政机关或执法部门贯彻实施宪法、法律、法规和重要方针政策的情况。

2. 上级党政领导机关制定的重要方针政策的贯彻执行情况。

3. 本县国民经济和社会发展计划及财政预算执行情况。

4. 本县党政机关及其工作人员履行职责、遵纪守法、为政清廉等方面情况。

5. 人民群众反映强烈的重大问题的解决情况。

6. 县政协建议案和委员提案的办复情况。

7. 参加县政协的各单位和个人遵守政协章程，执行政协决议的情况。

8. 其他需要监督的重要问题。

（二）民主监督的主要形式：

1. 政协沅陵县委员会的全体会议、常务委员会议或主席会议向县委、县人大、县政府提出建议案。

2. 县政协各专门委员会提出建议或有关报告。

3. 县政协组织委员或委员个人持证赴各部门、单位视察、考察和调查后提出建议、批评或举报。

4. 参加县委、县人大、县政府及有关部门组织检查、调查和评议活动。

5. 在监督形式上，除例会、委员提案及建议、调查、视察、专题座谈、委员举报等监督之外，每年要重点开好1～2次意见听取会。意见听取会可由县委或政府主持，政协筹办，双方共同确定议题。

（三）民主监督的有关程序：

1. 以县政协全体委员会议、常务委员会议或主席会议名义提出的建议案，由县政协办公室以正式文件形式送达有关方面或部门。有关方面或部门应积极负责地进行认真研究和办理，并将结果在收到文件之日起三个月内以正式文件形式作出答复。因特殊情况不能按时答复的，应及时作出说明。

2. 县政协各参加单位和个人提出的提案，应按照《中国人民政治协商会议全国委员会提案工作条例》《政协湖南省委员会提案工作条例》和《沅陵县人民政府关于认真做好人大建议和政协提案办理工作的若干规定》办理。对涉及全局问题的重要提案和党派、团体提案，在送请主席或副主席阅示后，报送县党政领导研究处理。

3. 为行使民主监督职能，政协委员可直接向党政纪律监察和政法检察部门举报，也可通过政协沅陵县委员会举报。有关部门对委员的举报应认真研究处理，及时答复，并做好保密工作。

三、关于参政议政

参政议政是政治协商和民主监督的拓展和延伸，其内容更加丰富，形式更加多样，方法更加灵活。可选择人民群众关心、党政部门重视、政协有条件做的课题，组织调查研究，积极主动地向党政领导机关提出建设性的意见；也可通过其他多种方式，广开言路，广开才路，充分发挥委员专长和作用，为改革开放和社会主义现代化建设献计献策。

（一）列席县委、人大、政府会议。县政协党员主席或党组书记可列席县委书记办公会议，应列席县委常委会议和其他有关重要会议；县政协有关副主席应邀列席县人大常委会议、县政府常务会议及其他有关重要会议；县政协常委和县政协委员应列席所在部门或单位的有关会议；县政协有关专门委员会负责人应参加县政府有关部门召开的重要工作会议。通过以上会议，知情知政，参与有关大政方针和重要事务的讨论。

（二）开展专门委员会工作。县政协各专门委员会在县政协常务委员会的领导下，组织委员参加各项经常性活动，做好专题座谈、专题调查、委员举报工作。县政协各专门委员会根据县政协常委会的工作安排，围绕本县的中心任务和群众关心的热点问题，制定工作计划，开展各项活动。要同县党政有关部门建立经常性的工作联系，相互配合，相互支持，及时沟通情况，交流信息。要同县各民主党派、工商联密切合作，做好专门委员会的工作。

（三）及时、准确地反映社情民意。反映社情民意是政协履行职能的重要基础和关键环节，政协委员要保持同本会各界别群众的密切联系，经常反映他们的愿望和要求。每个委员一年至少提一条有价值的建议，反映一条有价值的信息。政协机关要加强同县政协各参加单位和广大委员的密切联系，广辟信息来源，多渠道地汇集各方面的意见，及时、准确地反映给县党政领导或有关部门。

（四）认真做好新闻报道工作。政协沅陵县委员会的全体会议、常务委员会议及其他重要活动，本县主要新闻单位都要及时报道，并经常报道政协委员参政议政情况，使民主监督和舆论监督结合起来。

（五）保障政协委员的民主权利。在政协的会议上充分发扬社会主义民主，各种意见都可以发表。委员因履行职责受到不公正对待时，各级党委、政府和执法部门有责任予以保护。

（六）落实政协委员的政治待遇。分布在机关、学校、企事业单位和农村的县政协委员，所在单位应按照中共沅陵县委（1985年）27号和县人民政府（1986年）30号文件精神认真落实。

中共沅陵县委
关于加强人民政协工作的意见

（2006年9月19日）

中国人民政治协商会议是中国人民爱国统一战线的组织，是中国共产党领导的多党合作和政治协商的重要机构，是我国政治生活中发扬社会主义民主的重要形式。加强人民政协工作，是提高党的执政能力、发展社会主义民主政治、构建社会主义和谐社会的必然要求。为切实加强我县人民政协工作，充分发挥人民政协的作用，根据《中共中央关于加强人民政协工作的意见》（中发〔2006〕5号）、《中共湖南省委关于贯彻落实〈中共中央关于进一步加强中国共产党领导的多党合作和政治协商制度建设的意见〉的意见》（湘发〔2005〕9号）和《中共怀化市委关于贯彻落实进一步加强中国共产党领导的多党合作和政治协商制度建设精神的意见》（怀发〔2005〕09号）精神，结合我县实际，现提出如下意见。

一、加强和改善党对人民政协工作的领导

1. 按照党总揽全局、协调各方的原则，进一步加强和改善党对人民政协的领导，支持人民政协依照章程独立负责，协调一致地开展工作。要深刻认识人民政协工作的重要性，切实把政协工作纳入重要议事日程。每届县委任期内至少召开一次政协工作会议，每年至少听取两次政协专题工作汇报，及时研究并统筹解决政协工作中的重要问题，坚持不是县委常委的政协主席列席县委常委会议制度。县委、县政府召开的涉及全局工作的重要会议或组织的重要活动，要安排政协党组成员或主席会议成员参加；重要的工作会议，要安排政协常委、专门委员会的负责人参加。要建立健全县委、县政府、县政协秘书长（办公室主任）定期联席会议制度和县委、县政府部门与县政协专门委员会的联系制度，加强协调沟通。按要求配备好乡镇和县直战线政协联络员。要把是否重视人民政协工作、能否发挥好人民政协的作用作为检验领导水平和执政能力的一项重要内容，纳入对乡镇及县直部门“三个文明”目标管理考核范畴。

2. 发挥政协党组在政协组织中的领导核心作用。政协党组是党在人民政协中的派出机构，肩负着实现党对人民政协领导的重大责任，必须坚定不移地贯彻党的基本理论、基本路线、基本纲领、基本经验，坚定不移地贯彻执行党关于人民政协的方针政策，把党的有关重大决策和部署贯彻到人民政协的全部工作中去。要推动参加人民政协的各民主党派、人民团体和各界人士自觉接受党的领导，使党的主张成为各民主党派、人民团体和各界人士的广泛共识。政协党组要按照县委统一部署和政协章程的规定，配合县委有关部门研究换届时有关界别设置、政协委员名额、人选和常务委员人选以及届中委员调整的有关问题，并提出建议。

3. 发挥政协组织中中共党员的先锋模范作用。政协委员中的共产党员和政协机关中的共产党员，是受党组织委派从事人民政协工作的，要增强政治责任感，努力提高自身修养和能力，积极贯彻党的方针政策，带头遵守政协章程，继承和发扬党的统一战线和人民政协的优良传统，广交党外朋友，努力成为合作共事、发扬民主、廉洁奉公的典范。

4. 努力创造全党全社会重视和支持政协工作的新局面。要积极组织开展人民政协的宣传和教育工作，把人民政协理论列入县委党校、县行政学校的教学计划。要有计划、有重点地组织新闻媒体，积极宣传中国共产党领导的多党合作和政治协商制度，积极宣传人民政协的性质、地位和作用，积极宣传政协组织履行职能情况以及政协委员的先进事迹，努力营造有利于人民政协事业发展的良好氛围。

二、认真搞好人民政协的政治协商

5. 人民政协的政治协商是中国共产党领导的多党合作的重要体现，是党和国家实行科学民主决策的重要环节，是党提高执政能力的重要途径。把政治协商纳入决策程序就重大问题在决策前和决策执行中进行协商，是政治协商的重要原则。各级要高度重视人民政协的政治协商，统一部署和协调，并认真组织实施。

6. 人民政协政治协商的主要内容是：拟出台的重要政策、国民经济和社会发展规划、重大建设项目、关系全县全局和人民群众关注的一些重大问题以及其他需要政治协商的重要问题。

7. 人民政协政治协商的主要形式有：政协全体会议、常务委员会会议、主席会议、常务委员专题协商会、政协党组受县委委托召开的座谈会、秘书长会议、各专门委员会会议等形式。

8. 人民政协政治协商的主要程序是：县委根据年度工作重点或政协党组提出的建议，年初研究提出全年政治协商规划，并用文件形式下发到政协党组；政协党组根据县委的统一部署，按照政协章程和有关规定安排协商活动；县委、县政府及有关部门负责人就相关问题通报情况、听取意见；政协要及时整理报送参加会议的各党派团体和各界人士提出的意见和建议；县委、县政府及有关部门对政协报送的意见和建议要认真研究处理，并用书面形式及时反馈处理情况。

9. 积极推进人民政协的民主监督。人民政协的民主监督是我国社会主义监督体系的重主要组成部分，是在坚持四项基本原则的基础上通过提出意见、批评、建议的方式进行的政治监督。人民政协民主监督的主要内容是：国家宪法、法律和法规的实施情况；县委和县政府重大方针政策的贯彻执行情况；国家机关及其工作人员履职情况；参加政协的单位和个人遵守政协章程、执行政协决议情况。

10. 人民政协民主监督的主要形式有：政协全体会议、常委会议、主席会议向县委和县政府提出建议案；各专门委员会提出建议或有关报告；委员视察、委员提案、委员举报、大会发言、反映社情民意或以其他形式提出批评和建议；参加县委和县政府有关部门组织的调查和检查活动；政协委员应邀担任司法机关和政府部门特约监督人员等。

11. 各级各部门要认真倾听来自人民政协的批评和建议，自觉接受民主监督。要完善民主监督机制，畅通民主监督渠道。继续坚持政协委员担任兼职督查员、监察员、督导员、行风评议员等制度，坚持政协常委参与优化经济发展环境“双向测评”制度；建立政协对部门工作进行民主评议制度，评议结果作为受监督部门和部门领导年终考评的重要依据。要切实发挥政协提案、建议案在民主监督方面的作用，对政协的提案和建议案要认真办理，及时给予答复。对以政协常务委员会议、主席会议、各专门委员会提出的批评和建议，经县委、县政府主要领导批示后，由县委办和县政府办负责督办落实，办理结果及时反馈给政协。县委、县政府的监督机构以及新闻媒体要密切与人民政协的联系，加强工作协调和配合，提高民主监督的质量和成效。

三、深入开展人民政协的参政议政

12. 参政议政是人民政协履行职能的重要形式，也是党政领导机关听取意见、改进工作的有效方式。人民政协参政议政的主要内容和形式是：对政治、经济、文化和社会生活中的重要问题以及人民群众普遍关心的问题，开展调查研究，反映社情民意，进行协商讨论，通过调研报告、提案、建议案或其他形式，向县委和县政府提出意见和建议。

13. 人民政协要根据自身的特点和优势，选择经济社会发展中具有综合性、全局性、前瞻性的课题，深入调查研究，开展咨询论证，提出意见和建议，积极为加快沅陵发展献计献策。要运用包容各界、联系广泛、人才聚集的有利条件，了解和反映社情民意，为构建和谐沅陵作贡献。

14. 各级各部门要加强与政协的联系和沟通，为政协参政议政创造良好条件。要按照“党委出题、党派调研、政府采纳、部门落实”的原则，经常给政协出题目、交任务，支持政协围绕全县改革发展稳定大局进行调查研究，积极建言献策。对政协提出的重要意见和建议，要认真研究，积极采纳。有关部门和单位要积极配合政协组织的视察、调研等活动，对政协提出的意见和建议要认真研究采纳，确保落到实处。县委和县政府的研究机构要加强与政协专门委员会的合作，积极开展联合调研，促使调研成果尽快转化为县委、县政府决策。

四、切实加强人民政协的自身建设

15. 加强政协领导班子和专门委员会建设。要把政治坚定、作风民主、熟悉统战政策、热心政协工作的同志配备到政协领导班子中去。要按有关规定配备非党副主席、常委、委员，保持政协组织合理的党内外比例，充分发挥民主党派和无党派人士在人民政协中的作用。要适当增加专门委员会主任中常委比例。适当放宽专门委员会兼职副主任任职条件，可由民营经济人士担任。

16. 重视政协委员队伍建设。政协委员是人民政协履行职能的主体，要严格按照有关规定，做好政协委员的推荐、考核和审定工作，真正把有代表性、有社会影响、参政议政能力强、热心政协事业的各界代表，吸纳到政协委员队伍中来。要认真组织政协委员的学习培训，促进政协委员提高自身素质，遵守政协章程，履行委员职责，密切联系群众，积极参加政协组织的会议和活动。要尊重和依法保护政协委员的各项民主权利，为他们发挥作用提供条件。政协委员所在单位要支持其参加政协活动，在时间、经费、待遇等方面给予保障。

17. 加强人民政协的机关建设。要重视政治理论学习，坚持以邓小平理论和“三个代表”重要思想为指导，牢固树立和全面落实科学发展观，弘扬与时俱进和改革创新精神，大兴求真务实之风，增强全局观念、服务意识，提高政策水平。要适应壮大爱国统一战线和发展社会主义民主政治的要求，完善为政协履行职能服务的各项工作制度，提高工作水平和效率。要着眼于统一战线和人民政协事业的长远发展，高度重视并切实加强政协机关干部队伍建设，要把政协机关干部的培养、选拔、交流和使用纳入干部队伍建设总体规划，做到与党政机关干部同等对待。要重视对政协机关干部的教育和培训，进一步提高政协机关干部队伍整体素质。要选调年轻干部充实到政协机关，进一步优化政协机关干部队伍结构。要加大政协机关干部与党委政府机关干部的交流力度，进一步增加政协机关干部队伍的活力。

18. 切实为政协开展工作提供经费保证。按照怀发〔2005〕09号文件精神，政协全体会议、常委会议、视察活动、委员活动经费、提案和文史专项经费、专门委员会工作专项经费要列入县财政预算，并随着经济发展和工作需要，逐步有所增加。对政协组织的大型活动、重大专题、调研等所需经费，县财政要予以保证。要切实帮助政协进一步改善机关办公条件，加快机关信息化建设。

（此件发至乡镇）

中共沅陵县委员会关于印发《政协沅陵县委员会委派政协委员担任重点执法执纪部门（单位）民主监督员实施办法》的通知

县委各部委，县直机关各单位、各人民团体党组（党委），省、市驻沅各单位：

现将《政协沅陵县委员会委派政协委员担任重点执法执纪部门（单位）民主监督员实施办法》印发给你们，请认真贯彻执行。

中共沅陵县委员会

2013年2月3日

政协沅陵县委员会委派政协委员担任重点执法执纪部门（单位）民主监督员实施办法

为更好地发挥政协委员在民主监督中的作用，推动我县民主监督工作更加规范有序、扎实有效地开展，根据《中国人民政治协商会议章程》和《中共沅陵县委关于加强人民政协工作的意见》文件精神，结合我县实际，特制定本办法。

第一条 民主监督是人民政协主要职能之一，旨在对国家宪法、法律和法规的实施，重大方针政策的贯彻执行，国家机关及其工作人员的工作，通过建议和批评进行监督。

第二条 委派政协委员担任重点执法执纪部门（单位）的民主监督员，是实现民主监督工作协调一致、扎实有效地开展，推进社会主义民主政治建设的重要形式；是加强党风、行风建设和廉政建设，促进决策民主化、科学化的重要举措；是充分发挥委员主体作用，凝聚各方力量、推进工作落实的重要抓手。

第三条 县政协在各受派部门（单位）设民主监督员小组，由3～5人组成。民主监督员履行监督职能，属组织行为和兼职性质，民主监督员不脱离原工作单位和工作岗位，不领取受派部门（单位）薪酬。根据政协章程赋予政协委员的权利，政协民主监督员对受派部门（单位）享有与监督职能相对应的知情、调查、视察、协商、建议和批评等权利，但不干预受派部门（单位）的正常工作。民主监督员对受派部门（单位）提出建议和批评，应以书面形式为主，同时报送县政协办公室备份。对于重大、敏感事项的意见、批评和建议，应事先与县政协取得联系。

第四条 任职条件

1. 拥护党的路线、方针、政策，有较高的政治素质和政策水平，有较强的政治责任感和奉献精神，热心社会监督工作。

2. 系现任政协委员，且在所属界别中具有一定的影响和威望，原则上以城区委员为主。

3. 有实践工作经验和参政议政能力，能深入开展调查研究，坚持原则，公道正派，客观公正地反映情况，敢于、善于开展批评，乐于为群众排忧解难。

4. 遵章守纪，清正廉洁，严于律己，尽职尽责，自觉遵守和执行有关规章制度。

5. 身体状况能适应民主监督工作需要，有参与民主监督工作的时间和精力。

6. 受派部门（单位）的政协委员，不委派担任本部门（单位）民主监督员。

第五条　委派程序

1. 县政协主席会议确定需要委派民主监督员实施民主监督的重点执法执纪部门（单位）。

2. 县政协办公室会同县政协各专门委员会，拟出民主监督员建议名单，经主席会议审定，提请政协常委会议审议通过，并颁发《政协沅陵县委员会民主监督员证》。

3. 县政协办公室向受派部门（单位）公布民主监督员名单，并通过沅陵电视台予以公示，同时通报民主监督员所在单位。民主监督员所在单位要为民主监督员开展工作提供必要条件。

4. 民主监督员每两年轮换一次。

第六条　监督内容

1. 受派部门（单位）对党的方针政策、国家法律法规以及县委县政府的决策、决定的贯彻落实情况。

2. 受派部门（单位）履行职能，完成任务，兑现社会承诺情况。

3. 受派部门（单位）公正司法，依法行政，优化发展环境情况。

4. 受派部门（单位）及其工作人员遵纪守法，廉政勤政，优质服务情况。

5. 受派部门（单位）民主决策，工作作风，团结和谐情况。

6. 受派部门（单位）解决群众生活中“热点”“难点”“焦点”问题的程序及情况。

7. 受派部门（单位）对政协建议案、提案的办理落实情况。

第七条　监督方式

1. 民主监督员在县政协的统一指导下，对受派部门（单位）的工作定期或不定期进行视察、评议，并及时向受派部门（单位）提出整改落实的意见和建议。

2. 应邀出席受派部门（单位）的有关会议。

3. 应邀参加受派部门（单位）的相关工作活动。

4. 通过召开座谈会，走访党员、群众，查阅资料，观看实例等方式，对受派部门（单位）工作开展情况进行调查研究。

5. 以民主监督意见书或口头形式向受派部门（单位）反映社情民意，传递干部职工的意见和建议。

6. 以民主监督意见书形式向县政协及时反映受派部门（单位）工作中的困难、问题和要求，对存在的问题提出意见、批评和建议。

7. 民主监督员小组在每年第三季度的政协常委会议上向常委会提交民主监督报告书，报告民主监督工作情况。

8. 县政协向县委、县人大、县政府以及受派部门（单位）的上级主管部门通报民主监督情况。民主监督情况作为组织和人事部门考核、提拔、使用干部的重要依据。

第八条　受派部门（单位）职责

1. 受派部门（单位）要将民主监督员工作作为本部门（单位）的一项重要工作内容，确定一名领导联系民主监督员，明确有关职能科（股）室负责具体工作。

2. 受派部门（单位）要主动邀请民主监督员参加本部门（单位）工作部署会议和各项重要活动，组织民主监督员视察部门（单位）工作，及时提供相关文件、案卷等资料，为民主监督员履行民主监督职能创造条件，切实保障民主监督员的权利。

3. 受派部门（单位）在收到民主监督意见书之日起15个工作日内，要以书面形式向民主监督员答复办理和落实情况，同时报送县政协办公室。对民主监督员以口头方式提出的建议和批评，要在7个工作日内以口头或书面形式给予回复。

4. 任何部门、单位和个人，不得阻挠民主监督员行使监督权利，不得对提出不同意见的民主监督员进行任何形式的打击报复或排斥。

5. 县政协每季度对各受派部门（单位）支持配合民主监督员工作情况进行一次通报，通报结果作为年终政协常委双向测评的重要依据。

第九条　工作纪律

1. 民主监督员要深入贯彻落实科学发展观，努力学习党的路线、方针、政策和相关法律、法规，学习监督业务知识和受派部门（单位）的工作业务知识，不断提高民主监督水平。

2. 民主监督员在县政协常委会和主席会议的领导下开展工作，其日常管理由县政协办公室负责。县政协联系领导定期或不定期听取和处理民主监督员的情况反映，并及时向受派部门（单位）进行反馈。

3. 民主监督员对监督单位不宜公开的情况，应注意保密，不得外泄。

4. 民主监督员要正确行使民主监督权利，不得向受派部门（单位）提出工作以外的要求。对不依法、不依纪、不依章办事和借监督名义谋取私利的民主监督员，取消其民主监督员资格；造成严重后果的，由县政协按照委员管理有关规定进行处理。

5. 县政协每年至少召开一次民主监督员会议，有计划地安排当年的民主监督工作，研究和探索民主监督工作的方式、方法，总结经验，确保民主监督程序规范、职责明确、监督到位、效果明显。对积极履行职能、工作成效显著的民主监督员，县政协按年度予以表彰和奖励。

中共沅陵县委关于印发《沅陵县政协专门委员会与县直有关部门对口协商联系制度》的通知

县委各部委，县直机关各单位、各人民团体党组（党委），省、市驻沅各单位：

现将《沅陵县政协专门委员会与县直有关部门对口协商联系制度》印发给你们，请认真贯彻执行。

中共沅陵县委

2013年2月3日

沅陵县政协专门委员会与县直有关部门对口协商联系制度

人民政协是我国社会主义协商民主的重要渠道。为了使各项决策更加民主、更加完善、更加科学，使各方面、各阶层的利益和愿望在决策和执行过程中得到更好体现和保障，增强协商民主的实效性，推进协商民主广泛、多层、制度化发展，发挥好政协专门委员会在履行职能中的重要作用。根据《中国人民政治协商会议章程》和党的十八大精神，结合沅陵实际，制定本制度。

一、对口协商联系的主要内容

1. 县直和省市驻沅单位贯彻落实党的路线、方针、政策和国家的法律、法规的情况，贯彻执行县委、县政府重大决策、重要决定等方面的情况；

2. 全县经济建设、政治建设、文化建设、社会建设、生态文明建设“五位一体”总布局的执行落实情况；

3. 全县重大建设项目、部门中长期发展规划和重要改革方案等情况；

4. 保障和改善民生情况，人民最关心最直接最现实的利益问题（学有所教、劳有所得、病有所医、老有所养、住有所居）的落实情况；

5. 县直和省市驻沅单位提供公共服务方式，加强基层社会管理，创建和谐平安沅陵的情况；

6. 县直和省市驻沅单位思想建设、组织建设、作风建设、反腐倡廉建设、制度建设等方面情况，党员干部直接联系群众，坚持问政于民、问需于民、问计于民的情况；

7. 统一战线内部重要问题及其他需要相互配合的重要事宜，政协机关及各专门委员会需要同县直和省市驻沅单位相互协调的重要事宜；

8. 有关单位对政协委员所提出的提案建议、所反映的社情民意，作出诚恳答复和积极办理的情况；

9. 联系和指导县政协委派的民主监督员的履职工作。

二、对口协商联系的主要形式

1. 召开联席会议。县直和省市驻沅有关单位与县政协对口联系的专门委员会，每年至少召开一次联席会议，协商对口联系工作的内容。联席会议的时间、议题由双方协商提出。

2. 加强工作联系。县直部门的中长期发展规划、重大改革方案的拟定和有关政策措施的出台，应事先向县政协专门委员会征询意见，或邀请他们参与研讨论证、评估评价。各单位召开的重要工作会议和举行的重大活动，应邀请县政协对口专门委员会负责人参加。县政协各专门委员会的重要活动，应及时与对口的县直和省市驻沅单位协商联系。

3. 组织调研、视察、检查等活动。县直和省市驻沅有关单位列入工作日程的调研课题，要邀请县政协对口的专门委员会参与调研，必要时也可委托调研。单位组织的重要检查活动，应邀请县政协相关专门委员会派员参加。县政协专门委员会开展的重要调研、视察活动，要以调研报告、视察报告、建议案、提案、信息等形式，向县委、县政府及有关部门反映情况，提出意见和建议。

4. 召开专题协商会、论证会、座谈会。会议内容可由县直和省市驻沅有关单位提出，也可由县政协专门委员会提出。对口联系部门和单位负责人应按要求参加，就有关法律法规政策的贯彻实施、重点工作的开展情况以及政协建议案、提案的办理情况，向委员介绍并听取意见和建议；涉及全县经济社会发展的重大问题，在决策实施之前和决策执行过程中，要提请县政协相关专门委员会进行充分协商。协商、论证、评估、座谈活动要规范化，并做好记录，形成书面材料，根据需要向县委、县政府报告。

5. 加强信息通报。县直和省市驻沅有关单位下发的重要文件、工作简报、有关资料等，视情况抄送县政协相关专门委员会。县政协专门委员会的重要工作动态、重要活动和重要意见建议，应及时向县直和省市驻沅有关单位通报和反馈。

三、对口协商联系的单位

1. 县政协提案委员会对口协商联系：县委办、县政府办、县人大办、县纪委（县监察局）、县委组织部、县人武部政工室、县信访局。

2. 县政协经济科技联谊委员会对口协商联系：县发改局、县物价局、县统计局、县财政局、县交通运输局、县经信局、县安全生产监督管理局、县科技局、县科协、县扶贫办、县审计局、县机关事务管理局、县商务局、县粮食局、县供销联社、县商行办、县轻工行业办、县人防办、县质量技术监督局、县工商局、县工商联、沅陵电力局、沅陵电业公司、县公路局、县邮政局、县住房公积金管理中心、县信用联社、县地税局、县国税局。

3. 县政协人口资源环境委员会对口协商联系：县水库移民管理局、借母溪国家级自然保护区管理局、五强溪国家湿地公园管理处、县国土资源局、县住建局、县人口计生局、县环保局、县农办、县农开办、县水利局、县林业局、县农业局、县农机局、县畜牧水产局、县农经局、县气象局、县水文管理局。

4. 县政协民族宗教法制群团委员会对口协商联系：县委政法委、县委统战部、县台办、县残联、县侨联、县法院、县检察院、县公安局、县交警大队、县森林公安局、县司法局、县委610办、县政府法制办、县城市管理行政执法局、县总工会、团县委、县妇联、县委老干部局、县编办、县民委、县宗教局。

5. 县政协文教卫体委员会对口协商联系：县教育局、县文广新局、县文化市场综合执法局、县卫生局、县食品药品监督管理局、县体育局、县人社局、县民政局、县委党校。

6. 县政协文史委员会对口协商联系：县委宣传部、县档案局、县史志办、县广播电视台、县旅游外事侨务局、县新华书店。

除以上相对固定的对口协商联系的单位外，县政协各专门委员会可根据需要，邀请对口单位以外有关单位参与协商；县直和省市驻沅有关单位可邀请对口单位以外的县政协相关专门委员会参与协商。

四、对口协商联系的工作要求

1. 县直和省市驻沅单位要把是否重视政协工作，能否发挥好政协作用作为检验领导水平和行政能力的一项重要内容。对口协商联系工作由县委、县政府分管领导和县政协党组副书记、副主席、秘书长负责组织协调，县委办、县政府办和县政协办要各明确一位负责同志具体负责。县直各单位要确定一位负责人和一位联系人，负责与县政协相关专门委员会的对口协商联系工作，及时通报情况、沟通信息、交换意见。

2. 各单位要为开展对口协商联系工作创造条件，提供支持和帮助，主动协作和配合县政协专门委员会开展参议协商、民主监督活动，对其提出的意见和建议，要及时研究处理并反馈情况，重大问题要报告县委、县政府、县政协分管领导。

3. 县政协各专门委员会在开展对口协商联系活动中，要注重质量，讲求实效，客观公正地评价部门工作，真实地反映社情民意。每年年底要形成书面材料，并作为县委、县政府考核评估部门年度工作的重要参考依据。

4. 县委督查室、县政府督查室和县政协办公室，每年应对县直各单位和县政协各专门委员会的对口协商联系工作进行督促检查，总结经验，促进工作落实。

中共沅陵县委办公室　沅陵县人民政府办公室关于印发《沅陵县加强人民政协提案办理工作若干规定》的通知

各乡镇党委、政府，县直机关各单位：

《沅陵县加强人民政协提案办理工作若干规定》已经县委、县政府同意，现印发给你们，请认真贯彻执行。

中共沅陵县委办公室

沅陵县人民政府办公室

2014年11月17日

沅陵县加强人民政协提案办理工作若干规定

为贯彻落实《中共中央办公厅国务院办公厅〈关于进一步加强人民政协提案办理工作的意见〉》（中办发〔2012〕13号）和《中共湖南省委办公厅湖南省人民政府办公厅〈关于进一步加强人民政协提案办理工作的实施意见〉》文件精神，增强政协提案办理工作实效，结合县情实际，特制订如下规定：

第一条　提案是人民政协履行政治协商、民主监督、参政议政职能的重要形式，办理人民政协提案是各级党委、政府履行宪法和法律的具体体现，接受政协民主监督的重要渠道，实行民主、科学决策的重要途径。全县各级党委及其所属部门机关、各级人民政府所属部门机关、司法审判机关以及具有一定行政职能的事业单位均有承办政协委员提案的责任和义务。

第二条 办理政协提案要高举中国特色社会主义伟大旗帜，以邓小平理论、“三个代表”重要思想、科学发展观为指导，认真贯彻落实习近平总书记系列重要讲话精神，坚持围绕中心、服务大局，以增强办理实效为目标，以规范办理程序、完善办理机制为保障，不断增进共识，形成合力，逐步构建职责分明、重点突出、督办有力、落实到位的办理工作格局，全面提升提案办理工作科学化水平。

第三条 完善提案交办制度。在科学分类的基础上按照归口管理和事权结合的原则，科学确定承办单位。政协全体会议期间的提案，由县委办、政府办、政协办联合召开交办会议，集中送交有关单位承办；全体会议闭会期间提案，由政协提案委员会及时送交有关单位承办。承办单位对不属于本单位职责范围的交办件，应于收到提案后一周内与县政协提案委员会进行沟通，以便重新确定承办单位。一周内未提出异议的，视为交办完成。

第四条 规范提案办理内部运行机制。承办单位收到提案后，应召开专门会议进行研究，提出办理方案，明确任务分工、时限要求和质量标准，并及时向所属业务部门交办。要建立单位一把手负总责，分管领导直接抓、承办人员具体办的三级负责制，对一些办理难度大的提案，承办单位主要负责人要亲自牵头办理。业务部门提出的办复意见经单位主要领导审签，并与提案人沟通完善后，按照政协提案办复相关要求，以承办单位正式文件形式进行回复。

第五条 强化提案办理协商机制。要建立和完善承办单位、提案人、政协提案工作机构三方有效沟通协商机制。承办单位要把沟通协商作为提案办理的必要环节，通过电话、网络、座谈调研、上门走访等多种方式认真听取提案人的意见和建议，实现良性互动，共同探讨解决问题的办法。要把民主党派、工商联、人民团体、界别和政协专门委员会的提案作为办理协商的重点，坚持见面协商办理。由两个以上单位联合办理的提案，主办单位要主动牵头，会同办理单位积极配合。同一提案分别办理的，各承办单位之间要加强协商沟通。

第六条 抓好重点提案办理工作。承办单位要在认真办好每件提案的基础上，突出抓好重点提案办理工作。承办单位主要负责人要亲自过问，牵头办理。要通过实地考察、座谈协商、专题调研等方式，对提案涉及的问题进行深入研究，制定切实可行的解决方案，确保按时限、高质量完成办理工作。对县级领导批示、领衔督办的提案要制定具体办理方案，采取得力措施抓好落实。

第七条 积极采纳提案中的合理建议。承办单位要加强对提案内容的分析研究，认真采纳合理建议，制定改进工作的具体措施。要积极主动解决提案反映的问题，凡是有条件解决的，应集中力量尽快解决；因条件所限一时难以解决的，应制定计划，创造条件逐步解决，并及时向提案人反馈进展情况；对综合性、全局性、前瞻性较强的提案，承办单位要认真研究，将情况报送有关领导，充分发挥提案的决策参考作用。

第八条　健全提案答复机制。承办单位要在规定时限内对提案作出书面答复。提案答复前要征求提案人意见，要针对提案所提建议逐条进行实事求是、明确具体的答复，内容主要包括提案所反映问题的解决情况、建议的采纳情况或处理情况。对未采纳的建议，要向提案人说明情况，做好解释。如提案人对办理结果不满意，承办单位要向提案人和县政协作出书面说明，并重新研究，作进一步答复。对未立案转为来信交承办单位处理的，应作来信件向提案人书面回复。

第九条　完善提案办理制度。承办单位要定期检查提案办理进展情况，协调解决提案办理难点问题。对需要跨年度办理的提案，要适时向提案人和政协提案委员会通报办理落实情况。提案委员会要加大对承诺解决问题的跟踪督办力度，对办理难度大、委员多年反复提交和提案人对办理结果不满意的提案，要采取专项督办、联合督办、跟踪督办等方式，加大督查力度。县委、县政府督查室每年要与县政协办联合开展一次提案办理情况专题督查活动，县政协要积极开展提案办理工作专项民主评议和民主监督。

第十条　切实加强对政协提案办理工作的组织领导。要健全政协提案办理工作领导机制，县委、县政府要把政协提案办理工作纳入整体工作布局，确定分管领导和具体责任人，定期听取提案办理工作汇报，研究解决提案办理中的重大问题；要把提案办理工作纳入绩效考核的重要内容，把是否重视提案办理工作、是否按要求和程序办理、是否与提案人充分协商沟通、是否切实解决有关问题作为评价办理成效的基本内容。对态度认真、措施得力、效果显著的部门和个人，以适当方式予以奖励，并作为干部考核、培养和提拔的参考依据。对重视不够、敷衍塞责的部门和个人，要进行批评教育，督促限期整改。

承办单位要根据提案办理工作需要，加大经费投入，挑选思想作风好、业务能力强的人员担任提案工作联络员，并报县政协备案。提案工作联络员原则上一定五年，中途调整须征求县政协意见。县政协要加强提案工作机构自身建设。

第十一条　县政协要采取组织政情通报、学习培训等有效措施，提高提案质量。要加大提案审查工作力度，完善提案分类办法，细化提案审查标准，规范提案审查程序，健全重点提案遴选机制，强化政协内部提案整合机制，减少重复提案。建立健全提案质量评议制度，完善优秀提案评选办法，建立和完善提案内容及答复意见公开机制。

第十二条　沅陵新闻网、政府公众信息网和广播电视台要采取多种形式，宣传政协运用提案履行职能的有效做法，宣传承办单位积极办理政协提案取得的成效，努力营造全社会广泛关注、积极参与、大力支持政协提案办理工作的良好氛围。

中国人民政治协商会议沅陵县委员会
全体会议工作规则

（2017年4月14日，政协十三届二次常委会议审议通过）

为进一步加强政协沅陵县委员会全体会议（以下简称全体会议）制度化、规范化、程序化建设，根据《中国人民政治协商会议章程》和《中国人民政治协商会议全国委员会全体会议工作规则》，制定本规则。

第一章　总　则

第一条　全体会议是政协沅陵县委员会（以下简称县政协）履行政治协商、民主监督、参政议政职能的最高形式。

第二条　全体会议以邓小平理论和“三个代表”重要思想为指导，以科学发展观为统领，以政协章程为依据，贯彻“长期共存、互相监督、肝胆相照、荣辱与共”的方针，在中共沅陵县委的坚强领导下，围绕团结和民主两大主题，充分发挥自身优势，促进参加政协沅陵县委员会的各党派、工商联、无党派人士、人民团体和各族各界人士的团结合作，促进全县经济建设、政治建设、文化建设、社会建设和生态文明建设，进一步巩固和发展爱国统一战线，为实现全县全面建成小康社会宏伟目标作出积极贡献。

第三条　全体会议坚持民主、求实、团结、鼓劲的方针，广开言路，集思广益，民主协商，求同存异，鼓励委员充分发表意见和建议。

第四条　每届县政协的参加单位、委员名额和人选及界别设置，须在每届第一次全体会议举行一个月前，经上届县政协主席会议审议同意后，由常务委员会协商决定。

每届县政协任期内需增加或变更参加单位、委员名额和人选时，经本届主席会议审议同意后，由常务委员会协商决定。

第五条　全体会议每年举行一次，须有三分之二以上的委员出席。如遇特殊情况，可临时举行。

第六条　全体会议的主要任务：

（一）选举县政协主席、副主席、秘书长和常务委员，决定常务委员会组成人员的增加或变更；

（二）听取和审议常务委员会工作报告、提案工作情况的报告和其他报告；

（三）讨论并通过有关决议；

（四）协商讨论全县大政方针及政治、经济、文化、社会及生态文明建设中的重大问题，提出建议和批评。

第七条　全体会议由常务委员会召集并主持。每届第一次全体会议由预备会议推选的主席团主持。

第二章　会议的准备

第八条　全体会议召开前，常务委员会须根据主席会议的提议，进行下列准备工作：

（一）审议通过全体会议议程和日程；

（二）审议通过常务委员会工作报告、提案工作情况报告和其他报告；

（三）审议常务委员会组成人员增加或者变更的建议名单；

（四）通过全体会议秘书长和副秘书长名单；

（五）审议提请全体会议审议的建议案草案；

（六）会议的其他有关事项。

第九条　在全体会议举行一个月前（除特殊情况外），由主席会议向常务委员会提出全体会议的议程草案和日程草案。

第十条　每届县政协第一次全体会议前，召开全体委员参加的预备会议。预备会议由上届常务委员会委托主席会议主持，主要任务是通过第一次全体会议议程和日程，通过第一次全体会议主席团、主席团会议主持人、秘书长和提案审查委员会名单。

第十一条　主席团会议由主席团会议主持人主持，主要任务是通过主席团常务主席名单，审议提请全体会议通过的决议，决定全体会议的其他事项。

第十二条　主席团常务主席会议由主席团会议主持人主持，主要任务是审议提请主席团会议审议的文件和有关事项。

第十三条　主席团和主席团会议主持人、主席团常务主席、秘书长工作至会议产生本届县政协主席、副主席、秘书长、常务委员为止，副秘书长和提案审查委员会工作至本次会议结束为止。

第十四条　全体会议设立会议秘书处，秘书处由秘书长和副秘书长组成，办理常委会议、主席会议、主席团会议确定的事项和处理会议日常事务。

第三章　会议的举行

第十五条　全体会议采取大会和小组会、联组会等形式进行。

第十六条　全体会议开幕会的任务：

（一）听取县政协常务委员会工作报告；

（二）听取县政协常务委员会提案工作情况报告；

（三）听取其他报告及大会发言或说明。

第十七条　全体会议闭幕会的任务：

（一）通过会议的各项决议和报告；

（二）通过县政协常务委员会组成人员的增加或变更；

（三）通过建议案；

（四）其他事项。

第十八条　全体会议听取并讨论政府工作报告及其他报告，提出意见和建议。

第十九条　全体会议可安排大会发言。各党派、工商联、人民团体、界别、专门委员会、委员个人或联名均可提交书面发言材料，申请大会发言。大会发言内容及人选由会议秘书处按照有关规定确定。

第二十条　全体会议各次大会的主持人由主席会议协商决定。每届第一次全体会议期间各次大会的执行主席、主持人由主席团会议协商决定。

第二十一条　委员小组原则上按界别组织，人数较少的联合编组，人数较多的编成若干小组。每组设召集人，负责主持小组会议。分组原则和召集人建议名单由主席会议提出，提交常务委员会通过。

第二十二条　会议期间召开分组汇报会，主要听取政协常委会工作报告及其他报告的意见和建议。会议由主席或主席委托的副主席主持。

第二十三条　全体会议邀请中共沅陵县委、县人大常委会、县人民政府、县人民武装部、县人民法院、县人民检察院和其他副县级干部出席，邀请乡镇党委、政府主要负责同志和县委、县人民政府有关部门及有关人民团体负责同志列席。也可根据情况邀请其他人士列席。

第二十四条　全体会议可邀请有关方面人士旁听。

第二十五条　全体会议会议期间可视情况，安排接受记者采访。全体会议开幕会、闭幕会以及大会发言、分组会议应邀请记者作宣传报道。

第二十六条　制定和落实委员参加会议的行为规范，委员应按照会议日程积极参加全体会议的各次会议和各项活动，保证会议顺利进行。

第四章　会议的提案和建议案

第二十七条　各党派、工商联、人民团体、界别、专门委员会和委员、委员小组或联组均可提出提案。

提案的审查工作由提案委员会或第一次全体会议的提案审查委员会负责，并在全体会议闭幕会上做提案审查情况的报告。

第二十八条　全体会议可就涉及全县经济和社会发展的重大事项、人民群众普遍关心的热点问题，向县委、县人民政府提出建议案。

第二十九条　全体会议期间，参加政协的党派、工商联、人民团体或占总数四分之一以上的委员联名，可提出建议案草案。建议案草案经主席会议审议通过后，由常务委员会决定是否提请全体会议审议。

第三十条　提案委员会或提案审查委员会可选择若干提案作为重点提案协商办理。

第五章　会议的选举和表决

第三十一条　每届第一次全体会议选举产生本届县政协主席、副主席、秘书长和常务委员，组成常务委员会。常务委员会组成人员从本届委员中选举产生。选举工作由会议主席团领导。

第三十二条　主席、副主席、秘书长和常务委员的建议人选由主席团审议后，提交各委员小组充分酝酿讨论。主席团根据委员的意见，确定正式候选人名单，提交大会选举。

第三十三条　全体会议选举采用无记名投票方式。选举时须有三分之二以上的委员出席。候选人得到的赞成票超过全体委员的半数方可当选。

第三十四条　每届第一次全体会议的选举办法、总监票人、监票人名单，由主席团会议审议后，提交全体会议决定。其他各次全体会议的选举参照第一次全体会议的选举办法执行。

第三十五条　每届任期内，常务委员会组成人员的增加或者变更，由常务委员会决定提请全体会议选举。

第三十六条　全体会议的决议和建议案，应经全体委员过半数通过。

第六章　附　则

第三十七条　本规则经常务委员会会议通过后实行。

第三十八条　本规则解释权和修改权属于常务委员会。

中国人民政治协商会议沅陵县委员会
常务委员会工作规则

（2017年4月14日，政协十三届二次常委会议审议通过）

为进一步推进政协沅陵县委员会常务委员会（以下简称常务委员会）工作的制度化、规范化和程序化建设，根据《中国人民政治协商会议章程》和《全国政协常务委员会工作规则》，制定本规则。

第一章　总　则

第一条　常务委员会以宪法为根本准则，以政协章程为依据，以邓小平理论、“三个代表”重要思想和科学发展观为指导，高举爱国主义和社会主义旗帜，坚持中国共产党领导的多党合作和政治协商制度，贯彻“长期共存、互相监督、肝胆相照、荣辱与共”的方针，促进参加中国人民政治协商会议沅陵县委员会（以下简称县政协）的各党派团体、各族各界人士的团结合作，进一步巩固和发展爱国统一战线，围绕团结和民主两大主题，积极履行政治协商、民主监督、参政议政职能，为推进沅陵经济转型跨越发展、社会和谐稳定发展、生态绿色持续发展，实现全面建成小康社会目标而奋斗。

第二条　常务委员会主持政协沅陵县委员会的会务，在县政协全体会议闭会期间，处理县政协的工作。

第三条　常务委员会由县政协主席、副主席、秘书长和常务委员组成。

第四条　县政协主席主持常务委员会的工作，副主席、秘书长协助主席工作。

第五条　常务委员会的职权：

（一）贯彻实施《中国人民政治协商会议章程》；

（二）协商决定下届县政协的参加单位、委员名额和委员人选及界别设置；协商决定本届委员会增加或者变更的参加单位、委员名额和人选；

（三）召集并主持县政协全体会议；每届第一次全体会议前召开全体委员参加的预备会议，协商决定第一次全体会议主席团成员；

（四）组织实施《中国人民政治协商会议章程》规定的任务和省、市政协所作的全省性和全市性的决议；

（五）执行县政协全体会议及常务委员会会议的决议、决定、规定，组织落实全体会议和常务委员会会议确定的工作任务和要求；

（六）县政协全体会议闭会期间，审查通过提交中共沅陵县委、沅陵县人民政府的重要建议案；

（七）常务委员会组成人员增加或者变更时，常务委员会提出建议名单，由县政协全体会议决定；

（八）决定县政协工作机构的设置和变动，并任免其领导成员；

（九）决定有关表彰、奖励、处分等事宜。

第六条　常务委员会组成人员要认真执行政协章程和政协沅陵县委员会及常务委员

会的规定、决议等，积极参加常务委员会的活动，加强同各方面人士的联系，及时反映群众的意见和要求。

第二章　常务委员会会议

第七条　常务委员会会议是县政协全体会议闭会期间的主要协商会议形式。

第八条　常务委员会会议一般每季度召开一次；必要时可临时召开。

第九条　常务委员会会议的议程草案和日程由主席会议拟定，于会前5天将会议的有关事项通知常务委员会组成人员；临时举行的会议，可临时通知。

第十条　向常务委员会会议报告事项必须以书面的形式，需协商讨论事项的材料须适当提前发至常务委员会组成人员。

第十一条　常务委员会会议由县政协主席主持，也可由主席委托的副主席主持。

第十二条　常务委员会会议的主要任务：

（一）审议县政协及常务委员会会务和工作中的重大事项；

（二）协商讨论全县重大方针政策及经济社会生活中的重大问题，听取县委、县政府及有关部门负责人对有关重要问题的通报或说明，提出意见和建议；

（三）审议提交县政协全体会议的文件；

（四）审议通过常务委员会工作要点和重要工作计划；

（五）审议重要的建议案、提案、视察报告、调查报告和其他报告。

第十三条　常务委员会会议必须有全体组成人员的三分之二多数出席方能举行。

常务委员会会议要发扬社会主义民主，对议题进行充分协商讨论，全面反映各方面的意见和建议；会议的议案或其他需要表决的事项，须经常务委员会全体组成人员过半数通过方能生效。

第十四条　常务委员会举行会议时，组成人员均应出席会议。因病或其他特殊原因不能出席，应事先向主席报告和请假。

第十五条　常务委员会举行会议时，视会议内容和需要，可邀请有关的县政协委员参加、政协各联络员、活动组长列席；必要时，可邀请驻沅的省市政协委员、县委县政府领导、有关部门负责人和其他有代表性的人士参加。

第十六条　常务委员会会议的一般议案，采取鼓掌方式通过；建议案和人事任免事宜，一般采取协商方式表决，表决结果由会议主持人当场宣布；人事任免事宜，采取逐人协商表决的方式进行。

第十七条　在常务委员会全体会议上，根据需要可安排发言。各党派、团体、专门委员会、委员个人或联名均可提交发言材料，申请发言，由会议统筹安排。

第十八条　根据需要，常务委员会可举行专题座谈会，就某项专门问题进行协商座谈，提出建议和意见。专题座谈会由有关常务委员和其他有关人员参加。

第十九条　常务委员会会议闭会期间，由主席会议主持常务委员会的日常工作。

第三章　文　件

第二十条　常务委员会作出的决定，提出的建议、意见和批评，须经主席或主席委托的副主席、秘书长签发，以县政协或办公室文件的形式送达有关方面或部门。

第二十一条　常务委员会会议、常务委员专题座谈会，一般应作新闻报道，并视需要由办公室编发会议简报或会议纪要。

第四章　附　则

第二十二条　本规则经常务委员会会议通过后实行，其解释权和修改权属常务委员会。

政协沅陵县委员会专门委员会工作规则

（2017年4月14日，政协十三届二次常委会议审议通过）

第一章　总　则

第一条　为了发挥专门委员会在履行人民政协政治协商、民主监督、参政议政职能中的基础作用，加强和规范专门委员会工作，根据《中国人民政治协商会议章程》，参照《中国人民政治协商会议全国委员会专门委员会工作通则》和有关规定，结合县政协工作实际，制定本规则。

第二条　根据中国人民政治协商会议章程的规定，结合本县实际，政协沅陵县委员会设置提案委员会、经济科技联谊委员会、人口资源环境委员会、文教卫体委员会、民族宗教法制群团委员会和文史委员会6个专门委员会。

第三条　专门委员会是在政协沅陵县委员会常务委员会和主席会议领导下，组织政协委员履行职责、开展经常性活动的工作机构。

第四条　专门委员会的日常工作由各专委会主任主持，日常活动由县政协秘书长负责协调。

第五条　专门委员会以邓小平理论、“三个代表”重要思想和科学发展观为指导，坚持党在社会主义初级阶段的基本路线和基本纲领，贯彻“长期共存、互相监督、肝胆相照、荣辱与共”的方针，围绕团结和民主两大主题，为人民政协切实履行政治协商、民主监督、参政议政职能，促进社会主义经济、政治、文化、社会和生态文明协调发展服务。

第六条　专门委员会工作是政协工作的重要组成部分，是政协工作的重要基础，是人民政协履行职能的重要方式。

第二章　组织制度

第七条　专门委员会的组成，应按照有利于联系各界、各方面人士，自愿、协商和便于组织经常性活动的原则，统筹安排。

第八条　每届专门委员会的设置一般应在当届政协第一次常务委员会会议上确定。专门委员会的组成人员原则上为全体委员的20%左右。各专门委员会一般由7人组成，设主任1人，兼职副主任2人。

专门委员会的人选从县政协委员中产生，征得委员本人同意后，其组成人员由县政协主席会议决定，主任、副主任由常务委员会任命。提案委员会的产生按照《政协沅陵县委员会提案工作条例》规定办理。

专门委员会组成人员需要调整时，应由本人申请或委员推荐，经相关专门委员会主任会议提出建议，专门委员会全体会议协商同意，按专门委员会产生时的程序办理。

专门委员会的组成人员，一般应具有相关工作经历、专业知识水平，有时间和精力参加调查研究等经常性活动。

第九条　未参加专门委员会的县政协委员，根据本人的意愿可同某一专门委员会建立联系。根据工作需要，专门委员会可采取适当方式邀请这些委员参加活动，发挥作用。

第三章　工作任务

第十条　专门委员会可以通过调查研究、专题研讨、视察参观，以及恳谈会、报告会、学习会、讲座会等各种形式开展活动。

第十一条　专门委员会应组织委员学习马克思列宁主义、毛泽东思想、邓小平理论、"三个代表"重要思想、科学发展观、习近平总书记系列重要讲话精神，学习党的方针、政策和国家的法律、法规，学习新时期统一战线和人民政协理论，学习现代科学知识和履行职责有关的知识，提高委员的政治思想素质、政策理论水平和履行职责能力。

第十二条　专门委员会应坚持围绕中心、服务大局，组织委员就全县经济、政治、文化、社会和生态文明建设中的重大问题深入开展调研和视察，提出意见建议。组织调查研究和视察活动，应注意选择人民群众关心、党政部门重视、政协有条件做的课题，每年形成1—2篇有一定深度、有一定见地的调研视察报告，为县委、县政府和有关部门决策提供参考。

第十三条　专门委员会应团结和联系委员及各族各界人士，积极反映社情民意；维护社会稳定和民族团结，努力为构建社会主义和谐社会服务；鼓励引导委员积极投身经济社会发展的具体实践，助推全县改革开放和经济社会发展；组织各种活动，积极为委员知情明政、履行职责创造条件。

第四章　工作制度

第十四条　专门委员会的各种活动和各项工作应发扬社会主义民主，注重调查研究，进行充分协商。专门委员会需对工作作出决定时，按照民主集中制的原则进行。

第十五条　专门委员会主任会议每半年召开一次，必要时可临时召开。会议可邀请主席或主席委托的副主席、秘书长出席，讨论研究专门委员会的重要问题。

第十六条　专门委员会应根据县政协全体会议和常务委员会会议的决议精神，制定年度工作计划，总结年度工作，年中向主席会议汇报工作，年末向常务委员会提交工作报告。

第十七条 各专门委员会应主动与县委、县人大、县政府的有关部门以及各民主党派、工商联、有关人民团体、市政协专门委员会、外县政协的相关部门建立联系，沟通情况。

第十八条 专门委员会对委员和各界人士的意见、建议，可以提案、委员意见建议、调研报告等形式报送县政协办公室，经审查核实后，由县政协办公室送有关部门研究处理。

第十九条 以专门委员会名义形成的书面材料，须经专门委员会会议或主任审定后，送县政协办公室，由县政协办公室送县委、县政府或有关部门。对重大问题的调研报告或重要建议、建议案，应报主席会议或常务委员会会议审议通过。建议和建议案送达县委、县政府及有关部门后，相关专委会应做好办理情况的跟踪调查工作。

第二十条 涉及专门委员会的重要事项需发文的，由相关专门委员会拟稿，经专门委员会会议或主任会议集体讨论通过后，以政协沅陵县委员会或县政协办公室名义行文。

第二十一条 专门委员会全年活动不少于2次。开展活动时，应事先向政协分管领导汇报，重要事项应向主席会议、常务委员会作专题报告。活动开展情况应及时报告县政协办公室，活动的各项资料由县政协办公室统一存档。

第二十二条 专门委员会完成主席会议确定的视察、调查工作后，应向主席会议进行汇报。

第二十三条 专门委员会开展视察、调查研究等活动的后勤保障工作由县政协办公室负责。

第五章 附 则

第二十四条 本规则经政协沅陵县委员会常务委员会通过后实行，解释权和修改权属常务委员会。

政协沅陵县第十三届委员会委员管理办法

（2017年4月14日，政协十三届二次常委会议审议通过）

为加强政协委员管理，发挥政协委员的主体作用，做好新时期人民政协工作，根据《中国人民政治协商会议章程》（以下简称《政协章程》）和有关文件精神，结合我县工作实际，特制订本办法。

第一条　政协委员应适应新形势、新任务的要求，认真学习马克思列宁主义、毛泽东思想、邓小平理论、“三个代表”重要思想、科学发展观和习近平总书记系列重要讲话精神，认真贯彻执行党和国家的路线、方针、政策，学习统一战线和人民政协理论，学习政协章程，不断增强自身素质，努力提高履行职责的能力和水平。

第二条　本办法适用于政协沅陵县第十三届委员会委员。住县的上级政协委员在县域内的活动参照本办法管理。

第三条　委员应增强使命感和责任感，严格遵守政协章程，认真履行政治协商、民主监督、参政议政职能，自觉地把珍惜政治荣誉同履行职责统一起来。

第四条　县政协委员享有《政协章程》所规定的权利：

（1）在本会会议上有知情权、表决权、选举权和被选举权；

（2）对本会工作提出批评和建议的权利；

（3）通过本会会议和组织充分发表各种意见、参加讨论县域重大事务的权利；

（4）对国家机关和国家工作人员的工作提出建议和批评的权利；

（5）对违纪违法行为检举揭发、参与调查和检查的权利；

（6）在坚决执行会议决议的前提下，有声明保留不同意见的权利。

第五条　委员要积极参加县政协及各专委会组织的有关会议及调研、视察、评议和考察等活动，在协商讨论大政方针和重大问题时积极建言献策，提出意见和建议。

第六条　委员应密切联系自己所代表的党派、团体和群众，深入了解民情，充分体察民意，广泛集中民智，通过撰写提案、提供信息等形式积极反映社情民意。每位委员每年至少单独或联合提出1件提案或者反映1条社情民意信息。

第七条　委员应按时参加政协各类会议，积极参加政协组织的各种活动。因故不能出席会议和参加活动的，要按照规定履行请假手续。委员不能参加全体会议的，要以书面方式向县政协办公室提出申请，并经分管办公室工作的副主席批准；委员不能参加全体会议开幕式、选举大会、闭幕式的须向大会秘书长书面请假，并按大会要求履行请假程序；委员不能参加各专门委员会组织召开的会议的，须向分管专委会的副主席请假，并报办公室备案。

第八条　实行委员履职情况考勤考核制度。对委员每年出席会议、参加活动等履职情况进行量化统计，主要内容包括：委员出席全体会议、常委出席常委会议的情况；参加调研视察、专题协商会、学习报告会等议政活动的情况；参加专委会活动的情况；提交提案件数和信息条数的情况等。考勤考核由县政协办公室和各专委会共同负责，经政协办公室汇总后，以适当方式进行通报，并适时抄送县委组织部、统战部，作为委员表彰和届中调整、换届去留的重要依据。

第九条　政协委员要自觉遵纪守法，在认真做好本职工作的基础上，积极参与社会公益活动。对严重违反《政协章程》，以及违反县政协全体会议或常务委员会会议决议，造成不良影响的委员，依据《政协章程》第二十九条规定，视其情节，由县政协常务委员会会议讨论决定，给予警告处分直至撤销其政协委员的资格。对违法乱纪的，交由有关部门处理。

第十条　建立委员退出机制，委员有下列情况之一的，应向县政协常委会辞去委员职务：

（1）因工作调动离开本行政区域或者社会兼职过多，不能正常参加政协会议和活动的（因组织安排其参加学习、挂职锻炼而不能参加政协会议和活动的除外）；

（2）政协参加单位的职务委员职务发生变动的；

（3）因身体健康原因，长期无法正常履行政协委员职责的；

（4）其他情况需要辞去委员职务的。

第十一条　委员有下列情形之一的，视为自动放弃委员或常委资格，县政协应按程序给予劝辞，会同县委组织部、统战部协商后按程序履行相应手续：

（1）委员届内无故缺席2次或请假超过3次，缺席政协全体会议的；

（2）常委届内无故缺席4次或请假超过8次，没参加县政协常委会议的；

（3）年内无故缺席2次由县政协组织的其他会议、调研、视察、学习、考察等活动的

（指经县政协主席会或各专门委员会协商决定，指定委员参加的）；

（4）连续2年未提一件提案、未反映一条社情民意信息的。

劝辞者应在10天内向县政协常委会提出辞职报告，逾期转为撤销委员资格。

第十二条　委员有下列情况之一的，由县政协常委会按程序撤销其委员资格：

（1）因违反党和国家路线、方针、政策，影响稳定、团结，损害群众利益，造成恶劣影响的；

（2）因违反《中国人民政治协商会议章程》或县政协全体会议和常委会决议，造成恶劣影响的；

（3）因严重违纪，受到撤职以上党纪、政纪处分的；

（4）因涉嫌违法犯罪被公安机关、国家安全机关、人民检察院、人民法院采取刑事拘留、逮捕等强制措施的。

第十三条　终止政协委员资格要严格按照程序进行，并书面通知本人及所在单位。

第十四条　县政协机关要为委员参加活动、履行职责提供服务，科学高效地组织好各类会议和活动，及时向委员发布有关信息，使委员知情明政。委员应加强与政协机关的联系，当工作单位、职务等发生变化时，应主动报告个人事项变动。

第十五条　依法保护和保障政协委员的正当权益。县政协机关要督促委员所在单位，依照中央、省、市、县关于加强人民政协工作的有关文件规定，积极创造条件，支持委员参加政协活动，落实其应有待遇。委员因履行委员职责受到打击迫害或受到其他损失的，要依照法律和《政协章程》予以保护。

第十六条　坚持和完善评选表彰活动。每年举行一次优秀政协委员和优秀提案评选表彰活动，对参加政协活动热情高、参政议政实绩好、社会影响大的委员，在全体会议期间进行表彰。

县政协将对受表彰的政协委员颁发奖牌或证书，以县政协文件的形式进行通报并在新闻媒体公布。

对成绩突出、多次获得县政协表彰奖励的委员，县政协推荐其作为下一届政协委员人选，符合干部选拔任用条件的委员，县政协党组按程序向相关部门、单位予以推荐。

第十七条　本办法由县政协常委会授权办公室负责解释。

第十八条　本办法自县政协常委会会议通过之日起执行。

政协沅陵县第十三届委员会主席、副主席联系常委、常委联系委员制度

（2017年4月14日，政协十三届二次常委会议审议通过）

为改进政协机关领导作风，加强与委员联系，密切联系群众，增强政协工作活力，充分发挥政协委员的主体作用，更好地履行政协职能，经县政协主席会议研究，决定建立县政协主席、副主席联系常委和常委联系委员制度。

一、联系方法

1. 主席、副主席每人联系4-5名常委，政协常委每人联系若干名委员；

2. 联系可通过走访、约谈、座谈、电话沟通、网络沟通、征求意见、交流思想等形式进行；

3. 主席、副主席每年向所联系的常委了解其工作情况以及其联系委员的情况；

4. 常委每年向所联系的委员了解其工作情况，并收集所反映的社情民意；

5. 委员主动向常委反映情况，常委应主动向主席、副主席反映情况，以达到双向沟通；

6. 主席、副主席在组织开展调研视察活动时，可视内容邀请所联系常委、委员参加。

二、联系内容

1. 了解委员对党的路线、方针、政策贯彻落实情况和国家宪法、法律、法规实施情况，特别是新出台的法律、法规及重大政策实施前后的动态反映和倾向性问题；

2. 听取委员对我县经济建设、政治建设、文化建设、社会建设、生态文明建设的意见和建议，收集社情民意；

3. 了解委员对政协工作的反映以及做好政协工作的意见和建议；

4. 了解委员履行职能的情况以及工作、学习中存在的问题、困难。

三、具体要求

1. 要在政治上关心委员，力所能及地帮助协调解决存在的问题、困难，使委员在履行职能中发挥更好的作用；

2. 要统筹兼顾，合理安排时间，认真落实联系制度，并对联系情况进行认真记录；

3. 联系走访要实现全覆盖，全年至少要走访联系一次；

4. 每年年底，常委要写出年终总结向所联系的政协领导报告，县政协办公室负责收集汇总情况，秘书长负责统筹协调工作，对常委和委员反映的重大问题和有价值的意见、建议，经主席会议研究后，形成材料向县委及上级政协报告。

四、本制度由县政协办公室负责解释。

二、单位专记

中国农工民主党沅陵县委员会

中国农工民主党（简称农工党）于1930年8月9日在上海成立。是以医药卫生、人口资源和生态环境领域高中级知识分子为主，由一部分社会主义劳动者、社会主义事业建设者和拥护社会主义的爱国者组成的，具有政治联盟特点的中国特色社会主义参政党，是中国共产党领导的多党合作和政治协商制度中，同中国共产党通力合作的亲密友党。中国农工民主党沅陵县委员会是湖南省五个县级地方组织之一。

一、组织沿革

中国农工民主党沅陵县委员会始建于1948年10月。

1948年10月，受农工党中央委派，武思光以湖南特派员身份从香港到沅陵，成立“中国农工民主党湘西地下党支委会”，先后发展党员160多人。支部先由武思光亲自领导，不久武去溆浦，继由武长城、谌振兴负责。1949年2月，张维新受武思光委托，从溆浦到沅陵，与国民党员、县参议会议员李超廓密商组建人民武装，反对国民党蒋介石的独裁统治。1949年3月，在溆浦低庄成立有100余人枪的湘西人民革命军。1949年8月，经中共安化县工委与中国人民解放军一四七师前线司令部认定，“湘西人民革命军”更名为“湖南溆沅辰人民解放总队”，下辖溆浦、沅陵两个支队。李超廓加入农工党，任总队中国农工民主党地下党支委会副主任委员，并担任总队参谋长兼沅陵支队队长，谌振兴任副支队长。1949年9月，已发展到500余人枪的溆沅辰人民解放总队，调集到怀化榆树湾，编入中国人民解放军一四0师四二0团。1951年，开赴抗美援朝前线，留在沅陵的谌振兴等农工党员再无组织活动。1982—1985年，经农工党湖南省委会审查批准，先后恢复了谌振兴、刘运钧、刘运樽、张希平、吴良璧等5人的农工党党籍。1985年10月，中国农工民主党湖南省沅陵县直属小组成立。1986年10月，中国农工民主党湖南省沅陵县直属支部成立，谌振兴任支部主委。1989年12月23日，支部召开党员大会，完善支部委员会，选举谌振兴任主委，朱文锦任副主委，向晓钟、梅明南、陈自如任委员。1996年12月25日，支部召开党员大会，会议选举产生支部第二届委员会，向晓钟任主委，向仁贵任副主委，周刚生、邱晚霞、杨光明任委员。1999年6月，由农工党湖南省委会直辖的直属支部转为农工党怀化市委会管辖。2000年4月24日，支部召开党员大会，会议选举产生支部第三届委员会，周刚生任主委，向仁贵、李湘鄂任副主委（专职），邱晚霞、鄢祥学任委员。2002年，经农工党怀化市委会批准，同意更名为中国农工民主党沅陵县基层委员会。2003年1月，基层委员会副主委李湘鄂当选为政协沅陵县第十届委员会副主席（兼职）。同年11月22日，农工党沅陵县基层委员会召开党员大会，会议选举产生基层委员会第一届委员会，李湘鄂任主委，周刚生任副主委，刘朝彦、邵美群、刘强任委员。2007年5月10日，农工党沅陵县基层委员会召开党员大会，会议选举产生基层委员会第二届委员会，李湘鄂任主委，周刚生、刘朝彦任副主委，邵美群、全小军任委员。2007年12月，基层委员会主委李湘鄂当选为政协沅陵县第十一届委员会副主席（兼职）。2009年9月，成立中国农工民主党沅陵县委员会，农工党沅陵县第一届委员会由时任基层委员会委员李湘鄂、周刚生、刘朝彦、邵美群、全小军等5位同志组成，李湘鄂任主委、周刚生、刘朝彦任副主委、邵美群、全小军任委员。2012年12月，农工党沅陵县委会主委李湘鄂当选为政协沅陵县第十二届委员会副主席（专职）。2014年11月6日，农工党沅陵县委会召开党员大会，会议选举产生农工党沅陵县委会第二届委员会，全小军任主委，刘朝彦、刘兰岚、邓小东任副主委，瞿继宏、胡华、王艳任委员。

截至2020年3月，农工党沅陵县委会有三个支部，党员55人，专职干部1人。党员大多数分布在医药卫生、教育界，其中有高级职称的18人、中级职称的29人；在职二级调研员1人，副处级退休干部2人，离休干部1人，在职担任科级领导职务的2人；市人大代表1人，县人大常委1人，县人大代表1人；省政协委员1人，市政协委员1人，县政协常委2人，县政协委员13人。

二、重要活动

70余年来，沅陵县农工党组织经历了血与火的考验，伴随着国家的发展和多党合作事业的日趋兴旺，不断发展壮大。特别是改革开放以来，农工党在中共沅陵县委领导下，努力加强自身建设，团结带领全县农工党员认真履行参政党职能，积极参政议政，围绕沅陵中心工作，充分发挥党派优势，主动开展社会服务，为促进沅陵经济社会发展作出了积极贡献。

农工党沅陵县委会积极组织党员，围绕县委、县政府中心工作和群众关注的社会热点、难点问题，深入调查研究，积极建言献策。2008年以来，农工党沅陵县委会政协委员在省、市、县政协全会上大会发言13人次。主委全小军在市政协四届二次会议、五届五次会议上分别作了题为《有效突破建设瓶颈，加快小城镇提质扩容》《加强我市农村人居环境整治的建议》的大会发言，受到中共怀化市委、市政府主要领导批示。向全会提交集体提案8件，个人提案100余件。《加强酉水沅陵段生态环境建设　提升水质的建议》等3件提案为县政协一号提案；《关于加强我县食品卫生监督工作的建议》等6件提案为县政协重点提案；《关于加快推进我县小城镇建设的建议》等8件提案被县政协评为优秀提案。2009年以来，农工党界别的县政协委员先后撰写《关于我县发展森林康养的建议》《加强农村人居环境整治的对策建议》等10篇高质量调研报告，森林康养课题被县政协作为2016年界别协商课题，取得了很好的成效。

农工党沅陵县委会本着“量力而行、尽力而为”的原则，充分发挥党派界别优势，每年都到边远乡村开展送教下乡、送医送药义诊活动。近年来，先后投入和争取资金、物资10多万元，开展送教下乡、送医送药义诊活动10多次，诊治患者2000多人次，2019

年3月在明溪口镇高砌头九校启动了为期3年的“教育携手行”专项活动。

三、获奖纪录

近年来，农工党沅陵县委会积极开展各项工作，得到了中共沅陵县委的肯定和上级农工党组织的认可，获得不少荣誉。2013年9月，农工党沅陵县委会被农工党中央评为“社会服务工作先进集体”。2015年11月，农工党沅陵县委会一支部被农工党中央评为“先进基层组织”。至2020年3月，被农工党湖南省委评为“先进基层组织”7次；被农工党怀化市委评为“先进集体”5次；被中共沅陵县委评为“先进单位”4次，被县政协评为“先进单位”1次。2017年11月，农工党沅陵县委会主委、县审计局局长全小军被农工党中央评为“开展和坚持发展特色社会主义实践活动先进个人”。2019年9月，农工党沅陵县委会被农工党湖南省委授予“农工党员之家”，老党员刘运钧荣获由中共中央、国务院、中央军委颁发的“庆祝中华人民共和国成立70周年”纪念章。

沅陵县工商业联合会（总商会）

沅陵县工商业联合会（总商会）是中共沅陵县委领导的面向工商界，以非公有制企业和非公有制经济人士为主体的人民团体和商会组织，是县委和县政府联系非公有制经济人士的桥梁纽带，是政府管理和服务非公有制经济的助手。

一、组织沿革

清政府为适应形势发展的需要，于光绪二十九年（1903）九月七日成立商部。1904年1月11日制定《劝办商会简明章程》，同年3月30日正式制定《大清商业商会章程》并颁布《劝办商会谕贴》。光绪三十二年（1906年）又制定《商会章程附则》，规定各府、州、县均应设立商会。

湖南省于清光绪三十一年（1905年）秋开始筹设湖南商务总会，次年，经农工商部批准正式成立，并制定《湖南省商务总会试办章程》。

在湖南省商务总会的推动下，沅陵县商会于民国4年（1915年）10月正式成立，由张言良为首届会长，杨宗溥为副会长，并行文各行、会帮晓谕各商会，以商会或个人名义加入商会。

1949年9月沅陵解放，人民政府允许原商会存在，办理工商界事务。1950年10月15日，沅陵县工商业联合会筹备委员会正式宣告成立。1954年2月20日，召开沅陵县工商业联合会第一届会员代表大会，出席代表212人，选举姚松亭为主任委员，陈伟、傅冬生、曾鼎华、周玉海、马世俊、谢居东为副主任委员，陈耀先等21位委员。

1955年9月，县工商联召开第二届会员代表大会，选举陈伟为主任委员，党自然等4人为副主任委员，李进章等28人为委员。

1957年9月，县工商联召开第三届会员代表大会，选举陈伟为主任委员，陈耀先、易世安、周礼为副主任委员，杨自强等29人为执行委员。从本届起，工商联委员会改称为工商联执行委员会。

1958年9月，县工商联召开第四届会员代表大会，选举陈伟为主任委员，伍辉、杨庆达为副主任委员，袁惠卿等32人为执行委员。

1961年8月，县工商联召开第五届会员代表大会，选举陈伟为主任委员，涂奇新、杨庆达为副主任委员，李世畅等8人当选为常委，曾凤麟等24人为执行委员。

1966年“文化大革命”开始后，工商联办公房屋被占用，档案卷宗被破坏，工商联干部被批斗、下放，自此，工商联工作瘫痪，会务活动被迫停止。

1985年2月，根据湖南省民建和工商联指示精神，县工商联召开第六届会员代表大会，到会代表80余人，选举陈伟为主任委员，李世杰、李俊康、刘济树、孙霖为副主任委员，刘济树兼任秘书长。自此，沅陵县工商业联合会宣告正式恢复。

1988年8月11日，县工商联召开第七届会员代表大会，与会代表124人。县委、县人大、县政府、县政协、县委统战部领导及有关单位负责人出席会议，省委统战部经济处周柏良处长和省工商联凌春武副主任专程来沅到会指导。选举李树发为主任委员，刘济树、孙霖为副主任委员，潘银珍等8人为常委委员，选出执行委员25人，陈伟被推举为名誉主任委员。机关机构设秘书室、组织股、业务辅导股、宣教股“三股一室”。

1992年12月22—24日，县工商联召开第八次会员代表大会，应到代表131人，实到代表114人，李树发当选为主任委员，刘济树、李大才、张明金，李刚当选为秘书长。

1997年4月27—28日，县工商联（总商会）召开第九次会员代表大会，应到代表139人，实到代表110人，李枝新当选会长，刘民义、张干发、李刚、钟吉兆、唐方烛、唐征球、唐美英等7人当选为副会长，李刚当选为秘书长。

2001年11月25—26日，县工商联（总商会）召开第十次会员代表大会，向建平当选为县工商联（总商会）会长，尹早春、肖玉娥、唐方烛、唐征球、黄海松、王家德等6人当选为副会长，刘林当选为秘书长。

2006年10月26日，沅陵县工商联（总商会）召开第十一次会员代表大会，会议选举周高兴为县工商联（总商会）会长，舒国余、向斌、赵绍波为县工商联（总商会）副会长，王少文等10人为县工商联兼职副会长，李长青等5人为总商会兼职副会长。

2011年11月24日，沅陵县工商联（总商会）召开第十二次会员代表大会，到会代表256人，选举李丽娟为县工商联主席、县总商会会长，胡华鸣、钟生爱、代龙旺、李峰为副主席（副会长），李峰兼任秘书长，选举王铁刚等12人为工商联兼职副主席，李林静等6人为总商会兼职副会长，共选出常委30名，选出执委56名。

2016年5月24日，县工商联（总商会）召开第十三次会员代表大会，会员应到代表169人，实到150人，李丽娟当选县工商联主席、县总商会会长，李宏林、代龙旺当选县工商联副主席，县总商会副会长。共选出常委24名，执委58名，会上向全县非公经济人士发出积极参与“万企帮万村、致力脱贫攻坚”活动倡议书。

二、重要活动

1954年初，工商联召开第一届代表大会，对贯彻国家总路线做好工商业改造做出四项决定：

1. 服从国营经济领导，积极提高生产和经营信心。
2. 服从工人群众监督，遵守市场管理，不犯“五毒”，接受限制。
3. 加强“总路线”学习，接受爱国守法教育。
4. 开展增产节约运动，搞好业务，踊跃纳税，为国家积累资金。

在贯彻“总路线”过程中，遵照“统筹兼顾，全面安排”的方针，引导私营工商业逐步走社会主义道路。

1950年7月，沅陵县首届各界人民代表大会上，代表提出要求政府修建街道的提案。县工商联筹委会推选一人负责总务，遵照调运、办理物资采购、供应。

1953年春，县工商联筹委会配合县工商行政部门开展全国第二次普查，普查结果，全县工商业共1168户，从业人员2657人，资本总额805206亿元（旧币）。

党的十一届三中全会以后，在国营经济为主体的前提下，发展城乡合作经济，私营及个体经济，县内市场日益繁荣，截至1987年，全县私营和个体企业达10258户，从业人员13791人，资金1639.4万元，成为公有制经济必要的和有益的补充。

2006年4月28日，沅陵县商会大楼落成，成为沅陵县工商界的一大盛事。外树形象、内强素质，沅陵县工商联（总商会）跻身于怀化市一流商会，跃居于湖南省商会系统前列。

2008年6月26日，县工商联组织非公企业“飞达号”船参加“中国沅陵第三届全国传统龙舟大赛”。

2006年5月8日，县工商联（总商会）向全县广大非公经济人士倡议“投身社会主义新农村建设”。全县共有158家非公企业响应倡议，参与新农村建设，共投入资金物资达1.2亿元。

2008年5月13日，县工商联（总商会）向全县广大非公经济人士倡议为汶川地震地区进行资助，全县非公企业和非公人士响应倡议，共捐资捐物400余万元。

2011年11月25日，县工商联（总商会）向全县广大非公经济人士倡议“争当优秀中国特色社会主义事业建设者”。湖南弘慧教育发展基金会理事长张帆、县阳光大酒店总经理潘慧玲、县五强工贸有限责任公司董事长唐春祥、县飞天昌农业开发有限公司董事长佘飞、湖南雨露商贸有限公司总经理周小涛、湖南开宇律师事务所主任叶叙华、县南方医院副院长印圣辉、县御兴龙蔬菜专业合作社理事长王爱平、县凉水井镇王家岭养鸡专业合作社理事长王铁刚、湖南鸟儿巢水电站发电有限公司董事长徐秀清等10人当选沅陵县首届“优秀中国特色社会主义事业建设者”。

2016年5月24日，县工商联（总商会）第十三次代表大会上，向全县广大非公经济人士倡议开展“积极参与万企帮万村，致力脱贫攻坚”活动。会上共有23家企业响应倡议，现场签订“万企帮万村”结对帮扶协议书。截止到2017年12月底，共有169家企业参与到“万企帮万村”活动中。

2020年1月31日，县工商联（总商会）发起“关于做好新开型冠状病毒感染的肺炎疫情防控工作”倡议，全县非公企业和非公人士共为新冠肺炎疫情捐赠资金物资52.488万元。

三、主要获奖

2005—2011年，县工商联连续六年被怀化市工商联评为目标管理先进单位；2007年被湖南省工商联评为“全省工商联系统宣教先进单位”；2008年荣获“全国工商联系统先进单位”称号，李德群获“全国工商联系统先进个人”称号；2012—2019年，年年荣获怀化市“工商联系统宣教工作先进单位”、怀化市“工商联系统目标管理先进单位”、怀化市“工商联系统调研优秀单位”等称号；各项工作多次受到县委、县政府的表彰奖励。

三、先进集体

1. 历届政协表彰先进工作（活动）组

1.1 1990年度先进工作组（2个）

农业工作组　财贸工作组

1.2 1991年度先进工作组（3个）

医药卫生工作组　农业工作组　财贸工作组

1.3 1992年度先进活动组（2个）

农业活动组　教育活动组

1.4 1993年度先进活动组（3个）

财贸活动组　教育活动组　工业活动组

1.5 1994年度先进活动组（4个）

财贸活动组　教育活动组　农业活动组　医药卫生活动组

1.6 1996年度先进活动组（3个）

财贸活动组　社会联络活动组　农业活动组

1.7 1997年度先进活动组（2个）

财贸活动组　农业活动组

1.8 1998年度先进活动组（2个）

医卫活动组　财贸活动组

1.9 1999年度先进活动组（3个）

教育活动组　财贸活动组　法制活动组

1.10 2000年度先进活动组（4个）

教育活动组　医药卫生活动组　财贸活动组　工业活动组

1.11 2001年度先进活动组（3个）

法制活动组　财贸活动组　文体活动组

1.12 2002年度先进活动组（2个）

财贸活动组　工业活动组　法制活动组

1.13 2003年度先进活动组（3个）

财税金融活动组　文体新活动组　教育活动组

1.14 2004年度先进活动组（4个）

财税金融活动组　医药卫生活动组　农业科技活动组
群众团体活动组

1.15 2005年度先进活动组（6个）

文体新闻活动组　组资源城建活动组　沅陵镇活动组
五强溪镇活动组　官庄镇活动组　七甲坪镇活动组

1.16 2006年度先进活动组（8个）

工业交通活动组　农业科技活动组　教育活动组　法制活动组
官庄镇活动组　七甲坪镇活动组　太常乡活动组　荔溪乡活动组

1.17 2007年度先进活动组（2个）

农业活动组　财税活动组

1.18 2008年度先进活动组（3个）

五强溪镇活动组　官庄镇活动组　北溶乡活动组

1.19 2009年度先进活动组（3个）

民族宗教活动组　农业活动组　五强溪镇活动组

1.20 2010年度先进活动组（3个）

五强溪镇活动组　农工民主党活动组　民族宗教活动组

1.21 2012年度先进活动组（3个）

农工民主党委员活动组　政法战线活动组　民族宗教活动组

2. 历届政协表彰先进联络组

2.1 1990年度先进联络组（2个）

官庄区联络组　沅陵镇联络组

2.2 1996年度先进联络组（3个）

太常村区联络组　麻溪铺区联络组　军大坪区联络组

2.3 1997年度先进联络组（2个）

太常村区联络组　麻溪铺区联络组

2.4 1998年度先进联络组（3个）

五强溪镇联络组　麻伊洑区联络组　乌宿区联络组

2.5 1999年度先进联络组（3个）

五强溪镇联络组　乌宿区联络组　太常村区联络组

2.6 2000年度先进联络组（3个）

太常村区联络组　乌宿区联络组　五强溪镇联络组

2.7 2001年度先进联络组（3个）

太常村区联络组　麻伊洑区联络组　五强溪镇联络组

2.8 2002年度先进联络组（3个）

太常村区联络组　麻伊洑区联络组　五强溪镇联络组

2.9 2003年度先进联络组（3个）

沅陵镇联络组　五强溪镇联络组　太常村区联络组

2.10 2004年度先进联络组（3个）

沅陵镇联络组　官庄区联络组　官庄镇联络组

2.11 2007年度先进联络组（3个）

凉水井镇联络组　官庄镇联络组　借母溪乡联络组

3. 历届政协表彰先进委室

3.1 1990年度先进委室：教科卫委

3.2 1993年度先进委室：文史委

3.3 1994年度先进委室：办公室

3.4 1996年度先进委室：办公室　学习文史委

3.5 1997年度先进委室：办公室　经济科技联谊委

3.6　1998年度先进委室：办公室

3.7　1999年度先进委室：办公室　经济科技联谊委

3.8　2000年度先进委室：办公室　文卫体委

3.9　2001年度先进委室：办公室　提案法制群团委

3.10　2002年度先进委室：办公室　提案法制群团委　文教卫体委

3.11　2003年度先进委室：提案委　文史委

3.12　2004年度先进委室：办公室　提案委

3.13　2005年度先进委室：人口资源环境委

3.14　2006年度先进委室：人口资源环境委

3.15　2007年度先进委室：办公室

3.16　2008年度先进委室：提案委　经科委

3.17　2009年度先进委室：提案委　人口资源环境委

3.18　2010年度先进委室：文史委　民族宗教法制群团委

3.19　2011年度先进委室：办公室　人口资源环境委

3.20　2012年度先进委室：办公室　提案委

4. 政协表彰优秀界别和乡镇联工委

2008年，县第十一届政协探索委员履职新途径，要求政协委员以界别为单位开展履职活动。并对表现优秀的界别进行评选，共评选出农工民主党、工商联、经济、农业、宗教等5个优秀界别，在县政协十一届二次全会上进行表彰。但是由于各界别的委员分布在不同的乡镇和单位，有的一个单位里的政协委员分属几个不同的界别，一个战线的委员，一般也分属多个界别，以界别开展活动，既不方便农村委员参加，也不宜于单位、或战线在时间或经费上的统筹安排。从2009年起，政协委员活动恢复以活动组为单位开展，评优评先也以活动组形式参加，不再进行界别评先。2009年，县政协在全县23个乡镇设立政协联络工作委员会，作为县政协在乡镇的正科级派出机构。对乡镇政协优秀单位的评先，以评选先进政协联工委形式进行，不再评选乡镇先进政协活动组。2010年，县政协评选出陈家滩乡政协联工委、火场土家族乡政协联工委等2个先进联工委，在县政协十一届四次全会上进行表彰奖励。2011年，县政协对工作成绩突出的部分乡镇政协联工委，在县政协十一届五次全会上进行表彰奖励。受到表彰奖励的乡镇政协联工委分别是：清浪乡政协联工委、荔溪乡政协联工委、官庄镇政协联工委、陈家滩乡政协联工委、大合坪乡政协联工委、二酉乡政协联工委。十二届政协开始，不再单独对乡镇政协联工委进行表彰，对政协先进集体的表彰奖励，重点放在提案办理上面，每年表彰一批提案办理先进单位，除此而外，不再以其他名称进行集体表彰。

5. 历届政协表彰支持政协工作先进单位

5.1 1991年度支持政协工作先进单位（1个）

太常村区委区公所

5.2 1992年度支持政协工作先进单位（9个）

县委办 县政府办 沅陵一中 教育电视台

林业局 卫生局 工商局 交通局 公安局

5.3 1993年度支持政协工作先进单位（3个）

财政局 教育电视台 麻溪铺区委区公所

5.4 1994年度支持政协工作先进单位（9个）

农业局 财政局 工商局 中国人民银行沅陵县支行

沅陵电视台 教育电视台 沅陵一中

麻溪铺区委区公所 麻伊洑区委区公所

5.5 1996年度支持政协工作先进单位（3个）

五强溪库区管理局 工商局 太常村区委区公所

5.6 1997年度支持政协工作先进单位（7个）

县政府办 财政局 地税局 畜牧水产局 粮食局

太常村区委区公所 麻溪铺区委区公所

5.7 1998年度支持政协工作先进单位（6个）

地税局 建设局 科技局 医药管理局

五强溪库区管理局 乌宿区委区公所

5.8 1999年度支持政协工作先进单位（6个）

财政局 建设局 公安局 医药局

官庄区委区公所 麻伊洑区委区公所

5.9 2000年度支持政协工作先进单位（7个）

财政局 教育局 药材开发公司 五强溪库区管理局

太常村区委区公所 官庄区委区公所 麻伊洑区委区公所

5.10　2001年度支持政协工作先进单位（10个）

财政局　扶贫办　工商联　教育局　交通局

林业局　五强溪库区管理局　辰州矿业总公司

太常村区委区公所　五强溪镇党委政府

5.11　2002年度支持政协工作先进单位（10个）

财政局　教育局　林业局　卫生局　文化局

五强溪库区管理局　沅陵电力局　沅陵电业公司

五强溪镇党委政府　辰州矿业总公司

5.12　2003年度支持政协工作先进单位（10个）

财政局　教育局　公安局　卫生局　林业局　建设局

国土资源局　五强溪库区管理局　沅陵电业公司

五强溪镇党委政府

5.13　2008年度政协工作先进单位（5个）

财政局　建设局　公安局　环境保护局　七甲坪镇党委政府

5.14　2009年度政协工作先进单位（5个）

建设局　人民法院　二酉乡党委政府

盘古乡党委政府　沅陵镇党委政府

5.15　2010年度政协工作先进单位（3个）

建设局　发改局　财政局

5.16　2011年度政协工作先进单位（4个）

教育局　财政局　五强溪镇党委政府　七甲坪镇党委政府

5.17　2012年度政协工作先进单位（5个）

移民局　民政局　卫生局　官庄镇党委政府　二酉苗族乡党委政府

5.18　2013年度政协工作先进单位（10）

财政局　司法局　教育局　水利局　住建局

共青团沅陵县委　五强溪镇党委政府　官庄镇党委政府

麻溪铺镇党委政府　太常乡党委政府

5.19　2014年度政协工作先进单位（10个）

农工党沅陵县委　工商联　公安局　住建局　审计局

共青团沅陵县委　七甲坪镇党委政府　太常乡党委政府

大合坪乡党委政府　借母溪乡党委政府

5.20　2015年度政协工作先进单位（10个）

国税局　水利局　科技局　工商联　总工会

官庄镇党委政府　二酉苗族乡党委政府　楠木铺乡党委政府

五强溪镇党委政府　借母溪自然生态保护局

后 记

2018年8月间，县第十三届政协主席黄忆钢安排政协原文史委主任张大强着手主编《沅陵县政协志》，具体由副主席周高兴领导进行。张大强接受任务后，参考山西曲沃、浙江慈溪、湖南新晃等多部政协志编纂体例，于同年9月份作出《沅陵县政协志》编纂方案。后因健康原因，陆陆续续编写了两年时间，完成大约三分之二的任务。2020年5月，政协届中人事调整，张振华接任政协主席，要求加快完成《沅陵县政协志》的编纂任务，并通过政协全会工作报告，将政协志出版列为2021年政协工作内容之一。同时确定社会法制和民族宗教委副主任姜燕同志为副主编，协助收集资料和编辑。在政协领导的关心过问下，政协志的编纂进度大为加快。2020年8—9月，在县档案馆的支持下，编纂人员查阅政协档案300多卷，摘抄、复制县第一届政协至第九届政协资料80多万字。连同之前抄录、复制的十届至十三届政协卷宗资料，总共抄录和复制资料约200万字。之后，经过3个月焚膏继晷的辛苦编辑，终于完成70多万字的初稿编纂。

2021年1—2月，经过对政协志初稿进行完善、校对，形成正式送审稿，提交《沅陵县政协志》编纂委员会初次评审。3月10日，县政协召开《沅陵县政协志》评审工作会，政协主席张振华，县委常委、县委统战部长肖茗崧，政协副主席周高兴、莫小平、李丽娟、舒齐以及历届县政协主席黄茂林、张世雄；常务副主席覃功友、杨长根、全桂娥、杨德信，县政协资深秘书长李宏勋，县史志研究中心主任和专家，以及县政协各专委会正、副主任、政协办公室副主任参加会议。对因身体或工作原因没能到会的历届政协主席张大新、黄忆钢，以及担任政协志顾问的其他县委、县政府领导，政协都提前将志书送审稿送到了他们手上，请他们给予评审，提出意见。

会议对政协志的编写情况和评审工作要求进行介绍和说明。将评审稿发给每位参评人员和参评单位，给出一个半月的阅读评审时间。参会人员对充实完善政协志积极发表意见，提出了很多好的建议。县史志研究中心负责人对政协志评审提出专业指导意见，政协志编委会采纳他们的意见，将保密局负责人纳为审稿小组成员。政协主席张振华指出，出版政协志意义重大，要高质量编好政协志，编辑部要认真采纳听取宝贵意见和建议，做到出版内容要精、准、细。要针对送审稿反馈意见再进行修改、增补，使志书正稿内容更完整充实，力争把《沅陵县政协志》打造成沅陵县地方志丛书中的精品力作。会后，编纂人员根据评审工作会上提出的意见和建议，对书稿在结构上进行了调整，内容上进行了补充完善，使之逻辑更连密，结构更紧凑。同时，通过多种途径，尽可能地收集到一批反映历届政协履职活动的图片，极大地丰富了志书的内容。

4月20日以后，综合各评审人员和单位反馈回来的意见和建议，编纂人员对书稿再次进行集中修改和校对，对一些史实进行了补充和订正。修改后的《沅陵县政协志》，共设11章40节，加上概述、大事记和丛录，全书总计54.3万余字。5月中旬，政协志编辑部将修改后的志稿打印成册，请政协志编委会主任和副主任再次审阅，根据审阅意见又进行了一次修改。7月初，政协志稿如期完成了齐、清、定，达到付梓要求。

本志在编纂过程中，县档案馆、县委组织部、政协办公室和专委会为查阅资料提供了很多方便；历届县政协老领导、老同志和老政协委员，为编写工作提供了许多宝贵的线索；县史志研究中心、县保密局，为志书编写的规范和保密作了大量工作；县政务中心田斌、张城同志，以及其他一些专业和非专业摄影者，为志书提供了他们多年以来拍摄的政协活动照片。值此《沅陵县政协志》付梓成书之际，谨向所有关心、支持本志编纂工作的领导、各界人士和有关单位致以衷心的感谢。

由于时间跨度大，人事更迭频繁，资料不够完整，本志在编纂中，有些内容难尽其详，甚至存在缺漏和谬误。加之编纂人手不足，编纂者水平和能力有限，难免存在一些瑕疵，恳请读者理解和批评指正。

《沅陵县政协志》编辑部

2021年7月18日